【 개정판 】
생활 속 판례해설

이 병 화 著

【개정판】

| 생활 속 판례해설 |

이 병 화 著

발행일 2022년 3월 3일
펴낸이 李 相 烈
펴낸곳 도서출판 에듀컨텐츠휴피아
출판등록 제2017-000042호 (2002년 1월 9일 신고등록)
주　소 서울 광진구 자양로 28길 98, 동양빌딩
전　화 (02) 443-6366
팩　스 (02) 443-6376
이메일 iknowledge@naver.com
Web http://cafe.naver.com/eduhuepia
만든이 기획・김수아 / 책임편집・이진훈 황혜영 박채연 정희우 박은빈
　　　　디자인・유충현 / 영업・이순우

정 가　23,000원
ISBN　978-89-6356-344-2 (03360)

　　　ⓒ 2022, 이병화, 도서출판 에듀컨텐츠휴피아

* 본 책은 저작권법에 따라 보호받는 저작물이므로 무단 전재와 복제를 금지하며, 책 내용의 전부 또는 일부를 이용하려면 반드시 저작권자 및 도서출판 에듀컨텐츠휴피아의 서면 동의를 받아야 합니다.

[개정판] 서 문

　결코 짧지 않은 세월 동안 '생활속 판례해설'(초판)을 통해 수많은 학생들과 다양한 사례를 공유하는 뜻깊은 기회를 가질 수 있었음에 감사드린다. 당초 본서를 세상에 내놓을 때만 해도 이렇게 오랫동안 손때가 묻을 정도로 가까이할 줄은 예상조차 못했던 것이 솔직한 심정이다. 때로는 오늘 강의하고 돌아서면, 내일 해당 법률이 변경되고, 유사사건도 어제의 재판결과가 내일 다르게 결론지어지는 무수한 변화의 과정들 속에서 너무 긴 시간을 본서와 함께 해왔던 것이 아닌가 하는 자책감이 들기도 하였다. 그래서 다소 늦은 감이 있지만, 지금이라도 다시금 돌아보고, 보완하고, 수정할 필요성을 절실히 느끼게 되었다.

　각 단원마다 대표적인 판례를 설명할 때면 삽화를 통해 사건의 이미지를 미리 보여주기도 하고, 논쟁의 여지가 많은 주제들을 다룰 때면 학생들과 토론의 장을 열기도 하면서, 우리 생활 속에 법의 그림자가 얼마나 넓게 드리워져 있는가를 실감하는 계기가 되고자 하였다. 다행히도 본서를 통해 학생들과의 법적 교감을 자연스럽게 교류해왔다는 점에 스스로 위안을 삼아본다.

　흔히 정치는 생물이라고 표현하듯이, 법 역시 살아서 숨쉬는 생물이기에, 오늘도 어제보다는 조금씩 나은 방향, 선한 방향, 정의로운 방향으로 아주 서서히 향해가고 있다고 믿고 싶다. 학생들과 수업을 시작하는 첫 시간에 법의 궁극적인 이념인 "정의란 무엇인가"에 관하여 학기 내내 고민해볼 것을 주문하였고, 학기말 마지막 수업시간에는 각자가 접했던 많은 판례를 통해 자신이 느끼는 "정의"에 관하여 진솔하게 한 장의 글로 정리하도록 하였다. 막연하게 지나쳐왔던 "정의"가 좀 더 구체화되고 내면화되는 과정을 지켜보면서 보람을 느끼기도 하였다.

　이번 개정판을 내면서 과연 처음 지녔던 초심을 잃지는 않았는지 돌아보게 된다. 당초 마음먹었던 법학 관련 전문도서로서의 역할을 하면서도 우리 사회가 안고 있는 주요이슈와 관심이 집중되었던 사회문제 등을 골고루 제시하고 있었는지, 기존의 법학 관련 문헌들이 지니고 있던 경직성에서 벗어나 실생활에 꼭 필요한 핵심판례를 골고루 전달하고 있었는지, 일반인들이 상식선에서 이해할 수 있고 향후 법적용에 조금이라도 도움을 줄 수는 있었는지를 자문하게 된다.

　여전히 미완성의 졸고이지만, '생활속 판례해설'(개정판)을 통해 각 주제별로 50개의 대표판례를 포함한 170여개의 주요판례와 관련 법률 및 이론을 가능한 한 체계적으로 담고자 하였다. 생활 속에서 무심코 지나쳤던 법적 문제들이 어느 날 갑자기 두려운 대상으로 눈앞에 나타날 때, 조금은 덜 무섭고 덜 부담스럽게 다가가 문제의 끈을 꽉 잡고 해결해보려는 의지를 더할 수 있도록 하는 데 보탬이 되고 싶다. 흔히 '아는 만큼 보인다'고 한다. 보이는 만큼 깨닫게 되고, 깨닫는 만큼 막연한 두려움으로부터 벗어나는 힘이 생기지 않을까 기대해본다.

2022년 1월

저자 이 병 화

[초판] 서 문

　현재 우리나라에는 얼마나 많은 법들이 살아 숨 쉬고 있을까. 지금 이 순간에도 삼천 칠백 여개가 넘는 법들이 우리 주변에서 끊임없이 맴돌고 있다면 놀라지 않을 사람이 있을까. 우리의 생활 속에서는 무수히 많은 사건들이 계속해서 발생하고 있고, 이들 사건을 해결하기 위한 판례들이 쉴 새 없이 쏟아져 나오고 있다. 과거에는 개개인이 다양한 판결문을 접하는 것 자체가 매우 어려운 일이었지만, 이제는 누구나 손쉽게 판결문을 찾아볼 수 있게 되었고, 보다 가깝게 다가설 수 있게 되었다. 하지만 수많은 판례들 가운데 정작 우리가 살아가면서 반드시 알아야 하는 상식으로서의 판결문을 제대로 찾아내고, 이해하고, 적용하는 과정이 그리 쉽지만은 않다. 그렇다고 해서 일생동안 단 한 번도 법과 관련된 송사에 휘말리지 않을 것이라고 호언장담할 수도 없는 노릇이다.
　일반인들이 갖고 있는 법에 대한 감정은 극히 단편적일 수 있다. 무조건 법은 어렵고, 복잡하고, 무섭고, 멀리하고 싶은 대상이라고 여기거나 혹은 그 단계를 뛰어넘어, 살면서 꼭 알아야 하고, 유익하고, 배워야 하고, 더불어 살아가야 하는 제도라고 느낄 수도 있다. 그물망처럼 복잡하게 얽혀있는 삶과 법의 연결고리를 얼마만큼 인식하고 무난하게 해결해 나아갈 수 있는가는 바로 법에 대한 올바른 이해를 바탕으로 하는 것이다. 따라서 법이란 무엇인지, 법의 존재이유는 무엇인지, 반드시 알아야 할 법의 내용에는 어떠한 것들이 있는지 등을 우선적으로 살펴볼 필요가 있을 것이다.
　그러나 법의 전반적인 흐름을 알고 싶다고 해도 법의 종류와 범위가 너무 다양하고 방대하여 일반인들이 쉽게 접근하려면 극복해야 할 많은 어려움들이 남아 있게 된다. 아무리 훌륭하게 잘 정리된 법학서라도 그 한 권만으로는 체계적이고 효율적인 법률지식을 얻기가 매우 곤란하고, 아무리 복합적인 사례라고 해도 몇몇 판례만으로는 복잡한 법률사건을 분석하는 능력을 갖출 수가 없는 것이다. 그럼에도 불구하고, 우리는 보다 폭넓은 사안들을 다루고 있는 판례들에 대하여 관심의 끈을 늦출 수가 없다고 생각한다. 그 속에 담긴 법률지식을 배우는 것은 물론이고, 사회를 바라보는 안목과 혜안을 깨달을 수 있는 소중한 기회를 얻을 수 있기 때문이다.
　그러므로 본 저서는 법학관련 전문도서로서의 역할을 하면서도 우리 사회가 안고 있는 주요이슈와 관심이 집중되었던 사회문제 등을 골고루 제시함으로써 기존의 문헌들이 지니고 있던 경직성에서 벗어남과 동시에 실생활에서 꼭 필요로 하는 핵심판례를 중심으로 관련된 법규정 및 이론을 정리하고자 하였다. 이 경우 50개의 대주제를 제시하면서 각 주제별로 참조해야 할 대표판례 및 관련판례를 비교적 상세하고도 풍부하게 다루어 실제 사건의 해결과정을 보다 현실감 있게 접할 수 있도록 고려하고자 하였다. 본 저서에서 다루고 있는 50개의 대표판례와 관련법률 및 주요이론의 내용을 좀 더 구체적으로 살펴보면 다음과 같다.
　1. 최초의 국민참여재판사건에서는 우리나라 최초로 진행된 국민참여재판에서 배심원 전원이 유죄평결을 선고한 사례를 통해 법의 개념 및 법계를 다루고 있다. **2. 사형선고의 요건과 살인사건**에서는 법의 이념과 법치주의 및 사형의 본질에 관하여 언급하고 있다. **3. 사형제도와 형법 제250조 등 위헌소원사건**과 관련해서는 사형제도의 역사와 사형존폐론을 살펴보고 있다. **4. 증거재판주의와 무죄판결**에서는 범죄성립요건으로서 구성요건해당성, 위법성, 책임성에 관하여 설명하고 있다. **5. 야스쿠니 방화 범죄인 인도청구사건**에서는 법원(法源)/법

의 연원으로서 성문법과 불문법 및 범죄인 인도법을 제시하고 있다. **6. 보험금청구와 '반사회질서의 법률행위'**에서는 반사회질서의 법률행위(민법 제103조) 및 법과 도덕의 관계에 관하여 다각도로 살펴보고 있다. **7. 사망신고의 추정력과 유족연금수급권의 소멸시효**와 관련해서는 실종선고제도와 추정/의제(간주)의 의미 및 군인연금법에 관하여 다루고 있다. **8. 성매매와 공무원의 직무상 의무 위반행위**에서는 성매매에 대한 입법례(금지주의/규제주의/합법주의)와 성매매알선 등 행위의 처벌에 관한 법률을 제시하고 있다. **9. 마약류관리에 관한 법률 위반**에서는 구체적으로 마약류관리에 관한 법률의 내용을 살펴보고 있다. **10. 마약 투약 혐의자에 대한 강제연행**에서는 영장주의와 Miranda원칙을 언급하고 있다. **11. 불심검문과 공무집행방해**에서는 불심검문과 관련하여 경찰관직무집행법의 내용을 다루고 있다. **12. 국회의원의 면책특권과 형법 제20조의 정당행위**에서는 법의 효력문제와 위법성조각사유로서의 정당행위에 관하여 살펴보고 있다. **13. 통신의 자유와 통신비밀보호법**에서는 통신의 자유의 의미와 한계 및 통신비밀보호법의 내용을 설명하고 있다. **14. 헌법 제10조와 거짓말탐지기**에서는 인간존엄과 가치 및 행복추구권, 정황증거로서의 거짓말탐지기 검사결과에 관하여 언급하고 있다. **15. 유치인의 기본권제한의 한계**에서는 유치장 관련 법규정 및 관련판례를 다루고 있다. **16. 자백의 임의성과 신빙성**과 관련해서는 고문과 자백의 증명력 제한에 관하여 살펴보고 있다. **17. 음주운전과 강제채혈의 법적 성질**에서는 음주운전 관련판례 및 도로교통법의 내용을 언급하고 있다. **18. 인신보호법상 구제청구와 체포.구속적부심사청구**와 관련해서는 인신보호법 및 난민법을 다루고 있다. **19. 사생활의 비밀과 자유/초상권**에서는 퍼블리시티권과 개인정보 보호법을 살펴보고 있다. **20. 공공의 이익과 사생활의 비밀**에서는 사생활의 비밀.자유와 언론의 자유의 관계에 관하여 언급하고 있다. **21. 언론.출판.집회.결사의 자유**에서는 언론중재 및 피해구제 등에 관한 법률과 집회 및 시위에 관한 법률의 내용을 설명하고 있다. **22. 교육을 받을 권리: 학습권과 수업권**에서는 교육기본법의 내용과 관련판례를 다루고 있다. **23. 체벌의 정당성과 학교폭력**에서는 체벌긍정론/부정론과 학교폭력예방 및 대책에 관한 법률을 살펴보고 있다. **24. 우리나라 헌정사와 공소시효**에서는 대한민국 헌정사의 구체적인 내용을 정리하고 있다. **25. 내란죄와 저항권**에서는 내란죄와 외환죄의 내용 및 저항권의 개념을 설명하고 있다. **26. 국가보안법의 적용과 위헌성**에서는 국가보안법의 구체적인 내용 및 문제점을 다루고 있다. **27. 한미행정협정/한미주둔군지위협정/SOFA협정**에서는 한미행정협정의 역사적 배경과 내용 및 불평등조항을 중심으로 언급하고 있다. **28. 환경권과 환경영향평가**와 관련해서는 환경정책기본법과 환경영향평가법의 내용을 제시하고 있다. **29. 동물보호법과 실험동물**과 관련해서는 동물보호법 및 실험동물에 관한 법률의 내용을 다루고 있다. **30. 무의미한 연명치료와 안락사**에서는 안락사의 허용범위 및 허용여부에 관한 긍정론/부정론의 문제를 언급하고 있다. **31. 뇌사와 장기이식**에서는 구체적인 뇌사판정기준과 장기 등 이식에 관한 법률, 인체조직안전 및 관리 등에 관한 법률의 내용을 살펴보고 있다. **32. 의료사고와 의료과오/의사의 법적 책임**에서는 의료사고와 의료과오의 구분, 의료사고 대처방안 및 관련판례를 다루고 있다. **33. 간통죄와 형법 제241조 위헌제청사건**에서는 간통죄합헌론(존치론)과 간통죄위헌론(폐지론)의 논의를 다루고 있다. **34. 낙태죄와 인공임신중절수술의 허용한계**에서는 낙태죄존치론/폐지론의 논의 및 형법과 모자보건법의 관계를 살펴보고 있다. **35. 경범죄처벌법의 적용과 남용금지**에서는 개정된 경범죄처벌법의 구체적인 내용을 다루고 있다. **36. 근로의 권리와 근로삼권**에서는 근로삼권(단결권/단체교섭권/단체행동권) 및 근로기준법의 내용을 정리하고 있다. **37. 저작권의 보호와 저작권법**에서는 저작권의 개념 및 저작권법의 구체적인 내용을 설명하고 있다. **38. 죄형법정주의와 형벌**

의 종류에서는 죄형법정주의의 파생원칙 및 범죄와 형벌의 종류를 비교하여 설명하고 있다. **39. 정당방위/과잉방위/오상방위**에서는 각각의 개념 및 관련판례를 다루고 있다. **40. 긴급피난과 재물손괴**에서는 위법성조각사유로서의 긴급피난에 관한 사례를 살펴보고 있다. **41. 강제적 채권추심과 자구행위**에서는 형법상 자구행위의 요건에 해당하지 않는 강제적 채권추심의 사례를 다루고 있다. **42. 피해자의 승낙에 의한 행위**에서는 피해자의 승낙과 관련된 다양한 판례를 제시하고 있다. **43. 뇌물죄와 사교적 의례**에서는 뇌물죄와 관련된 판례와 특정범죄 가중처벌 등에 관한 법률을 언급하고 있다. **44. 위증죄/증거인멸죄**에서는 각각의 관련된 형법규정 및 판례를 제시하고 있다. **45. 방화죄/실화죄**에서는 매개물을 통한 현존건조물방화죄의 실행착수시기 및 그 판단 방법에 관한 사례를 중심으로 살펴보고 있다. **46. 도박죄와 일시오락**에서는 일시오락 정도에 불과한 도박행위를 처벌하지 아니하는 이유를 중심으로 언급하고 있다. **47. 상해죄/폭행죄**에서는 신체에 대한 유형력 행사의 의미 및 상해죄/폭행죄 구별설과 불구별설에 관하여 설명하고 있다. **48. 명예훼손죄/모욕죄**에서는 집단표시에 의한 모욕이 집단 구성원 개개인에 대한 모욕죄를 구성하는 경우에 관하여 살펴보고 있다. **49. 주거침입죄/퇴거불응죄**에서는 각각의 형법규정 및 다양한 관련판례를 제시하고 있다. **50. 절도죄/강도죄**에서는 불법영득의사의 의미 및 절도죄/강도죄와 관련된 판례를 다루고 있다.

본 저서는 실생활 속에서 발생하는 광범위한 사례들 가운데 특히 일반인들이 상식선에서 이해할 수 있고, 향후 법적용에 조금이라도 도움을 줄 수 있기를 바라는 마음으로 저술하였다. 현재 우리 사회에서 가장 관심이 집중되어 있는 사안들을 중심으로 살펴보고자 하였으며, 다양한 판례를 직접 접해봄으로써 법에 대한 막연한 부담감으로부터 벗어날 수 있는 계기를 마련해주고 싶었다. 더 나아가 핵심적 사례를 중심으로 관련된 법규정을 제시함으로써 실제로 유익하게 활용할 수 있는 전문지식을 쌓는 데에 어느 정도의 역할을 해주기를 기대하고 있다. 하지만 늘 그렇듯이 저술을 한 후 손에 쥐는 만족감이란 너무나 보잘 것 없다는 자책감뿐이다. 그래도 한편으론 생활 속의 판례를 더 가까이, 더 밀접하게, 나의 것으로 만들 수 있는 첫 걸음이 되길 바라는 마음이다.

2014년 8월

저자 이 병 화

목 차

1. 최초의 국민참여재판사건 ◆ 1

[대구지법 2008. 2. 12. 2008고합7 판결]

2. 사형선고의 요건과 살인사건 ◆ 7

[대법원 2001. 3. 9. 2000도5736 판결]

3. 사형제도와 형법 제250조 등 위헌소원사건 ◆ 11

[헌법재판소 1996. 11. 28. 95헌바1 결정]

4. 증거재판주의와 무죄판결 ◆ 19

[대구고법 2003. 7. 3. 2001노467 판결]

5. 야스쿠니 방화 범죄인 인도청구사건 ◆ 27

[서울고법 2013. 1. 3. 2012토1 결정]

6. 보험금청구와 '반사회질서의 법률행위' ◆ 35

[대법원 2009. 5. 28. 2009다12115 판결]

7. 사망신고의 추정력과 유족연금수급권의 소멸시효 ◆ 41

[대법원 2013. 7. 25. 2011두13309 판결]

8. 성매매와 공무원의 직무상 의무 위반행위 ◆ 45

[서울중앙지법 2005. 12. 15. 2004가합36241 판결]

9. 마약류관리에 관한 법률 위반 ◆ 55

[대법원 2009. 3. 12. 2008도8486 판결]

10. 마약 투약 혐의자에 대한 강제연행 ◆ 61

[대법원 2013. 3. 14. 2012도13611 판결]

11. 불심검문과 공무집행방해 ◆ 67

[대법원 2012. 9. 13. 2010도6203 판결]

12. 국회의원의 면책특권과 형법 제20조의 정당행위 ◆ 73

[대법원 2011. 5. 13. 2009도14442 판결]

13. 통신의 자유와 통신비밀보호법 ◆ 81
[대법원 2007. 12. 27. 2007도9053 판결]

14. 헌법 제10조와 거짓말탐지기 ◆ 85
[대법원 2005. 5. 26. 2005도130 판결]

15. 유치인의 기본권제한의 한계 ◆ 91
[헌법재판소 2001. 7. 19. 2000헌마546 결정]

16. 자백의 임의성과 신빙성 ◆ 97
[대법원 2007. 9. 6. 2007도4959 판결]

17. 음주운전과 강제채혈의 법적 성질 ◆ 103
[대법원 2012. 11. 15. 2011도15258 판결]

18. 인신보호법상 구제청구와 체포·구속적부심사청구 ◆ 111
[인천지법 2014. 4. 30. 2014인라4 결정]

19. 사생활의 비밀과 자유 / 초상권 ◆ 123
[대법원 2013. 6. 27. 2012다31628 판결]

20. 공공의 이익과 사생활의 비밀 ◆ 131
[대법원 2009. 9. 10. 2007다71 판결]

21. 언론·출판·집회·결사의 자유 ◆ 137
[창원지법 2008. 8. 19. 2008가단2374 판결]

22. 교육을 받을 권리: 학습권과 수업권 ◆ 147
[대법원 2007. 9. 20. 2005다25298 판결]

23. 체벌의 정당성과 학교폭력 ◆ 157
[인천지법 2009. 4. 23. 2009고단1010 판결]

24. 우리나라 헌정사와 공소시효 ◆ 167
[헌법재판소 1995. 1. 20. 94헌마246 결정]

25. 내란죄와 저항권 ◆ 179

[대법원 1997. 4. 17. 96도3376 판결]

26. 국가보안법의 적용과 위헌성 ◆ 191

[대법원 1998. 3. 13. 95도117 판결]

27. 한미행정협정 / 한미주둔군지위협정 / SOFA협정 ◆ 199

[대법원 2009. 10. 29. 2009다42666 판결]

28. 환경권과 환경영향평가 ◆ 209

[대법원 2006. 3. 16. 2006두330 판결]

29. 동물보호법과 실험동물 ◆ 223

[대법원 2013. 4. 25. 2012다118594 판결]

30. 무의미한 연명치료와 안락사 ◆ 233

[대법원 2009. 5. 21. 2009다17417 판결]

31. 뇌사와 장기이식 ◆ 245

[대법원 2008. 11. 20. 2007다27670 판결]

32. 의료사고와 의료과오 / 의사의 법적 책임 ◆ 261

[대법원 2008. 8. 11. 2008도3090 판결]

33. 간통죄와 형법 제241조 위헌제청사건 ◆ 271

[헌법재판소 2015. 2. 26. 2009헌바17 등 결정]

34. 낙태죄와 인공임신중절수술의 허용한계 ◆ 281

[헌법재판소 2019. 4. 11. 2017헌바127 결정]

35. 경범죄처벌법의 적용과 남용금지 ◆ 291

[서울서부지법 2013. 10. 10. 2013고정160 판결]

36. 근로의 권리와 근로삼권 ◆ 301

[대법원 2007. 12. 28. 2007도5204 판결]

37. 저작권의 보호와 저작권법 ◆ 313

[서울중앙지법 2014. 3. 27. 2013가합527718 판결]

38. 죄형법정주의와 형벌의 종류 ◆ 325
[대법원 2013. 6. 20. 2010도14328 판결]

39. 정당방위 / 과잉방위 / 오상방위 ◆ 337
[대법원 1989. 8. 8. 89도358 판결]

40. 긴급피난과 재물손괴 ◆ 347
[대법원 1987. 1. 20. 85도221 판결]

41. 강제적 채권추심과 자구행위 ◆ 355
[대법원 1984. 12. 26. 84도2582,84감도397 판결]

42. 피해자의 승낙에 의한 행위 ◆ 359
[대법원 1993. 7. 27. 92도2345 판결]

43. 뇌물죄와 사교적 의례 ◆ 363
[대법원 1996. 12. 6. 96도144 판결]

44. 위증죄 / 증거인멸죄 ◆ 373
[전주지법 2013. 4. 12. 2012고합240,2013고합9(병합),2012전고15(병합) 판결]

45. 방화죄 / 실화죄 ◆ 381
[대법원 2002. 3. 26. 2001도6641 판결]

46. 도박죄와 일시오락 ◆ 387
[대법원 2004. 4. 9. 2003도6351 판결]

47. 상해죄 / 폭행죄 ◆ 391
[대법원 2003. 1. 10. 2000도5716 판결]

48. 명예훼손죄 / 모욕죄 ◆ 397
[대법원 2014. 3. 27. 2011도15631 판결]

49. 주거침입죄 / 퇴거불응죄 ◆ 405
[대법원 2010. 4. 29. 2009도14643 판결]

50. 절도죄 / 강도죄 ◆ 411
[대법원 2012. 7. 12. 2012도1132 판결]

【개정판】
생활 속 판례해설

1. 최초의 국민참여재판사건

[대구지법 2008. 2. 12. 2008고합7 판결]

> 피고인은 퀵서비스 배달업무에 종사하다 교통사고를 내고 합의금을 마련하기 위해 사채를 얻어 썼다가 빚독촉에 시달리는 등으로 생활이 어려워지게 되자 셋방을 구하는 것처럼 가장하여 타인의 집에 들어가 재물을 강취하기로 마음먹고 2007. 12. 26. 15:30경 과도(길이 22cm, 칼날길이 10cm) 1개 등을 구입하였다. 피고인은 같은 날 16:00경 대구 남구 대명동에 있는 피해자 공소외 1의 집에서, 셋방을 보러온 것처럼 가장하여 그 집안으로 들어가 피해자와 월세 계약조건 등에 대하여 1시간 정도 이야기하고 집 내부를 보던 중 강도를 할 의사를 포기하였으나, 빚독촉을 하는 사채업자의 전화를 받고 다시 강도를 하기로 마음먹고, 갑자기 피해자의 목에 과도를 들이대고 돈을 요구하였다. 이에 피해자가 피고인의 손을 잡고 과도를 빼앗으려고 하자 피해자와 실랑이하며 피해자를 넘어뜨린 뒤 피해자의 몸 위에 올라타 주먹으로 얼굴을 수회 때리는 등으로 피해자의 반항을 억압하고 돈을 강취하려고 하였으나, 피해자가 소리를 지르면서 저항하고 피해자의 얼굴에서 많은 피가 나는 바람에 미수에 그치고, 피해자에게 약 3주간의 치료를 요하는 코뼈의 골절 등 상해를 가하였다.

【요 지】

최초로 진행된 국민참여재판에서 배심원 전원이 유죄평결을 함에 따라 강도치상죄를 인정하고 집행유예를 선고한 사례이다.

【이 유】

(1) **쟁점** : 검사의 기소요지는 피고인이 재물을 강취하면서 사람을 상해하였다(법정형 : 무기 또는 7년 이상의 징역)는 것이다. 피고인은 자수 주장을 하고 강도의 범행을 중지하였다가 우발적으로 강도상해의 범행을 하였다고 주장하는 외에는 대체로 공소사실을 인정하고 있으므로, 이 사건의 쟁점은 강도상해의 구체적 내용과 피고인의 행위가 자수에 해당하는지 여부를 살핀 후, 법정형의 범위 내에서 적정하게 선고형을 정하는 것이다.

(2) **양형** : 범죄사실, 변론에 나타난 피고인의 연령, 직업, 성행, 지능과 환경, 피해자에 대한 관계, 범행의 동기, 수단과 결과, 범행 후의 정황 등의 공통적인 양형사유 외에 다음과 같은 특별한 사정(유리한 정상, 불리한 정상, 기타 정상)을 종합적으로 참작하여 형을 정한다.

① 피고인은 채무를 독촉하던 채권자가 피고인의 여동생에게 행패를 부리겠다는 협박을 받고 돈을 구하기 위하여 우발적으로 이 사건 범행에 이르렀다. ② 피고인은 범행 직후 피해자에게 응급조치를 한 후 피해자를 업고 병원으로 데려갔으며, 목격자에게 신고를 해달라는 요청을 하였다. ③ 피해자가 피고인의 처벌을 원하지 아니하고 있다. ④ 피고인과 그 가족이 현재 피해자에게 그 피해를 배상할 경제적 능력이 없는 상태이나, 사회내 처우를 받는 피고인이 경제활동을 통해 피해를 배상할 수 있는 가능성을 기대할 수 있다. ⑤ 피고인은 특수절도죄 등으로 소년보호사건처분을 2회, 2001년 병역법위반죄로 징역 6월·집행유예 1년의 형을 받은 외에 도로교통법위반죄로 3회의 벌금형을 받은 전력이 있다. ⑥ 피고인이 퀵서비스 배달업무에 장기간 종사하는 동안에 도로교통법위반은 있었으나, 이 사건과 동종 또는 유사한 행위를 한 바 없다. 이 사건과 유사한 전력은 피고인이 소년일 당시의 행위이고, 병역법위반은 피고인의 아버지가 사망할 당시 공익요원의 직무를 수행하지 못하여 발생한 것이다.

(3) 배심원 평결과 양형 의견

○ 유·무죄에 대한 평결
- 배심원 9인 전원 유죄(피고인이 강도의 고의를 일시 포기한 후 사후에 다시 우발적으로 강도상해를 한 것으로 인정)

○ 양형에 대한 의견
- 징역 2년 6월·집행유예 4년: 5명
- 징역 3년·집행유예 4년: 1명
- 징역 2년·집행유예 3년: 3명
- 보호관찰: 6명
- 사회봉사(80시간): 5명

【해 설】

(1) 과거부터 오랫동안 수많은 법학자들이 '법이란 무엇인가'라는 문제에 대하여 논의를 거듭해왔다. 요컨대 **'법이란 국가라는 정치적 권력(조직체)에 의하여 승인되고 강제되는 사회규범·행위규범·조직규범'**이라고 정의할 수 있다.

① 법은 국가의 목적을 규범화한 것이고, 국가는 법의 목적을 실천하는 긴밀한 관계에 있다. 따라서 **기에르케**(Gierke)도 '법은 국가 없이 완결될 수 없고, 국가는 법 없이 완결될 수 없다'고 강조한 바 있다(**법과 국가의 긴밀성**).

② **아리스토텔레스**(Aristoteles)가 말한 것처럼 '인간은 사회적 존재'로서 사회를 떠나서는 혼자서 삶을 영위할 수 없고, 모든 인간이 사회공동생활을 원활하게 영위하기 위해서는 반드시 일정한 질서가 있어야 한다. 본래 **사회규범**이란 사람이 사회를 이루어 공동생활을 하는데 있어서 필요한 행위의 준칙으로서 사회생활을 방해하는 행위를 금지하거나 사회생활에 필요한 행위를 하도록 명령하는 것을 내용으로 하는 당위법칙을 말한다. 이러한 사

회규범은 인류가 생겨나면서 자연스럽게 형성되어 온 **도덕·종교·관습(제1차적 사회규범)**과 이것들로부터 분화·발전되어 온 사회생활의 행위규범으로서 반드시 지켜져야 할 **법(제2차적 사회규범)**에 이르기까지 다양한 형태로 이루어져 있다. 따라서 '사회 있는 곳에 법이 있다'는 법언이 나타내듯이 모든 사회에는 반드시 그 사회에 특유한 법이 존재하기 마련이며 '법은 사회생활의 조건'이기도 하다(**법의 사회규범성**).

③ 법은 외면에 나타나는 사람의 행위를 규율하는 규범이며 원칙적으로 내면적인 생활에는 관여하지 않는다. 즉 심리적 현상만으로는 법적 문제가 되지 않으며 그것이 외부적 행위로서 나타났을 때 비로소 법률상의 문제가 된다는 점에서 종교·도덕과 구별된다(**법의 행위규범성·외면성**).

④ 법은 직접적 혹은 간접적으로 국가권력에 의하여 그 준수가 강제되는 규범이다. 이러한 법적 강제력은 법이 현실적으로 행해지도록 법에 부여된 힘이며, 법의 실효성을 보장하기 위한 것으로서 법의 가장 두드러진 특성이라고 말할 수 있다. 그러므로 **예링**(Jhering)은 '강제를 수반하지 않는 법은 타지 않는 불이나 비치지 않는 등불과 같이 그 자체가 모순'이라고 하여 법의 강제규범성을 강조하였다(**법의 강제규범성**).

⑤ 일반적으로 **조직규범**이란 법규범의 제정·적용·집행을 담당하는 기관(국회·법원·정부)의 조직과 권한에 관한 규범을 말하는데, 조직규범에는 국가의 조직·제도·운영에 관한 법(헌법·국회법·법원조직법·정부조직법·지방자치법 등)은 물론 기타의 사회제도에 관한 법(회사법·은행법·친족법 등)도 이에 포함된다(**법의 조직규범성**).

(2) 법은 그 생성된 국가의 문화나 민족성에 따라서 각기 다른 특색을 나타내며 현실적으로 어느 한 국가나 민족의 법문화는 다른 국가나 민족에 영향을 주어 서로 교류하기도 하고 때로는 융합하기도 하면서 보편적인 법문화 형성에 서로 영향을 미치게 된다. 이러한 과정에서 여러 국가와 민족 간에 공통된 특색을 가진 하나의 법문화권이 형성되기도 하는데, 이처럼 법이 국가와 민족을 초월하여 동일한 계통을 이루는 것을 하나의 **법계**(法系)라고 한다. 오늘날 세계적으로 여러 법계가 존재하며 제각기 독특한 전통과 특징들을 가지고 있지만, 대체로 세계 각국의 법은 대륙법계와 영미법계 중 어느 하나에 속한다고 볼 수 있다.

① **대륙법계**는 법질서의 조직화·일반화 및 이론을 존중하고 제정법중심(성문법주의)이며, 이론적·논리적 법의 체계를 중시하고, 이념적·관념적·연역적 법연구방법을 채용하며, 법관은 법전의 조종자로서 역할하고 법학자의 학설 및 법학이론을 중시한다. 또 공법·사법의 구별이 분명하고, 일원적 법구조를 채택하며, 배심재판제도가 발달하지 않았다는 특징을 지닌다.

② **영미법계**는 구체적·실제적·개별적 사실을 존중하고, 관습법·판례법중심(불문법주의)이며, 현실적 분쟁해결수단으로서 생활 속의 법을 추구하고, 실질적·분석적·귀납적 법연구방법을 채용하며, 법관은 법발전의 담당자로서 역할하고 법관의 의견 및 법원판결(선례)을 중시한다. 또 공법·사법의 구별이 불분명하고, 이원적 법구조(보통법·형평법)를 채택하며, 배심재판제도가 발달하였다는 특징을 지닌다.

※ 국민의 형사재판 참여에 관한 법률(약칭: 국민참여재판법)

[타법개정 2017. 7. 26. 법률 제14839호, 시행 2017. 7. 26.]

제1조(목적) 이 법은 사법의 민주적 정당성과 신뢰를 높이기 위하여 국민이 형사재판에 참여하는 제도를 시행함에 있어서 참여에 따른 권한과 책임을 명확히 하고, 재판절차의 특례와 그 밖에 필요한 사항에 관하여 규정함을 목적으로 한다.

제2조(정의) 이 법에서 사용하는 용어의 정의는 다음과 같다. 1. "**배심원**"이란 이 법에 따라 형사재판에 참여하도록 선정된 사람을 말한다. 2. "**국민참여재판**"이란 배심원이 참여하는 형사재판을 말한다.

제3조(국민의 권리와 의무) ① 누구든지 이 법으로 정하는 바에 따라 국민참여재판을 받을 권리를 가진다. ② 대한민국 국민은 이 법으로 정하는 바에 따라 국민참여재판에 참여할 권리와 의무를 가진다.

제7조(필요적 국선변호) 이 법에 따른 국민참여재판에 관하여 변호인이 없는 때에는 법원은 직권으로 변호인을 선정하여야 한다.

제8조(피고인 의사의 확인) ① 법원은 대상사건의 피고인에 대하여 국민참여재판을 원하는지 여부에 관한 의사를 서면 등의 방법으로 반드시 확인하여야 한다. 이 경우 피고인 의사의 구체적인 확인 방법은 대법원규칙으로 정하되, 피고인의 국민참여재판을 받을 권리가 최대한 보장되도록 하여야 한다. ② 피고인은 공소장 부본을 송달받은 날부터 7일 이내에 국민참여재판을 원하는지 여부에 관한 의사가 기재된 서면을 제출하여야 한다. 이 경우 피고인이 서면을 우편으로 발송한 때, 교도소 또는 구치소에 있는 피고인이 서면을 교도소장·구치소장 또는 그 직무를 대리하는 자에게 제출한 때에 법원에 제출한 것으로 본다. ③ 피고인이 제2항의 서면을 제출하지 아니한 때에는 국민참여재판을 원하지 아니하는 것으로 본다.

제12조(배심원의 권한과 의무) ① 배심원은 국민참여재판을 하는 사건에 관하여 사실의 인정, 법령의 적용 및 형의 양정에 관한 의견을 제시할 권한이 있다. ② 배심원은 법령을 준수하고 독립하여 성실히 직무를 수행하여야 한다. ③ 배심원은 직무상 알게 된 비밀을 누설하거나 재판의 공정을 해하는 행위를 하여서는 아니된다.

제13조(배심원의 수) ① 법정형이 사형·무기징역 또는 무기금고에 해당하는 대상사건에 대한 국민참여재판에는 9인의 배심원이 참여하고, 그 외의 대상사건에 대한 국민참여재판에는 7인의 배심원이 참여한다. 다만, 법원은 피고인 또는 변호인이 공판준비절차에서 공소사실의 주요내용을 인정한 때에는 5인의 배심원이 참여하게 할 수 있다. ② 법원은 사건의 내용에 비추어 특별한 사정이 있다고 인정되고 검사·피고인 또는 변호인의 동의가 있는 경우에 한하여 결정으로 배심원의 수를 7인과 9인 중에서 제1항과 달리 정할 수 있다.

제14조(예비배심원) ① 법원은 배심원의 결원 등에 대비하여 5인 이내의 예비배심원을 둘 수 있다. ② 이 법에서 정하는 배심원에 대한 사항은 그 성질에 반하지 아니하는 한 예비배심원에 대하여 준용한다.

제15조(여비·일당 등) 대법원규칙으로 정하는 바에 따라 배심원·예비배심원 및 배심원

후보자에게 여비·일당 등을 지급한다.

제16조(배심원의 자격) 배심원은 만 20세 이상의 대한민국 국민 중에서 이 법으로 정하는 바에 따라 선정된다.

제17조(결격사유) 다음 각 호의 어느 하나에 해당하는 사람은 배심원으로 선정될 수 없다. 1. 피성년후견인 또는 피한정후견인 2. 파산선고를 받고 복권되지 아니한 사람 3. 금고 이상의 실형을 선고받고 그 집행이 종료(종료된 것으로 보는 경우를 포함한다)되거나 집행이 면제된 후 5년을 경과하지 아니한 사람 4. 금고 이상의 형의 집행유예를 선고받고 그 기간이 완료된 날부터 2년을 경과하지 아니한 사람 5. 금고 이상의 형의 선고유예를 받고 그 선고유예기간 중에 있는 사람 6. 법원의 판결에 의하여 자격이 상실 또는 정지된 사람

제18조(직업 등에 따른 제외사유) 다음 각 호의 어느 하나에 해당하는 사람을 배심원으로 선정하여서는 아니된다. 1. 대통령 2. 국회의원·지방자치단체의 장 및 지방의회의원 3. 입법부·사법부·행정부·헌법재판소·중앙선거관리위원회·감사원의 정무직 공무원 4. 법관·검사 5. 변호사·법무사 6. 법원·검찰 공무원 7. 경찰·교정·보호관찰 공무원 8. 군인·군무원·소방공무원 또는 「예비군법」에 따라 동원되거나 교육훈련의무를 이행 중인 예비군

제19조(제척사유) 다음 각 호의 어느 하나에 해당하는 사람은 당해 사건의 배심원으로 선정될 수 없다. 1. 피해자 2. 피고인 또는 피해자의 친족이나 이러한 관계에 있었던 사람 3. 피고인 또는 피해자의 법정대리인 4. 사건에 관한 증인·감정인·피해자의 대리인 5. 사건에 관한 피고인의 대리인·변호인·보조인 6. 사건에 관한 검사 또는 사법경찰관의 직무를 행한 사람 7. 사건에 관하여 전심 재판 또는 그 기초가 되는 조사·심리에 관여한 사람

제20조(면제사유) 법원은 직권 또는 신청에 따라 다음 각 호의 어느 하나에 해당하는 사람에 대하여 배심원 직무의 수행을 면제할 수 있다. 1. 만 70세 이상인 사람 2. 과거 5년 이내에 배심원후보자로서 선정기일에 출석한 사람 3. 금고 이상의 형에 해당하는 죄로 기소되어 사건이 종결되지 아니한 사람 4. 법령에 따라 체포 또는 구금되어 있는 사람 5. 배심원 직무의 수행이 자신이나 제3자에게 위해를 초래하거나 직업상 회복할 수 없는 손해를 입게 될 우려가 있는 사람 6. 중병·상해 또는 장애로 인하여 법원에 출석하기 곤란한 사람 7. 그 밖의 부득이한 사유로 배심원 직무를 수행하기 어려운 사람

제33조(배심원의 사임) ① 배심원과 예비배심원은 직무를 계속 수행하기 어려운 사정이 있는 때에는 법원에 사임을 신청할 수 있다. ② 법원은 제1항의 신청에 이유가 있다고 인정하는 때에는 당해 배심원 또는 예비배심원을 해임하는 결정을 할 수 있다. ③ 제2항의 결정을 함에 있어서는 검사·피고인 또는 변호인의 의견을 들어야 한다. ④ 제2항의 결정에 대하여는 불복할 수 없다.

제38조(공판기일의 통지) 공판기일은 배심원과 예비배심원에게 통지하여야 한다.

제46조(재판장의 설명·평의·평결·토의 등) ① 재판장은 변론이 종결된 후 법정에서 배심원에게 공소사실의 요지와 적용법조, 피고인과 변호인 주장의 요지, 증거능력, 그 밖에 유의할 사항에 관하여 설명하여야 한다. 이 경우 필요한 때에는 증거의 요지에 관하여 설명할 수 있다. ② 심리에 관여한 배심원은 제1항의 설명을 들은 후 유·무죄에 관하여 평의하고, 전원의 의견이 일치하면 그에 따라 평결한다. 다만, 배심원 과반수의 요청이 있으면 심

리에 관여한 판사의 의견을 들을 수 있다. ③ 배심원은 유·무죄에 관하여 전원의 의견이 일치하지 아니하는 때에는 평결을 하기 전에 심리에 관여한 판사의 의견을 들어야 한다. 이 경우 유·무죄의 평결은 다수결의 방법으로 한다. 심리에 관여한 판사는 평의에 참석하여 의견을 진술한 경우에도 평결에는 참여할 수 없다. ④ 제2항 및 제3항의 평결이 유죄인 경우 배심원은 심리에 관여한 판사와 함께 양형에 관하여 토의하고 그에 관한 의견을 개진한다. 재판장은 양형에 관한 토의 전에 처벌의 범위와 양형의 조건 등을 설명하여야 한다. ⑤ 제2항부터 제4항까지의 평결과 의견은 법원을 기속하지 아니한다.

제52조(배심원 등의 개인정보 공개금지) ① 법령으로 정하는 경우를 제외하고는 누구든지 배심원·예비배심원 또는 배심원후보자의 성명·주소와 그 밖의 개인정보를 공개하여서는 아니된다. ② 배심원·예비배심원 또는 배심원후보자의 직무를 수행하였던 사람들의 개인정보에 대하여는 본인이 동의하는 경우에 한하여 공개할 수 있다.

제58조(배심원 등에 의한 비밀누설죄) ① 배심원 또는 예비배심원이 직무상 알게 된 비밀을 누설한 때에는 6개월 이하의 징역 또는 300만원 이하의 벌금에 처한다.

제60조(배심원후보자의 불출석 등에 대한 과태료) ① 다음 각 호의 어느 하나에 해당하는 때에 법원은 결정으로 200만원 이하의 과태료를 부과한다. 1. 출석통지를 받은 배심원·예비배심원·배심원후보자가 정당한 사유 없이 지정된 일시에 출석하지 아니한 때 2. 배심원 또는 예비배심원이 정당한 사유 없이 제42조 제1항의 선서를 거부한 때 3. 배심원후보자가 배심원 또는 예비배심원 선정을 위한 질문서에 거짓 기재를 하여 법원에 제출하거나 선정절차에서의 질문에 대하여 거짓 진술을 한 때 ② 제1항의 결정에 대하여는 즉시항고할 수 있다.

[서울고법 2020. 8. 25. 2020노1062 판결]

(가) 피고인들은 모두 러시아어를 사용하고, 한국어를 전혀 사용하지 못하는 외국인인데, 제1심법원이 국민참여재판 대상사건의 피고인들에게 한국어로 기재된 국민참여재판 안내서 및 의사확인서만을 각각 송달하고 그에 대한 러시아어 번역본은 송달하지 않은 채, 제1회 공판기일에서 피고인들이 국민참여재판을 원하지 않는다고 진술하자 그에 따라 통상의 공판절차로 재판을 진행하여 유죄판결을 선고한 사안이다.

(나) 제1심법원은 제1회 공판기일에서 국민참여재판을 원하지 않는다는 피고인들의 의사를 확인하였으나, 당시 한국어를 사용하지 못하고 러시아어를 사용하는 외국인인 피고인들에게 러시아어로 번역된 국민참여재판 안내서를 교부하거나 사전에 송달하는 등 국민참여재판절차에 관한 충분한 안내를 하지 않았고, 그 희망 여부에 관한 상당한 숙고기간을 부여하지 않았으므로, 국민참여재판 의사확인절차를 적법하게 거쳤다고 볼 수 없어, 이는 피고인들의 국민참여재판을 받을 권리에 대한 중대한 침해로서 위법하고, 위법한 공판절차에서 이루어진 소송행위도 무효라고 보아야 하며, 나아가 피고인들이 항소심에서 국민참여재판을 희망한다는 의사를 명확히 밝혔으므로, 원심의 위와 같은 공판절차상 하자가 치유되었다고 볼 수도 없어, 결국 원심판결에 소송절차가 법령에 위반하여 판결에 영향을 미친 위법이 있다고 한 사례이다.

2. 사형선고의 요건과 살인사건

[대법원 2001. 3. 9. 2000도5736 판결]

> 원심은 이 사건에 관하여 피고인은 자신이 사귀던 공소외인의 가족들이 피고인과의 교제를 반대하고 그녀도 자신을 멀리하게 되자 이러한 상황에 대한 모든 책임을 그녀와 그 가족들에게 돌리고 그녀의 사랑하는 가족들을 살해함으로써 그녀로 하여금 평생을 고통 속에 살게 하겠다는 이유로 이 사건 범행을 계획하였고, 범행 전 피해자들의 집에 위 공소외인은 없고 그 가족들만 있는 것을 알고 인간의 육체와 정신의 안식처인 가정에 미리 준비한 정육작업용 칼과 장갑을 끼고 침입한 다음 방에 들어가 누워 있던 그녀의 어머니인 피해자 1에게 수십회 칼을 휘둘러 목과 복부를 찔러 살해하였으며, 거실로 나오다가 다른 방에 오빠가 있는 것을 알고 그 방으로 달려가 오빠 그리고 그 부인의 목과 흉부, 복부를 수회 찔러 오빠인 피해자 2는 피고인에 대항하다가 피하여 죽음은 모면하였으나 그 부인인 피해자 3을 살해하였고, 특히 오빠의 부인은 임신 5개월이었고 피고인도 그러한 사실을 알고 있었음에도 무참하게 살해함으로써 한 생명으로 이 세상을 맞이하려던 태아마저 사망케 하였으며, 위 피해자 1은 우측으로 누워 있거나 쭈그려 앉아 있는 상태에서 자창이 실행되었고, 위 피해자 3 역시 누워 있거나 쭈그려 앉은 상태 또는 등을 굽은 상태로서 피고인에게 대항하지 못하는 상태에서 칼로 찔리게 된 것으로 보이고, 피고인은 이 사건 범행 후 피고인을 피하여 밖으로 도피하였던 위 피해자 2의 주위에 있던 사람들이 그의 도움 요청에 반응이 없는 것을 확인하고 태연히 걸어 자신이 타고 온 승용차를 운전하여 도주한 후 위 공소외인에게 가족들을 죽였으며 평생을 고통 속에 살게 하겠다는 내용의 전화를 하였으며, 이 사건으로 구속된 이후 피해자 가족들에게 사죄하려고 썼다는 편지에서마저 이 사건에 대한 모든 책임을 위 공소외인에게 떠넘기려는 태도를 보이면서 자신은 많이 살아야 15년이고 잘 생활해서 12년으로 감형받아 나가면 너와 살겠으니 결혼하지 말고 이사도 하지 말고 이사한다고 해도 반드시 찾겠다고 하며 자신을 왜 면회오지 않았느냐며 비난하고 면회와 재판 방청을 오라고 하는 내용을 적어 이 사건 범행을 뉘우치지 않는 것으로 보이는 점 등에 비추어 보면, 피고인에 대하여 무기징역을 선고한 제1심의 양형은 너무 가볍다고 판단하여, 제1심판결을 파기하고 피고인에 대하여 사형을 선고하였다.

【요 지】

(1) 우리 법이 사형제도를 두고 있지만, 사형은 사람의 목숨을 빼앗는 마지막 형벌이므로, 사형의 선고는 범행에 대한 책임의 정도와 형벌의 목적에 비추어 그것이 정당화될 수 있는 특별한 사정이 있는 경우에만 허용되어야 하고, 따라서 사형을 선고함에 있어서는 범인의 연령, 직업과 경력, 성행, 지능, 교육정도, 성장과정, 가족관계, 전과의 유무, 피해자와의 관계, 범행의 동기, 사전계획의 유무, 준비의 정도, 수단과 방법, 잔인하고 포악한 정도, 결과의 중대성, 피해자의 수와 피해감정, 범행 후의 심정과 태도, 반성과 가책의 유무, 피해회복의 정도, 재범의 우려 등 양형의 조건이 되는 모든 사항을 참작하여 위와 같은 특별한 사정이 있음을 명확하게 밝혀야 한다.

(2) 교제하던 여자의 어머니와 임신중인 올케를 살해하고 그 오빠도 살해하려고 하였으나 미수에 그친 사안에서 피고인이 교화개선의 여지가 있고 범행이 우발적인 충동에서 비롯된 것이며 수사 및 재판과정에서 범행 모두를 시인하면서 용서를 빌고 참회하고 있는 점 등에 비추어 사형으로 처단하는 것은 형의 양정이 심히 부당하다는 이유로 원심을 파기한 사례이다.

【이 유】

이 사건에서 살펴보면, 피고인은 1977. 9. 10.생으로 이 사건 범행 당시 22세 6월의 젊은 나이로서 이 사건 범행 이전에 아무런 형사처벌을 받은 사실이 없고, 농사일을 하는 부모와 함께 위로 누나 6명을 두고 막내로 자라면서 화목한 가정환경 속에 고등학교 2학년을 중퇴하고 사회생활을 시작하여 2년간 백화점 직원으로 근무하였으며, 군복무를 마치고 바로 취직하여 이 사건 범행 당시까지 9개월여 동안 인천 소재 대형할인매장 정육부 직원으로 월 120만 원의 보수를 받으면서 직장에서도 성실하고 정직하며 업무능력이 뛰어나고 성격도 원만하다는 평가를 받으며 근무하였고, 피고인의 아버지와 누나들 모두 피고인에게 다시 한번의 기회가 주어지면 피고인의 교화에 모든 정성을 다하겠다고 호소하고 있는 점 등을 고려하면, 피고인은 그 나이, 성장과정, 성행, 가정환경, 경력 등에 비추어 볼 때 아직은 교화개선의 여지는 있어 보이는 데다가, 피고인이 피해자들을 살해하게 된 것도 처음부터 계획하고 의도한 것이 아니라 자신이 사랑하고 결혼까지 약속한 위 공소외인과의 관계가 끊어질 처지에 이르러 그녀를 한번 더 만나 설득하려고 3일 동안 노력하다가 실패하자 이러한 처지가 그녀의 가족들 때문에 일어난 것이라고 잘못 생각한 나머지 순간적인 적개심에 흥분된 상태에서 우발적이고 연쇄적으로 저지른 것으로 보여지며, 피고인은 이 사건 범행 후 자살을 결심하고 자포자기한 심정에서 위 공소외인에게 전화하여 심한 말을 하였지만 그녀에게 자신의 범행을 모두 알렸고, 이 사건으로 범행 당일 체포되어 수사와 재판을 받는 과정에서도 이 사건 범행 모두를 시인하면서 한결같이 용서를 빌고 참회하고 있으며, 비록 피고인이 구속 중 위 공소외인에게 보낸 편지에서 군데군데 심한 말을 쓰기는 하였지만 그 편지의 주된 내용은 아직도 그녀를 사랑하므로 사형을 당하거나 형을 살고 나오더라도 그녀를 찾을 것이며 그녀의 면회를 간절히 바란다는 것으로 그녀와 가족들에 대하여 협박할 의도로 쓴 편지라고는 보기 어려운바, 비록 원심이 설시하고 있는 바와 같이 여러 가지 점에서 피고인을 중한 형으로 처단하여야 할 사정이 있음은 충분히 인정되지만, 앞에서 설시한 사형의 형벌로서의 특수성이나 다른 유사사건에서의 일반적 양형과의 균형면에 비추어 볼 때, 원심이 피고인에게 사형을 선고한 것은 그 형의 양정이 심히 부당하다고 인정할 현저한 사유가 있는 때에 해당한다 할 것이다. 그러므로 원심판결을 파기하고 사건을 다시 심리·판단하도록 원심법원에 환송하기로 한다.

【해 설】

(1) 개별적인 법의 목적이 아니라 개개의 모든 법이 공통적으로 가지고 있는 일반적이고

2. 사형선고의 요건과 살인사건

궁극적인 법의 목적, 즉 법의 최고이념은 **정의**(正義)의 실현이며, 이는 개개인이 인간으로서의 존엄과 가치를 사회라는 공동체 속에서 효과적으로 실현하는 것을 말한다.

'정의란 무엇인가' 하는 것은 법철학의 근본적인 문제로서 로마시대 이후 많은 논의가 행해져왔다. 한 마디로 정의란 '옳은 것'·'바른 것'을 의미한다. 가령 로마시대의 정치철학자인 **키케로**(Cicero)는 정의를 '각자에게 그의 것을 주는 것', 즉 '각자에게 그의 몫을 평등하게 나누어주는 것'이라고 주장하였다. **아리스토텔레스**(Aristoteles)는 정의를 사람이 준수하여야 할 최고의 덕이라고 보고 평균적 정의와 배분적 정의로 나누었다. 이 때 **평균적 정의**는 인간은 인간으로서 동일한 가치를 가지므로 평등하게 다루어져야 한다는 **형식적·추상적·기계적·절대적 평등**을 말하는 한편 **배분적 정의**는 전체와 그 구성원 사이의 관계를 조화시키는 정의로서 단체생활에서 각 개인은 제각기 다른 능력과 가치를 갖고 있음을 전제로 하여 그 차이에 따른 취급을 해야 한다는 **실질적·구체적·비례적·상대적 평등**을 말한다.

헌법상 보장된 **법 앞의 평등**은 시대에 따라 그 의미가 다를 수 있다. 즉 **근대적 평등**은 **형식적 평등**의 이념에 머물렀으며 국가권력의 구성에 평등하게 참가하고 법률상 차별 없는 대우를 요구하는 **기회의 평등**이었는데 비해, **현대적 평등**은 이러한 형식적 평등이 야기한 불평등을 해소하고 사회적 약자를 구제하여 균등하고 인간다운 생활을 보장하려는 **실질적 평등**의 이념을 요구하게 되었으며 **결과의 평등**을 실현하고자 한다. 이와 같이 정의는 추상적 가치이기 때문에 그 개념정의는 매우 다양할 수밖에 없지만, '평등한 것은 평등하게, 불평등한 것은 불평등하게'를 내용으로 하는 아리스토텔레스의 배분적 정의 내지 비례적 평등을 의미한다고 본다.

(2) 본래 **법치주의**(法治主義)는 근대국가의 통치원리의 하나로서 각국의 역사적·정치적 상황에 따라 그 내용이 반드시 일정하지 않은 다의적 개념이다. 하지만 일반적으로 '사람의 지배'(rule of man)가 아닌 '**법률의 지배**'(rule of law)를 의미하며, 모든 국가활동과 국가권력은 국민의 대표기관인 의회가 제정한 법률에 근거를 두고 또 그 법률에 따라 이루어져야 한다는 원리를 말한다.

근대적 의미의 법치국가의 개념은 경찰국가나 관료국가에 대립하는 개념으로서 17·18세기에 유럽에서 절대군주가 전제적 권력을 가지고 자의적으로 국민에게 명령하고 강제하던 체제에서 벗어나 권력분립주의를 기반으로 자유방임주의와 사유재산권을 보장하고 계약자유를 인정함으로써 국민의 자유와 권리를 보호하려는 **고전적·시민적·형식적 법치주의**에서 비롯되었다. 이는 **통치의 합법성**(合法性)을 그 특징으로 하므로 행정과 사법은 의회가 제정한 법률에 적합하도록 행하여질 것만을 요구할 뿐이고 법률 그 자체의 내용이나 목적은 문제로 삼지 않았던 것이다. 그러므로 형식적 법치주의는 그 내용상 어떠한 국가형태와도 결부될 가능성이 있었으며 법률을 절대시함으로써 국가권력에의 무조건적 복종을 강요할 가능성을 내포하고 있었으므로 나치와 같은 불법국가와 독재자가 출현하게 되었다.

그 후 제2차 세계대전에서 독일 등 파시즘제국이 패망하자 형식적 법치주의는 자취를 감추고 실질적 법치주의가 그것을 대신하게 되었다. 그러므로 **현대적 의미의 법치국가**의 개념은 법률에 의거한 공권력의 행사라는 종전의 형식적 법치주의만을 의미하는 것이 아니라 법률의 목적과 내용도 정의에 합치하는 정당한 것이어야 한다는 **실질적 법치주의**로 전개되었다. 이는 인간의 존엄성 존중과 실질적 평등 그리고 법적 안정성의 유지와 같은 정의의 실현을 그 내용으로 하는 법에 의거한 통치원리로서 **통치의 정당성**(正當性)을 그 특징으로 한다.

(3) **사형**은 수형자의 생명을 박탈하여 그 사회적 존재를 영구적으로 말살하는 것을 목적으로 하는 형벌이다. 따라서 사형이라는 형벌은 생명의 박탈을 내용으로 하는 까닭에 **생명형**이라고도 하며 형벌의 성질상 가장 중한 형벌이므로 **극형**이라고도 한다.

사형의 본질에 관하여 학설은 크게 복수설·위하설·영구말살설의 세 가지로 나뉘어져 있다.

① **복수설**에 의하면 '이에는 이, 눈에는 눈'이라는 탈리오(talio)사상에서 출발하고 있으며, 복수는 인간 생래의 본능적인 행위라고 하는 원시사회에 있어서의 형벌의 복수사상에 기초를 두고 있다.

② **위하설**에 의하면 사형의 본질이 극악스러운 흉악범을 처벌함으로써 그러한 행위를 예방하고 진압하는 데 있다고 본다. 즉 위하설은 형벌의 특별예방작용에 그 근거를 둔 것으로서 사형이라는 형집행 자체의 위하적 성질로 인해 수형자는 물론 사회일반인으로 하여금 외포하게 함으로써 범죄를 미연에 방지하고자 하는 것이다.

③ **영구말살설**에 의하면 사형이란 범죄인의 생명을 완전히 말살하여 사회로부터 영구히 격리시키는 데 그 본질이 있다고 보는 설로서 오늘날의 통설적인 입장이다.

요컨대 사형은 범죄인을 사회로부터 영구히 격리시키는 작용을 하는 외에도 그 집행 자체에 사회방위를 위한 예방적 성질, 즉 위하적 요소를 함께 포함하고 있다고 본다. 따라서 사형의 본질에는 위하적 요소와 영구격리라는 요소가 모두 내포되어 있다고 보아야 할 것이다.

[대법원 2016. 2. 19. 2015도12980 전원합의체 판결]
[다수의견] 군인인 피고인이 소속 부대의 간부나 동료 병사들의 피고인에 대한 태도를 따돌림 내지 괴롭힘이라고 생각하던 중 초소 순찰일지에서 자신의 외모를 희화화하고 모욕하는 표현이 들어 있는 그림과 낙서를 보고 충격을 받아 소초원들을 모두 살해할 의도로 수류탄을 폭발시키거나 소총을 발사하고 도주함으로써 상관 및 동료 병사 5명을 살해하고 7명에게 중상을 가하였으며, 군용물손괴·군용물절도·군무이탈 행위를 하였다는 내용으로 기소된 사안에서, 범행 동기와 경위, 범행 계획의 내용과 대상, 범행의 준비 정도와 수단, 범행의 잔혹성, 피고인이 내보인 극단적인 인명 경시 태도, 피해자들과의 관계, 피해자의 수와 피해결과의 중대함, 전방에서 생사고락을 함께하던 부하 혹은 동료 병사였던 피해자들과 유족 및 가족들이 입은 고통과 슬픔, 국토를 방위하고 국민의 생명과 재산을 보호함을 사명으로 하는 군대에서 발생한 범행으로 성실하게 병역의무를 수행하고 있는 장병들과 가족들, 일반 국민이 입은 불안과 충격 등을 종합적으로 고려하면, 비록 피고인에게 일부 참작할 정상이 있고 예외적이고도 신중하게 사형 선고가 이루어져야 한다는 전제에서 보더라도, 범행에 상응하는 책임의 정도, 범죄와 형벌 사이의 균형, 유사한 유형의 범죄 발생을 예방하여 잠재적 피해자를 보호하고 사회를 방위할 필요성 등 제반 견지에서 법정 최고형의 선고가 불가피하므로 피고인에 대한 사형 선고가 정당화될 수 있는 특별한 사정이 있다는 이유로, 피고인에게 사형을 선고한 제1심판결을 유지한 원심의 조치를 수긍한 사례이다.

3. 사형제도와 형법 제250조 등 위헌소원사건

[헌법재판소 1996. 11. 28. 95헌바1 결정]

> 청구인은 살인과 특수강간 등의 혐의로 기소되어 제1심 및 항소심에서 사형을 선고받고 대법원에 상고를 함과 동시에 살인죄에 대한 법정형의 하나로서 사형을 규정한 형법 제250조 제1항, 사형을 형의 종류의 하나로서 규정한 같은 법 제41조 제1호, 사형집행의 방법을 규정한 같은 법 제66조, 사형집행의 장소를 규정한 행형법 제57조 제1항에 대한 위헌여부심판의 제청을 하였으나 대법원은 1994. 12. 19. 청구인의 위 신청을 기각하였다. 이에 청구인은 1995. 1. 3. 헌법재판소법 제68조 제2항에 따라 이 사건 헌법소원심판을 청구하였다.

【요 지】

(1) (가) 생명권 역시 헌법 제37조 제2항에 의한 일반적 법률유보의 대상이 될 수밖에 없는 것이나, 생명권에 대한 제한은 곧 생명권의 완전한 박탈을 의미한다 할 것이므로, 사형이 비례의 원칙에 따라서 최소한 동등한 가치가 있는 다른 생명 또는 그에 못지 아니한 공공의 이익을 보호하기 위한 불가피성이 충족되는 예외적인 경우에만 적용되는 한, 그것이 비록 생명을 빼앗는 형벌이라 하더라도 헌법 제37조 제2항 단서에 위반되는 것으로 볼 수는 없다.

(나) 모든 인간의 생명은 자연적 존재로서 동등한 가치를 갖는다고 할 것이나 그 동등한 가치가 서로 충돌하게 되거나 생명의 침해에 못지 아니한 중대한 공익을 침해하는 등의 경우에는 국민의 생명·재산 등을 보호할 책임이 있는 국가는 어떠한 생명 또는 법익이 보호되어야 할 것인지 그 규준을 제시할 수 있는 것이다. 인간의 생명을 부정하는 등의 범죄행위에 대한 불법적 효과로서 지극히 한정적인 경우에만 부과되는 사형은 죽음에 대한 인간의 본능적 공포심과 범죄에 대한 응보욕구가 서로 맞물려 고안된 "필요악"으로서 불가피하게 선택된 것이며 지금도 여전히 제 기능을 하고 있다는 점에서 정당화될 수 있다. 따라서 사형은 이러한 측면에서 헌법상의 비례의 원칙에 반하지 아니한다 할 것이고, 적어도 우리의 현행 헌법이 스스로 예상하고 있는 형벌의 한 종류이기도 하므로 아직은 우리의 헌법질서에 반하는 것으로 판단되지 아니한다.

(2) 형법 제250조 제1항이 규정하고 있는 살인의 죄는 인간생명을 부정하는 범죄행위의 전형이고, 이러한 범죄에는 그 행위의 태양이나 결과의 중대성으로 미루어 보아 반인륜적 범죄라고 규정지워질 수 있는 극악한 유형의 것들도 포함되어 있을 수 있는 것이다. 따라서 사형을 형벌의 한 종류로서 합헌이라고 보는 한 그와 같이 타인의 생명을 부정하는 범죄행위에 대하여 행위자의 생명을 부정하는 사형을 그 불법효과의 하나로서 규정한 것은 행위자의 생명과 그 가치가 동일한 하나의 혹은 다수의 생명을 보호하기 위한 불가피한 수단의 선

택이라고 볼 수밖에 없으므로 이를 가리켜 비례의 원칙에 반한다고 할 수 없어 헌법에 위반되는 것이 아니다.

(3) **재판관 김진우의 반대의견**: 헌법 제10조에 규정된 인간의 존엄성에 대한 존중과 보호의 요청은 형사입법, 형사법의 적용과 집행의 모든 영역에서 지도적 원리로서 작용한다. 그러므로 형사법의 영역에서 입법자가 인간의 존엄성을 유린하는 악법의 제정을 통하여 국민의 생명과 자유를 박탈 내지 제한하는 것이나 잔인하고 비인간적인 형벌제도를 채택하는 것은 헌법 제10조에 반한다. 사형제도는 나아가 양심에 반하여 법규정에 의하여 사형을 언도해야 하는 법관은 물론, 또 그 양심에 반하여 직무상 어쩔 수 없이 사형의 집행에 관여하는 자들의 양심의 자유와 인간으로서의 존엄과 가치를 침해하는 비인간적인 형벌제도이기도 하다.

(4) **재판관 조승형의 반대의견**: 사형제도는 생명권의 본질적 내용을 침해하는 생명권의 제한이므로 헌법 제37조 제2항 단서에 위반된다. 가사 헌법 제37조 제2항 단서상의 생명권의 본질적 내용이 침해된 것으로 볼 수 없다고 가정하더라도, 형벌의 목적은 응보·범죄의 일반예방·범죄인의 개선에 있음에도 불구하고 형벌로서의 사형은 이와 같은 목적달성에 필요한 정도를 넘어 생명권을 제한하는 것으로 목적의 정당성, 그 수단으로서의 적정성·피해의 최소성 등 제원칙에 반한다.

【이 유】

(1) 이 사건 심판의 대상은 형법 제250조 제1항, 제41조 제1호, 제66조 및 행형법 제57조 제1항이다. 위 각 법률조항의 규정내용은 다음과 같다.

※ 형법
제250조(살인, 존속살해) ① 사람을 살해한 자는 사형, 무기 또는 5년 이상의 징역에 처한다.
제41조(형의 종류) 형의 종류는 다음과 같다. 1. 사형
제66조(사형) 사형은 형무소내에서 교수하여 집행한다.

※ 행형법
제57조(사형의 집행) ① 사형은 교도소내의 사형장에서 집행한다.

(2) **형법 제41조 제1호(사형제도)의 위헌여부**: (가) 형법 제41조 제1호는 형의 종류의 하나로서 사형을 규정하고 있고, 사형은 인간존재의 바탕인 생명을 빼앗아 사람의 사회적 존재를 말살하는 형벌이므로 생명의 소멸을 가져온다는 의미에서 생명형이자, 성질상 모든 형벌 중에서 가장 무거운 형벌이라는 의미에서 극형인 궁극의 형벌이다. 사형은 국가형사정책적인 측면과 인도적인 측면에서 비판이 되어 오기도 하였으나 인류 역사상 가장 오랜 역사를 가진 형벌의 하나로서 범죄에 대한 근원적인 응보방법이며 또한 가장 효과적인 일반예방

법으로 인식되어 왔고, 우리나라에서는 고대의 소위 기자 8조금법(箕子 八條禁法)에 "상살자 이사상(相殺者 以死償)"이라고 규정된 이래 현행의 형법 및 특별형법에 이르기까지 계속하여 하나의 형벌로 인정되어 오고 있다.

(나) 우리 헌법은 개별적인 인간존재의 근원인 생명을 빼앗는 사형에 대하여 정면으로 이를 허용하거나 부정하는 명시적인 규정을 두고 있지 아니하지만, 헌법 제12조 제1항이 "모든 국민은 … 법률과 적법절차에 의하지 아니하고는 처벌·보안처분 또는 강제노역을 받지 아니한다."고 규정하는 한편, 헌법 제110조 제4항이 "비상계엄하의 군사재판은 … 법률이 정하는 경우에 한하여 단심으로 할 수 있다. 다만, 사형을 선고한 경우에는 그러하지 아니하다."고 규정함으로써 적어도 문언의 해석상으로는 간접적이나마 법률에 의하여 사형이 형벌로서 정해지고 또 적용될 수 있음을 인정하고 있는 것으로 보인다.

(다) 인간의 생명은 고귀하고, 이 세상에서 무엇과도 바꿀 수 없는 존엄한 인간존재의 근원이다. 이러한 생명에 대한 권리는 비록 헌법에 명문의 규정이 없다 하더라도 인간의 생존본능과 존재목적에 바탕을 둔 선험적이고 자연법적인 권리로서 헌법에 규정된 모든 기본권의 전제로서 기능하는 기본권 중의 기본권이라 할 것이다. 따라서 사형은 이러한 생명권에 대한 박탈을 의미하므로, 만약 그것이 인간의 존엄에 반하는 잔혹하고 이상한 형벌이라고 평가되거나, 형벌의 목적달성에 필요한 정도를 넘는 과도한 것으로 평가된다면 앞서 본 헌법 제12조 제1항 및 제110조 제4항의 문언에도 불구하고 우리 헌법의 해석상 허용될 수 없는 위헌적인 형벌이라고 하지 않을 수 없을 것이다.

(3) (가) 인간의 생명에 대하여는 함부로 사회과학적 혹은 법적인 평가가 행하여져서는 안될 것이지만, 비록 생명에 대한 권리라고 하더라도 그것이 헌법상의 기본권으로서 법률상의 의미가 조영되어야 할 때에는 그 자체로서 모든 규범을 초월하여 영구히 타당한 권리로서 남아 있어야 하는 것이라고 볼 수는 없다. 다시 말하면 한 생명의 가치만을 놓고 본다면 인간존엄성의 활력적인 기초를 의미하는 생명권은 절대적 기본권으로 보아야 함이 당연하고, 따라서 인간존엄성의 존중과 생명권의 보장이란 헌법정신에 비추어 볼 때 생명권에 대한 법률유보를 인정한다는 것은 이념적으로는 법리상 모순이라고 할 수도 있다. 그러나 현실적인 측면에서 볼 때 정당한 이유없이 타인의 생명을 부정하거나 그에 못지 아니한 중대한 공공이익을 침해한 경우에 국법은 그 중에서 타인의 생명이나 공공의 이익을 우선하여 보호할 것인가의 규준을 제시하지 않을 수 없게 되고, 이러한 경우에는 비록 생명이 이념적으로 절대적 가치를 지닌 것이라 하더라도 생명에 대한 법적 평가가 예외적으로 허용될 수 있다고 할 것이므로, 생명권 역시 헌법 제37조 제2항에 의한 일반적 법률유보의 대상이 될 수밖에 없다 할 것이다. 이에 대하여 청구인은 사형이란 헌법에 의하여 국민에게 보장된 생명권의 본질적 내용을 침해하는 것으로 되어 헌법 제37조 제2항 단서에 위반된다는 취지로 주장한다. 그러나 생명권에 대한 제한은 곧 생명권의 완전한 박탈을 의미한다 할 것이므로, 사형이 비례의 원칙에 따라서 최소한 동등한 가치가 있는 다른 생명 또는 그에 못지 아니한 공공의 이익을 보호하기 위한 불가피성이 충족되는 예외적인 경우에만 적용되는 한, 그것이 비록 생명을 빼앗는 형벌이라 하더라도 헌법 제37조 제2항 단서에 위반되는 것으로 볼 수는 없다 할 것이다.

(나) 사형은 이를 형벌의 한 종류로 규정함으로써, 국민일반에 대한 심리적 위하를 통하

여 범죄의 발생을 예방하고, 이를 집행함으로써 특수한 사회악의 근원을 영구히 제거하여 사회를 방어한다는 공익상의 목적을 가진 형벌이다. 청구인은 사형이라고 하여 무기징역형(또는 무기금고형)보다 반드시 위하력이 강하여 범죄발생에 대한 억제효과가 높다고 보아야 할 아무런 합리적 근거를 발견할 수 없고, 사회로부터 범죄인을 영구히 격리한다는 기능에 있어서는 사형과 무기징역형 사이에 별다른 차이도 없으므로, 국가가 사형제도를 통하여 달성하려는 위 두 가지 목적은 사형이 아닌 무기징역의 형을 통하여도 충분히 달성될 수 있을 것이고, 따라서 형벌로서의 사형은 언제나 그 목적달성에 필요한 정도를 넘는 생명권의 제한수단이라고 주장한다. 그러나 사형은 인간의 죽음에 대한 공포본능을 이용한 가장 냉엄한 궁극의 형벌로서 그 위하력이 강한 만큼 이를 통한 일반적 범죄예방효과도 더 클 것이라고 추정되고 또 그렇게 기대하는 것이 논리적으로나 소박한 국민일반의 법감정에 비추어 볼 때 결코 부당하다고 할 수 없으며 사형의 범죄억제효과가 무기징역형의 그것보다 명백히 그리고 현저히 높다고 하는데 대한 합리적·실증적 근거가 박약하다고는 하나 반대로 무기징역형이 사형과 대등한 혹은 오히려 더 높은 범죄억제의 효과를 가지므로 무기징역형만으로도 사형의 일반예방적 효과를 대체할 수 있다는 주장 역시 마찬가지로 현재로서는 가설의 수준을 넘지 못한다고 할 것이어서 위 주장을 받아들이지 아니한다.

(4) 우리는 형벌로서의 사형이 우리의 문화수준이나 사회현실에 미루어 보아 지금 곧 이를 완전히 무효화시키는 것이 타당하지 아니하므로 아직은 우리의 현행 헌법질서에 위반되지 아니한다고 판단하는 바이지만, 사형이란 형벌이 무엇보다 고귀한 인간의 생명을 국가가 법의 이름으로 빼앗는 일종의 "제도살인(制度殺人)"의 속성을 벗어날 수 없는 점에 비추어 우리의 형사관계법령에 폭넓게 사형을 법정형으로 규정하고 있는 이들 법률조항들(반대의견의 참조, 모두 89개조항임)이 과연 행위의 불법과의 간에 적정한 비례관계를 유지하고 있는지를 개별적으로 따져야 할 것임은 물론 나아가 비록 법정형으로서의 사형이 적정한 것이라 하더라도 이를 선고함에 있어서는 특히 신중을 기하여야 한다는 생각이다. 또한 우리는 위헌·합헌의 논의를 떠나 사형을 형벌로서 계속 존치시키는 것이 반드시 필요하고 바람직한 것인가에 대한 진지한 찬반의 논의도 계속되어야 할 것이고, 한 나라의 문화가 고도로 발전하고 인지가 발달하여 평화롭고 안정된 사회가 실현되는 등 시대상황이 바뀌어 생명을 빼앗는 사형이 가진 위하에 의한 범죄예방의 필요성이 거의 없게 된다거나 국민의 법감정이 그렇다고 인식하는 시기에 이르게 되면 사형은 곧바로 폐지되어야 하며, 그럼에도 불구하고 형벌로서 사형이 그대로 남아 있다면 당연히 헌법에도 위반되는 것으로 보아야 한다는 의견이다.

(5) 형법 제250조 제1항 위헌여부: 비록 형벌로서의 사형이 위와 같이 그 자체로서 위헌이라고는 할 수 없다고 하더라도 형법 제250조 제1항이 살인이라는 구체적인 범죄구성요건에 대한 불법효과의 하나로서 사형을 규정하고 있는 것이 행위의 불법과 행위자의 책임에 비하여 현저히 균형을 잃음으로써 비례의 원칙에 반한다고 평가된다면 형법 제250조 제1항은 사형제도 자체의 위헌여부와는 관계없이 위헌임을 면하지 못할 것이다. 형법 제250조 제1항이 규정하고 있는 살인의 죄는 인간생명을 부정하는 범죄행위의 전형이고, 이러한 범죄에는 그 행위의 태양이나 결과의 중대성으로 미루어 보아 반인륜적 범죄라고 규정지워질 수

있는 극악한 유형의 것들도 포함되어 있을 수 있는 것이다. 따라서 사형을 형벌의 한 종류로서 합헌이라고 보는 한 그와 같이 타인의 생명을 부정하는 범죄행위에 대하여 행위자의 생명을 부정하는 사형을 그 불법효과의 하나로서 규정한 것은 행위자의 생명과 그 가치가 동일한 하나의 혹은 다수의 생명을 보호하기 위한 불가피한 수단의 선택이라고 볼 수밖에 없으므로 이를 가리켜 비례의 원칙에 반한다고 할 수 없어 헌법에 위반되는 것이 아니다.

【해 설】

(1) 사형제도의 역사를 전반적으로 살펴보면 다음과 같다.
① **함무라비법전의 사형제도**: 세계 최고의 성문법 중의 하나인 함무라비법전은 제1조에 형법을 규정하여 고대형벌의 형법중심적 특색을 가장 잘 나타내고 있으며, 대략 37개조에 해당하는 범죄에 사형이 과해지고 있다. 그 처형방법도 수장, 화형, 신체절단 등의 가혹한 위하형이 주류를 이루고 있다. 따라서 함무라비 법전은 위하의 관념이 강하고 사형의 규정이 특히 많으며 형벌에서의 단체책임을 인정하고 있고 보복의 원칙을 표현하고 있다는 특색이 있다.
② **구약성서의 사형제도**: 구약에 있어서의 형벌규정은 창세기에도 나타나지만, 그것은 법규범이라기보다는 도덕규범의 성질이 더 강하였다. 실질적으로 법규범의 성질을 띤 형벌규정은 출애굽기 이후였으며, 출애굽 후 모세가 십계명을 수여받은 이후 비로소 본격적인 형벌규정이 나타났다. 구약성서의 법률관에 의하면 모든 범죄는 인간간의 관계뿐만 아니라 인간과 하느님과의 관계를 파괴하는 것이며, 모든 생활이 하느님과 관계를 맺고 있기 때문에 방대한 법전을 필요로 하지 않는 특징을 갖고 있다. 형벌이 과해지는 범죄를 보면 36개 범죄에 대해 사형이 과해진다. 사형에 처해지는 범죄로는 유괴부모에 대한 저주 및 불순종, 간통, 동성애, 근친상간, 위증 등의 도덕적 범죄와 거짓예언, 안식을 지키지 않는 것, 우상숭배, 마법이나 요술 등의 종교적 범죄가 대부분이었다. 사형방법으로는 돌로 쳐죽이는 형, 화형, 교살 등이 있었다고 한다. 모세법률에서는 잘못된 사형을 방지하기 위한 여러 가지 절차적 보호장치가 있었으며 매우 진보적 사형제도를 두고 있었다.
③ **로마법의 사형제도**: 로마의 사형제도는 시원적 복수의 단계를 상당히 극복했다는 점에서 의미를 가진다고 할 수 있으나, 국가의 권력과 인간의 존엄성이 사형제도에 어떻게 수반되어야 하는가에 대해서는 아직도 근본적인 고찰이 없었다.
④ **중세의 사형제도**: 중세에는 왕권보호를 위해 그리고 몰락해 가는 봉건세력들의 최후저항의 한 방편으로 사형이 사용되었기 때문에 인류역사상 사형의 전성기였다. 사형집행방법으로는 화형, 질식사, 수장, 독살 등의 잔인한 방법이 행해졌으며, 말벌로 하여금 사람을 죽이게 하는 방법이나 개미나 파리에 의해서 천천히 죽이는 방법 등도 사용되었으며 군중들 앞에서 공개 집행되었다.
⑤ **근대형법학 성립 이후의 사형제도**: 근대에 접어들면서 산업혁명·르네상스·종교개혁을 거치는 가운데 시민계급이 성장하게 되었고, 이들은 중세봉건제도에의 속박을 부인하고 인간의 존엄·자유·천부인권사상 등을 강조하게 되었다. 계몽사상가들은 중세의 잔인한 형벌권의 행사를 부인하고 개인의 존엄과 가치에 근거한 형벌권의 행사를 요구하였으며 사형범위의 축소를 위한 노력을 하였다. 그러나 16·17세기에도 사형폐지에 관한 논의는 본격적으로

시작되지 못하였다. 사형폐지에 관한 논의가 본격적으로 시작된 것은 1764년 근대 형법학의 아버지라고 일컬어지는 이탈리아의 **베카리아**(C. Beccaria)의 저서「범죄와 형벌」이 출간되면서부터이다. 그 이후로 현재까지 사형존폐에 관하여 격심한 논쟁을 불러 일으켰으며, 근대형법학 성립 이후 사형제도의 역사는 폐지를 향해 끊임없는 투쟁을 해오고 있다.

실제로 20세기에 들어서는 인간의 존엄을 배경으로 사형을 폐지하고 적당한 대체형벌을 추구해가는 단계로 진입하게 되었다. 오늘날 사형제도에 관한 세계적 동향을 살펴보면 ① 상당수의 국가에서 사형을 전면적으로 또는 일반범죄에 관해서 사형을 폐지하고 있으며 또 앞으로 폐지할 국가가 계속해서 늘어날 전망이다. ② 사형존치국에 있어서도 사형의 집행은 점차 감소하고 있으며 사형폐지의 노력이 계속되고 있다. ③ 사형을 폐지한 미국의 일부 주, 영국, 프랑스 등에서는 최근 흉악범의 증가 그리고 테러 등으로 인해 사형부활의 여론이 있으나 아직 입법적 차원에서는 계속 사형폐지를 고수하고 있다. ④ 최근에는 사형폐지를 위한 노력이 세계적 차원에서 활발히 전개되고 있다.

(2) **현행법상 사형제도**를 살펴보면 우리나라는 형법 및 형사소송법에 사형제도를 규정하고 있으며, 사형의 집행은 법무부장관의 명에 의하여 형무소 내에서 교수형으로 집행하고 비공개를 원칙으로 한다. 다만 군형법에 의한 사형집행은 총살형을 채택하고 있다. 이와 같이 현행법상 법정형으로 사형을 규정하고 있는 경우로는 형법을 비롯하여 군형법, 국가보안법, 특정범죄가중처벌 등에 관한 법률, 마약법, 문화재보호법, 폭력행위 등 처벌에 관한 법률 등이 있다. 다만 **소년법 제59조(사형 및 무기형의 완화)**에 의하면 「죄를 범할 당시 18세 미만인 소년에 대하여 사형 또는 무기형으로 처할 경우에는 15년의 유기징역으로 한다」라고 규정함으로써 범죄행위시 18세 미만의 소년에 대하여는 사형을 과하지 못하도록 하고 있다.

※ **형사소송법**
[일부개정 2021. 8. 17. 법률 제18398호, 시행 2021. 11. 18.]

제463조(사형의 집행) 사형은 법무부장관의 명령에 의하여 집행한다.

제466조(사형집행의 기간) 법무부장관이 사형의 집행을 명한 때에는 5일 이내에 집행하여야 한다.

제469조(사형 집행의 정지) ① 사형선고를 받은 사람이 심신의 장애로 의사능력이 없는 상태이거나 임신 중인 여자인 때에는 법무부장관의 명령으로 집행을 정지한다. ② 제1항에 따라 형의 집행을 정지한 경우에는 심신장애의 회복 또는 출산 후에 법무부장관의 명령에 의하여 형을 집행한다.

(3) 사형제도에 관한 우리나라 학자들의 견해는 약간씩 차이는 있으나, 일반적으로 '사형은 폐지되어야 하지만 이 문제는 그 나라의 사회적 여건과 관련하여 논해야 하며 우리나라의 사회적 여건은 사형을 폐지하기에는 이르다'고 하는 시기상조론을 취하고 있다. 다수설이 시기상조론을 주장하고 있으나, 사형폐지론을 적극적으로 주장하는 학자도 상당히 많다. 우리나라의 판례는 사형제도의 합헌성을 인정하고 있으며, 현재로서는 사형의 존치가

불가피하다는 입장에 있다. 사형의 점진적 폐지를 위해서는 ① 사형범죄의 축소 ② 사상범·정치범에 대한 사형의 폐지 ③ 일정기간 동안 사형의 시험적 폐지 등을 고려해 볼 수 있을 것이며, 사형제도의 개선방안으로는 ① 사형판결의 신중성제고 ② 필요적·의무적 재심제도의 도입 ③ 판결전 조사제도의 활용 ④ 사면제도의 적극적 활용 ⑤ 종신제도의 도입검토 등을 들 수 있다. 국제엠네스티는 우리나라에서 마지막 사형집행이 있었던 날로부터 10년이 된 2007년 12월 30일을 기점으로 한국을 '사실상 사형폐지국'으로 분류한 바 있다.

사형존폐론에 있어서 우선 **사형존치론**의 논거는 다음과 같다. ① 사형의 위하작용은 일반예방에 있어서 불가피한 것이며, 법률적 질서의 유지상 중대한 범죄에 있어서는 사형으로 위하하지 않으면 법익보호의 목적을 달성하지 못한다. 인간에게 가장 소중하고 유일한 생명의 박탈은 어느 형벌보다도 가장 위하력이 클 것이라는 점은 사회감정이고 상식이다. ② 사형은 응보적 정의의 요구이다. 응보형주의는 전통적으로 탈리오법칙을 근간으로 하고 있는데, 악에 대한 악의 보복적 반동으로서 정의가 실현된다고 본다. ③ 사형은 피해자 또는 민중의 일반감정을 순화시키며, 사형(私刑, 린치)의 방지를 위해 필요하다. 잔혹한 반사회적 행위에 대한 피해자 또는 민중의 복수감정을 국가가 대신하여 해소시키는 효과가 있다. ④ 극악의 인물은 사회에 방치하는 것이 대단히 위험하므로 이를 사회로부터 완전히 격리하지 않고는 국가사회의 방위는 완전을 기할 수 없다. ⑤ 사형은 국가의 행형비용을 절약할 수 있을 뿐만 아니라 사형의 존치는 국민의 법적 확신이라고 볼 수 있다.

반면에 **사형폐지론**의 논거는 다음과 같다. ① 사형은 인도적 이유에서 존치시킬 수 없다. 인간의 생명은 일회적이며, 한 인간의 생명은 우주보다 무겁고 소중한 것이다. 따라서 하나뿐인 범죄인의 생명을 박탈하는 사형은 인도적 견지에서 허용될 수 없다. ② 사형은 종교적 견지에서도 허용될 수 없다. 인간의 생명은 절대자·조물주·하느님만이 허용한 것이며, 생명을 줄 수 없는 인간이 인간의 생명을 말살하는 것은 있을 수 없다. ③ 사형은 인간이 생명을 누리고 살아갈 수 있는 '생명권'을 근본적으로 부정하는 것이므로 헌법에 위반되어 허용되어서는 아니된다. ④ 형벌의 본질은 죄를 범한 범죄인을 교육하고 교화하여 건전한 사회인으로 복귀시키는 것인데, 교육과 교화를 근원적으로 포기하는 사형은 형벌의 본질에 반하는 제도이므로 허용될 수 없다. ⑤ 사형은 존치론자들이 맹신하는 것처럼 범죄억제의 효과가 없다. 즉 사형이 일반인에게 겁을 주어 흉악범죄를 억제한다는 것은 비과학적인 미신일 뿐이다. ⑥ 사형은 오판에 의해 저질러질 수 있으므로 폐지하여야 한다. 즉 인간은 어떠한 재판제도를 갖고 운영하든 간에 무죄인 자를 사형장으로 보낼 가능성이 있으며, 오판으로 인해 사형이 집행된 경우에는 그 회복이 불가능하기 때문이다. ⑦ 사형은 지배자·권력자·독재자 등에 의하여 남용되고 악용되어 온 대표적 형벌이므로 폐지해야 한다. ⑧ 사형은 불공평한 제도이므로 폐지해야 한다. 즉 사형수는 대부분이 '약자'이며, 같은 살인을 하였어도 강자보다는 약자가 사형에 의해 희생된다.

※ 헌법재판소법

[일부개정 2020. 6. 9. 법률 제17469호, 시행 2020. 12. 10.]

제1조(목적) 이 법은 헌법재판소의 조직 및 운영과 그 심판절차에 관하여 필요한 사항을 정함을 목적으로 한다.

제2조(관장사항) 헌법재판소는 다음 각 호의 사항을 관장한다. 1. 법원의 제청에 의한 법률의 위헌 여부 심판 2. 탄핵의 심판 3. 정당의 해산심판 4. 국가기관 상호간, 국가기관과 지방자치단체 간 및 지방자치단체 상호간의 권한쟁의에 관한 심판 5. 헌법소원에 관한 심판

제3조(구성) 헌법재판소는 9명의 재판관으로 구성한다.

제23조(심판정족수) ① 재판부는 재판관 7명 이상의 출석으로 사건을 심리한다. ② 재판부는 종국심리에 관여한 재판관 과반수의 찬성으로 사건에 관한 결정을 한다. 다만, 다음 각 호의 어느 하나에 해당하는 경우에는 재판관 6명 이상의 찬성이 있어야 한다. 1. 법률의 위헌결정, 탄핵의 결정, 정당해산의 결정 또는 헌법소원에 관한 인용결정을 하는 경우 2. 종전에 헌법재판소가 판시한 헌법 또는 법률의 해석 적용에 관한 의견을 변경하는 경우

※ 헌법 제37조 ① 국민의 자유와 권리는 헌법에 열거되지 아니한 이유로 경시되지 아니한다. ② 국민의 모든 자유와 권리는 국가안전보장·질서유지 또는 공공복리를 위하여 필요한 경우에 한하여 법률로써 제한할 수 있으며, 제한하는 경우에도 자유와 권리의 본질적인 내용을 침해할 수 없다.

[대법원 2021. 8. 19. 2020도16111 판결]
피고인이 성폭력범죄를 저질러 성폭력범죄자의 성충동 약물치료에 관한 법률(이하 '성충동약물치료법'이라고 한다)에 따른 1년간의 성충동 약물치료 명령(이하 '치료명령'이라고 한다)을 선고받아 확정되었는데, 그 집행에 불응하여 성충동약물치료법 위반죄로 징역 1년 6월을 복역하다가 징역형 집행종료 2개월 전 재개된 치료명령의 집행시도에서 약물치료 부작용에 대한 우려 등을 이유로 보호관찰관의 약물치료 지시에 다시 불응함으로써 '정당한 사유' 없이 준수사항을 위반하였다는 내용으로 기소된 사안에서, 치료명령을 규정한 성충동약물치료법 제8조 제1항에 대한 헌법재판소의 헌법불합치결정에 따라 성충동약물치료법이 2017. 12. 19. 법률 제15254호로 개정되어 치료명령의 집행시점에 집행의 필요성을 다시 한번 심리·판단하도록 하는 집행면제 신청 제도가 신설되었는데(같은 법 제8조의2), 그 부칙 제3조는 신설된 집행면제 관련 규정이 개정법 시행 전에 치료명령을 선고받은 사람에 대해서도 적용된다고 규정한 점, 피고인의 경우 집행시도 당시 치료명령 선고일로부터 6년 가까이 경과하였으므로 여전히 재범의 위험성이 있는지 등 치료명령 집행의 필요성에 대한 법원의 판단을 다시 받을 필요가 있었고, 피고인도 이를 원한다는 의사표시를 하였던 점, 그런데 피고인은 성충동약물치료법 제8조의2 제2항의 집행면제 신청기간의 제한 등으로 인하여 법원의 판단을 다시 받지 못한 점 등을 종합하면, 피고인은 집행시도 당시 집행의 필요성에 대한 법원의 판단을 받을 필요가 있었음에도 그 기회를 얻지 못한 상황에서 이러한 점을 이유로 약물치료 지시에 불응한 것으로 볼 수 있어 피고인의 준수사항 위반행위에는 정당한 사유가 있다는 이유로, 이와 달리 보아 공소사실을 유죄로 인정한 원심의 판단에 성충동약물치료법 제35조 제2항의 '정당한 사유'에 관한 법리오해의 잘못이 있다고 한 사례이다.

4. 증거재판주의와 무죄판결

[대구고법 2003. 7. 3. 2001노467 판결]

> 이 사건 공소사실에 의하면 피고인은 피해자 (여,39세)와 슬하에 15세된 딸 공소외 1을 두고 16년 정도 동거를 해온 사이로 약 8개월 전 대소변을 받아낼 정도로 노환이 깊은 피고인의 노모를 모시고 살면서부터 피해자가 자주 불만을 토로하여 피해자와 다투어 오던 중, 1998. 8. 19. 00:40경 경주시 강동면 유금리 1020의 2에 있는 벽산반도타운 101동 1402호 피고인의 집에서 피고인의 이웃에 사는 공소외 정명희가 놀러와 피해자와 같이 술을 마시다가 피해자와 정명희가 싸움을 하는 것을 피고인이 말리면서 위 정명희를 두둔한다는 이유로 피해자가 피고인에게 발길질을 하고 멱살을 잡는 등 시비를 걸어 잠시 안방 및 화장실로 피하였으나 계속하여 피해자가 덤벼들자 거실에서 서로 붙잡고 주먹으로 때리는 등 싸우다가 피고인을 때리고 도망가는 피해자를 뒤에서 발을 걸어 넘어뜨려 피해자가 베란다 창틀에 이마를 부딪힌 후 일어나 다시 욕을 하며 덤비자 순간적으로 피해자를 살해할 것을 결의하고, 피해자를 손으로 잡아 거실 바닥에 넘어뜨리고 배 위에 올라타 두 손으로 피해자의 목을 약 5분 가량 조르고 피해자가 힘이 빠지자 그 옆에 있는 손수건의 양끝을 잡아 피해자의 목을 약 10분 가량 힘껏 눌러 그 무렵 그 곳에서 피해자로 하여금 기도압박에 의한 질식으로 사망하게 함으로써 피해자를 살해하였다는 것이다.

【요 지】

피고인이 동거하던 피해자의 목을 눌러 살해하였다는 공소사실에 대하여 피고인이 원심에서 이를 시인하였다가 환송 전 당심에서 피고인이 피해자를 살해한 것이 아니라 피해자가 빨래건조대 봉에 목을 매달아 자살한 것이라고 변소한 사안에서 원심에서 유죄, 환송 전 당심에서 무죄, 대법원에서 심리미진으로 파기환송되었다가 환송 후 당심에서 대법원이 심리미진으로 지적한 점들에 대한 심리 및 증거조사를 마친 후 환송 전 당심과 같이 다시 무죄판결을 선고한 사례이다.

【이 유】

(1) **대법원은**, 첫째, 피고인은 그 구체적인 경위에서는 일치하지 않은 점이 있다 하여도 사고 다음날인 1998. 8. 20. 범행을 자인하는 내용의 자술서를 작성한 이래 1999. 4. 20. 환송 전 당심 제2회 공판기일에 이르기까지 무려 8개월 동안 자신의 범행에 의하여 그 처인 피해자가 사망하였다고 진술하다가 환송 전 당심 변론종결 후 범행을 부인하면서 피고인이 위와 같이 진술한 것은 경찰관의 폭행, 검사의 회유, 변호인의 설득 등으로 인한 것이라고 변소하고 있는데, 과연 그 주장과 같은 폭행, 회유, 설득을 당하여 그와 같은 진술을 하게 된 것인지의 점에 대하여, 둘째, 환송 전 당심의 현장검증결과 비록 마네킹에 의한 실험이

기는 하지만 건조대에 목을 매단 즉시 건조대가 뒤틀리며 건조대 봉이 구부러지지 않고 빠져버려 피고인의 변소와 같이 피해자가 건조대에 목을 매달아 자살하기는 힘든 것으로 나타났는바, 과연 사람이 목을 맨 경우는 위 현장검증결과와는 다른 운동성향을 가질 수 있는지, 갖는다면 어떠한 운동성향이 가능하여 목을 맨 건조대 봉만 브이(V)자로 구부러질 수 있는 상황을 발생시킬 수 있는지의 점에 대하여, 셋째, 전경부 갑상연골 부위 4개소의 손톱자국, 우측 하악골부 하단 5개의 손톱자국 및 갑상연골 중앙부의 열창 등 스스로 목을 맨 '의사'라고 보기에는 맞지 않은 피해자의 상처 등에 대한 발생경위에 대하여, 넷째, ① 피고인은 피해자의 이마부위의 상처가 피해자의 목맨 부분을 가위로 자를 때 타일바닥에 떨어지면서 난 것이라는 취지로 변소하고 있는바, 과연 피고인이 주장하는 피해자 발견시의 피해자의 자세(공판기록 175면 참조)에 비추어 그와 같이 이마부위에 상처가 날 수 있는지의 점에 대하여, ② 피고인의 최초 진술이라고 볼 수 있는 변사보고서의 발견자 진술난(수사기록 5면)에는 피고인이 부부싸움 후 방에서 잠깐 잠이 들었다가 피해자가 없어진 것을 알고 찾은 결과 피해자를 발견하였다는 환송 전 당심 진술과는 달리 화장실에 피해 있다가 나와서 피해자를 발견하였다는 취지로 기재된 연유가 무엇인지의 점에 대하여, ③ 나아가 유일한 목격자일수도 있는 딸인 공소외 1의 원심법정의 진술 중 "사고 중간쯤부터 보게 되었다."는 진술(공판기록 74면)은 무슨 취지이고, 가위로 피해자의 목을 맨 부분을 잘랐다면 건조대의 휘어진 부분에 그대로 매달려 있음직한 손수건을 왜 공소외 1은 사고 당시 발견하지 못하였다고 진술하였는지(수사기록 20면)의 점 등에 대하여 환송 전 당심이 더 심리를 한 이후에 과연 피해자가 자살한 것인지, 아니면 피고인에 의하여 살해된 것인지를 판단하였어야 함에도 불구하고, 환송 전 당심이 이에 이르지 아니한 채 이 사건 공소사실에 대하여 범죄의 증명이 없는 경우에 해당한다고 하여 무죄를 선고하였으니, 환송 전 당심판결에는 심리를 다하지 아니한 위법이 있다는 이유로 검사의 상고를 받아들여 환송 전 당심판결을 파기환송하였다.

(2) 피고인의 진술: (가) 피고인은 ① 1998. 8. 19. 경주경찰서 강동파출소에서 작성된 진술조서에서는 피해자가 건조대 봉에 목을 매어 자살하였다고 진술하였다가, ② 같은 달 20. 피고인이 작성한 진술서와 경주경찰서에서 작성된 진술조서에서는 피고인과 피해자가 서로 다투는 도중 피해자가 안방 베란다 창문으로 도망가다가 창문턱에 발이 걸려 건조대 봉 브이(V)자 홈에 넘어지면서 목에 심한 타박상을 입고 다시 베란다 바닥으로 넘어지면서 얼굴 앞부분에 상처를 입고 의식을 잃은 후 사망하였는데, 겁이 나서 피해자가 스스로 목을 매어 자살하였다고 허위진술을 하였다고 진술하고, 위 진술조서에서는 더하여 건조대에 목을 매어 자살한 것으로 위장하기 위하여 건조대에 있던 손수건을 벗겨서 매듭을 만들고 부엌에 있는 가위를 가져와 절단해 두었고, 건조대 봉이 굴절된 것은 피고인과 피해자가 서로 베란다 쪽으로 쫓고 쫓기는 와중에 건조대를 잡아 당겨 그렇게 된 것이라고 진술하여 각 살인의 범행을 부인하였고, ③ 같은 날 피해자 사체에 대한 부검 이후에 작성된 피고인의 자술서에서부터 3회에 걸친 경찰 피의자신문조서와 경찰 검증조서 및 2회에 걸친 검찰 피의자신문조서 작성시까지 사소한 점에 있어 차이는 있으나 일관되게 '피고인과 피해자가 서로 엉켜 싸우다가 피고인이 피고인을 때리고 도망가는 피해자를 뒤에서 발을 걸어 피해자로 하여금 넘어지면서 베란다 창틀에 이마를 부딪히게 하여 이마가 찢어지는 상처를 입게 하였고, 그 후 피해자가 피고인에게 더욱 거세게 달려들기에 피고인이 피해자의 배 위에 올라타

약 5분 정도 목을 조르다가 옆에 있는 손수건의 양끝을 잡아 일자형으로 피해자의 목에 대고 약 10분 정도 눌러 살해한 후 피해자가 자살한 것으로 위장하기 위하여 손수건으로 피해자의 목을 묶어 베란다로 끌고 가서 베란다에 있는 건조대 봉을 잡아당겨 굴절시킨 다음 부엌에 있는 가위를 가지고 와서 목에 묶었던 손수건을 잘랐다.'라는 취지로 이 사건 공소사실에 부합하는 진술을 하여 각 살인의 범행을 시인하였고, ④ 원심법정에서도 검사의 신문에는 이 사건 공소사실을 모두 시인하고 다만 변호인의 반대신문에는 피해자를 살해할 생각은 없었는데, 피해자가 피고인의 목을 조르는 상황에서 이를 벗어나기 위하여 저질러진 불가피한 범행이었다고 진술하였고, ⑤ 환송 전 당심 제1회 공판기일에서 재판장의 질문에 원심에서 사실대로 진술하였다고 대답하였으나 변호인의 신문을 통하여서는 항소이유에서 주장한 바와 같이 피해자와 싸우던 중 피해자가 넘어지면서 문틀에 이마를 부딪쳐 사망한 것처럼 진술하였고, ⑥ 환송 전 당심 제2회 공판기일에 결심된 후 변호인을 통하여 변론재개신청서를 제출하면서부터 환송 후 당심에 이르기까지 일관되게 경찰에서의 당초 진술과 같이 피고인이 피해자를 살해한 사실은 없고 피해자가 건조대 봉에 목을 매어 자살한 것이라며 이 사건 공소사실을 부인하고 있다.

(나) 피고인은 자신의 자백경위에 대하여, 경찰에서 자백한 것은 경찰관들로부터 똥을 쌀 정도로 무수한 구타와 고문을 당하여 이를 견디지 못한 나머지 허위로 자백한 것이고, 검찰에서 자백한 것은 검사가 범행을 부인하면 사형 내지 무기징역 등의 중벌을 면하기 어렵다고 하여 겁이 나서 허위자백한 것이고, 원심법정에서 자백한 것은 변호인이 피고인에게 범행을 부인하면 변호하지 않겠다고 하고, 피고인의 가족들도 피고인에게 차라리 범행을 시인하고 선처를 받으라고 설득하기에 이에 따라 허위자백하였고, 항소이유서와 제1차 변론재개신청서 제출 전의 환송 전 당심법정에서 피해자가 자살한 것이지 피고인이 피해자를 살해하지 않았다는 주장(이하 '자살변소'라 한다)을 하지 못한 것은 가족들이 1심 재판과 같은 내용으로 재판받는 것이 유리하다고 설득하였을 뿐만 아니라 피고인이 자포자기의 상태에서 재판이 끝나기 전에 자살변소를 하면 2심 변호인도 1심 변호인과 마찬가지로 변호를 거부할 것 같아 자살변소를 하지 못하고 있다가 환송 전 당심에서 변론종결된 후 부담없이 변호인에게 자살변소를 하게 되었다고 진술하고 있는바, 다음과 같은 사정을 종합하여 보면 피고인이 자신의 범행을 시인한 위 각 진술은 이를 믿기 어렵다고 할 것이다. ① 피고인은 자신이 경찰관들로부터 심한 구타를 당하여 똥을 쌌는데, 다른 경찰관이 팬티를 주어 갈아입었다고 주장하는바, 피고인이 '경찰'이라는 라벨이 붙어있는 팬티를 소지하고 있는 점(공판기록 제2권 707면)에 비추어 보면, 피고인의 위 주장이 사실일 가능성을 배제할 수 없다고 할 것이다. ② 피고인의 원심 변호인이 환송 후 당심법원에 사실확인서(공판기록 제2권 1061면)를 제출하였는바, 그 내용의 요지는, 첫째, 당시 피고인의 원심 변호인은 자신의 죄를 잘 뉘우치지 않는 피의자, 피고인에 대하여 일단 사건을 수임하였다가도 사임한 일이 자주 있었고, 둘째, 변호인의 기억에 변호인이 건조대에 목을 매어 죽는다는 것은 불가능한 일이라고 피고인에게 주장한 일이 있고, 셋째, 피고인의 진술은 전반적으로 당시 변호인의 변호사업 운영형태나 변호인 사무실의 분위기 등을 정확하게 전달하는 것으로서 피고인이 이를 일부러 꾸며낸다는 것은 불가능한 일이고, 넷째, 20년 넘게 법조계에 몸을 담아온 변호인의 입장에서 보자면 피고인의 표정 등 여러 가지 정황에서 피고인이 진실되게 말한다고 믿을 수 있었으므로 피고인의 변소는 타당성을 가진다는 내용으로서, 피고인의 원심에서의 자백경위에 대한 피고인의 변소에 부합한다. ③ 피고인과 피고인의 동생인 공소외 2 사이의

1998. 9. 23.자 교도소 접견일지(공판기록 제2권 607면)에 의하면, 피고인과 공소외 2 사이에 공소외 2가 "변호사를 만나보니 이야기가 맞지 않는다고 하더라"라고 하니 피고인이 "그러면 변호사를 바꿔주시오"라고 하였고, 공소외 2가 "바꾸는 것은 문제가 아닌데 일이 어렵게 되었습니다."라고 하니 피고인이 "변호사와 이야기한 것이 진실입니다. 변호사를 바꿔주시오"라고 대화한 사실이 인정되는바, 이 점에 비추어 보더라도 피고인의 수사기관 및 원심에서의 자백 경위에 대한 변소가 이유 없다고 단정할 수 없다 할 것이다. ④ 피고인의 가족들도 환송 후 당심법원에 인증서(공판기록 제2권 708면)를 제출하였는바, 그 내용의 요지는, "피고인의 원심 변호인이 피고인의 가족들에게 '피고인이 진술을 번복하여 변호를 맡지 않겠다. 무죄 주장을 하면 패씸죄로 사형이나 무기징역을 받는다.'라고 하기에 겁이 나고 걱정이 되어 피고인을 면회하여 '무죄 주장은 서류상 불가능하다고 할 뿐만 아니라 집안 불상사이고 하니 제발 가족들을 생각해서 억울한 일이 있더라도 피고인이 참고 희생하는 수밖에 없다.'라고 설득하였고, 2심에서도 '피고인이 억울하더라도 무죄 주장을 하는 것은 불가능한 일이니 소개받은 변호사를 통하여 재판이나 잘 받자'라고 권고하였다."라는 내용으로서, 피고인의 원심에서의 자백 경위에 대한 피고인의 변소에 부합한다.

(3) **결론**: 유죄의 인정은 법관으로 하여금 합리적인 의심을 할 여지가 없을 정도로 공소사실이 진실한 것이라는 확신을 가지게 하는 증명력을 가진 증거에 의하여야 하고, 그와 같은 증거가 없다면 설령 피고인에게 유죄의 의심이 간다 하더라도 피고인의 이익으로 판단할 수밖에 없다고 할 것인데, 건조대 봉에 목을 매어 자살한다는 것은 불가능한 것이 아닌가 하는 막연한 추측과 이 사건 공소사실에 부합하는 듯한 정황증거만으로 피고인의 변소에 부합하는 사체에 나타난 명백한 증거를 배척하고 이 사건 공소사실을 유죄로 인정할 수는 없다고 할 것이므로, 이 사건 공소사실을 유죄로 인정한 원심판결에는 사실을 오인하여 판결에 영향을 미친 위법이 있다고 할 것이다. 따라서 형사소송법 제364조 제2항, 제6항에 의하여 원심판결을 파기하고, 변론을 거쳐 다시 다음과 같이 판결한다. 피고인에 대한 이 사건 공소사실의 요지는, 앞서 본 바와 같이 피고인이 피해자를 살해하였다는 것이나, 앞서 살펴본 바와 같이 이 사건 공소사실을 인정할 만한 증거가 없으므로 형사소송법 제325조 후단에 의하여 피고인에게 무죄를 선고하고, 형법 제58조 제2항에 따라 피고인에 대한 판결의 요지를 공시하기로 한다.

【해 설】

(1) **범죄**란 '형법이 처벌하기로 정한 행위' 혹은 '형법의 범죄요건을 만족시키는 행위'라고 정의할 수 있으며 또한 '구성요건에 해당하는 위법·유책의 행위'를 말한다. 형법상 범죄가 성립하기 위해서는 다음의 세 가지 요건이 갖추어져야 한다. 즉 ① 일정한 행위가 구성요건에 해당하고(**구성요건해당성**) ② 구성요건에 해당한 행위가 위법하며(**위법성**) ③ 행위자가 책임능력이 있고 또 고의나 과실이 있을 것(**책임성**)을 요한다. 이를 **범죄성립요건**이라고 한다.

(2) **구성요건해당성**이란 구체적인 사실이 범죄의 구성요건에 해당하는 것으로서 구체적 범죄사실이 추상적 구성요건에 해당하여 그 가벌성의 전제를 실현시켰을 경우에 구성요건해당성이 인정된다. 가령 '사람을 살해한 자' 혹은 '타인의 재물을 절취한 자'와 같은 관념형상을 구성요건이라고 하고, 구체적인 범죄사실이 이러한 추상적인 법조문에 부합하는 성질을 구성요건해당성이라고 한다. 그러므로 아무리 반사회적·반도덕적 행위라 할지라도 구성요건에 해당하지 않을 때에는 범죄를 구성하지 아니한다.

(3) **위법성**이란 구성요건에 해당하는 행위가 법질서 전체의 입장에서 허용되지 않는 성질을 말한다. 즉 행위가 법적인 견지에서 허용되지 아니한다는 성질(법적 무가치성)을 의미하며, 행위가 국가적 사회공동생활을 규율하는 법규의 목적에 위반하여 법질서 전체의 입장에서 내려지는 부정적 가치판단을 뜻한다.

(4) **책임성**이란 객관적으로 구성요건에 해당하는 위법인 행위를 한 자에 대하여 형벌이라는 법률적 효과를 부담시켜 비난할 수 있는 행위자의 정신상태를 말한다. 따라서 책임성은 범죄성립의 주관적 요건이며, 법규범에 맞추어 행동하지 않고 달리 행위를 한 행위자에 대한 비난가능성을 뜻한다. 이러한 책임성이 성립하기 위해서는 행위자에게 책임능력이 있고, 책임조건으로서의 고의·과실이 있으며, 기대가능성이 있어야 한다.

① **책임능력**이란 행위자가 사물을 변별하고 의사를 결정할 수 있는 능력을 말하며, 책임능력에는 자기가 하고자 하는 행위가 어떠한 의미를 가지고 있는가를 통찰할 수 있는 변별능력(지적 요소)과 이러한 통찰에 맞추어 자기의 의사를 결정할 수 있는 의사결정능력(의지적 요소)이 포함된다.

② **책임조건(고의·과실·위법성인식)**이란 행위를 유책하게 하기 위한 행위자의 심리적 요소로서 고의·과실을 말한다. 즉 형법상 책임이 있다고 하기 위해서는 책임능력자가 범죄사실을 인식할 수 있음에도 불구하고 부주의로 인정하지 못한 경우이어야 한다. 전자를 고의라 하고, 후자를 과실이라고 한다. 즉 **고의**란 행위자가 일정한 범죄사실을 인식하면서도 그러한 위법인 행위로 나오는 행위자의 의사태도를 말하며, **과실**이란 부주의로 인하여 범죄사실을 인식하지 못한 경우를 말한다. 형법은 원칙적인 책임형식인 고의만을 처벌하고, 예외적인 책임형식인 과실은 특별규정이 있는 경우에만 처벌한다. 한편 **위법성인식**이란 행위자가 자기 행위가 법질서에 반하고 따라서 금지되어 있다는 것을 인식하는 것을 말하며, 위법성인식이 있어야 법규범을 알면서도 범죄를 결의하였다는 것에 대한 비난이 가능하기 때문에 위법성인식은 책임비난의 핵심이 된다. 범죄의 성립에 있어서 위법성인식은 그 범죄사실이 사회정의와 조리에 어긋난다는 것을 인식하는 것으로서 족하고 구체적인 해당 법조문까지 인식할 것을 요하는 것은 아니므로, 설사 형법상의 허위공문서작성죄에 해당되는 줄 몰랐다고 가정하더라도 그와 같은 사유만으로는 위법성인식이 없었다고 할 수 없다.

③ **기대가능성**이란 행위당시의 구체적인 사정 하에서 행위자에게 그 범죄행위를 피하고 다른 적법행위를 하도록 기대할 수 있는 가능성을 말한다. 책임능력자가 고의 또는 과실에 의하여 범죄행위를 하였을 경우에도 기대가능성이 없으면 책임이 조각된다. 이러한 기대가능성의 유무를 판단하는 기준에 관하여는 ㉠ 행위자표준설 ㉡ 평균인(보통인)표준설 ㉢ 국가표준설이 주장되고 있는데 평균인(보통인)표준설이 가장 타당하다고 본다.

※ 형법

[일부개정 2020. 12. 8. 법률 제17571호, 시행 2021. 12. 9.]

제9조(형사미성년자) 14세되지 아니한 자의 행위는 벌하지 아니한다.

제10조(심신장애인) ① 심신장애로 인하여 사물을 변별할 능력이 없거나 의사를 결정할 능력이 없는 자의 행위는 벌하지 아니한다. ② 심신장애로 인하여 전항의 능력이 미약한 자의 행위는 형을 감경할 수 있다. ③ 위험의 발생을 예견하고 자의로 심신장애를 야기한 자의 행위에는 전2항의 규정을 적용하지 아니한다.

제11조(청각 및 언어 장애인) 듣거나 말하는 데 모두 장애가 있는 사람의 행위에 대해서는 형을 감경한다.

제12조(강요된 행위) 저항할 수 없는 폭력이나 자기 또는 친족의 생명, 신체에 대한 위해를 방어할 방법이 없는 협박에 의하여 강요된 행위는 벌하지 아니한다.

제13조(고의) 죄의 성립요소인 사실을 인식하지 못한 행위는 벌하지 아니한다. 다만, 법률에 특별한 규정이 있는 경우에는 예외로 한다.

제14조(과실) 정상적으로 기울여야 할 주의를 게을리하여 죄의 성립요소인 사실을 인식하지 못한 행위는 법률에 특별한 규정이 있는 경우에만 처벌한다.

[부산고법 2020. 6. 24. (창원)2019노344 판결]

(가) 피고인이 자신이 거주하는 아파트에 휘발유를 뿌려 불을 지른 다음 2층 비상계단으로 이동하여 위층에 거주하는 갑 등이 대피하기를 기다렸다가 무방비 상태로 대피하는 갑 등을 회칼과 장어칼로 찔러 5명을 살해하는 등 총 22명을 사상에 이르게 하였다고 하여 살인·살인미수 및 현주건조물방화치상죄 등으로 기소된 사안에서, 피고인이 범행 당시 조현병으로 인한 심신미약 상태에 있었다고 보아 형을 감경한 사례이다.

(나) 피고인이 약 10년 전 폭력사건의 재판에서 조현병으로 진단되어 심신미약 상태에서 범행한 것으로 판단되었고 이후 치료를 받다가 중단한 점, 범행 동기와 경위 등에 관하여 '다수의 주민들이 패거리를 이루어 자신에게 불이익을 가한다'는 등의 피고인의 진술은 수사기관, 정신감정 당시의 면담, 법정에 이르기까지 일관될 뿐만 아니라, 위 살인 등 범행 이전에 수차례 위층에서 벌레를 뿌렸다며 항의를 하고 오물을 투척하는 등 소동을 일으킨 점 등의 여러 객관적 정황에 비추어 볼 때, 피고인의 피해망상, 관계망상 등 조현병적 증상이 각 범행의 동기인 것으로 보이는 점, '피고인의 망상이 범행 동기가 되었다'는 공통된 내용의 임상심리평가와 정신감정 결과는 피고인이 각 범행 당시 심신미약 상태에 있었음을 뒷받침하는 신빙성 있는 자료로 판단되는 점, 피고인의 피해망상, 관계망상 등이 범행의 동기가 된 이상 피고인이 범행을 준비하여 계획하고 이에 따라 범행을 실행하였다 하더라도 피고인을 심신미약 상태로 판단하는 데 방해가 된다고 볼 수는 없는 점 등에다가 각 범행의 경위, 수단 및 범행 전후 피고인의 태도 등을 종합하면, 피고인은 각 범행 당시 조현병의 정신적 장애를 가지고 있었고 정신적 장애에 기인한 피해망상, 관계망상 등으로 말미암아 사물을 변별하거나 의사를 결정할 능력이 미약한 상태에 있었던 것으로 판단되므로, 피고인

4. 증거재판주의와 무죄판결

에 대하여는 형법상 심신미약에 따른 법률상 감경 조항을 적용함이 타당하다는 이유로 사형을 선고한 원심판결을 파기하고 무기징역을 선고한 사례이다.

※ 형사소송법
[일부개정 2021. 8. 17. 법률 제18398호, 시행 2021. 11. 18.]

제307조(증거재판주의) ① 사실의 인정은 증거에 의하여야 한다. ② 범죄사실의 인정은 합리적인 의심이 없는 정도의 증명에 이르러야 한다.

제308조(자유심증주의) 증거의 증명력은 법관의 자유판단에 의한다.

제308조의2(위법수집증거의 배제) 적법한 절차에 따르지 아니하고 수집한 증거는 증거로 할 수 없다.

제325조(무죄의 판결) 피고사건이 범죄로 되지 아니하거나 범죄사실의 증명이 없는 때에는 판결로써 무죄를 선고하여야 한다.

[대법원 2019. 7. 11. 2018도20504 판결]

(가) 형사소송법 제308조의2는 '위법수집증거의 배제'라는 제목으로 "적법한 절차에 따르지 아니하고 수집한 증거는 증거로 할 수 없다."라고 정하고 있다. 이는 위법한 압수·수색을 비롯한 수사과정의 위법행위를 억제하고 재발을 방지함으로써 국민의 기본적 인권 보장이라는 헌법 이념을 실현하고자 위법수집증거 배제 원칙을 명시한 것이다. 헌법 제12조는 기본적 인권을 보장하기 위하여 압수·수색에 관한 적법절차와 영장주의 원칙을 선언하고 있고, 형사소송법은 이를 이어받아 실체적 진실 규명과 개인의 권리보호 이념을 조화롭게 실현할 수 있도록 압수·수색절차에 관한 구체적 기준을 마련하고 있다. 이러한 헌법과 형사소송법의 규범력을 확고하게 유지하고 수사과정의 위법행위를 억제할 필요가 있으므로, 적법한 절차에 따르지 않고 수집한 증거는 물론 이를 기초로 하여 획득한 2차적 증거 또한 기본적 인권 보장을 위해 마련된 적법한 절차에 따르지 않고 확보한 것으로서 원칙적으로 유죄 인정의 증거로 삼을 수 없다고 보아야 한다.

(나) 그러나 법률에 정해진 절차에 따르지 않고 수집한 증거라는 이유만을 내세워 획일적으로 증거능력을 부정하는 것은 헌법과 형사소송법의 목적에 맞지 않는다. 실체적 진실 규명을 통한 정당한 형벌권의 실현도 헌법과 형사소송법이 형사소송 절차를 통하여 달성하려는 중요한 목표이자 이념이기 때문이다. 수사기관의 절차 위반행위가 적법절차의 실질적인 내용을 침해하는 경우에 해당하지 않고, 오히려 증거능력을 배제하는 것이 헌법과 형사소송법이 형사소송에 관한 절차 조항을 마련하여 적법절차의 원칙과 실체적 진실 규명의 조화를 도모하고 이를 통하여 형사 사법 정의를 실현하려 한 취지에 반하는 결과를 초래하는 것으로 평가되는 예외적인 경우라면, 법원은 그 증거를 유죄 인정의 증거로 사용할 수 있다고 보아야 한다. 이에 해당하는지는 수사기관의 증거 수집 과정에서 이루어진 절차 위반행위와 관련된 모든 사정, 즉 절차 조항의 취지, 위반 내용과 정도, 구체적인 위반 경위와 회피가능성, 절차 조항이 보호하고자 하는 권리나 법익의 성질과 침해 정도, 이러한 권리나 법익과 피고인 사이의 관련성, 절차 위반행위와 증거 수집 사이의 관련성, 수사기관의 인식과

의도 등을 전체적·종합적으로 고찰하여 판단해야 한다. 이러한 법리는 적법한 절차에 따르지 않고 수집한 증거를 기초로 하여 획득한 2차적 증거에 대해서도 마찬가지로 적용되므로, 절차에 따르지 않은 증거 수집과 2차적 증거 수집 사이 인과관계의 희석이나 단절 여부를 중심으로 2차적 증거 수집과 관련된 모든 사정을 전체적·종합적으로 고려하여 예외적인 경우에는 유죄 인정의 증거로 사용할 수 있다.

0세~	10세~	14세~	19세~
범법소년----→ 소년보호처분× 형사처벌×	촉법소년----→ 소년보호처분○ 형사처벌×	범죄소년----→ 소년보호처분○ 형사처벌○	민법상 성년
형사미성년자----------------→			
소년법 해당 연령-----------------------------→			

※ <u>소년법</u>
[타법개정 2020. 10. 20. 법률 제17505호, 시행 2021. 4. 21.]

제1조(목적) 이 법은 반사회성이 있는 소년의 환경 조정과 품행 교정을 위한 보호처분 등의 필요한 조치를 하고, 형사처분에 관한 특별조치를 함으로써 소년이 건전하게 성장하도록 돕는 것을 목적으로 한다.
제2조(소년 및 보호자) 이 법에서 "소년"이란 19세 미만인 자를 말하며, "보호자"란 법률상 감호교육을 할 의무가 있는 자 또는 현재 감호하는 자를 말한다.
제32조(보호처분의 결정) ① 소년부 판사는 심리 결과 보호처분을 할 필요가 있다고 인정하면 결정으로써 다음 각 호의 어느 하나에 해당하는 처분을 하여야 한다. 1. 보호자 또는 보호자를 대신하여 소년을 보호할 수 있는 자에게 감호 위탁 2. 수강명령 3. 사회봉사명령 4. 보호관찰관의 단기 보호관찰 5. 보호관찰관의 장기 보호관찰 6. 「아동복지법」에 따른 아동복지시설이나 그 밖의 소년보호시설에 감호 위탁 7. 병원, 요양소 또는 「보호소년 등의 처우에 관한 법률」에 따른 의료재활소년원에 위탁 8. 1개월 이내의 소년원 송치 9. 단기 소년원 송치 10. 장기 소년원 송치 ⑥ 소년의 보호처분은 그 소년의 장래 신상에 어떠한 영향도 미치지 아니한다.

5. 야스쿠니 방화 범죄인 인도청구사건

[서울고법 2013. 1. 3. 2012토1 결정]

> 범죄인은 2011. 12. 26. 03:56경 청구국 도쿄도 지요다구 구단키타 3정목 1번 1호 소재 야스쿠니 신사 신문 앞에서 위 신문 중앙문 남쪽 기둥에 휘발유 같은 액체를 뿌리고 소지한 라이터로 불을 붙여 위 신사 대표임원인 교고쿠 다카하루가 관리하는 위 신사의 신문 일부를 소훼함으로써 위 신문 부근 건조물 등에 연소할 우려가 있는 등 공공의 위험을 발생하게 하였다. 이에 청구인(서울고등검찰청 검사)은 2012. 11. 8. 청구국(일본국)으로부터 범죄인에 대한 2012. 5. 21.자 인도청구가 있음을 이유로, 대한민국과 청구국 사이에 2002. 4. 8. 체결하여 2002. 6. 21. 발효된 '대한민국과 일본국 간의 범죄인 인도조약'(이하 '이 사건 조약'이라 한다) 제2조, 제8조의 규정에 따라 범죄인의 인도허가 여부에 관한 심사를 청구하였다.

【요 지】

(1) 대한민국과 일본 사이에 2002. 4. 8. 체결하여 2002. 6. 21. 발효된 '대한민국과 일본국 간의 범죄인 인도조약'(이하 '인도조약'이라 한다)은 국회의 비준을 거친 조약으로서 법률과 동일한 효력을 가지므로, 대한민국이 일본에 대하여 범죄인을 인도할 의무가 있는지 판단할 때에는 신법 우선의 원칙, 특별법 우선의 원칙 등 법률해석의 일반원칙과 '범죄인 인도법' 제3조의2의 규정 취지에 따라 인도조약이 '범죄인 인도법'에 우선하여 적용되고, '범죄인 인도법'은 인도조약의 취지에 반하지 아니하는 범위에서 인도조약을 보충하여 적용된다.

(2) 오늘날 국제적으로 논의되고 있는 경향에 따르면, 범죄인 인도절차에 있어 '정치적 범죄'는 사인, 사적인 재산 또는 이익을 침해함이 없이 오로지 해당 국가의 정치질서에 반대하거나 해당 국가의 권력관계나 기구를 침해하는 행위인 '절대적 정치범죄' 내지 '순수한 정치범죄'와 그와 같은 목적을 위하여 저지른 일반범죄인 '상대적 정치범죄'로 나눌 수 있고, 여기에서 절대적 정치범죄가 정치적 범죄에 해당한다는 점에는 의견이 대부분 일치하고 있으나, 상대적 정치범죄가 정치적 범죄로서 간주되기 위한 기준은 국제적으로 아직 확립되지 못하여 국가마다 서로 다른 관행을 발전시켜왔다. 이러한 정치적 범죄의 개념 및 유형, 정치범 불인도 원칙의 발전 과정 및 최근 경향 등을 고려해 볼 때 어떠한 범죄, 특히 상대적 정치범죄가 정치적 범죄인지 판단할 때에는, ① 범행 동기가 개인적인 이익 취득이 아니라 정치적 조직이나 기구가 추구하는 목적에 찬성하거나 반대하는 것인지, ② 범행 목적이 한 국가의 정치체제를 전복 또는 파괴하려는 것이거나 그 국가의 대내외 주요 정책을 변화시키도록 압력이나 영향을 가하려는 것인지, ③ 범행 대상의 성격은 어떠하며, 나아가 이는 무엇을 상징하는 것인지, ④ 범죄인이 추구하는 정치적 목적을 실현하는 데 범행

이 상당히 기여할 수 있는 수단으로서 유기적 관련성이 있는지, ⑤ 범행의 법적·사실적 성격은 어떠한지, ⑥ 범행의 잔학성, 즉 사람의 생명·신체·자유에 반하는 중대한 폭력행위를 수반하는지 및 결과의 중대성에 비춰 범행으로 말미암은 법익침해와 정치적 목적 사이의 균형이 유지되고 있는지 등 범죄인에게 유리하거나 불리한 주관적·객관적 사정을 정치범 불인도 원칙의 취지에 비추어 합목적적·합리적으로 고찰하여 종합적으로 형량하고, 여기에다 범행 목적과 배경에 따라서는 범죄인 인도 청구국과 피청구국 간의 역사적 배경, 역사적 사실에 대한 인식 차이 및 입장 대립과 같은 정치적 상황 등도 고려하여, 상대적 정치범죄 내에 존재하는 일반범죄로서 성격과 정치적 성격 중 어느 것이 더 주된 것인지를 판단하여 결정하여야 한다.

(3) '대한민국과 일본국 간의 범죄인 인도조약'(이하 '인도조약'이라 한다) 및 '범죄인 인도법'의 규정 형식의 유사성에다 정치적 범죄의 개념 및 유형, 정치범 불인도 원칙의 발전 과정 및 최근 경향, 정치적 범죄의 판단 기준에 비추어 보면, 인도조약 제3조 (다)목 본문에서 말하는 '정치적 범죄'는 '범죄인 인도법' 제8조 제1항에서 정한 '정치적 성격을 지닌 범죄이거나 그와 관련된 범죄'와 같은 의미로서, 절대적 정치범죄뿐 아니라 상대적 정치범죄까지 포함하는 개념으로 해석하는 것이 타당하다.

(4) 일본 정부의 일본군위안부 등 과거의 역사적 사실에 대한 인식에 항의하고 그와 관련된 대내외 정책에 영향을 줄 목적으로 일본 소재 야스쿠니 신사 신문에 방화하여 일부를 소훼함으로써 공공의 위험을 발생하게 하였다는 범죄사실로 국내에 구금 중인 중국 국적의 범죄인 갑에 대하여, 일본이 '대한민국과 일본국 간의 범죄인 인도조약'(이하 '인도조약'이라 한다)에 따라 인도를 청구한 사안에서, ① 범행 동기가 일본 정부의 과거의 역사적 사실에 관한 인식 및 그와 관련된 정책에 대한 분노에서 기인한 것으로, 범죄인에게 개인적인 이익을 취득하려는 동기를 찾아볼 수 없는 점, ② 범행 목적이 범죄인 자신의 정치적 신념 및 견해와 반대 입장에 있는 일본 정부의 정책을 변화시키거나 이에 영향을 미치기 위하여 압력을 가하고자 하는 것인 점, ③ 범행 대상인 야스쿠니 신사가 법률상 종교단체의 재산이기는 하나 국가시설에 상응하는 정치적 상징성이 있다고 평가되는 점, ④ 범행이 정치적인 대의를 위하여 행해진 것으로서 범행과 정치적 목적 사이에 유기적 관련성이 인정되는 점, ⑤ 범행의 법적 성격은 일반물건 방화이나 실제로는 오히려 손괴에 가깝고 방화로 말미암은 공공의 위험성 정도가 크지 않은 점, ⑥ 범행으로 인한 인명 피해가 전혀 없고 물적 피해도 크다고 할 수 없어 범행으로 야기된 위험이 목적과 균형을 상실했다고 보기 어려운 점 등 제반 사정과 범죄인 불인도 원칙의 취지, 청구국인 일본과 피청구국인 대한민국, 나아가 범죄인의 국적국인 중국 간의 역사적 배경, 과거의 역사적 사실에 대한 인식 차이 및 의견 대립과 같은 정치적 상황, 유엔을 비롯한 국제기구와 대다수 문명국가가 추구하는 보편적 가치 등을 종합해 볼 때, 인도 대상 범죄는 일반물건 방화라는 일반범죄 성격보다 정치적 성격이 더 큰 상대적 정치범죄로서 인도조약 제3조 (다)목 본문에서 정한 '정치적 범죄'에 해당하고, 달리 범죄인을 인도하여야 할 예외사유가 존재하지 아니한다는 이유로 인도거절 결정을 한 사례이다.

5. 야스쿠니 방화 범죄인 인도청구사건

【이 유】

(1) **인도심사청구의 적용법규**: 이 사건 인도심사청구에 관한 적용법규로는 국내법으로서 1988. 8. 5. 공포되어 시행되고 있는 '범죄인 인도법'이 있고, 조약으로서 이 사건 조약이 있는데, 대한민국 헌법은 "헌법에 의하여 체결·공포된 조약과 일반적으로 승인된 국제법규는 국내법과 같은 효력을 가진다."고 규정하고 있고(제6조 제1항), 이러한 헌법 규정 아래에서는 국회의 동의를 요하는 조약은 법률과 동일한 효력을, 국회의 동의를 요하지 않는 조약은 대통령령과 같은 효력을 인정하는 것이라고 해석함이 타당하므로, 이 사건 조약은 국회의 비준을 거친 조약으로서 법률과 동일한 효력을 가진다고 할 것이다. 또한 범죄인 인도법 제3조의2에 따르면 '범죄인 인도에 관하여 인도조약에 이 법과 다른 규정이 있는 경우에는 그 규정에 따른다'고 되어 있다. 따라서 대한민국이 청구국에 대하여 범죄인을 인도할 의무가 있는지를 판단함에 있어서는 신법 우선의 원칙, 특별법 우선의 원칙 등 법률 해석의 일반원칙과 위 범죄인 인도법의 규정 취지에 따라 이 사건 조약이 범죄인 인도법에 우선하여 적용되고, 범죄인 인도법은 이 사건 조약의 취지에 반하지 아니하는 범위에서 이 사건 조약을 보충하여 적용된다.

(2) **기초사실**

(가) **범죄인의 가족력**: 범죄인은 1974년 중국 상하이에서 출생하여 어려서부터 취학 전까지 부모와 떨어져 외할머니와 함께 살았고, 취학 후에도 외할머니가 1985년 12월 사망하기 전까지 방학 때마다 외할머니의 집에서 기거하였다. 외할머니는 사망하기 전까지 가족 및 친지에게 평생 감추어왔던 다음과 같은 자신의 과거를 범죄인에게 알려주었다. 외할머니는 한국인으로서 본명이 청구외 2(개명 후 이름 생략)로 평양에서 태어나 대구와 서울 등지에서 살다가 1942년경 목포항을 통하여 중국에 끌려가 일본군위안부가 되어 고초를 겪었고, 제2차 세계대전이 끝난 후에도 중국에 그대로 남아 있다가 범죄인의 외할아버지와 결혼하여 범죄인의 어머니인 청구외 1을 낳았으며, 외증조할아버지 청구외 3은 1940년대 초 서울 소재 중학교의 교사로 일하던 중 몰래 한국어를 가르쳤다는 이유로 서울 서대문형무소에서 고문을 받아 사망하였다. 한편 범죄인의 할아버지 청구외 4는 항일 신사군의 단장으로서 전투원을 거느리고 항일투쟁을 하다가 1945년 전사하여, 1983년 중국 정부로부터 혁명열사라는 칭호를 받았다. 이러한 연유로 범죄인은 인터넷에서 군국주의를 비판하고, 2005년에는 야스쿠니 신사를 방문해서 일본제국주의를 타도하자는 구호를 외치는 등 항의를 했으며, 2006년에는 청구국의 고이즈미 총리가 야스쿠니 신사를 참배한 것에 대해 시위를 하고, 주중 일본 대사관 앞에서 항의하기도 하였다.

(나) **사건경위**: 범죄인은 1997년 대학 졸업 후 광저우의 학원에서 영어교사로 일하였고, 심리치료학을 공부하여 2007년경 심리치료사 자격을 취득한 후 2008년부터는 심리치료사로 일하기 시작하였으며, 2011. 3. 11. 동일본대지진 참사가 일어나자 2011. 10. 3. 재해지역 주민에 대한 심리치료 자원봉사를 위하여 청구국으로 갔다. 범죄인은 청구국에서 일본어를 배우고 현지 생활에 적응하면서 상담치료 등 봉사활동을 하던 중 2011. 12. 18.경 한일 정상회담 당시 대한민국의 이명박 대통령이 과거 일본군위안부 문제에 대한 진정한 반성과 해결을 촉구하였음에도 불구하고 청구국의 노다 요시히코 총리가 그 논의 자체를 거부하고,

오히려 주한 일본대사관 앞의 일본군위안부 소녀상을 철거하라고 요구하는 모습을 언론을 통해 접하게 되고, 아울러 청구국 국회의원들이 집단으로 야스쿠니 신사를 참배하던 모습을 떠올리면서, 전쟁 피해자의 후손인 범죄인이 제2차 세계대전 전범을 신으로 모시는 야스쿠니 신사에 방화함으로써 과거의 역사적 사실을 부정하고 우경화 정책을 펼치며 군국주의로 회귀하려는 청구국에 경고의 메시지를 던져 진정한 반성과 사죄를 촉구하기로 마음먹었다. 이에 따라 범죄인은 범행 날짜를 일본 군국주의에 희생당한 외할머니의 기일이자 중국을 수립한 마오쩌둥의 생일인 2011. 12. 26.로 정하고, 범행 시간도 인명 피해 우려가 적은 새벽으로 하면서 할아버지가 속하였던 '신사군'에 '사'가 들어 있는 점과 일본 제국주의의 죽음을 의미하는 '사'와 위 '사'가 같은 발음인 점 등을 고려하여 오전 4시를 선택한 후, 이 사건 범행을 준비하면서 그 과정을 기록으로 남겨 널리 알리기 위하여 준비도구 및 '사죄'라고 적힌 셔츠를 입은 자신의 모습을 촬영함은 물론 범행의 실행 과정까지 디지털 카메라로 촬영하였다. 범죄인은 2011. 12. 26. 03:40경 야스쿠니 신사에 도착하여 그 담을 넘어가 위 신사 신문 중앙문 남쪽 기둥에 접근한 후 미리 준비한 휘발유 5ℓ 중 2~3ℓ가량을 뿌리고, 같은 날 03:56경 라이터로 불을 붙여 위 신사의 신문 일부를 소훼하였다. 범죄인은 이 사건 범행을 저지른 후 인터넷 블로그에 이 사건 범행에 관한 경위와 소회를 밝혔는데, 그 내용 중 일부는 '이 사건 신문이 너무 크기 때문에, 전소시킨다는 것은 100ℓ에 가까운 휘발유로 30분이나 걸릴 정도로 하기가 불가능한 일이다. 이번에는 흔적만 남기기로 하고 뒤를 이어주는 이가 있을 것으로 믿는다'는 취지로 기재되어 있다.

한편 범죄인은 이 사건 범행 직후 항공편으로 대한민국으로 왔고, 대한민국에 체류하는 동안 외할머니와 연고가 있던 목포, 대구 등지와 외증조할아버지가 사망한 서울 서대문형무소 박물관을 방문하였다. 범죄인은 한국정신대문제대책협의회가 1992년부터 매주 수요일마다 주한 일본대사관 앞에서 일본군위안부 문제에 대하여 항의집회를 하여 2011. 12. 14. 1,000번째 집회가 개최되었음에도 청구국 정부가 일본군위안부 문제에 대하여 사과하지 않는 현실에 격분하여, 청구국 정부를 상대로 과거의 역사적 사실에 대한 진정한 반성과 사죄를 촉구하기 위한 목적에서 2012. 1. 6. 주한 일본대사관 건물에 화염병을 던져 이를 소훼하려 하였다. 범죄인은 이러한 행위로 서울중앙지방법원에서 2012. 5. 23. 현존건조물방화미수죄 등으로 징역 10월의 형을 선고받고 항소하였으나 항소기각으로 2012. 8. 31. 판결이 확정되어, 2012. 11. 6. 그 형의 집행을 종료하였다. 청구국은 2012. 5. 21. 이 사건 범행이 청구국 형법 제110조 제1항(건조물 등 이외 방화)에 해당하는 범죄라고 하면서 이 사건 조약에 따라 범죄인의 인도를 청구하였고, 범죄인은 이 사건 범행으로 발부된 인도구속영장에 의하여 2012. 11. 6. 구속되어 현재 서울구치소에 수감 중이다.

(3) 인도 대상 범죄 해당 여부: 이 사건 조약에 의하면, 양 당사국은 이 사건 조약의 규정에 따라 인도 대상 범죄에 대한 기소·재판이나 형의 집행을 위하여 자국의 영역에서 발견되고 타방 당사국에 의하여 청구되는 자를 타방 당사국에 인도하여야 할 의무가 있고(제1조), 인도 대상 범죄는 인도청구 시 양 당사국의 법에 의하여 사형·종신형이나 1년 이상의 자유형으로 처벌할 수 있는 범죄로 정하고 있는데(제2조 제1항), 기록에 의하면 이 사건 인도심사청구의 대상 범죄사실은 청구국의 형법 제110조 제1항(건조물 등 이외 방화)에 따라 징역 1년 이상 10년 이하의 징역에 처할 수 있는 범죄인 사실을 인정할 수 있고, 한편 대상

5. 야스쿠니 방화 범죄인 인도청구사건

범죄사실은 우리 형법 제167조 제1항(일반물건에의 방화)에 따라 징역 1년 이상 10년 이하의 징역에 처할 수 있는 범죄에 해당하므로, 결국 대상 범죄사실은 이 사건 조약상 양 당사국의 법에 따라 장기 1년 이상의 자유형으로 처벌할 수 있는 범죄로서 인도 대상 범죄에 해당한다.

※ **야스쿠니 신사**: 야스쿠니 신사는 메이지유신(명치유신) 직후인 1869년 막부 군과의 전투에서 천황을 위해 싸우다 숨진 관군 측 전몰자를 위령하고 높이 떠받드는 신도의 제사를 지내기 위한 목적으로 천황의 지시로 건립된 도쿄 초혼사가 그 전신이다. 원래 신사는 청구국의 민속종교인 신도의 신들을 모시는 시설인데, 메이지 정부는 근대국가의 정신적 기축으로서 전통적 신사신도와 황실신도를 통일하여 천황 중심의 국가신도를 만들었고, 야스쿠니 신사는 그에 따라 만들어진 신사 중 하나이다. 야스쿠니 신사는 초기에는 내란에서 전사한 관군을 제신으로서 합사하였는데, 그 후 청일전쟁과 러일전쟁을 거치면서 대외 전쟁에서 사망한 군인·군속을 중심으로 합사하면서 국민통합과 전쟁수행을 위한 장치의 역할을 하게 되었고, 대한민국과 대만을 침략하여 식민지화하는 과정에서 그에 저항한 사람들을 진압·토벌하면서 전사한 군인들도 합사하는 등 전몰자를 위령하기 위한 군의 종교시설로서 그 역할을 하였다. 또한 야스쿠니 신사는 메이지 시대 이후 천황이나 황족을 제외한 일반 국민을 제신으로 모신 유일한 신사로서, 제2차 세계대전 당시에는 전몰자를 호국의 영령으로 제사하고, 여기에 천황의 참배라는 특별한 대우를 해 주며, 또 전몰자들은 천황을 위해 죽음으로써 이전의 죄는 전부 말소된 채 제신으로 합사되었는데, 이와 같은 과정을 통하여 일본군 병사들에게는 사기를 진작시키고, 유족들에게는 명예와 위로를 주며, 일반 국민에게도 제국의 신민으로서 천황과 국가를 위해 목숨을 바칠 것을 다짐하게 함으로써 야스쿠니 신사는 국가 신도의 정신적 지주와 군국주의의 상징적 역할을 하였고, 또 이러한 국가 신도에 대하여 사실상 국교적인 지위가 수여되었다.

(4) 정치범 불인도 원칙의 발전과정: 오늘날과 달리 중세에 이르기까지 국제사회에서의 범죄인 인도 제도는 선린 국가 간 정치범의 인도를 주된 내용으로 삼고 있었으나, 18세기 프랑스 혁명 이후 다양한 정치체제가 등장하고 근대 인권사상이 발달함에 따라 정치범 불인도 원칙이 발전되기 시작하였다. 벨기에가 1834년 범죄인 인도법에 처음으로 정치범 불인도 원칙을 도입한 이래 지금은 세계 대부분 국가가 국내법과 조약에 정치적 범죄를 범하고 소추를 면하기 위하여 다른 국가로 피난해 오는 경우에는 정치범 불인도 원칙에 의하여 보호를 받을 수 있도록 규정하고 있으며, 이는 국제법상 확립된 원칙이라고 할 수 있다(대법원 1984. 5. 22. 84도39 판결 참조). 이러한 정치범 불인도 원칙은 20세기 들어 이른바 동서냉전을 거치면서 더욱 발전하였고, 그 외에도 탈식민지 투쟁이나 남북문제의 심화, 이슬람 원리국가의 출현 등과 같은 시대적 상황의 전개와 함께 그 적용이 확대되었다. 정치범 불인도 원칙은 개인에게는 정치적 변화를 도모하기 위하여 정치적 활동에 호소할 수 있는 천부적인 권리가 있다는 신념에 기초한 것으로서, 통상 범죄인이 자신이 주장하는 정치적 목적과 일치하는 정치체제를 가진 국가로 피난하는 경우가 많으므로 이 경우 그 범죄인을 인도하는 것은 곧 범죄인 인도 피청구국의 정치질서나 체제의 가치를 부인하는 결과가 되어 불합리한 점 및 설사 피청구국이 범죄인이 주장하는 정치적 목적과 일치하지 않는 질서나 체제를 가진 국가라 할지라도 국제관계상 타국의 국내 문제에 대한 관여를 지양하는 점을 고려한 것

이며, 아울러 정치범에게 형벌을 가하더라도 확신범의 성격을 가지는 이상 그 처벌대상이 되는 행위를 억제할 수 없다는 점도 염두에 둔 것이다. 다만 정치범 불인도 원칙은 본래부터 절대적인 것이 아니고 범죄인 인도조약 체결 당사국 간의 합의에 따라 제한될 수 있는 것이며, 특히 최근에 이르러서는 특정한 범죄 유형에 관하여는 다자간 국제조약을 통하여 위 원칙이 제한되는 경향이 뚜렷한데, 이러한 예외가 인정되는 국제범죄의 유형으로는 인류에 반하는 범죄, 집단살해, 전쟁범죄, 해적행위, 항공기 납치행위, 노예·인신매매 기타 부녀 및 아동 거래행위, 국제마약거래, 고문, 폭탄 테러행위 등 중대한 범죄가 열거되고 있다. 한편 정치범 불인도 원칙이 적용되는 정치적 범죄의 범위를 넓히는 경향도 존재한다. 즉 정치범 불인도의 대상이 되는 정치범을 적극적인 정치범뿐만 아니라 정치적 박해의 대상이 되는 사람들에게도 적용하여 정치범의 인정 범위를 넓히고, 인권보호를 위하여 인도 대상자가 차별적으로 취급될 우려가 있는 경우 인도를 거부하는 이른바 '차별조항'을 규정하는 조약이나 입법례가 증가하고 있다.

【해 설】

(1) **법원(法源)/법의 연원**: **실질적 의미의 법원**이란 법을 형성하는 원동력 또는 법의 타당근거라는 뜻으로 사용되며, 법이란 무엇인가(법의 본질), 법은 어떻게 성립하는가(법의 제정), 법이 사회적으로 타당한 근거는 무엇인가(법의 합리성)를 의미한다. **형식적 의미의 법원**이란 법이 존재하는 형식, 즉 법을 경험적으로 인식할 수 있는 수단·자료라는 뜻으로 사용된다.

(2) **성문법과 불문법**: 법은 그 표현형식에 따라 성문법과 불문법으로 나뉜다. 우선 **성문법**(成文法)은 문서의 형식을 갖추고 일정한 절차와 형식에 따라 권한 있는 기관이 제정·공포한 법으로, 이에는 국내법인 헌법·법률·명령·자치법규(조례·규칙)와 국제법인 조약이 포함된다. 이 때 **헌법**은 국가의 조직·통치작용·국민의 기본권을 규정한 기본법·근본법·최상위규범을 말하며, **법률**은 입법기관인 국회에서 제정하는 성문법을 말하고, **명령**은 국회의 의결을 거치지 않고 행정관청이 제정하는 성문법을 말한다. **자치법규**는 지방자치단체가 법령의 범위 내에서 제정하는 자치에 관한 법규로서 지방의회의 의결을 거쳐 제정되는 자치법규가 **조례**이고, 지방자치단체의 장이 제정하는 자치법규가 **규칙**이다. **지방자치단체**는 두 가지(1. 특별시, 광역시, 특별자치시, 도, 특별자치도 2. 시, 군, 구) 종류로 구분한다. **조약**은 문서에 의한 국가 간의 명시적 합의를 말하며, 헌법에 의하여 체결·공포된 조약과 일반적으로 승인된 국제법규는 국내법과 같은 효력을 가진다(헌법 제6조 제1항).

한편 **불문법**(不文法)은 문장으로 표현되어 있지 않으며 일정한 법제정기관에 의한 소정의 절차를 거치지 않고 생기는 법으로, 이에는 관습법·판례법·조리가 포함된다. **관습법**은 사회생활 속에서 관습이 반복되어 행해짐으로써 일반인의 법적 확신을 얻은 불문형식의 법을 말하며, **판례법**은 법원이 구체적인 사건에 대하여 내린 판례가 반복·답습됨으로써 일정한 법적 규범의식을 형성하게 된 불문의 규범을 말한다. **조리**(條理)는 사물의 합리성, 본질적 법칙, 사물 필연의 도리, 경험법칙, 사회적 타당성, 공서양속, 정의형평, 사회통념, 신의성실의 원칙, 이성에 의하여 승인된 공동사회생활에 있어서의 원리 등을 말한다.

5. 야스쿠니 방화 범죄인 인도청구사건

※ 범죄인 인도법

[일부개정 2021. 1. 5. 법률 제17827호, 시행 2021. 1. 5.]

제1조(목적) 이 법은 범죄인 인도에 관하여 그 범위와 절차 등을 정함으로써 범죄 진압 과정에서의 국제적인 협력을 증진함을 목적으로 한다.

제2조(정의) 이 법에서 사용하는 용어의 뜻은 다음과 같다. 1. "**인도조약**"이란 대한민국과 외국 간에 체결된 범죄인의 인도에 관한 조약·협정 등의 합의를 말한다. 2. "**청구국**"이란 범죄인의 인도를 청구한 국가를 말한다. 3. "**인도범죄**"란 범죄인의 인도를 청구할 때 그 대상이 되는 범죄를 말한다. 4. "**범죄인**"이란 인도범죄에 관하여 청구국에서 수사나 재판을 받고 있는 사람 또는 유죄의 재판을 받은 사람을 말한다. 5. "**긴급인도구속**"이란 도망할 염려가 있는 경우 등 긴급하게 범죄인을 체포·구금하여야 할 필요가 있는 경우에 범죄인 인도청구가 뒤따를 것을 전제로 하여 범죄인을 체포·구금하는 것을 말한다.

제3조(범죄인 인도사건의 전속관할) 이 법에 규정된 범죄인의 인도심사 및 그 청구와 관련된 사건은 서울고등법원과 서울고등검찰청의 전속관할로 한다.

제3조의2(인도조약과의 관계) 범죄인 인도에 관하여 인도조약에 이 법과 다른 규정이 있는 경우에는 그 규정에 따른다.

제4조(상호주의) 인도조약이 체결되어 있지 아니한 경우에도 범죄인의 인도를 청구하는 국가가 같은 종류 또는 유사한 인도범죄에 대한 대한민국의 범죄인 인도청구에 응한다는 보증을 하는 경우에는 이 법을 적용한다.

제5조(인도에 관한 원칙) 대한민국 영역에 있는 범죄인은 이 법에서 정하는 바에 따라 청구국의 인도청구에 의하여 소추, 재판 또는 형의 집행을 위하여 청구국에 인도할 수 있다.

제6조(인도범죄) 대한민국과 청구국의 법률에 따라 인도범죄가 사형, 무기징역, 무기금고, 장기 1년 이상의 징역 또는 금고에 해당하는 경우에만 범죄인을 인도할 수 있다.

제7조(절대적 인도거절 사유) 다음 각 호의 어느 하나에 해당하는 경우에는 범죄인을 인도하여서는 아니된다. 1. 대한민국 또는 청구국의 법률에 따라 인도범죄에 관한 공소시효 또는 형의 시효가 완성된 경우 2. 인도범죄에 관하여 대한민국 법원에서 재판이 계속 중이거나 재판이 확정된 경우 3. 범죄인이 인도범죄를 범하였다고 의심할 만한 상당한 이유가 없는 경우. 다만, 인도범죄에 관하여 청구국에서 유죄의 재판이 있는 경우는 제외한다. 4. 범죄인이 인종, 종교, 국적, 성별, 정치적 신념 또는 특정 사회단체에 속한 것 등을 이유로 처벌되거나 그 밖의 불리한 처분을 받을 염려가 있다고 인정되는 경우

제8조(정치적 성격을 지닌 범죄 등의 인도거절) ① 인도범죄가 정치적 성격을 지닌 범죄이거나 그와 관련된 범죄인 경우에는 범죄인을 인도하여서는 아니된다. 다만, 인도범죄가 다음 각 호의 어느 하나에 해당하는 경우에는 그러하지 아니하다. 1. 국가원수·정부수반 또는 그 가족의 생명·신체를 침해하거나 위협하는 범죄 2. 다자간 조약에 따라 대한민국이 범죄인에 대하여 재판권을 행사하거나 범죄인을 인도할 의무를 부담하고 있는 범죄 3. 여러 사람의 생명·신체를 침해·위협하거나 이에 대한 위험을 발생시키는 범죄 ② 인도청구가

범죄인이 범한 정치적 성격을 지닌 다른 범죄에 대하여 재판을 하거나 그러한 범죄에 대하여 이미 확정된 형을 집행할 목적으로 행하여진 것이라고 인정되는 경우에는 범죄인을 인도하여서는 아니된다.

제9조(임의적 인도거절 사유) 다음 각 호의 어느 하나에 해당하는 경우에는 범죄인을 인도하지 아니할 수 있다. 1. 범죄인이 대한민국 국민인 경우 2. 인도범죄의 전부 또는 일부가 대한민국 영역에서 범한 것인 경우 3. 범죄인의 인도범죄 외의 범죄에 관하여 대한민국 법원에 재판이 계속 중인 경우 또는 범죄인이 형을 선고받고 그 집행이 끝나지 아니하거나 면제되지 아니한 경우 4. 범죄인이 인도범죄에 관하여 제3국(청구국이 아닌 외국을 말한다. 이하 같다)에서 재판을 받고 처벌되었거나 처벌받지 아니하기로 확정된 경우 5. 인도범죄의 성격과 범죄인이 처한 환경 등에 비추어 범죄인을 인도하는 것이 비인도적이라고 인정되는 경우

제15조(법원의 결정) ① 법원은 인도심사의 청구에 대하여 다음 각 호의 구분에 따라 결정을 하여야 한다. 1. 인도심사의 청구가 적법하지 아니하거나 취소된 경우: 인도심사청구 각하결정 2. 범죄인을 인도할 수 없다고 인정되는 경우: 인도거절 결정 3. 범죄인을 인도할 수 있다고 인정되는 경우: 인도허가 결정 ② 제1항에 따른 결정에는 그 이유를 구체적으로 밝혀야 한다. ③ 제1항에 따른 결정은 그 주문을 검사에게 통지함으로써 효력이 발생한다.

제15조의2(범죄인의 인도 동의) ① 범죄인이 청구국으로 인도되는 것에 동의하는 경우 법원은 신속하게 제15조에 따른 결정을 하여야 한다. 이 경우 제9조에 해당한다는 이유로 인도거절 결정을 할 수 없다.

제21조(교도소 등에의 구금) 검사는 인도구속영장에 의하여 구속된 범죄인을 인치받으면 인도구속영장에 기재된 사람과 동일인인지를 확인한 후 지체 없이 교도소, 구치소 또는 그 밖에 인도구속영장에 기재된 장소에 구금하여야 한다.

제22조(인도구속의 적부심사) ① 인도구속영장에 의하여 구속된 범죄인 또는 그 변호인, 법정대리인, 배우자, 직계친족, 형제자매, 가족이나 동거인 또는 고용주는 법원에 구속의 적부심사를 청구할 수 있다.

제35조(인도장소와 인도기한) ① 법무부장관의 인도명령에 따른 범죄인의 인도는 범죄인이 구속되어 있는 교도소, 구치소 또는 그 밖에 법무부장관이 지정하는 장소에서 한다. ② 인도기한은 인도명령을 한 날부터 30일로 한다.

제42조(법무부장관의 인도청구 등) ① 법무부장관은 대한민국 법률을 위반한 범죄인이 외국에 있는 경우 그 외국에 대하여 범죄인 인도 또는 긴급인도구속을 청구할 수 있다.

제46조(비용) 범죄인의 인도에 드는 비용에 관하여 청구국과 특별한 약정이 없는 경우 청구국의 공무원에게 범죄인을 인도할 때까지 범죄인의 구속 등으로 인하여 대한민국의 영역에서 발생하는 비용은 대한민국이 부담하고, 청구국의 공무원이 범죄인을 대한민국으로부터 인도받은 후에 발생하는 비용은 청구국이 부담한다.

6. 보험금청구와 '반사회질서의 법률행위'

[대법원 2009. 5. 28. 2009다12115 판결]

원고 1과 처인 소외 1은 2002. 7.부터 2002. 10.까지 소외 1의 사망을 보험사고로 하는 6개의 보험계약을 체결한 상태였는데, 소외 1의 사망시 보험수익자인 법정상속인들이 받는 보험료 합계가 9억 1,500만 원이고, 월 보험료가 약 46만 원이었던 사실, 원고 1은 소외 1을 살해하여 보험금을 타낼 목적으로 2002. 10. 하순경 소외 2에게 뺑소니 사고를 위장하여 소외 1을 살해하여 주면, 보험금을 수령하여 1억 5천만 원을 주겠다면서 살인교사를 하였으나 소외 2가 이를 승낙하지 아니하여 그 뜻을 이루지 못하였고, 피고 동부화재해상보험 주식회사(이하 '동부화재'라 한다), 제일화재해상보험 주식회사(이하 '제일화재'라 한다)에 가입하였던 5개의 보험은 그 이후인 2003. 2.경부터 2004. 1.경까지 보험료 연체로 모두 실효되었으며, 원고 1은 그 후 살인교사미수죄로 기소되어 징역 1년 6월, 집행유예 3년의 유죄판결을 선고받아 확정된 사실, 원고 1과 소외 1은 대한생명보험 주식회사(이하 '대한생명'이라 한다)에 가입하였다가 보험료 연체로 인하여 실효되었던 보험계약을 2003. 6. 18. 연체보험료 2,926,392원을 납입하여 부활시킨 것을 비롯하여, 그 이후 지속적으로 보험을 추가 가입하거나 보험료 연체로 해지된 보험계약을 부활시켜 2004. 2.경에는 소외 1의 사망을 보험사고로 하는 8개의 보험계약(이하 '이 사건 각 보험계약'이라 한다)을 체결한 상태에 이르렀는데, 소외 1의 사망시 보험수익자인 법정상속인들이 받는 보험료 합계는 12억 5천만 원에 가까운 금액이고, 월 보험료가 약 80만 원이었던 사실, 이 사건 각 보험계약의 추가 체결이나 부활 당시 원고 1은 합계 1억 원 이상의 채무를 부담하고 있었고, 원고 1과 소외 1은 월세로 임차한 주택에 거주하고 있었으며, 원고 1은 약초채취를 통해 부정기적 수입을 얻는 이외 별다른 수입이 없었고, 소외 1은 폐품수집상에 근무하면서 월 95만 원 정도의 수입을 얻고 있는 상태였던 사실, 이 사건 각 보험계약 중 원고 1과 소외 1이 함께 피보험자인 1개의 보험계약을 제외하고 나머지 보험계약은 모두 소외 1이 피보험자로 되어 있었고, 매년 갱신되어 오던 자동차종합보험을 제외한 나머지 보험계약은 비록 소외 1이 보험계약자 명의인이지만 그 계약 체결이나 부활은 원고 1이 주도하였으며 소외 1은 보험계약 체결을 위한 자필서명만을 한 사실, 특히 원고 1은 2004. 2.초경 피고 동부화재, 제일화재에 대하여 보험료 연체로 실효되었던 보험의 부활 여부를 문의한 후, 2004. 2. 5. 피고 동부화재에 대하여는 연체보험료 합계 53만여 원 중 일부만 납부하고 나머지는 보험모집인이 부담하도록 하여 2개의 보험계약을 부활하도록 하고, 피고 제일화재로부터는 부활보험료 액수가 크다는 상담을 받자 2004. 2. 6. 2개의 보험계약을 새로 체결하면서 보험료 합계 30만 원을 지급하였는데, 위 각 보험계약은 소외 1이 2003년말 경부터 3개월간 급여를 지급받지 못하다가 2004. 2. 4.경 50만 원을 지급받은 직후에 부활되거나 체결된 사실, 원고 1과 소외 1은 이 사건 각 보험계약 중 자동차종합보험의 경우를 제외하고는 그 보험청약서를 작성함에 있어서 다른 보험계약의 체결 여부를 묻는 질문란에 '없다'라는 취지로 답변하거나 공란으로 남겨둔 사실, 2004. 3. 7. 소외 1이 운전한 차량에 원고 1이 동승하여 진행하다가 3차로에 정차중인 화물차량의 후미 적재함 부분으로 그대로 돌진하여 충돌하는 사고가 발생하였는데, 사고 직후 촬영된 사진에 의하면 운전석에 앉아 있던 소외 1의 오른팔 위로 안전벨트가 감겨 있었고, 사고 직후 병원으로 후송된 소외 1은 병원 도착 당시 추정사인 '환추후두관절탈골'로 이미 사망한 상태였으며, 원고 1은 우하지찰과상, 경추부 통증 등 경미한 상해만을 입은 사실 등을 각 인정할 수 있었다.

【요 지】

(1) 민법 제103조에 정한 '반사회질서의 법률행위'의 의미: 민법 제103조에 의하여 무효로 되는 반사회질서 행위는 법률행위의 목적인 권리의무의 내용이 선량한 풍속 기타 사회질서에 위반되는 경우뿐만 아니라, 그 내용 자체는 반사회질서적인 것이 아니라고 하여도 법률적으로 이를 강제하거나 법률행위에 반사회질서적인 조건 또는 금전적인 대가가 결부됨으로써 반사회질서적 성질을 띠게 되는 경우 및 표시되거나 상대방에게 알려진 법률행위의 동기가 반사회질서적인 경우를 포함한다.

(2) 보험계약자가 다수의 보험계약을 통하여 보험금을 부정취득할 목적으로 체결한 보험계약의 효력(=무효): 보험계약자가 다수의 보험계약을 통하여 보험금을 부정취득할 목적으로 보험계약을 체결한 경우, 이러한 목적으로 체결된 보험계약에 의하여 보험금을 지급하게 하는 것은 보험계약을 악용하여 부정한 이득을 얻고자 하는 사행심을 조장함으로써 사회적 상당성을 일탈하게 될 뿐만 아니라, 또한 합리적인 위험의 분산이라는 보험제도의 목적을 해치고 위험발생의 우발성을 파괴하며 다수의 선량한 보험가입자들의 희생을 초래하여 보험제도의 근간을 해치게 되므로, 이와 같은 보험계약은 민법 제103조 소정의 선량한 풍속 기타 사회질서에 반하여 무효라고 할 것이다.

(3) 보험계약자가 그 보험금을 부정취득할 목적으로 다수의 보험계약을 체결하였는지에 관하여는 이를 직접적으로 인정할 증거가 없더라도, 보험계약자의 직업 및 재산상태, 다수의 보험계약의 체결 경위, 보험계약의 규모, 보험계약 체결 후의 정황 등 제반 사정에 기하여 그와 같은 목적을 추인할 수 있다.

(4) 갑이 자신이나 그 처인 을을 보험계약자로, 을을 피보험자로 하는 다수의 보험계약을 체결하였다가 을이 교통사고로 사망하자 보험금의 지급을 청구한 사안에서, 갑이 을을 살해하도록 교사하였던 전력, 석연치 않은 보험사고 경위, 경제형편에 비해 지나치게 과다한 보험료 등 제반 사정에 비추어 볼 때, 위 다수의 보험계약은 보험금을 부정취득할 목적으로 체결한 것으로 추인되므로 민법 제103조에 정한 선량한 풍속 기타 사회질서에 반하여 무효라고 한 사례이다.

【이 유】

(1) 이 사건 각 보험계약의 민법 제103조 위반 여부: 원심이 앞에서 본 인정사실, 특히 이 사건 각 보험계약 중 매년 갱신되어 오던 자동차종합보험을 제외한 나머지 보험계약은 보험계약자가 원고 1이거나 원고 1의 주도 아래 소외 1이 보험계약자로서 체결한 것인데, 원고 1은 2002. 10.경에도 보험금 취득을 목적으로 다수의 보험계약을 체결한 다음 소외 1

6. 보험금청구와 '반사회질서의 법률행위'

을 살해하려 하였으나 살인교사를 받은 소외 2가 이를 거절하는 바람에 실패한 바 있었던 점, 원고 1이나 소외 1이 2003. 6.경 대한생명에 가입하였던 보험계약을 거액의 연체보험료를 납입하고 부활시킨 것을 시작으로 그 이후 단기간 내에 다수의 보험계약을 체결하거나 실효된 보험계약을 부활시킨 것에 어떠한 합리적인 이유가 있었던 것으로 보이지 아니하며, 다수의 보험 가입시 다른 보험계약의 존재에 대하여도 제대로 고지하지 아니하였던 점, 이 사건 사고는 특히 피고 동부화재에 대한 보험계약 부활이나 피고 제일화재에 대한 신규 보험계약 체결일로부터 약 1개월 만에 발생한 것으로서 그 사고 경위에 석연치 않은 면이 있는 점, 이 사건 각 보험계약 체결 당시 원고 1이나 소외 1의 경제형편에 비추어 매월 납입하여야 할 보험료의 수액이 지나치게 과다한 것으로 보이는 점 등에 비추어, 이 사건 각 보험계약 중 매년 갱신되어 오던 자동차종합보험을 제외하고 피고들에게 가입한 나머지 보험계약은 순수하게 생명, 신체 등에 대한 우연한 위험에 대비하기 위한 것이라고 보기는 어렵고, 오히려 다수의 보험계약을 체결함으로써 보험사고를 빙자하여 보험금을 부정하게 취득할 목적으로 체결한 것으로 추인되므로, 민법 제103조 소정의 선량한 풍속 기타 사회질서에 반하여 무효라고 판단한 것은 정당한 것으로 수긍이 가고, 거기에 상고이유에서 주장하는 바와 같이 보험계약에 있어서 민법 제103조의 적용에 관한 법리를 오해한 위법은 없다.

(2) 원고 1의 상속 결격사유 해당 여부와 원심에 석명권 불행사의 위법이 있는지 여부: 원심은, 매년 갱신되어 오던 자동차종합보험계약의 경우에는 제반 사정에 비추어 민법 제103조에 위반한 것으로 볼 수 없고 피보험자인 소외 1의 사망사고시 보험수익자는 법정상속인으로 되어 있다는 이유로, 피고 동부화재는 소외 1의 법정상속인들에게 그 보험금을 지급할 책임이 있다고 인정한 후, 다만 앞에서 본 바와 같이 원고 1이 2002. 10.경 보험금 취득을 목적으로 소외 1을 살해하기 위하여 소외 2를 교사하였으나 소외 2가 이를 거절하는 바람에 미수에 그쳤고 그로 인하여 유죄판결을 받아 위 판결이 그대로 확정되었음에 비추어, 원고 1은 민법 제1004조 제1호 소정의 '고의로 피상속인을 살해하려 한 자'에 해당하므로 소외 1의 법정상속인이 되지 못하고, 따라서 피고 동부화재는 원고 1에게는 보험금을 지급할 의무가 없다고 판단하였는바, 원심의 위와 같은 판단은 옳은 것으로 수긍이 가고, 거기에 상고이유에서 주장하는 바와 같이 상속인의 결격사유 해석에 관한 법리오해의 위법은 없다. 한편, 법원의 석명권 행사는 사안을 해명하기 위하여 당사자에게 그 주장의 모순된 점이나 불완전·불명료한 부분을 지적하여 이를 정정·보충할 수 있는 기회를 주고, 계쟁사실에 대한 증거의 제출을 촉구하는 것을 그 내용으로 하는 것이다. 기록에 의하면, 원심에서 원고들은 원고 1이 상속 결격사유에 해당할 것을 대비하여 보험금 중 원고 1의 지분을 나머지 원고들에게 귀속시키는 것을 내용으로 하는 2008. 8. 19.자 청구취지 변경신청서를 제출하였다가, 위와 같은 청구취지 변경이 부적법하다는 취지의 주장이 포함된 피고 동부화재의 2008. 8. 25.자 준비서면이 제출되자, 그 직후의 제3차 변론기일에서 위 변경신청서를 진술하지 아니한 채 다른 준비서면만 진술한 후 소송관계를 표명하였는바, 그와 같은 상황에서 원심 법원이 변론을 종결한 다음 원고 1에게 상속 결격사유가 있다고 판단하였다고 하여, 석명권을 행사하지 아니함으로써 심리를 다하지 아니한 위법이 있다고 할 수는 없다.

【해 설】

(1) **반사회질서의 법률행위**(민법 제103조): 「선량한 풍속 기타 사회질서에 위반한 사항을 내용으로 하는 법률행위는 무효로 한다」는 민법 제103조 규정에 있어서 '**선량한 풍속**'은 사회의 일반적 도덕·윤리관념, 즉 모든 국민에게 지킬 것이 요구되는 최소한도의 도덕률을 말하며, '**사회질서**'는 국가나 사회의 공공질서 혹은 일반적 이익을 말한다. 종래부터 판례에 나타난 사회질서 위반의 내용을 구분해보면 ① 정의의 관념에 반하는 행위(예: 범죄 기타의 부정행위를 권유·가담하는 계약, 밀수입을 위한 출자행위, 부동산 이중매매) ② 윤리적 질서에 반하는 행위(예: 부자간의 손해배상청구행위, 첩계약) ③ 개인의 자유를 심히 제한하는 행위(예: 인신매매, 매춘행위, 일생 이혼하지 않는다는 계약, 영업의 자유를 현저히 제한하는 계약) ④ 생존의 기초가 되는 재산의 처분행위(예: 사찰이 그 존립에 필요불가결한 재산인 임야를 증여하는 행위) ⑤ 지나치게 사행적인 행위(예: 도박계약) 등을 들 수 있다. 이와 같은 선량한 풍속 기타 사회질서에 위반한 법률행위는 무효이므로 그 법률행위에 의해 발생시키려고 했던 법률효과의 발생이 부정된다. 한편 사회질서에 위반하는 법률행위에 의거하여 당사자 사이에서 이미 이행이 행해진 경우에는 불법원인급여로서 그 반환청구가 부정된다.

(2) '법과 도덕과의 관계를 구별하는 것은 법철학의 케이프 혼(Cape Horn)이다'라고 말했던 **예링**(Jhering)의 표현처럼 법과 도덕을 구별하는 것은 근대 법이론에 있어서 법의 개념규정을 둘러싼 여러 문제들 중에서도 가장 어려운 문제의 하나이다. 이 문제에 관하여 최초로 계통적인 고찰을 시도한 사람은 독일의 계몽주의 사상가 **토마지우스**(Thomasius)이다. 그에 의하면 도덕은 인간의 내면적 심정을 규율하고(내면성/강제불가능성), 법은 인간의 외적 생활에 있어서 자유의 행사와 한계에 관한 규율을 정하는 것(외면성/강제가능성)이라고 본다. 그밖에도 법과 도덕을 구별한 다양한 이론들을 정리해 보면 가령 법은 경험적 사실에 근거를 두고 현실에 기하여 인위적으로 성립된 규범인데 비해 도덕은 선험적(a priori) 이성에 근거를 두고 이상을 지향하여 자연발생적으로 성립된 규범이라는 주장이 있는가 하면, 한편 법은 외면적 행위를 규율하고 타율성(Heteronomie)을 지니며 권리와 의무라는 양면성을 갖는데 비해 도덕은 내면적 양심·의사·사상을 규율하고 자율성(Autonomie)을 지니며 의무만이 존재하는 편면성 혹은 일면성을 갖는다는 주장도 있다. 그리고 법은 그 구체적인 적용상 개인마다 상대성을 지니지만 도덕은 만인에게 예외 없이 똑같이 적용되는 절대성을 지닌다는 점에서 구별된다고 보는 견해도 있고, 또 법은 국가권력 혹은 정치권력에 의하여 그 실효성이 보장되며 형벌이나 원상회복과 같은 강제성을 통하여 궁극적으로는 정의(正義)를 실현시키려는 규범인데 비해 도덕의 경우는 그러한 실효성이나 강제성은 존재하지 아니하고 다만 도덕위반시 양심의 가책이나 사회적 비난에 의한 제재가 가해질 뿐이며 궁극적으로는 선(善)을 실현시키려는 규범이라는 점에서 양자가 구별된다고 보는 견해도 있다.

6. 보험금청구와 '반사회질서의 법률행위'

법	도 덕
① 인위적 성립	① 자연발생적 성립
② 현실에 기한 규범	② 이상을 지향하는 규범
③ 경험적 사실에 근거	③ 선험적 이성에 근거
④ 외면적 행위를 규율	④ 내면적 양심(의사/사상)을 규율
⑤ 타율성	⑤ 자율성
⑥ 양면성(권리/의무)	⑥ 편면성·일면성(의무)
⑦ 상대성	⑦ 절대성
⑧ 강제성(형벌/원상회복)	⑧ 비강제성(양심의 가책/사회적 비난)
⑨ 정의의 실현	⑨ 선의 실현

(3) 그럼에도 불구하고 법과 도덕은 모두 사회규범으로서 그 내용면에서 많은 공통성을 가지며, 효력면에서도 양자는 불가분의 관계를 가진다. 이러한 관점에서 **옐리네크**(Jellinek)는 '법은 도덕의 최소한'이라고 표현하였는가 하면, **슈몰러**(Schmoller)는 '법은 도덕의 최대한'이라고 표현하기도 하였다. 우선 규범의 내용면에서 법과 도덕과의 관계를 살펴보면 그것은 일반적으로 많은 부분이 합치하는 두 개의 원이 교차하는 관계에 비유될 수 있다. 물론 그 관계는 매우 복잡한 것으로서 서로 합치하거나 중복되는 부분이 있는가 하면 각각 따로 빠져나오거나 충돌하는 부분이 있는 등 다양한 형태와 변화·추이를 나타낸다. 그러한 유형을 몇 가지로 나누어 살펴보면 다음과 같다.

① **법적 의무가 본래 그 사회의 자연적 도덕의식에 의해서도 당연히 인정되는 경우와 같이 양자가 본래적으로 합치하는 경우**

⇒ 예컨대 법률에 명문규정이 없더라도 일정한 행위 그 자체가 반도덕적으로 평가되는 이른바 자연범(自然犯) 혹은 형사범(刑事犯)의 경우이다. 즉 '살인하지 말라. 간음하지 말라. 절도하지 말라'고 하는 것은 구약성서에 나오는 신의 십계율인데, 「살인죄」라는 형법의 조문을 알지 못했더라도 사람을 살해해서는 아니된다는 도덕률은 명백한 것이다.

② **실정법 중에 도덕적·윤리적 내용을 규정하고 있는 경우**

⇒ 예컨대 민법상 중혼금지규정, 동성동본혼인의 금지규정, 친족간의 부양의무규정은 물론 민법 제103조에 의하면 '선량한 풍속 기타 사회질서에 위반한 사항을 내용으로 하는 법률행위는 무효로 한다'는 공서양속(公序良俗)에 관한 규정을 두고 있다. 이 때 「선량한 풍속」이란 사회의 일반적인 도덕관념으로서 모든 국민에게 요구되는 최소한도의 도덕률을 말한다. 한편 형법 제250조 제1항은 '사람을 살해한 자는 사형, 무기 또는 5년 이상의 징역에 처한다'고 하여 보통살인죄에 관하여 규정을 두고 있는 반면에 동조 제2항에서는 '자기 또는 배우자의 직계존속을 살해한 자는 사형, 무기 또는 7년 이상의 징역에 처한다'고 규정하여 존속살인죄에 관하여 가중하여 처벌하고 있다.

③ **도덕적으로는 본래 무관한 사항이 먼저 법적 의무로 규정됨으로써 간접적으로 도덕적 의무로 전화(轉化)되어 가는 경우**

⇒ 예컨대 '사람은 좌측통행하라'고 하는 교통법규는 점차 생활화되어 교통도덕으로 전

환되어왔다. 따라서 1921년 일제시대부터 시행되었던 '좌측보행'이 88년이 지난 2009년부터는 '우측보행'으로 바뀌었으나, 이 제도가 완전히 정착하는 데에는 어느 정도 시간이 필요한 것이다.

④ 법과 도덕이 서로 충돌하거나 상극이 되는 경우

⇒ 예컨대 정치적·종교적 혹은 도덕적 의무의 확신을 범죄의 결정적인 동기로 삼는 이른바 확신범(確信犯)의 경우가 그 전형적인 예이다. 또한 민법상 규정되어 있는 시효제도(時效制度)는 일정한 시간의 경과에 따라 무권리자에게 권리를 취득시키는 반면에 본래의 권리자의 권리를 소멸시킨다는 점에서 도덕적으로 용인되지 아니하는 반도덕적 내용을 인정한 셈이다.

⑤ 도덕적으로는 중요한 의무이지만 법적 의무와는 무관한 경우

⇒ 예컨대 개인의 정신적 소질개발의무, 절제의무가 이에 속한다.

(4) 다음으로 규범의 효력면에서 법과 도덕과의 관계를 살펴보면 양자는 상부상조하여 사회생활의 질서를 형성하며 사회적 가치실현에 봉사한다고 하는 공통의 사명을 가진다. 즉 법은 도덕규범 중에서 특히 사회질서를 유지하기 위하여 필요불가결하다고 인정되는 점에 강제력을 부여함으로써 그 실효성을 더해주는 것이다. 따라서 법은 강제적 수단을 가지고 도덕의 효력을 뒷받침하게 된다. 그러나 법이 아무리 강력한 강제나 제재의 수단을 가진다고 해도 그것만으로는 법이 실제에 있어서 반드시 잘 준수될 것이라고 기대하기는 어려운 것이다. 다시 말해서 강제나 제재의 위협은 범법행위에 대한 반대동기를 형성하는데 필요한 것이기는 하나 그것으로써 충분한 것은 아니며 또한 아무리 엄한 형벌을 과한다고 해도 교묘히 법망을 빠져나가는 경우도 있고 형벌의 재판조차 두려워하지 않고 범죄를 자행하는 경우도 있기 때문이다. 이러한 경우에 법이 실효성을 거두기 위해서는 강제나 제재가 두려워서가 아니라 '법은 반드시 지켜지지 않으면 아니된다'고 하는 의무의식에 바탕을 두고 법을 지키려는 준법정신이 필요한 것이다. 즉 **준법정신**(遵法精神)이란 하나의 도덕률이며 그것 자체가 법은 아니므로 결국 이러한 도덕률이 법의 효력을 궁극적으로 뒷받침하게 되는 것이다.

※ <u>시효제도</u>(時效制度): 일정한 사실상태가 오랫동안 계속되는 경우에 그 사실상태가 진실한 권리관계에 부합되느냐 않느냐를 불문하고 그 사실상태를 그대로 존중하여 권리관계로 인정하려는 제도를 시효제도라고 한다. 민법은 일정한 사실상태가 일정기간 계속됨으로써 권리의 취득을 인정하는 **취득시효**와 반대로 권리의 소멸을 인정하는 **소멸시효**를 각각 규정하고 있다. 이러한 시효제도의 존재이유로는 ① 사회질서의 유지 ② 입증의 곤란성 제거 ③ 권리불행사에 대한 징벌('권리 위에 잠자는 자는 보호받을 가치가 없다') 등을 들 수 있다. 예컨대 **20년간** 소유의 의사로 평온·공연하게 부동산을 점유하는 자는 등기함으로써 그 소유권을 취득한다. 한편 일반채권은 **10년간**, 이자, 부양료, 급료, 의사치료, 변호사직무에 대한 채권, 상품대가는 **3년간**, 숙박료, 음식료, 연예인임금, 학생(수업자)교육에 대한 채권은 **1년간** 행사하지 않으면 소멸시효가 완성한다.

7. 사망신고의 추정력과 유족연금수급권의 소멸시효

[대법원 2013. 7. 25. 2011두13309 판결]

> (1) 원고의 남편인 소외 1은 1969년 중령으로 퇴역하여 군인연금법상의 퇴역연금을 수령하던 중, 당시 중앙정보부에 채용되어 국군 제○○○○부대 소속으로 특수임무를 수행하였는데, 1972. 11. 1. 북한으로 파견되었다가 장기간 연락이 끊긴 후 돌아오지 못하였다. 피고(국방부장관)는 소외 1이 북한으로 파견된 지 40년이 경과하도록 원고 등 가족들에게 사망 여부에 대하여 확인을 해주지 않은 채, 생존을 전제로 2009. 1. 29.까지 소외 1 앞으로 퇴역연금을 지급해왔다.
>
> (2) 국가정보원은 2005. 5. 3. 소외 1이 1972. 11. 1. 특수임무 수행차 북한지역 파견 이후 장기간 연락 단절 및 미귀환 상태임을 사유로, 국군 제○○○○부대 실종자처리지침(2003. 6. 1. 제정) 제4조, 제5조에 따라 '소외 1이 1976. 7. 8. 동부지구에서 전사한 것'으로 의결한 후 2005. 7. 5.경 그 사실을 소외 1의 장남인 소외 2에게 구두로 통지하였다. 위 지침은 특수임무 수행자에 대한 보상을 위한 법적 요건을 갖추게 할 목적으로 제정되었는데, 제4조 사망의결 조항은 북파 미귀 공작원의 유가족이 민원 제기 시 실종 북파 공작원을 사망자로 의결한다는 내용이고, 제5조 사망일시 의제 조항은 '사업종료일'을 그 사망일자로 의결한다는 내용으로 되어 있다. 국군 제○○○○부대장은 2009. 1. 29. 소외 2에게 '소외 1이 특수임무수행 중 1976. 7. 8. 동부지구에서 전사하였음을 확인 통지한다'는 내용의 전사확인서를 발급해주었고, 소외 2는 그 다음날 용인시 수지구청장에게 이를 제출하여 소외 1에 대한 사망신고를 하였으며, 이에 따라 가족관계등록부에 소외 1이 1976. 7. 8. 동부지구에서 사망한 것으로 등재되었다.
>
> (3) 이에 원고는 2009. 2.경 피고에게 군인연금법에 따른 유족연금의 지급을 청구하였으나, 피고는 2009. 4. 16. "소외 1이 1976. 7. 8. 사망하였으므로 유족연금수급권은 소멸시효가 완성되었다"는 이유로 유족연금 지급 불가 결정을 하였다(이하 '이 사건 처분'이라 한다).

【요 지】

가족관계등록부에 기재된 사항은 진실에 부합하는 것으로 추정된다 할 것이나, 그 기재에 반하는 증거가 있거나 그 기재가 진실이 아니라고 볼만한 특별한 사정이 있는 때에는 그 추정은 번복될 수 있다. 사망신고는 진단서나 검안서를 첨부하여야 하나, 부득이한 사정으로 이를 얻을 수 없는 때에는 사망 사실을 증명할 만한 서면으로써 이에 갈음할 수 있고(가족관계의 등록 등에 관한 법률 제84조 제3항), 군인이 전투 기타 사변으로 사망하여 부대장 등 명의로 작성한 전사확인서는 위와 같은 증명 서면에 해당할 수 있다. 그러나 특수임무수행자 보상에 관한 법률에 규정된 특수임무를 수행하던 중 복귀하지 않아 생사가 불명하게 된 경우처럼 전투나 작전 수행 중 행방불명된 군인 등에 대하여, 그 사망한 사실을 구체적으로 확인하거나 사망한 것으로 볼 상당한 객관적 근거도 없이 부대장이 임의로 어느 날짜를 지정하여 그때 전사하였다는 취지로 작성한 전사확인서는 특별한 사정이 없는 한 사망신고의 첨부서면인 증명 서면에 해당한다고 할 수 없다. 따라서 그와 같은 경위로 발급된 전사확인서에 의하여 사망신고가 되어 가족관계등록부에 등재된 경우에는 그 사망일자에 사망하였다는 추정은 유지될 수 없다.

【이 유】

(1) 원심은 위와 같은 사실을 인정하면서도, 소외 1이 수행한 임무, 연락두절의 시기와 기간, 국가정보원이 행한 사망 의결의 경위, 그에 따른 전사확인서의 발급 및 유족의 사망신고, 이러한 전사확인서가 사망 사실을 증명할 만한 서면으로 받아들여져 가족관계등록부에 사망 일시 및 장소가 등재된 점 등에 비추어 볼 때, 소외 1은 가족관계등록부의 기재와 같이 1976. 7. 8. 동부지구에서 사망한 것으로 추정되고, 위 사망신고의 근거서류인 전사확인서가 위조 또는 허위조작된 문서라거나 소외 1이 현재 생존해 있다는 사실을 증명할 아무런 증거가 없는 이상 위 추정력은 깨어지지 않는다고 전제하였다. 그에 따라 원고의 군인연금법상의 유족연금수급권은 소외 1의 사망일로부터 5년이 경과한 1981. 7. 8. 시효의 완성으로 소멸하였다고 하여, 이 사건 처분의 취소를 구하는 원고의 이 사건 청구를 배척하였다. 한편 구 군인연금법(2013. 3. 22. 법률 제11632호로 개정되기 전의 것. 이하 같다) 제26조 제1항 제1호는 유족연금은 퇴역연금을 받을 권리가 있는 군인 또는 군인이었던 자가 사망한 때에 지급하도록 규정하고 있으므로, 그에 따른 유족연금수급권은 퇴역연금 수급권자가 사망한 때에 성립하고 그때부터 이를 행사할 수 있다 할 것인데(대법원 1998. 3. 10. 97누20908 판결 참조), 같은 법 제8조 제1항 본문은 "급여를 받을 권리는 그 급여의 사유가 발생한 날로부터 5년간 이를 행사하지 아니할 때에는 시효로 인하여 소멸된다"고 규정하고 있다.

(2) 그러나 앞서 본 법리에 비추어 볼 때 원심의 위와 같은 판단은 수긍할 수 없다.

(가) 우선 소외 1에 대한 사망 의결과 전사확인서의 발급 등의 경위를 보면, 국가정보원의 2005. 5. 3.자 사망 의결은 국가정보원이 소외 1의 사망 사실을 달리 확인한 바가 있는 것도 아니고, 사회통념상 사망한 것이 확실하다고 볼 상당한 사유가 있다는 등의 특별한 사정이 있었던 것도 아님에도 불구하고, 단지 소외 1이 1972. 11. 1. 특수임무 수행차 북한지역에 파견된 이후 장기간 연락이 단절된 채 미귀환하였음을 이유로 국군 제○○○○부대의 내부 지침에 따라 부대 내부에서 예정해 두었던 이른바 '사업종료일'을 사망일자로 의제하여 그날 사망하였다고 임의로 결정한 것이고, 전사확인서도 그러한 사망 의결에 근거하여 발급된 것일 뿐이다. 그 밖에 달리 소외 1의 사망 여부 및 사망시기를 알 수 있는 아무런 자료도 없는 이상, 위 사망확인서에 의한 가족관계등록부의 사망 관련 등재가 사실에 부합한다는 추정은 유지될 수 없다고 할 것이다.

(나) 다만 기록에 의하면 원고와 피고는 원심에 이르기까지 소외 1의 사망일자에 관해서는 다투면서도 사망한 사실 자체에 대해서는 모두 인정하고 있는 것으로 보인다. 즉, 원고는 소외 1이 사망하였음을 전제로 2009. 1. 30.부터 유족연금을 신청하고 있고, 피고 역시 소외 1이 2009. 1. 30. 이전에 사망하였음을 전제로 하여 유족연금수급권의 시효소멸을 주장하고 있다. 이처럼 퇴역연금 수급권자인 소외 1이 위 2009. 1. 30. 이전에 사망한 데 대

7. 사망신고의 추정력과 유족연금수급권의 소멸시효

하여 당사자 사이에 다툼이 없는 이상 원고는 적어도 그 이전에 이미 유족연금을 지급받을 권리를 취득한 것으로 봄이 상당하다.

(다) 한편 소멸시효의 기산점에 관한 주장·증명책임은 소멸시효의 이익을 주장하는 측에서 부담하므로, 원고의 위 유족연금수급권이 시효소멸하였다고 하려면 이를 주장하는 피고가 위 2009. 1. 30. 당시 이미 유족연금 급여사유의 발생일, 즉 소외 1의 사망일로부터 5년이 경과되었다는 점을 증명하여야 한다. 그러나 앞서 본 바와 같이 위 가족관계등록부의 사망일자 기재 부분은 그 추정력을 인정할 수 없으므로, 피고로서는 그 밖의 증거에 의하여 원고가 유족연금수급권을 행사하고 있는 2009. 1. 30.부터 역산하여 5년 이전에 소외 1이 사망하였다는 사실을 증명하지 못하는 한, 위 소멸시효 항변은 받아들여질 수 없다. 그러므로 원심이 그 판시와 같은 이유로 원고의 유족연금수급권이 가족관계등록부에 등재된 소외 1의 사망일로부터 5년이 경과한 때에 시효의 완성으로 소멸하였다고 한 데에는, 가족관계등록부의 추정력과 유족연금수급권의 소멸시효에 관한 법리를 오해하여 필요한 심리를 다하지 못함으로써 판결 결과에 영향을 미친 위법이 있다.

국가로서는 생사불명인 특수임무수행자 등에 대하여 그 사망시기를 확정할 수 없음으로 인하여 계속 퇴역연금을 지급해야 하는 등 불합리한 부담을 지게 될 수 있지만, 퇴역연금수급권자의 행방불명 기간이 3년을 경과하면 유족연금 수준으로 퇴역연금 액수를 상당 정도 감액하여 지급할 수 있도록 하고 있는 군인연금법 제19조의2의 규정에 의한 조치를 취할 수도 있고, 나아가 민법에 의한 실종선고를 청구하는 등으로 대처하는 것도 가능하므로, 위와 같이 소멸시효의 기산일을 확인된 사망일로부터 적용한다고 하여 그것이 군인연금법의 입법취지에 어긋난다고 볼 것은 아니라는 점을 덧붙여 둔다. 이에 나머지 상고이유에 대한 판단을 생략한 채 원심판결을 파기하고, 사건을 다시 심리·판단하도록 원심법원에 환송하기로 한다.

【해 설】

(1) **실종선고제도**(失踪宣告制度): 민법 제27조(실종의 선고)에 의하면 「① 부재자의 생사가 **5년간** 분명하지 아니한 때에는 법원은 이해관계인이나 검사의 청구에 의하여 실종선고를 하여야 한다. ② 전지(戰地)에 임한 자, 침몰한 선박 중에 있던 자, 추락한 항공기 중에 있던 자 기타 사망의 원인이 될 위난을 당한 자의 생사가 전쟁종지후 또는 선박의 침몰, 항공기의 추락 기타 위난이 종료한 후 **1년간** 분명하지 아니한 때에도 제1항과 같다」라고 규정하고 있다. 즉 부재자의 생사가 일정기간 분명하지 아니한 때에 일정한 절차에 따라 법원이 그 부재자에 대해 실종선고를 하여 그를 사망한 것으로 간주하는 제도가 바로 실종선고제도이다. 따라서 생사가 분명하지 않다는 것은 생존의 증명도 사망의 증명도 할 수 없는 상태를 말하며, 생존해 있는 부재자에 대해서는 실종선고를 할 수 없고 또한 사망한 자에 대해서도 실종선고를 할 수 없다. 실종선고를 받은 자는 실종기간(예: 보통실종의 경우 5년, 특별실종의 경우 1년)이 만료한 때에 사망한 것으로 본다.

(2) **추정/의제(간주)**: **사실의 추정**이란 어떠한 사실이 명확하지 않은 경우에 그 사실의 존부를 일단 가정하고 법률효과를 발생시키는 것으로, 추정은 상대적·잠정적 효과에 불과하

므로 반증(反證)에 의해 그 법률효과를 부정하거나 전복이 가능하다. 법조문으로는 『① 2인 이상이 동일한 위난(危難)으로 사망한 경우에는 동시에 사망한 것으로 <u>추정한다</u>(민법 제30조). ② 점유자가 점유물에 대하여 행사하는 권리는 적법하게 보유한 것으로 <u>추정한다</u>(민법 제200조). ③ 부부의 누구에게 속한 것인지 분명하지 아니한 재산은 부부의 공유로 <u>추정한다</u>(제830조 제2항). ④ 아내가 혼인 중에 임신한 자녀는 남편의 자녀로 <u>추정한다</u>(민법 제844조 제1항)』 등을 예로 들 수 있다.

사실의 의제(간주)란 사실 여하를 불문하고 법에 의하여 일정한 효과를 부여하는 것으로, 추정보다는 법적 효력이 더 강하므로 반증에 의해 당장 그 법률효과를 부정하거나 전복이 불가능하다. 따라서 가령 실종선고를 받아서 사망으로 간주된 자가 생존하고 있는 경우에는 따로 실종선고의 취소라는 법적 절차를 밟아야 한다. 법조문으로는 『① 실종선고를 받은 자는 전조(前條)의 기간(일반적인 경우: 5년, 전시·선박 및 항공기 사고시: 1년)이 만료한 때에 사망한 것으로 <u>본다</u>(민법 제28조). ② 국내에 주소가 없는 자에 대하여는 국내에 있는 거소를 주소로 <u>본다</u>(민법 제20조). ③ 태아는 손해배상의 청구권에 관하여는 이미 출생한 것으로 <u>본다</u>(민법 제762조). ④ 혼인외의 출생자는 그 부모가 혼인한 때에는 그때로부터 혼인중의 출생자로 <u>본다</u>(민법 제855조 제2항)』 등을 예로 들 수 있다.

※ <u>군인연금법</u>
[전부개정 2019. 12. 10. 법률 제16760호, 시행 2020. 6. 11.]

제1조(목적) 이 법은 군인이 상당한 기간을 성실히 복무하고 퇴직하거나 사망한 경우에 본인이나 그 유족에게 적절한 급여를 지급함으로써 본인 및 그 유족의 생활 안정과 복리 향상에 이바지함을 목적으로 한다.

제2조(적용 범위) 이 법은 부사관 이상의 현역 군인에게 적용한다. 다만, 지원에 의하지 아니하고 임용된 부사관은 제외한다.

제3조(정의) ① 이 법에서 사용하는 용어의 뜻은 다음과 같다. 4. "**유족**"이란 군인 또는 군인이었던 사람의 사망 당시 그가 부양하고 있던 다음 각 목의 어느 하나에 해당하는 사람을 말한다. 가. **배우자**(사실상 혼인관계에 있던 사람을 포함하며, 퇴직 후 61세 이후에 혼인한 배우자는 제외한다. 다만, 군 복무 당시 혼인관계에 있던 사람은 그러하지 아니하다. 이하 같다) 나. **자녀**(퇴직 후 61세 이후에 출생하거나 입양한 자녀는 제외하되, 퇴직 후 60세 당시의 태아는 복무 중 출생한 자녀로 본다. 이하 같다) 다. **부모**(퇴직일 이후에 입양된 경우의 부모는 제외한다) 라. **손자녀**(퇴직 후 61세 이후에 출생하거나 입양한 손자녀는 제외하되, 퇴직 후 60세 당시의 태아는 복무 중 출생한 손자녀로 본다. 이하 같다) 마. **조부모**(퇴직일 이후에 입양된 경우의 조부모는 제외한다)

제30조(퇴역유족연금) ① 퇴역연금을 받을 권리가 있는 사람이 사망한 경우에는 그 유족에게 퇴역유족연금을 지급한다. ② 퇴역유족연금의 금액은 군인 또는 군인이었던 사람이 받을 수 있는 퇴역연금액의 60퍼센트로 한다.

제52조(시효) ① 이 법에 따른 급여를 받을 권리는 그 급여의 사유가 발생한 날부터 5년간 행사하지 아니하면 시효의 완성으로 소멸한다.

8. 성매매와 공무원의 직무상 의무 위반행위

[서울중앙지법 2005. 12. 15. 2004가합36241 판결]

(1) 피고 1은 전남 신안군 흑산면 홍도리에서 "홍도클럽"이라는 상호로 무허가 다방과 단란주점을 운영하면서 여자 종업원들을 고용하여 불특정 다수의 남자 손님들을 상대로 성매매를 하도록 한 업주이다. 피고 2는 2003. 7. 29.경~2004. 5. 5.경 사이에 목포경찰서 흑산파출소 홍도출장소장으로 근무한 경찰관이며, 피고 3은 2002. 9. 9.경~2004. 2. 20.경 사이에 목포해양경찰서 홍도출장소장으로 근무한 해양경찰관이다.

(2) 원고 1은 2001. 4. 7.경 충주 소재 김종구 직업소개소의 소개로 피고 1로부터 선불금 12,500,000원과 월급 300,000원을 받기로 하고 고용되어 2004. 3. 27.경까지 홍도클럽에서 종업원으로 일해 왔고, 원고 2는 2003. 3. 중순경 비금도 소재 바다다방 업주인 노남유의 소개로 피고 1로부터 선불금 13,000,000원과 월급 500,000원을 받기로 하고 고용되어 2004. 1. 27.경까지 홍도클럽에서 종업원으로 일해 왔으며, 원고 3은 2003. 9. 9.경 목포 소재 서해 직업소개소의 소개로 피고 1로부터 선불금 10,000,000원과 월급 300,000원을 받기로 하고 고용되어 2004. 3. 27.경까지 홍도클럽에서 종업원으로 일해 왔다(피고 1은 위 각 선불금을 원고들의 전 고용주들에게 지급하였다). 원고 2는 2004. 1. 28.경 홍도클럽을 그만 두고 서울에 있는 성매매여성을 위한 쉼터로 가게 되었고, 원고 2가 성매매여성 지원센터에서 상담을 하는 과정에서 피고 1이 종업원들을 홍도에서 육지로 자유롭게 나갈 수 없게 하였다는 취지로 진술함에 따라 전남지방경찰청 생활안전과 여경기동수사반이 2004. 3. 27. 홍도로 가서 피고 1을 긴급체포하였다.

(3) 그 후 피고 1은 유흥주점 영업허가를 받지 않고 원고들을 비롯한 여자 종업원들을 고용하여 홍도클럽을 운영하고, 여자 종업원들에게 남자 손님들을 상대로 한 윤락을 알선하고 그 대가를 지급받은 혐의로 기소되어 2004. 10. 28. 광주지방법원 목포지원 2004고단699호로 식품위생법 위반죄 및 윤락행위 등 방지법 위반죄에 대하여 징역 1년, 집행유예 2년의 유죄 판결을 선고받았다(그 외에 피고 1은 원고들을 감금하였다는 혐의에 대하여, 원고들은 윤락행위 등 방지법 위반의 혐의에 대하여 각 조사를 받았으나 기소되지는 않았다). 피고 2는 2004. 6. 28. 전남지방경찰청장으로부터 2003. 9. 11. 홍도클럽에서 발생한 폭력 피의사건 신고를 접수하고도 이를 입건처리하지 않았고, 근무일지를 허위로 작성하였으며, 2004. 1. 설 무렵 피고 1로부터 140,000원 상당의 출장소 난방용 기름을 제공받았고, 홍도의 무허가 유흥업소 영업을 단속하지 않다가 원고들이 성매매여성 지원센터를 통하여 홍도클럽에서 인권이 유린된 상태로 성매매를 강요당하였으나 경찰들이 이를 묵인 내지 방치하였다는 내용의 기자회견을 하게 됨으로써 경찰조직의 위신을 실추시키고 품위를 손상하였다는 등의 사유로 해임처분을 받았다가, 중앙인사위원회에 소청심사를 청구하여 2004. 10. 14. 정직 3월로 감경된 징계처분을 받았고, 피고 3은 2004. 8. 4. 해양경찰청장으로부터 2003. 11. 21. 홍도항 방파제 공사인부들을 배로 불법 수송하는 소외 1로부터 홍도클럽 등에서 700,000원 상당의 향응을 받았고, 원고들이 위와 같은 내용의 기자회견을 하게 됨으로써 품위를 손상하였다는 등의 사유로 정직 2월의 징계처분을 받았다.

(4) 홍도는 목포에서 서남쪽으로 약 115㎞ 떨어져 있어 쾌속선박으로 2시간 30분 정도 소요되는 섬(여름 성수기 때는 하루 세 번, 그 외에는 하루 두 번 배편이 있다.)이며, 다도해해상국립공원 및 문화재보호구역으로 지정되어 있는 관광지로 177세대 500여 명의 주민이 거주하고 있고, 2004. 현재 허가받은 일반음식점 및 여관 각 1곳, 무허가 일반음식점 10곳, 무허가 유흥주점형 노래방 7곳(그 중 여종업원을 고용하는 업소는 3곳이고 여종업원 수는 7명이다.), 무허가 숙박업소 28곳, 무허가 민박집 42곳이 영업하고 있다.

【요 지】

(1) 경찰은 범죄의 예방, 진압 및 수사와 함께 국민의 생명, 신체 및 재산의 보호 등과 기타 공공의 안녕과 질서유지도 직무로 하고 있고, 그 직무의 원활한 수행을 위하여 경찰관직무집행법, 형사소송법 등 관계 법령에 의하여 여러 가지 권한이 부여되어 있으므로, 구체적인 직무를 수행하는 경찰관으로서는 제반 상황에 대응하여 자신에게 부여된 여러 가지 권한을 적절하게 행사하여 필요한 조치를 취할 수 있는 것이고, 그러한 권한은 일반적으로 경찰관의 전문적 판단에 기한 합리적인 재량에 위임되어 있는 것이나, 경찰관에게 권한을 부여한 취지와 목적에 비추어 볼 때 구체적인 사정에 따라 경찰관이 그 권한을 행사하여 필요한 조치를 취하지 아니하는 것이 현저하게 불합리하다고 인정되는 경우에는 그러한 권한의 불행사는 직무상의 의무를 위반한 것이 되어 위법하게 된다.

(2) 공무원이 법령에서 부과된 직무상 의무를 위반한 것을 계기로 제3자가 손해를 입은 경우에 제3자에게 손해배상청구권이 발생하기 위하여는 공무원의 직무상 의무 위반행위와 제3자의 손해 사이에 상당인과관계가 있어야 하고, 상당인과관계의 유무를 판단함에 있어서는 일반적인 결과발생의 개연성은 물론 직무상 의무를 부과한 법령 기타 행동규범의 목적이나 가해행위의 태양 및 피해의 정도 등을 종합적으로 고려하여야 한다.

(3) 경찰공무원이 무허가 유흥주점이 소재한 섬에 근무할 당시 그 주점의 종업원들이 성매매를 한다는 점이나 그 업주가 허가를 받지 않고 위 종업원들을 고용하여 근무하게 하였다는 점을 알고 있었으면서도 이를 단속하지 않은 사실만으로는 그 경찰공무원이 업주로부터 상납과 향응을 받고 그 대신 업주가 위 종업원들을 섬에서 육지로 자유롭게 나가지 못하게 감금하고 성매매를 강요하며 급여를 지급하지 않고 화대를 착취하는 등 부당한 대우와 학대를 하는 것을 알면서도 이를 방치 또는 묵인하여 현저히 불합리하게 경찰공무원으로서의 권한을 행사하지 않았다고 인정하기 부족하다고 한 사례이다.

【이 유】

(1) **원고들의 주장**: (가) 피고 1은 원고들을 고용하여 홍도클럽에서 근무하도록 하면서 원고들의 전 고용주들에게 선불금을 지급하였다는 이유로 원고들에게 성매매를 강요하고 약속한 급여를 지급하지 않을 뿐 아니라 화대를 착취하였으며, 피고 1의 집안일이나 심부름 등 개인적인 일을 시키는 외에 홍도에서 자유롭게 육지로 나갈 수 없게 감금하는 등 부당한 대우와 학대를 하였다. 피고 1이 원고들의 전 고용주들에게 선불금을 지급하였다는 이유로 원고들에 대하여 가지는 선불금 상당액의 채권은 윤락행위 등 방지법 제20조(윤락행위 등 방지법은 성매매알선 등 행위의 처벌에 관한 법률이 제정됨에 따라 2004. 3. 22. 폐지되었고, 성매매알선 등 행위의 처벌에 관한 법률 제10조 제1항에서 위 규정과 같은 취지로 "성매매알선등행위를 한 자, 성을 파는 행위를 할 자를 고용·모집하거나 그 직업을 소개·알선한 자 또는 성매매 목적의 인신매매를 한 자가 그 행위와 관련하여 성을 파는 행위를 하

였거나 할 자에게 가지는 채권은 그 계약의 형식이나 명목에 관계없이 이를 무효로 한다. 그 채권을 양도하거나 그 채무를 인수한 경우에도 또한 같다."고 규정하고 있다.)에 따라 그 효력이 없으나 피고 1이 위 채권이 존재한다고 다투므로 원고들로서는 그 부존재 확인을 구할 이익이 있고, 또한 피고 1은 원고들과의 각 고용약정에 따른 급여로서 원고 1에게는 2001. 4. 7.경~2004. 3. 27.경 사이의 기간에 대한 10,500,000원(월 300,000원 × 35개월)을, 원고 2에게는 2003. 3. 중순경~2004. 1. 27.경 사이의 기간에 대한 5,000,000원(월 500,000원 × 10개월)을, 원고 3에게는 2003. 9. 9.경~2004. 3. 27.경 사이의 기간에 대한 1,800,000원(월 300,000원 × 6개월)을 각 지급할 의무 및 위와 같은 감금, 성매매강요, 화대착취 등 불법행위로 인하여 원고들이 입은 정신적 고통을 금전으로 위자할 의무가 있다. 이에 대하여 피고 1은 공시송달의 방법에 의하지 아니하고 이 사건 소장을 송달받고도 30일 이내에 답변서를 제출하지 아니하였으므로, 민사소송법 제257조 제1항, 제256조 제1항에 따라 청구원인이 되는 원고들의 위 주장사실을 자백한 것으로 본다.

(나) 피고 2는 경찰관, 피고 3은 해양경찰관으로서 무허가 유흥업소의 영업이나 성매매 등을 단속할 권한과 의무가 있음에도 불구하고 그 직무상의 의무를 위반하여 피고 1을 비롯한 홍도 소재 유흥업소 업주들로부터 정기적으로 상납과 향응을 받고서 그 대신 피고 1의 무허가 불법영업을 단속하지 않고 피고 1이 원고들을 감금하고 성매매를 강요하며 급여를 지급하지 않고 화대를 착취하는 등의 불법행위 사실을 알면서도 방치 또는 묵인하였다. 따라서 피고 2, 3은 위와 같은 위법한 직무상의 의무위반으로 인하여 원고들이 입은 손해를 배상할 책임이 있고, 피고 4는 헌법 제29조 제1항 내지는 민법 제756조에 따라 공무원들인 피고 2, 3의 위 직무상의 의무위반으로 인하여 원고들이 입은 손해를 배상할 책임이 있다.

(2) **판단**: (가) 살피건대, 피고 2가 홍도클럽에서 발생한 폭력 피의사건 신고를 접수하고도 이를 입건처리하지 않았고, 2004. 1. 설 무렵 피고 1로부터 140,000원 상당의 출장소 난방용 기름을 제공받았으며, 홍도의 무허가 유흥업소 영업을 단속하지 않다가 원고들이 성매매여성 지원센터를 통하여 홍도클럽에서 인권이 유린된 상태로 근무하였으나 경찰들이 이를 묵인 내지 방치하였다는 내용의 기자회견을 하게 됨으로써 경찰조직의 위신을 실추시키고 품위를 손상하였다는 등의 사유로 해임처분을 받았다가 그 후 정직 3월로 감경된 징계처분을 받았고, 피고 3이 소외 1로부터 홍도클럽 등에서 700,000원 상당의 향응을 받았고, 원고들이 위와 같은 내용의 기자회견을 하게 됨으로써 품위를 손상하였다는 등의 사유로 정직 2월의 징계처분을 받은 사실, 홍도는 목포에서 서남쪽으로 약 115㎞ 떨어져 있어 쾌속선박으로 2시간 30분 정도 소요되고 177세대 500여 명의 주민이 거주하는 작은 섬인 사실, 홍도는 다도해해상국립공원이자 문화재보호구역인 관광지로서 2004. 현재 허가받은 일반음식점 및 여관은 각 1곳에 불과하고 그 밖에 영업중인 수십 곳의 일반음식점, 유흥주점형 노래방, 숙박업소, 민박집은 모두 무허가 업소인 사실은 앞서 인정한 바와 같고, 갑 제1, 17, 22, 23호증, 갑 제7호증의 3, 갑 제11, 13, 14, 16, 24호증의 각 1, 2, 갑 제12호증의 1~5, 갑 제15호증의 1, 2, 3, 을마 제3호증의 각 기재에 원고 2 신문 결과를 종합하면, 피고 1은 원고들이 홍도 내에서는 자유롭게 활동하도록 하였으나 고향 등 육지에 다녀오고 싶다고 하여도 2003. 추석 무렵 원고 2에게 부모의 문병을 다녀오게 하였을 뿐 원고들을 육지로 보내주지 않았고, 원고들은 병원 치료, 물건 구입 등 홍도에서 처리할 수 없는 용무가 있을 경우에

피고 1이나 홍도클럽의 마담인 소외 2와 함께 인근 흑산도나 목포 등지로 나갈 수 있었던 사실, 원고 2는 2003. 4.경 전남여성긴급전화 1366상담센터에 전화를 걸어 홍도클럽을 그만두고 싶으나 섬이라서 어렵다는 취지로 상담을 한 사실, 피고 1은 원고들이 성매매를 하고 받은 화대 중 원고들이 지급받기로 한 금액도 원고들의 선불금채무에 충당한다면서 이를 원고들에게 지급하지 않은 사실, 피고 1이 목포경찰서 홍도출장소에 2003. 추석 무렵 배 1상자, 2004. 설 무렵 사과 1상자를 보내 준 사실, 2001. 3.경~2003. 말경 사이에 홍도의 유흥업소 업주들이 매월 20,000원씩 회비를 걷어 함께 식사하는 모임이 있었던 사실, 피고 2, 3이 홍도에서 근무할 당시 원고들이 성매매를 한다는 점이나 피고 1이 허가를 받지 않고 원고들을 고용하여 홍도클럽에 근무하게 하였다는 점을 알고 있었으면서도 단속을 하지 않은 사실을 인정할 수 있으나, 이러한 인정 사실만으로는 피고 2, 3이 피고 1로부터 상납과 향응을 받고, 그 대신 피고 1이 원고들을 홍도에서 육지로 자유롭게 나가지 못하게 감금하고 성매매를 강요하며 급여를 지급하지 않고 화대를 착취하는 등 부당한 대우와 학대를 하는 것을 알면서도 이를 방치 또는 묵인하여 현저히 불합리하게 경찰공무원으로서의 권한을 행사하지 않았다고 인정하기 부족하고, 달리 이를 인정할 증거가 없다(나아가 피고 2, 3이 홍도클럽의 종업원인 원고들이 성매매를 한다는 사실이나 피고 1이 허가를 받지 않고 원고들을 고용하여 홍도클럽에 근무하게 하였다는 사실을 알고 있었으면서도 단속을 하지 않은 점만으로는 원고들이 이 사건 소로써 배상을 구하는 손해, 즉 피고 1로부터 감금, 성매매 강요, 급여 미지급, 화대 착취 등의 불법행위를 당하여 입게 된 손해 사이에 법적으로 상당인과관계가 있다고 보기도 어렵다).

(나) 따라서 피고 2, 3이 피고 1의 감금 및 성매매 강요 등의 불법행위를 방치 또는 묵인하여 위법하게 직무상의 의무를 위반하였다는 점을 전제로 한 원고들의 피고 2, 3에 대한 손해배상 청구 및 피고 2, 3의 손해배상책임이 인정됨을 전제로 한 원고들의 피고 4에 대한 손해배상 청구는 더 나아가 살필 필요 없이 모두 이유 없다 할 것이다. 그렇다면 원고들의 피고 1에 대한 채무부존재확인 청구 및 급여지급 청구는 이유 있어 인용하고, 손해배상 청구는 위 인정 범위 내에서 이유 있어 인용하고 나머지 청구는 이유 없어 기각하며, 원고들의 피고 2, 3, 4에 대한 손해배상 청구는 이유 없어 각 기각한다.

【해 설】

성매매에 대한 각국의 입법태도는 크게 금지주의, 규제주의, 합법주의로 나눌 수 있다. ① **금지주의**란 성매매 그 자체를 범죄로 보아 형벌로 처벌함으로써 성매매행위를 전면적으로 금지하는 입장이다(예: 한국·태국·필리핀·중국·베트남 등). ② **규제주의**란 일정한 조건하에 성매매영업을 인정하고 이를 정부의 공적 규제·관리 하에 둠으로써 폐해를 적게 하려고 하는 입장이다(예: 독일·영국·캐나다·일본·대만 등). ③ **합법주의**란 국가에서 성매매행위를 완전히 직업으로 인정하고 자유로운 영업을 보장하며 세금도 징수하고 간섭하지 않는 입장이다(예: 네덜란드·미국의 네바다주 등).

우리나라의 경우에 현행 '성매매알선 등 행위의 처벌에 관한 법률'은 전면적인 금지주의를 채택하고 있으나, 성매매행위는 줄어들지 않고 그 유형이 더욱 다양화·전문화되어 가고 있다. 이 법의 제정이유는 성매매공급자와 중간매개체를 차단하기 위하여 성매매 목적의 인신매매를 처벌하고 성매매알선 등 행위로부터 취득한 금품 그 밖의 재산상 이익을 몰수·추징하도록 하는 등 성매매알선 등 행위와 성매매의 근절을 위한 제도적 장치를 마련하려는 것이다. 이 법의 시행으로 인해 종전의 '윤락행위 등 방지법'은 폐지되었다.

최근의 **노르딕 모델** 또는 **스웨덴 모델**은 성노동자를 처벌하지 않고 지원하며 구매와 알선, 업소 운영과 착취만을 처벌하는 정책을 일컫는 말이다. 스웨덴을 중심으로 한 노르딕(Nordic; 북유럽의) 국가의 일부가 채택하고 있어 노르딕 모델이라 불린다. 노르딕 모델의 가장 큰 특징은 성노동자를 노동자로 보지 않고 복지의 대상으로 인식한다는 점이기에, 실질적으로 성노동자들이 경험하고 있는 노동환경을 개선하는 것보다 성노동자의 탈성매매 정책에 초점을 맞춘다.

[대법원 2006. 10. 26. 2005도8130 판결]
(가) 마사지업소의 여종업원이 침대가 설치된 밀실에서 짧은 치마와 반소매 티를 입고 남자 손님의 온몸을 주물러 성적인 흥분을 일으킨 뒤 손님의 옷을 모두 벗기고 로션을 바른 손으로 손님의 성기를 감싸쥐고 성교행위를 하듯이 왕복운동을 하여 성적 만족감에 도달한 손님으로 하여금 사정하게 한 행위가 성매매알선 등 행위의 처벌에 관한 법률 제2조 제1항 제1호 (나)목의 '유사성교행위'에 해당한다고 한 사례이다.

(나) 성매매 등 근절과 성매매 피해자 인권 보호라는 성매매알선 등 행위의 처벌에 관한 법률의 입법 취지와 성교행위와 유사성교행위를 아무런 구별 없이 같이 취급하고 있는 같은 법 제2조 제1항 제1호의 규정 등 고려하면, 위 법률 제2조 제1항 제1호 (나)목의 '유사성교행위'는 구강·항문 등 신체 내부로의 삽입행위 내지 적어도 성교와 유사한 것으로 볼 수 있는 정도의 성적 만족을 얻기 위한 신체접촉행위를 말하고, 어떤 행위가 성교와 유사한 것으로 볼 수 있는 정도의 성적 만족을 얻기 위한 신체접촉행위에 해당하는지 여부는 당해 행위가 이루어진 장소, 행위자들의 차림새, 신체 접촉 부위와 정도 및 행위의 구체적인 내용, 그로 인한 성적 만족감의 정도 등을 종합적으로 평가하여 규범적으로 판단하여야 한다.

[대법원 2011. 11. 10. 2011도3934 판결]
(가) 피고인이 인터넷 채팅사이트를 통하여, 이미 성매매 의사를 가지고 성매수 행위를 할 자를 물색하고 있던 청소년 갑(여, 16세)과 성매매 장소, 대가, 연락방법 등에 관하여 구체적인 합의에 이른 다음, 약속장소 인근에 도착하여 갑에게 전화를 걸어 '속바지를 벗고 오라'고 지시한 사안에서, 피고인의 일련의 행위가 아동·청소년의 성보호에 관한 법률 제10조 제2항에서 정한 '아동·청소년에게 성을 팔도록 권유하는 행위'에 해당한다고 본 원심판단을 수긍한 사례이다.

(나) 아동·청소년의 성보호에 관한 법률 제10조 제2항은 '아동·청소년의 성을 사기 위하여 아동·청소년을 유인하거나 성을 팔도록 권유한 자'를 처벌하도록 규정하고 있는데, 위 법률조항의 문언 및 체계, 입법 취지 등에 비추어, 아동·청소년이 이미 성매매 의사를 가지고 있었던 경우에도 그러한 아동·청소년에게 금품이나 그 밖의 재산상 이익, 직무·편의제공 등 대가를 제공하거나 약속하는 등의 방법으로 성을 팔도록 권유하는 행위도 위 규정에서 말하는 '성을 팔도록 권유하는 행위'에 포함된다고 보아야 한다.

[대법원 2018. 2. 8. 2014도10051 판결]

(가) 피고인이 일본에서 안마시술업소를 운영하면서 안마사 자격이 없는 종업원들을 고용한 다음 그곳을 찾아오는 손님들로부터 서비스대금을 받고 마사지와 유사성교행위를 하도록 하였다는 취지의 의료법 위반 및 성매매알선 등 행위의 처벌에 관한 법률 위반 공소사실이 각 유죄로 인정된 사안에서, 피고인이 마사지를 제외한 유사성교행위의 요금을 따로 정하지 아니하고 마사지가 포함된 전체 요금만을 정해 두고 영업을 한 점 등에 비추어, 피고인 운영의 안마시술업소에서 행한 마사지와 유사성교행위가 의료법 위반죄와 성매매알선 등 행위의 처벌에 관한 법률 위반죄의 실체적 경합관계에 있더라도 손님으로부터 지급받는 서비스대금은 그 전부가 마사지 대가이면서 동시에 유사성교행위의 대가라고 보아 유사성교행위가 포함된 서비스대금 전액의 추징을 명한 원심판단의 결론을 수긍한 사례이다.

(나) 의료법 제82조 제1항은 "안마사는 장애인복지법에 따른 시각장애인 중 다음 각호의 어느 하나에 해당하는 자로서 시·도지사에게 자격인정을 받아야 한다."라고 규정하고, 의료법 제88조 제3호는 위 제82조 제1항에 따른 안마사 자격인정을 받지 아니하고 영리를 목적으로 안마를 한 사람을 처벌하도록 규정하고 있다. 그런데 의료법 제82조 제1항에 따른 안마사의 자격은 우리나라 시·도지사의 자격인정에 의하여 부여되는 것으로서 안마사를 시·도지사의 자격인정을 받은 시각장애인으로 제한하는 위 규정의 목적이 시각장애인에게 안마업을 독점시킴으로써 그들의 생계를 지원하고 직업활동에 참여할 수 있는 기회를 제공하려는 데 있음을 고려하면, 대한민국 영역 외에서 안마업을 하려는 사람에게까지 시·도지사의 자격인정을 받아야 할 의무가 있다고 보기는 어렵다. 따라서 내국인이 대한민국 영역 외에서 안마업을 하는 경우에는 위와 같은 의무위반을 처벌하는 의료법 제88조 제3호의 구성요건 해당성이 없다.

※ **성매매알선 등 행위의 처벌에 관한 법률**(약칭: 성매매처벌법)
[일부개정 2021. 3. 16. 법률 제17931호, 시행 2021. 3. 16.]

제1조(목적) 이 법은 성매매, 성매매알선 등 행위 및 성매매 목적의 인신매매를 근절하고, 성매매피해자의 인권을 보호함을 목적으로 한다.

제2조(정의) ① 이 법에서 사용하는 용어의 뜻은 다음과 같다.

1. "**성매매**"란 불특정인을 상대로 금품이나 그 밖의 재산상의 이익을 수수하거나 수수하기로 약속하고 다음 각 목의 어느 하나에 해당하는 행위를 하거나 그 상대방이 되는 것을 말한다. 가. 성교행위 나. 구강, 항문 등 신체의 일부 또는 도구를 이용한 유사 성교행위

2. "**성매매알선 등 행위**"란 다음 각 목의 어느 하나에 해당하는 행위를 하는 것을 말한다. 가. 성매매를 알선, 권유, 유인 또는 강요하는 행위 나. 성매매의 장소를 제공하는 행위 다. 성매매에 제공되는 사실을 알면서 자금, 토지 또는 건물을 제공하는 행위

3. "**성매매 목적의 인신매매**"란 다음 각 목의 어느 하나에 해당하는 행위를 하는 것을 말한다. 가. 성을 파는 행위 또는 「형법」 제245조에 따른 음란행위를 하게 하거나, 성교행위 등 음란한 내용을 표현하는 사진·영상물 등의 촬영 대상으로 삼을 목적으로 위계, 위력, 그 밖에 이에 준하는 방법으로 대상자를 지배·관리하면서 제3자에게 인계하는 행위 나. 가목과 같은 목적으로 「청소년보호법」 제2조 제1호에 따른 청소년(이하 "청소년"이라

8. 성매매와 공무원의 직무상 의무 위반행위

한다), 사물을 변별하거나 의사를 결정할 능력이 없거나 미약한 사람 또는 대통령령으로 정하는 중대한 장애가 있는 사람이나 그를 보호·감독하는 사람에게 선불금 등 금품이나 그 밖의 재산상의 이익을 제공하거나 제공하기로 약속하고 대상자를 지배·관리하면서 제3자에게 인계하는 행위 다. 가목 및 나목의 행위가 행하여지는 것을 알면서 가목과 같은 목적이나 전매를 위하여 대상자를 인계받는 행위 라. 가목부터 다목까지의 행위를 위하여 대상자를 모집·이동·은닉하는 행위

4. "성매매피해자"란 다음 각 목의 어느 하나에 해당하는 사람을 말한다. 가. 위계, 위력, 그 밖에 이에 준하는 방법으로 성매매를 강요당한 사람 나. 업무관계, 고용관계, 그 밖의 관계로 인하여 보호 또는 감독하는 사람에 의하여 「마약류관리에 관한 법률」 제2조에 따른 마약·향정신성의약품 또는 대마(이하 "마약등"이라 한다)에 중독되어 성매매를 한 사람 다. 청소년, 사물을 변별하거나 의사를 결정할 능력이 없거나 미약한 사람 또는 대통령령으로 정하는 중대한 장애가 있는 사람으로서 성매매를 하도록 알선·유인된 사람 라. 성매매 목적의 인신매매를 당한 사람

제4조(금지행위) 누구든지 다음 각 호의 어느 하나에 해당하는 행위를 하여서는 아니된다. 1. 성매매 2. 성매매알선 등 행위 3. 성매매 목적의 인신매매 4. 성을 파는 행위를 하게 할 목적으로 다른 사람을 고용·모집하거나 성매매가 행하여진다는 사실을 알고 직업을 소개·알선하는 행위 5. 제1호, 제2호 및 제4호의 행위 및 그 행위가 행하여지는 업소에 대한 광고행위

제5조(다른 법률과의 관계) 이 법에서 규정한 사항에 관하여 「아동·청소년의 성보호에 관한 법률」에 특별한 규정이 있는 경우에는 그 법에서 정하는 바에 따른다.

제6조(성매매피해자에 대한 처벌특례와 보호) ① 성매매피해자의 성매매는 처벌하지 아니한다.

제7조(신고의무 등) ① 「성매매방지 및 피해자보호 등에 관한 법률」 제5조 제1항에 따른 지원시설 및 같은 법 제10조에 따른 성매매피해상담소의 장이나 종사자가 업무와 관련하여 성매매 피해사실을 알게 되었을 때에는 지체 없이 수사기관에 신고하여야 한다.

제8조(신뢰관계에 있는 사람의 동석) ① 법원은 신고자등을 증인으로 신문할 때에는 직권으로 또는 본인·법정대리인이나 검사의 신청에 의하여 신뢰관계에 있는 사람을 동석하게 할 수 있다. ② 수사기관은 신고자등을 조사할 때에는 직권으로 또는 본인·법정대리인의 신청에 의하여 신뢰관계에 있는 사람을 동석하게 할 수 있다.

제9조(심리의 비공개) ① 법원은 신고자등의 사생활이나 신변을 보호하기 위하여 필요하면 결정으로 심리를 공개하지 아니할 수 있다. ② 증인으로 소환받은 신고자등과 그 가족은 사생활이나 신변을 보호하기 위하여 증인신문의 비공개를 신청할 수 있다.

제10조(불법원인으로 인한 채권무효) ① 다음 각 호의 어느 하나에 해당하는 사람이 그 행위와 관련하여 성을 파는 행위를 하였거나 할 사람에게 가지는 채권은 그 계약의 형식이나 명목에 관계없이 무효로 한다. 그 채권을 양도하거나 그 채무를 인수한 경우에도 또한 같다. 1. 성매매알선 등 행위를 한 사람 2. 성을 파는 행위를 할 사람을 고용·모집하거나 그 직업을 소개·알선한 사람 3. 성매매 목적의 인신매매를 한 사람 ③ 검사 또는 사법경찰관은 성을 파는 행위를 한 사람이나 성매매피해자를 조사할 때에는 제1항의 채권이 무효라

는 사실과 지원시설 등을 이용할 수 있음을 본인 또는 법정대리인 등에게 고지하여야 한다.

제14조(보호처분의 결정 등) ① 판사는 심리 결과 보호처분이 필요하다고 인정할 때에는 결정으로 다음 각 호의 어느 하나에 해당하는 처분을 할 수 있다. 1. 성매매가 이루어질 우려가 있다고 인정되는 장소나 지역에의 출입금지 2. 「보호관찰 등에 관한 법률」에 따른 보호관찰 3. 「보호관찰 등에 관한 법률」에 따른 사회봉사·수강명령 4. 「성매매방지 및 피해자보호 등에 관한 법률」 제10조에 따른 성매매피해상담소에의 상담위탁 5. 「성폭력방지 및 피해자보호 등에 관한 법률」 제27조 제1항에 따른 전담의료기관에의 치료위탁 ② 제1항 각 호의 처분은 병과할 수 있다.

제15조(보호처분의 기간) 제14조 제1항 제1호·제2호 및 제4호에 따른 보호처분 기간은 6개월을, 같은 항 제3호에 따른 사회봉사·수강명령은 100시간을 각각 초과할 수 없다.

제16조(보호처분의 변경) ① 법원은 검사, 보호관찰관 또는 수탁기관의 장이 청구하면 결정으로 한 번만 보호처분의 종류와 기간을 변경할 수 있다. ② 제1항에 따라 보호처분의 종류와 기간을 변경할 때에는 종전의 처분기간을 합산하여 제14조 제1항 제1호·제2호·제4호·제5호에 따른 보호처분 기간은 1년을, 같은 항 제3호에 따른 사회봉사·수강명령은 200시간을 각각 초과할 수 없다.

제18조(벌칙) ① 다음 각 호의 어느 하나에 해당하는 사람은 **10년 이하의 징역** 또는 **1억원 이하의 벌금**에 처한다. 1. 폭행이나 협박으로 성을 파는 행위를 하게 한 사람 2. 위계 또는 이에 준하는 방법으로 성을 파는 사람을 곤경에 빠뜨려 성을 파는 행위를 하게 한 사람 3. 친족관계, 고용관계, 그 밖의 관계로 인하여 다른 사람을 보호·감독하는 것을 이용하여 성을 파는 행위를 하게 한 사람 4. 위계 또는 위력으로 성교행위 등 음란한 내용을 표현하는 영상물 등을 촬영한 사람

② 다음 각 호의 어느 하나에 해당하는 사람은 **1년 이상의 유기징역**에 처한다. 1. 제1항의 죄(미수범을 포함한다)를 범하고 그 대가의 전부 또는 일부를 받거나 이를 요구·약속한 사람 2. 위계 또는 위력으로 청소년, 사물을 변별하거나 의사를 결정할 능력이 없거나 미약한 사람 또는 대통령령으로 정하는 중대한 장애가 있는 사람으로 하여금 성을 파는 행위를 하게 한 사람 3. 「폭력행위 등 처벌에 관한 법률」 제4조에 규정된 단체나 집단의 구성원으로서 제1항의 죄를 범한 사람

③ 다음 각 호의 어느 하나에 해당하는 사람은 **3년 이상의 유기징역**에 처한다. 1. 다른 사람을 감금하거나 단체 또는 다중의 위력을 보이는 방법으로 성매매를 강요한 사람 2. 성을 파는 행위를 하였거나 할 사람을 고용·관리하는 것을 이용하여 위계 또는 위력으로 낙태하게 하거나 불임시술을 받게 한 사람 3. 삭제 <2013.4.5> 4. 「폭력행위 등 처벌에 관한 법률」 제4조에 규정된 단체나 집단의 구성원으로서 제2항 제1호 또는 제2호의 죄를 범한 사람

④ 다음 각 호의 어느 하나에 해당하는 사람은 **5년 이상의 유기징역**에 처한다. 1. 업무관계, 고용관계, 그 밖의 관계로 인하여 보호 또는 감독을 받는 사람에게 마약등을 사용하여 성을 파는 행위를 하게 한 사람 2. 「폭력행위 등 처벌에 관한 법률」 제4조에 규정된 단체나 집단의 구성원으로서 제3항 제1호부터 제3호까지의 죄를 범한 사람

제21조(벌칙) ① 성매매를 한 사람은 1년 이하의 징역이나 300만원 이하의 벌금·구류 또

8. 성매매와 공무원의 직무상 의무 위반행위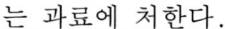

는 과료에 처한다.

제26조(형의 감면) 이 법에 규정된 죄를 범한 사람이 수사기관에 신고하거나 자수한 경우에는 형을 감경하거나 면제할 수 있다.

[헌법재판소 2016. 3. 31. 2013헌가2 결정]
— 성매매알선 등 행위의 처벌에 관한 법률 제21조 제1항 위헌제청

【사건개요 및 주문】
(1) 사건개요: 제청신청인은 2012. 7. 7. 서울 동대문구 ○○동 ○○, ○○호에서 이○후(23세)로부터 13만 원을 받고 성교함으로써 성매매를 하였다는 범죄사실로 기소되었다(서울북부지방법원 2012고정2220). 제청신청인은 제1심 계속 중 성매매를 처벌하는 '성매매알선 등 행위의 처벌에 관한 법률' 제21조 제1항에 대하여 위헌법률심판제청신청을 하였고(서울북부지방법원 2012초기1262), 제청법원은 2012. 12. 13. 위 신청을 받아들여 이 사건 위헌법률심판을 제청하였다. 이 사건 심판대상은 성매매알선 등 행위의 처벌에 관한 법률(2011. 5. 23. 법률 제10697호로 개정된 것, 이하 '성매매처벌법'이라 한다.) 제21조 제1항(이하 '심판대상조항'이라 한다.)이 헌법에 위반되는지 여부이다.
(2) 주문: 성매매알선 등 행위의 처벌에 관한 법률(2011. 5. 23. 법률 제10697호로 개정된 것) 제21조 제1항은 헌법에 위반되지 아니한다.

【판시사항】
(1) 성매매를 한 자를 형사처벌 하도록 규정한 '성매매알선 등 행위의 처벌에 관한 법률'(2011. 5. 23. 법률 제10697호로 개정된 것, 이하 성매매처벌법이라 한다) 제21조 제1항이 개인의 성적 자기결정권, 사생활의 비밀과 자유, 성판매자의 직업선택의 자유를 침해하는지 여부(소극)
(2) 심판대상조항이 제청신청인의 평등권을 침해하는지 여부(소극)

【결정요지】
(1) [다수의견] 심판대상조항은 성매매를 형사처벌하여 성매매 당사자의 성적 자기결정권, 사생활의 비밀과 자유 및 성판매자의 직업선택의 자유를 제한하고 있다. 그런데 개인의 성행위 그 자체는 사생활의 내밀영역에 속하고 개인의 성적 자기결정권의 보호대상에 속한다고 할지라도, 그것이 외부에 표출되어 사회의 건전한 성풍속을 해칠 때에는 법률의 규제를 받아야 하는 것이다. 외관상 강요되지 않은 자발적인 성매매행위도 인간의 성을 상품화함으로써 성판매자의 인격적 자율성을 침해할 수 있고, 성매매산업이 번창하는 것은 자금과 노동력의 정상적인 흐름을 왜곡하여 산업구조를 기형화시키는 점에서 사회적으로 매우 유해한 것이다. 성매매는 그 자체로 폭력적, 착취적 성격을 가진 것으로 경제적 대가를 매개로 하여 경제적 약자인 성판매자의 신체와 인격을 지배하는 형태를 띠므로 대등한 당사자 사이의 자유로운 거래 행위로 볼 수 없고, 인간의 성을 상품화하여 성범죄가 발생하기 쉬운 환경을 만드는 등 사회 전반의 성풍속과 성도덕을 허물어뜨린다. 성매매를 형사처벌함에 따라 성매매 집결지를 중심으로 한 성매매 업소와 성판매 여성이 감소하는 추세에 있고, 성구매 사범 대부분이 성매매처벌법에 따라 성매매가 처벌된다는 사실을 안 후 성구매를 자제하게

되었다고 응답하고 있는 점 등에 비추어 보면, 성매매를 형사처벌함으로써 사회 전반의 건전한 성풍속 및 성도덕을 확립하려는 심판대상조항의 입법목적은 정당하고 수단의 적절성도 인정된다.

한편, 성매매에 대한 수요는 성매매 시장을 형성, 유지, 확대하는 주요한 원인인바, 우리 사회는 잘못된 접대문화 등으로 인하여 성매매에 대한 관대한 인식이 팽배해 있으며, 성매매 집결지를 중심으로 한 전통적인 유형의 성매매뿐만 아니라 산업형(겸업형) 성매매, 신·변종 성매매 등 다양한 유형의 성매매 시장이 활성화되어 있고, 불법 체류자나 이주 노동자들의 성매매, 청소년·노인의 성매매 등 성매매의 양상도 점차 복잡해지고 있다. 이러한 상황에서 성매매에 대한 지속적인 수요를 억제하지 않는다면, 성인뿐만 아니라 청소년이나 저개발국의 여성들까지 성매매 시장에 유입되어 그 규모가 비약적으로 확대될 우려가 있고, 재범방지 교육이나 성매매 예방교육 등이 형사처벌과 유사하거나 더 높은 효과를 갖는다고 볼 수 없으므로 성구매자에 대한 형사처벌이 과도하다고 볼 수 없다.

성매매 공급이 확대되거나 쉽게 접근할 수 있는 길을 열어줄 위험과 불법적인 조건으로 성매매를 유도할 가능성이 있는 점 등을 고려할 때 성판매자도 형사처벌의 대상에 포함시킬 필요성이 인정된다. 사회구조적 요인이 성매매 종사에 영향을 미칠 수는 있으나 이는 성매매에만 국한된 특유한 문제라고 볼 수 없고, 만약 이들에게 책임을 묻기 어려운 사정이 있는 경우에는 성매매피해자로 인정되어 형사처벌의 대상에서 제외될 수 있는 가능성도 존재하는 점, 형사처벌 외에 보호사건으로 처리될 수도 있는 점, 성매매피해자 등의 보호, 피해회복 및 자립·자활을 지원하기 위하여 법적, 제도적 장치가 마련되어 있는 점 등에 비추어 성판매자에 대한 형사처벌도 과도하다고 볼 수 없다. 또한 나라별로 다양하게 시행되는 성매매에 대하여 정책의 효율성을 판단하는 것도 쉽지 않으므로, 전면적 금지정책에 기초하여 성매매 당사자 모두를 형사처벌하도록 한 입법을 침해최소성에 어긋난다고 볼 수 없다.

자신의 성 뿐만 아니라 타인의 성을 고귀한 것으로 여기고 이를 수단화하지 않는 것은 모든 인간의 존엄과 평등이 전제된 공동체의 발전을 위한 기본전제가 되는 가치관이므로, 사회 전반의 건전한 성풍속과 성도덕이라는 공익적 가치는 개인의 성적 자기결정권 등 기본권 제한의 정도에 비해 결코 작다고 볼 수 없어 법익균형성원칙에도 위배되지 아니한다. 따라서 심판대상조항은 개인의 성적 자기결정권, 사생활의 비밀과 자유, 직업선택의 자유를 침해하지 아니한다.

(2) 불특정인을 상대로 한 성매매와 특정인을 상대로 한 성매매는, 건전한 성풍속 및 성도덕에 미치는 영향, 제3자의 착취 문제 등에 있어 다르다고 할 것이므로, 불특정인에 대한 성매매만을 금지대상으로 규정하고 있는 것이 평등권을 침해한다고 볼 수도 없다.

9. 마약류관리에 관한 법률 위반

[대법원 2009. 3. 12. 2008도8486 판결]

이 사건 공소사실의 요지는, 피고인이 2007. 8. 29. 22:00경 서울 서초구 방배3동(이하 생략) 공소외 1의 집에서 향정신성의약품인 메스암페타민 불상량을 주사기에 넣고 물로 희석하여 몸에 주사하였다는 것이다. 이에 대하여 원심은 이 사건 공소사실에 부합하는 취지의 공소외 2의 제1심법정 진술은 공소외 2가 공소외 1로부터, 피고인이 공소외 1에게 이 사건 주사기를 건네주었다는 말을 들었다는 내용이고, 경찰 압수조서 및 목록의 기재는 공소외 1의 집에서 이 사건 주사기가 발견되었다는 것으로서, 모두 피고인이 메스암페타민을 투약하였다는 점에 관한 직접적인 증거들이라고 보기 어렵고, 결국 이 사건 공소사실에 대한 직접적인 증거로는 공소외 1의 수사기관 및 제1심법정에서의 진술, 국립과학수사연구소장의 감정의뢰회보(유전자분석 감정서) 등이 있을 뿐이라고 전제한 다음, 먼저 공소외 1의 수사기관 및 제1심법정에서의 진술에 대해서는, 이 사건 주사기 8개가 공소외 1의 집에서 발견되자, 공소외 1은 수사기관 및 제1심법정에서 일관되게, 피고인이 이 사건 주사기를 버려달라고 하며 공소외 1에게 건네주었고, 피고인이 이 사건 주사기를 이용하여 필로폰을 투약하는 것을 목격하지는 못했지만 그런 것으로 추측한다고 진술하였는데, 공소외 1은 피고인이 이 사건 주사기를 건네주었다는 일시에 관하여 처음에는 2007. 9. 18.경이라고 진술하였다가 2007. 9. 20.로, 다시 2007. 8. 29.로 변경하였는바, 최초의 조사는 사건이 있은 때로부터 불과 2개월여 만에 이루어져, 오래전 일이라 기억이 생생하지 못하였기 때문이었다는 진술 번복 경위에 상당성이 없는 점, 공소외 1의 진술에 의하면, 동종범행으로 집행유예 기간 중에 있던 피고인이 당시 매우 오랜만에 만난 전 연인 사이인 공소외 1에게 필로폰을 투약한 주사기를 버려달라고 맡기고, 또 필로폰을 투약한 경험이 있는 공소외 1이 '피고인과 다시는 안볼 생각으로' 피고인이 투약한 증거인 주사기를 자신의 부엌 찬장에 2개월여 동안 보관하고 있었다는 것인데 이는 상식에 반하는 점 등에 비추어 보면, 공소외 1의 진술은 그 신빙성을 인정할 수 없고, 또 국립과학수사연구소장의 감정의뢰회보(유전자분석 감정서) 등에 의하면, 이 사건 주사기 8개 중 5개에서 마약성분이 검출되었고, 마약성분이 검출된 주사기 중 1개의 주사기에서 피고인의 유전자와 일치하는 혈흔이 발견되었다는 것인바, 이는 피고인이 마약을 하기 위해 공소외 1의 집에 8개의 주사기를 가지고 가, 그 중 한 개의 주사기로 마약을 하고, 다른 4개의 주사기에는 마약을 담아놓은 채 투약은 하지 않았으며, 아직 새것인 3개의 주사기도 모두 버렸다는 것이어서 상식적으로 납득하기 어려우며, 피고인에 대한 소변 및 모발검사에서 마약성분이 검출되지 않았는바, 피고인이 필로폰을 투약하였다는 이 사건 공소사실 기재 일시는 2007. 8. 29.이고, 모발검사 시기는 같은 해 10. 22.로서 모발의 투약 여부 감정가능기간(투약 후 약 20일부터 1년 이내)에 비추어 볼 때, 피고인이 공소사실과 같이 필로폰을 투약하였다면 극소량을 투약한 것이 아닌 이상 모발검사에서 마약성분이 검출되었어야 함에도 그렇지 못한 점 등에 비추어, 위 증거들만으로는 이 사건 공소사실이 합리적 의심을 배제할 정도로 증명되었다고 보기 어렵다는 이유로 이 사건 공소사실을 유죄로 인정한 제1심판결을 파기하고 피고인에게 무죄를 선고하였다.

【요 지】

(1) 유전자검사나 혈액형검사 등 과학적 증거방법은 그 전제로 하는 사실이 모두 진실임이 입증되고 그 추론의 방법이 과학적으로 정당하여 오류의 가능성이 전무하거나 무시할 정도로 극소한 것으로 인정되는 경우에는 법관이 사실인정을 함에 있어 상당한 정도로 구속력을 가지므로, 비록 사실의 인정이 사실심의 전권이라 하더라도 아무런 합리적 근거 없이 함부로 이를 배척하는 것은 자유심증주의의 한계를 벗어나는 것으로서 허용될 수 없다. 과학적 증거방법이 당해 범죄에 관한 적극적 사실과 이에 반하는 소극적 사실 모두에 존재하는 경우에는 각 증거방법에 의한 분석결과에 발생할 수 있는 오류가능성 및 그 정도, 그 증거방법에 의하여 증명되는 사실의 내용 등을 종합적으로 고려하여 범죄의 유무 등을 판단하여야 하고, 여러 가지 변수로 인하여 반증의 여지가 있는 소극적 사실에 관한 증거로써 과학적 증거방법에 의하여 증명되는 적극적 사실을 쉽사리 뒤집어서는 안 된다.

(2) 유전자검사 결과 주사기에서 마약성분과 함께 피고인의 혈흔이 확인됨으로써 피고인이 필로폰을 투약한 사정이 적극적으로 증명되는 경우, 반증의 여지가 있는 소변 및 모발검사에서 마약성분이 검출되지 않았다는 소극적 사정에 관한 증거만으로 이를 쉽사리 뒤집을 수 없다고 한 사례이다.

【이 유】

(1) 형사재판에 있어 심증형성은 반드시 직접증거에 의하여 형성되어야만 하는 것은 아니고 간접증거에 의할 수도 있는 것이며, 간접증거는 이를 개별적·고립적으로 평가하여서는 아니 되고 모든 관점에서 빠짐없이 상호 관련시켜 종합적으로 평가하고, 치밀하고 모순 없는 논증을 거쳐야 한다. 그리고 증거의 증명력은 법관의 자유판단에 맡겨져 있으나 그 판단은 논리와 경험칙에 합치하여야 하고, 형사재판에 있어서 유죄로 인정하기 위한 심증형성의 정도는 합리적인 의심을 할 여지가 없을 정도여야 하나, 이는 모든 가능한 의심을 배제할 정도에 이를 것까지 요구하는 것은 아니며, 증명력이 있는 것으로 인정되는 증거를 합리적인 근거가 없는 의심을 일으켜 이를 배척하는 것은 자유심증주의의 한계를 벗어나는 것으로 허용될 수 없다 할 것인바, 여기에서 말하는 합리적 의심이라 함은 모든 의문, 불신을 포함하는 것이 아니라 논리와 경험칙에 기하여 요증사실과 양립할 수 없는 사실의 개연성에 대한 합리성 있는 의문을 의미하는 것으로서, 피고인에게 유리한 정황을 사실인정과 관련하여 파악한 이성적 추론에 그 근거를 두어야 하는 것이므로 단순히 관념적인 의심이나 추상적인 가능성에 기초한 의심은 합리적 의심에 포함된다고 할 수 없다(대법원 2004. 6. 25. 2004도2221 판결 등 참조).

(2) 그러나 원심의 위와 같은 판단은 앞서 본 법리와 다음과 같은 이유로 수긍하기 어렵다. 먼저, 공소외 1의 수사기관 및 제1심법정에서의 진술은 '피고인이 공소외 1의 집 컴퓨터 방에서 야한 동영상을 보며 한참 동안 있다가 나와 이 사건 주사기를 주면서 버려달라고

하였는데, 당시 피고인이 마약을 투약하는 것을 직접 보지는 못했지만 그날 마약과 관련된 이야기를 했고, 피고인이 말도 별로 안 하고 주변을 계속 두리번거리면서 불안해하는 등 마약을 한 것처럼 보였다'는 취지로 일관되어 있고, 이와 같은 공소외 1의 진술은 ' 공소외 1로부터 피고인이 공소외 1에게 이 사건 주사기를 건네주었다는 말을 들었다'는 취지의 공소외 2의 수사기관 및 제1심법정에서의 진술과 공소외 1의 집에서 이 사건 주사기가 발견되었다는 경찰 압수조서 및 목록의 기재에 의하여 뒷받침되며, 피고인도 이 사건 공소사실의 범행일시인 2007. 8. 29. 공소외 1의 집에 갔던 사실을 인정하고 있다. 특히, 마약성분이 검출된 주사기 5개 중 1개의 주사기에서 피고인의 유전자와 일치하는 혈흔이 함께 발견된 것은 유전자검사라는 과학적 증거방법에 의하여 확인된 사실로서 피고인이 그 주사기로 마약을 투약한 경우를 제외하고는 다른 경우를 합리적으로 상정하기 어렵다.

반면, 원심이 지적한 바와 같은 피고인의 범행일시에 관한 공소외 1 진술의 모순에 관하여 보건대, 앞서 본 증거들에 의하면, 공소외 1은 피고인으로부터 이 사건 주사기를 받은 날에 대하여, 처음 경찰에서는 피고인으로부터 마지막 문자메시지를 받은 2007. 10. 3.을 기준으로 그로부터 15일 정도 전이었던 것 같다고 하였다가, 그 다음에는 2007. 9. 20.에 피고인으로부터 '집으로 간다'는 내용의 문자메시지를 받은 사실을 확인하고 2007. 9. 20.이라고 진술하였는데, 그 후 공소외 1의 주거지 아파트 폐쇄회로 카메라에 그 날 피고인의 모습이 촬영되어 있지 않은 사실이 확인되자, 피고인이 공소외 1에게 이 사건 주사기를 줬던 날 피고인이 누군가와 전화통화를 한 후 피고인의 동생 한재민이 구속되었다는 말을 하였던 점을 기억해 내어, 이에 경찰에서 한재민이 2007. 8. 29. 구속된 사실과 같은 날 피고인이 공소외 1 주거지 아파트의 폐쇄회로 카메라에 촬영된 사실을 확인하였음을 알 수 있는바, 공소외 1은 처음부터 날짜를 확정적으로 특정하고 이후 이를 번복하여 그와 모순되는 진술을 하였다기보다는 그 무렵 일어났던 일들을 기초로 기억을 되살리는 과정에서 피고인의 범행일시를 바로잡아 온 것으로 보이므로, 피고인의 범행일시에 관한 공소외 1의 진술에 원심이 지적한 바와 같은 차이들이 있다 하여 그 진술의 신빙성을 배척할 수는 없다고 할 것이다.

그리고 피고인의 진술에 의하면, 피고인은 공소외 1과 1993년부터 1996년까지 일본에서 동거하였고, 1997년 여름경 다시 만나 수차례 성관계를 가졌으며, 공소외 1도 일본에 있을 때 자주 필로폰을 투약해 온 것으로 알고 있다는 것인바, 이와 같은 피고인의 진술에 의한 피고인과 공소외 1의 관계에 비추어 보더라도 피고인이 공소외 1에게 이 사건 주사기를 맡기고 이를 공소외 1이 보관한 것이 반드시 상식에 반하는 것이라고 할 수는 없다. 또한, 이 사건 주사기 8개 중 5개에서 마약성분이 검출되고 그 중 1개에서만 피고인의 혈흔이 발견되었다 하여, 원심이 인정한 바와 같이 반드시 피고인이 마약성분이 검출된 5개 중 4개의 주사기에는 마약을 담아놓기만 하고 이를 투약하지 않았다거나 마약성분이 검출되지 않은 3개의 주사기는 새것인 채로 버렸다고 단정할 것은 아니므로, 이 부분 원심의 판시도 적절하다 할 수 없다.

한편, 필로폰을 투약한 경우 항상 투약 후 20일부터 1년 이내에 모발에서 메스암페타민 성분이 검출된다는 점이 전제되지 않는 한 피고인의 모발에서 메스암페타민 성분이 검출되지 않았다고 하여 피고인이 메스암페타민을 투약하지 않았다고 단정할 수는 없는데, 모발이 염색약 등의 화학약품, 열, 빛 등에 의하여 손상되었거나, 투약량이 많지 않아 모발에 축적된 메스암페타민 성분이 극미량일 가능성, 또 개인의 연령, 성별, 영양상태, 개체 등에 따른 모발의 성장속도의 차이 때문에 검사 대상 모발에서 메스암페타민을 검출하지 못할 가능성도 이를 완전히 배제할 수는 없다. 더구나 이 사건에서와 같이 유전자검사라는 과학적인 증거방법에 의하여 주사기에서 마약성분과 함께 피고인의 혈흔이 확인됨으로써 피고인이 주사기로 마약을 투약한 사정이 적극적으로 증명되는 경우에는 이와 같이 여러 가지 변수로 인하여 반증의 여지가 있는 소극적 사정에 관한 증거로써 이를 쉽사리 뒤집을 수는 없다 할 것이다.

따라서 피고인에 대한 이 사건 공소사실은 입증되었다고 봄이 상당함에도, 원심은 이 사건 공소사실에 대한 범죄의 증명이 없다고 하여 무죄를 선고하였으니 원심판결에는 증거의 증명력을 판단함에 있어 경험칙과 논리법칙에 어긋나는 판단을 함으로써 간접증거의 증명력 평가에 관한 법리를 오해하였거나, 채증법칙 위배 또는 심리미진으로 인하여 사실을 오인함으로써 판결에 영향을 미친 위법을 저지른 것이라 아니할 수 없고, 이 점을 지적하는 상고이유의 주장은 이유 있다. 그러므로 원심판결을 파기하고, 사건을 다시 심리·판단하게 하기 위하여 원심법원에 환송하기로 한다.

【해 설】

마약류란 마약, 대마, 향정신성의약품을 총칭하며, 넓은 의미에서는 유해화학물까지 포함한다. 과거 마약법, 대마관리법, 향정신성의약품관리법 등으로 규제대상이 분할되어 있던 것이 2000년 7월 1일부터는 '마약류관리에 관한 법률'로 통합되어 시행되고 있다. 마약류의 종류는 향정신성 의약품류인 각성제, 환각제, 억제제와 마약류인 천연마약(양귀비, 모르핀, 코카나무잎 등), 합성마약, 반합성마약 및 대마류인 대마초(마리화나), 대마수지(해쉬쉬), 대마수지기름(해쉬쉬오일) 등이 있다.

이른바 '마약 청정국'은 인구 10만 명당 마약류 사범이 20명 이하인 경우에 해당한다. 지금까지 국제범죄조직은 우리나라가 마약 청정국이라는 점을 악용해서 오히려 마약밀수 경유지로 활용해왔다. 하지만 현재 국내에는 30만명에서 100만명 정도의 마약투약자가 있는 것으로 추정되며, 심한 경우에는 우리 국민 50명당 1명꼴로 중독자이거나 투약경험이 있는 것으로 추정된다. 마약류사범을 직업별로 보면, 무직인 경우가 꾸준히 가장 높은 점유율을 보이고 있고, 유흥업종사자 역시 꾸준하게 일정한 비율을 차지해왔다. 또한 우리 농촌 지역도 마약류로부터 안전한 곳이 아니며, 일반인·대학생·가정주부 등에 이르기까지 마약이 확산되고 있음을 알 수 있다.

※ **마약류 관리에 관한 법률**(약칭: 마약류관리법)
[일부개정 2021. 8. 17. 법률 제18443호, 시행 2021. 8. 17.]

제1조(목적) 이 법은 마약·향정신성의약품·대마 및 원료물질의 취급·관리를 적정하게 함으로써 그 오용 또는 남용으로 인한 보건상의 위해를 방지하여 국민보건 향상에 이바지함을 목적으로 한다.

제2조(정의) 이 법에서 사용하는 용어의 뜻은 다음과 같다.

9. 마약류관리에 관한 법률 위반

1. "**마약류**"란 마약·향정신성의약품 및 대마를 말한다.
2. "**마약**"이란 다음 각 목의 어느 하나에 해당하는 것을 말한다. 가. 양귀비: 양귀비과의 파파베르 솜니페룸 엘(Papaver somniferum L.), 파파베르 세티게룸 디시(Papaver setigerum DC.) 또는 파파베르 브락테아툼(Papaver bracteatum) 나. 아편: 양귀비의 액즙이 응결된 것과 이를 가공한 것. 다만, 의약품으로 가공한 것은 제외한다. 다. 코카 잎: 코카 관목[에리드록시론속의 모든 식물을 말한다]의 잎. 다만, 엑고닌·코카인 및 엑고닌 알칼로이드 성분이 모두 제거된 잎은 제외한다. 라. 양귀비, 아편 또는 코카 잎에서 추출되는 모든 알카로이드 및 그와 동일한 화학적 합성품으로서 대통령령으로 정하는 것 마. 가목부터 라목까지에 규정된 것 외에 그와 동일하게 남용되거나 해독 작용을 일으킬 우려가 있는 화학적 합성품으로서 대통령령으로 정하는 것 바. 가목부터 마목까지에 열거된 것을 함유하는 혼합물질 또는 혼합제제. 다만, 다른 약물이나 물질과 혼합되어 가목부터 마목까지에 열거된 것으로 다시 제조하거나 제제할 수 없고, 그것에 의하여 신체적 또는 정신적 의존성을 일으키지 아니하는 것으로서 총리령으로 정하는 것[이하 "한외마약"이라 한다]은 제외한다.
3. "**향정신성의약품**"이란 인간의 중추신경계에 작용하는 것으로서 이를 오용하거나 남용할 경우 인체에 심각한 위해가 있다고 인정되는 다음 각 목의 어느 하나에 해당하는 것으로서 대통령령으로 정하는 것을 말한다. 가. 오용하거나 남용할 우려가 심하고 의료용으로 쓰이지 아니하며 안전성이 결여되어 있는 것으로서 이를 오용하거나 남용할 경우 심한 신체적 또는 정신적 의존성을 일으키는 약물 또는 이를 함유하는 물질 나. 오용하거나 남용할 우려가 심하고 매우 제한된 의료용으로만 쓰이는 것으로서 이를 오용하거나 남용할 경우 심한 신체적 또는 정신적 의존성을 일으키는 약물 또는 이를 함유하는 물질

제3조(일반 행위의 금지) 누구든지 다음 각 호의 어느 하나에 해당하는 행위를 하여서는 아니 된다. 1. 이 법에 따르지 아니한 마약류의 사용 2. 마약의 원료가 되는 식물을 재배하거나 그 성분을 함유하는 원료·종자·종묘를 소지, 소유, 관리, 수출입, 수수, 매매 또는 매매의 알선을 하거나 그 성분을 추출하는 행위. 다만, 대통령령으로 정하는 바에 따라 식품의약품안전처장의 승인을 받은 경우는 제외한다. 3. 헤로인, 그 염류 또는 이를 함유하는 것을 소지, 소유, 관리, 수입, 제조, 매매, 매매의 알선, 수수, 운반, 사용, 투약하거나 투약하기 위하여 제공하는 행위. 다만, 대통령령으로 정하는 바에 따라 식품의약품안전처장의 승인을 받은 경우는 제외한다. 4. 마약 또는 향정신성의약품을 제조할 목적으로 원료물질을 제조, 수출입, 매매, 매매의 알선, 수수, 소지, 소유 또는 사용하는 행위. 다만, 대통령령으로 정하는 바에 따라 식품의약품안전처장의 승인을 받은 경우는 제외한다. 5. 제2조 제3호 가목의 향정신성의약품 또는 이를 함유하는 향정신성의약품을 소지, 소유, 사용, 관리, 수출입, 제조, 매매, 매매의 알선 또는 수수하는 행위. 다만, 대통령령으로 정하는 바에 따라 식품의약품안전처장의 승인을 받은 경우는 제외한다.

제14조(광고) ① 제3조 제12호에도 불구하고 마약류제조업자·마약류수출입업자는 제18조 또는 제21조에 따라 품목허가를 받은 마약 또는 향정신성의약품을 의학·약학·수의학에 관한 전문가 등을 대상으로 하는 매체 또는 수단에 의한 경우에 한정하여 광고할 수 있다. ② 제1항에 따른 광고의 매체 또는 수단은 다음 각 호와 같다. 1. 의학·약학·수의학에 관한 사항을 전문적으로 취급하는 신문 또는 잡지 2. 제품설명회. 이 경우 설명 내용에는 부작용 등 사용 시 주의사항에 관한 정보가 포함되어야 한다. ③ 제1항에 따른 마약 또는 향정신성의약품에 관한 광고의 기준은 총리령으로 정한다.

제30조(마약류 투약 등) ① 마약류취급의료업자가 아니면 의료나 동물 진료를 목적으로 마약 또는 향정신성의약품을 투약하거나 투약하기 위하여 제공하거나 마약 또는 향정신성의약품을 기재한 처방전을 발급하여서는 아니 된다. ② 마약류취급의료업자는 제11조의4 제2항 제3호에 따라 투약내역을 확인한 결과 마약 또는 향정신성의약품의 과다·중복 처방 등 오남용이 우려되는 경우에는 처방 또는 투약을 하지 아니할 수 있다.

제39조(마약 사용의 금지) 마약류취급의료업자는 마약 중독자에게 그 중독 증상을 완화시키거나 치료하기 위하여 다음 각 호의 어느 하나에 해당하는 행위를 하여서는 아니 된다. 다만, 제40조에 따른 치료보호기관에서 보건복지부장관 또는 시·도지사의 허가를 받은 경우에는 그러하지 아니하다. 1. 마약을 투약하는 행위 2. 마약을 투약하기 위하여 제공하는 행위 3. 마약을 기재한 처방전을 발급하는 행위

제40조(마약류 중독자의 치료보호) ① 보건복지부장관 또는 시·도지사는 마약류 사용자의 마약류 중독 여부를 판별하거나 마약류 중독자로 판명된 사람을 치료보호하기 위하여 치료보호기관을 설치·운영하거나 지정할 수 있다.

제51조의2(한국마약퇴치운동본부의 설립) ① 마약류에 대한 다음 각 호의 사업을 수행하기 위하여 한국마약퇴치운동본부를 둔다. 1. 마약류의 폐해에 대한 대국민 홍보·계몽 및 교육 사업 2. 마약류 중독자의 사회복귀를 위한 사회복지 사업 3. 그 밖에 식품의약품안전처장이 필요하다고 인정하는 불법 마약류 및 약물 오용·남용 퇴치와 관련된 사업

제51조의3(실태조사) ① 보건복지부장관은 이 법의 적절한 시행을 위하여 마약류 중독자에 대한 실태조사를 5년마다 하여야 한다.

제54조(보상금) 이 법이나 그 밖의 법령에서 규정하는 마약류에 관한 범죄가 발각되기 전에 그 범죄를 수사기관에 신고 또는 고발하거나 검거한 사람에게는 대통령령으로 정하는 바에 따라 보상금을 지급한다.

[대법원 2021. 4. 29. 2020도16369 판결]
마약류 불법거래 방지에 관한 특례법(이하 '마약거래방지법'이라고 한다) 제6조를 위반하여 마약류를 수출입·제조·매매하는 행위 등을 업으로 하는 범죄행위의 정범이 그 범죄행위로 얻은 수익은 마약거래방지법 제13조부터 제16조까지의 규정에 따라 몰수·추징의 대상이 된다. 그러나 위 정범으로부터 대가를 받고 판매할 마약을 공급하는 방법으로 위 범행을 용이하게 한 방조범은 정범의 위 범죄행위로 인한 수익을 정범과 공동으로 취득하였다고 평가할 수 없다면 위 몰수·추징 규정에 의하여 정범과 같이 추징할 수는 없고, 그 방조범으로부터는 방조행위로 얻은 재산 등에 한하여 몰수, 추징할 수 있다고 보아야 한다.

10. 마약 투약 혐의자에 대한 강제연행

[대법원 2013. 3. 14. 2012도13611 판결]

> 기록에 의하면, 피고인의 지인인 공소외인은 2012. 5. 5. 01:00경 피고인이 투숙하고 있던 부산 북구 구포1동에 있는 '○○○모텔' 업주를 통하여, 전날 피고인이 정신분열증 비슷하게 안절부절 못하는 등 정신이 이상한 것 같은 행동을 목격하여 피고인이 마약을 투약하였거나 자살할 우려가 있다는 취지로 경찰에 신고한 사실, 이에 부산 북부경찰서 소속 경찰관들이 피고인이 있던 위 모텔 방에 들어갔는데, 당시 피고인은 마약 투약 혐의를 부인하는 한편 모텔 방안에서 운동화를 신고 안절부절 못하면서 경찰관 앞에서 바지와 팬티를 모두 내리는 등의 행동을 한 사실, 경찰관들은 피고인에게 마약 투약이 의심되므로 경찰서에 가서 채뇨를 통하여 투약 여부를 확인하자고 하면서 동행을 요구하였고, 이에 대하여 피고인이 "영장 없으면 가지 않겠다"는 취지의 의사를 표시한 적이 있음에도 피고인을 부산 북부경찰서로 데려간 사실, 피고인은 같은 날 03:25경 위 경찰서에서 채뇨를 위한 '소변채취동의서'에 서명하고 그 소변을 제출(이하 이와 같은 절차를 '제1차 채뇨절차'라고 한다)하였는데, 소변에 대한 간이시약검사결과 메스암페타민에 대한 양성반응이 검출되어 이를 시인하는 취지의 '소변검사시인서'에도 서명한 사실, 경찰관들은 같은 날 07:50경 피고인을 '마약류 관리에 관한 법률' 위반(향정) 혐의로 긴급체포하였고, 23:00경 피고인에 대한 구속영장과 피고인의 소변 및 모발 등에 대한 압수·수색·검증영장(이하 '압수영장'이라고만 한다)을 청구하여 2012. 5. 6.경 부산지방법원으로부터 위 각 영장이 발부된 사실, 경찰관들은 2012. 5. 7. 피고인에게 압수영장을 제시하고 피고인으로부터 소변과 모발을 채취(이하 이와 같은 절차를 '제2차 채뇨절차'라고 한다)한 사실, 이를 송부받은 국립과학수사연구소는 피고인의 소변과 모발에서 메스암페타민에 대한 양성반응이 검출되었다는 내용이 담긴 이 사건 소변 감정서 및 모발 감정서(이하 이를 통틀어 '이 사건 각 감정서'라고 한다)를 제출한 사실 등을 알 수 있다.

【요지】

(1) 피의자가 동행을 거부하는 의사를 표시하였음에도 불구하고 경찰관들이 영장에 의하지 아니하고 피의자를 강제로 연행한 행위는 수사상의 강제처분에 관한 형사소송법상의 절차를 무시한 채 이루어진 것으로 위법한 체포에 해당하고, 이와 같이 위법한 체포상태에서 마약 투약 혐의를 확인하기 위한 채뇨 요구가 이루어진 경우, 채뇨 요구를 위한 위법한 체포와 그에 이은 채뇨 요구는 마약 투약이라는 범죄행위에 대한 증거 수집을 위하여 연속하여 이루어진 것으로서 개별적으로 그 적법 여부를 평가하는 것은 적절하지 아니하므로 그 일련의 과정을 전체적으로 보아 위법한 채뇨 요구가 있었던 것으로 볼 수밖에 없다.

(2) 마약 투약 혐의를 받고 있던 피고인이 임의동행을 거부하겠다는 의사를 표시하였는데도 경찰관들이 피고인을 영장 없이 강제로 연행한 상태에서 마약 투약 여부의 확인을 위한

1차 채뇨절차가 이루어졌는데, 그 후 피고인의 소변 등 채취에 관한 압수영장에 기하여 2차 채뇨절차가 이루어지고 그 결과를 분석한 소변 감정서 등이 증거로 제출된 사안에서, 피고인을 강제로 연행한 조치는 위법한 체포에 해당하고, 위법한 체포상태에서 이루어진 채뇨 요구 또한 위법하므로 그에 의하여 수집된 '소변검사시인서'는 유죄 인정의 증거로 삼을 수 없으나, 한편 연행 당시 피고인이 마약을 투약한 것이거나 자살할지도 모른다는 취지의 구체적 제보가 있었던 데다가, 피고인이 경찰관 앞에서 바지와 팬티를 내리는 등 비상식적인 행동을 하였던 사정 등에 비추어 피고인에 대한 긴급한 구호의 필요성이 전혀 없었다고 볼 수 없는 점, 경찰관들은 임의동행시점으로부터 얼마 지나지 아니하여 체포의 이유와 변호인 선임권 등을 고지하면서 피고인에 대한 긴급체포의 절차를 밟는 등 절차의 잘못을 시정하려고 한 바 있어, 경찰관들의 위와 같은 임의동행조치는 단지 수사의 순서를 잘못 선택한 것이라고 할 수 있지만 관련 법규정으로부터의 실질적 일탈 정도가 헌법에 규정된 영장주의 원칙을 현저히 침해할 정도에 이르렀다고 보기 어려운 점 등에 비추어 볼 때, 위와 같은 2차적 증거 수집이 위법한 체포·구금절차에 의하여 형성된 상태를 직접 이용하여 행하여진 것으로는 쉽사리 평가할 수 없으므로, 이와 같은 사정은 체포과정에서의 절차적 위법과 2차적 증거 수집 사이의 인과관계를 희석하게 할 만한 정황에 속하고, 메스암페타민 투약 범행의 중대성도 아울러 참작될 필요가 있는 점 등 제반 사정을 고려할 때 2차적 증거인 소변 감정서 등은 증거능력이 인정된다고 한 사례이다.

【이 유】

(1) 형사소송법 제199조 제1항은 "수사에 관하여 그 목적을 달성하기 위하여 필요한 조사를 할 수 있다. 다만, 강제처분은 이 법률에 특별한 규정이 있는 경우에 한하며, 필요한 최소한도의 범위 안에서만 하여야 한다."고 정하여 임의수사의 원칙을 밝히고 있다. 수사관이 수사과정에서 당사자의 동의를 받는 형식으로 피의자를 수사관서 등에 동행하는 것은 그 신체의 자유가 영장에 의하지 아니하고 현실적으로 제한되어 실질적으로 체포와 유사한 상태에 놓이게 됨에도, 사실상 강제성을 띤 동행을 억제할 수 있는 방법이 없어서 제도적으로는 물론 현실적으로도 임의성이 보장되지 아니할 우려가 적지 아니하다. 따라서 수사관이 동행에 앞서 피의자에게 동행을 거부할 수 있음을 알려 주었거나 동행한 피의자가 언제든지 자유로이 동행과정에서 이탈 또는 동행 장소에서 퇴거할 수 있었음이 인정되는 등 오로지 피의자의 자발적인 의사에 의하여 수사관서 등에의 동행이 이루어졌음이 객관적인 사정에 의하여 명백하게 입증된 경우에 한하여 그 적법성이 인정되는 것으로 봄이 타당하다(대법원 2006. 7. 6. 2005도6810 판결 등 참조).

한편 형사소송법 제308조의2는 "적법한 절차에 따르지 아니하고 수집한 증거는 증거로 할 수 없다."고 정하고 있다. 그에 따라 수사기관이 헌법과 형사소송법이 정한 절차에 따르지 아니하고 수집한 증거는 물론, 이를 기초로 하여 획득한 2차적 증거 역시 유죄 인정의 증거로 삼을 수 없는 것이 원칙이다. 다만 수사기관의 절차 위반 행위가 적법절차의 실질적인 내용을 침해하는 경우에 해당하지 아니하고, 오히려 그 증거의 증거능력을 배제하는 것이 헌법과 형사소송법이 형사소송에 관한 절차조항을 마련하여 적법절차의 원칙과 실체적 진실 규명의 조화를 도모하고, 이를 통하여 형사 사법 정의를 실현하려고 한 취지에 반하는 결과를 초래하는 것으로 평가되는 예외적인 경우라면, 법원은 그 증거를 유죄 인정의 증거로 사용할 수 있다. 따라서 법원이 2차적 증거의 증거능력 인정 여부를 최종적으로 판단할 때에는 먼저 절차에 따르지 아니한 1차적 증거 수집과 관련된 모든 사정들, 즉 절차조항의 취지와 그 위반의 내용 및 정도, 구체적인 위반 경위와 회피가능성, 절차조항이 보호하고자 하는 권리 또는 법익의 성질과 침해 정도 및 피고인과의 관련성, 절차 위반행위와 증거수집 사이의 인과관계 등 관련성의 정도, 수사기관의 인식과 의도 등을 살피는 것은 물론, 나아가 1차적 증거를 기초로 하여 다시 2차적 증거를 수집하는 과정에서 추가로 발생한 모든 사정들까지 구체적인 사안에 따라 주로 인과관계 희석 또는 단절 여부를 중심으로 전체적·종합적으로 고려하여야 한다(대법원 2007. 11. 15. 2007도3061 전원합의체 판결, 대법원 2009. 4. 23. 2009도526 판결 등 참조). 수사기관이 이른바 임의동행 명목으로 피의자를 수사관서 등에 동행하는 방법에 의하여 실질적으로 영장 없이 피의자를 체포한 위법이 있는 경우에도, 그와 같이 체포된 상태에서 수집된 2차적 증거를 유죄 인정의 증거로 삼을 수 있는지 역시 위와 같은 법리에 의하여 판단되어야 한다.

(2) 제1심이 유죄의 증거로 거시하였던 이 사건 각 감정서는 앞서 든 법리에 비추어 다음에서 보는 사정을 전체적·종합적으로 고려하여 볼 때, 이를 유죄 인정의 증거로 사용할 수 있는 경우에 해당한다. 우선 기록에 의하면, 연행 당시 피고인이 정신분열증 비슷한 행동을 하는 것으로 보아 마약을 투약한 것이거나 자살할지도 모른다는 취지의 구체적 제보가 있었던 데다가, 피고인이 모텔 방안에서 운동화를 신고 안절부절 못하면서 술 냄새가 나지 아니함에도 불구하고 경찰관 앞에서 바지와 팬티를 내리는 등 비상식적인 행동을 하였고, 경찰서로 연행된 이후에도 피고인은 계속하여 자신의 바지와 팬티를 내린다거나, 휴지에 물을 적셔 이를 화장실 벽면에 계속하여 붙이는 등의 비정상적 행동을 거듭하였던 사실을 알 수 있다. 그렇다면 경찰관들이 적법하지 아니한 임의동행 절차에 의하여 피고인을 연행하는 위법을 범하기는 하였으나, 당시 상황에 비추어 피고인에 대한 긴급한 구호의 필요성이 전혀 없었다고 볼 수 없다. 나아가 위와 같은 상황에서는 피고인을 마약 투약 혐의로 긴급체포하는 것도 고려할 수 있었다고 할 것이고, 실제로 경찰관들은 그 임의동행시점으로부터 얼마 지나지 아니하여 체포의 이유와 변호인 선임권 등을 고지하면서 피고인에 대한 긴급체포의 절차를 밟는 등 절차의 잘못을 시정하려고 한 바 있으므로, 경찰관들의 위와 같은 임의동행 조치는 단지 그 수사의 순서를 잘못 선택한 것이라고 할 수 있지만 관련 법규정으로부터의 실질적 일탈 정도가 헌법에 규정된 영장주의 원칙을 현저히 침해할 정도에 이르렀다고 보기 어렵다. 그리고 연행 당시 경찰관들로서는 피고인에게 마약 투약 범행의 혐의가 있다고 인식하기에 충분한 상황이었으므로 형사소송법 제196조 제2항에서 정한 바에 따라 그 혐의에 관한 수사를 개시·진행하여야 할 의무가 있었다고 할 것인데, 모텔에 투숙 중이던 피고인이 마약 투약 혐의를 부인하면서 경찰서에의 동행을 거부하였으므로 경찰관들로서는 피고인의 임의 출석을 기대하기 어려울 뿐 아니라, 시일의 경과에 따라 피고인의 신체에서 마약 성분이 희석·배설됨으로써 증거가 소멸될 위험성이 농후하였으므로 달리 적법한 증거수집 방법도 마땅하지 아니하였다고 할 것이다.

(3) 한편 기록에 의하면 이 사건에서 수사기관은 법원에 피고인의 소변과 모발 등에 대한

압수영장을 청구하여 이를 발부받은 바 있다. 영장주의의 본질은 강제수사의 요부에 대한 판단 권한을 수사의 당사자가 아닌 인적·물적 독립을 보장받는 제3자인 법관에게 유보하는 것인데(헌법재판소 2012. 6. 27. 2011헌가36 전원재판부 결정 등 참조), 이 사건 압수영장의 발부는 수사절차로부터 독립된 법관에 의한 재판의 일종으로서 이에 따라 수사기관에 피고인의 소변·모발 등을 압수할 권한을 부여하고 피고인에게는 그와 같은 수사기관의 압수를 수인할 의무를 부담하게 하는 효력을 지닌다. 그리고 수사기관은 형사소송법 제120조 소정의 '압수영장의 집행을 위하여 필요한 처분'으로서 피고인에 대한 채뇨 등 절차를 적법하게 행할 수 있다고 할 것이다. 나아가 기록상 압수영장의 집행과정에 별다른 위법을 찾아볼 수 없고, 피고인 또한 압수영장을 제시받은 뒤 그 집행에 응하여 소변과 모발을 제출한 것으로 인정된다. 그렇다면 설령 수사기관의 연행이 위법한 체포에 해당하고 그에 이은 제1차 채뇨에 의한 증거 수집이 위법하다고 하더라도, 피고인은 이후 법관이 발부한 구속영장에 의하여 적법하게 구금되었고 법관이 발부한 압수영장에 의하여 2차 채뇨 및 채모 절차가 적법하게 이루어진 이상, 그와 같은 2차적 증거 수집이 위법한 체포·구금절차에 의하여 형성된 상태를 직접 이용하여 행하여진 것으로는 쉽사리 평가할 수 없으므로, 이와 같은 사정은 체포과정에서의 절차적 위법과 2차적 증거 수집 사이의 인과관계를 희석하게 할 만한 정황에 속한다고 할 것이다. 반면 메스암페타민 투약 범행은 구 '마약류 관리에 관한 법률'(2011. 6. 7. 법률 제10786호로 개정되기 전의 것) 제60조 제1항 제3호에 의하여 그 법정형이 10년 이하의 징역 또는 1억 원 이하의 벌금에 해당하는 것으로서 국민과 사회의 신체적·정신적 건강에 심각한 해악을 야기하는 중대한 범죄이다. 이와 같이 중대한 범행의 수사를 위하여 피고인을 경찰서로 동행하는 과정에서 위법이 있었다는 사유만으로 법원의 영장 발부에 기하여 수집된 2차적 증거의 증거능력마저 부인한다면, 이는 오히려 헌법과 형사소송법이 형사소송에 관한 절차조항을 마련하여 적법절차의 원칙과 실체적 진실 규명의 조화를 도모하고 이를 통하여 형사 사법 정의를 실현하려 한 취지에 반하는 결과를 초래하게 될 것이라는 점도 아울러 참작될 필요가 있다.

이상과 같은 사정들을 종합하면 법관이 발부한 압수영장에 의하여 이루어진 2차 채뇨 및 채모 절차를 통해 획득된 이 사건 각 감정서는 모두 그 증거능력이 인정된다고 할 것이다. 나아가 위 각 증거와 제1심이 적법하게 채택한 나머지 증거들에 비추어 살펴보면 피고인의 메스암페타민 투약에 관한 이 부분 범행의 공소사실은 유죄로 인정하기에 충분하고, 거기에 자유심증주의의 한계를 벗어나 사실을 인정하거나 법리를 오해한 위법이 없다. 결국 원심이 이 부분 공소사실을 유죄로 인정한 제1심판결을 그대로 유지한 조치는 정당하다 할 것이어서, 원심의 위에서 본 잘못은 판결에 영향을 미쳤다고 볼 수 없다.

【해 설】

(1) 형사소송법 제199조 제1항은 "수사에 관하여는 그 목적을 달성하기 위하여 필요한 조사를 할 수 있다. 다만, 강제처분은 이 법률에 특별한 규정이 있는 경우에 한하며, 필요한 최소한도의 범위 안에서만 하여야 한다."고 하여 **임의수사의 원칙**을 명시하고 있다. 수사관이 수사과정에서 동의를 받는 형식으로 피의자를 수사관서 등에 동행하는 것은 피의자의 신체의 자유가 제한되어 실질적으로 체포와 유사한데도 이를 억제할 방법이 없어서 이를

통해서는 제도적으로는 물론 현실적으로도 임의성을 보장할 수 없을 뿐만 아니라, 아직 정식 체포·구속단계 이전이라는 이유로 헌법 및 형사소송법이 체포·구속된 피의자에게 부여하는 각종 권리보장 장치가 제공되지 않는 등 형사소송법의 원리에 반하는 결과를 초래할 가능성이 크므로, 수사관이 동행에 앞서 피의자에게 동행을 거부할 수 있음을 알려 주었거나 동행한 피의자가 언제든지 자유로이 동행과정에서 이탈 또는 동행장소에서 퇴거할 수 있었음이 인정되는 등 오로지 피의자의 자발적인 의사에 의하여 수사관서 등에 동행이 이루어졌다는 것이 객관적인 사정에 의하여 명백하게 입증된 경우에 한하여, **동행의 적법성**이 인정된다고 보는 것이 타당하다. 한편 형사소송법 제308조의2는 "적법한 절차에 따르지 아니하고 수집한 증거는 증거로 할 수 없다."고 규정하고 있는데, 수사기관이 헌법과 형사소송법이 정한 절차에 따르지 아니하고 수집한 증거는 유죄 인정의 증거로 삼을 수 없는 것이 원칙이므로, 수사기관이 피고인 아닌 자를 상대로 적법한 절차에 따르지 아니하고 수집한 증거는 원칙적으로 피고인에 대한 유죄 인정의 증거로 삼을 수 없다.

(2) **영장주의와 Miranda원칙**: **영장주의** 내지 **영장제도**란 수사기관이 형사절차에 있어서 강제처분을 하는 경우에 법관이 발부한 영장에 의하도록 하는 제도를 말한다. 즉 영장주의란 형사절차와 관련하여 체포·구속·압수·수색 등의 강제처분을 함에 있어서 사법권의 독립에 의하여 그 신분이 보장되는 법관이 발부한 영장에 의하지 않으면 아니된다는 원칙으로 범죄수사로 인한 부당한 인권침해를 방지하려는데 그 제도적 의의가 있다. 따라서 영장에는 구속할 대상, 압수의 목적물 또는 수색장소 등이 구체적으로 명시되어야 하며 이른바 **일반영장**은 금지된다. 원칙적으로 피의자가 죄를 범하였다고 의심할 만한 상당한 이유가 있고, 정당한 이유없이 검사 또는 사법경찰관의 수사상 필요에 의한 출석요구에 응하지 아니하거나 응하지 아니할 우려가 있는 때에는 검사는 관할지방법원판사에게 청구하여 체포영장을 발부받아 피의자를 체포할 수 있고, 사법경찰관은 검사에게 신청하여 검사의 청구로 관할지방법원판사의 체포영장을 발부받아 피의자를 체포할 수 있다(사전영장주의). 즉 **사법경찰관(영장신청) ⇒ 검사(영장청구) ⇒ 관할지방법원판사(영장발부) ⇒ 검사·사법경찰관(영장집행)**의 순으로 진행된다.

이러한 경우에 피의자에 대하여 범죄사실의 요지, 체포의 이유와 변호인을 선임할 수 있음을 알리고 변명할 기회를 준 후가 아니면 체포할 수 없다(Miranda원칙). 다시 말해서 Miranda원칙이라 함은 피의자보호를 위한 일련의 절차적 권리, 즉 ① 피의자가 진술거부권(묵비권)을 가지고 있다는 사실 ② 피의자의 진술이 그에게 불리한 증거로서 사용될 수 있다는 사실 ③ 피의자가 변호인의 조력을 받을 수 있다는 사실을 피의자에게 고지하지 아니한 채 피의자를 구금한 상태에서 심문하여 얻은 피의자의 진술은 증거로 채택될 수 없다는 원칙을 말한다. 이 원칙은 미국연방헌법 수정 제5조를 근거로 하고 **Miranda v. Arizona 사건**[383 U.S. 436, 1966]의 판결에서 확립된 것이다. 본 사건을 통하여 1966년 미국 대법원은 경찰이 피의자심문을 행하는 과정에서 피의자를 외부와의 접촉으로부터 차단한 후 심문을 행함으로써 자백을 강요하는 일이 빈번하다는 사실을 인지하고, 미란다에 대한 애리조나사건의 판결에서 납치와 강간의 혐의로 체포되었다가 경찰에서 2시간의 심문 후에 범행을 자백하여 유죄가 된 경우 변호인의 조력을 받을 권리가 있고 또 진술거부권이 있다는 것을 미리 미란다에게 고지하지 않은 채 자백을 얻었다는 사실을 들어 원심을 파기하였던 것이다.

체포한 피의자를 구속하고자 할 때에는 체포한 때부터 **48시간** 이내에 **구속영장**을 청구하여야 하고, 그 기간 내에 구속영장을 청구하지 아니하면 피의자를 즉시 석방하여야 한다. **영장주의의 예외**로는 ① 현행범인과 준현행범인인 경우 ② 긴급체포의 경우 ③ 비상계엄의 경우를 들 수 있다.

① **현행범인**이란 범죄의 실행 중에 있거나 실행의 직후인 자를 말하고, **준현행범인**이란 범인으로 호칭되어 추적되고 있는 자·흉기 기타 물건의 소지자·신체나 의복에 현저한 증적이 있는 자·누구임을 묻는 질문에 도망하려는 자를 말한다. 준현행범인을 포함한 현행범인은 누구든지 영장없이 체포할 수 있다. 다만 50만원 이하의 벌금·구류 또는 과료에 해당하는 경미한 죄의 현행범인에 대하여는 범인의 주거가 분명하지 아니한 때에 한하여 영장없이 체포할 수 있다.

② **긴급체포**란 피의자가 사형·무기 또는 장기 3년 이상의 징역이나 금고에 해당하는 죄를 범하였다고 의심할 만한 상당한 이유가 있고 ㉠ 일정한 주거가 없는 때 ㉡ 증거를 인멸할 염려가 있는 때 ㉢ 도망하거나 도망할 염려가 있는 경우로서 긴급을 요하여 지방법원판사의 체포영장을 발부받을 수 없는 때에는 검사 또는 사법경찰관이 그 사유를 알리고 영장없이 피의자를 체포하는 것을 말한다. 이 때 '긴급을 요한다'는 것은 가령 피의자를 우연히 발견한 경우와 같이 체포영장을 받을 시간적 여유가 없는 때를 말한다. 사법경찰관이 피의자를 체포한 경우에는 즉시 검사의 승인을 얻어야 하며, 검사 또는 사법경찰관은 그러한 경우에 즉시 긴급체포서를 작성해야 한다.

③ **비상계엄**이 선포된 경우에는 계엄당국의 특별한 조치에 의하여 영장주의가 제한될 수 있다. 그러나 이 경우에도 법관에 의한 영장제도 그 자체를 전면적으로 배제하는 것은 허용되지 않는다.

※ 형사소송법

[일부개정 2021. 8. 17. 법률 제18398호, 시행 2021. 11. 18.]

제211조(현행범인과 준현행범인) ① 범죄를 실행하고 있거나 실행하고 난 직후의 사람을 현행범인이라 한다. ② 다음 각 호의 어느 하나에 해당하는 사람은 현행범인으로 본다. 1. 범인으로 불리며 추적되고 있을 때 2. 장물이나 범죄에 사용되었다고 인정하기에 충분한 흉기나 그 밖의 물건을 소지하고 있을 때 3. 신체나 의복류에 증거가 될 만한 뚜렷한 흔적이 있을 때 4. 누구냐고 묻자 도망하려고 할 때

제212조(현행범인의 체포) 현행범인은 누구든지 영장없이 체포할 수 있다.

제213조(체포된 현행범인의 인도) ① 검사 또는 사법경찰관리 아닌 자가 현행범인을 체포한 때에는 즉시 검사 또는 사법경찰관리에게 인도하여야 한다. ② 사법경찰관리가 현행범인의 인도를 받은 때에는 체포자의 성명, 주거, 체포의 사유를 물어야 하고 필요한 때에는 체포자에 대하여 경찰관서에 동행함을 요구할 수 있다.

제214조(경미사건과 현행범인의 체포) 다액 50만원 이하의 벌금, 구류 또는 과료에 해당하는 죄의 현행범인에 대하여는 범인의 주거가 분명하지 아니한 때에 한하여 제212조 내지 제213조의 규정을 적용한다.

11. 불심검문과 공무집행방해

[대법원 2012. 9. 13. 2010도6203 판결]

> 원심은 그 채택 증거를 종합하여, 부평경찰서 역전지구대 소속 경위 공소외 1, 경사 공소외 2, 순경 공소외 3이 2009. 2. 15. 01:00경 인천 부평구 부평동 소재 ○○○ 앞길에서 경찰관 정복차림으로 검문을 하던 중, '01:00경 자전거를 이용한 핸드백 날치기 사건발생 및 자전거에 대한 검문검색 지령'이 01:14경 무전으로 전파되면서, 범인의 인상착의가 '30대 남자, 찢어진 눈, 짧은 머리, 회색바지, 검정잠바 착용'이라고 알려진 사실, 위 경찰관들은 무전을 청취한 직후인 01:20경 자전거를 타고 검문 장소로 다가오는 피고인을 발견한 사실, 공소외 2가 피고인에게 다가가 정지를 요구하였으나, 피고인은 자전거를 멈추지 않은 채 공소외 2를 지나쳤고, 이에 공소외 3이 경찰봉으로 피고인의 앞을 가로막고 자전거를 세워 줄 것을 요구하면서 소속과 성명을 고지하고, "인근 경찰서에서 자전거를 이용한 날치기가 있었는데 인상착의가 비슷하니 검문에 협조해 달라."는 취지로 말하였음에도 피고인은 평상시 그곳에서 한 번도 검문을 받은 바 없다고 하면서 검문에 불응하고 그대로 전진한 사실, 이에 공소외 3은 피고인을 따라가서 피고인이 가지 못하게 앞을 막고 검문에 응할 것을 요구한 사실, 이와 같은 제지행위로 더 이상 자전거를 진행할 수 없게 된 피고인은 경찰관들이 자신을 범인 취급한다고 느껴 공소외 3의 멱살을 잡아 밀치고 공소외 1, 2에게 욕설을 하는 등 거세게 항의한 사실, 이에 위 경찰관들은 피고인을 공무집행방해죄와 모욕죄의 현행범인으로 체포한 사실을 인정한 다음, 불심검문은 상대방의 임의에 맡겨져 있는 이상 질문에 대한 답변을 거부할 의사를 밝힌 상대방에 대하여 유형력을 사용하여 그 진행을 막는 등의 방법은 사실상 답변을 강요하는 것이어서 허용되지 않고, 따라서 공소외 3의 위 제지행위는 불심검문의 한계를 벗어나 위법하므로 직무집행의 적법성을 전제로 하는 공무집행방해죄는 성립하지 않고, 위법한 공무집행방해죄에 대한 저항행위로 행하여진 상해 및 모욕도 정당방위로서 위법성이 조각된다고 판단하여, 이 사건 공소사실에 대하여 모두 무죄를 선고하였다.

【요 지】

(1) 경찰관직무집행법(이하 '법'이라 한다)의 목적, 법 제1조 제1항, 제2항, 제3조 제1항, 제2항, 제3항, 제7항의 규정 내용 및 체계 등을 종합하면, 경찰관은 법 제3조 제1항에 규정된 대상자에게 질문을 하기 위하여 범행의 경중, 범행과의 관련성, 상황의 긴박성, 혐의의 정도, 질문의 필요성 등에 비추어 목적 달성에 필요한 최소한의 범위 내에서 사회통념상 용인될 수 있는 상당한 방법으로 대상자를 정지시킬 수 있고 질문에 수반하여 흉기의 소지 여부도 조사할 수 있다.

(2) 검문 중이던 경찰관들이, 자전거를 이용한 날치기 사건 범인과 흡사한 인상착의의 피고인이 자전거를 타고 다가오는 것을 발견하고 정지를 요구하였으나 멈추지 않아, 앞을 가로막고 소속과 성명을 고지한 후 검문에 협조해 달라는 취지로 말하였음에도 불응하고 그대

로 전진하자, 따라가서 재차 앞을 막고 검문에 응하라고 요구하였는데, 이에 피고인이 경찰관들의 멱살을 잡아 밀치거나 욕설을 하는 등 항의하여 공무집행방해 등으로 기소된 사안에서, 범행의 경중, 범행과의 관련성, 상황의 긴박성, 혐의의 정도, 질문의 필요성 등에 비추어 경찰관들은 목적 달성에 필요한 최소한의 범위 내에서 사회통념상 용인될 수 있는 상당한 방법을 통하여 경찰관직무집행법 제3조 제1항에 규정된 자에 대해 의심되는 사항을 질문하기 위하여 정지시킨 것으로 보아야 하는데도, 이와 달리 경찰관들의 불심검문이 위법하다고 보아 피고인에게 무죄를 선고한 원심판결에 불심검문의 내용과 한계에 관한 법리오해의 위법이 있다고 한 사례이다.

【이 유】

(1) 경찰관직무집행법(이하 '법'이라고만 한다) 제1조는 제1항에서 "이 법은 국민의 자유와 권리의 보호 및 사회공공의 질서유지를 위한 경찰관(국가경찰공무원에 한한다. 이하 같다)의 직무수행에 필요한 사항을 규정함을 목적으로 한다."고 규정하고, 제2항에서 "이 법에 규정된 경찰관의 직권은 그 직무수행에 필요한 최소한도 내에서 행사되어야 하며 이를 남용하여서는 아니된다."고 규정하고 있다. 한편 법 제3조는 제1항에서 "경찰관은 수상한 거동 기타 주위의 사정을 합리적으로 판단하여 어떠한 죄를 범하였거나 범하려 하고 있다고 의심할 만한 상당한 이유가 있는 자 또는 이미 행하여진 범죄나 행하여지려고 하는 범죄행위에 관하여 그 사실을 안다고 인정되는 자를 정지시켜 질문할 수 있다."고 규정하고, 제2항에서 "그 장소에서 제1항의 질문을 하는 것이 당해인에게 불리하거나 교통의 방해가 된다고 인정되는 때에는 질문하기 위하여 부근의 경찰서·지구대·파출소 또는 출장소(이하 "경찰관서"라 하되, 지방해양경찰관서를 포함한다)에 동행할 것을 요구할 수 있다. 이 경우 당해인은 경찰관의 동행요구를 거절할 수 있다."고 규정하고 있으며, 제3항에서 "경찰관은 제1항에 규정된 자에 대하여 질문을 할 때에 흉기의 소지 여부를 조사할 수 있다."고 규정하고, 제7항에서 "제1항 내지 제3항의 경우에 당해인은 형사소송에 관한 법률에 의하지 아니하고는 신체를 구속당하지 아니하며, 그 의사에 반하여 답변을 강요당하지 아니한다."고 규정하고 있다.

(2) 원심이 인정한 사실관계를 앞서 본 법리에 비추어 살펴보면, 이 사건 범행 장소 인근에서 자전거를 이용한 날치기 사건이 발생한 직후 검문을 실시 중이던 경찰관들이 위 날치기 사건의 범인과 흡사한 인상착의의 피고인을 발견하고 앞을 가로막으며 진행을 제지한 행위는 그 범행의 경중, 범행과의 관련성, 상황의 긴박성, 혐의의 정도, 질문의 필요성 등에 비추어 그 목적 달성에 필요한 최소한의 범위 내에서 사회통념상 용인될 수 있는 상당한 방법으로 법 제3조 제1항에 규정된 자에 대하여 의심되는 사항에 관한 질문을 하기 위하여 정지시킨 것으로 보아야 한다. 그럼에도 원심은 그 판시와 같은 이유만으로 이 사건 공소사실 중 공무집행방해 부분에 관하여 경찰관들의 불심검문이 위법하다고 보아 무죄를 선고하고 말았으니, 이러한 원심의 판단에는 불심검문의 내용과 한계에 관한 법리를 오해하여 판결 결과에 영향을 미친 위법이 있다 할 것이다. 그러므로 원심판결을 파기하고, 사건을 다시 심리·판단하도록 원심법원에 환송하기로 한다.

11. 불심검문과 공무집행방해

【해 설】

(1) **불심검문**이란 경찰관이 수상한 거동 기타 주위의 사정을 합리적으로 판단하여 어떠한 죄를 범하였거나 또는 범하려 하고 있다고 의심할만한 상당한 이유가 있는 자 또는 이미 행하여진 범죄 혹은 행하여지려고 하는 범죄에 관하여 그 사실을 안다고 인정되는 자를 정지시켜 질문하는 것을 말한다. 불심검문의 결과 특정한 범죄에 관하여 혐의가 있게 되면 수사가 개시된다. 질문을 위한 정지의 한계는 사태의 급박성 및 질문의 필요성에 따라 결정된다. 일반적으로는 언어에 의한 요구나 설득에 그쳐야 할 것이지만, 사태가 급박하고 범죄가 중대하며 또 그 혐의가 농후한 경우에는 긴급성을 요건으로 하여 어느 정도의 실력행사는 인정할 수밖에 없을 것이다. 그러나 그 실력행사는 신체구속이라고 볼 수 있는 정도에 달해서는 아니된다.

불심검문에는 **소지품 검사**와 **자동차 검문**이 있다. 소지품 검사의 경우에 그 제시요구에 응하지 않는다고 해서 실력행사를 하여 소지품의 내용을 조사하는 것은 원칙적으로 부적법하다. 따라서 판례도 고지가 없는 구속영장의 집행이나 강제연행에 항거한 경우에는 공무집행방해죄가 성립되지 않는다고 본다. 한편 자동차 검문은 **경찰관직무집행법 제3조**에 근거하고 있으며, 가령 복수의 경찰관이 일정한 장소에서 통행자 일반을 대상으로 하여 질문을 실시하는 것으로서 검문의 목적이 도로교통법위반의 단속에 있는 경우 또는 범죄일반의 예방이나 단속을 목적으로 하는 경우 및 중대한 범죄가 발생한 후 범인의 체포 내지 정보의 수집을 목적으로 하는 경우 등이 있다.

※ **경찰관직무집행법**
[일부개정 2021. 10. 19. 법률 제18488호, 시행 2021. 10. 19.]

제1조(목적) ① 이 법은 국민의 자유와 권리 및 모든 개인이 가지는 불가침의 기본적 인권을 보호하고 사회공공의 질서를 유지하기 위한 경찰관(경찰공무원만 해당한다. 이하 같다)의 직무 수행에 필요한 사항을 규정함을 목적으로 한다. ② 이 법에 규정된 경찰관의 직권은 그 직무 수행에 필요한 최소한도에서 행사되어야 하며 남용되어서는 아니 된다.

제2조(직무의 범위) 경찰관은 다음 각 호의 직무를 수행한다. 1. 국민의 생명·신체 및 재산의 보호 2. 범죄의 예방·진압 및 수사 2의 2. 범죄피해자 보호 3. 경비, 주요 인사 경호 및 대간첩·대테러 작전 수행 4. 공공안녕에 대한 위험의 예방과 대응을 위한 정보의 수집·작성 및 배포 5. 교통 단속과 교통 위해의 방지 6. 외국 정부기관 및 국제기구와의 국제협력 7. 그 밖에 공공의 안녕과 질서 유지

제3조(불심검문) ① 경찰관은 다음 각 호의 어느 하나에 해당하는 사람을 정지시켜 질문할 수 있다. 1. 수상한 행동이나 그 밖의 주위 사정을 합리적으로 판단하여 볼 때 어떠한 죄를 범하였거나 범하려 하고 있다고 의심할 만한 상당한 이유가 있는 사람 2. 이미 행하여진 범죄나 행하여지려고 하는 범죄행위에 관한 사실을 안다고 인정되는 사람 ② 경찰관은 제1항에 따라 같은 항 각 호의 사람을 정지시킨 장소에서 질문을 하는 것이 그 사람에게 불리하거나 교통에 방해가 된다고 인정될 때에는 질문을 하기 위하여 가까운 경찰서·지구대·파출소 또는 출장소(지방해양경찰관서를 포함하며, 이하 "경찰관서"라 한다)로 동행할 것을 요구할 수 있다. 이 경우 동행을 요구받은 사람은 그 요구를 거절할 수 있다. ③ 경찰관

은 제1항 각 호의 어느 하나에 해당하는 사람에게 질문을 할 때에 그 사람이 흉기를 가지고 있는지를 조사할 수 있다. ④ 경찰관은 제1항이나 제2항에 따라 질문을 하거나 동행을 요구할 경우 자신의 신분을 표시하는 증표를 제시하면서 소속과 성명을 밝히고 질문이나 동행의 목적과 이유를 설명하여야 하며, 동행을 요구하는 경우에는 동행 장소를 밝혀야 한다. ⑤ 경찰관은 제2항에 따라 동행한 사람의 가족이나 친지 등에게 동행한 경찰관의 신분, 동행 장소, 동행 목적과 이유를 알리거나 본인으로 하여금 즉시 연락할 수 있는 기회를 주어야 하며, 변호인의 도움을 받을 권리가 있음을 알려야 한다. ⑥ 경찰관은 제2항에 따라 동행한 사람을 6시간을 초과하여 경찰관서에 머물게 할 수 없다. ⑦ 제1항부터 제3항까지의 규정에 따라 질문을 받거나 동행을 요구받은 사람은 형사소송에 관한 법률에 따르지 아니하고는 신체를 구속당하지 아니하며, 그 의사에 반하여 답변을 강요당하지 아니한다.

제4조(보호조치 등) ① 경찰관은 수상한 행동이나 그 밖의 주위 사정을 합리적으로 판단해 볼 때 다음 각 호의 어느 하나에 해당하는 것이 명백하고 응급구호가 필요하다고 믿을 만한 상당한 이유가 있는 사람(이하 "구호대상자"라 한다)을 발견하였을 때에는 보건의료기관이나 공공구호기관에 긴급구호를 요청하거나 경찰관서에 보호하는 등 적절한 조치를 할 수 있다. 1. 정신착란을 일으키거나 술에 취하여 자신 또는 다른 사람의 생명·신체·재산에 위해를 끼칠 우려가 있는 사람 2. 자살을 시도하는 사람 3. 미아, 병자, 부상자 등으로서 적당한 보호자가 없으며 응급구호가 필요하다고 인정되는 사람. 다만, 본인이 구호를 거절하는 경우는 제외한다. ② 제1항에 따라 긴급구호를 요청받은 보건의료기관이나 공공구호기관은 정당한 이유 없이 긴급구호를 거절할 수 없다. ③ 경찰관은 제1항의 조치를 하는 경우에 구호대상자가 휴대하고 있는 무기·흉기 등 위험을 일으킬 수 있는 것으로 인정되는 물건을 경찰관서에 임시로 영치하여 놓을 수 있다. ④ 경찰관은 제1항의 조치를 하였을 때에는 지체 없이 구호대상자의 가족, 친지 또는 그 밖의 연고자에게 그 사실을 알려야 하며, 연고자가 발견되지 아니할 때에는 구호대상자를 적당한 공공보건의료기관이나 공공구호기관에 즉시 인계하여야 한다. ⑤ 경찰관은 제4항에 따라 구호대상자를 공공보건의료기관이나 공공구호기관에 인계하였을 때에는 즉시 그 사실을 소속 경찰서장이나 해양경찰서장에게 보고하여야 한다. ⑥ 제5항에 따라 보고를 받은 소속 경찰서장이나 해양경찰서장은 대통령령으로 정하는 바에 따라 구호대상자를 인계한 사실을 지체 없이 해당 공공보건의료기관 또는 공공구호기관의 장 및 그 감독행정청에 통보하여야 한다. ⑦ 제1항에 따라 구호대상자를 경찰관서에서 보호하는 기간은 24시간을 초과할 수 없고, 제3항에 따라 물건을 경찰관서에 임시로 영치하는 기간은 10일을 초과할 수 없다.

제5조(위험 발생의 방지 등) ① 경찰관은 사람의 생명 또는 신체에 위해를 끼치거나 재산에 중대한 손해를 끼칠 우려가 있는 천재, 사변, 인공구조물의 파손이나 붕괴, 교통사고, 위험물의 폭발, 위험한 동물 등의 출현, 극도의 혼잡, 그 밖의 위험한 사태가 있을 때에는 다음 각 호의 조치를 할 수 있다. 1. 그 장소에 모인 사람, 사물의 관리자, 그 밖의 관계인에게 필요한 경고를 하는 것 2. 매우 긴급한 경우에는 위해를 입을 우려가 있는 사람을 필요한 한도에서 억류하거나 피난시키는 것 3. 그 장소에 있는 사람, 사물의 관리자, 그 밖의 관계인에게 위해를 방지하기 위하여 필요하다고 인정되는 조치를 하게 하거나 직접 그 조치를 하는 것 ② 경찰관서의 장은 대간첩 작전의 수행이나 소요 사태의 진압을 위하여 필요하다고 인정되는 상당한 이유가 있을 때에는 대간첩 작전지역이나 경찰관서·무기고 등 국가중요시설에 대한 접근 또는 통행을 제한하거나 금지할 수 있다. ③ 경찰관은 제1항의 조치

를 하였을 때에는 지체 없이 그 사실을 소속 경찰관서의 장에게 보고하여야 한다. ④ 제2항의 조치를 하거나 제3항의 보고를 받은 경찰관서의 장은 관계 기관의 협조를 구하는 등 적절한 조치를 하여야 한다.

제6조(범죄의 예방과 제지) 경찰관은 범죄행위가 목전에 행하여지려고 하고 있다고 인정될 때에는 이를 예방하기 위하여 관계인에게 필요한 경고를 하고, 그 행위로 인하여 사람의 생명·신체에 위해를 끼치거나 재산에 중대한 손해를 끼칠 우려가 있는 긴급한 경우에는 그 행위를 제지할 수 있다.

(2) 형법 제136조(공무집행방해)는 "① 직무를 집행하는 공무원에 대하여 폭행 또는 협박한 자는 5년 이하의 징역 또는 1천만원 이하의 벌금에 처한다. ② 공무원에 대하여 그 직무상의 행위를 강요 또는 저지하거나 그 직을 사퇴하게 할 목적으로 폭행 또는 협박한 자도 전항의 형과 같다."고 규정하고 있다. 형법상 **공무집행방해죄**에 있어서 '폭행 또는 협박'이란 넓은 개념으로 폭행은 공무원에 대한 직접적인 유형력의 행사뿐 아니라 간접적인 유형력의 행사도 포함되며, 협박은 공포심을 갖게 할 목적으로 해악을 고지하는 것으로서 공무원에게 직접 가할 필요는 없고 제3자에 대한 협박도 공무집행을 방해할 수 있는 것이면 충분하다. 따라서 폭행·협박의 정도는 공무방해로 볼 수 있을 만큼 적극적인 것이어야 하며 실제로 공무집행을 방해할 수 있는 정도에 이르러야 한다. 그러므로 예컨대 공무원에게 체포당하지 않으려고 손을 뿌리치고 도주하는 경우처럼 소극적인 거동이나 불복종은 이에 해당되지 않는다. 이 때 '공무원'이란 법령에 의해 국가 또는 공공단체의 공무에 종사하는 자를 의미하며, 이에는 법령에 의해 공무원으로 간주되는 자, 가령 재판상 준기소절차에서 지정변호사, 청원경찰관, 사법경찰관의 직무를 행하는 선장과 기장, 방범대원 등도 이에 해당한다. '직무집행'이란 공무원이 직무상 취급할 수 있는 일체의 사무를 처리하는 것을 말하며, 직무집행의 적법성이 객관적으로 인정되어야만 공무집행방해죄가 성립된다고 보는 것이 다수설과 판례의 입장이다. 즉 형법 제136조 제1항 소정의 공무집행방해죄에 있어서 '직무를 집행하는'이라 함은 공무원이 직무수행에 직접 필요한 행위를 현실적으로 행하고 있는 때만을 가리키는 것이 아니라 공무원이 직무수행을 위하여 근무중인 상태에 있는 때를 포괄한다 할 것이고, 직무의 성질에 따라서는 그 직무수행의 과정을 개별적으로 분리하여 부분적으로 각각의 개시와 종료를 논하는 것이 부적절하거나 여러 종류의 행위를 포괄하여 일련의 직무수행으로 파악함이 상당한 경우가 있다고 할 것이다(대법원 1999. 9. 21. 99도383 판결 등 참조). 본죄는 공무원에 대한 폭행 및 협박이 있으면 즉시 기수가 되며, 공무의 현실적 방해결과는 요하지 않는 이른바 **추상적 위험범**이고, 이에 대한 미수범처벌규정은 없다.

[대법원 2009. 1. 15. 2008도9919 판결]
피고인은 판시 일시 무렵 여러 차례 부산 서구청 야간 당직실을 찾아가 당직 근무자에게 자신의 주거지 앞 노상의 불법주차 차량이 많다고 하면서 단속을 요구한 사실, 이에 당직근무 중이던 청원경찰 공소외인은 피고인과 함께 당직실에서 수십 미터 떨어진 이 사건 아파트 앞 불법주차 현장을 확인한 다음, 피고인에게 야간이라서 당장 단속은 힘들고 주간 근무자에게 단속을 하도록 하겠다고 말을 하자, 피고인이 이에 화가 나 손바닥으로 공소외인의 오른쪽 뺨을 1회 때린 사실, 야간 당직 근무자들은 불법주차를 단속할 권한은 없지만, 민원

이 들어오면 접수를 받고 다음날 그와 관련된 부서에 민원사항을 전달하여 처리하도록 하고 있는 사실을 알 수 있다. 즉 야간 당직 근무중인 청원경찰이 불법주차 단속요구에 응하여 현장을 확인만 하고 주간 근무자에게 전달하여 단속하겠다고 했다는 이유로 민원인이 청원경찰을 폭행한 사안에서, 야간 당직 근무자는 불법주차 단속권한은 없지만 민원 접수를 받아 다음날 관련 부서에 전달하여 처리하고 있으므로 불법주차 단속업무는 야간 당직 근무자들의 민원업무이자 경비업무로서 공무집행방해죄의 '직무집행'에 해당하여 공무집행방해죄가 성립함에도 불구하고, 원심이 피고인에 대한 이 사건 공소사실에 관하여 범죄의 증명이 없다고 하여 제1심판결을 파기하고 무죄를 선고한 것은 공무원의 직무집행에 관한 법리를 오해하여 판결 결과에 영향을 미친 위법을 저지른 것이므로, 원심판결을 파기·환송하였다.

[대법원 2021. 10. 14. 2018도2993 판결]

(가) 공무집행방해죄는 공무원의 적법한 공무집행이 전제되어야 하고, 공무집행이 적법하기 위해서는 그 행위가 공무원의 추상적 직무 권한에 속할 뿐만 아니라 구체적으로 그 권한 내에 있어야 하며, 직무행위로서 중요한 방식을 갖추어야 한다. 추상적인 권한에 속하는 공무원의 어떠한 공무집행이 적법한지는 행위 당시의 구체적 상황에 기초를 두고 객관적·합리적으로 판단해야 하고, 사후적으로 순수한 객관적 기준에서 판단할 것은 아니다.

(나) 구 경찰관 직무집행법(2014. 5. 20. 법률 제12600호로 개정되기 전의 것) 제6조 제1항은 "경찰관은 범죄행위가 목전에 행하여지려고 하고 있다고 인정될 때에는 이를 예방하기 위하여 관계인에게 필요한 경고를 발하고, 그 행위로 인하여 인명·신체에 위해를 미치거나 재산에 중대한 손해를 끼칠 우려가 있어 긴급을 요하는 경우에는 그 행위를 제지할 수 있다."라고 정하고 있다. 위 조항 중 경찰관의 제지에 관한 부분은 범죄의 예방을 위한 경찰 행정상 즉시강제, 즉 눈앞의 급박한 경찰상 장해를 제거하여야 할 필요가 있고 의무를 명할 시간적 여유가 없거나 의무를 명하는 방법으로는 그 목적을 달성하기 어려운 상황에서 의무불이행을 전제로 하지 않고 경찰이 직접 실력을 행사하여 경찰상 필요한 상태를 실현하는 권력적 사실행위에 관한 근거조항이다.

(다) 피고인들을 포함한 '갑 주식회사 희생자 추모와 해고자 복직을 위한 범국민대책위원회'(이하 '대책위'라 한다)가 덕수궁 대한문 화단 앞 인도(이하 '농성 장소'라 한다)를 불법적으로 점거한 뒤 천막·분향소 등을 설치하고 농성을 계속하다가 관할 구청이 행정대집행으로 농성 장소에 있던 물건을 치웠음에도 대책위 관계자들이 이에 대한 항의의 일환으로 기자회견 명목의 집회를 개최하려고 하자, 출동한 경찰 병력이 농성 장소를 둘러싼 채 대책위 관계자들의 농성 장소 진입을 제지하는 과정에서 피고인들이 경찰관을 밀치는 등으로 공무집행을 방해하였다는 내용으로 기소된 사안에서, 경찰 병력이 행정대집행 직후 대책위가 또다시 같은 장소를 점거하고 물건을 다시 비치하는 것을 막기 위해 농성 장소를 미리 둘러싼 뒤 대책위가 같은 장소에서 기자회견 명목의 집회를 개최하려는 것을 불허하면서 소극적으로 제지한 것은 구 경찰관 직무집행법(2014. 5. 20. 법률 제12600호로 개정되기 전의 것, 이하 같다) 제6조 제1항의 범죄행위 예방을 위한 경찰 행정상 즉시강제로서 적법한 공무집행에 해당하고, 피고인 등 대책위 관계자들이 이와 같이 직무집행 중인 경찰 병력을 밀치는 등 유형력을 행사한 행위는 공무집행방해죄에 해당한다는 이유로, 이와 달리 경찰의 농성 장소에 대한 점거와 대책위의 집회 개최를 제지한 직무집행이 '위법한 공무집행'이라고 본 원심판단에 법리오해의 잘못이 있다고 한 사례이다.

12. 국회의원의 면책특권과 형법 제20조의 정당행위

[대법원 2011. 5. 13. 2009도14442 판결]

> 원심판결 이유와 기록에 의하면, 이 사건 도청자료에는 1997년 9월경 공소외 1과 공소외 2가 검찰 고위 관계자에 대한 이른바 추석 떡값 지원 문제 등을 논의한 대화가 담겨 있는데, 2005년 7월경 언론매체를 통하여 이 사건 도청자료 중 관련 검사들의 실명을 제외한 대부분의 내용이 언론매체를 통하여 공개된 사실, 피고인은 2005년 8월경 신원미상자의 제보를 통하여 이 사건 도청자료를 입수한 후 국회의원으로서 검찰의 금품 수수 진위에 대한 수사 촉구 및 특별검사제 도입에 관한 사회 여론을 조성할 목적으로 이 사건 보도자료를 작성하여 2005. 8. 18. 자신의 인터넷 홈페이지에 게재한 사실, 이 사건 보도자료의 주된 내용은 "삼성이 명절 때마다 검사들에게 떡값을 제공하는 등 지속적으로 검사들을 관리하여 왔다"는 것으로서, 구체적인 내용을 보면 이 사건 도청자료에 담겨 있던 공소외 1과 공소외 2의 대화 내용과 관련 검사들의 실명이 그대로 적시되어 있을 뿐만 아니라, 이 사건 도청자료에서 직책만 언급되었고 실명은 거론되지 아니한 '지검장'이 누구인지를 특정하여 그 실명을 적시한 사실을 알 수 있다. 이 사건 공소사실 중 보도자료 배포에 의한 허위사실적시 명예훼손 및 통신비밀보호법 위반의 점의 요지는, 피고인이 국회 법제사법위원회 소속 국회의원으로서 전 국가안전기획부가 공소외 1 당시 삼성그룹 회장 비서실장과 공소외 2 당시 중앙일보 사장이 1997년 9월경 나눈 대화 내용을 불법 녹음한 자료(이하 '이 사건 도청자료'라고 한다)를 입수한 후, 2005. 8. 18. 09:30경부터 같은 날 10:00경 사이에 국회의원회관에서 "삼성 명절 때마다 검사들에게 떡값 돌려. X파일에 등장하는 떡값검사 7인 실명 공개"라는 제목 아래 이 사건 도청자료에 담겨 있던 대화 내용과 피해자 공소외 3이 삼성으로부터 떡값 명목으로 금품을 수수하였다는 내용이 게재된 이 사건 보도자료를 기자들에게 배포함으로써 허위사실을 적시하여 피해자의 명예를 훼손함과 동시에 통신비밀보호법에 규정된 절차에 의하지 아니하고 지득한 공개되지 아니한 타인간의 대화 내용을 공개하였다는 것이다. 그런데 원심판결 이유와 기록에 의하면, 이 사건 보도자료는 피고인이 2005. 8. 18. 제255회 국회 법제사법위원회에서 발언할 내용을 정리한 것으로, 피고인은 당일 법제사법위원회가 개의되기 직전에 보도의 편의를 위하여 이 사건 보도자료를 기자들에게 배포하였고, 그 날 열린 법제사법위원회의 법무부 소관 현안보고 과정에서 이 사건 보도자료의 주요 내용을 발언한 사실을 알 수 있다.

【요 지】

(1) 헌법 제45조는 "국회의원은 국회에서 직무상 행한 발언과 표결에 관하여 국회 외에서 책임을 지지 아니한다"고 규정하여 국회의원의 면책특권을 인정하고 있다. 그 취지는 국회의원이 국민의 대표자로서 국회 내에서 자유롭게 발언하고 표결할 수 있도록 보장함으로써 국회가 입법 및 국정통제 등 헌법에 의하여 부여된 권한을 적정하게 행사하고 그 기능을 원활하게 수행할 수 있도록 보장하는 데에 있다. 따라서 면책특권의 대상이 되는 행위는 국회의 직무수행에 필수적인 국회의원의 국회 내에서의 직무상 발언과 표결이라는 의사표현

행위 자체에만 국한되지 아니하고 이에 통상적으로 부수하여 행하여지는 행위까지 포함하며, 그와 같은 부수행위인지 여부는 구체적인 행위의 목적·장소·태양 등을 종합하여 개별적으로 판단하여야 한다.

(2) 국회의원인 피고인이, 구 국가안전기획부 내 정보수집팀이 대기업 고위관계자와 중앙일간지 사주 간의 사적 대화를 불법 녹음한 자료를 입수한 후 그 대화 내용과, 전직 검찰간부인 피해자가 위 대기업으로부터 이른바 떡값 명목의 금품을 수수하였다는 내용이 게재된 보도자료를 작성하여 국회 법제사법위원회 개의 당일 국회 의원회관에서 기자들에게 배포한 사안에서, 피고인이 국회 법제사법위원회에서 발언할 내용이 담긴 위 보도자료를 사전에 배포한 행위는 국회의원 면책특권의 대상이 되는 직무부수행위에 해당하므로, 피고인에 대한 허위사실적시 명예훼손 및 통신비밀보호법 위반의 점에 대한 공소를 기각하여야 한다고 한 사례이다.

(3) 불법 감청·녹음 등에 관여하지 아니한 언론기관이 그 통신 또는 대화 내용을 보도하여 공개하는 행위가 형법 제20조의 정당행위에 해당하기 위하여는, 첫째, 그 보도의 목적이 불법 감청·녹음 등의 범죄가 저질러졌다는 사실 자체를 고발하기 위한 것으로 그 과정에서 불가피하게 통신 또는 대화의 내용을 공개할 수밖에 없는 경우이거나, 불법 감청·녹음 등에 의하여 수집된 통신 또는 대화의 내용이 이를 공개하지 아니하면 공중의 생명·신체·재산 기타 공익에 대한 중대한 침해가 발생할 가능성이 현저한 경우 등과 같이 비상한 공적 관심의 대상이 되는 경우에 해당하여야 하고, 둘째, 언론기관이 불법 감청·녹음 등의 결과물을 취득함에 있어 위법한 방법을 사용하거나 적극적·주도적으로 관여하여서는 아니되며, 셋째, 그 보도가 불법 감청·녹음 등의 사실을 고발하거나 비상한 공적 관심사항을 알리기 위한 목적을 달성하는 데 필요한 부분에 한정되는 등 통신비밀의 침해를 최소화하는 방법으로 이루어져야 하고, 넷째, 그 내용을 보도함으로써 얻어지는 이익 및 가치가 통신비밀의 보호에 의하여 달성되는 이익 및 가치를 초과하여야 한다. 이러한 법리는 불법 감청·녹음 등에 의하여 수집된 통신 또는 대화 내용의 공개가 관계되는 한, 그 공개행위의 주체가 언론기관이나 그 종사자 아닌 사람인 경우에도 마찬가지로 적용된다.

(4) 국회의원인 피고인이, 구 국가안전기획부 내 정보수집팀이 대기업 고위관계자와 중앙일간지 사주 간의 사적 대화를 불법 녹음한 자료를 입수한 후 그 대화내용과, 위 대기업으로부터 이른바 떡값 명목의 금품을 수수하였다는 검사들의 실명이 게재된 보도자료를 작성하여 자신의 인터넷 홈페이지에 게재하였다고 하여 통신비밀보호법 위반으로 기소된 사안에서, 피고인이 국가기관의 불법 녹음 자체를 고발하기 위하여 불가피하게 위 녹음 자료에 담겨 있던 대화 내용을 공개한 것이 아니고, 위 대화가 피고인의 공개행위시로부터 8년 전에 이루어져 이를 공개하지 아니하면 공익에 대한 중대한 침해가 발생할 가능성이 현저한 경우로서 비상한 공적 관심의 대상이 되는 경우에 해당한다고 보기 어려우며, 전파성이 강한 인터넷 매체를 이용하여 불법 녹음된 대화의 상세한 내용과 관련 당사자의 실명을 그대로 공개하여 방법의 상당성을 결여하였고, 위 게재행위와 관련된 사정을 종합하여 볼 때 위 게재에 의하여 얻어지는 이익 및 가치가 통신비밀이 유지됨으로써 얻어지는 이익 및 가치를 초

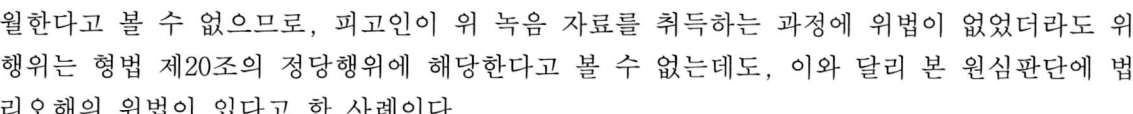

월한다고 볼 수 없으므로, 피고인이 위 녹음 자료를 취득하는 과정에 위법이 없었더라도 위 행위는 형법 제20조의 정당행위에 해당한다고 볼 수 없는데도, 이와 달리 본 원심판단에 법리오해의 위법이 있다고 한 사례이다.

【이 유】

(1) 인터넷 홈페이지 게재에 의한 허위사실적시 명예훼손의 점에 대하여

(가) 형법 제307조 제2항의 허위사실적시에 의한 명예훼손죄로 기소된 사건에서 그 적시된 사실이 객관적으로 진실에 부합하지 아니하여 허위일 뿐만 아니라 그 적시된 사실이 허위라는 것을 피고인이 인식하고서 이를 적시하였다는 점은 모두 검사가 입증하여야 한다(대법원 2006. 4. 14. 2004도207 판결 등 참조). 기록에 비추어 살펴보면, 이 사건 공소사실 중 인터넷 홈페이지 게재에 의한 허위사실적시 명예훼손의 점에 대하여 원심이 '피해자 공소외 3이 검사로 재직하던 당시 삼성그룹으로부터 금품을 받았다'는 부분에 대하여 그 내용이 허위이고 피고인이 허위임을 인식하였음을 인정할 증거가 없다는 이유로 무죄로 판단한 것은 정당한 것으로 수긍할 수 있고, 거기에 상고이유의 주장과 같이 허위사실적시 명예훼손죄에 있어서 증명책임 및 허위성 인식에 관한 법리를 오해하거나 채증법칙을 위반하는 등의 위법이 있다고 할 수 없다.

(나) 형법 제307조 제2항의 허위사실적시 명예훼손의 공소사실 중에는 같은 조 제1항의 사실적시 명예훼손의 공소사실이 포함되어 있으므로, 허위사실적시 명예훼손으로 기소된 사안에서 적시한 사실이 허위임에 대한 입증이 없다면 법원은 공소장변경절차 없이도 직권으로 위 사실적시에 의한 명예훼손죄를 인정할 수 있다. 그러나 법원이 공소사실의 동일성이 인정되는 범위 내에서 공소가 제기된 범죄사실에 포함된 이보다 가벼운 범죄사실을 공소장변경 없이 직권으로 인정할 수 있는 경우라고 하더라도, 공소가 제기된 범죄사실과 대비하여 볼 때 실제로 인정되는 범죄사실의 사안이 중대하여 공소장이 변경되지 않았다는 이유로 이를 처벌하지 않는다면 적정절차에 의한 신속한 실체적 진실의 발견이라는 형사소송의 목적에 비추어 현저히 정의와 형평에 반하는 것으로 인정되는 경우가 아닌 한, 법원이 직권으로 그 범죄사실을 인정하지 아니하였다고 하여 위법한 것이라고까지 볼 수는 없다(대법원 2008. 10. 9. 2007도1220 판결 등 참조). 이 사건의 경우 인정된 사실관계와 공소가 제기된 범죄사실을 대비하여 볼 때, 피고인을 형법 제307조 제1항으로 처벌하지 아니한다고 하여 현저히 정의와 형평에 반하는 것으로 인정되지는 아니하므로, 원심이 직권으로 유죄로 인정하지 아니하였다고 하여 위법이라고 할 수 없다.

(2) 인터넷 홈페이지 게재에 의한 통신비밀보호법 위반의 점에 대하여

(가) 통신비밀보호법 제3조 제1항, 제16조 제1항의 규정에 의하면, 통신비밀보호법과 형사소송법 또는 군사법원법의 규정에 의하지 아니한 우편물의 검열 또는 전기통신의 감청 및 공개되지 아니한 타인간의 대화의 녹음 또는 청취행위 등(이하 이러한 행위들을 '불법 감청·녹음 등'이라고 한다)에 관여하지 아니하고 다른 경로를 통하여 그 통신 또는 대화의 내용을 알게 된 사람이라 하더라도, 불법 감청·녹음 등이 이루어진 사정을 알면서 이를 공

개·누설하는 경우에는 통신비밀보호법 위반죄가 성립한다.

(나) 위와 같은 사실관계와 앞서 본 법리에 비추어 피고인의 인터넷 홈페이지 게재에 의한 통신비밀 공개행위가 형법 제20조의 정당행위에 해당하는지에 관하여 본다. 먼저 위에서 본 이 사건의 경위에 비추어 피고인이 국가기관의 불법 녹음 자체를 고발하기 위하여 불가피하게 이 사건 도청자료에 담겨 있던 대화 내용을 공개한 것이 아님은 분명하다. 또한 위 대화의 시점은 이 사건 공개행위시로부터 8년 전의 일로서, 이를 공개하지 아니하면 공익에 대한 중대한 침해가 발생할 가능성이 현저한 경우로서 비상한 공적 관심의 대상이 되는 경우에 해당한다고 보기 어렵다. 한편 피고인이 검찰의 수사를 촉구할 목적으로 이 사건 보도자료를 자신의 인터넷 홈페이지에 게재하였다고는 하나, 이미 언론매체를 통하여 그 전모가 공개된 데다가 국회의원이라는 피고인의 지위에 기하여 수사기관에 대한 수사의 촉구 등을 통하여 그 취지를 전달함에 어려움이 없었음에도 굳이 전파성이 강한 인터넷 매체를 이용하여 불법 녹음된 대화의 상세한 내용과 관련 당사자의 실명을 그대로 공개한 행위는 그 방법의 상당성을 결여한 것으로 보아야 할 것이다. 나아가 피고인의 이 사건 공개행위가 재계와 검찰의 유착관계를 고발하고 이에 대한 수사를 촉구한다는 점에서 공익적인 측면을 갖고 있다고 하더라도, 이러한 공익적 효과는 이미 언론의 보도를 통하여 상당 부분 달성된 바로서, 위 대화의 내용이 이를 공개하지 아니하면 공익에 중대한 침해가 발생할 가능성이 현저한 경우라고 보기 어려운 터에 굳이 인터넷 홈페이지 게재라고 하는 새로운 방식의 공개를 통하여 위 대화의 직접 당사자나 위 대화에 등장하는 관련자들에게 그로 인한 추가적인 불이익의 감수까지 요구할 수는 없다고 할 것이다. 이와 같은 사정에 앞서 본 이 사건 공개행위의 목적과 방법 등 모든 사정을 종합하여 보면, 이 사건 공개행위에 의하여 얻어지는 이익 및 가치가 통신비밀이 유지됨으로써 얻어지는 이익 및 가치를 초월한다고 볼 수 없다.

그렇다면 설사 피고인이 이 사건 도청자료를 취득하는 과정에 위법한 점이 없었다고 하더라도 이를 내용으로 하는 이 사건 보도자료를 인터넷 홈페이지에 게재함으로써 통신비밀을 공개한 행위는 형법 제20조의 정당행위로서 위법성이 조각되는 경우에 해당한다고 볼 수 없다. 그럼에도 원심은 그 판시와 같은 이유로 이를 정당행위라고 판단하였으니, 원심판결에는 통신비밀 공개행위에 있어서 정당행위에 관한 법리를 오해하여 판결 결과에 영향을 미친 위법이 있다.

【해 설】

(1) **법의 효력**: 법이 실질적으로 효력을 갖기 위해서는 타당성과 실효성을 가져야 한다. **법의 타당성**이란 법의 내용이 그 사회생활을 규율하는데 있어서 사회정의에 어긋나지 않아야 한다는 뜻이며, **법의 실효성**이란 법규범이 현재 사실로서 실현되고 있는 상태 또는 국가권력에 의하여 실제로 실현됨으로써 그 효력을 현실적으로 발휘할 수 있어야 한다는 뜻이다. 만일 법이 타당성은 있으나 실효성이 없으면 효력이 없는 법이 될 것이고, 반대로 법이 실효성은 있으나 타당성이 없으면 악법이 되기 쉽다.

법의 효력이 미치는 범위는 시간적 효력·대인적 효력·장소적 효력으로 나누어 볼 수 있다.

① **법의 시간적 효력**과 관련해서 살펴보면 법은 시행과 더불어 효력을 발생하고 폐지함으로써 그 효력을 상실하게 되는데, 이 기간을 법의 **유효기간** 또는 **시행기간**이라고 한다. 법

12. 국회의원의 면책특권과 형법 제20조의 정당행위

의 시행에 관해서는 원칙적으로 각 법령의 부칙에 표시되지만, 만일 시행기일을 정하지 않은 경우에는 공포한 날로부터 20일을 경과함으로써 효력을 발생하도록 규정하고 있다. 또한 법은 시행 후에 생긴 사항에 관해서만 적용되며 시행 전에 발생한 사항에 대해서는 소급하여 적용할 수 없다는 이른바 **법률불소급의 원칙**이 있는데, 이는 법률생활의 안정과 기득권 존중을 위하여 인정된 것이다.

② **법의 대인적 효력**과 관련해서 살펴보면 이에는 종래부터 속지주의와 속인주의가 주장되어왔다. 즉 **속지주의**(屬地主義)란 자국 안에 있는 타국민에 대하여는 자국의 **영토고권**(領土高權)을 발동시켜 자국법을 적용하는 원칙으로서, 가령 국적 여하를 불문하고 한국 내에 있는 모든 사람은 그가 거주하는 지역인 한국의 법률에 의해서 규율되는 것을 말한다. 한편 **속인주의**(屬人主義)란 일국의 법은 **대인고권**(對人高權), 즉 국민에 대한 국가의 최고 권력의 발동으로 인해 국민이 자국 안에 있거나 타국에 있거나를 불문하고 그 국민 전체에 대하여 적용하는 원칙으로서, 가령 장소를 불문하고 한국인이 어디에 가있든 간에 한국법에 의해서 규율되는 것을 말한다. 속지주의와 속인주의가 상충하는 경우에는 속지주의우선의 원칙에 따라 속지주의가 원칙적으로 적용되고 예외적인 경우에만 속인주의가 적용된다. 가령 **치외법권**(治外法權)·**외교특권**(外交特權)을 가진 자들은 국가예의상 또는 직무수행의 편의상 재류국의 법에 따르지 않고 본국법에 따른다는 특권이 국제법상 인정되어 있다. 즉 치외법권·외교특권이란 일국의 원수(元首)나 외교사절 및 그의 가족·수행원, 군함의 승무원, 일정한 책임 있는 지휘관의 인솔 하에 있는 군대 등에 대하여는 재류국의 국내법에 따르지 않고 그의 본국법에 따르도록 하는 것으로, 치외법권은 재류국의 재판권·경찰권·과세권으로부터의 면제를 내용으로 한다.

그리고 대통령과 국회의원은 **형사상 특권**을 가진다. 즉 대통령은 내란 또는 외환의 죄를 범한 경우를 제외하고는 재직중 형사상의 소추를 받지 아니한다(헌법 제84조). 국회의원은 현행범인인 경우를 제외하고는 회기중 국회의 동의 없이 체포 또는 구금되지 아니하며, 국회의원이 회기전에 체포 또는 구금된 때에는 현행범인이 아닌 한 국회의 요구가 있으면 회기중 석방된다(헌법 제44조). 또한 국회의원은 국회에서 직무상 행한 발언과 표결에 관하여 국회 외에서 책임을 지지 아니한다(헌법 제45조).

③ **법의 장소적 효력**과 관련해서 살펴보면 일국의 법은 원칙적으로 그 국가의 전영역(영토·영해·영공)에 걸쳐 적용된다. 다만 예컨대 선박이나 항공기는 자국영역의 연장으로 보므로 공해상은 물론 타국영역 내에 있을 때에도 자국법 또는 기국법(旗國法)을 적용한다.

(2) 정당행위: 정당행위란 법공동체 내에서 지배적인 법확신이나 사회윤리에 비추어 일반적으로 승인된 가치있는 행위를 말한다. 우리 형법은 제20조에서 「법령에 의한 행위 또는 업무로 인한 행위 기타 사회상규에 위배되지 아니하는 행위는 벌하지 아니한다」고 하여 위법성조각사유로 규정하고 있다. 즉 사회상규에 위배되지 아니하여 국가적·사회적으로 정당시되는 행위를 정당행위라고 말할 수 있다.

위법성조각사유란 일정한 행위가 구성요건에는 해당하지만 특별한 사정으로 위법성의 추정이 파괴되어 그 행위의 위법성을 배제하는 예외적인 사유를 말한다. 현행 형법은 위법성에 관하여 적극적으로 규정하지 않고 소극적으로 위법성이 조각될 사유(형법 제20조-제24조)만을 규정하고 있다. 즉 현행 형법상 위법성조각사유로는 우선 형법총칙상 정당행위(제20조)·정당방위(제21조)·긴급피난(제22조)·자구행위(제23조)·피해자의 승낙에 의한 행위(제24

조)를 들 수 있으며, 형법각칙상 '명예훼손죄(제307조 제1항)에 해당하는 행위가 진실한 사실로서 오로지 공공의 이익에 관한 때에는 처벌하지 아니한다'는 규정(제310조)을 들 수 있고, 모자보건법상 인공임신중절수술의 허용규정(제8조) 및 그밖에 규정이 없더라도 전체적 법질서의 정신에 비추어 실질적 위법성에 관한 초법규적인 원리에 의하여 위법성조각사유를 인정해야 할 경우가 있다. 특히 형법은 제20조 후단에서 '기타 사회상규에 위배되지 아니하는 행위는 벌하지 아니한다'고 규정함으로써 위법성조각사유를 사회상규라고 하는 초법규적 기준에 의하여 평가할 것을 성문화하고 있으며, 동시에 '벌하지 아니한다'고 규정하고 있는데 이는 해석상 구성요건에는 해당하나 위법성이 없는 정당한 행위로 이해하여야 한다.

[대법원 1984. 5. 22. 84도39 판결]
(가) 외국인에 의한 국외에서의 민간항공기납치 사건에 대한 아국의 항공기운항안전법 적용 여부: 항공기운항안전법 제3조, "항공기내에서 범한 범죄 및 기타 행위에 관한 협약" (도쿄협약) 제1조, 제3조, 제4조, "항공기의 불법납치억제를 위한 협약" (헤이그협약) 제1조, 제3조, 제4조, 제7조의 각 규정들을 종합하여 보면 민간항공기납치사건에 대하여는 항공기등록지 국에 원칙적인 재판관할권이 있는 외에 항공기착륙국인 우리나라에도 경합적으로 재판관할권이 생기어 우리나라 항공기운항안전법은 외국인의 국외범까지도 적용대상이 된다고 할 것이다.

(나) 정치적 피난을 위한 항공기납치 행위와 국제법상의 비호권: 중공의 정치, 사회현실에 불만을 품고 자유중국으로 탈출하고자, 민간항공기를 납치하여 입국한 피고인들의 경우 정치적 박해를 받거나 정치적 신조를 달리함으로써 타국에 피난한 정치적 피난민이라고 할 수 있겠으나 정치적 피난민에 대한 보호는 소수의 국가가 국내법상으로 보장하고 있을 뿐 우리나라는 이를 보장하는 국내법규가 없으며 개개의 조약을 떠나서 일반국제법상 보장이 확립된 것도 아니며 더구나 헤이그협약 제8조는 항공기납치범죄를 체약국간의 현행 또는 장래 체결될 범죄인 인도조약상의 인도범죄로 보며 인도조약이 없는 경우에도 범죄인의 인도를 용이하게 할 수 있는 규정을 마련하고 있는 점 등에 비추어 볼 때 민항기납치행위가 순수한 정치적 동기에서 일어난 정치적 망명을 위한 상당한 수단으로 행하여진 것으로 세계 각국이 비호권을 인정하고 있다는 이유로 위법성이 조각된다고 볼 수 없다.

(다) 위법성 조각사유로서의 정당행위의 인정요건: 정당한 행위로서 위법성이 조각되는지 여부는 그 구체적 행위에 따라 합목적적, 합리적으로 가려져야 할 것인바 정당행위를 인정하려면 첫째, 그 행위의 동기나 목적의 정당성 둘째, 행위의 수단이나 방법의 상당성 셋째, 보호이익과 침해이익과의 법익권형성 넷째, 긴급성 다섯째로 그 행위 외에 다른 수단이나 방법이 없다는 보충성 등의 요건을 갖추어야 한다.

(라) 자유중국으로 망명하고자 민항기를 납치한 행위와 정당행위: 중공의 정치, 사회현실에 불만을 품고 자유중국으로 탈출하고자 민항기를 납치한 이 사건에서 그 수단이나 방법에 있어 민간항공기를 납치한 행위는 상당하다 할 수 없고 피고인들이 보호하려는 이익은 피고인들의 자유였음에 반하여 피고인들의 행위로 침해되는 법익은 승객 등 불특정다수인의 생명, 신체의 위험과 항공여행의 수단인 항공기의 안전에 대한 세계인의 신뢰에 대한 침해인 점에 비추어 현저히 균형을 잃었다 할 것이며, 그 당시의 상황에 비추어 항공기납치행위가 긴급, 부득이한 것이라고 인정하기 어려우므로 피고인들의 행위를 사회상규에 위배되지 아

니한 행위로서 위법성이 조각되는 행위라고 할 수 없다 할 것이다.

(마) 형법 제20조는 법령에 의한 행위 또는 업무로 인한 행위 기타 사회상규에 위배되지 아니하는 행위는 벌하지 아니한다고 하여 소위 위법성 조각사유로서의 정당행위를 규정하고 있는바, 어떠한 경우에 어떠한 행위가 정당한 행위로서 위법성이 조각되는 것인가는 그 구체적 행위에 따라 합목적적, 합리적으로 가려져야 할 것이다. 따라서 위법성 조각사유로서 정당행위를 인정하려면, 첫째, 건전한 사회통념에 비추어 그 행위의 동기나 목적이 정당하여야 한다는 정당성, 둘째, 그 행위의 수단이나 방법이 상당하여야 하는 상당성, 셋째, 그 행위에 의하여 보호하려는 이익과 그 행위에 의하여 침해되는 법익이 서로 균형을 이루어야 한다는 법익권형성, 넷째, 그 행위당시의 정황에 비추어 그 행위가 긴급을 요하고 부득이한 것이어야 한다는 긴급성, 다섯째로 그 행위 이외에 다른 수단이나 방법이 없거나 또는 현저하게 곤란하여야 한다는 보충성이 있어야 한다고 풀이할 것이다(대법원 1983.3.8 82도3248 판결 참조). 그런데 원심판결이 유지한 제1심판결이 적법하게 확정한 사실에 의하면 피고인들은 평소 중공의 정치, 사회현실에 불만을 품어오던 중 중공여객기를 납치 자유중국으로 탈출키로 공모하고 1983. 5. 5. 11 : 30경 중공민용항공소속 심양발 상해행 항공기 트라이던트비(B)-296에 탑승하여 같은날 12 : 20경 위 항공기가 중공 대련시 부근 해안상공 통과시 납치행위에 착수 이에 대항하는 항법사 왕배부와 통신사 왕영창에게 피고인 강홍군이 권총 1발씩을 각 발사하여 대퇴부를 각 관통시켜 상처를 입히고 피고인 탁장인과 강홍군은 기장 왕 의헌과 부기장 화장림의 머리에 권총을 겨냥 서울까지 비행토록 협박하여 기장과 부기장 등으로 하여금 승객 90명과 승무원 9명이 탑승한 위 항공기의 항로를 변경 서울 방향으로 강제운항케하여 같은날 14 : 11경 강원도 춘천시 근화동 소재 비행장에 위 항공기를 착륙시킨 후 같은날 21 : 30경까지 위 항공기를 강점함으로써 항공기를 납치하고 이로 인하여 위 왕배부, 왕영창에게 상처를 입혔다는 것이므로 "위 판시 피고인들의 소위와 기록에 의하여 피고인들의 변소를 종합하여 보면 피고인들의 이 사건 동기나 목적이 평소 중공의 정치, 사회현실에 불만을 품은 나머지 자유를 찾아 자유중국으로 탈출하려고 한 것임은 당원도 인정하는 바이나 그 수단이나 방법에 있어 민간항공기를 납치한 행위는 상당하다고 할 수 없고 피고인들이 보호하려는 이익은 피고인들의 자유였음에 반하여 피고인들의 행위로 인하여 침해되는 법익은 승객 등 불특정다수인의 생명, 신체의 위험과 항공여행의 수단인 항공기의 안전에 대한 세계인의 신뢰에 대한 침해인 점에 비추어 현저하게 균형을 잃었다고 하지 않을 수 없으며 피고인들의 소위는 그 당시의 상황에 비추어 항공기납치행위가 긴급, 부득이한 것이라고 인정하기 어렵다 할 것이니 피고인들의 행위를 가리켜 사회상규에 위배되지 아니하는 행위로서 위법성이 조각되는 정당행위라고 할 수 없다 할 것이다

[대법원 2021. 8. 19. 2020도14576 판결]
(가) 공연히 타인을 모욕한 경우에 이를 처벌하는 것은 사람의 인격적 가치에 대한 사회적 평가 즉 외부적 명예를 보호하기 위함이다. 반면에 모욕죄의 형사처벌은 표현의 자유를 제한하고 있으므로, 어떠한 글이 모욕적 표현을 포함하는 판단이나 의견을 담고 있을 경우에도 그 시대의 건전한 사회통념에 비추어 살펴보아 그 표현이 사회상규에 위배되지 않는 행위로 볼 수 있는 때에는 형법 제20조의 정당행위에 해당하여 위법성이 조각된다고 보아야 하고, 이로써 표현의 자유로 획득되는 이익 및 가치와 명예 보호에 의하여 달성되는 이익

및 가치를 적절히 조화할 수 있다. 군형법상 상관모욕죄를 적용할 때에도 충돌하는 기본권이 적절히 조화되고 상관모욕죄에 의한 처벌이 필요최소한의 범위 내에서 표현의 자유를 제한하도록 하여야 한다. 다만 군형법상 상관모욕죄는 상관에 대한 사회적 평가의 보호에 더하여 군 조직의 질서 및 통수체계 유지를 보호법익으로 하므로, 해당 표현이 형법 제20조에 의하여 위법성이 조각될 수 있는지 여부는 피해자 및 피고인의 지위와 역할, 해당 표현으로 인한 군의 조직질서와 정당한 지휘체계의 침해 여부와 그 정도 등을 함께 고려하여 구체적·개별적으로 판단하여야 한다.

(나) 부사관 교육생이던 피고인이 동기들과 함께 사용하는 단체채팅방에서 지도관이던 피해자가 목욕탕 청소 담당 교육생들에게 과실 지적을 많이 한다는 이유로 "도라이 ㅋㅋㅋ 습기가 그렇게 많은데"라는 글을 게시하여 공연히 상관인 피해자를 모욕하였다는 내용으로 기소된 사안에서, '도라이'는 상관인 피해자를 경멸적으로 비난한 것으로 모욕적인 언사라고 볼 수 있으나, 위 표현은 피고인의 입장에서 불만을 토로하는 과정에서 즉흥적이고 우발적으로 이루어진 것으로 보이는 점, 위 단체채팅방은 동기생들만 참여대상으로 하는 비공개채팅방으로 교육생 신분에서 가질 수 있는 불평불만을 토로하는 공간으로서의 역할을 하고 있었고, 교육생 상당수가 별다른 거리낌 없이 욕설을 포함한 비속어를 사용하고 대화하고 있었던 점, 당시 목욕탕 청소를 담당했던 다른 교육생들도 위 단체채팅방에서 피고인과 비슷한 불만을 토로하고 있었는데, 피고인의 위 표현은 단 1회에 그쳤고, 그 부분이 전체 대화내용에서 차지하는 비중도 크지 않은 점, 위 표현은 근래 비공개적인 상황에서는 일상생활에서 드물지 않게 사용되고 그 표현이 내포하는 모욕의 정도도 경미한 수준인 점 등에 비추어 볼 때, 피고인의 위 표현은 동기 교육생들끼리 고충을 토로하고 의견을 교환하는 사이버공간에서 상관인 피해자에 대하여 일부 부적절한 표현을 사용하게 된 것에 불과하고 이로 인하여 군의 조직질서와 정당한 지휘체계가 문란하게 되었다고 보이지 않으므로, 이러한 행위는 사회상규에 위배되지 않는다고 보는 것이 타당하다는 이유로, 위 표현이 형법 제20조의 정당행위에 해당하지 않는다고 본 원심판단에 상관모욕죄의 위법성조각사유에 관한 법리오해의 잘못이 있다고 한 사례이다.

※ 군형법
[타법개정 2016. 5. 29. 법률 제14183호, 시행 2016. 11. 30.]

제1조(적용대상자) ① 이 법은 이 법에 규정된 죄를 범한 대한민국 군인에게 적용한다. ② 제1항에서 "군인"이란 현역에 복무하는 장교, 준사관, 부사관 및 병을 말한다. 다만, 전환복무 중인 병은 제외한다. ③ 다음 각 호의 어느 하나에 해당하는 사람에 대하여는 군인에 준하여 이 법을 적용한다. 1. 군무원 2. 군적을 가진 군의 학교의 학생·생도와 사관후보생·부사관후보생 및 「병역법」 제57조에 따른 군적을 가지는 재영 중인 학생 3. 소집되어 복무하고 있는 예비역·보충역 및 전시근로역인 군인

제64조(상관 모욕 등) ① 상관을 그 면전에서 모욕한 사람은 2년 이하의 징역이나 금고에 처한다. ② 문서, 도화 또는 우상을 공시하거나 연설 또는 그 밖의 공연한 방법으로 상관을 모욕한 사람은 3년 이하의 징역이나 금고에 처한다. ③ 공연히 사실을 적시하여 상관의 명예를 훼손한 사람은 3년 이하의 징역이나 금고에 처한다. ④ 공연히 거짓 사실을 적시하여 상관의 명예를 훼손한 사람은 5년 이하의 징역이나 금고에 처한다.

13. 통신의 자유와 통신비밀보호법

[대법원 2007. 12. 27. 2007도9053 판결]

> 피고인에 대한 통신비밀보호법상 위반사항은, 피고인이 2005. 2. 하순경 피해자 공소외 1 운영의 유황오리식당 내부 천장에 감시용 CCTV 카메라 3대 및 계산대 위 천장 틈새에 도청마이크 1개를 은닉하여 설치하고 피고인의 개인 사무실에 CCTV 녹화기 및 녹음기를 설치한 다음, 2005. 5. 초순경부터 같은 해 9. 29.경까지 위 식당 내에서 행하여지는 피해자 및 공소외 2 등의 대화에 관하여 위 마이크를 통하여 녹음을 시도하거나, 청취함으로써 공개되지 아니한 타인간의 대화를 녹음하려다 그 뜻을 이루지 못하고 미수에 그치거나, 이를 청취하였다는 것이다.

【요 지】

음식점 내부에 감시용 카메라와 도청마이크 등을 설치하여 타인간의 대화를 녹음하려 시도하거나 청취한 사안에서, 위 음식점 내에서 이루어진 타인간의 대화는 통신비밀보호법 제3조 제1항의 '공개되지 아니한 타인간의 대화'에 해당한다고 한 사례이다.

【이 유】

형사소송법 제254조 제4항에서 범죄의 일시·장소와 방법을 명시하여 공소사실을 특정하도록 한 취지는 법원에 대하여 심판의 대상을 한정하고 피고인에게 방어의 범위를 특정하여 그 방어권 행사를 용이하게 하기 위한 데 있다고 할 것이므로, 공소의 원인이 된 사실을 다른 사실과 구별할 수 있을 정도로 그 일시, 장소, 방법, 목적 등을 적시하여 특정하면 족하고, 그리하여 피고인의 방어권 행사에 지장이 없다면 공소제기의 효력에는 영향이 없다(대법원 2006. 4. 14. 2005도9561 판결 등 참조). 이와 같은 취지의 원심의 판단은 정당하고, 거기에 상고이유로 주장하는 바와 같이 공소사실 특정에 관한 법리오해 등의 위법이 없다. 통신비밀보호법 제3조 제1항이 "공개되지 아니한 타인간의 대화를 녹음 또는 청취하지 못한다"라고 정한 것은, 대화에 원래부터 참여하지 않는 제3자가 그 대화를 하는 타인들 간의 발언을 녹음 또는 청취해서는 아니된다는 취지이다(대법원 2006. 10. 12. 2006도4981 판결 등 참조). 이 사건에서 피해자 및 공소외 2 등의 대화는 위 법률 제3조 제1항의 공개되지 아니한 타인간의 대화에 해당한다고 할 것이므로, 이와 같은 취지의 원심의 판단은 정당하고, 거기에 상고이유로 주장하는 바와 같이 통신비밀보호법에 관한 법리오해 등의 위법이 없다.

【해 설】

헌법 제18조는 「모든 국민은 통신의 비밀을 침해받지 아니한다」라고 하여 통신의 비밀의 불가침을 내용으로 하는 통신의 자유를 보장하고 있다. 즉 **통신의 자유**란 개인이 그 의사나 정보를 우편물이나 전기통신 등의 수단에 의하여 전달 또는 교환하는 경우에 그 내용 등이 본인의 의사에 반하여 공개되지 아니할 자유를 말한다. 따라서 통신의 비밀의 보장은 사생활의 비밀을 통신의 측면에서 보장하려는 것이다. 또한 표현의 자유가 대외적 대화과정을 보호하려는 것이라면, 통신의 자유는 대내적 대화과정을 보호하려는 것이라고 말할 수 있다. 통신의 자유는 자연인뿐만 아니라 법인에게도 보장되며, 자국민뿐만 아니라 외국인도 향유할 수 있는 권리이다. 통신의 자유와 비밀을 보장하려는 권리는 바이마르헌법(1919)에서 최초로 규정되었다.

통신이란 좁은 의미로는 격지자간의 의사의 전달을 말하고, 넓은 의미로는 신서·전화·전신·텔렉스·팩스·그 밖의 우편물 등 체신기관에 의하여 다루어지는 격지자간의 의사의 전달과 물품의 수수를 말한다. 헌법 제18조의 통신의 개념은 넓은 의미로 이해해야 할 것이다. **불가침**이란 봉한 서신에 관해서는 통신사무에 종사하는 공무원이 그것을 개봉하거나 발신자와 수신자 및 내용 등을 인지함을 금지한다는 뜻이다. 봉함하지 아니한 통신에 관해서는 그 문면뿐만 아니라 발신인·수신인의 성명·거소·발신회수 등을 직무상 지득한 공무원이 제3자에게 누설하는 것을 금지한다는 뜻이다. 그러므로 통신의 비밀의 불가침은 **열람·누설·정보의 금지** 등을 그 내용으로 한다.

통신의 자유가 가지는 본래의 의의는 국민의 통신의 자유를 수사기관이나 정보기관 등 그것을 침해할 우려가 있는 국가기관으로부터 통신의 비밀을 보장하려는데 있다. 그러나 헌법상 보장되는 통신의 자유는 합법적이고 정당한 통신만을 그 대상으로 하고, 헌법질서를 침해하거나 범죄를 모의하거나 타인의 권리행사를 방해하기 위한 행위까지 보호하는 것은 아니다. 따라서 **통신자유의 한계**의 예로는 전화의 역탐지·발신자전화번호 통보제도 등을 들 수 있다. 즉 **전화의 역탐지**는 통신의 발신장소와 발신인 등을 탐지하는 것으로서 협박행위 등의 현행범에 대하여 수사기관이 직권으로 하거나 피해자의 요청이 있는 경우에는 영장 없이도 가능하다. 또한 **발신자전화번호 통보제도**는 전화폭력에 대응하기 위하여 고안된 것으로 수신자의 요청에 따라 발신자의 전화번호를 통보하는 제도로서 이에 대하여는 위헌설과 합헌설이 대립되어 있으나, 폭력전화와 같은 범죄행위를 방지하고 사생활의 평온이라는 인권보장의 필요성 때문에 합헌이라고 본다. 그리고 **전화교환수**가 업무상 행위의 일환으로 **감화** 도중 전화에 의한 협박이나 도박행위 등을 청취한 경우에는 현행범에 관한 이론구성에 의해 경찰에 통보하는 것이 허용된다. 한편 통신의 자유도 국가안전보장·질서유지·공공복리를 위하여 필요한 경우에는 법률로써 제한할 수 있으며, 이에 관한 대표적인 법률이 바로 **통신비밀보호법**이다.

[대법원 2002. 10. 8. 2002도123 판결]

제3자가 전화통화자 중 일방만의 동의를 얻어 통화내용을 녹음한 경우, 통신비밀보호법 제3조 제1항 소정의 전기통신감청에 해당하는지 여부(적극)에 관한 사안에서, 전기통신에 해당하는 전화통화 당사자의 일방이 상대방 모르게 통화내용을 녹음(위 법에는 '채록'이라

13. 통신의 자유와 통신비밀보호법

고 규정한다)하는 것은 여기의 감청에 해당하지 아니하지만(따라서 전화통화 당사자의 일방이 상대방 몰래 통화내용을 녹음하더라도, 대화 당사자 일방이 상대방 모르게 그 대화내용을 녹음한 경우와 마찬가지로 동법 제3조 제1항 위반이 되지 아니한다), 제3자의 경우는 설령 전화통화 당사자 일방의 동의를 받고 그 통화내용을 녹음하였다 하더라도 그 상대방의 동의가 없었던 이상, 사생활 및 통신의 불가침을 국민의 기본권의 하나로 선언하고 있는 헌법규정과 통신비밀의 보호와 통신의 자유 신장을 목적으로 제정된 통신비밀보호법의 취지에 비추어 이는 동법 제3조 제1항 위반이 된다고 해석하였다(이 점은 제3자가 공개되지 아니한 타인간의 대화를 녹음한 경우에도 마찬가지이다).

※ 통신비밀보호법

[일부개정 2021. 3. 16. 법률 제17935호, 시행 2021. 3. 16.]

제1조(목적) 이 법은 통신 및 대화의 비밀과 자유에 대한 제한은 그 대상을 한정하고 엄격한 법적 절차를 거치도록 함으로써 통신비밀을 보호하고 통신의 자유를 신장함을 목적으로 한다.

제2조(정의) 이 법에서 사용하는 용어의 정의는 다음과 같다.

1. "**통신**"이라 함은 우편물 및 전기통신을 말한다. 2. "**우편물**"이라 함은 우편법에 의한 통상우편물과 소포우편물을 말한다. 3. "**전기통신**"이라 함은 전화·전자우편·회원제정보서비스·모사전송·무선호출 등과 같이 유선·무선·광선 및 기타의 전자적 방식에 의하여 모든 종류의 음향·문언·부호 또는 영상을 송신하거나 수신하는 것을 말한다. 4. "**당사자**"라 함은 우편물의 발송인과 수취인, 전기통신의 송신인과 수신인을 말한다. 5. "**내국인**"이라 함은 대한민국의 통치권이 사실상 행사되고 있는 지역에 주소 또는 거소를 두고 있는 대한민국 국민을 말한다. 6. "**검열**"이라 함은 우편물에 대하여 당사자의 동의없이 이를 개봉하거나 기타의 방법으로 그 내용을 지득 또는 채록하거나 유치하는 것을 말한다. 7. "**감청**"이라 함은 전기통신에 대하여 당사자의 동의없이 전자장치·기계장치등을 사용하여 통신의 음향·문언·부호·영상을 청취·공독하여 그 내용을 지득 또는 채록하거나 전기통신의 송·수신을 방해하는 것을 말한다.

제3조(통신 및 대화비밀의 보호) ① 누구든지 이 법과 형사소송법 또는 군사법원법의 규정에 의하지 아니하고는 우편물의 검열·전기통신의 감청 또는 통신사실확인자료의 제공을 하거나 공개되지 아니한 타인간의 대화를 녹음 또는 청취하지 못한다. 다만, 다음 각호의 경우에는 당해 법률이 정하는 바에 의한다. ② 우편물의 검열 또는 전기통신의 감청(이하 "통신제한조치"라 한다)은 범죄수사 또는 국가안전보장을 위하여 보충적인 수단으로 이용되어야 하며, 국민의 통신비밀에 대한 침해가 최소한에 그치도록 노력하여야 한다. ③ 누구든지 단말기기 고유번호를 제공하거나 제공받아서는 아니된다. 다만, 이동전화단말기 제조업체 또는 이동통신사업자가 단말기의 개통처리 및 수리 등 정당한 업무의 이행을 위하여 제공하거나 제공받는 경우에는 그러하지 아니하다.

제4조(불법검열에 의한 우편물의 내용과 불법감청에 의한 전기통신내용의 증거사용 금지) 제3조의 규정에 위반하여, 불법검열에 의하여 취득한 우편물이나 그 내용 및 불법감청에 의

하여 지득 또는 채록된 전기통신의 내용은 재판 또는 징계절차에서 증거로 사용할 수 없다.

제7조(국가안보를 위한 통신제한조치) ① 대통령령이 정하는 정보수사기관의 장(이하 "정보수사기관의 장"이라 한다)은 국가안전보장에 상당한 위험이 예상되는 경우 또는 「국민보호와 공공안전을 위한 테러방지법」 제2조 제6호의 대테러활동에 필요한 경우에 한하여 그 위해를 방지하기 위하여 이에 관한 정보수집이 특히 필요한 때에는 다음 각호의 구분에 따라 통신제한조치를 할 수 있다.

제8조(긴급통신제한조치) ① 검사, 사법경찰관 또는 정보수사기관의 장은 국가안보를 위협하는 음모행위, 직접적인 사망이나 심각한 상해의 위험을 야기할 수 있는 범죄 또는 조직범죄 등 중대한 범죄의 계획이나 실행 등 긴박한 상황에 있고 제5조 제1항 또는 제7조 제1항 제1호의 규정에 의한 요건을 구비한 자에 대하여 제6조 또는 제7조 제1항 및 제3항의 규정에 의한 절차를 거칠 수 없는 긴급한 사유가 있는 때에는 법원의 허가없이 통신제한조치를 할 수 있다.

제14조(타인의 대화비밀 침해금지) ① 누구든지 공개되지 아니한 타인간의 대화를 녹음하거나 전자장치 또는 기계적 수단을 이용하여 청취할 수 없다.

제16조(벌칙) ① 다음 각 호의 어느 하나에 해당하는 자는 1년 이상 10년 이하의 징역과 5년 이하의 자격정지에 처한다. 1. 제3조의 규정에 위반하여 우편물의 검열 또는 전기통신의 감청을 하거나 공개되지 아니한 타인간의 대화를 녹음 또는 청취한 자 2. 제1호에 따라 알게 된 통신 또는 대화의 내용을 공개하거나 누설한 자

[대법원 2017. 3. 15. 2016도19843 판결]

통신비밀보호법 제1조, 제3조 제1항 본문, 제4조, 제14조 제1항, 제2항의 문언, 내용, 체계와 입법 취지 등에 비추어 보면, 통신비밀보호법에서 보호하는 타인 간의 '대화'는 원칙적으로 현장에 있는 당사자들이 육성으로 말을 주고받는 의사소통행위를 가리킨다. 따라서 사람의 육성이 아닌 사물에서 발생하는 음향은 타인 간의 '대화'에 해당하지 않는다. 또한 사람의 목소리라고 하더라도 상대방에게 의사를 전달하는 말이 아닌 단순한 비명소리나 탄식 등은 타인과 의사소통을 하기 위한 것이 아니라면 특별한 사정이 없는 한 타인 간의 '대화'에 해당한다고 볼 수 없다. 한편 국민의 인간으로서의 존엄과 가치를 보장하는 것은 국가기관의 기본적인 의무에 속하고 이는 형사절차에서도 구현되어야 한다. 위와 같은 소리가 비록 통신비밀보호법에서 말하는 타인 간의 '대화'에는 해당하지 않더라도, 형사절차에서 그러한 증거를 사용할 수 있는지는 개별적인 사안에서 효과적인 형사소추와 형사절차상 진실발견이라는 공익과 개인의 인격적 이익 등의 보호이익을 비교형량하여 결정하여야 한다. 대화에 속하지 않는 사람의 목소리를 녹음하거나 청취하는 행위가 개인의 사생활의 비밀과 자유 또는 인격권을 중대하게 침해하여 사회통념상 허용되는 한도를 벗어난 것이라면, 단지 형사소추에 필요한 증거라는 사정만을 들어 곧바로 형사소송에서 진실발견이라는 공익이 개인의 인격적 이익 등 보호이익보다 우월한 것으로 섣불리 단정해서는 안 된다. 그러나 그러한 한도를 벗어난 것이 아니라면 위와 같은 목소리를 들었다는 진술을 형사절차에서 증거로 사용할 수 있다.

14. 헌법 제10조와 거짓말탐지기

[대법원 2005. 5. 26. 2005도130 판결]

원심은, 피고인이 서울 85고 (이하 번호 생략) 코란도 밴 화물차를 운전하여 성남시 수정구 신흥 3동 4124 앞 도로를 운행하던 중 업무상주의의무를 게을리한 과실로 길을 걸어가던 피해자를 우측 후사경 및 후렌다 부분으로 들이받아 상해를 입게 하고도 피해자를 구호하는 등 필요한 조치를 취하지 아니한 채 그대로 도주하였다는 이 사건 공소사실에 대하여, ① 피해자와 목격자인 공소외 1의 진술은, 2003. 6. 13. 22:35경 신흥 3동 종합시장 뒷골목을 나란히 걸어가고 있었는데 피해자의 뒤에서 시속 약 30km의 속도로 진행하여 오던 뉴 코란도 밴 화물차량에 왼쪽 팔과 무릎 부위를 충격 당하여 대각선 방향으로 노상에 넘어졌고, 그대로 도주하던 차량의 번호를 보니 서울 ××고 (이하 번호 생략)인 것을 목격하였으며, 사고 현장으로부터 약 100m 떨어진 사거리의 우측 빵집 앞에 주차된 피고인의 차량을 발견하고 차량번호와 당시 피고인 차량의 진행 방향이 일치되어 운전자를 기다렸는데 빵집에서 나오는 피고인을 보고 '방금 저 골목으로 지나오지 않았느냐.'고 묻자 피고인이 '차는 원래부터 여기에 서 있었다.'고 하였고 이에 피해자가 자신을 충격한 차량번호를 이야기하자 피고인이 '나는 그런 일 없다.'고 하면서 바로 시동을 걸고 출발하였으며, 이에 피해자는 112 신고를 하고 다음날 경찰에서 가해차량의 차량번호가 서울 ××고 (이하 번호 생략)이고 뒷유리에 흰색글씨가 적혀 있었다고 진술하고, 2003. 7. 21. 경찰에서 피고인의 사진을 보자마자 이 사람이 가해자가 맞다고 하였다는 것이고, ② 이 사건 사고 접수 후 경찰이 피해자의 진술에 따라 서울 ××고 (이하 번호 생략) 흰색 코란도 차량을 전산 조회하자 피고인의 형인 공소외 2 소유의 서울 85고 (이하 번호 생략) 차량으로 확인되어 공소외 2를 상대로 출석요구서를 발부하였으나, 피고인이 위 차량의 실제 소유주이자 사용자라고 하면서 출석하여 조사를 받았으며, ③ 피고인을 상대로 한 거짓말탐지기 검사에서 '당신이 그 사고를 내고 도주했습니까.', '당신이 그날 성남의 골목길에서 보행자를 충격했습니까.', '그날 밤 당신이 그 골목길에서 사고를 낸 것입니까.'라고 질문을 한 후 부정적인 대답을 하도록 하였으나 거짓반응을 나타내었고, '그 시간대에는 족발배달을 할 시간으로 성남에 갈 이유가 없으며 또한 그 곳에서 보행자를 충격한 적도 없고 성남에 가지도 않았으며 피해자와 이야기한 적도 없는가.'라는 질문에 대하여 피고인에게 긍정적인 대답을 하도록 하였으나 역시 거짓반응을 나타내었으며, 위 각 증거에 피고인으로서는 이 사건 사고 후 도주한 것이 아니라고 변명하기 위하여 빵집에 들어가서 상황을 지켜보려고 할 수도 있었던 점, 피고인의 차량 뒷유리에 흰색글씨나 그 존재 흔적이 보이지 아니하나, 피해자로서는 가해차량의 번호만 외우면 족한 것이지 뒷유리의 글자를 자세히 보려고 할 필요는 없으므로 뒷유리의 글자에 대한 피해자의 기억이 정확하다고 할 수 없는 점, 당시 대학생이던 피해자가 아무런 이유도 없이 피고인을 가해자로 지목할 이유가 없고, 가사 피해자 일행이 빵집 앞에 있던 차를 보고 번호를 역으로 추리하였다고 하더라도 피고인 차량이 이 사건 현장 부근에 있었던 것은 분명하므로 이 사건 현장에 간 적이 없다는 피고인의 진술은 신빙성이 없는 점 등을 종합하여 보면 이 사건 공소사실은 이를 인정하기에 충분하다고 하여, 무죄를 선고한 제1심판결을 파기하고 피고인에게 유죄의 판결을 선고하였다.

【요 지】

(1) 거짓말탐지기 검사 결과에 대하여 증거능력을 인정하기 위한 요건: 거짓말탐지기의 검사 결과에 대하여 사실적 관련성을 가진 증거로서 증거능력을 인정할 수 있으려면, 첫째로 거짓말을 하면 반드시 일정한 심리상태의 변동이 일어나고, 둘째로 그 심리상태의 변동은 반드시 일정한 생리적 반응을 일으키며, 셋째로 그 생리적 반응에 의하여 피검사자의 말이 거짓인지 아닌지가 정확히 판정될 수 있다는 세 가지 전제요건이 충족되어야 할 것이며, 특히 마지막 생리적 반응에 대한 거짓 여부 판정은 거짓말탐지기가 검사에 동의한 피검사자의 생리적 반응을 정확히 측정할 수 있는 장치이어야 하고, 질문사항의 작성과 검사의 기술 및 방법이 합리적이어야 하며, 검사자가 탐지기의 측정내용을 객관성 있고 정확하게 판독할 능력을 갖춘 경우라야만 그 정확성을 확보할 수 있는 것이므로, 이상과 같은 여러 가지 요건이 충족되지 않는 한 거짓말탐지기 검사 결과에 대하여 형사소송법상 증거능력을 부여할 수는 없다.

(2) 제1심의 피해자에 대한 증인신문조서 기재 자체에 의하여 피해자의 진술을 믿기 어려운 사정이 보이는 경우, 항소심이 별도의 증거조사 없이 위 증인신문조서의 기재만에 의하여 제1심과 다르게 그 증언을 믿을 수 있다고 판단할 수 있는지 여부(소극): 항소심이 항소이유가 있다고 인정하는 경우에는 제1심이 조사한 증인을 다시 심문하지 아니하고 그 조서의 기재만으로 그 증언의 신빙성 유무를 판단할 수 있는 것이 원칙이지만 제1심의 피해자에 대한 증인신문조서 기재 자체에 의하여 피해자의 진술을 믿기 어려운 사정이 보이는 경우에 항소심이 그 증인을 다시 신문하여 보지도 아니하고 제1심의 증인신문조서의 기재만에 의하여 직접 증인을 신문한 제1심과 다르게 그 증언을 믿을 수 있다고 판단한 것은 심히 부당하다.

【이 유】

(1) 우선 원심이 피고인에 대한 거짓말탐지기 결과회시를 피고인을 유죄로 인정하는 증거로 사용한 것은 수긍할 수 없다. 기록에 의하면, 피고인에 대한 거짓말탐지기 검사는 미국 유타대학 심리학 교수 라쉬킨과 키셔 등이 연구개발한 유타구역비교검사법을 사용하였다는 것인바, 기록을 모두 살펴보아도 위 검사법이나 피고인에 대한 이 사건 거짓말탐지기 검사가 세 가지 전제요건을 모두 갖추었음을 인정할 만한 아무런 자료가 없으므로, 피고인에 대한 거짓말탐지기 결과회시는 증거능력이 없다고 할 것이다.

한편, 차량조회 결과는 피해자 및 공소외 1의 기억에 의존하여 피고인의 차량을 찾아낸 것이므로, 결국 이 사건 공소사실을 유죄로 인정할 수 있는지 여부는 피해자와 공소외 1의 진술의 신빙성 여부에 달려 있다고 할 수 있을 것이다. 그런데 피해자와 공소외 1의 진술에 의하면 당시 사고 차량은 시속 30km 정도의 속력으로 진행하다가 사고를 내고 멈추지 아니한 채 그대로 도주하였다는 것인데, 야간에 사고를 당하여 경황이 없는 상태에서 시속 30km 정도의 속력으로 진행하는 차량의 번호를 정확하게 기억하는 것이 쉽지 않으리라고 보이는 점, 사고를 내고 도주한 자가 사고장소로부터 100m 정도 떨어진 빵집에서 빵 등을 산다고 하는 것도 상식적으로 납득하기 어려운 점, 피해자와 목격자가 경황 중에 사고차량의 번호를 착각할 수도 있고 빵집에 서 있던 피고인 차량의 번호를 보고 역으로 추리하였을 가능성도 있는 점, 사고차량의 뒷유리에 흰색 글씨가 적혀 있었다고 진술하였으나 피고인 차량의 뒷유리에는 흰색 글씨나 그 존재 흔적을 찾기 어려운 점, 평소에 모르던 사람을 길에서 한 번 보고 짧게 대화만 한 상태에서 38일 만에 다시 보고 동일인임을 정확하게 기억할 수 있는 것인지 의문이 있는 점 등 피해자 및 목격자의 진술의 신빙성을 의심할 만한 사정이 없지 아니하다.

(2) 원심은 피해자 및 공소외 1의 제1심 법정에서의 증언을 유죄의 증거로 하려면 그 증인을 다시 신문하여 위에서 지적한 것처럼 신빙성에 의심을 갖게 하는 사정들에 대하여 확인을 하여 의문점을 해명하여 본 연후라야 할 것이다. 그럼에도 불구하고, 원심은 피고인에 대한 거짓말탐지기 결과회시와 피해자 및 공소외 1의 제1심 법정에서의 진술 등을 증거로 하여 별도의 증거조사 없이 이 사건 공소사실을 유죄로 인정하였으니, 원심판결에는 채증법칙을 위배하였거나 심리를 다하지 아니한 위법이 있다고 할 것이고, 이는 판결에 영향을 미쳤음이 분명하다. 그러므로 원심판결을 파기하고, 사건을 다시 심리·판단하게 하기 위하여 원심법원에 환송하기로 한다.

【해 설】

(1) **헌법 제10조**는 「모든 국민은 인간으로서의 존엄과 가치를 가지며, 행복을 추구할 권리를 가진다. 국가는 개인이 가지는 불가침의 기본적 인권을 확인하고 이를 보장할 의무를 진다」라고 규정하여 국민의 인간으로서의 존엄과 가치, 행복을 추구할 권리 및 국가의 기본적 인권의 보장의무를 선언하고 있다.

우선 **인간으로서의 존엄과 가치**는 1919년 바이마르헌법에서 인간다운 생활을 보장할 것을 선언한 이래 국제연합헌장전문·세계인권선언 제1조·독일기본법 제1조·일본헌법 제13조·이탈리아헌법 제2조 등에서 이를 선언하였으며, 우리 헌법은 **제5차(1962년)개헌**에서 최초로 명문화하였다. 인간은 자연계의 동·식물과는 달리 인격의 주체가 될 수 있다는 점에서 존귀한 가치가 있다. 따라서 인간으로서의 존엄성이란 인간 일반에게 고유한 가치로 간주되는 존귀함, 즉 인격성·인격주체성을 말한다. 우리나라의 통설에 의하면 헌법에 규정된 '인간으로서의 존엄과 가치'는 구체적인 기본권을 보장한 것이 아니고, 다른 모든 기본권의 전제가 되는 기본원리이며, 모든 기본권의 근원 내지 핵이고, 모든 기본적 인권의 이념적인 출발점·국법질서의 최고 구성원리·최고의 헌법원리이며, 다른 기본권의 가치적 전제가 되는 객관적인 원리로 보고 있다.

다음으로 **행복추구권**은 1776년 버지니아권리장전 제1조가 생래의 권리의 하나로서 행복을 추구할 권리를 들고 있고, 1776년 미국독립선언이 제2절에서 박탈될 수 없는 천부적 권리의 하나로서 행복을 추구할 권리를 선언하고 있으며, 1946년 일본헌법 제13조에도 명시되어 있다. 우리 헌법은 **제8차(1980년)개헌**에서 최초로 이를 명문화하였다. 일반적으로 행복추구권이라 함은 '고통이 없는 상태·만족감을 느낄 수 있는 상태를 실현할 수 있는 권리'를 말한다. 행복추구권은 인간의 존엄과 가치의 경우처럼 헌법상의 원리라고는 볼 수 없으며, 행복을 추구할 '권리'이다. 이는 자연법상의 권리인 동시에 실정법상의 권리로서의 성격도 아울러 가지고 있으며 또한 신체의 자유·양심의 자유와 같은 소극적·방어적인 성질의 권리인 동시에 청구권이나 참정권과 같은 적극적·능동적인 성질의 권리이기도 하다. 행복추구권의 구체적 내용으로는 일반적 행동자유권, 개성의 자유로운 발현권, 평화적 생존권, 휴식권, 수면권, 일조권, 스포츠권 등을 들 수 있다.

(2) 행복추구권과 관련해서 **거짓말탐지기**에 의한 자백강요가 허용되는지 혹은 거짓말탐지기의 검사결과에 증거능력이 인정되는지의 여부를 살펴볼 필요가 있다. 거짓말탐지기란 검사자가 피검자에 대하여 질문을 할 때 나타나는 피검자의 생리적 반응을 분석·해석함으로써 피검자의 진술의 진위 여부를 가려내는 생리심리학적 과학수사장비를 말한다. 보통 사람이 의식적으로 거짓말을 하게 되면 심리적으로 불안·초조·흥분·공포·갈등상태에 이르게 되는데, 이와 같은 심리상태가 일어나면 체내에서 에피네프린이라는 물질의 분비가 촉진되어 동공확대·혈압상승·호흡변화·맥박증가 등의 현상이 초래된다. 거짓말탐지기는 이러한 생리적 변화를 기록하고, 검사자가 이 기록을 종합적으로 분석·해석함으로써 피검자의 진술이 거짓인지의 여부를 판단하는 것이다.

거짓말탐지기의 검사결과에 대하여 증거능력을 인정하려면 ① 거짓말을 하면 반드시 일정한 심리상태의 변동이 일어나고 ② 그 심리상태의 변동은 반드시 일정한 생리적 반응을 일으키며 ③ 그 생리적 반응에 의하여 피검자의 말이 거짓인지의 여부가 정확히 판정될 수 있다는 전제요건이 충족되어야 하고 ④ 특히 생리적 반응에 대한 거짓여부의 판정은 거짓말탐지기가 위 생리적 반응을 정확히 측정할 수 있는 장치여야 하며 ⑤ 검사자가 탐지기의 측정내용을 객관성 있고 정확하게 판독할 능력을 갖춘 경우라야 그 정확성을 담보할 수 있는 증거능력을 부여할 수 있는 것으로 본다. 한편 거짓말탐지기의 검사결과가 이와 같은 요건을 갖추어 증거능력이 인정되는 경우라 할지라도, 그 검사 즉 감정의 결과는 검사를 받는 사람의 신빙성을 헤아리는 **정황증거**로서의 기능을 다하는데 그친다(※ 정황증거: 권리나 의무의 발생이나 소멸, 또는 범죄의 사실을 증명하는 데 간접적인 자료가 되는 증거).

[대법원 1987. 7. 21. 87도968 판결]
거짓말탐지기의 검사는 그 기구의 성능, 조작기술 등에 있어 신뢰도가 극히 높다고 인정되고 그 검사자가 적격자이며, 검사를 받는 사람이 검사를 받음에 동의하였으며 검사서가 검사자 자신이 실시한 검사의 방법, 경과 및 그 결과를 충실하게 기재하였다는 등의 전제조건이 증거에 의하여 확인되었을 경우에만 형사소송법 제313조 제2항에 의하여 이를 증거로 할 수 있는 것이고 위와 같은 조건이 모두 충족되어 증거능력이 있는 경우에도 그 검사결과는 검사를 받는 사람의 진술의 신빙성을 가늠하는 정황증거로서의 기능을 하는데 그치는 것임을 분명히 판시하였다.

[대법원 2020. 6. 8. 2020스575 결정]
(가) 출생 당시에 부 또는 모가 대한민국의 국민인 자는 출생과 동시에 대한민국 국적을 취득한다(국적법 제2조 제1항). 대한민국 국민으로 태어난 아동에 대하여 국가가 출생신고를 받아주지 않거나 절차가 복잡하고 시간도 오래 걸려 출생신고를 받아주지 않는 것과 마

찬가지 결과가 발생한다면 이는 아동으로부터 사회적 신분을 취득할 기회를 박탈함으로써 인간으로서의 존엄과 가치, 행복추구권 및 아동의 인격권을 침해하는 것이다(헌법 제10조). 현대사회에서 개인이 국가가 운영하는 제도를 이용하려면 주민등록과 같은 사회적 신분을 갖추어야 하고, 사회적 신분의 취득은 개인에 대한 출생신고에서부터 시작한다. 대한민국 국민으로 태어난 아동은 태어난 즉시 '출생등록될 권리'를 가진다. 이러한 권리는 '법 앞에 인간으로 인정받을 권리'로서 모든 기본권 보장의 전제가 되는 기본권이므로 법률로써도 이를 제한하거나 침해할 수 없다(헌법 제37조 제2항).

(나) 가족관계의 등록 등에 관한 법률 제57조 제2항의 취지, 입법연혁, 관련 법령의 체계 및 아동의 출생등록될 권리의 중요성을 함께 살펴보면, 가족관계의 등록 등에 관한 법률 제57조 제2항은 같은 법 제57조 제1항에서 생부가 단독으로 출생자신고를 할 수 있게 하였음에도 불구하고 같은 법 제44조 제2항에 규정된 신고서의 기재내용인 모의 인적사항을 알 수 없는 경우에 부의 등록기준지 또는 주소지를 관할하는 가정법원의 확인을 받아 신고를 할 수 있게 하기 위한 것으로, 문언에 기재된 '모의 성명·등록기준지 및 주민등록번호를 알 수 없는 경우'는 예시적인 것이므로, 외국인인 모의 인적사항은 알지만 자신이 책임질 수 없는 사유로 출생신고에 필요한 서류를 갖출 수 없는 경우 또는 모의 소재불명이나 모가 정당한 사유 없이 출생신고에 필요한 서류 발급에 협조하지 않는 경우 등과 같이 그에 준하는 사정이 있는 때에도 적용된다고 해석하는 것이 옳다.

(다) **사건의 경위**: 신청인은 대한민국 국민이다(2013. 6. 5. 귀화허가를 받아 대한민국 국적을 취득하였다). 신청인은 2013. 8.경부터 중화인민공화국(이하 '중국'이라고 한다) 국적의 신청외인[(영문 성명 및 한자 성명 생략)]과 사실혼 관계에 있었고, 그들 사이에서 (생년월일 생략) 청주시 소재 (병원명 생략)병원에서 여자아이인 사건본인(사건본인 성명 생략)이 출생하였다. 신청인과 신청외인은 곧바로 사건본인의 출생증명서를 첨부하여 관할 주민센터에 출생신고를 하였다. 그러나 관할 주민센터는 사건본인은 혼인 외 출생자이므로 모가 출생신고를 하여야 하고, 모가 외국인인 경우에는 그 국적국 재외공관에 출생신고를 하거나, 부가 출생신고를 하려면 모의 혼인관계증명서, 자녀의 출생 당시 유부녀가 아니었음을 공증하는 서면, 2명 이상의 인우보증서 중 하나를 첨부하여야 하는데(제정 2010. 2. 3. 가족관계등록선례 제201002-1호), 이러한 서류가 제출되지 않았다는 이유로 출생신고를 반려하였다. 관할 주민센터에 의하면, 모가 2009년경 중국 당국으로부터 여권갱신이 불허되었고, 그 후 일본 정부로부터 난민 지위를 인정받아 중국 여권이 아닌 일본 정부가 발행한 여행증명서를 이용하여 대한민국에 출입하였기 때문에 혼인신고에 필요한 서류 등을 발급받을 수 없다고 하더라도, 모가 난민임을 증명하는 서류는 위에 정한 서류에 해당하지 않는다는 것이다. 이에 신청인은 가족관계의 등록 등에 관한 법률(이하 '가족관계등록법'이라고 한다) 제57조 제2항에 의하여 관할 가정법원의 확인을 받아 친생자출생의 신고를 하려고 제1심법원에 그 확인을 구하였으나 2019. 4. 16. 기각결정을 받았다. 이에 신청인은 원심법원에 항고하였다.

※ <u>형사소송법</u>

[일부개정 2021. 8. 17. 법률 제18398호, 시행 2021. 11. 18.]

제313조(진술서등) ① 전2조(※ 제311조(법원 또는 법관의 조서)/제312조(검사 또는 사법경찰관의 조서 등))의 규정 이외에 피고인 또는 피고인이 아닌 자가 작성한 진술서나 그 진술을 기재한 서류로서 그 작성자 또는 진술자의 자필이거나 그 서명 또는 날인이 있는 것(피고인 또는 피고인 아닌 자가 작성하였거나 진술한 내용이 포함된 문자·사진·영상 등의 정보로서 컴퓨터용디스크, 그 밖에 이와 비슷한 정보저장매체에 저장된 것을 포함한다. 이하 이 조에서 같다)은 공판준비나 공판기일에서의 그 작성자 또는 진술자의 진술에 의하여 그 성립의 진정함이 증명된 때에는 증거로 할 수 있다. 단, 피고인의 진술을 기재한 서류는 공판준비 또는 공판기일에서의 그 작성자의 진술에 의하여 그 성립의 진정함이 증명되고 그 진술이 특히 신빙할 수 있는 상태하에서 행하여 진 때에 한하여 피고인의 공판준비 또는 공판기일에서의 진술에 불구하고 증거로 할 수 있다. ② 제1항 본문에도 불구하고 진술서의 작성자가 공판준비나 공판기일에서 그 성립의 진정을 부인하는 경우에는 과학적 분석결과에 기초한 디지털포렌식 자료, 감정 등 객관적 방법으로 성립의 진정함이 증명되는 때에는 증거로 할 수 있다. 다만, 피고인 아닌 자가 작성한 진술서는 피고인 또는 변호인이 공판준비 또는 공판기일에 그 기재 내용에 관하여 작성자를 신문할 수 있었을 것을 요한다. ③ 감정의 경과와 결과를 기재한 서류도 제1항 및 제2항과 같다.

제314조(증거능력에 대한 예외) 제312조 또는 제313조의 경우에 공판준비 또는 공판기일에 진술을 요하는 자가 사망·질병·외국거주·소재불명 그 밖에 이에 준하는 사유로 인하여 진술할 수 없는 때에는 그 조서 및 그 밖의 서류(피고인 또는 피고인 아닌 자가 작성하였거나 진술한 내용이 포함된 문자·사진·영상 등의 정보로서 컴퓨터용디스크, 그 밖에 이와 비슷한 정보저장매체에 저장된 것을 포함한다)를 증거로 할 수 있다. 다만, 그 진술 또는 작성이 특히 신빙할 수 있는 상태하에서 행하여졌음이 증명된 때에 한한다.

제315조(당연히 증거능력이 있는 서류) 다음에 게기한 서류는 증거로 할 수 있다. 1. 가족관계기록사항에 관한 증명서, 공정증서등본 기타 공무원 또는 외국공무원의 직무상 증명할 수 있는 사항에 관하여 작성한 문서 2. 상업장부, 항해일지 기타 업무상 필요로 작성한 통상문서 3. 기타 특히 신용할 만한 정황에 의하여 작성된 문서

제316조(전문의 진술) ① 피고인이 아닌 자(공소제기 전에 피고인을 피의자로 조사하였거나 그 조사에 참여하였던 자를 포함한다. 이하 이 조에서 같다)의 공판준비 또는 공판기일에서의 진술이 피고인의 진술을 그 내용으로 하는 것인 때에는 그 진술이 특히 신빙할 수 있는 상태하에서 행하여졌음이 증명된 때에 한하여 이를 증거로 할 수 있다. ② 피고인 아닌 자의 공판준비 또는 공판기일에서의 진술이 피고인 아닌 타인의 진술을 그 내용으로 하는 것인 때에는 원진술자가 사망, 질병, 외국거주, 소재불명 그 밖에 이에 준하는 사유로 인하여 진술할 수 없고, 그 진술이 특히 신빙할 수 있는 상태하에서 행하여졌음이 증명된 때에 한하여 이를 증거로 할 수 있다.

제317조(진술의 임의성) ① 피고인 또는 피고인 아닌 자의 진술이 임의로 된 것이 아닌 것은 증거로 할 수 없다. ② 전항의 서류는 그 작성 또는 내용인 진술이 임의로 되었다는 것이 증명된 것이 아니면 증거로 할 수 없다. ③ 검증조서의 일부가 피고인 또는 피고인 아닌 자의 진술을 기재한 것인 때에는 그 부분에 한하여 전2항의 예에 의한다.

제318조(당사자의 동의와 증거능력) ① 검사와 피고인이 증거로 할 수 있음을 동의한 서류 또는 물건은 진정한 것으로 인정한 때에는 증거로 할 수 있다.

15. 유치인의 기본권제한의 한계

[헌법재판소 2001. 7. 19. 2000헌마546 결정]

> 청구인들은 2000. 6. 18. 02:00경 서울 구로구 ○○ 사업장 앞에서 집회 및 시위에 관한 법률 위반의 현행범으로 체포되어 같은 날 09:00경부터 같은 달 20. 02:00경까지 영등포경찰서 유치장에 수용되었다. 청구인들은 위 기간 동안 유치장 밖의 일반화장실의 사용이 허가되지 않아 유치장내에 설치된 화장실의 사용만 가능하였는데, 같은 화장실은 차폐시설이 불충분하여 신체부위 등이 노출되는 개방적 구조를 가진 것으로서 이와 같은 화장실의 사용을 강제한 피청구인의 행위로 인하여 청구인들에게 보장된 헌법 제10조의 인간으로서의 존엄과 가치, 제17조의 사생활의 비밀과 자유 등 기본권을 침해당하였다고 주장하면서 2000. 8. 19. 그 위헌확인을 구하기 위하여 이 헌법소원심판을 청구하였다.

【요 지】

(1) 헌법소원의 대상이 된 침해행위가 종료되었어도 심판청구의 이익이 있다고 인정한 사례: 청구인들에 대한 침해행위는 이미 종료되어 이 사건 심판대상행위에 대하여 위헌확인을 하더라도 청구인들에 대한 권리구제는 불가능한 상태이어서 주관적 권리보호의 이익은 소멸되었다고 할 것이다. 그러나 전국의 다수 유치장 화장실의 구조와 사용실태가 이 사건에서의 그것과 유사하여 청구인들에 대한 이 사건 심판대상행위와 동종의 조치로 인한 기본권침해행위는 여러 사람에 대하여, 그리고 반복하여 일어날 위험이 있다고 보여지므로, 심판청구의 이익이 인정된다.

(2) 유치인으로 하여금 유치실 내 화장실을 사용하도록 강제한 피청구인의 행위가 헌법재판소법 제68조 제1항의 공권력의 행사 또는 불행사에 해당하는지 여부(적극): 이 사건 심판대상행위는 피청구인이 우월적 지위에서 일방적으로 강제하는 성격을 가진 것으로서 권력적 사실행위라 할 것이며, 이는 헌법소원심판청구의 대상이 되는 헌법재판소법 제68조 제1항의 공권력의 행사에 포함된다.

(3) 미결수용자 특히 유치인의 기본권 제한의 한계: 무죄가 추정되는 미결수용자의 자유와 권리에 대한 제한은 구금의 목적인 도망·증거인멸의 방지와 시설 내의 규율 및 안전 유지를 위한 필요최소한의 합리적인 범위를 벗어나서는 아니된다. 또한 미결구금은 수사 및 재판 등의 절차확보를 위해 불가피한 것이기는 하나 실질적으로 형의 집행에 유사한 자유의 제한을 초래하는 폐단이 있다는 것은 널리 인식되어 있는 사실이다. 미결수용자들은 구금으로 인해 긴장, 불안, 초조감을 느끼는 등 심리적으로 불안정한 상태에 빠지고 위축되며, 육체적으로도 건강을 해치기 쉽고, 자칫 열악하고 불리한 환경의 영향으로 형사절차에서 보장

되어야 할 적정한 방어권 행사에 제약을 받거나 나아가 기본적 인권이 유린되기 쉽다. 그러므로 구금자체의 폐단을 최소화하고 필요이상으로 자유와 권리가 제한되는 것을 피하기 위해서, 그리고 이들의 형사절차상 방어권의 실질적 보장을 위해서는 규율수단의 선택에 있어 충돌되는 이익들간의 신중한 비교교량을 요하며, 통제의 효율성에만 비중이 두어져서는 아니된다. 위와 같은 점들은 현행범으로 체포되었으나 아직 구속영장이 발부·집행되지 않은, 즉 구속여부에 관한 종국적 판단조차 받지 않은 잠정적 지위에 있는 이 사건 청구인들에게도 당연히 적용되고, 이들에 대한 기본권 제한은 구속영장이 발부·집행된 미결수용자들의 경우와는 달리 더 완화되어야 할 것이며, 이들의 권리는 가능한 한 더욱 보호됨이 바람직하다.

(4) 차폐시설이 불충분하여 사용과정에서 신체부위가 다른 유치인들 및 경찰관들에게 관찰될 수 있고 냄새가 유출되는 유치실 내 화장실을 사용하도록 강제한 피청구인의 행위로 인하여 기본권의 침해가 있는지 여부(적극): 보통의 평범한 성인인 청구인들로서는 내밀한 신체부위가 노출될 수 있고 역겨운 냄새, 소리 등이 흘러나오는 가운데 용변을 보지 않을 수 없는 상황에 있었으므로 그때마다 수치심과 당혹감, 굴욕감을 느꼈을 것이고 나아가 생리적 욕구까지도 억제해야만 했을 것임을 어렵지 않게 알 수 있다. 이 사건 청구인들로 하여금 유치기간동안 위와 같은 구조의 화장실을 사용하도록 강제한 피청구인의 행위는 인간으로서의 기본적 품위를 유지할 수 없도록 하는 것으로서, 수인하기 어려운 정도라고 보여지므로 전체적으로 볼 때 비인도적·굴욕적일 뿐만 아니라 동시에 비록 건강을 침해할 정도는 아니라고 할지라도 헌법 제10조의 인간의 존엄과 가치로부터 유래하는 인격권을 침해하는 정도에 이르렀다고 판단된다.

【이 유】

(1) **심판의 대상**: 이 사건 심판의 대상은 피청구인이 청구인들로 하여금 이들이 2000. 6. 18. 09:00경부터 같은 달 20. 02:00경까지 서울 영등포구 당산동 3가 2의 11 소재 영등포경찰서 유치장에 수용되어 있는 동안 차폐시설이 불충분하여 사용과정에서 신체부위가 다른 유치인들 및 경찰관들에게 관찰될 수 있고 냄새가 직접 유출되는 실내화장실을 사용하도록 강제함으로써 청구인들의 기본권을 침해하였는지 여부이다.

(2) **이 사건 청구인들의 법적 지위**: (가) 유치장은 경찰관직무집행법 제9조에 의하여 법률이 정한 절차에 따라 체포·구속되거나 신체의 자유를 제한하는 판결 또는 처분을 받은 자를 수용하기 위하여 각 경찰서에 설치할 수 있도록 되어 있는 시설이고 행형법 제68조에 의하여 미결수용실에 준하도록 되어 있으며 유치장에 수용되어 있는 유치인들의 도망과 증거인멸을 방지하는 기능을 한다. 이 사건 청구인들은 앞에서 본 바와 같이 현행범으로 체포되어 영등포경찰서 유치장에 수용되었으나 아직 구속영장이 발부되지 않은 단순히 체포된 상태에 있음에 불과한 체포중의 유치인으로서 구속영장이 발부·집행된 행형법상 미결수용자의 지위도 취득하기 전의 신분이었다. 체포중의 유치인들은 혐의사실에 관한 수사기관의

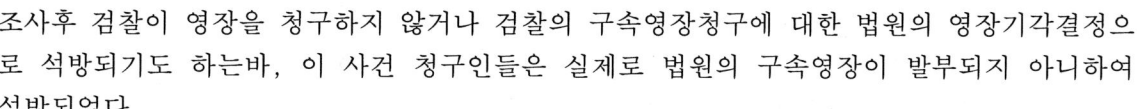

조사후 검찰이 영장을 청구하지 않거나 검찰의 구속영장청구에 대한 법원의 영장기각결정으로 석방되기도 하는바, 이 사건 청구인들은 실제로 법원의 구속영장이 발부되지 아니하여 석방되었다.

(나) 미결수용자들은 격리된 시설에서 강제적 공동생활을 하므로 구금목적의 달성 즉 도주·증거인멸의 방지와 규율 및 안전유지를 위한 통제의 결과 헌법이 보장하는 신체의 자유 등 기본권에 대한 제한을 받는 것이 불가피하다. 그러나 이러한 기본권의 제한은 헌법 제37조 제2항에서 규정한 국가안전보장·질서유지 또는 공공복리를 위하여 필요한 경우에 한하여 법률로써 할 수 있으며, 제한하는 경우에도 자유와 권리의 본질적인 내용을 침해할 수 없다. 무죄가 추정되는 미결수용자의 자유와 권리에 대한 제한은 구금의 목적인 도망·증거인멸의 방지와 시설 내의 규율 및 안전 유지를 위한 필요최소한의 합리적인 범위를 벗어나서는 아니된다. 또한, 미결구금은 수사 및 재판 등의 절차확보를 위해 불가피한 것이기는 하나 실질적으로 형의 집행에 유사한 자유의 제한을 초래하는 폐단이 있다는 것은 널리 인식되어 있는 사실이다. 미결수용자들은 구금으로 인해 긴장, 불안, 초조감을 느끼는 등 심리적으로 불안정한 상태에 빠지고 위축되며, 육체적으로도 건강을 해치기 쉽고, 자칫 열악하고 불리한 환경의 영향으로 형사절차에서 보장되어야 할 적정한 방어권 행사에 제약을 받거나 나아가 기본적 인권이 유린되기 쉽다. 그러므로 구금자체의 폐단을 최소화하고 필요이상으로 자유와 권리가 제한되는 것을 피하기 위해서, 그리고 이들의 형사절차상 방어권의 실질적 보장을 위해서는 규율수단의 선택에 있어 충돌되는 이익들간의 신중한 비교교량을 요하며, 통제의 효율성에만 비중이 두어져서는 아니된다.

(다) 위와 같은 점들은 아직 구속여부에 관한 종국적 판단조차 받지 않은 잠정적 지위에 있는 이 사건 청구인들에게도 당연히 적용되고, 이들에 대한 기본권 제한은 구속영장이 발부·집행된 미결수용자들의 경우와는 달리 더 완화되어야 할 것이며, 이들의 권리는 가능한 한 더욱 보호됨이 바람직하다.

(3) **인정되는 사실 및 기본권 침해여부**: (가) 청구인들은 서울 영등포경찰서 유치장에 2000. 6. 18. 09:00경부터 같은 달 20. 02:00경까지 수용되어 있었는바, 이 사건 유치실은 유치장 1층에 위치하였으며, 각 면의 너비 중 후면과 좌·우면이 각 약 5m, 전면이 약 2.3m 정도 되는 사다리꼴의 형태로서, 수용적정인원이 8명이다. 이 사건 유치실 좌·우면 및 후면의 각 3개면은 바닥으로부터 천장까지 벽으로 막혀 있으나 출입문이 설치된 유치실 전면에는 22여개의 쇠창살이 8㎝간격으로 바닥에서부터 천장까지 세로로 세워져 있을 뿐이어서 유치실 내부 및 유치실 안의 한쪽 구석에 위치한 이 사건 화장실의 모습이 창살의 틈을 통하여 유치실 밖에 있는 같은 층의 경비경찰관들 뿐만 아니라 2층의 경비경찰관에게도 관찰될 수 있게 되어 있고 유치실 밖에는 유치인들의 동태를 감시하기 위해 유치실을 앞쪽으로부터 관찰할 수 있는 감시카메라(CC-TV)가 4대가 설치되어 있었다. 청구인들은 다른 여성유치인들과 함께 이 사건 유치실에 수용되어 있던 중 유치실 밖의 화장실 사용이 허가되지 아니하여 이 사건 화장실에서만 용변을 보아야 했다. 청구인들 유치당시(그 후 이 사건 화장실은 개수되었다) 이 사건 화장실의 구조는 장방형으로서 2개면은 천장까지 이어져 있는 유치실 벽면에 붙어 있고, 나머지 2개면 중 1개면은 그 높이가 거실 바닥으로부터 약 76㎝인 차폐벽으로, 유치실 전면에서 정면으로 보이는 나머지 1개면은 같은 높이의 차폐벽과 그 높

이가 거실 바닥으로부터 약 74cm인 화장실문으로 가려져 있었고(그러나 화장실 바닥이 거실 바닥보다 약 12cm 더 낮다), 화장실문에는 그 상단으로부터 약 4cm아래의 위치에 가로 약 30cm, 세로 약10cm의 직사각형의 유리창이 설치되어 있었다. 그리고 차폐벽이나 화장실문의 윗부분은 거실과의 사이에 차폐시설이 없이 개방된 구조이고, 쪼그려 앉은 자세로 사용하는 방식의 수세식변기가 설치되어 있었으며 이 사건 화장실이나 유치실내에는 창문 등의 별도의 환기시설도 없었다. 이와 같은 상황이었으므로 이 사건 청구인들이 용변을 볼 때는 그 소리와 냄새가 같은 유치실내 거실로 직접 유출될 수 있고, 옷을 벗고 입는 과정에서 둔부이하가 이 사건 유치실 내의 다른 동료 유치인들에 노출될 수 있으며, 이 사건 유치실 밖에 있는 같은 층의 경찰관들이나 특히 유치실을 앞쪽에서 내려다 볼 수 있는 2층에 있는 경찰관들에게는 옷을 추스르는 과정에서 허벅지 등이 보일 수 있게 되어 있었다.

(나) 위와 같은 구조의 이 사건 화장실사용을 강제한 피청구인의 행위가 청구인들의 인격권을 침해하였는지 여부에 관하여 살펴본다.

1) 유치장에 수용되어 있는 유치인들 중에서는 불안한 심리상태에서 자해, 자살을 하거나, 같이 수용된 다른 유치인들에게 가해행위를 하거나, 도주를 기도하는 등의 행동을 하는 자가 있으므로 유치인들의 동태를 감시할 필요성이 있는 점은 부인할 수 없다. 따라서 화장실을 유치실 내에 두어 유치장에 수용되어 있는 다수의 유치인들이 용변을 볼 때마다 유치실 밖으로 드나들 필요가 없도록 하고, 어느 정도 유치실내 화장실을 포함한 그 내부를 관찰할 수 있는 구조로 설치하는 것에 대해서도 일단 그 타당성을 인정할 수 있다. 그러나 감시와 통제의 효율성에만 치중하여 앞서 본 바와 같이 지나치게 열악한 구조의 화장실사용을 모든 유치인들에게 일률적으로 강요하는 것은 미결수용자의 자유와 권리에 대한 제한이 구금의 목적인 도망·증거인멸의 방지와 시설 내의 규율 및 안전 유지를 위한 필요최소한의 합리적인 범위를 벗어나서는 아니된다는 원칙에 부합하기 어렵다. 또한 일반적으로 유치인들의 동태에 대한 감시가 필요하다 하더라도 이러한 감시가 가능하면서도 덜 개방적인 다른 구조의 시설 설치가 불가능한 것도 아니다. 예를 들어서, 하체를 가려줄 만한 높이의 하단부 차폐벽 위에 반투명한 재료를 사용한 차폐시설을 설치하여 어느 정도 그 행동을 감시할 수 있도록 하면서도 신체부위의 노출과 냄새의 직접적 유출을 막고, 용변을 보는 자로 하여금 타인으로부터 관찰되고 있다는 느낌을 보다 덜 가질 수 있는 독립적 공간을 만들 수 있는 것이다. 더구나 구속영장이 집행된 미결수용자 또는 유죄판결이 확정된 수형자들이 사용하는 영등포구치소 또는 영등포교도소의 수용실내 화장실은 내부의 관찰이 어느 정도 가능한 재료로 되어 있기는 하지만, 이 사건 화장실과는 달리 차폐시설이 천장까지 닿도록 되어 있어 독립적인 공간이 어느 정도 확보되어 있고 창문 등 환기시설도 따로 설치되어 있었다.

2) 헌법 제10조에서는 "모든 국민은 인간으로서의 존엄과 가치를 가지며, 행복을 추구할 권리를 가진다"라고 하여 모든 기본권의 종국적 목적이자 기본이념이라 할 수 있는 인간의 존엄과 가치를 규정하고 있는바, 이는 인간의 본질적이고도 고유한 가치로서 모든 경우에 최대한 존중되어야 한다. 그런데 앞에서 본 사실관계에 비추어 보면, 보통의 평범한 성인인 청구인들로서는 내밀한 신체부위가 노출될 수 있고 역겨운 냄새, 소리 등이 흘러나오는 가운데 용변을 보지 않을 수 없는 상황에 있었으므로 그때마다 수치심과 당혹감, 굴욕감을 느꼈을 것이고 나아가 생리적 욕구까지도 억제해야만 했을 것임을 어렵지 않게 알 수 있다. 나아가 함께 수용되어 있던 다른 유치인들로서도 누군가가 용변을 볼 때마다 불쾌감과 역겨

움을 감내하고 이를 지켜보면서 마찬가지의 감정을 느꼈을 것이다. 그렇다면, 이 사건 청구인들로 하여금 유치기간동안 위와 같은 구조의 화장실을 사용하도록 강제한 피청구인의 행위는 인간으로서의 기본적 품위를 유지할 수 없도록 하는 것으로서, 수인하기 어려운 정도라고 보여지므로 전체적으로 볼 때 비인도적·굴욕적일 뿐만 아니라 동시에 비록 건강을 침해할 정도는 아니라고 할지라도 헌법 제10조의 인간의 존엄과 가치로부터 유래하는 인격권을 침해하는 정도에 이르렀다고 판단된다.

(다) 결론: 청구인들로 하여금 이 사건 유치실에 수용되어 있는 동안 차폐시설이 불충분한 이 사건 화장실을 사용하도록 강제한 피청구인의 행위는 헌법 제10조에 의하여 보장되는 인격권을 침해한 것으로서 취소되어야 할 것이나, 위 권력적 사실행위는 이미 종료되었으므로 동일 또는 유사한 기본권 침해의 반복을 방지하기 위해 선언적 의미에서 그에 대한 위헌확인을 하기로 결정한다.

【해 설】

※ **경찰관직무집행법 제9조(유치장)**: 법률에서 정한 절차에 따라 체포·구속된 사람 또는 신체의 자유를 제한하는 판결이나 처분을 받은 사람을 수용하기 위하여 경찰서와 해양경찰서에 유치장을 둔다.

※ **형의 집행 및 수용자의 처우에 관한 법률**(약칭: 형집행법)
[일부개정 2020. 2. 4. 법률 제16925호, 시행 2020. 8. 5.]

제1조(목적) 이 법은 수형자의 교정교화와 건전한 사회복귀를 도모하고, 수용자의 처우와 권리 및 교정시설의 운영에 관하여 필요한 사항을 규정함을 목적으로 한다.

제2조(정의) 이 법에서 사용하는 용어의 뜻은 다음과 같다. 1. "**수용자**"란 수형자·미결수용자·사형확정자 등 법률과 적법한 절차에 따라 교도소·구치소 및 그 지소(이하 "교정시설"이라 한다)에 수용된 사람을 말한다. 2. "**수형자**"란 징역형·금고형 또는 구류형의 선고를 받아 그 형이 확정되어 교정시설에 수용된 사람과 벌금 또는 과료를 완납하지 아니하여 노역장 유치명령을 받아 교정시설에 수용된 사람을 말한다. 3. "**미결수용자**"란 형사피의자 또는 형사피고인으로서 체포되거나 구속영장의 집행을 받아 교정시설에 수용된 사람을 말한다. 4. "**사형확정자**"란 사형의 선고를 받아 그 형이 확정되어 교정시설에 수용된 사람을 말한다.

제11조(구분수용) ① 수용자는 다음 각 호에 따라 구분하여 수용한다. 1. 19세 이상 수형자: 교도소 2. 19세 미만 수형자: 소년교도소 3. 미결수용자: 구치소 4. 사형확정자: 교도소 또는 구치소. 이 경우 구체적인 구분 기준은 법무부령으로 정한다.

제13조(분리수용) ① 남성과 여성은 분리하여 수용한다. ② 제12조에 따라 수형자와 미결수용자, 19세 이상의 수형자와 19세 미만의 수형자를 같은 교정시설에 수용하는 경우에는 서로 분리하여 수용한다.

[대법원 2013. 5. 9. 2013다200438 판결]

(가) 여자 경찰관들이 미국산 쇠고기 수입반대 촛불집회에 참석하였다가 현행범인으로 체포된 여자들인 갑 등에 대하여 유치장 입감을 위한 신체검사를 하면서 브래지어 탈의를 요구하여 제출받은 사안에서, 위 조치는 갑 등의 자살 예방을 위해 필요한 최소한도의 범위 내에서 이루어지거나 갑 등의 기본권이 부당하게 침해되는 일이 없도록 충분히 배려한 상당한 방법으로 이루어진 것이 아니므로 위법하다고 본 원심판단을 정당하다고 한 사례이다.

(나) 국가배상책임에서 공무원의 가해행위는 법령에 위반한 것이어야 하고, 법령 위반이라 함은 엄격한 의미의 법령 위반뿐만 아니라 인권존중, 권력남용금지, 신의성실, 공서양속 등의 위반도 포함하여 널리 그 행위가 객관적인 정당성을 결여하고 있음을 의미한다. 「피의자 유치 및 호송규칙」(2009. 8. 31. 경찰청 훈령 제563호로 개정되기 전의 것, 이하 '이 사건 호송규칙'이라 한다)은 경찰청장이 관련 행정기관 및 그 직원에 대하여 그 직무권한행사의 지침을 발한 행정조직 내부에서의 행정명령의 성질을 가지는 것에 불과하고 법규명령의 성질을 가진 것이라고는 볼 수 없으므로, 이에 따른 처분이라고 하여 당연히 적법한 처분이라고는 할 수 없고, 또한 위법하거나 부당한 공권력의 행사가 오랜 기간 반복되어 왔고 그 동안에 그에 대한 이의가 없었다고 하여 그 공권력 행사가 적법하거나 정당한 것으로 되는 것도 아니다. 그리고 과잉금지의 원칙상 행정목적을 달성하기 위한 수단은 목적달성에 유효·적절하고 또한 가능한 한 최소침해를 가져오는 것이어야 하며 아울러 그 수단의 도입으로 인한 침해가 의도하는 공익을 능가하여서는 아니된다.

(다) 원심판결 이유에 의하면, 원심은 미국산 쇠고기 수입반대 촛불집회에 참석하였다가 현행범인으로 체포된 원고들에 대하여 피고 소속 여자 경찰관들이 유치장 입감을 위한 신체검사를 하면서 원고들에게 브래지어 탈의를 요구하여 이를 제출받는 이 사건 조치를 한 사실 등을 인정한 다음, 그 판시와 같은 사정, 즉 브래지어가 자살이나 자해에 이용될 수 있음을 이유로 유치인으로부터 이를 제출받도록 규정한 경찰업무편람은 법규명령이라고 볼 수 없는 점, 행정명령에 불과한 이 사건 호송규칙도 유치인에게 불필요한 고통과 수치심을 주지 아니하려는 취지에서 신체검사의 유형을 세분화하고 있는 것으로 보이는데, 브래지어를 자살에 공용될 우려가 있는 물건으로 보고 언제든지 이를 제출받도록 한다면 그와 같은 취지를 몰각시킬 우려가 있는 점, 법무부 소속 교정시설 내 여성 수용자의 경우 1인당 3개의 범위 내에서 브래지어 소지가 허용되는데, 경찰서 유치장 내 여성 수용자를 그와 달리 처우할 합리적인 이유가 없는 점, 브래지어를 이용한 자살이 물리적으로 불가능한 것은 아니더라도 유치인에게 피해가 덜 가는 수단을 강구하지 아니한 채 브래지어 탈의를 요구하는 것은 과잉금지의 원칙에 반한다고 보이는 점 등의 사정을 들어, 이 사건 조치는 원고들의 자살 예방을 위하여 필요한 최소한도의 범위 내에서 이루어지거나 원고들의 기본권이 부당하게 침해되는 일이 없도록 충분히 배려한 상당한 방법으로 이루어진 것이 못 되므로 위법하다고 판단하였다. 원심의 이러한 판단은 정당하고, 거기에 상고이유의 주장과 같이 국가배상법 제2조 제1항 소정의 위법성 등에 관한 법리를 오해하는 등의 위법이 없다.

16. 자백의 임의성과 신빙성

[대법원 2007. 9. 6. 2007도4959 판결]

> 공소사실의 요지는, 피고인은 노래방에서 도우미와 함께 술을 마신 후 음주운전을 하던 중 버스에서 내린 피해자 공소외 1(여, 26세)이 짧은 치마를 입고 걸어가는 것을 보고 승용차로 피해자를 충격한 다음 피해자를 차 안으로 끌고 가 동녀를 강간하기로 결의하고, 2006. 4. 15. 22:20경 남양주시에 있는 편의점 옆 골목길에서, 버스에서 내려 귀가하는 피해자를 위험한 물건인 그랜저 승용차를 타고 뒤따라가 인적이 없고 캄캄한 골목길에서 갑자기 가속페달을 밟아 앞범퍼 부분으로 피해자의 다리 부분을 들이받은 후, 차에서 내려 바닥에 쓰러진 피해자의 얼굴을 주먹으로 수회 때리고 피해자가 살려달라고 고함을 치면서 입을 막은 피고인의 손가락을 깨물고 나서 신발이 벗겨진 채 피를 흘리며 급히 달아나자, 위 차량을 운전하여 피해자를 약 31m 추격하여 피해자를 다시 들이받아 바닥에 쓰러지게 하는 등 피해자의 반항을 억압하고 간음하려고 하였으나, 피해자가 계속해서 사람 살리라는 고함을 지르며 도망하여 그 뜻을 이루지 못하고 미수에 그치고, 이로 인하여 피해자에게 약 3개월간의 치료를 요하는 제12흉추 방출성 골절상 등의 상해를 가하였다는 것이다.

【요 지】

음주운전자가 골목길에서 승용차로 피해자를 충격한 다음 차에서 내려 주먹으로 얼굴을 수회 때리고 도망가는 피해자를 쫓아 재차 차로 들이받은 후 도주한 행위를 강간치상으로 기소한 사안에서, 피고인이 검찰에서 강간의 범의를 자백한 것은 임의성은 인정되나 신빙성이 없다고 한 사례이다.

【이 유】

(1) 자백의 임의성에 대하여

피고인이 피의자신문조서에 기재된 피고인의 진술의 임의성을 다투면서 그것이 허위자백이라고 다투는 경우, 법원은 구체적인 사건에 따라 피고인의 학력, 경력, 직업, 사회적 지위, 지능정도, 진술의 내용, 피의자신문조서의 경우 그 조서의 형식 등 제반 사정을 참작하여 자유로운 심증으로 위 진술이 임의로 된 것인지의 여부를 판단하면 된다(대법원 2003. 5. 30. 2003도705 판결 등 참조). 이러한 법리에 비추어 기록을 살펴보면, 피고인이 검찰수사관으로부터 '살인미수로 조사받을래, 강간으로 조사받을래'라는 말을 들으면서 두 죄 중 하나의 선택을 강요받았다는 점을 인정할 만한 사정을 발견하기 어려운 반면, 어떠한 고의를 가지고 위험한 물건인 승용차로 피해자를 충격한 것으로 의심되는 이 사건에 있어 그것이 강간 범의인지 또는 살인 범의인지를 확정하기 위하여 의심을 가지고 추궁하는 방법으로 수사가 진행된 것에 불과하다면, 피고인의 검찰에서의 자백 내용, 검사 작성의 피고인에 대한 피의자신문조서의 형식, 피고인의 학력, 지능, 경력 등을 종합하여 볼 때, 피고인의 검찰에서의 자백이 협박이나 회유 등에 의하여 임의로 진술한 것이 아니라고 의심할 만한 상당한 이유가 있는 때에 해당된다고 보기는 어렵다. 같은 취지에서 원심이 피고인이 검찰에서 한 자백의 임의성을 인정한 조치는 정당한 것으로 수긍이 가고, 거기에 상고이유에서 주장하는 바와 같은 자백의 임의성에 관한 법리오해의 위법이 없다.

(2) 자백의 신빙성에 대하여

(가) 원심판단: 원심은, 피고인이 검찰에서 제1회 피의자신문을 받으면서 그 범행 경위를 자세하게 진술함과 아울러 경찰이 송치한 혐의사실에 따라 강간 범의가 있었음을 순순히 인정하고 다만 살인 범의에 대해서는 이를 부인한 점, 피고인이 진술하지 않았더라면 알 수 없는 내용까지 범행 경위를 상세하게 설명하고 있는 점, 피고인이 일반인으로서는 납득하기 어려운 행위들의 동기 및 경위를 만일 피고인이 강간 범의를 가지고 범행한 것이 아니라면 도저히 생각해 내기 어려운 내용으로 설득력 있게 설명하고 있는 점 등에 비추어 볼 때, 피고인의 검찰에서의 자백내용은 진실에 부합하는 것으로 신빙성이 있다고 판단하였다.

(나) 피고인주장: 피고인은 경찰 및 검찰에서 강간 범의를 자백하였다가 제1심 법정에서부터 원심 법정에 이르기까지 이를 부인하면서 당시 매형과 마석 시내에서 술을 마신 후 수동에 있는 매형의 집으로 가기 위하여 각자 차량을 운전하여 가던 중 음주단속 현장을 발견하고 유턴하여 마석방면으로 가다가 우회전하여 이 사건 골목길로 들어간 다음 과실로 피해자를 충격한 것이고, 피고인이 음주단속을 피해 도망가던 중이어서 피해자가 계속해서 소리를 지르면 다른 사람에게 들킬 수도 있어 피해자의 입을 막았는데 피해자가 피고인의 손가락을 깨무는 바람에 주먹으로 피해자의 얼굴을 때린 것이며, 다만 도망가는 피해자를 쫓아가 다시 차량으로 들이받은 것은 기억이 잘 나지 않으나 아마도 피해자의 얼굴에서 피가 나는 것을 보고 병원으로 데리고 가려고 쫓아가다가 운전미숙이나 음주운전 때문에 피해자를 다시 들이받은 것 같다고 변소하고 있다.

(다) 대법원판단: 검찰에서의 피고인의 자백이 임의성이 있어 그 증거능력이 부여된다 하여 자백의 진실성과 신빙성까지도 당연히 인정되어야 하는 것은 아니므로 그 자백이 증명력이 있다고 하기 위해서는 그 자백의 진술내용 자체가 객관적인 합리성을 띠고 있는가, 그 자백의 동기나 이유 및 자백에 이르게 된 경위가 어떠한가, 자백 외의 정황증거 중 자백과 저촉되거나 모순되는 것이 없는가 하는 점을 합리적으로 따져 보아야 한다(대법원 1986. 8. 19. 86도1075 판결, 2003. 2. 11. 2002도6110 판결 등 참조). 기록을 살펴보면, 검찰에서 피고인이 강간 범의로 이 사건 범행을 저질렀다고 한 내용의 피의자신문조서가 작성되어 있으나, 제1심 증인 공소외 2의 증언에 의하면, 증인이 이 사건 당시 파출소에서 경찰관들로부터 피고인이 음주단속을 피해 외진 길로 들어와서 피해자를 충격하게 된 것이라고 말하는 것을 들었다고 증언하였을 뿐 아니라(공판기록 261면) 피고인 역시 검찰 조사 당시 강간 범의를 부인하였다는 것인데, 피고인이 강간 범의를 부인하는 내용의 조서는 전혀 작성된 바 없이 바로 범행사실을 자백하는 취지의 피의자신문조서가 작성되어 있고, 더욱이 검찰에서 피고인이 처음부터 사망의 결과를 용인한 것인지, 강간 범의만을 가지고 있었던 것인지, 아니면 사후에 살해의 범의도 가지게 된 것인지 등에 대하여 의심을 가지고 추궁하는 방법으

로 수사가 진행된 것이라면, 피고인으로서는 살인죄로 처벌될 것을 두려워한 나머지 자포자기의 심정으로 상대적으로 중죄의 책임을 모면하고자 수사기관의 추궁에 따라 강간 범의로 피해자를 충격한 것이라고 허위의 자백을 하였을 가능성도 배제할 수 없는바, 이와 같은 제반 정황에 비추어 볼 때, 강간 범의로 이 사건 범행을 저지른 것이라고 자백한 검찰에서의 피고인의 진술은 그 신빙성이 극히 의심스러워 믿기 어렵다고 할 것이다.

(3) 강간 범의의 존부에 대하여

원심이 들고 있는 증거들 중 먼저 피해자의 진술을 살펴보면, 피해자는 당시 뒤쪽에서 오는 차량의 불빛을 보고 공터로 피하였으나 피고인이 갑자기 승용차로 피해자를 충격한 다음 차에서 내려 "괜찮아요"라는 말을 하자마자 주먹으로 얼굴을 때리는 한편, 피해자가 계속하여 소리를 지르자 피해자의 입을 막았고, 피해자가 피고인의 손가락을 깨물자 다시 피해자의 얼굴을 수회 때렸으며, 그 후 피해자가 신발이 벗겨진 채로 근처 좌측에 있는 언덕길로 뛰면서 도망가자, 피고인은 다시 승용차를 운전하여 피해자를 쫓아 언덕길을 오르려고 하면서 다시 한번 피해자를 들이받고, 피해자가 언덕으로 기어 도망하고 차량이 언덕길을 더 이상 올라갈 수 없게 되자 후진하면서 방향을 바꾸어 골목길을 빠져나가 마석방면으로 도망하였다고 진술하고 있고(공판기록 245 내지 253면), 또한 사고장소 부근에서 거주하던 공소외 3은 주거지의 창문을 통하여 승용차가 언덕으로 뛰어올라오는 피해자를 충격하는 것을 목격하고 현장으로 달려가 피해자를 안고 자신의 집으로 데려간 다음 뺑소니 사고라는 취지로 112신고를 하였다고 진술하고 있다(공판기록 117, 120면).

그런데 피해자의 진술을 보더라도, 피고인이 차에서 내리자마자 피해자의 얼굴을 주먹으로 수차례 때리고 입을 막는 행동을 하였다는 것일 뿐, 강간 범의를 가진 자가 일반적으로 취할 수 있는 행동으로서 피해자의 옷을 벗기려 한다든가 다른 신체부위를 만진다는 등의 행위를 한 것은 아니었고, 나아가 피해자를 승용차 안으로 끌고 가려는 행동도 없었다는 것이므로, 이와 같은 피고인의 구체적인 행위 태양 및 객관적 상황에 관한 피해자와 공소외 3의 각 진술은 피고인이 강간 범의로 피해자를 폭행한 것이라는 점에 대하여 직접 부합하는 증거가 될 수 없고, 그 밖에 제1심의 검증조서, 피해자에 대한 소견서 및 진단서가 있으나, 이것만을 가지고도 피고인에게 강간 범의가 있었음을 단정할 수 없다. 오히려 피고인은 2006. 4. 15. 저녁 무렵 매형과 함께 마석에 있는 포장마차에서 소주 3병을, 근처에 있는 노래방에서 소주 1병 등을 마시고 도우미 2명을 불러서 1시간 정도 유흥을 즐기다가 2006. 4. 15. 22:00경 노래방에서 나와 매형의 집에 가기 위해 각자 자신의 차량을 운전하여 이동하는 과정에서 당시 술에 많이 취한 피고인이 위 골목길에 진입한 다음 미처 피해자를 발견하지 못하고 그대로 충격하였을 가능성도 배제할 수 없고, 이러한 사정 역시 피고인이 강간 범의로 이 사건 범행을 저지른 것이 아닐 수도 있음을 뒷받침하고 있다.

형사재판에서 유죄의 인정은 법관으로 하여금 합리적인 의심을 할 여지가 없을 정도로 공소사실이 진실한 것이라는 확신을 가지게 하는 증명력을 가진 증거에 의하여야 하므로, 그와 같은 증거가 없다면 설령 피고인에게 유죄의 의심이 간다 하더라도 피고인의 이익으로 판단할 수밖에 없다고 할 것인바(대법원 2006. 3. 9. 2005도8675 판결 등 참조), 운전자가 과실로 피해자를 충격하였다면 바로 하차하여 피해자의 상태를 확인하고 구호조치를 취하거나 도주하는 것이 보통임에도 피고인은 차에서 내려 피해자를 폭행하고 이를 피하여 도망가는 피해자를 다시 승용차로 쫓아가 충격한 것은 교통사고를 일으킨 자로서는 매우 이례적일 뿐 아니라 그 밖에 피고인의 사건 당일의 행적 및 범행 전력에 비추어 보면, 피고인이 강간 범의로 이 사건 범행을 저지른 것이 아닌가 하는 의심이 갈 수 있으나, 피고인의 검찰에서의 자백 외에는 강간 범의를 인정할 수 있는 직접증거가 하나도 없고, 나머지 증거만으로는 이를 인정하기에 부족한 이상, 원심으로서는 과연 피고인이 강간 범의로 차량을 이용하여 피해자를 충격한 것인지에 대하여 좀 더 심리하여 본 다음 피고인에 대한 강간 범의의 인정 여부를 판단하였어야 할 것임에도 만연히 그 판시와 같은 이유로 강간 범의를 인정한 것은 채증법칙을 위배하였거나 필요한 심리를 다하지 아니함으로써 판결 결과에 영향을 미친 위법을 저지른 경우에 해당되므로, 이 점을 지적하는 상고이유는 이유 있다.

【해 설】

(1) **고문**이란 자백을 강제하기 위하여 가해지는 폭력을 말한다. 즉 넓은 의미의 고문이란 피의자에게 정신적·육체적 고통을 주어 자백을 얻는 것을 말하며, 좁은 의미의 고문이란 유형력을 행사하여 육체적 고통을 주어 자백을 얻는 것을 말한다. 동서고금을 막론하고 '자백은 증거의 왕'이라고 여겨질 정도로 자백을 얻기 위해 무수한 고문이 행해져왔던 것이 역사적 사실이다. 그러나 자백을 얻기 위해 고문을 하게 되면 피의자는 허위자백을 할 우려가 있으며, 진범이라고 해도 자백을 얻기 위해 피의자의 인권이 침해될 우려가 있다는 이중의 위험이 존재하므로 헌법은 고문을 금지하고 있다. 고문의 방지를 위해서는 ① 고문에 의한 자백의 증거능력을 제한하며 ② 고문행위를 한 공무원을 직권남용죄로 엄중히 처벌하고 ③ 고문당한 사람에게 공무원의 직무상 불법행위를 이유로 하는 국가배상청구권을 인정하며 ④ '불법의 과실도 불법'이라는 원칙이 인정되어야 한다.

(2) **자백**은 피고인 또는 피의자가 범죄사실 및 자기의 형사책임을 인정하는 진술을 말한다. 헌법 제12조 제7항은 「피고인의 자백이 고문·폭행·협박·구속의 부당한 장기화 또는 기망 기타의 방법에 의하여 자의로 진술된 것이 아니라고 인정될 때 또는 정식재판에 있어서 피고인의 자백이 그에게 불리한 유일한 증거일 때에는 이를 유죄의 증거로 삼거나 이를 이유로 처벌할 수 없다」라고 규정하고 있다.

형사소송법 제307조(증거재판주의)는 「① 사실의 인정은 증거에 의하여야 한다. ② 범죄사실의 인정은 합리적인 의심이 없는 정도의 증명에 이르러야 한다」고 규정하고, 제308조(자유심증주의)는 「증거의 증명력은 법관의 자유판단에 의한다」라고 규정하고 있다. 또한 형사소송법 제308조의2(위법수집증거의 배제)는 「적법한 절차에 따르지 아니하고 수집한 증거는 증거로 할 수 없다」고 규정하며, 제309조(강제 등 자백의 증거능력)는 「피고인의 자백이 고문, 폭행, 협박, 신체구속의 부당한 장기화 또는 기망 기타의 방법으로 임의로 진술한 것이 아니라고 의심할 만한 이유가 있는 때에는 이를 유죄의 증거로 하지 못한다」고 규정하고, 제310조(불이익한 자백의 증거능력)는 「피고인의 자백이 그 피고인에게 불이익한 유일의 증거인 때에는 이를 유죄의 증거로 하지 못한다」라고 명시하고 있다.

자백의 증거능력·증명력 제한조항은 피고인보호의 원칙과 진실발견(허위배제)의 원칙을 기본으로 하며, 동시에 임의성이 없는 자백의 증거능력 자체를 부정하고 보강증거가 없는

16. 자백의 임의성과 신빙성

불리한 유일한 자백에 대하여는 증명력을 제한하여 유죄의 증거로 하지 못하게 함으로써 그 독립증거성을 부인하려는 데에 목적이 있다. 이 때 **자백의 임의성**이란 고문·폭행·협박·신체구속의 부당한 장기화 등 증거의 수집과정에 위법성이 없는 것을 말하며, 자백의 임의성유무는 구체적 사건에 따라 자백이 기재된 조서의 형식과 내용, 진술자의 학력·경력·지능정도 등 제반 사정을 종합하여 이를 판정하여야 한다. 다만 자백의 증명력의 제한은 정식재판의 경우에만 인정되며, 즉결심판과 같은 약식재판에서는 자백만으로도 유죄의 선고를 할 수 있다.

[대법원 2012. 11. 29. 2010도11788 판결]

(가) 임의성 없는 진술의 증거능력을 부정하는 취지는, 허위진술을 유발 또는 강요할 위험성이 있는 상태하에서 행하여진 진술은 그 자체가 실체적 진실에 부합하지 아니하여 오판을 일으킬 소지가 있을 뿐만 아니라 그 진위를 떠나서 진술자의 기본적 인권을 침해하는 위법·부당한 압박이 가하여지는 것을 사전에 막기 위한 것이므로, 그 임의성에 다툼이 있을 때에는 그 임의성을 의심할 만한 합리적이고 구체적인 사실을 피고인이 증명할 것이 아니고 검사가 그 임의성의 의문점을 없애는 증명을 하여야 하며, 검사가 그 임의성의 의문점을 없애는 증명을 하지 못한 경우에는 그 진술증거는 증거능력이 부정된다(대법원 2006. 1. 26. 2004도517 판결 등 참조).

(나) 또한 피고인이 검사 이전의 수사기관에서 고문 등 가혹행위로 인하여 임의성 없는 자백을 하고 그 후 검사의 조사단계에서도 임의성 없는 심리상태가 계속되어 동일한 내용의 자백을 하였다면 검사의 조사단계에서 고문 등 자백의 강요행위가 없었다고 하여도 검사 앞에서의 자백도 임의성 없는 자백이라고 볼 수밖에 없다(대법원 1992. 11. 24. 92도2409 판결, 대법원 2011. 10. 27. 2009도1603 판결 등 참조).

(다) 원심은 그 채택 증거들을 종합하여 판시와 같은 사실을 인정한 다음, 피고인 및 그의 처 공소외인은 장기간 불법 구금 상태에서 국가안전기획부 소속 수사관들에 의하여 고문 및 가혹행위를 당하여 임의성 없는 자백을 하였고, 그 후 검사의 조사단계에서도 임의성 없는 심리상태가 계속되어 동일한 내용의 자백을 한 것으로 볼 수 있으므로, 피고인 및 공소외인에 대한 검사 작성의 각 피의자신문조서의 진술기재는 임의성이 없어 증거로 사용할 수 없고, 그 외 나머지 증거만으로는 피고인이 공소사실과 같은 간첩행위 및 간첩방조행위를 하였다는 사실을 인정하기에 부족하므로 이 사건 공소사실에 대하여 범죄의 증명이 없다고 하여 무죄를 선고하였다. 위 법리와 기록에 비추어 살펴보면, 원심의 이와 같은 판단은 정당한 것으로 수긍이 가고, 거기에 상고이유에서 주장하는 바와 같이 논리와 경험의 법칙을 위반하여 자유심증주의의 한계를 벗어나거나, 자백의 임의성 및 증거능력에 관한 법리를 오해하는 등의 위법이 없다.

[대구지법 2019. 10. 1. 2013재고단25 판결]

(가) 피고인 갑을 비롯한 피고인들은 1983. 9. 22. 발생한 '대구 미문화원 폭파사건'과 관련하여 수사기관에 연행된 후 피고인 갑은 국가보안법 위반, 반공법 위반, 집회 및 시위에 관한 법률 위반, 나머지 피고인들은 각 집회 및 시위에 관한 법률 위반으로 구속 기소되

어 모두 유죄판결을 받고 확정되었는데, 당시 피고인들에 대한 경찰 조사가 사실상 인신이 구금당한 채 고문을 가하면서 이루어진 사실이 증명됨으로써 위 재심대상판결에 형사소송법 제420조 제7호, 제422조 본문에서 정한 재심사유가 있다는 이유로 재심이 개시된 사안이다.

(나) 공소사실 중 피고인들에 대한 각 집회 및 시위에 관한 법률 위반 부분에 대하여는, 적용법조인 구 집회 및 시위에 관한 법률(1989. 3. 29. 법률 제4095호로 전부 개정되기 전의 것) 제3조 제2항, 제1항 제4호(시위음모)가 그 후 개정되어 같은 법 제3조 제1항 제4호의 '현저히 사회적 불안을 야기시킬 우려가 있는 집회 또는 시위' 부분이 삭제되었고, 이는 위 규정에 의한 집회 내지 시위까지 처벌대상으로 삼은 종전의 조치가 부당하다는 반성적 고려에 의한 것으로서 범죄 후 법률의 개폐에 의하여 형이 폐지되었을 때에 해당한다는 이유로 면소를 선고하고, 한편 피고인 갑에 대한 국가보안법 위반, 반공법 위반 부분에 대하여는, 이에 부합하는 듯한 증거들, 즉 경찰 수사과정에서 작성된 피고인 갑에 대한 각 피의자신문조서, 각 진술조서, 진술서, 자술서 및 검사 작성의 피고인 갑에 대한 각 피의자신문조서 등은 피고인이 그 내용을 부인하거나 경찰 수사과정에서 고문 등을 당하여 임의성 없는 심리상태에서 공소사실을 자백하고 검사의 조사단계에서도 이러한 심리상태가 계속되어 동일한 내용의 자백을 한 것이라고 의심할 만한 충분한 이유가 있어 증거능력이 없고, 피고인 갑에게 '반국가단체나 그 구성원 또는 국외공산계열의 활동을 찬양, 고무 또는 이에 동조하거나 기타의 방법으로 반국가단체 등을 이롭게 할 목적'이 있었다거나 피고인 갑의 서적 취득·소지행위로 '국가의 존립·안전이나 자유민주적 기본질서에 위해를 줄 명백한 위험'이 발생하였다고 보기도 어렵다는 등의 이유로 무죄를 선고한 사례이다.

17. 음주운전과 강제채혈의 법적 성질

[대법원 2012. 11. 15. 2011도15258 판결]

> 원심은 그 채택 증거에 의하여, 피고인이 2011. 3. 5. 23:45경 판시 장소에서 오토바이를 운전하여 가다가 선행 차량의 뒷부분을 들이받는 교통사고를 야기한 후 의식을 잃은 채 119 구급차량에 의하여 병원 응급실로 후송된 사실, 사고 시각으로부터 약 1시간 후인 2011. 3. 6. 00:50 경 사고신고를 받고 병원 응급실로 출동한 경찰관은 법원으로부터 압수·수색 또는 검증 영장을 발부받지 아니한 채 피고인의 아들로부터 동의를 받아 간호사로 하여금 의식을 잃고 응급실에 누워 있는 피고인으로부터 채혈을 하도록 한 사실 등을 인정하였다. 그리고 나아가 이 사건 채혈은 법관으로부터 영장을 발부받지 않은 상태에서 이루어졌고 사후에 영장을 발부받지도 아니하였으므로 피고인의 혈중알코올농도에 대한 국립과학수사연구소의 감정의뢰회보 및 이에 기초한 주취운전자 적발보고서, 주취운전자 정황보고서 등의 증거는 위법수집증거로서 증거능력이 없으므로, 피고인의 자백 외에 달리 이를 보강할 만한 증거가 없다는 이유로 이 사건 공소사실을 무죄로 판단하였다.

【요 지】

(1) 영장이나 감정처분허가장 없이 채취한 혈액을 이용한 혈중알코올농도 감정 결과의 증거능력 유무(원칙적 소극) 및 피고인 등의 동의가 있더라도 마찬가지인지 여부(적극): 수사기관이 법원으로부터 영장 또는 감정처분허가장을 발부받지 아니한 채 피의자의 동의 없이 피의자의 신체로부터 혈액을 채취하고 사후에도 지체 없이 영장을 발부받지 아니한 채 혈액 중 알코올농도에 관한 감정을 의뢰하였다면, 이러한 과정을 거쳐 얻은 감정의뢰회보 등은 형사소송법상 영장주의 원칙을 위반하여 수집하거나 그에 기초하여 획득한 증거로서, 원칙적으로 절차위반행위가 적법절차의 실질적인 내용을 침해하여 피고인이나 변호인의 동의가 있더라도 유죄의 증거로 사용할 수 없다.

(2) 강제채혈의 법적 성질(=감정에 필요한 처분 또는 압수영장의 집행에 필요한 처분): 수사기관이 범죄 증거를 수집할 목적으로 피의자의 동의 없이 피의자의 혈액을 취득·보관하는 행위는 법원으로부터 감정처분허가장을 받아 형사소송법 제221조의4 제1항, 제173조 제1항에 의한 '감정에 필요한 처분'으로도 할 수 있지만, 형사소송법 제219조, 제106조 제1항에 정한 압수의 방법으로도 할 수 있고, 압수의 방법에 의하는 경우 혈액의 취득을 위하여 피의자의 신체로부터 혈액을 채취하는 행위는 혈액의 압수를 위한 것으로서 형사소송법 제219조, 제120조 제1항에 정한 '압수영장의 집행에 있어 필요한 처분'에 해당한다.

(3) 음주운전 중 교통사고를 내고 의식불명 상태에 빠져 병원으로 후송된 운전자에 대하

여 수사기관이 영장 없이 강제채혈을 할 수 있는지 여부(한정 적극) 및 이 경우 사후 압수영장을 받아야 하는지 여부(적극): 음주운전 중 교통사고를 야기한 후 피의자가 의식불명 상태에 빠져 있는 등으로 도로교통법이 음주운전의 제1차적 수사방법으로 규정한 호흡조사에 의한 음주측정이 불가능하고 혈액 채취에 대한 동의를 받을 수도 없을 뿐만 아니라 법원으로부터 혈액 채취에 대한 감정처분허가장이나 사전 압수영장을 발부받을 시간적 여유도 없는 긴급한 상황이 생길 수 있다. 이러한 경우 피의자의 신체 내지 의복류에 주취로 인한 냄새가 강하게 나는 등 형사소송법 제211조 제2항 제3호가 정하는 범죄의 증적이 현저한 준현행범인의 요건이 갖추어져 있고 교통사고 발생 시각으로부터 사회통념상 범행 직후라고 볼 수 있는 시간 내라면, 피의자의 생명·신체를 구조하기 위하여 사고현장으로부터 곧바로 후송된 병원 응급실 등의 장소는 형사소송법 제216조 제3항의 범죄 장소에 준한다 할 것이므로, 검사 또는 사법경찰관은 피의자의 혈중알코올농도 등 증거의 수집을 위하여 의료법상 의료인의 자격이 있는 자로 하여금 의료용 기구로 의학적인 방법에 따라 필요최소한의 한도 내에서 피의자의 혈액을 채취하게 한 후 그 혈액을 영장 없이 압수할 수 있다. 다만 이 경우에도 형사소송법 제216조 제3항 단서, 형사소송규칙 제58조, 제107조 제1항 제3호에 따라 사후에 지체 없이 강제채혈에 의한 압수의 사유 등을 기재한 영장청구서에 의하여 법원으로부터 압수영장을 받아야 한다.

【이 유】

(1) 우리 헌법은 "누구든지 법률에 의하지 아니하고는 체포·구속·압수·수색 또는 심문을 받지 아니하며"(헌법 제12조 제1항 후문), "체포·구속·압수 또는 수색을 할 때에는 적법한 절차에 따라 검사의 신청에 의하여 법관이 발부한 영장을 제시하여야 한다. 다만 현행범인 경우와 장기 3년 이상의 형에 해당하는 죄를 범하고 도피 또는 증거인멸의 염려가 있을 때에는 사후에 영장을 청구할 수 있다."고 규정하여(같은 조 제3항) 압수·수색에 관한 적법절차와 영장주의의 근간을 선언하고 있다.

이를 이어받아 형사소송법은 사법경찰관이 범죄수사에 필요한 때에는 검사에게 신청하여 검사의 청구로 판사가 발부한 영장에 의하여 압수, 수색 또는 검증을 할 수 있고(제215조 제2항), 검사 또는 사법경찰관은 제200조의2, 제200조의3, 제201조 또는 제212조의 규정에 의하여 피의자를 체포 또는 구속하는 경우에 필요한 때에는 체포현장에서 영장 없이 압수, 수색, 검증을 할 수 있으나, 압수한 물건을 계속 압수할 필요가 있는 경우에는 체포한 때부터 48시간 이내에 지체 없이 압수·수색영장을 청구하여야 하며(제216조 제1항 제2호, 제217조 제2항), 범행 중 또는 범행 직후의 범죄 장소에서 긴급을 요하여 판사의 영장을 받을 수 없는 때에는 영장 없이 압수, 수색 또는 검증을 할 수 있으나, 이 경우에는 사후에 지체 없이 영장을 받아야 하고(제216조 제3항), 검사 또는 사법경찰관으로부터 감정을 위촉받은 감정인은 감정에 관하여 필요한 때에는 검사의 청구에 의해 판사로부터 허가장을 발부받아 감정에 필요한 처분을 할 수 있다고 규정함으로써(제221조 제2항, 제221조의4, 제173조 제1항) 실체적 진실 규명과 개인의 권리보호 이념을 조화롭게 실현할 수 있도록 압수·수색·검증과 감정처분절차에 관한 구체적 기준을 마련하고 있다. 그리고 나아가 "적법한 절차에 따르지 아니하고 수집한 증거는 증거로 할 수 없다."고 규정함으로써(제308조의2) 위와 같은 구체적 기준을 마련하고 있는 형사소송법의 규범력이 확고히 유지되도록 하고 있다.

따라서 헌법과 형사소송법이 정한 절차에 따르지 아니하고 수집된 증거는 기본적 인권 보장을 위해 마련된 적법한 절차에 따르지 않은 것으로서 원칙적으로 유죄 인정의 증거로 삼을 수 없고, 위와 같은 법리는 이를 기초로 하여 획득한 2차적 증거에도 마찬가지로 적용된다고 할 것이다.

(2) 원심판결 이유를 앞서 본 법리와 기록에 비추어 살펴보면, 원심이 적법한 절차에 따르지 아니하고 수집된 피고인의 혈액을 이용한 혈중알코올농도에 관한 감정의뢰회보 등의 증거능력을 부정한 것은 정당하고, 달리 위와 같은 증거의 증거능력을 배제하는 것이 헌법과 형사소송법이 형사소송에 관한 절차 조항을 마련하여 적법절차의 원칙과 실체적 진실 규명의 조화를 도모하고 이를 통하여 형사사법 정의를 실현하려 한 취지에 반하는 결과를 초래하는 것으로 평가되는 예외적인 경우에 해당한다고 볼 사유도 찾아볼 수 없다. 그러므로 상고를 기각하기로 한다.

【해 설】

[헌법재판소 2004. 1. 29. 2002헌마293 결정]
(가) 청구인은 2002. 4. 7. 21:40경 부산광역시에서 자동차를 운전하던 중, 백양산터널 입구 톨게이트를 지난 지점에서 음주단속을 당하였다. 당시 부산광역시 사상경찰서 소속 경찰관들은 청구인이 진행하던 방향의 전 차로를 가로막고 지나가는 모든 운전자를 대상으로 음주단속을 행하였다. 청구인은 그와 같이 전 차로를 가로막고 모든 운전자를 대상으로 무차별적으로 음주단속을 하는 것은 개인의 인간다운 생활을 할 권리 등의 기본권을 침해한다고 주장하면서 위 단속행위의 위헌확인을 구하여 2002. 4. 30. 헌법소원을 청구하였다.

(나) 도로교통법 제41조 제2항 전단에 규정된 "교통안전과 위험방지의 필요성"이란, 음주 측정을 요구할 대상자인 당해 운전자의 운전으로 인하여 야기된 개별적·구체적인 위험방지를 위하여 필요한 경우뿐만 아니라, 잠재적 음주운전자의 계속적인 음주운전을 차단함으로써 그렇지 않았을 경우 음주운전의 피해자가 되었을지도 모를 잠재적인 교통관련자의 위해를 방지할 가능성이 있다면 그 필요성이 충족되는 것으로 넓게 해석하여야 하고, 이러한 음주측정을 위하여, 검문지점을 설치하고 그곳을 통행하는 불특정 다수의 자동차를 정지시켜 운전자의 음주 여부를 점검해 볼 수 있는 권한도 여기에 내포되어 있다고 보아야 한다.

(다) 음주운전으로 인한 피해를 예방하여야 하는 공익은 대단히 중대하며, 그러한 단속방식이 그 공익을 보호함에 효율적인 수단임에 반하여, 일제단속식 음주단속으로 인하여 받는 국민의 불이익은 비교적 경미하다. 검문을 당하는 국민의 불이익은 교통체증으로 인한 약간의 시간적 손실, 주관적·정서적 불쾌감 정도에 불과하고, 음주측정을 실시하는 경우라 할지라도 그것은 단속현장에서 짧은 시간 내에 간단히 실시되고 측정결과도 즉석에서 알 수 있는 호흡측정 방법에 의하여 실시되므로 편이성이 높다. 따라서 도로를 차단하고 불특정 다수인을 상대로 실시하는 일제단속식 음주단속은 그 자체로는 도로교통법 제41조 제2항 전단에 근거를 둔 적법한 경찰작용이다.

(라) 그러나 그 경우에도 과잉금지원칙은 준수되어야 하므로, 음주단속의 필요성이 큰, 즉 음주운전이 빈발할 것으로 예상되는 시간과 장소를 선정하여야 할 것이고, 운전자 등 관련국민의 불편이 극심한 단속은 가급적 자제하여야 하며, 전방지점에서의 사전 예고나 단시간내의 신속한 실시 등과 같은 방법상의 한계도 지켜야 할 것이다.

※ <u>도로교통법</u>
[일부개정 2021. 1. 12. 법률 제17891호, 시행 2021. 5. 13.]

제44조(술에 취한 상태에서의 운전 금지) ① 누구든지 술에 취한 상태에서 자동차등(「건설기계관리법」 제26조 제1항 단서에 따른 건설기계 외의 건설기계를 포함한다. 이하 이 조, 제45조, 제47조, 제93조 제1항 제1호부터 제4호까지 및 제148조의2에서 같다), 노면전차 또는 자전거를 운전하여서는 아니 된다. ② 경찰공무원은 교통의 안전과 위험방지를 위하여 필요하다고 인정하거나 제1항을 위반하여 술에 취한 상태에서 자동차등, 노면전차 또는 자전거를 운전하였다고 인정할 만한 상당한 이유가 있는 경우에는 운전자가 술에 취하였는지를 호흡조사로 측정할 수 있다. 이 경우 운전자는 경찰공무원의 측정에 응하여야 한다. ③ 제2항에 따른 측정 결과에 불복하는 운전자에 대하여는 그 운전자의 동의를 받아 혈액 채취 등의 방법으로 다시 측정할 수 있다. ④ 제1항에 따라 운전이 금지되는 술에 취한 상태의 기준은 운전자의 혈중알코올농도가 0.03퍼센트 이상인 경우로 한다.

제45조(과로한 때 등의 운전 금지) 자동차등(개인형 이동장치는 제외한다) 또는 노면전차의 운전자는 제44조에 따른 술에 취한 상태 외에 과로, 질병 또는 약물(마약, 대마 및 향정신성의약품과 그 밖에 행정안전부령으로 정하는 것을 말한다. 이하 같다)의 영향과 그 밖의 사유로 정상적으로 운전하지 못할 우려가 있는 상태에서 자동차등 또는 노면전차를 운전하여서는 아니 된다.

제46조(공동 위험행위의 금지) ① 자동차등(개인형 이동장치는 제외한다. 이하 이 조에서 같다)의 운전자는 도로에서 2명 이상이 공동으로 2대 이상의 자동차등을 정당한 사유 없이 앞뒤로 또는 좌우로 줄지어 통행하면서 다른 사람에게 위해를 끼치거나 교통상의 위험을 발생하게 하여서는 아니 된다. ② 자동차등의 동승자는 제1항에 따른 공동 위험행위를 주도하여서는 아니 된다.

제46조의2(교통단속용 장비의 기능방해 금지) 누구든지 교통단속을 회피할 목적으로 교통단속용 장비의 기능을 방해하는 장치를 제작·수입·판매 또는 장착하여서는 아니 된다.

제49조(모든 운전자의 준수사항 등) ① 모든 차 또는 노면전차의 운전자는 다음 각 호의 사항을 지켜야 한다. 1. 물이 고인 곳을 운행할 때에는 고인 물을 튀게 하여 다른 사람에게 피해를 주는 일이 없도록 할 것 2. 다음 각 목의 어느 하나에 해당하는 경우에는 일시정지할 것 가. 어린이가 보호자 없이 도로를 횡단할 때, 어린이가 도로에서 앉아 있거나 서 있을 때 또는 어린이가 도로에서 놀이를 할 때 등 어린이에 대한 교통사고의 위험이 있는 것을 발견한 경우 나. 앞을 보지 못하는 사람이 흰색 지팡이를 가지거나 장애인보조견을 동반하는 등의 조치를 하고 도로를 횡단하고 있는 경우 다. 지하도나 육교 등 도로 횡단시설을 이용할 수 없는 지체장애인이나 노인 등이 도로를 횡단하고 있는 경우 3. 자동차의 앞면 창유리와 운전석 좌우 옆면 창유리의 가시광선의 투과율이 대통령령으로 정하는 기준보다 낮아 교통안전 등에 지장을 줄 수 있는 차를 운전하지 아니할 것. 다만, 요인 경호용, 구급용

17. 음주운전과 강제채혈의 법적 성질

및 장의용 자동차는 제외한다. 4. 교통단속용 장비의 기능을 방해하는 장치를 한 차나 그 밖에 안전운전에 지장을 줄 수 있는 것으로서 행정안전부령으로 정하는 기준에 적합하지 아니한 장치를 한 차를 운전하지 아니할 것. 다만, 「자동차관리법」 제2조 제1호의3에 따른 자율주행자동차의 신기술 개발을 위한 장치를 장착하는 경우에는 그러하지 아니하다. 5. 도로에서 자동차등(개인형 이동장치는 제외한다. 이하 이 조에서 같다) 또는 노면전차를 세워둔 채 시비·다툼 등의 행위를 하여 다른 차마의 통행을 방해하지 아니할 것 6. 운전자가 차 또는 노면전차를 떠나는 경우에는 교통사고를 방지하고 다른 사람이 함부로 운전하지 못하도록 필요한 조치를 할 것 7. 운전자는 안전을 확인하지 아니하고 차 또는 노면전차의 문을 열거나 내려서는 아니 되며, 동승자가 교통의 위험을 일으키지 아니하도록 필요한 조치를 할 것 8. 운전자는 정당한 사유 없이 다음 각 목의 어느 하나에 해당하는 행위를 하여 다른 사람에게 피해를 주는 소음을 발생시키지 아니할 것 가. 자동차등을 급히 출발시키거나 속도를 급격히 높이는 행위 나. 자동차등의 원동기 동력을 차의 바퀴에 전달시키지 아니하고 원동기의 회전수를 증가시키는 행위 다. 반복적이거나 연속적으로 경음기를 울리는 행위 9. 운전자는 승객이 차 안에서 안전운전에 현저히 장해가 될 정도로 춤을 추는 등 소란행위를 하도록 내버려두고 차를 운행하지 아니할 것 10. 운전자는 자동차등 또는 노면전차의 운전 중에는 휴대용 전화(자동차용 전화를 포함한다)를 사용하지 아니할 것. 다만, 다음 각 목의 어느 하나에 해당하는 경우에는 그러하지 아니하다. 가. 자동차등 또는 노면전차가 정지하고 있는 경우 나. 긴급자동차를 운전하는 경우 다. 각종 범죄 및 재해 신고 등 긴급한 필요가 있는 경우 라. 안전운전에 장애를 주지 아니하는 장치로서 대통령령으로 정하는 장치를 이용하는 경우 11. 자동차등 또는 노면전차의 운전 중에는 방송 등 영상물을 수신하거나 재생하는 장치(운전자가 휴대하는 것을 포함하며, 이하 "영상표시장치"라 한다)를 통하여 운전자가 운전 중 볼 수 있는 위치에 영상이 표시되지 아니하도록 할 것. 다만, 다음 각 목의 어느 하나에 해당하는 경우에는 그러하지 아니하다. 가. 자동차등 또는 노면전차가 정지하고 있는 경우 나. 자동차등 또는 노면전차에 장착하거나 거치하여 놓은 영상표시장치에 다음의 영상이 표시되는 경우 1) 지리안내 영상 또는 교통정보안내 영상 2) 국가비상사태·재난상황 등 긴급한 상황을 안내하는 영상 3) 운전을 할 때 자동차등 또는 노면전차의 좌우 또는 전후방을 볼 수 있도록 도움을 주는 영상 11의 2. 자동차등 또는 노면전차의 운전 중에는 영상표시장치를 조작하지 아니할 것. 다만, 다음 각 목의 어느 하나에 해당하는 경우에는 그러하지 아니하다. 가. 자동차등과 노면전차가 정지하고 있는 경우 나. 노면전차 운전자가 운전에 필요한 영상표시장치를 조작하는 경우 12. 운전자는 자동차의 화물 적재함에 사람을 태우고 운행하지 아니할 것 13. 그 밖에 시·도경찰청장이 교통안전과 교통질서 유지에 필요하다고 인정하여 지정·공고한 사항에 따를 것 ② 경찰공무원은 제1항 제3호 및 제4호를 위반한 자동차를 발견한 경우에는 그 현장에서 운전자에게 위반사항을 제거하게 하거나 필요한 조치를 명할 수 있다. 이 경우 운전자가 그 명령을 따르지 아니할 때에는 경찰공무원이 직접 위반사항을 제거하거나 필요한 조치를 할 수 있다.

제148조의2(벌칙) ① 제44조 제1항 또는 제2항을 2회 이상 위반한 사람(자동차등 또는 노면전차를 운전한 사람으로 한정한다. 다만, 개인형 이동장치를 운전하는 경우는 제외한다. 이하 이 조에서 같다)은 2년 이상 5년 이하의 징역이나 1천만원 이상 2천만원 이하의 벌금에 처한다. ② 술에 취한 상태에 있다고 인정할 만한 상당한 이유가 있는 사람으로서 제44조 제2항에 따른 경찰공무원의 측정에 응하지 아니하는 사람(자동차등 또는 노면전차를 운

전하는 사람으로 한정한다)은 1년 이상 5년 이하의 징역이나 500만원 이상 2천만원 이하의 벌금에 처한다. ③ 제44조 제1항을 위반하여 술에 취한 상태에서 자동차등 또는 노면전차를 운전한 사람은 다음 각 호의 구분에 따라 처벌한다. 1. 혈중알코올농도가 0.2퍼센트 이상인 사람은 2년 이상 5년 이하의 징역이나 1천만원 이상 2천만원 이하의 벌금 2. 혈중알코올농도가 0.08퍼센트 이상 0.2퍼센트 미만인 사람은 1년 이상 2년 이하의 징역이나 500만원 이상 1천만원 이하의 벌금 3. 혈중알코올농도가 0.03퍼센트 이상 0.08퍼센트 미만인 사람은 1년 이하의 징역이나 500만원 이하의 벌금 ④ 제45조를 위반하여 약물로 인하여 정상적으로 운전하지 못할 우려가 있는 상태에서 자동차등 또는 노면전차를 운전한 사람은 3년 이하의 징역이나 1천만원 이하의 벌금에 처한다.[※ **단순위헌**, 2019헌바446, 2021.11.25, 구 도로교통법(2018. 12. 24. 법률 제16037호로 개정되고, 2020. 6. 9. 법률 제17371호로 개정되기 전의 것) 제148조의2 제1항 중 '제44조 제1항을 2회 이상 위반한 사람'에 관한 부분은 헌법에 위반된다.]

[헌법재판소 2021. 11. 25. 2019헌바446 등 결정]
(가) 주문: 구 도로교통법(2018. 12. 24. 법률 제16037호로 개정되고, 2020. 6. 9. 법률 제17371호로 개정되기 전의 것) 제148조의2 제1항 중 '제44조 제1항을 2회 이상 위반한 사람'에 관한 부분은 헌법에 위반된다.
(나) 사건개요: ① 2019헌바446(청구인 정○○는 도로교통법위반(음주운전)죄로 4회 처벌받은 전력이 있는데, 2019. 8. 17. 혈중알코올농도 0.065%의 술에 취한 상태로 승용차량을 운전함으로써 도로교통법 제44조 제1항을 2회 이상 위반하였다는 등의 공소사실로 기소되어 징역 1년을 선고받았다(대구지방법원 포항지원 2019고단1256). 청구인 정○○는 위 재판 계속 중 2회 이상 음주운전을 가중처벌하는 구 도로교통법 제148조의2 제1항에 대하여 위헌법률심판제청신청을 하였으나 2019. 11. 7. 각하(도로교통법 제148조의2 제1항 중 '제44조 제2항' 부분) 및 기각(각하된 부분을 제외한 나머지 부분)되자(대구지방법원 포항지원 2019초기256), 2019. 11. 18. 이 사건 헌법소원심판을 청구하였다.)
② 2020헌가17(당해사건의 피고인(이하 '피고인'이라 한다)은 도로교통법위반(음주운전)죄로 1회 처벌받은 전력이 있는데, 2019. 11. 28. 혈중알코올농도 0.08%의 술에 취한 상태로 승용차를 운전함으로써 음주운전 금지규정을 2회 이상 위반하였다는 공소사실로 기소되었다(전주지방법원 군산지원 2019고단1693). 위 사건을 담당한 법원은 재판 계속 중인 2020. 11. 5. 구 도로교통법 제148조의2 제1항에 대하여 직권으로 위헌법률심판을 제청하였다.)
③ 2021헌바77(청구인 강○○은 도로교통법위반(음주운전)죄로 3회 처벌받은 전력이 있는데, 2019. 11. 7. 혈중알코올농도 0.040%의 술에 취한 상태로 승용차량을 운전하였다는 공소사실로 기소되어 항소심에서 징역 1년을 선고받았다. 청구인 강○○은 위 항소심판결에 대하여 상고하고(대법원 2021도1704), 상고심 계속 중 구 도로교통법 제148조의2 제1항에 대하여 위헌법률심판제청신청을 하였으나, 대법원은 2021. 3. 17. 상고와 함께 위헌법률심판제청신청을 기각하였다(대법원 2021초기95). 이에 청구인은 2021. 3. 29. 이 사건 헌법소원심판을 청구하였다.)
(다) 심판대상조항의 입법 배경과 취지: ① 알코올은 인간의 주의력, 집중력, 정보처리능력을 저하시키고 돌발 상황에 대한 대응능력을 떨어뜨리므로, 자동차 운전자가 술에 취하면

교통사고의 위험이 증가된다. 우리나라의 경우 2011년부터 2020년까지 10년간 음주운전 교통사고로 인한 사망자는 5,298명, 부상자는 391,606명에 이르고, 사회·경제적으로도 막대한 손실을 초래하고 있는 것으로 추정된다. 그리고 2015년부터 2017년까지 발생한 총 음주운전 교통사고 63,685건 중 44%에 달하는 28,009건이 과거에 음주운전으로 단속된 경력이 있는 사람이 낸 재범에 의한 교통사고로 분류되며, 2016년 대비 2017년 전체 음주운전 교통사고는 감소하였으나, 재범에 의한 음주운전 사고는 오히려 증가하는 추세를 보이기도 하였다(도로교통공단 제공 자료 참조). ② 이러한 상황에서 2018. 9. 25. 대학생이던 윤○○가 부산 해운대구에서 횡단보도를 건너기 위해 보도에 서 있다가 혈중알코올농도 0.181%의 만취 상태 운전자가 운전하던 차량에 치어 사망하는 사고가 발생하였다(이른바 '윤창호 사건'). 이 사건은 우리 사회에 음주운전 교통사고에 대한 경각심과 함께 공분을 일으켰고, 피해자의 친구들을 비롯한 일부 국민들은 청와대 국민청원 등을 통해 '도로 위 살인행위'인 음주운전을 강력하게 처벌하는 법을 만들어 달라고 호소하기도 하였다. 이에 따라 음주운전 사망사고에 대한 형벌을 강화하기 위하여 음주 등의 영향으로 정상적인 운전이 곤란한 상태에서 자동차를 운전하여 사람을 상해 또는 사망에 이르게 한 경우를 처벌하는 위험운전 치사상죄의 법정형을 상향조정하는 특정범죄가중법 개정이 2018. 12. 18. 법률 제15981호로 이루어져 같은 날 시행되었다. ③ 아울러 음주운전 자체에 대한 처벌과 행정 제재를 강화하기 위해 음주상태의 혈중알코올농도 기준, 형사처벌의 법정형, 운전면허 취소 등 행정처분 수준을 높이고 운전면허 취소 시 재취득이 제한되는 기간을 연장하는 등의 도로교통법 개정도 추진되었다. 그 결과 도로교통법이 2018. 12. 24. 법률 제16037호로 개정되었는데, 심판대상조항은 교통의 안전과 국민의 생명·신체·재산을 반복적으로 위협하는 재범 음주운전을 엄격히 규율하기 위하여 개정 전 도로교통법 제148조의2 제1항 제1호에서 3회 이상 음주운전을 한 경우 1년 이상 3년 이하의 징역이나 500만 원 이상 1천만 원 이하의 벌금으로 가중처벌하던 것을 개정하여, 2회 음주운전부터 가중처벌하도록 요건을 강화하면서 2년 이상 5년 이하의 징역 또는 1천만 원 이상 2천만 원 이하의 벌금으로 법정형을 상향하여 규정한 것이다.

(라) **죄형법정주의의 명확성원칙 위반 여부**: ① 심판대상조항은 도로교통법 제44조 제1항의 2회째 이상 위반에 해당하는 최종 위반행위를 가중처벌하는 규정임이 분명하고, 위반 횟수를 정하는 데 고려되는 과거 제44조 제1항 위반 전력은 최종 위반행위를 가중처벌하기 위한 가중요건일 뿐 그 자체가 심판대상조항에 의해 처벌대상이 되는 것이 아니다. 그러므로 심판대상조항은 과거 위반행위를 다시 처벌하는 규정이 아니어서 일사부재리원칙에 위반되지 아니하고, 나아가 죄의 성립에 관한 구성요건을 누락하고 있는 것도 아니므로 죄형법정주의의 법률주의원칙에 위반된다고도 할 수 없다. ② 심판대상조항의 문언, 입법목적과 연혁, 관련 규정과의 관계 및 법원의 해석 등을 종합하여 볼 때, 심판대상조항에서 '제44조 제1항을 2회 이상 위반한 사람'이란 '2006. 6. 1. 이후 도로교통법 제44조 제1항을 위반하여 술에 취한 상태에서 운전을 하였던 사실이 인정되는 사람으로서, 다시 같은 조 제1항을 위반하여 술에 취한 상태에서 운전한 사람'을 의미함을 충분히 알 수 있으므로, 심판대상조항은 죄형법정주의의 명확성원칙에 위배된다고 할 수 없다.

(마) **책임과 형벌 간의 비례원칙 위반 여부**: ① 형사법상 책임원칙은 형벌은 범행의 경중과 행위자의 책임 사이에 비례성을 갖추어야 하고, 특별한 이유로 형을 가중하는 경우에도 형벌의 양은 행위자의 책임의 정도를 초과해서는 안 된다는 것을 의미한다(헌재 2004. 12.

16. 2003헌가12 참조). 또한 형사법상 범죄행위의 유형이 다양한 경우에는 그 다양한 행위 중에서 특히 죄질이 불량한 범죄를 무겁게 처벌해야 한다는 것은 책임주의의 원칙상 당연히 요청되지만, 그 다양한 행위 유형을 하나의 구성요건으로 포섭하면서 법정형의 하한을 무겁게 책정하여 죄질이 가벼운 행위까지를 모두 엄히 처벌하는 것은 책임주의에 반한다. ② 심판대상조항은 그 구성요건을 '제44조 제1항을 2회 이상 위반'한 경우로 규정함으로써 가중요건이 되는 과거 음주운전 금지규정 위반행위와 처벌대상이 되는 재범 음주운전 금지규정 위반행위 사이에 아무런 시간적 제한이 없고, 과거 위반행위가 형의 선고나 유죄의 확정판결을 받은 전과일 것을 요구하지도 않는다. 과거 위반행위가 예컨대 10년 이상 전에 발생한 것이라면, 처벌대상이 되는 음주운전이 재범에 해당된다고 하더라도 그것이 교통법규에 대한 준법정신이나 안전의식이 현저히 부족한 상태에서 이루어진 반규범적 행위라거나 사회구성원에 대한 생명·신체 등을 '반복적으로' 위협하는 행위라고 평가하기 어려워 이를 일반적 음주운전 금지규정 위반행위와 구별하여 가중처벌할 필요성이 있다고 보기 어렵다. ③ 도로교통법 제44조 제1항을 2회 이상 위반한 경우라고 하더라도 죄질을 일률적으로 평가할 수 없고 다양한 행위 유형을 포함하며 그 경중의 폭이 넓으므로, 형사상 책임주의원칙에 따라 그에 대한 법정형의 폭도 법관이 각 행위의 개별성에 맞추어 형을 선고할 수 있도록 설정되어 있어야 한다. 그러나 심판대상조항은 교통의 안전이나 사람의 생명·신체·재산 등 보호법익에 미치는 위험 정도가 비교적 낮은 유형의 재범 음주운전행위, 예컨대 10년 이상이 지난 과거에 단 1회 음주운전 금지의무를 위반한 전력이 있는 사람이 다시 0.03%의 혈중알코올농도 상태에서 운전한 경우도 법정형의 하한인 2년 이상의 징역 또는 1천만 원 이상의 벌금을 기준으로 처벌하도록 하고 있다. 따라서 심판대상조항이 구성요건과 관련하여 아무런 제한도 두지 않은 채 법정형의 하한을 징역 2년, 벌금 1천만 원으로 정한 것은, 음주운전 금지의무 위반 전력이나 혈중알코올농도 수준 등을 고려할 때 비난가능성이 상대적으로 낮은 음주운전 재범행위까지 가중처벌 대상으로 하면서 법정형의 하한을 과도하게 높게 책정하여 죄질이 비교적 가벼운 행위까지 지나치게 엄히 처벌하도록 한 것이므로, 책임과 형벌 사이의 비례성을 인정하기 어렵다. 그러므로 심판대상조항은 책임과 형벌 간의 비례원칙에 위반된다.

18. 인신보호법상 구제청구와 체포·구속적부심사청구

[인천지법 2014. 4. 30. 2014인라4 결정]

(1) 수단 국적을 가진 청구인은 2013. 11. 18. 수단의 카르툼(Khartoum) 공항에서 출국하여 중국, 홍콩을 경유하여 2013. 11. 20. 인천국제공항에 도착하였다. 청구인은 수단 주재 한국대사관이 발급한 단기상용 목적의 사증을 가지고 있었는데, 2013. 11. 20. 대한민국 입국 수속 당시 난민신청의사를 밝히고, 난민법 제6조에 따른 출입국항에서의 난민인정신청서를 제출하였다.

(2) 인천공항출입국관리사무소 입국 수속 담당 공무원은 2013. 11. 20. 청구인의 대한민국 입국 목적이 소지한 비자와 부합하지 않는다고 보아 출입국관리법 제12조 제4항에 근거하여 청구인의 입국을 불허하였고, 나아가 같은 날 인천공항출입국관리사무소장은 같은 법 제76조에 따라 청구인이 승선했던 비행기 운수업자인 중국남방항공사(China Southern Airlines)에 청구인을 대한민국 밖으로 송환할 것을 지시(송환일자를 2013. 11. 21., 송환편명 및 시간을 CZ340, 10:55으로 특정하여 기재)하는 송환지시서를 발부하였다.

(3) 청구인에 대한 난민심사 과정에서 청구인은 수단 정부군에 강제 징집되어 다르푸르 지역 등 분쟁지역으로 보내져 동족인 수단 시민을 살상하게 될 것 등을 두려워한 나머지 입대통보를 받자 도망하여 국내에 난민신청을 하는 것이라는 취지로 주장하였다.

(4) 인천공항출입국관리사무소장은 2013. 11. 26. 청구인이 주장하는 징집의 근거가 되는 입영사실 통보에 대한 진술에 일관성이 없고, 박해라고 주장하는 내용도 자국 내의 법률상 다툼으로 인한 개인적인 문제인 점, 청구인이 입대를 거부하고 도망하였다 함에도 합법적으로 발급받은 여권 및 비자를 소지하고, 자국 공항을 문제없이 출국하였던 점 등에 비추어 청구인의 경우 난민법 시행령 제5조 제1항 제3호(거짓 서류를 제출하는 등 사실을 은폐하여 난민인정을 받으려는 경우, 다만, 본인이 자진하여 그 사실을 신고한 경우는 제외한다) 및 제7호(그 밖에 오로지 경제적인 이유로 난민인정을 받으려는 등 난민인정 신청이 명백히 이유 없는 경우)에 해당한다고 보아 난민인정심사불회부결정을 하였고, 이를 청구인에게 통지하였다. 청구인은 2013. 11. 28. 서울행정법원에 난민인정심사불회부결정 취소의 소를 제기하였고, 위 사건은 위 법원의 이송결정으로 현재 이 법원 2014구합30385 사건으로 소송 계속 중이다.

(5) 청구인은 2013. 11. 20. 입국불허처분이 이루어진 다음 송환대기실(이하 '이 사건 송환대기실'이라 한다)로 인도되어 현재까지 대략 5개월 동안 위 송환대기실 내에 머무르고 있다. 이 사건 송환대기실은 인천공항건물 3층 내에 위치하고 있는데, 2014년 하반기부터 운영 예정인 2층 신축 대기실로 이전하기 전 임시대기실로 전용면적 330㎡ 수준의 크기이며, 샤워실, 의자, 공중전화기, 음료수대, 화장실, TV 등을 갖추고 있으나, 정상적인 침대나 침구가 존재하지는 아니한다. 이 사건 송환대기실은 이 사건 청구 및 항고의 상대방인 인천공항 항공사운영협의회에 의해 출입이 통제되고 있고, 철문으로 막혀 있으며, 청구인은 자신의 의사에 따라 위 대기실 밖으로 나가는 것이 불가능하고, 공중전화를 통한 방식을 제외하고는 외부인과의 접촉 역시 제한되고 있다. 청구인은 인천공항 항공사운영협의회에서 제공하는 치킨버거와 콜라 등을 먹으며, 이 사건 송환대기실 내에서만 대기하고 있다.

【요지】

인천공항에서 난민인정을 신청한 수단 국적 외국인이, 출입국관리법에 따른 입국불허처분이 있은 뒤 공항 내 송환대기실로 인도되어 난민인정심사불회부결정 취소소송을 제기하였음에도 약 5개월간 외부로 출입이 금지된 상태로 머무르게 되자 인천공항출입국관리사무소 및 인천공항 항공사운영협의회를 상대로 인신보호법상 구제청구를 한 사안에서, 청구인은 인신보호법에 따른 구제청구권을 가지고, 수용자들의 청구인에 대한 계속적인 수용은 위법하다는 이유로 수용자들에 대하여 청구인의 수용을 즉시 해제할 것을 명한 사례이다.

【이유】

(1) 이 사건 송환대기실에는 유효한 여권 및 사증을 미소지한 자, 입국금지자, 입국목적 불분명자가 국적국으로의 송환에 앞서 임시적으로 머무르고 있고, 2012년도 기준 총 13,468명이 대기실에서 송환대기한 바 있다. 출입국관리법 제56조에 의하면, 청구인과 같이 출입국관리법 제12조 제4항에 따라 입국불허된 자에 대해서는 48시간을 초과하지 아니하는 범위 내에서 외국인보호실에 일시보호할 수 있고, 부득이한 사유로 48시간 내 송환할 수 없는 경우에는 사무소장 등의 허가를 받아 48시간을 초과하지 아니하는 범위에서 한 차례만 보호기간을 연장할 수 있다는 규정을 두고 있으나, 청구인이 생활하고 있는 이 사건 송환대기실은 출입국관리사무소장에 의한 공권력 행사인 행정상 일시보호명령에 따라 외국인을 단기간 보호하기 위한 위 법이 정한 외국인보호실은 아니다. 한편 출입국관리법 시행령 제88조 제3항은 인천공항출입국관리사무소장으로부터 송환지시를 받은 운수업자는 송환을 요구받은 외국인을 송환할 때까지 그의 교통비·숙식비 등 비용을 부담하고 그를 보호하여야 한다는 규정을 두고 있으나, 청구인이 생활하고 있는 이 사건 송환대기실에 대한 명시적 규정은 존재하지 아니한다.

(2) **원심의 판단**: 이 사건 청구에 대하여 원심은, ① 헌법이 보장하고 있는 '국민'의 기본권을 보호하는 것을 목적으로 하고 있는 점(인신보호법 제1조), ② 청구인은 북수단인으로 현재 입국이 거부되어 청구인에 대하여 위 법이 직접 적용된다고 보기 어려운 점, ③ 청구인이 머무르고 있는 송환대기실은 청구인의 출국의사에 따라 즉시 벗어날 수 있는 곳인 점, ④ 청구인과 같은 사안에서 인신보호청구를 받아들여 그 결과 입국이 되는 경우 난민인정심사불회부결정에 대한 당부 판단 없이 바로 난민법 제5조에 따라 난민신청을 할 수 있는 결과에 이를 수 있는 점 등에 비추어 이 사건 청구는 청구적격 내지 구제의 이익이 없다는 이유를 들어 이 사건 청구를 각하하였다.

(3) **당심의 판단**

(가) **외국인인 청구인이 인신보호법상 구제청구권을 보유하는지 여부**: 인천공항출입국관리사무소가 주장하고 원심이 설시한 바와 같이 인신보호법 제1조는 헌법이 보장하고 있는

18. 인신보호법상 구제청구와 체포·구속적부심사청구

'국민'의 기본권을 보호하는 것을 목적으로 하고 있다고 정하고 있으나, 아래와 같은 사정들에 비추어 외국인 역시 인신보호법상 구제청구권을 보유한다고 할 것이고, 위와 같이 '국민'이라는 일부 문언에만 얽매여 대한민국 헌법 및 인신보호법의 효력이 미치는 대한민국 영토 내 외국인의 인신보호법상 구제청구권을 부정할 수 없다. 인신보호법상 구제청구의 대상이 되는 위법한 수용에 의하여 침해되는 헌법상 기본권인 신체의 자유와 관련하여 헌법 제12조 제1항은 모든 '국민'은 신체의 자유를 가진다고 규정하고 있기는 하나, 이러한 신체의 자유는 자연권으로서 성격을 가지는 인간으로서의 권리라고 할 것이므로, 따라서 대한민국 영토 내에 있는 외국인 역시 '국민'으로 주체성이 명시된 신체의 자유의 주체가 된다고 봄이 타당하다[헌법재판소 역시 인간의 존엄과 가치, 행복추구권은 대체로 '인간의 권리'로서 외국인도 주체가 될 수 있다고 보아야 하고, 평등권도 인간의 권리로서 참정권 등에 대한 성질상의 제한 및 상호주의에 따른 제한이 있을 수 있을 뿐이라고 하였고(헌법재판소 2001. 11. 29. 99헌마494 전원재판부 결정), 근로의 권리 역시 자본주의 경제질서 하에서 근로자가 기본적 생활수단을 확보하고 인간의 존엄성을 보장받기 위하여 최소한의 근로조건을 요구할 수 있는 권리는 자유권적 기본권의 성격도 아울러 가지므로 이러한 경우 외국인 근로자에게도 그 기본권 주체성을 인정함이 타당하다고 판시하였는바(헌법재판소 2007. 8. 30. 2004헌마670 전원재판부 결정), 외국인의 기본권 주체성은 해당 기본권의 성격에 따라 다르게 보고 있음을 알 수 있다]. 결국 인신보호법 제1조가 명시한 '국민'을 해석함에 있어서도 신체의 자유에 대한 위 헌법 규정에 대한 해석론 및 위 기본권의 성격 및 주체에 대한 이론과 달리 한정적인 의미에서 외국인이 배제된 대한민국 국적을 보유한 '국민'으로 좁게 해석할 이유가 없고, 오히려 그러한 해석은 헌법에 반한다.

인신보호법상 구제청구는 헌법 제12조 제6항이 정한 체포·구속적부심사청구권을 형사절차에 의한 체포·구속뿐만 아니라 일반 행정기관을 비롯한 다른 국가기관 등에 의한 모든 형태의 공권력에 의한 체포·구속 및 개인에 의한 수용시설에의 구금 등에 대하여 즉시 이의를 제기하여 판사에 의한 적부심사를 받고자 하는 취지에서 헌법위임에 따라 만들어진 제도이고[실제로 헌법재판소는, 우리 헌법 제12조에 규정된 신체의 자유가 수사기관뿐만 아니라 일반 행정기관을 비롯한 다른 국가기관 등에 의하여도 직접 제한될 수 있으므로, 헌법 제12조 소정의 '체포·구속' 역시 포괄적인 개념으로 해석되어야 하고, 따라서 최소한 모든 형태의 공권력행사기관이 '체포' 또는 '구속'의 방법으로 '신체의 자유'를 제한하는 사안에 대하여는 헌법 제12조 제6항이 적용될 수 있는 것이고, 위 규정의 연혁적인 배경을 고려할 때 더욱 그러하다고 보고 있다(헌법재판소 2004. 3. 25. 2002헌바104 전원재판부 결정 참조)], 헌법 제12조 제6항은 이러한 절차적 권리로서 '적부의 심사를 법원에 청구할 권리'의 주체를 좁은 의미의 '국민'으로 한정하고 있지 아니하며 '누구든지' 이러한 권리를 행사할 수 있다고 정하고 있다. 이러한 점에 비추어 인신보호법상 구체청구권이 외국인에 대해 배제된다고 볼 헌법상 아무런 근거가 없고, 헌법에 근거한 인신보호법의 해석·적용에 있어 외국인을 배제하는 것은 위헌적 해석이다. 따라서 청구인과 같은 외국인에게도 인신보호법상 구제청구권이 인정된다.

(나) 입국 불허된 외국인의 구제청구권 보유 여부: 청구인의 경우 입국이 불허되었고, 출입국관리법상으로는 대한민국 영역 내로 입국하지 못한 지위에 있는 것은 사실이나, 다음과 같은 사정에 비추어 이러한 지위에 있는 청구인에게도 신체의 자유에 대한 위법한 침해에 대하여 구제를 구하는 인신보호법상 구제청구권은 당연히 인정된다고 할 것이다. 즉 대한민

국 헌법은 원칙적으로 대한민국의 주권이 미치는 대한민국의 영토에 그 효력을 미친다고 할 것이고, 헌법에 기초하여 입법부에 의해 제정된 인신보호법 역시 달리 특별한 제한이 없는 한 그 효력 범위는 동일하다고 할 것인데, 이 사건 송환대기실은 지리적으로 대한민국 영토 내인 인천공항 안에 위치하고 있고, 대한민국의 주권이 전적으로 배제된다고 볼 사정도 없는바, 비록 그곳이 지리적으로 출입국관리법상 대한민국으로의 입국이 허가되기 이전 구역이라고 하더라도 인신보호법은 여전히 유효하게 적용된다고 할 것이다. 그리고 앞서 본 바와 같이 출입국관리법 제56조는 입국이 불허된 외국인에 대한 공권력 행사로 행정상 즉시강제인 일시보호가 가능하다고 규정하고 있는바, 입국이 불허되어 출입국관리법상 대한민국으로의 입국 전 지역에 있는 외국인에 대하여 출입국관리법 및 공권력의 효력이 미침을 전제하고 있음에도 인신보호법의 적용은 없다고 보는 것은 체계적 법해석의 측면에서도 불합리하다. 또한 청구인이 출입국관리법상 입법 목적에 따라 입국이 불허되었고, 출입국관리사무소가 해당 항공사에 송환을 지시한 경우라고 하더라도, 이러한 불허처분이 있었다는 사정이 헌법상의 기본권에서 유래하는 인신보호법상 구제청구권을 배제·소멸시키는 사유가 될 수 없음은 분명해 보인다.

나아가 인신보호법은 영미법상의 인신보호영장(writ of habeas corpus)제도를 규범적으로 수용한 것인데, 미국의 경우 연방 헌법 및 법률 등에 의하여 구체화된 인신보호영장제도는 행정상 인신구속에 대한 사법적 구제수단으로서도 실질적 의의를 가지고, 특히 이민법상 외국인체류자에 대한 절차와 관련하여 주로 많이 다루어지고 있으며[외국인의 추방절차상 구금과 관련하여 미국 연방대법원의 대표적 사건으로 Zadvydas v. Davis(2001), Clark v. Martinez(2005) 등], 미국 연방대법원은 연방인신보호법을 해석함에 있어 미국 내로 입국한 바 없이 쿠바의 주권이 미치는 관타나모 해군기지 내 구금시설에 바로 구금된 외국인 테러 용의자의 구제청구와 관련하여서도 미국 영토 밖이라고 하더라도 미국이 실제적인 관할권을 행사하는 지역인 관타나모 기지에 수감된 외국인에 대해서도 관할권을 행사할 수 있다고 판시한 바도 있다[Raul v. Bush, 124 S. Ct. 2686(2004)]. 또한 우리의 인신보호법을 제정하면서 참조한 일본의 인신보호법 적용과 관련하여 입국 불허된 외국인의 인신보호청구 사건에 대하여 일본 최고재판소(1971. 1. 25. 제1소법정 결정) 및 그 하급심인 동경지방재판소(1970. 12. 26. 민사 제9부 결정) 역시 이러한 지위에 있는 외국인이 구제청구권자임을 전제로 인신보호법상 구속에 해당하는지 여부를 본안 심리한 바 있다. 결국 실제 대한민국의 영역 내로 들어와 영토 내에 있으나 출입국관리법에 따라 국내로 입국이 불허된 외국인에 대하여도 당연히 인신보호법상 구제청구권이 인정된다. 따라서 출입국관리법에 따라 입국이 거부됨에 따라 입국항 외부의 송환대기실에 대기하고 있는 청구인 역시 인신보호법에 따른 구제청구권이 인정된다.

(다) 청구인이 인신보호법 제2조의 피수용자에 해당하는지 여부: 인신보호법 제2조 제1항은 피수용자를 정의하면서 '수용시설에 수용·보호·감금되어 있는 자'로 규정하여 신체의 자유의 제한 양태를 특정한 법문의 개념에 얽매이지 않은 채 포괄적으로 규정하고 있고, 이로써 일반적이고 보편적인 구제가 가능한 입법형식을 취하고 있다. 한편 대법원은 형법상 감금죄의 해석과 관련하여, "감금죄는 사람의 행동의 자유를 그 보호법익으로 하여 사람이 특정한 구역에서 나가는 것을 불가능하게 하거나 또는 심히 곤란하게 하는 죄로서 이와 같이 사람이 특정한 구역에서 나가는 것을 불가능하게 하거나 심히 곤란하게 하는 그 장해는 물리적, 유형적 장해뿐만 아니라 심리적, 무형적 장해에 의하여서도 가능하고, 또 감금의

18. 인신보호법상 구제청구와 체포·구속적부심사청구

본질은 사람의 행동의 자유를 구속하는 것으로 행동의 자유를 구속하는 그 수단과 방법에는 아무런 제한이 없어서 유형적인 것이거나 무형적인 것이거나를 가리지 아니하며, 감금에 있어서의 사람의 행동의 자유의 박탈은 반드시 전면적이어야 할 필요도 없다(대법원 2000. 2. 11. 99도5286 판결)"라고 판시한 바 있다.

우선 앞서 기초사실에서 본 바와 같이 청구인은 이 사건 송환대기실이라는 공간 내에서만 움직일 수 있을 뿐 외부로의 자유로운 왕래가 전혀 허용되고 있지 않는 등 자신의 의사에 반하여 신체의 자유가 현실적으로 심각하게 제한되고 있어 수용 상태에 있음은 명백하다. 또한 비록 청구인이 국적국인 수단으로 돌아가겠다는 등 출국의사를 표시하는 경우 이 사건 송환대기실을 벗어날 수 있다고는 하나, 이러한 한정된 하나의 조건하에서만 신체의 자유를 회복할 수 있는 것에 불과하여 현재로서 청구인에 대해 일반적 신체의 자유의 부분적 제한이 이루어지고 있음 역시 분명해 보인다. 또한 행정상 즉시강제로 입국불허된 외국인을 일시보호할 수 있는 기간이 부득이한 사유가 있는 경우에라도 최대 96시간으로 한정된다고 규정하고 있음에도 사실상 공권력의 행사가 결합되어 이 사건 송환대기실에 머무르고 있는 청구인에 대하여 무려 5개월가량 대기토록 한 것은 그 기간에 비추어 청구인의 의사에 반한 심대한 신체의 자유 제한으로 수용임을 더욱 추단할 수 있게 한다.

나아가 일반적으로 입국불허처분이 있은 뒤 출국 교통편의 미확보 등으로 인해 단순히 송환대기실에 임시로 머무르고 있는 외국인과 달리 청구인은 난민인정심사불회부결정에 대해 재판상 권리구제를 청구한 상태인데, 위 소송결과 및 난민인정심사 결과에 따라 난민법 제2조 제2호의 난민인정자의 지위를 취득할 수 있게 된다. 그럼에도 청구인이 스스로 귀국의사를 표시하는 경우 이 사건 송환대기실을 나설 수 있다는 형식논리를 전제로 이 사건 송환대기실에서의 대기가 신체의 자유가 제한되고 있지 않아 수용이 아니라고 해석하는 것은 청구인으로 하여금 난민 신청의 의사표시를 철회한 후 위 재판상 청구를 단념하고 국적국 또는 제3국으로 돌아가거나 아니면 신체의 자유의 중대한 제한을 계속 받아들일 것을 선택하라는 것에 다름 아닌데, 아래에서 보는 바와 같이 이러한 수용이 법적 근거가 없는 위법한 것이고, 그 수용 해제가 출입국관리법상 허가 없이 대한민국 영역 내로의 입국을 허용하는 것도 아닌 점을 함께 고려하면, 이러한 해석은 청구인의 의사의 자유를 침해하고, 종국적으로는 재판청구권을 실효적으로 보장하고자 하는 헌법 가치 및 난민법 등의 실질적 입법취지에도 반하는 것으로 보인다.

게다가 난민협약에 근거하여 난민법 제3조는 난민인정자와 인도적 체류자 및 난민신청자는 난민협약 제33조 및 '고문 및 그 밖의 잔혹하거나 비인도적 또는 굴욕적인 대우나 처벌의 방지에 관한 협약' 제3조에 따라 본인의 의사에 반하여 강제로 송환되지 아니한다는 강제송환금지원칙을 규정하고 있다. 한편 출입국항에서 난민인정 신청을 하였으나 난민인정심사불회부결정을 받고 이에 대해 불복하여 취소소송을 제기한 청구인과 같은 경우에는 난민법 제2조 제4호가 정한 난민신청자에는 해당하지 않아 현행 난민법상 위 강제송환금지 규정이 그대로 적용될 여지는 없다. 그러나 청구인 역시 헌법의 효력이 미치는 대한민국 영역 내에 있고, 앞서 본 바와 같이 수단으로 돌아갈 수 없음을 주장하며 난민법 제2조 제1호가 정한 난민으로 인정해 줄 의사를 표시한 자로 실질상의 난민신청인에 해당하는 것으로 보이고, 국내법으로서 효력을 가지는 난민협약 등이 강제송환금지원칙을 규정한 취지를 종합적으로 고려할 경우 위 취소소송을 통한 사법적 구제 여부가 확정되기 전까지 청구인으로 하여금 수단으로의 출국을 사실상 강제하는 것은 적정하지 않고, 또한 청구인에게 국적국인 수단으로 귀국할 온전한 자유가 있다고 단정하기도 어려우며, 실질상의 난민신청인의 지위에 반하는 '떠날 자유'가 있음을 들어 수용이 아니라고 보기도 어렵다.

인천출입국관리사무소는 이 사건 송환대기실은 입국불허 외국인의 보호 및 효과적인 송환을 위하여 필요한 시설로 인신보호법상의 수용시설로 볼 수 없다고 주장하나, 앞서 본 바와 같이 청구인이 이 사건 송환대기실에 수용되어 신체의 자유가 심각하게 제한되고 있는 이상 이는 인신보호법이 정한 요건에 부합하는 수용시설이며, 청구인은 수용자에 해당하고, 아래에서 보는 바와 같이 명확한 법적 근거 없는 수용시설 운영이 일반 공익 및 행정상 목적 달성을 위하여 필요하다는 사정이 인신보호법의 구제청구의 요건해당성을 부정케 하는 사정은 아니라고 할 것이다(인천출입국관리사무소가 주장하는 공익은 명확한 법적 근거를 갖추고 적법절차의 원칙에 근거하여 달성되어야 하고, 출입국관리법은 이러한 목적 달성을 위하여 입국불허된 외국인에 대한 일시보호제도를 두고 있기도 하다).

따라서 청구인은 인신보호법상 수용시설인 이 사건 송환대기실에 수용되어 있는 피수용자에 해당하고, 이 사건 송환대기실에의 수용이 출입국관리사무소의 공권력 행사에 의한 보호로서의 외관을 전혀 갖추고 있지 못한 이상 인신보호법 제2조 제1항 단서가 정한 출입국관리법에 따른 보호로도 볼 수 없으므로(인천공항출입국관리사무소 역시 이 사건 송환대기실에서의 대기가 출입국관리법상의 보호가 아니라고 하여 이 점에 대해서는 다툼이 없다), 결국 청구인은 인신보호법에 의한 구제청구의 당사자적격이 인정된다.

(라) 상대방들이 인신보호법 제2조가 정한 수용자에 해당하는지 여부: 수용자 인천공항출입국관리사무소는 이 사건 송환대기실은 수용자 인천공항 항공사운영협의회가 운영하고 있으므로, 자신은 수용자에 해당하지 않는다고 다툰다. 이에 대해 살펴보건대 아래의 사정들을 참작하면 수용자들 모두가 인신보호법상 수용자에 해당한다고 판단된다. 우선 인천공항 항공사운영협의회가 이 사건 송환대기실을 직접 운영·관리하고 있고, 그 직원을 통하여 청구인에 대하여 직접적으로 신체의 자유에 대한 제한 조치를 취하고 있음은 앞서 본 바와 같으므로, 인천공항 항공사운영협의회는 수용시설인 이 사건 송환대기실의 운영자로 인신보호법상 수용자에 해당한다.

나아가 인천공항출입국관리사무소에 대해 보면, 위 사무소 직원인 공무원이 청구인에 대하여 현실적으로 직접적 자유 제한 조치를 취하고 있지 아니한 것은 사실이다. 그러나 한편, 위 기초사실에 본 사정에 더하여 기록 및 심문결과에 의해 인정되는 다음과 같은 사정들, 즉 ① 인천공항출입국관리사무소와 인천공항 항공사운영협의회의 협의에 의해 이 사건 송환대기실의 관리·운영체계가 공동결정되게 된 점, ② 인천공항출입국관리사무소가 이 사건 송환대기실의 임차료를 부담하고 있어 실질적으로 그 운영에 관여하고 있는 점, ③ 인천공항출입국관리사무소장의 중국남방항공사에 대한 송환지시서상 "항공사 및 출국대기실에 난민심사를 위해 대기하여야 함을 고지함"이라고 기재되어 있는데, 이러한 기재에 비추어 보면 청구인의 이 사건 송환대기실 수용이 인천공항출입국관리사무소에 의해 개시되었다고 볼 수 있고, 이 사건 송환대기실의 입실에 대한 통제권한이 인천공항출입국관리사무소에 있음을 추인케 하는 점, ④ 인천공항 항공사운영협의회의 경우 이 사건 송환대기실에 대한 위와 같은 현실적 관리에도 불구하고 이 사건 재판 과정에 답변서를 제출하거나 심문기일에 출석하는 등의 대응을 전혀 하지 아니하고 있는 반면, 인천공항출입국관리사무소만이 이 사건 송환대기실의 성격, 인신보호법의 적용 여부 등에 대해 반론하고 있는 점, ⑤ 인천공항 출입국관리사무소는 이 사건 송환대기실이 일정한 행정 목적상 필요에 의해 설치·존재하는 것이라고 주장하고 있는 점 등을 종합해 보면, 인천공항출입국관리사무소 역시 인천공항 항공사운영협의회와 함께 실질적으로 이 사건 송환대기실을 운영하고 있는 수용자에 해당한다고 봄이 상당하다.

(마) 위법한 수용에 해당하는지 여부: 청구인에 대하여 약 5개월가량 신체의 자유의 상당한 제한을 가하고 있는 수용시설인 이 사건 송환대기실의 설치 및 운영에 관한 법적 근거가 전혀 없고[앞서 살핀 바와 같이 출입국관리공무원에 의한 공권력 행사인 '일시보호'로서의 외관을 갖추고 있지 못하여 출입국관리법상 위 '일시보호' 규정이 근거 규정이 될 수 없음은 분명하고, 인천공항출입국관리사무소 역시 위 규정에 의해 '일시보호'되고 있는 것이 아니며 이 사건 송환대기실이 이를 위해 설치한 외국인보호시설이 아님을 인정하고 있다. 한편 인천공항출입국관리사무소가 들고 있는 앞서 언급한 출입국관리법 시행령 제88조 제3항은 인천공항출입국관리사무소장으로부터 송환지시를 받은 운수업자는 송환을 요구받은 외국인을 송환할 때까지 그를 '보호'하여야 한다는 규정을 두고 있기는 하다. 그러나 위 시행령의 상위규범인 출입국관리법상으로는 사인인 운수업자 또는 운수업자 협의회에 또 다른 사인인 외국인에 대한 일정한 자유 제한을 위한 유형력 행사를 위임하는 규정이 전혀 없는 점(출입국관리법 제76조는 운수업자에게 일방적 송환의무만을 부과하고 있을 뿐이다), 출입국관리법 제2조 제11호 역시 '보호'에 대해 '출입국관리공무원'에 의한 공권력 행사 행위를 의미한다고 규정하고 있는 점에 비추어 보면, 결국 위 시행령 규정에서 말하는 '보호'가 위 법상 규정에 따라 송환의무를 부담하는 운수업자가 송환을 완료하기까지 당해 외국인의 생명 또는 신체적 안전에 대한 위험을 방지하기 위한 수준의 배려를 의미하는 것을 넘어 신체적 자유의 제한을 당연한 전제로 하는 출입국관리법상의 '보호' 또는 이에 준하는 물리력의 행사를 용인케 하는 '보호'에 해당하는 것으로 해석되지 아니한다. 결국 위 시행령 규정은 외국인의 신체적 자유를 제한하고 있는 이 사건 송환대기실의 설치 근거가 될 수 없고, 청구인에 대한 신체의 자유 제한의 근거 규정이 될 수도 없다.], 나아가 인천공항출입국관리사무소가 주장하는 바와 같은 행정 목적 달성(입국불허 외국인의 보호 및 효과적인 송환, 환승 구역의 질서유지 등)이라는 공익이 법상 근거 없이 운영되면서 난민인정 여부에 대한 사법적 심사를 기다리고 있는 청구인에 대한 신체적 자유를 심각하게 제한하는 이 사건 송환대기실 수용의 위법성을 치유하는 것이라고 할 수도 없다. 결국 수용자들에 의해 운용되는 이 사건 송환대기실에 청구인을 수용하고 의사에 반하여 수용을 해제하고 있지 아니한 행위는 위법하고, 이와 달리 이 사건 수용이 적법함에 대한 수용자들의 소명이 존재하지 아니한다.

【해 설】

(1) 체포·구속적부심사청구제도: 체포영장이나 구속영장에 의하여 체포나 구속된 피의자 또는 그 변호인·가족 등이 관할법원에 체포 또는 구속의 적부심사를 청구할 경우에 법관이 즉시 피의자와 변호인이 출석한 공개법정에서 체포 또는 구속의 이유를 밝히도록 하고, 체포 또는 구속의 이유가 부당하거나 적법한 것이 아닐 때에는 법관이 직권으로 피의자를 석

방하는 제도를 말한다. 이는 영장발부에 대한 재심사의 기회를 줌으로써 인신보호에 만전을 기하려는 것이며, 사후구제책인 체포·구속적부심사제를 통하여 사전예방책인 영장주의에 대한 일종의 보완적 기능을 가진다.

(2) **헌법 제12조 제6항**은 「누구든지 체포 또는 구속을 당한 때에는 적부의 심사를 법원에 청구할 권리를 가진다」라고 규정하고 있다. 또한 **형사소송법 제214조의2**(체포와 구속의 적부심사)에 의하면 「① 체포되거나 구속된 피의자 또는 그 변호인, 법정대리인, 배우자, 직계친족, 형제자매나 가족, 동거인 또는 고용주는 관할법원에 체포 또는 구속의 적부심사를 청구할 수 있다. ② 피의자를 체포하거나 구속한 검사 또는 사법경찰관은 체포되거나 구속된 피의자와 제1항에 규정된 사람 중에서 피의자가 지정하는 사람에게 제1항에 따른 적부심사를 청구할 수 있음을 알려야 한다. ③ 법원은 제1항에 따른 청구가 다음 각 호의 어느 하나에 해당하는 때에는 제4항에 따른 심문 없이 결정으로 청구를 기각할 수 있다. 1. 청구권자 아닌 사람이 청구하거나 동일한 체포영장 또는 구속영장의 발부에 대하여 재청구한 때 2. 공범이나 공동피의자의 순차청구가 수사 방해를 목적으로 하고 있음이 명백한 때 ④ 제1항의 청구를 받은 법원은 청구서가 접수된 때부터 48시간 이내에 체포되거나 구속된 피의자를 심문하고 수사 관계 서류와 증거물을 조사하여 그 청구가 이유 없다고 인정한 경우에는 결정으로 기각하고, 이유 있다고 인정한 경우에는 결정으로 체포되거나 구속된 피의자의 석방을 명하여야 한다. 심사 청구 후 피의자에 대하여 공소제기가 있는 경우에도 또한 같다. ⑤ 법원은 구속된 피의자(심사청구 후 공소제기된 사람을 포함한다)에 대하여 피의자의 출석을 보증할 만한 보증금의 납입을 조건으로 하여 결정으로 제4항의 석방을 명할 수 있다. 다만, 다음 각 호에 해당하는 경우에는 그러하지 아니하다. 1. 범죄의 증거를 인멸할 염려가 있다고 믿을 만한 충분한 이유가 있을 때 2. 피해자, 당해 사건의 재판에 필요한 사실을 알고 있다고 인정되는 사람 또는 그 친족의 생명·신체나 재산에 해를 가하거나 가할 염려가 있다고 믿을 만한 충분한 이유가 있는 때 ⑥ 제5항의 석방 결정을 하는 경우에는 주거의 제한, 법원 또는 검사가 지정하는 일시·장소에 출석할 의무, 그 밖의 적당한 조건을 부가할 수 있다. ⑦ 제5항에 따라 보증금 납입을 조건으로 석방을 하는 경우에는 제99조와 제100조를 준용한다. ⑧ 제3항과 제4항의 결정에 대해서는 항고할 수 없다. ⑨ 검사·변호인·청구인은 제4항의 심문기일에 출석하여 의견을 진술할 수 있다. ⑩ 체포되거나 구속된 피의자에게 변호인이 없는 때에는 제33조를 준용한다. ⑪ 법원은 제4항의 심문을 하는 경우 공범의 분리심문이나 그 밖에 수사상의 비밀보호를 위한 적절한 조치를 하여야 한다. ⑫ 체포영장이나 구속영장을 발부한 법관은 제4항부터 제6항까지의 심문·조사·결정에 관여할 수 없다. 다만, 체포영장이나 구속영장을 발부한 법관 외에는 심문·조사·결정을 할 판사가 없는 경우에는 그러하지 아니하다. ⑬ 법원이 수사 관계 서류와 증거물을 접수한 때부터 결정 후 검찰청에 반환된 때까지의 기간은 제200조의2 제5항(제213조의2에 따라 준용되는 경우를 포함한다) 및 제200조의4 제1항을 적용할 때에는 그 제한기간에 산입하지 아니하고, 제202조·제203조 및 제205조를 적용할 때에는 그 구속기간에 산입하지 아니한다. ⑭ 제4항에 따라 피의자를 심문하는 경우에는 제201조의2 제6항을 준용한다」라고 규정하고 있다.

형사소송법 제214조의3(재체포 및 재구속의 제한)은 「① 제214조의2 제4항에 따른 체포 또는 구속 적부심사결정에 의하여 석방된 피의자가 도망하거나 범죄의 증거를 인멸하는 경

18. 인신보호법상 구제청구와 체포·구속적부심사청구

우를 제외하고는 동일한 범죄사실로 재차 체포하거나 구속할 수 없다. ② 제214조의2 제5항에 따라 석방된 피의자에게 다음 각 호의 어느 하나에 해당하는 사유가 있는 경우를 제외하고는 동일한 범죄사실로 재차 체포하거나 구속할 수 없다. 1. 도망한 때 2. 도망하거나 범죄의 증거를 인멸할 염려가 있다고 믿을 만한 충분한 이유가 있는 때 3. 출석요구를 받고 정당한 이유없이 출석하지 아니한 때 4. 주거의 제한이나 그 밖에 법원이 정한 조건을 위반한 때」라고 규정하고 있다.

※ 인신보호법

[일부개정 2017. 10. 31. 법률 제14972호, 시행 2017. 10. 31.]

제1조(목적) 이 법은 위법한 행정처분 또는 사인에 의한 시설에의 수용으로 인하여 부당하게 인신의 자유를 제한당하고 있는 개인의 구제절차를 마련함으로써 「헌법」이 보장하고 있는 국민의 기본권을 보호하는 것을 목적으로 한다.

제2조(정의) ① 이 법에서 "피수용자"란 자유로운 의사에 반하여 국가, 지방자치단체, 공법인 또는 개인, 민간단체 등이 운영하는 의료시설·복지시설·수용시설·보호시설(이하 "수용시설"이라 한다)에 수용·보호 또는 감금되어 있는 자를 말한다. 다만, 형사절차에 따라 체포·구속된 자, 수형자 및 「출입국관리법」에 따라 보호된 자는 제외한다. ② 이 법에서 "수용자"란 수용시설의 장 또는 운영자를 말한다.

제3조(구제청구) 피수용자에 대한 수용이 위법하게 개시되거나 적법하게 수용된 후 그 사유가 소멸되었음에도 불구하고 계속 수용되어 있는 때에는 피수용자, 그 법정대리인, 후견인, 배우자, 직계혈족, 형제자매, 동거인, 고용주 또는 수용시설 종사자(이하 "구제청구자"라 한다)는 이 법으로 정하는 바에 따라 법원에 구제를 청구할 수 있다. 다만, 다른 법률에 구제절차가 있는 경우에는 상당한 기간 내에 그 법률에 따른 구제를 받을 수 없음이 명백하여야 한다.

제4조(관할) 구제청구를 심리하는 관할 법원은 당해 피수용자 또는 수용시설의 주소, 거소 또는 현재지를 관할하는 지방법원 또는 지원으로 한다.

제8조(청구사건의 심리) ① 법원은 구제청구에 대하여 이를 각하하는 경우를 제외하고 지체 없이 수용의 적법 여부 및 수용을 계속할 필요성 등에 대하여 심리를 개시하여야 한다.

제9조(수용의 임시해제 등) ① 법원은 수용을 계속하는 경우 발생할 것으로 예상되는 신체의 위해 등을 예방하기 위하여 긴급한 필요가 있다고 인정하는 때에는 직권 또는 구제청구자의 신청에 따라 피수용자의 수용을 임시로 해제할 것을 결정할 수 있다.

제13조(결정) ① 법원은 구제청구사건을 심리한 결과 그 청구가 이유가 있다고 인정되는 때에는 결정으로 피수용자의 수용을 즉시 해제할 것을 명하여야 한다. ② 법원은 구제청구가 이유 없다고 인정하는 때에는 이를 기각하여야 한다.

제16조(재수용의 금지) 이 법에 따라 수용이 해제된 자는 구제청구의 전제가 된 사유와 같은 사유로 다시 수용할 수 없다.

※ 난민법

[일부개정 2016. 12. 20. 법률 제14408호, 시행 2016. 12. 20.]

제1조(목적) 이 법은 「난민의 지위에 관한 1951년 협약」(이하 "난민협약"이라 한다) 및 「난민의 지위에 관한 1967년 의정서」(이하 "난민의정서"라 한다) 등에 따라 난민의 지위와 처우 등에 관한 사항을 정함을 목적으로 한다.

제2조(정의) 이 법에서 사용하는 용어의 뜻은 다음과 같다. 1. "**난민**"이란 인종, 종교, 국적, 특정 사회집단의 구성원인 신분 또는 정치적 견해를 이유로 박해를 받을 수 있다고 인정할 충분한 근거가 있는 공포로 인하여 국적국의 보호를 받을 수 없거나 보호받기를 원하지 아니하는 외국인 또는 그러한 공포로 인하여 대한민국에 입국하기 전에 거주한 국가(이하 "상주국"이라 한다)로 돌아갈 수 없거나 돌아가기를 원하지 아니하는 무국적자인 외국인을 말한다. 2. "**난민으로 인정된 사람**"(이하 "**난민인정자**"라 한다)이란 이 법에 따라 난민으로 인정을 받은 외국인을 말한다. 3. "**인도적 체류 허가를 받은 사람**"(이하 "**인도적 체류자**"라 한다)이란 제1호에는 해당하지 아니하지만 고문 등의 비인도적인 처우나 처벌 또는 그 밖의 상황으로 인하여 생명이나 신체의 자유 등을 현저히 침해당할 수 있다고 인정할 만한 합리적인 근거가 있는 사람으로서 대통령령으로 정하는 바에 따라 법무부장관으로부터 체류허가를 받은 외국인을 말한다. 5. "**재정착희망난민**"이란 대한민국 밖에 있는 난민 중 대한민국에서 정착을 희망하는 외국인을 말한다. 6. "**외국인**"이란 대한민국의 국적을 가지지 아니한 사람을 말한다.

제3조(강제송환의 금지) 난민인정자와 인도적체류자 및 난민신청자는 난민협약 제33조 및 「고문 및 그 밖의 잔혹하거나 비인도적 또는 굴욕적인 대우나 처벌의 방지에 관한 협약」 제3조에 따라 본인의 의사에 반하여 강제로 송환되지 아니한다.

제5조(난민인정 신청) ① 대한민국 안에 있는 외국인으로서 난민인정을 받으려는 사람은 법무부장관에게 난민인정 신청을 할 수 있다. 이 경우 외국인은 난민인정신청서를 지방출입국·외국인관서의 장에게 제출하여야 한다. ③ 난민인정 신청은 서면으로 하여야 한다. 다만, 신청자가 글을 쓸 줄 모르거나 장애 등의 사유로 인하여 신청서를 작성할 수 없는 경우에는 접수하는 공무원이 신청서를 작성하고 신청자와 함께 서명 또는 기명날인하여야 한다.

제12조(변호사의 조력을 받을 권리) 난민신청자는 변호사의 조력을 받을 권리를 가진다.

제18조(난민의 인정 등) ① 법무부장관은 난민인정 신청이 이유 있다고 인정할 때에는 난민임을 인정하는 결정을 하고 난민인정증명서를 난민신청자에게 교부한다. ② 법무부장관은 난민인정 신청에 대하여 난민에 해당하지 아니한다고 결정하는 경우에는 난민신청자에게 그 사유와 30일 이내에 이의신청을 제기할 수 있다는 뜻을 적은 난민불인정결정통지서를 교부한다.

제22조(난민인정결정의 취소 등) ① 법무부장관은 난민인정결정이 거짓 서류의 제출이나 거짓 진술 또는 사실의 은폐에 따른 것으로 밝혀진 경우에는 난민인정을 취소할 수 있다. ② 법무부장관은 난민인정자가 다음 각 호의 어느 하나에 해당하는 경우에는 난민인정결정을 철회할 수 있다. 1. 자발적으로 국적국의 보호를 다시 받고 있는 경우 2. 국적을 상실한 후 자발적으로 국적을 회복한 경우 3. 새로운 국적을 취득하여 그 국적국의 보호를 받고 있

는 경우 4. 박해를 받을 것이라는 우려 때문에 거주하고 있는 국가를 떠나거나 또는 그 국가 밖에서 체류하고 있다가 자유로운 의사로 그 국가에 재정착한 경우 5. 난민인정결정의 주된 근거가 된 사유가 소멸하여 더 이상 국적국의 보호를 받는 것을 거부할 수 없게 된 경우 6. 무국적자로서 난민으로 인정된 사유가 소멸되어 종전의 상주국으로 돌아갈 수 있는 경우

제30조(난민인정자의 처우) ① 대한민국에 체류하는 난민인정자는 다른 법률에도 불구하고 난민협약에 따른 처우를 받는다.

제31조(사회보장) 난민으로 인정되어 국내에 체류하는 외국인은 「사회보장기본법」 제8조 등에도 불구하고 대한민국 국민과 같은 수준의 사회보장을 받는다.

제32조(기초생활보장) 난민으로 인정되어 국내에 체류하는 외국인은 「국민기초생활 보장법」 제5조의2에도 불구하고 본인의 신청에 따라 같은 법 제7조부터 제15조까지에 따른 보호를 받는다.

제33조(교육의 보장) ① 난민인정자나 그 자녀가 「민법」에 따라 미성년자인 경우에는 국민과 동일하게 초등교육과 중등교육을 받는다. ② 법무부장관은 난민인정자에 대하여 대통령령으로 정하는 바에 따라 그의 연령과 수학능력 및 교육여건 등을 고려하여 필요한 교육을 받을 수 있도록 지원할 수 있다.

제38조(난민인정자에 대한 상호주의 적용의 배제) 난민인정자에 대하여는 다른 법률에도 불구하고 상호주의를 적용하지 아니한다.

제40조(생계비 등 지원) ① 법무부장관은 대통령령으로 정하는 바에 따라 난민신청자에게 생계비 등을 지원할 수 있다. ② 법무부장관은 난민인정 신청일부터 6개월이 지난 경우에는 대통령령으로 정하는 바에 따라 난민신청자에게 취업을 허가할 수 있다.

제41조(주거시설의 지원) ① 법무부장관은 대통령령으로 정하는 바에 따라 난민신청자가 거주할 주거시설을 설치하여 운영할 수 있다.

제42조(의료지원) 법무부장관은 대통령령으로 정하는 바에 따라 난민신청자에게 의료지원을 할 수 있다.

[부산고법 2017. 10. 27. 2017누22336 판결]

우리나라에 입국하여 난민으로 인정받아 F-2 체류자격으로 국내에 거주하던 갑이 공립 특수학교로부터 입학허가를 받고 등교하게 되었는데, 병원에서 뇌병변장애 진단을 받고 학교 통학 및 병원 통원을 도와줄 활동보조인 파견 등 장애인 복지서비스를 제공받기 위해 관할 구청장에게 장애인 등록신청을 하였으나, 구청장이 그 신청을 반려하고 갑의 체류자격은 장애인 등록이 허용되지 않는 체류자격이라는 이유로 장애인 등록을 거부한 사안에서, 난민법 제30조에 따르면 우리나라에 체류하는 난민인정자는 다른 법률에도 불구하고 난민의 지위에 관한 1951년 협약(이하 '난민협약'이라 한다)에 따른 처우를 받는데, 난민협약 제24조 제1항에 따르면 체약국은 합법적으로 그 영역 내에 체재하는 난민에게 사회보장에 관하여 자국민에게 부여하는 대우와 동일한 대우를 부여한다고 규정하고 있는 점, 난민법 제31조는 사회보장 관계 법령에서 외국인에 대한 사회보장 제한 또는 사회보장 특례를 규정하고 있더

라도 난민의 경우에는 대한민국 국민과 같은 수준의 사회보장을 받는다는 의미로 보아야 하는 점, 장애인복지법 제32조의2 제1항 제3호에 따르면 거주(F-2) 체류자격의 경우 장애인 등록을 할 수 있는 외국인에 해당하지 않으나 같은 법 제32조의2가 난민법 제30조, 제31조의 규정에도 불구하고 위 조항에 해당하지 아니하는 외국인은 장애인 등록을 할 수 없다는 의미가 아닌 점 등에 비추어, 난민인정자인 갑에게 장애인복지법 제32조 제1항 등에 근거하여 장애인 등록을 하고 그에 따른 복지서비스의 제공을 받을 수 있는 권리가 인정된다는 이유로 위 처분이 위법하다고 한 사례이다.

[수원지법 2018. 2. 13. 2017구합67316 판결]

이란이슬람공화국 국적의 갑이 단기종합(C-3) 체류자격으로 대한민국에 입국한 후 약 13년을 불법체류하던 중 강제퇴거명령을 받고 외국인보호소에 보호되어 있다가 '대한민국 체류 중 이슬람교에서 기독교로 개종하여 종교적 박해를 받을 우려가 있다'는 사유로 난민인정을 신청하였으나 외국인보호소장이 난민불인정결정통지를 한 사안에서, 갑이 체류기간 연장을 위하여 난민신청을 한 것이 아닌지 동기가 의심되기는 하나 개종으로 인한 자신과 가족들에 대한 이란 정부의 탄압, 난민인정 여부의 불확실성 등을 고려하여 실제로 개종을 하였더라도 신변의 위험성을 감소시키기 위하여 난민신청을 미루었던 것으로 볼 수도 있으므로 그러한 사정만으로 갑의 개종사실에 대한 진술의 신빙성을 부정하기는 어려운 점, 갑이 기독교 교회 교인으로 등록 후 세례를 받고 상당한 기간 동안 신앙생활을 지속하였으며 이란인들을 자신의 집으로 불러 기독교를 소개하거나 노방전도 등을 통해 다수의 이란인들을 교회로 데려오는 등 적극적인 종교활동을 한 점, 이란인이 단순히 기독교로 개종하는 것에 그치지 아니하고 적극적인 포교활동까지 나아갈 경우 이란 정부에 의해 임의적인 체포와 심문을 당할 우려가 있고 신체적·정신적 고문에 노출될 것으로 보이는 점 등에 비추어, 갑이 이란으로 귀국하면 이란 정부에 의하여 기독교 개종자라는 이유로 박해를 받을 충분한 근거 있는 공포가 있다고 보는 것이 타당하므로 난민법 제2조 제1호에서 정한 난민에 해당한다고 한 사례이다.

19. 사생활의 비밀과 자유 / 초상권

[대법원 2013. 6. 27. 2012다31628 판결]

> 원심은, 그 채택 증거에 의하여 판시와 같은 사실을 인정한 다음, 피고들은 원고들의 동의 없이 원고들의 사생활 영역에 속하는 양가 상견례, 데이트 장면 등을 상세히 묘사하고, 원고들을 무단으로 촬영한 사진을 함께 싣는 이 사건 보도를 함으로써 원고들의 사생활의 비밀과 자유를 침해하였고, 또 원고 2의 동의 없이 그녀의 얼굴을 무단으로 촬영하고 그 사진을 게재하여 이 사건 보도를 함으로써 그 초상권을 침해하였으므로, 특별한 사정이 없는 한 피고들은 공동불법행위자로서 원고들이 입은 정신적 손해를 배상할 의무가 있다고 판단하였다. 나아가 원심은 그 판시와 같은 사정들을 근거로, 이 사건 제2, 5기사 중 원고 2의 초상과 원고 1의 세부적인 사생활 장면이 나타나는 사진을 제외한 부분의 보도는 공중의 정당한 관심의 대상이 된 원고들의 사생활 영역에 관한 사항을 상당한 방법으로 공표한 것이라고 볼 수 있으므로 비록 이로 인하여 원고들의 사생활의 비밀과 자유가 침해되더라도 그 위법성이 조각되고, 피고들이 이 사건 제1, 3, 4, 6기사를 공표하고 이 사건 제2, 5기사 중 위에서 본 사진 부분을 공표한 행위는 원고들의 사생활의 비밀과 자유, 원고 2의 초상권을 침해하는 행위로서 그 위법성이 조각되지 아니한다고 판단하였다.

【요 지】

(1) 불법행위를 구성하는 사생활의 비밀과 자유 또는 초상권에 대한 부당한 침해가 공개된 장소에서 이루어졌다거나 민사소송의 증거를 수집할 목적으로 이루어졌다고 하여 정당화되는지 여부(소극): 헌법 제10조 제1문, 제17조, 제21조 제4항, 형법 제316조, 제317조 등 여러 규정을 종합하여 보면, 사람은 자신의 사생활의 비밀에 관한 사항을 함부로 타인에게 공개당하지 아니할 법적 이익을 가진다고 할 것이므로, 개인의 사생활의 비밀에 관한 사항은 그것이 공공의 이해와 관련되어 공중의 정당한 관심의 대상이 되는 사항이 아닌 한, 비밀로서 보호되어야 한다. 또한 사람은 누구나 자신의 얼굴 기타 사회통념상 특정인임을 식별할 수 있는 신체적 특징에 관하여 함부로 촬영 또는 그림묘사되거나 공표되지 아니하며 영리적으로 이용당하지 아니할 권리를 가지는데, 이러한 초상권도 헌법 제10조 제1문에 의하여 헌법적으로 보장되는 권리이다. 그러므로 사생활의 비밀과 자유 또는 초상권에 대한 부당한 침해는 불법행위를 구성하고, 그 침해는 그것이 공개된 장소에서 이루어졌다거나 민사소송의 증거를 수집할 목적으로 이루어졌다는 사유만으로는 정당화되지 아니한다.

(2) 사생활과 관련된 사항의 공개에 관하여 위법성이 조각되기 위한 요건 및 초상권 또는 사생활의 비밀과 자유를 침해하는 행위의 위법성을 판단할 때 고려하여야 할 요소와 위법성 조각에 관한 증명책임의 소재: 개인의 사생활과 관련된 사항의 공개가 사생활의 비밀을 침해하는 것이더라도, 사생활과 관련된 사항이 공공의 이해와 관련되어 공중의 정당한 관심의

대상이 되는 사항에 해당하고, 공개가 공공의 이익을 위한 것이며, 표현내용·방법 등이 부당한 것이 아닌 경우에는 위법성이 조각될 수 있다. 초상권이나 사생활의 비밀과 자유를 침해하는 행위를 둘러싸고 서로 다른 두 방향의 이익이 충돌하는 경우에는 구체적 사안에서의 사정을 종합적으로 고려한 이익형량을 통하여 침해행위의 최종적인 위법성이 가려진다. 이러한 이익형량과정에서, 첫째 침해행위의 영역에 속하는 고려요소로는 침해행위로 달성하려는 이익의 내용 및 중대성, 침해행위의 필요성과 효과성, 침해행위의 보충성과 긴급성, 침해방법의 상당성 등이 있고, 둘째 피해이익의 영역에 속하는 고려요소로는 피해법익의 내용과 중대성 및 침해행위로 인하여 피해자가 입는 피해의 정도, 피해이익의 보호가치 등이 있다. 그리고 일단 권리의 보호영역을 침범함으로써 불법행위를 구성한다고 평가된 행위가 위법하지 아니하다는 점은 이를 주장하는 사람이 증명하여야 한다.

(3) 갑 주식회사 등이 을, 병의 동의 없이 을 등의 사생활 영역에 속하는 양가 상견례, 데이트 장면 등을 상세히 묘사하고, 을 등을 무단으로 촬영한 사진을 함께 싣는 보도를 한 사안에서, 갑 회사 등은 위 보도를 통해 을 등의 사생활의 비밀과 자유, 을의 초상권을 침해하였으므로 공동불법행위자로서 을 등이 입은 정신적 손해를 배상할 의무가 있다고 한 사례이다.

【이 유】

(1) **손해배상책임의 성립**: 헌법 제10조 제1문은 "모든 국민은 인간으로서의 존엄과 가치를 가지며, 행복을 추구할 권리를 가진다.", 헌법 제17조는 "모든 국민은 사생활의 비밀과 자유를 침해받지 아니한다.", 제21조 제4항은 "언론·출판은 타인의 명예나 권리 또는 공중도덕이나 사회윤리를 침해하여서는 아니된다. 언론·출판이 타인의 명예나 권리를 침해한 때에는 피해자는 이에 대한 피해의 배상을 청구할 수 있다."고 규정하고 있고, 형법 제316조, 제317조에는 개인의 사생활의 비밀과 평온을 보호하기 위하여 일정한 개인의 비밀을 침해하거나 누설하는 행위를 처벌하는 규정을 두고 있다. 앞서 본 관련 법리들에 비추어 기록을 살펴보면 원심의 위와 같은 판단은 정당한 것으로 수긍할 수 있고, 거기에 상고이유의 주장과 같이 사생활의 비밀과 자유, 언론의 취재 및 보도의 자유, 초상권, 취재방법의 위법성 등에 관한 법리를 오해하여 판결에 영향을 미친 위법이 없다.

(2) **손해배상의 범위**: 사생활의 비밀과 자유 또는 초상권의 침해를 당한 사람에게는 특별한 사정이 없는 한 정신적 고통이 수반된다고 봄이 상당하고, 한편 불법행위로 입은 정신적 고통에 대한 위자료 액수에 관하여는 사실심 법원이 여러 사정을 참작하여 그 직권에 속하는 재량에 의하여 이를 확정할 수 있다. 원심은 이 사건 보도의 경위와 기사의 취재 및 게재 방식, 게재된 기사의 내용 및 사진의 비중, 원고들의 사회적 지위, 이 사건 각 기사가 게재된 기간 및 이 사건 보도로 인한 원고들의 행동상 제약의 정도 등 이 사건 변론에 나타난 여러 가지 사정을 참작하여 원고들에 대한 위자료 액수를 그 판시와 같이 정하였다. 원심이 위와 같이 위자료 액수를 정한 조치는 수긍할 수 있고, 거기에 상고이유의 주장과 같

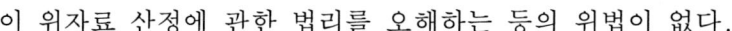

이 위자료 산정에 관한 법리를 오해하는 등의 위법이 없다.

【해 설】

(1) 인간의 생활영역은 공적 생활영역과 사적 생활영역으로 구별되며, 사생활영역은 국가적 생활이나 공적 생활과는 직접 관련이 없다. 따라서 사생활영역에 있어서 개개인은 그 인격발현을 위하여(인격권) 자유로이 사고하고(사상의 자유) 행동할 수 있으며(일반적 행동자유권), 자유로이 타인과 접촉하고(교제의 자유) 대화할 수 있으며(통신의 자유), 자신이 원하는 공간에 자유로이 거주하고 이동할 수 있으며(거주·이전의 자유), 사적 생활공간에 대한 부당한 간섭을 거부하고(주거의 불가침) 사적생활의 평온을 교란받지 아니하며(사생활의 자유), 자신에 관한 사적 사항을 함부로 공표당하지 아니하고(사생활의 비밀) 사적 사항에 관한 정보를 악용당하지 아니할 권리(자기정보관리통제권)를 가진다.

이러한 일련의 자유와 권리는 넓은 의미에서의 사생활자유권의 내용을 이루는 요소들이며, 이들 자유와 권리는 인간의 생래적 권리인 자연권으로서 국가안전보장·질서유지 또는 공공복리를 위하여 불가피한 경우가 아니면 제한되지 아니한다. 정보화 사회인 현대사회에서는 특히 개인의 사생활이 공간적·내용적으로 중대한 위기를 맞고 있다. 따라서 대다수의 국가들이 사생활을 법률 혹은 헌법의 차원에서 보호하고 있다.

헌법 제17조는 「모든 국민은 사생활의 비밀과 자유를 침해받지 아니한다」라고 명시하고 있으며, 이 때 사생활의 비밀과 자유의 불가침은 사생활의 내용을 공개당하지 아니할 권리, 사생활의 자유로운 형성과 전개를 방해받지 아니할 권리, 자신에 관한 정보를 스스로 관리·통제할 수 있는 권리 등을 내용으로 하는 복합적 성질의 권리이다. 일반적으로 **인격권**이란 함은 권리주체와 분리될 수 없는 인격적 이익, 즉 생명·신체·건강·명예·정조·성명·초상·사생활의 비밀과 자유 등의 향유를 내용으로 하는 권리를 말한다. 따라서 사생활의 비밀과 자유는 인격권의 범주에 속하는 권리라고 말할 수 있다.

사생활의 비밀과 자유는 감정을 소유하고 정신적 고통을 느낄 수 있는 인간의 권리를 의미하므로 내·외국인을 불문하고 모든 인간이 누릴 수 있다. 또한 원칙적으로 생존하고 있는 자연인만이 누릴 수 있고 사자(死者)는 그 주체가 될 수 없다. 그러나 예외적으로 사자의 사생활비밀에 관한 권리의 침해가 동시에 생존자에 관한 권리를 침해하는 경우라든가 사자와 생존자간에 일정한 관계가 존재할 때에는 생존자에 관해서 문제가 될 수 있다. 그리고 사생활의 비밀과 자유는 인간의 존엄성존중과 인격적 가치를 보호하려는 것이므로 법인은 원칙적으로 그 주체가 될 수 없다. 다만 법인도 명예의 주체가 될 수 있으므로 그 명예가 훼손되거나 명칭·상호 등이 타인에 의하여 영리의 목적으로 이용당하는 경우에는 권리의 침해가 성립될 수 있다.

(2) **사생활의 비밀과 자유의 내용**을 구분하여 살펴보면 다음과 같다.

(가) **사생활의 비밀의 불가침**: 본인이 비밀로 하고자 하는 개인에 관한 난처한 사적 사항은 신문·잡지·영화·TV 등 매스미디어가 사실을 사실대로 공개하는 것도 허용되지 아니한다. 더구나 허구의 사실을 공표하거나 사실을 과장·왜곡하여 공표함으로써 세인으로 하여금 특정인을 오해하도록 하여서는 아니된다. 또한 성명·초상·경력·이미지 등 본인에게 고유한 속성

인 인격적 징표는 도용되어서는 아니된다. 가령 본인의 동의없이 초상을 촬영하거나 명의를 사용하는 행위와 개인의 고유한 이미지를 사용하는 행위 등이 그 예이다. 이것이 최근에는 **퍼블리시티권(초상게재권)**으로 주장되기도 한다. 즉 퍼블리시티권(right of publicity)은 사회적으로 저명한 사람이 자신의 이름이나 사진 혹은 모습 등이 상업적으로 부당하게 이용되는 것을 방지하기 위하여 보호되는 유명도에 관한 개인적 권리이며 새로운 지적 재산권이라 할 수 있다. 사생활의 비밀을 공개한 행위가 불법행위에 해당하려면 ㉠ 사생활의 공개가 사실을 공공연하게 폭로하는 것이어야 하고 ㉡ 폭로된 사실이 사적 사항이어야 하며 ㉢ 공개된 사실이 평균적 감수성을 가진 합리적 인간의 감정을 침해하는 것이어야 하고 ㉣ 공개된 사적 사항이 자신에 관한 것이라는 증명, 즉 일체성이 입증되어야 한다.

(나) 사생활의 자유의 불가침: 사생활의 자유란 국가가 사생활의 자유로운 형성을 방해하거나 금지하는 것에 대한 보호를 의미한다. 즉 개인의 평온한 사생활을 적극적으로 방해 또는 침해하거나 소극적으로 감시·도청·도촬 등으로 교란함으로써 불안·불쾌감을 유발해서는 아니되며, 개인은 자기가 원하는 바에 따라 자유로이 사생활을 형성하고 영위하는 것을 억제 또는 위협받지 않아야 한다.

(다) 자기정보의 관리통제: 넓은 의미에서의 **자기정보 관리통제권(개인정보 자기결정권)**이라 함은 자신에 관한 정보를 보호받기 위하여 자신에 관한 정보를 자율적으로 결정하고 관리할 수 있는 권리를 말한다. 이에 대하여 좁은 의미의 자기정보 관리통제권이란 자기정보의 열람·정정·사용중지·삭제 등을 요구할 수 있는 권리를 말한다. 따라서 자기에 관한 정보의 열람을 청구할 수 있으며 정보의 무단공표금지를 요구할 수 있고 자기에 관한 정보에 잘못이 있을 때에는 그 정정을 구할 수 있다. 즉 자기정보 관리통제권은 청구권적 성격이 강한 능동적·적극적 권리이며 일신전속적인 권리이고, 그 중 자기정보 열람청구권은 알 권리로서의 성격도 아울러 가지고 있다.

[서울서부지법 2010. 4. 21. 2010카합245 결정]
<영문이니셜 등 사용금지가처분신청: 프로야구선수 퍼블리시티권 사건>
(가) 전직 프로야구 선수들의 사전 동의 없이 위 선수들의 성명을 영문 이니셜로 변경하여 인터넷 야구게임에 등장하는 캐릭터에 사용한 행위가 위 선수들의 자기동일성의 경제적 가치를 상업적으로 사용하여 퍼블리시티권을 침해한 것이라고 본 사례이다.

(나) 일반적으로 성명이나 초상 등 자기동일성이 가지는 경제적 가치를 상업적으로 사용하고 통제할 수 있는 배타적 권리라고 설명되는 퍼블리시티권은 이를 명시적으로 규정한 실정법이 존재하지는 않으나, 헌법상의 행복추구권과 인격권의 한 내용을 이루는 성명권에는 사회통념상 특정인임을 알 수 있는 방법으로 성명이 함부로 영리에 사용되지 않을 권리가 포함된다고 할 것인 점, 특정인의 성명 등에 관하여 형성된 경제적 가치가 이미 인터넷 게임업 등 관련 영업에서 널리 인정되고 있으므로 이를 침해하는 행위는 그 특정인에 대한 관계에서 민법상의 불법행위를 구성한다고 볼 것인 점 등에 비추어 보면, 특정인이 성명이나 초상 등 자기동일성의 상업적 사용에 대하여 배타적으로 지배할 수 있는 권리를 퍼블리시티권으로 파악하기에 충분하므로, 어떤 사람의 성명 전부 또는 일부를 그대로 사용하는 것은 물론 성명 전부 또는 일부를 그대로 사용하지 않더라도 그 사람을 나타낸다고 볼 수 있을 정도로 이를 변형하여 사용하는 경우에도 퍼블리시티권을 침해한 것으로 볼 것이며, 이러한 퍼블리시티권은 인격권, 행복추구권으로부터 파생된 것이기는 하나 재산권적 성격도 가지고

19. 사생활의 비밀과 자유 / 초상권

있다.

※ 개인정보 보호법
[일부개정 2020. 2. 4. 법률 제16930호, 시행 2020. 8. 5.]

제1조(목적) 이 법은 개인정보의 처리 및 보호에 관한 사항을 정함으로써 개인의 자유와 권리를 보호하고, 나아가 개인의 존엄과 가치를 구현함을 목적으로 한다.

제2조(정의) 이 법에서 사용하는 용어의 뜻은 다음과 같다. 1. "**개인정보**"란 살아 있는 개인에 관한 정보로서 다음 각 목의 어느 하나에 해당하는 정보를 말한다. 가. 성명, 주민등록번호 및 영상 등을 통하여 개인을 알아볼 수 있는 정보 나. 해당 정보만으로는 특정 개인을 알아볼 수 없더라도 다른 정보와 쉽게 결합하여 알아볼 수 있는 정보. 이 경우 쉽게 결합할 수 있는지 여부는 다른 정보의 입수 가능성 등 개인을 알아보는 데 소요되는 시간, 비용, 기술 등을 합리적으로 고려하여야 한다. 다. 가목 또는 나목을 제1호의2에 따라 가명처리함으로써 원래의 상태로 복원하기 위한 추가 정보의 사용·결합 없이는 특정 개인을 알아볼 수 없는 정보(이하 "가명정보"라 한다) 1의 2. "**가명처리**"란 개인정보의 일부를 삭제하거나 일부 또는 전부를 대체하는 등의 방법으로 추가 정보가 없이는 특정 개인을 알아볼 수 없도록 처리하는 것을 말한다. 2. "**처리**"란 개인정보의 수집, 생성, 연계, 연동, 기록, 저장, 보유, 가공, 편집, 검색, 출력, 정정, 복구, 이용, 제공, 공개, 파기, 그 밖에 이와 유사한 행위를 말한다. 3. "**정보주체**"란 처리되는 정보에 의하여 알아볼 수 있는 사람으로서 그 정보의 주체가 되는 사람을 말한다. 4. "**개인정보파일**"이란 개인정보를 쉽게 검색할 수 있도록 일정한 규칙에 따라 체계적으로 배열하거나 구성한 개인정보의 집합물을 말한다. 5. "**개인정보처리자**"란 업무를 목적으로 개인정보파일을 운용하기 위하여 스스로 또는 다른 사람을 통하여 개인정보를 처리하는 공공기관, 법인, 단체 및 개인 등을 말한다.

제3조(개인정보 보호 원칙) ① 개인정보처리자는 개인정보의 처리 목적을 명확하게 하여야 하고 그 목적에 필요한 범위에서 최소한의 개인정보만을 적법하고 정당하게 수집하여야 한다. ② 개인정보처리자는 개인정보의 처리 목적에 필요한 범위에서 적합하게 개인정보를 처리하여야 하며, 그 목적 외의 용도로 활용하여서는 아니 된다. ③ 개인정보처리자는 개인정보의 처리 목적에 필요한 범위에서 개인정보의 정확성, 완전성 및 최신성이 보장되도록 하여야 한다. ④ 개인정보처리자는 개인정보의 처리 방법 및 종류 등에 따라 정보주체의 권리가 침해받을 가능성과 그 위험 정도를 고려하여 개인정보를 안전하게 관리하여야 한다. ⑤ 개인정보처리자는 개인정보 처리방침 등 개인정보의 처리에 관한 사항을 공개하여야 하며, 열람청구권 등 정보주체의 권리를 보장하여야 한다. ⑥ 개인정보처리자는 정보주체의 사생활 침해를 최소화하는 방법으로 개인정보를 처리하여야 한다. ⑦ 개인정보처리자는 개인정보를 익명 또는 가명으로 처리하여도 개인정보 수집목적을 달성할 수 있는 경우 익명처리가 가능한 경우에는 익명에 의하여, 익명처리로 목적을 달성할 수 없는 경우에는 가명에 의하여 처리될 수 있도록 하여야 한다. ⑧ 개인정보처리자는 이 법 및 관계 법령에서 규정하고 있는 책임과 의무를 준수하고 실천함으로써 정보주체의 신뢰를 얻기 위하여 노력하여야 한다.

제4조(정보주체의 권리) 정보주체는 자신의 개인정보 처리와 관련하여 다음 각 호의 권리

를 가진다. 1. 개인정보의 처리에 관한 정보를 제공받을 권리 2. 개인정보의 처리에 관한 동의 여부, 동의 범위 등을 선택하고 결정할 권리 3. 개인정보의 처리 여부를 확인하고 개인정보에 대하여 열람(사본의 발급을 포함한다. 이하 같다)을 요구할 권리 4. 개인정보의 처리 정지, 정정·삭제 및 파기를 요구할 권리 5. 개인정보의 처리로 인하여 발생한 피해를 신속하고 공정한 절차에 따라 구제받을 권리

제15조(개인정보의 수집·이용) ① 개인정보처리자는 다음 각 호의 어느 하나에 해당하는 경우에는 개인정보를 수집할 수 있으며 그 수집 목적의 범위에서 이용할 수 있다. 1. 정보주체의 동의를 받은 경우 2. 법률에 특별한 규정이 있거나 법령상 의무를 준수하기 위하여 불가피한 경우 3. 공공기관이 법령 등에서 정하는 소관 업무의 수행을 위하여 불가피한 경우 4. 정보주체와의 계약의 체결 및 이행을 위하여 불가피하게 필요한 경우 5. 정보주체 또는 그 법정대리인이 의사표시를 할 수 없는 상태에 있거나 주소불명 등으로 사전 동의를 받을 수 없는 경우로서 명백히 정보주체 또는 제3자의 급박한 생명, 신체, 재산의 이익을 위하여 필요하다고 인정되는 경우 6. 개인정보처리자의 정당한 이익을 달성하기 위하여 필요한 경우로서 명백하게 정보주체의 권리보다 우선하는 경우. 이 경우 개인정보처리자의 정당한 이익과 상당한 관련이 있고 합리적인 범위를 초과하지 아니하는 경우에 한한다.

제23조(민감정보의 처리 제한) ① 개인정보처리자는 사상·신념, 노동조합·정당의 가입·탈퇴, 정치적 견해, 건강, 성생활 등에 관한 정보, 그 밖에 정보주체의 사생활을 현저히 침해할 우려가 있는 개인정보로서 대통령령으로 정하는 정보(이하 "민감정보"라 한다)를 처리하여서는 아니 된다. 다만, 다음 각 호의 어느 하나에 해당하는 경우에는 그러하지 아니하다. 1. 정보주체에게 제15조 제2항 각 호 또는 제17조 제2항 각 호의 사항을 알리고 다른 개인정보의 처리에 대한 동의와 별도로 동의를 받은 경우 2. 법령에서 민감정보의 처리를 요구하거나 허용하는 경우 ② 개인정보처리자가 제1항 각 호에 따라 민감정보를 처리하는 경우에는 그 민감정보가 분실·도난·유출·위조·변조 또는 훼손되지 아니하도록 제29조에 따른 안전성 확보에 필요한 조치를 하여야 한다.

제25조(영상정보처리기기의 설치·운영 제한) ① 누구든지 다음 각 호의 경우를 제외하고는 공개된 장소에 영상정보처리기기를 설치·운영하여서는 아니 된다. 1. 법령에서 구체적으로 허용하고 있는 경우 2. 범죄의 예방 및 수사를 위하여 필요한 경우 3. 시설안전 및 화재 예방을 위하여 필요한 경우 4. 교통단속을 위하여 필요한 경우 5. 교통정보의 수집·분석 및 제공을 위하여 필요한 경우 ② 누구든지 불특정 다수가 이용하는 목욕실, 화장실, 발한실, 탈의실 등 개인의 사생활을 현저히 침해할 우려가 있는 장소의 내부를 볼 수 있도록 영상정보처리기기를 설치·운영하여서는 아니 된다. 다만, 교도소, 정신보건 시설 등 법령에 근거하여 사람을 구금하거나 보호하는 시설로서 대통령령으로 정하는 시설에 대하여는 그러하지 아니하다. ⑤ 영상정보처리기기운영자는 영상정보처리기기의 설치 목적과 다른 목적으로 영상정보처리기기를 임의로 조작하거나 다른 곳을 비춰서는 아니 되며, 녹음기능은 사용할 수 없다.

제35조(개인정보의 열람) ① 정보주체는 개인정보처리자가 처리하는 자신의 개인정보에 대한 열람을 해당 개인정보처리자에게 요구할 수 있다.

제36조(개인정보의 정정·삭제) ① 제35조에 따라 자신의 개인정보를 열람한 정보주체는 개인정보처리자에게 그 개인정보의 정정 또는 삭제를 요구할 수 있다. 다만, 다른 법령에서

그 개인정보가 수집 대상으로 명시되어 있는 경우에는 그 삭제를 요구할 수 없다.

제39조(손해배상책임) ① 정보주체는 개인정보처리자가 이 법을 위반한 행위로 손해를 입으면 개인정보처리자에게 손해배상을 청구할 수 있다. 이 경우 그 개인정보처리자는 고의 또는 과실이 없음을 입증하지 아니하면 책임을 면할 수 없다.

[서울중앙지법 2020. 10. 15. 2019노4259 판결]

(가) 고등학교 교사인 피고인이 시교육청으로부터 2019학년도 대학수학능력시험 감독관으로 임명(위촉)되어 고사장 감독업무를 수행하면서 수험생의 성명, 주민등록번호, 연락처, 주소 등 개인정보가 포함된 응시원서를 제공받고 이를 각 수험생의 수험표와 대조하는 과정에서 갑의 연락처를 알게 되자 갑을 카카오톡 친구로 추가한 후 갑에게 카카오톡으로 "사실 ○○씨가 맘에 들어서요." 등의 메시지를 발송함으로써 개인정보처리자로부터 제공받은 개인정보를 제공받은 목적 외 용도로 이용하였다고 하여 구 개인정보 보호법(2020. 2. 4. 법률 제16930호로 개정되기 전의 것, 이하 '법'이라고 한다) 위반으로 기소된 사안이다.

(나) 법 제17조 제1항은 '개인정보처리자는 다음 각호의 어느 하나에 해당되는 경우에는 정보주체의 개인정보를 제3자에게 제공할 수 있다'고 하면서 '제공'의 태양에 '공유'를 포함한다고 규정하고 있어, 개인정보처리자가 그 정보를 공유할 정도로 밀접한 관계에 있는 자도 제3자에서 제외하지 않고 개인정보를 제공받은 자에 포함시키고 있고, 또한 개인정보를 제3자에게 제공할 수 있는 경우로서 제1호에서 '정보주체의 동의를 받은 경우'를, 제2호에서 '제15조 제1항 제2호·제3호 및 제5호 등에 따라 개인정보를 수집한 목적 범위에서 개인정보를 제공하는 경우'를 각 규정하고 있는데, 법 제15조 제1항 제3호는 '공공기관이 법령 등에서 정하는 소관 업무의 수행을 위하여 불가피한 경우'라고 규정하고 있으므로, 공공기관이 법령 등에서 정하는 소관 업무의 수행을 위하여 개인정보를 다른 사람에게 전달하는 행위는 개인정보의 제공에 당연히 포섭된다고 해석하여야 하는 점, 법은 제19조의 '개인정보처리자로부터 개인정보를 제공받은 자' 이외에 법 제28조에서 개인정보처리자의 지휘·감독을 받아 개인정보를 처리하는 자, 즉 '개인정보취급자' 규정을 별도로 두고 있으나, 위 규정은 개인정보취급자가 개인정보를 처리하는 경우 개인정보처리자에게 적절한 관리·감독 및 개인정보 취급에 관한 적절한 교육의무를 부과하는 것이어서 법 제17조 제2항, 제18조 제3항, 제5항에서 규정하고 있는, 개인정보처리자가 제3자에게 개인정보를 제공하는 경우에 부담하는 의무사항과 명백히 구분되므로 이를 법 제19조의 '개인정보를 제공받은 자'의 범위를 제한하는 근거로 보기는 어려운 점, 법에서 정한 '개인정보취급자'란 스스로 개인정보를 처리하는 경우가 아니라 '다른 사람을 통하여' 개인정보를 처리하는 경우에 상응하는 개념으로서, 자신의 의사에 따라 개인정보를 처리할 수 없고 오로지 개인정보처리자의 지휘·감독을 받아 개인정보파일 운용에 직접 관여하는 행위를 하는 자를 의미한다고 할 것인 점 등을 종합하면, 피고인은 대학수학능력시험의 감독업무 수행을 위하여 개인정보처리자인 시교육청으로부터 수험생들의 전화번호 등 개인정보를 받은 것이므로 법 제17조 제1항 제2호, 제15조 제1항 제3호의 '공공기관이 법령 등에서 정하는 소관 업무의 수행을 위하여 불가피한 경우'에 해당하여 법 제19조의 '개인정보처리자로부터 개인정보를 제공받은 자'에 포섭된다는 이유로, 이와 달리 피고인은 법 제28조에서 정한 '개인정보취급자'에 불과하여 법 제19조의 '개인정보처리자로부터 개인정보를 제공받은 자'에

해당하지 않는다고 보아 무죄를 선고한 제1심판결을 파기하고 유죄를 선고한 사례이다.

[대법원 2021. 4. 29. 2020다227455 판결]

(가) 사람은 누구나 자신의 얼굴 그 밖에 사회통념상 특정인임을 식별할 수 있는 신체적 특징에 관해 함부로 촬영되거나 그림으로 묘사되지 않고 공표되지 않으며 영리적으로 이용되지 않을 권리를 갖는다. 이러한 초상권은 헌법 제10조 제1문에 따라 헌법적으로도 보장되고 있는 권리이다. 또한 헌법 제10조는 헌법 제17조와 함께 사생활의 비밀과 자유를 보장하는데, 개인은 사생활이 침해되거나 사생활이 함부로 공개되지 않을 소극적인 권리뿐만 아니라 고도로 정보화된 현대사회에서 자신에 대한 정보를 자율적으로 통제할 수 있는 적극적인 권리도 가진다. 그러므로 초상권, 사생활의 비밀과 자유에 대한 부당한 침해는 불법행위를 구성하고 위 침해는 그것이 공개된 장소에서 이루어졌다거나 민사소송의 증거를 수집할 목적으로 이루어졌다는 사유만으로는 정당화되지 않는다.

(나) 개인의 사생활과 관련된 사항의 공개가 사생활의 비밀을 침해하는 것이더라도, 사생활과 관련된 사항이 공공의 이해와 관련되어 공중의 정당한 관심의 대상이 되는 사항에 해당하고, 공개가 공공의 이익을 위한 것이며, 표현내용·방법 등이 부당한 것이 아닌 경우에는 위법성이 조각될 수 있다. 초상권이나 사생활의 비밀과 자유를 침해하는 행위를 둘러싸고 서로 다른 두 방향의 이익이 충돌하는 경우에는 구체적 사안에서 여러 사정을 종합적으로 고려한 이익형량을 통하여 침해행위의 최종적인 위법성이 가려진다. 이러한 이익형량과정에서 첫째, 침해행위의 영역에 속하는 고려요소로는 침해행위로 달성하려는 이익의 내용과 중대성, 침해행위의 필요성과 효과성, 침해행위의 보충성과 긴급성, 침해방법의 상당성 등이 있고, 둘째, 피해이익의 영역에 속하는 고려요소로는 피해법익의 내용과 중대성, 침해행위로 피해자가 입는 피해의 정도, 피해이익의 보호가치 등이 있다. 그리고 일단 권리의 보호영역을 침범함으로써 불법행위를 구성한다고 평가된 행위가 위법하지 않다는 점은 이를 주장하는 사람이 증명하여야 한다.

(다) 아파트 입주자 갑이 아파트 단지 내에 현수막을 게시하던 중 다른 입주자 을로부터 제지를 당하자 을에게 욕설을 하였는데, 위 아파트의 부녀회장 병이 말다툼을 하고 있는 갑의 동영상을 촬영하여 입주자대표회의 회장 정에게 전송하였고, 정이 다시 이를 아파트 관리소장과 동대표들에게 전송한 사안에서, 공동주택관리법 시행령 제19조 제2항 제3호에 따르면 입주자는 공동주택에 광고물·표지물 또는 표지를 부착하는 행위를 하려는 경우에 관리주체의 동의를 받아야 하는데, 갑은 그러한 동의를 받지 않고 무단으로 현수막을 게시하였던 점, 갑이 게시한 현수막의 내용은 관리주체의 아파트 관리방법에 관한 반대의 의사표시로서 자신의 주장을 입주자들에게 널리 알리기 위한 것이고, 이러한 공적 논의의 장에 나선 사람은 사진 촬영이나 공표에 묵시적으로 동의하였다고 볼 수 있는 점, 갑에 대한 동영상이 관리주체의 구성원에 해당하는 관리소장과 동대표들에게만 제한적으로 전송된 점을 고려하면 갑의 동영상을 촬영한 것은 초상권 침해행위이지만, 행위 목적의 정당성, 수단·방법의 보충성과 상당성 등을 참작할 때 갑이 수인하여야 하는 범위에 속하므로, 위법성이 조각된다고 한 사례이다.

20. 공공의 이익과 사생활의 비밀

[대법원 2009. 9. 10. 2007다71 판결]

원심이 인정한 사실관계와 원심이 적법하게 채용한 증거들에 의하면, 피고 주식회사 문화방송(이하 '피고 회사'라 한다)이 2001. 7. 4. '피디(PD)수첩'을 통하여 '죽음 부른 사금고 ○○원 횡령사건'이라는 제명(제명)으로 방영한 프로그램(이하 '이 사건 프로그램'이라고 한다)은, 피고 회사의 담당 프로듀서인 피고 2가 사금고인 ○○상조회의 문제점을 지적하여 향후 한센병환자들의 정착촌에서 유사한 사건이 발생하는 것을 막고자 하는 의도에서 기획한 것으로서, 원고의 범죄혐의 사실을 공표하는데 주안점을 두고 있기보다는 사회병리적 현상에 대한 감시·고발에 중점을 둔 시사성이 강한 프로그램인 점, 원고가 이사장으로 재직하고 있던 기간 동안 ○○상조회가 유사수신행위의 규제에 관한 법률을 위반하여 사회적 약자인 한센병 환자 등을 상대로 불법적으로 여수신행위를 하여 오면서, 그 임직원들의 거액의 배임·횡령 및 부실대출, 예금기장 누락과 예금잔고 소진 등으로 인하여 정착촌 주민들이 예금을 찾지 못하고 소송에 휘말리며 일부는 양돈업도 그만두게 되는 등 절박하고 혼란스러운 상황에 처하게 되었고, 그 과정에서 ○○상조회 회원이었거나 임직원이었던 3명이 자살을 기도하여 2명이 사망하는 사태가 발생하였으므로 그 사회·경제·문화적 파장은 크다고 볼 수 있는 점, 이와 같은 일련의 사태는 사회적 관심을 불러일으키기에 충분한 사안이고 실제 다른 언론기관들도 이미 이 사건을 기사화하면서 일부 언론기관들은 ○○상조회에서 다액의 예금이 없어진 사실과 전임 이사진의 횡령 혐의에 대한 수사 진행 사실을 보도하였던 점, 원고는 위와 같은 일련의 사태의 원인이 발생한 기간 동안 한센병 환자 등을 상대로 사금융업을 하여 온 ○○상조회의 최고 관리·감독자인 이사장의 직위에 있었으므로 그 사태에 대한 법적 책임에서 자유롭기는 어려운 점, 실제로 원고는 이 사건 프로그램의 방영 전에 수사기관에 의하여 긴급체포되어 구속되었다가 일부 공소사실에 대하여는 무죄판결을 받기는 하였지만 최종적으로 유사수신행위의규제에관한법률위반죄와 업무상횡령죄 등으로 유죄의 확정판결을 받았고, 다른 ○○상조회 직원 2명도 업무상횡령죄 또는 업무상배임죄 등으로 유죄의 확정판결을 받았던 점, 이 사건 프로그램의 특성상 ○○상조회의 명칭과 그 전임 이사장에 대한 언급은 보도내용과 밀접한 관련이 있어 그 공개가 불가피해 보이고, 이에 더하여 주민들이 원고에 대한 엄정 수사를 촉구하며 시위하는 장면 등을 방영하는 방법으로 원고의 실명이 간접적으로 공개되었다고 하여 그로 인하여 원고에게 미치는 불이익이 더 심각해진다고 보기 어려운 점, 이 사건 프로그램은 원고에 대한 구체적인 피의사실이나 구속영장에 기재된 범죄사실을 공개한 것이 아니고, 여러 관련 당사자들과 담당경찰관 등에 대한 다방면의 취재결과 등을 토대로 ○○상조회 사건에 대하여 책임을 피하기 어려운 지위에 있는 원고에 대하여 범죄혐의의 의혹이 있으니 엄정한 수사를 통한 책임소재를 규명을 촉구하는 취지의 보도인 점 등을 알 수 있다.

【요 지】

(1) 범죄사실의 보도에서 피의자의 실명을 공개하는 것이 허용되기 위한 요건 및 피의자의 실명을 공개하여 범죄사실을 보도하는 경우 언론기관이 부담하는 주의의무의 정도: 언론

기관이 범죄사실을 보도하면서 피의자를 가명이나 두문자 내지 이니셜 등으로 특정하는 경우에는 그 보도 대상자의 주변 사람들만이 제한적 범위에서 피의자의 범죄사실을 알게 될 것이지만, 피의자의 실명을 공개하여 범죄사실을 보도하는 경우에는 피의자의 범죄사실을 알게 되는 사람들의 범위가 훨씬 확대되고 피의자를 더 쉽게 기억하게 되어 그에 따라 피의자에 대한 법익침해의 정도 역시 훨씬 커질 것이므로, 범죄사실의 보도와 함께 피의자의 실명을 공개하기 위해서는 피의자의 실명을 보도함으로써 얻어지는 공공의 정보에 관한 이익과 피의자의 명예나 사생활의 비밀이 유지됨으로써 얻어지는 이익을 비교형량한 후 전자의 이익이 후자의 이익보다 더 우월하다고 인정되어야 한다. 또한, 전자의 이익이 더 우월하다고 판단되더라도 그 보도의 내용이 진실과 다를 경우 실명이 보도된 피의자에 대한 법익침해의 정도는 그렇지 아니한 경우보다 더욱 커지므로, 언론기관이 피의자의 실명을 공개하여 범죄사실을 보도할 경우에는 그 보도내용이 진실인지 여부를 확인할 주의의무는 더 높아진다.

(2) 피의자의 실명보도를 허용할 수 있을 정도로 공공의 정보에 관한 이익이 피의자의 명예나 사생활의 비밀이 유지됨으로써 얻어지는 이익보다 더 우월한지 여부의 판단 기준: 어떠한 경우에 피의자의 실명보도를 허용할 수 있을 정도로 공공의 정보에 관한 이익이 더 우월하다고 보아야 할 것인지는 일률적으로 정할 수는 없고, 범죄사실의 내용 및 태양, 범죄 발생 당시의 정치·사회·경제·문화적 배경과 그 범죄가 정치·사회·경제·문화에 미치는 영향력, 피의자의 직업, 사회적 지위·활동 내지 공적 인물로서의 성격 여부, 범죄사건 보도에 피의자의 특정이 필요한 정도, 개별 법률에 피의자의 실명 공개를 금지하는 규정이 있는지 여부, 피의자의 실명을 공개함으로써 침해되는 이익 및 당해 사실의 공표가 이루어진 상대방의 범위의 광협 등을 종합·참작하여 정하여야 한다. 사회적으로 고도의 해악성을 가진 중대한 범죄에 관한 것이거나 사안의 중대성이 그보다 다소 떨어지더라도 정치·사회·경제·문화적 측면에서 비범성을 갖고 있어 공공에게 중요성을 가지거나 공공의 이익과 연관성을 갖는 경우 또는 피의자가 갖는 공적 인물로서의 특성과 그 업무 내지 활동과의 연관성 때문에 일반 범죄로서의 평범한 수준을 넘어서서 공공에 중요성을 갖게 되는 등 시사성이 인정되는 경우 등에는, 개별 법률에 달리 정함이 있다거나 그 밖에 다른 특별한 사정이 없는 한 공공의 정보에 관한 이익이 더 우월하다고 보아 피의자의 실명을 공개하여 보도하는 것도 허용될 수 있다.

(3) 범죄사실의 보도에서 피의자의 실명을 공개하는 것이 허용되는 경우라도 그 실명의 공개가 피의자의 의사에 반하여 이루어졌다면 성명권이 위법하게 침해된 것인지 여부(소극): 개인은 자신의 성명의 표시 여부에 관하여 스스로 결정할 권리를 가지나, 성명의 표시 행위가 공공의 이해에 관한 사실과 밀접불가분한 관계에 있고 그 목적 달성에 필요한 한도에 있으며 그 표현내용·방법이 부당한 것이 아닌 경우에는 그 성명의 표시는 위법하다고 볼 수 없다. 따라서 범죄사실에 관한 보도 과정에서 대상자의 실명 공개에 대한 공공의 이익이 대상자의 명예나 사생활의 비밀에 관한 이익보다 우월하다고 인정되어 실명에 의한 보도가 허용되는 경우에는, 비록 대상자의 의사에 반하여 그의 실명이 공개되었다고 하더라도 그의 성명권이 위법하게 침해되었다고 할 수 없다.

20. 공공의 이익과 사생활의 비밀

【이 유】

(1) 사생활과 관련된 사항의 공개가 사생활의 비밀을 침해하는 것으로서 위법하다고 하기 위하여는 적어도 공표된 사항이 일반인의 감수성을 기준으로 하여 그 개인의 입장에 섰을 때 공개되기를 바라지 않을 것에 해당하고 아울러 일반인에게 아직 알려지지 않은 것으로서 그것이 공개됨으로써 그 개인이 불쾌감이나 불안감을 가질 사항 등에 해당하여야 한다. 그러나 개인의 사생활과 관련된 사항이라 할지라도 그가 관계하는 사회적 활동의 성질이나 이를 통하여 사회에 미치는 영향력의 정도 및 대상이 되고 있는 사안의 내용에 따라서는 그 사회적 활동에 대한 비판 내지 평가의 한 자료가 될 수 있는 것이므로, 사생활과 관련된 사항이라 하더라도 그것이 공공의 이해와 관련되어 공중의 정당한 관심의 대상이 되는 사항에 해당하고 사생활과 관련된 사항의 공개가 공공의 이익을 위한 것이며 또한 그 표현내용·방법 등이 부당한 것이 아닌 경우에는 위법성이 조각될 수 있다. 일반 국민들은 사회에서 발생하는 제반 범죄에 관하여 알권리를 가지고 있고, 일반적으로 대중 매체의 범죄사건 보도는 범죄 행태를 비판적으로 조명하고, 사회적 규범이 어떠한 내용이고 그것을 위반하는 경우 그에 대한 법적 제재가 어떻게, 어떠한 내용으로 실현되는가를 알리고, 나아가 범죄의 사회·문화적 여건을 밝히고 그에 대한 사회적 대책을 강구하는 등 여론형성에 필요한 정보를 제공하는 등의 역할을 하는 것으로 믿어진다. 따라서 대중 매체의 범죄사건 보도는 일반적으로 공공성이 있는 것으로 취급할 수 있으며, 개별적·구체적 사정에 따라서는 범인에 관한 정보 역시 범죄사건 보도에 필요한 요소가 되어 범죄사실과 함께 공중의 정당한 관심사가 될 수 있는 경우가 있음을 부정하기 어렵다.

그러나 다른 한편, 보도 내용이 범죄사실, 특히 수사가 진행 중인 피의사실에 관한 것일 경우, 일반 독자들로서는 보도된 피의사실의 진실 여부를 확인할 수 있는 별다른 방도가 없을 뿐만 아니라 언론기관이 가지는 권위와 그에 대한 신뢰에 기하여 보도 내용을 그대로 진실로 받아들이는 경향이 있고, 언론 보도가 가지는 광범위하고도 신속한 전파력으로 인하여 사후 정정보도나 반박보도 등의 조치에 의한 피해구제만으로는 사실상 충분한 명예회복을 기대할 수 없는 것이 보통이므로, 보도 내용의 진실 여하를 불문하고 그러한 보도 자체만으로도 피의자나 피해자 또는 그 주변 인물들이 입게 되는 피해의 심각성을 아울러 고려하지 않으면 아니된다. 따라서 언론기관이 피의자를 특정하여 그에 대한 범죄사실을 보도하기 위해서는, 그 보도 목적의 공익성과 보도 내용의 공공성을 갖추어야 하고 그 보도에 앞서 범죄사실의 진실성을 뒷받침할 적절하고도 충분한 취재를 하여야 하며, 기사의 작성 및 보도시에도 당해 기사가 주는 전체적인 인상으로 인하여 일반 독자들이 사실을 오해하는 일이 생기지 않도록 보도의 내용 및 그 표현방법 또한 객관적이고도 공정하여야 함은 말할 나위가 없다.

(2) 이 사건 프로그램은 사회적 약자인 한센병환자들의 폐쇄적인 정착촌에서 사금고 운영과 관련하여 발생한 사회병리적 문제점과 그로 인한 피해의 심각성을 밝히고 이에 연루된 원고를 비롯한 관련 임직원들의 범죄혐의에 대한 엄정한 수사를 촉구하는 것으로서 사회·경제·문화적 측면에서 공공에게 중요성을 가지거나 공공의 이익과 연관성을 갖고 있다고 할 수 있고, 그 사태에 관하여 최고 관리·감독자로서의 책임을 지고 있으면서 이미 수사기

관에 구속되었던 전임 이사장인 원고에 대하여 그 실명을 보도함으로써 얻어지는 공공의 정보에 대한 이익과 원고의 명예나 사생활의 비밀이 유지됨으로써 얻어지는 이익을 비교형량할 때 전자의 이익이 후자의 이익보다 우월하다고 봄이 상당하다.

이 사건에서 원심은 그 판시와 같은 사정을 들어 이 사건 프로그램이 ○○상조회의 전임 이사장이었던 원고의 실명이 나타난 영상 등을 방영함으로써 원고를 특정하여 원고에 대한 사회적 평가를 저하시킬 만한 구체적인 사실을 방영하였지만, 이 사건 프로그램은 공익성이 있고 오로지 공공의 이익을 위하여 방영한 것이었으며 그 내용이 진실하거나 진실이라고 믿은 데 상당한 이유가 있으므로 위법성이 조각된다는 취지로 판단하였다. 원심이 이 사건 프로그램이 방영되어 원고에 관한 범죄혐의 사실이 보도됨에 따라 발생하는 명예훼손의 위법성 문제와 원고의 실명이 공개됨에 따라 가중되는 법익침해의 위법성 문제를 명확히 구분하지 아니하고 판단한 것은 다소 미흡하다고 할 것이지만, 원고의 실명을 공개한 이 사건 프로그램이 공익성이 있고 그 방영이 오로지 공공의 이익을 위한 것이라는 점 등을 고려하여 원고의 실명이 공개된 이 사건 프로그램 방영으로 인하여 불법행위가 성립되지 아니한다고 본 원심의 판단은 결론에 있어서 정당한 것으로 수긍할 수 있고, 거기에 상고이유에서 주장하는 바와 같이 익명보도의 원칙이나 사생활의 침해에 관한 법리를 오해하여 판결에 영향을 미친 위법이 있다고 할 수 없다.

【해 설】

언론기관에 의하여 사생활의 내용이 공개 또는 폭로되거나 오해를 낳게 하는 표현이 있거나 인격적 징표가 영리적 목적으로 이용당할 때, **사생활의 비밀·자유와 언론의 자유** 중 어느 것을 우선시킬 것인가가 문제로 된다. 이에 관해서는 양 법익 충돌의 조화이론으로서 다음과 같은 이론들이 주장되고 있다. 결국 어느 기준에 따를 것인가는 이들 이론을 종합하여 당시의 구체적 사정에 따라 두 법익을 형량하여 결정할 수밖에 없다.

(가) **권리포기이론**: 일정한 사정 하에서는 사생활의 비밀과 자유를 포기한 것으로 간주한다는 이론이다. 이와 같이 사생활의 비밀과 자유를 포기한 경우에는 사생활을 공개하더라도 침해행위가 되지 않는다고 본다. 가령 자살자의 경우는 자살로써 자신과 친족의 사생활에 관한 비밀을 포기한 것으로 간주된다.

(나) **공익이론**: 국민의 알 권리의 대상이 되는 사항은 국민에게 알리는 것이 공공의 이익이 된다는 이론이다. 따라서 보도적·교육적·계몽적 가치가 있는 사실을 국민에게 알리는 것은 개인의 사생활의 비밀과 자유보다 우선하므로 그 공개는 침해행위가 될 수 없거나 면책사유가 된다고 본다. 가령 공정한 해설, 범죄인의 체포·구금, 공중의 보건과 안전, 사이비 종교, 범죄피해자의 공개 등이 포함된다.

(다) **공적인물이론**: 사생활의 비밀과 자유가 침해되었다고 주장하는 자의 사회적 지위에 따라 그 사생활의 비밀과 자유의 한계가 결정되어야 한다는 이론이다. 즉 공적인물은 그 사생활이 공개되더라도 일반인에 비하여 수인하여야 할 경우가 많다고 본다. 이 때 공적인물이란 공적인사(명사)로서 자의로 유명인이 된 자(정치인·운동선수·연예인 등)가 이에 해당하지만, 타의로 유명인이 된 자(범인과 그 가족·피의자 등)도 여기에 포함된다.

(라) 인격영역이론: 사생활의 비밀에 속하는 사항이라도 그 성격에 따라 비밀성이나 개인의 인격에 미치는 의미가 다를 수 있다는 점에 근거하여 독일의 판례와 학설에 의해 발전된 이론이다. 즉 인간의 생활영역을 가장 개방적인 영역에서 가장 폐쇄적인 영역에 이르기까지 단계적으로 분류하여 ① 모든 사람들에게 인식될 수 있는 활동과 관련된 개방된 영역 ② 직장이나 어떤 공개된 활동처럼 일반적인 사회생활 과정에서 이루어지는 사회적 영역 ③ 가족이나 친구와의 관계처럼 일상생활에 관한 사사적(私事的) 영역 ④ 개인적인 일기나 서신처럼 사회통념상 공개가 허용되지 않는다고 판단되는 비밀영역 ⑤ 성적 영역처럼 절대적 보호가 요청되는 내밀영역으로 나누고, 각 영역에 따라 개인에 대한 언론의 취재나 보도의 허용여부가 달라진다고 보는 것이다.

[헌법재판소 2005. 5. 26. 99헌마513 결정] <주민등록법 제17조의 8 등 위헌확인 등>
(가) 이 사건 심판대상(개인의 지문정보, 수집, 보관, 전산화 및 범죄수사 목적 이용)과 개인정보자기결정권의 관련 여부(적극): 이 사건 심판대상조항과 행위 중 본안판단의 대상이 되는 것은 주민등록법시행령 제33조 제2항에 의한 별지 제30호 서식 중 열 손가락의 회전지문과 평면지문을 날인하도록 한 부분(이하 '이 사건 시행령조항'이라 한다)과 경찰청장이 청구인들의 주민등록증발급신청서에 날인되어 있는 지문정보를 보관·전산화하고 이를 범죄수사목적에 이용하는 행위(이하 '경찰청장의 보관 등 행위'라 한다)의 각 위헌 여부인데, 결국 이 사건 심판청구는 개인정보의 하나인 지문정보의 수집·보관·전산화·이용이라는 일련의 과정에서 적용되고 행해진 규범 및 행위가 헌법에 위반되는지 여부를 그 대상으로 하는 것이다. 개인정보자기결정권은 자신에 관한 정보가 언제 누구에게 어느 범위까지 알려지고 또 이용되도록 할 것인지를 그 정보주체가 스스로 결정할 수 있는 권리, 즉 정보주체가 개인정보의 공개와 이용에 관하여 스스로 결정할 권리를 말하는바, 개인의 고유성, 동일성을 나타내는 지문은 그 정보주체를 타인으로부터 식별가능하게 하는 개인정보이므로, 시장·군수 또는 구청장이 개인의 지문정보를 수집하고, 경찰청장이 이를 보관·전산화하여 범죄수사목적에 이용하는 것은 모두 개인정보자기결정권을 제한하는 것이다.
(나) 위 심판대상이 법률유보의 원칙에 위배되는지 여부(소극): ① 주민등록법 제17조의8 제2항 본문은 주민등록증의 수록사항의 하나로 지문을 규정하고 있을 뿐 "오른손 엄지손가락 지문"이라고 특정한 바가 없으며, 이 사건 시행령조항에서는 주민등록법 제17조의8 제5항의 위임규정에 근거하여 주민등록증발급신청서의 서식을 정하면서 보다 정확한 신원확인이 가능하도록 하기 위하여 열 손가락의 지문을 날인하도록 하고 있는 것이므로, 이를 두고 법률에 근거가 없는 것으로서 법률유보의 원칙에 위배되는 것으로 볼 수는 없다. ② 공공기관의 개인정보보호에 관한 법률 제10조 제2항 제6호는 컴퓨터에 의하여 이미 처리된 개인정보뿐만 아니라 컴퓨터에 의하여 처리되기 이전의 원 정보자료 자체도 경찰청장이 범죄수사목적을 위하여 다른 기관에서 제공받는 것을 허용하는 것으로 해석되어야 하고, 경찰청장은 같은 법 제5조에 의하여 소관업무를 수행하기 위하여 필요한 범위 안에서 이를 보유할 권한도 갖고 있으며, 여기에는 물론 지문정보를 보유하는 것도 포함된다. 따라서 경찰청장이 지문정보를 보관하는 행위는 공공기관의 개인정보보호에 관한 법률 제5조, 제10조 제2항 제6호에 근거한 것으로 볼 수 있고, 그 밖에 주민등록법 제17조의8 제2항 본문, 제17조의10 제1항, 경찰법 제3조 및 경찰관직무집행법 제2조에도 근거하고 있다. ③ 경찰청장이 보관하고 있는 지문정보를 전산화하고 이를 범죄수사목적에 이용하는 행위가 법률의 근거가 있는 것

인지 여부에 관하여 보건대, 경찰청장은 개인정보화일의 보유를 허용하고 있는 공공기관의 개인정보보호에 관한 법률 제5조에 의하여 자신이 업무수행상의 필요에 의하여 적법하게 보유하고 있는 지문정보를 전산화할 수 있고, 지문정보의 보관은 범죄수사 등의 경우에 신원확인을 위하여 이용하기 위한 것이므로, 경찰청장이 지문정보를 보관하는 행위의 법률적 근거로서 거론되는 법률조항들은 모두 경찰청장이 지문정보를 범죄수사목적에 이용하는 행위의 법률적 근거로서 원용될 수 있다. ④ 따라서 이 사건 시행령조항 및 경찰청장의 보관 등 행위는 모두 그 법률의 근거가 있다.

(다) 위 심판대상이 개인정보자기결정권을 과잉제한하는 것인지 여부(소극): ① 이 사건 시행령조항 및 경찰청장의 보관 등 행위는 불가분의 일체를 이루어 지문정보의 수집·보관·전산화·이용이라는 넓은 의미의 지문날인제도를 구성하고 있다고 할 수 있으므로, 지문정보의 수집·보관·전산화·이용을 포괄하는 의미의 지문날인제도(이하 '이 사건 지문날인제도'라 한다)가 과잉금지의 원칙을 위반하여 개인정보자기결정권을 침해하는지 여부가 문제된다. ② 이 사건 지문날인제도가 범죄자 등 특정인만이 아닌 17세 이상 모든 국민의 열 손가락 지문정보를 수집하여 보관하도록 한 것은 신원확인기능의 효율적인 수행을 도모하고, 신원확인의 정확성 내지 완벽성을 제고하기 위한 것으로서, 그 목적의 정당성이 인정되고, 또한 이 사건 지문날인제도가 위와 같은 목적을 달성하기 위한 효과적이고 적절한 방법의 하나가 될 수 있다. ③ 범죄자 등 특정인의 지문정보만 보관해서는 17세 이상 모든 국민의 지문정보를 보관하는 경우와 같은 수준의 신원확인기능을 도저히 수행할 수 없는 점, 개인별로 한 손가락만의 지문정보를 수집하는 경우 그 손가락 자체 또는 지문의 손상 등으로 인하여 신원확인이 불가능하게 되는 경우가 발생할 수 있고, 그 정확성 면에 있어서도 열 손가락 모두의 지문을 대조하는 것과 비교하기 어려운 점, 다른 여러 신원확인수단 중에서 정확성·간편성·효율성 등의 종합적인 측면에서 현재까지 지문정보와 비견할만한 것은 찾아보기 어려운 점 등을 고려해 볼 때, 이 사건 지문날인제도는 피해 최소성의 원칙에 어긋나지 않는다. ④ 이 사건 지문날인제도로 인하여 정보주체가 현실적으로 입게 되는 불이익에 비하여 경찰청장이 보관·전산화하고 있는 지문정보를 범죄수사활동, 대형사건사고나 변사자가 발생한 경우의 신원확인, 타인의 인적사항 도용 방지 등 각종 신원확인의 목적을 위하여 이용함으로써 달성할 수 있게 되는 공익이 더 크다고 보아야 할 것이므로, 이 사건 지문날인제도는 법익의 균형성의 원칙에 위배되지 아니한다. ⑤ 결국 이 사건 지문날인제도가 과잉금지의 원칙에 위배하여 청구인들의 개인정보자기결정권을 침해하였다고 볼 수 없다.

21. 언론·출판·집회·결사의 자유

[창원지법 2008. 8. 19. 2008가단2374 판결]

(1) 범국민행동조직위원회는 '한미 자유무역협정(FTA) 저지, 비정규직 철폐, 반전평화를 실현하기 위한 2007 범국민행동의 날'을 주관하면서 2007. 11. 1. 서울지방경찰청장에게 '2007. 11. 11. 일출 후부터 일몰 전까지 서울시청 앞 광장에서 집회를 한 뒤 무교로를 지나 서린로터리, 교보소공원 앞 전체 차로를 행진하겠다.'는 취지의 옥외집회(이하 '이 사건 집회'라고 한다)신고를 하였다.

(2) 이에 서울지방경찰청장은 2007. 11. 2. ① 이 사건 집회는 4만 명의 인원이 참가한다고 신고하였을 뿐만 아니라, 범국민행동조직위원회가 11. 11.을 '범국민 행동의 날'로 지정하여 서울광장에서 노동자·농민·청년·학생 등 45만 명의 참가를 목표로 개최하겠다고 선포한 바 있는 등 실제 수용인원이 2만여 명에 불과한 서울광장에 수십만 명이 집결할 경우 태평로·을지로 주변 일대에 주변 도로 점거가 불가피해서 서울도심 교통마비가 예상되고, 범국민행동조직위원회의 일부 소속단체(민주노총, 한총련, 한대련, 전국여성연대, 한청, 전빈련 등)는 이 사건 집회신고 이전에도 여러 차례 불법·폭력 시위를 전개하여 공공의 안녕질서에 직접적인 위험을 가한 사실이 있어 이 사건 집회도 공공의 안녕질서에 직접적인 위협을 가할 것이 명백하며, ② 행진구간인 서울광장에서 교보소공원에는 시간과 장소가 경합하는 3건의 선순위 집회신고(서울광장 앞 기초질서 지키기 및 거리청결 캠페인, 국가인권위원회 앞 에너지 절약 및 환경보호 캠페인, 교보소공원 앞 금연홍보 캠페인)가 있고, 동시에 개최할 경우 그 목적으로 보아 서로 상반되거나 방해가 되고, ③ 행진구간이 주요도로(종로)에 해당되고 4만 명이 전체 차로를 이용하여 행진할 경우 당해 도로는 물론 태평로·세종로·청계천로·퇴계로·의주로 등 주변 도로의 교통소통에 장애를 발생시켜 심각한 교통불편이 야기된다는 이유로 집회 및 시위에 관한 법률(이하 '집시법'이라고 한다) 제5조 제1항 제2호, 제8조 제2항, 제12조 제2항에 의하여 옥외집회금지 통고처분을 하였다.

(3) 범국민행동조직위원회는 2007. 11. 9. '정부는 범국민행동의 날 집회의 원천봉쇄와 강경대응 방침을 철회하고, 평화적 집회를 보장하라'는 취지의 기자회견을 열고, 집회의 평화적 개최를 위하여 최선을 다하겠다며 예정된 집회를 개최하겠다고 공표하였다.

(4) 이에 원고들은, 2007. 11. 11. 15:30경으로 예정된 이 사건 집회에 참석하기 위하여 당일 06:00경 경상남도 양산시, 함안군, 의령읍의 각 해당 집결장소에서 미리 준비된 전세버스에 탑승하기 위하여 모였는데, 피고 산하 경남지방경찰청 기동대 등이 각 집결장소에 경찰과 순찰차량을 배치하고 원고들이 전세버스를 타고 서울로 상경하는 것을 차단함에 따라 각 집결장소 주변에서 상경차단조치에 항의하는 소규모 시위와 몸싸움을 벌이다 일부 참가자들만 개별적으로 서울로 이동하고 나머지 참가자 대부분은 상경을 포기한 채 자진해산하였다.

(5) 범국민행동조직위원회는 2007. 11. 11. 15:30경부터 20:00경까지 약 2만 명이 참가한 가운데 서울시청 앞 광장에서 집회를 가지고 광화문, 종로, 서대문, 을지로 일대에서 경찰과 몸싸움을 벌이거나 도로를 점거하는 등 산발적인 시위를 벌였으며, 이로 인해 세종로와 광화문, 서울시청 부근 교통이 전면 통제되어 그 주변에 극심한 교통혼잡이 발생하였다.

【요 지】

범국민행동조직위원회가 서울시청 앞 광장 등에서 개최하겠다고 신고한 집회에 대해 이미 관할 경찰청장에 의해 금지통고처분이 내려졌음에도 그 집회에 참가하기 위해 지방에서 전세버스를 이용하여 상경하려는 사람들에 대하여 경찰이 각 지역에서 실시한 상경차단조치가, 경찰관집무집행법에 정한 경찰권 발동 요건을 갖추지 못하고 경찰권 행사의 한계를 현저히 벗어난 행위로 위법한 공무집행에 해당하므로 국가는 그로 인한 손해를 배상할 책임이 있다고 한 사례이다.

【이 유】

(1) 당사자들의 주장

(가) 원고들의 주장: 원고들은, 서울지방경찰청장이 이 사건 집회를 금지통고한 것 자체가 집회결사의 자유를 보장한 헌법 제21조 제1항 및 집시법의 각 규정을 위반한 것으로서 위헌·위법하고, 가사 그렇지 않더라도 피고 산하 경찰의 상경차단조치는 경찰관직무집행법 제6조 제1항에서 정한 경찰권의 발동요건을 구비하지 못하였고, 특히 의령지역의 경우, 경남지방경찰청 소속 소외인 경위가 의령지역 집결장소에 모여 있던 원고들에게 "저 개새끼들 다 죽여 버려", "총 갖고 왔나, 총은 뭐 하러 가지고 다녀, 총 가지고 다 쏴 죽여 버려"라고 말하면서 원고들을 협박하고 모욕하였다. 결국, 피고 산하 경찰의 상경차단조치로 인하여 원고들은 이 사건 집회에 참가하지 못하고, 그곳에서 정치적 의견을 표명할 기회를 상실하였으며, 이동의 자유를 박탈당함으로써 물질적 및 정신적 손해를 입었는바, 구체적으로 피고는, ① 양산지역의 경우 선정자 1의 전세버스 임차비용 670만 원, 선정자 5의 식사 및 부식비용 1,161,000원, 양산지역 참가자들인 일부 원고들의 위자료 각 10만 원, ② 함안지역의 경우 선정자 10의 전세버스 임차비용 900만 원, 선정자 16의 식사 및 부식비용 1,608,780원, 함안지역 참가자들인 일부 원고들의 위자료 각 20만 원, ③ 의령지역의 경우 선정자 24의 전세버스 임차비용 420만 원, 각 식사 및 부식비용으로 선정자 20에게 200만 원, 선정자 22에게 40만 원, 선정자 69에게 200만 원, 의령지역 참가자들인 일부 원고들의 위자료 각 50만 원을 배상할 의무가 있다.

(나) 피고의 주장: 이에 대하여 피고는, 이 사건 집회와 같은 대규모 집회가 서울에서 개최될 경우 서울 도심의 극심한 교통체증으로 시민불편과 공공안녕 질서에 심각한 위협이 초래될 것이 명백하므로 서울지방경찰청장이 이 사건 집회에 대하여 금지통고한 조치는 정당하고, 이 사건 집회가 금지통고된 상황에서 전국의 참가자들이 불법집회에 참가하게 되면 거대한 시위대가 형성되어 경찰과 시위대의 폭력적 충돌이 쉽게 예견되므로 피고 산하 경찰이 상경하려는 원고들에게 이 사건 집회가 금지통고된 불법집회임을 설명하고 상경하려는 차량을 저지한 것은 집시법을 위반한 범죄행위의 발생이 명백한 때에 해당하므로 이를 사전에 예방하기 위한 가장 적절한 방법으로써 적법한 경찰관의 발동이므로 정당하다.

(2) 판 단

(가) 손해배상책임의 발생: ① 이 사건 집회에 대한 금지통고처분의 적법성 여부 — 살피건 대, 관련 법령은 별지 기재와 같은데, 그 중 집시법 제5조 제1항 제2호에서 정한 '집단적인 폭행, 협박, 손괴, 방화 등으로 공공의 안녕질서에 직접적인 위협을 가할 것이 명백한 집회 또는 시위'라는 요건과 집시법 제12조 제2항 단서에서 정한 '교통소통에 장애를 발생시켜 심각한 교통불편을 줄 우려가 있는 경우'의 요건은 헌법 제21조 제1항에서 국민의 기본권의 하나로 보장된 집회의 자유가 갖는 헌법적 의의와 민주사회에서의 기능 및 기본권 제한의 일반원칙 등에 비추어 보았을 때 엄격하게 해석하여야 할 것인바, 이 사건에 관하여 보건대, 미리 신고된 집회의 목적이 이 사건 집회의 목적과 서로 상반되거나 방해가 된다고 보기는 어려우므로 그 점을 이유로 이 사건 집회의 금지를 통고한 것은 잘못이라 할 것이나, 앞서 인정한 바와 같은 이 사건 집회의 성격과 집회참석예정인원 등 규모, 시기, 행진 구간, 이 사건 신고 전 범국민행동조직위원회 산하 일부 단체들의 집회개최 행태, 이 사건 금지통고처분에도 불구하고 실제 강행된 이 사건 집회 당시의 정황 등에 비추어 보면, 서울 지방경찰청장이 이 사건 집회가 폭행, 협박, 손괴, 방화 등으로 공공의 안녕질서에 직접적인 위협을 가할 것이 명백하고, 당해 도로와 주변도로의 교통소통에 장애를 일으켜 심각한 교통불편의 우려가 있다는 전제에서 한 금지통고처분은 적법하므로 이 부분 원고들의 주장은 이유가 없다.

② 경찰관직무집행법에 따른 요건을 구비하였는지 여부 — 이 사건 집회에 대한 서울지방경찰청장의 적법한 금지통고처분이 있었고 피고 산하 경찰이 경찰관직무집행법에 따른 직무로서 금지통고처분이 내려진 집회에 참가하려는 행위에 대하여 범죄의 예방을 위한 조치를 취할 수 있다고 하더라도 그와 같은 경찰의 상경차단조치가 적법한 공무집행이 되려면 경찰관직무집행법 제6조에서 정한 법률상 요건을 갖추어야 할 것이다. 아래에서는 경찰의 상경차단조치가 경찰관직무집행법 제6조에서 정한 법률상 요건을 갖추었는지에 관하여 살핀다. 앞서 본 증거에 따라 인정되는 다음과 같은 사정 즉, ① 원고들이 미리 준비된 전세버스를 이용하여 서울로 상경하려는 행위는 집회 예정시간인 15:30경부터 무려 9시간 30분 전인 06:00경에 서울에서 400여 km나 떨어진 경상남도 지역에서 있었다는 점에서 그러한 상경행위만으로 이 사건 집회에 참석하는 범죄행위가 '목전'에서 행하여지려고 하고 있다고 단정하기 어려운 점, ② 피고가 제출한 을4 내지 을23, 26, 29의 기재(각 가지번호 포함)에 의하면, 원고들 중 일부가 경찰의 상경차단조치에 항의하며 순찰차량 유리창을 손괴하고 경찰관을 폭행하는 등 폭력을 행사하였고, 그로 인하여 일부 참가자들이 폭력행위 등 처벌에 관한 법률 위반(집단흉기 등 상해)죄 등으로 기소된 사실은 인정되지만, 원고들이 미리 이 사건 집회에 참석하여 폭력시위를 벌일 것임을 암시하였다거나, 장차 집회에서 사용할 경우 타인의 신체, 재산에 위해를 초래할 만큼 위험한 물건을 소지하고 있었다고 볼 만한 아무런 증거가 없는 점에 비추어 보면, 원고들과 경찰 사이에 벌어진 폭력행위는 피고 산하 경찰이 이 사건 집회에 참가하려는 원고들의 준비행위 자체를 원천적으로 차단하는 것에 대한 항의조로 벌인 시위일 뿐 그로 인하여 원고들의 상경행위가 곧바로 범죄행위에 해당한다고 추단할 수 없고, 또한 원고들의 상경행위로 인하여 인명·신체에 위해를 미치거나 재산에 중대한 손해를 끼칠 우려가 있어 긴급을 요하는 경우에 해당한다고 볼 수도 없는 점, ③ 비록 전국적으로 대규모의 참가자들이 특정 장소에 집결하는 경우 경찰력에 의한 통제가 거의 불가능하여 집회참가 인원을 가급적 줄이거나 분산시키기 위하여 집회를 원천봉쇄하는 것에서 더 나아가 각 지역에서 상경차단조치를 취하는 것이 보다 효율적이고 필요한 상황이 있을

수 있음은 부정하기 어렵지만, 실제 개최된 이 사건 집회나 시위에서 큰 물리적 충돌이나 폭력사태가 일어나지 않은 이유가 위와 같은 경찰의 상경저지조치로 인한 것이라고 단정하기 어렵고, 한미 자유무역협정과 같은 우리 사회와 경제에 중대한 영향을 미치는 사안에 대하여 다양한 정치적 의사를 표현할 자유 등 국민의 기본권은 충분히 보장되어야 마땅하고, 그러한 국민의 기본권이 본질적으로 침해되지 않는 범위 내에서 경찰권 행사가 이루어져야 함이 기본권 보장에 관한 우리 헌법의 이념에 부합한다는 점에 비추어 보면, 피고 산하 경찰이 각 지역에서 상경차단조치를 취하는 것이 보다 효율적이고 필요한 상황이라는 이유만으로 지방에 거주하는 원고들이 그들의 정치적 의사를 표현하기 위하여 상경하려는 행위 자체를 예외 없이 차단한 것은 상대적으로 서울 및 그 인근에 거주하며 집회에 참가하려는 자들의 기본권 침해와 비교하여 원고들의 집회 및 표현의 자유 등을 보다 근본적으로 침해하는 것인 점 등 이 사건 변론에 나타난 여러 사정을 참작하면, 피고 산하 경찰의 상경차단조치는 경찰관집무집행법에서 정한 경찰권 발동의 요건을 갖추지 못하고 경찰권 행사의 한계를 현저히 벗어난 행위로서 위법한 공무집행에 해당하고, 피고는 그로 인하여 원고들이 입은 손해를 배상할 책임이 있다.

(나) **손해배상의 범위: 위자료 인정 및 그 액수** — 피고 산하 경찰의 위법한 공무집행으로 인하여 원고들의 의사표현 및 집회, 이동의 자유가 침해됨으로써 원고들이 정신적 고통을 받았을 것임은 경험칙상 명백하므로, 피고는 금전으로나마 이를 위자할 의무가 있고, 나아가 피고가 배상하여야 할 위자료 액수에 관하여 보건대, 이 사건 집회에 대한 금지통고처분이 있었던 점, 피고의 상경차단조치 및 그 경위, 기본권 침해의 정도 및 내용, 기타 이 사건 변론에서 나타난 제반 사정을 참작하면, 그 액수는 각 10만 원으로 정함이 상당하다(의령지역에 모인 원고들은, 소외인 경위의 직무위배행위를 감안하여 위자료로써 각 50만 원씩을 배상받아야 한다고 주장하나, 갑1, 7, 8의 기재(각 가지번호 포함)만으로 소외인 경위가 의령지역에 모인 원고들에게 그 주장과 같은 직무위배행위를 하였다는 점을 인정하기에 부족하고, 달리 이를 인정할 증거가 없다).

【해 설】

헌법 제21조는 언론·출판·집회·결사의 자유에 관하여 「① 모든 국민은 언론·출판의 자유와 집회·결사의 자유를 가진다. ② 언론·출판에 대한 허가나 검열과 집회·결사에 대한 허가는 인정되지 아니한다. ③ 통신·방송의 시설기준과 신문의 기능을 보장하기 위하여 필요한 사항은 법률로 정한다. ④ 언론·출판은 타인의 명예나 권리 또는 공중도덕이나 사회윤리를 침해하여서는 아니된다. 언론·출판이 타인의 명예나 권리를 침해한 때에는 피해자는 이에 대한 피해의 배상을 청구할 수 있다」라고 규정하고 있다.

(가) **언론·출판의 자유**란 자기의 사상이나 지식을 언어나 문자 등으로 외부에 표현하는 자유를 의미한다. 즉 **언론**이란 구두(토론·담화·연설·방송 등)에 의한 표현을 말하고, **출판**이란 문자나 상형(문서·도서·사진·조각)에 의한 표현을 말한다. 의사표현·전파의 전달형식은 어떠한 형식도 가능하며, 음반 등도 의사형성작용을 하는 한 의사표현·전파의 한 형식이 된다. 언론·출판은 사상을 불특정 다수인에게 표현하는 것이므로 개인간의 회화나 연애편지 등은 언론·출판의 개념에 포함될 수 없다. 언론·출판의 자유에 관한 구체적인 내용으로는 의

사의 표명 및 전달의 자유, 알권리(정보의 자유), Access권, 언론기관의 자유 등을 들 수 있다.

① **의사의 표명 및 전달의 자유**: 자기의 사상이나 의견의 자유로운 표명과 그것을 전파할 자유를 의미한다. 의사를 표명하고 전달하는 형식에는 아무런 제한이 없으나, 이를 억제하기 위하여 인신구속·사전검열·입법조치·도청 등은 할 수 없다. 또한 예컨대 출판의 자유에는 모든 사람이 스스로 저술한 책자가 교과서가 될 수 있도록 주장할 수 있는 권리까지 포함되어 있는 것은 아니라고 본다.

② **알권리(정보의 자유)**: 의견의 자유로운 표명은 자유로운 의사의 형성을 전제로 하며, 자유로운 의사의 형성은 정보에의 접근이 보장됨으로써 가능한 것으로 정보에의 접근·수집·처리의 자유, 즉 '알권리'는 표현의 자유에 당연히 포함된다. 즉 **알권리**란 의사형성을 위하여 필요한 정보에 접근·수집·처리할 수 있는 권리를 의미한다. 의견의 표현 및 전달의 자유가 주는 쪽의 자유라면 알권리란 주로 받는 쪽의 자유를 말한다. 이 때 **정보**란 사상·의견 등 개인의 정신적 활동에 관한 일체의 자료를 의미하며, 알권리는 읽을 권리·들을 권리·볼 권리를 그 내용으로 한다.

③ **액세스(Access)권**: 언론매체에 대한 접근이용권을 말한다. 즉 이는 일반국민이 자신의 의사표현을 위하여 언론기관을 이용할 수 있는 **광의의 액세스권**과 자기와 관계되는 보도에 대한 반론 내지 해명의 기회를 요구할 수 있는 **협의의 액세스권**으로 구분된다. 액세스권은 원칙적으로 국민 대 국가와의 사이에서 발생하는 문제가 아니라 국민 대 언론기관 사이에서 발생하는 문제라는 점에 그 권리의 특색이 있다. 액세스권은 언론매체의 횡포를 규제하고 표현의 자유의 내실을 기하는데 기여하며 개인의 인격권을 보호해주기도 한다.

④ **언론기관의 자유**: 언론·출판의 자유는 언론기관을 자유롭게 설립할 수 있는 자유를 포함한다(**언론기관의 설립자유**). 또한 민주정치는 여론에 의한 정치이므로 올바른 여론형성을 위해서는 정보를 수집·전달하는 언론기관의 자유가 보장되어야 한다. 즉 언론기관은 객관적 사실을 신속·정확하게 알림으로써 국민의 알 권리를 충족시켜 주고 여론형성에 기여하게 되며(**보도 및 방송의 자유**), 자신의 의사를 표현할 수 있다(**논평의 자유**). 또한 언론기관은 **취재의 자유·보급의 자유**가 보장되어야 하며, 언론기관 내부적 자유로서 **편집의 자유**가 보장되어야 한다.

(나) **집회·결사의 자유**는 의사표현의 공동의 목적을 가지고 다수인이 집합하고 결합하는 자유를 의미한다. 집회·결사의 자유는 집단적 표현의 자유를 보장한다는 점에서 개별적 표현인 언론·출판과 구별되며, 의사표현을 '말 또는 글' 대신에 '모여서 또는 단체를 구성하여' 행한다는 점에서 차이가 있다.

집회란 다수인이 의사표현의 공동의 목적을 가지고 일정한 장소에서 일시적인 모임을 갖는 행위를 의미한다. 헌법상 집회가 되기 위하여 다수인을 3인 이상으로 보는 견해도 있지만, 2인 이상으로 보는 것이 일반적이다. 이 때 공동의 목적을 지녀야 하므로 공동의 목적에 의한 내적 유대감이 없는 군집은 집회로 볼 수 없다. 집회의 자유 속에는 집회를 개최하는 자유, 집회를 진행하는 자유, 집회에 참가하는 자유가 포함되며, 집회에 참가하지 않을 자유도 포함된다. 헌법은 집회의 자유를 통해 평화적인 집단행동을 보호하려는 것이므로 폭력적인 집회는 보호대상에서 제외된다. 집회의 자유도 헌법 제37조 제2항에 따라 국가안전보장·질서유지·공공복리를 위하여 필요한 경우에 제한할 수 있음은 물론이다. 집회의 자유를 제한하는 법률로는 형법, 국가보안법, 화염병사용 등의 처벌에 관한 법률 등이 있지만 대표적인 것은 **집회 및 시위에 관한 법률**이라고 말할 수 있다.

결사란 다수인이 공동의 목적을 위하여 계속적인 단체를 형성하는 것을 의미한다. 이 경우 결사란 가입과 탈퇴의 자유가 인정되는 자발적인 단체로서, 공법상의 결사 혹은 주택건설촉진법상의 주택조합은 헌법상 보호법익의 대상이 되는 단체가 아니다. 결사의 자유도 적극적 측면과 소극적 측면을 아울러 가지고 있는데, 적극적으로는 단체결성의 자유, 단체존속의 자유, 단체활동의 자유, 단체에의 가입의 자유가 있는 한편 소극적으로는 단체로부터 탈퇴할 자유와 단체에 가입하지 않을 자유가 있다. 헌법 제37조 제2항에 따른 제한인 경우에도 결사의 자유의 본질적 내용을 침해할 수 없음은 당연하다. 따라서 결사 그 자체를 금지하거나, 결사조직의 사전허가제를 도입하거나, 사법상의 강제결사를 허용하는 입법은 모두 결사의 자유의 본질적 내용을 침해하는 것이라 하겠다.

※ 언론중재 및 피해구제 등에 관한 법률
[일부개정 2018. 12. 24. 법률 제16060호, 시행 2019. 3. 25.]

제1조(목적) 이 법은 언론사 등의 언론보도 또는 그 매개로 인하여 침해되는 명예 또는 권리나 그 밖의 법익에 관한 다툼이 있는 경우 이를 조정하고 중재하는 등의 실효성 있는 구제제도를 확립함으로써 언론의 자유와 공적 책임을 조화함을 목적으로 한다.

제2조(정의) 이 법에서 사용하는 용어의 뜻은 다음과 같다. 1. "**언론**"이란 방송, 신문, 잡지 등 정기간행물, 뉴스통신 및 인터넷신문을 말한다. 2. "**방송**"이란 「방송법」 제2조제1호에 따른 텔레비전방송, 라디오방송, 데이터방송 및 이동멀티미디어방송을 말한다. 12. "**언론사**"란 방송사업자, 신문사업자, 잡지 등 정기간행물사업자, 뉴스통신사업자 및 인터넷신문사업자를 말한다. 14. "**사실적 주장**"이란 증거에 의하여 그 존재 여부를 판단할 수 있는 사실관계에 관한 주장을 말한다. 15. "**언론보도**"란 언론의 사실적 주장에 관한 보도를 말한다. 16. "**정정보도**"란 언론의 보도 내용의 전부 또는 일부가 진실하지 아니한 경우 이를 진실에 부합되게 고쳐서 보도하는 것을 말한다. 17. "**반론보도**"란 언론의 보도 내용의 진실 여부에 관계없이 그와 대립되는 반박적 주장을 보도하는 것을 말한다.

제3조(언론의 자유와 독립) ① 언론의 자유와 독립은 보장된다. ② 누구든지 언론의 자유와 독립에 관하여 어떠한 규제나 간섭을 할 수 없다. ③ 언론은 정보원에 대하여 자유로이 접근할 권리와 그 취재한 정보를 자유로이 공표할 자유를 갖는다. ④ 제1항부터 제3항까지의 자유와 권리는 헌법과 법률에 의하지 아니하고는 제한받지 아니한다.

제4조(언론의 사회적 책임 등) ① 언론의 보도는 공정하고 객관적이어야 하고, 국민의 알권리와 표현의 자유를 보호·신장하여야 한다. ② 언론은 인간의 존엄과 가치를 존중하여야 하고, 타인의 명예를 훼손하거나 타인의 권리나 공중도덕 또는 사회윤리를 침해하여서는 아니 된다. ③ 언론은 공적인 관심사에 대하여 공익을 대변하며, 취재·보도·논평 또는 그 밖의 방법으로 민주적 여론형성에 이바지함으로써 그 공적 임무를 수행한다.

제5조(언론등에 의한 피해구제의 원칙) ① 언론, 인터넷뉴스서비스 및 인터넷 멀티미디어방송(이하 "언론등"이라 한다)은 타인의 생명, 자유, 신체, 건강, 명예, 사생활의 비밀과 자유, 초상, 성명, 음성, 대화, 저작물 및 사적 문서, 그 밖의 인격적 가치 등에 관한 권리(이하 "인격권"이라 한다)를 침해하여서는 아니되며, 언론등이 타인의 인격권을 침해한 경

우에는 이 법에서 정한 절차에 따라 그 피해를 신속하게 구제하여야 한다. ② 인격권 침해가 사회상규에 반하지 아니하는 한도에서 다음 각 호의 어느 하나에 해당하는 경우에는 법률에 특별한 규정이 없으면 언론등은 그 보도 내용과 관련하여 책임을 지지 아니한다. 1. 피해자의 동의를 받아 이루어진 경우 2. 언론등의 보도가 공공의 이익에 관한 것으로서, 진실한 것이거나 진실하다고 믿는 데에 정당한 사유가 있는 경우

제5조의2(사망자의 인격권 보호) ① 제5조 제1항의 타인에는 사망한 사람을 포함한다. ② 사망한 사람의 인격권을 침해하였거나 침해할 우려가 있는 경우에는 이에 따른 구제절차를 유족이 수행한다. ③ 제2항의 유족은 다른 법률에 특별한 규정이 없으면 사망한 사람의 배우자와 직계비속으로 한정하되, 배우자와 직계비속이 모두 없는 경우에는 직계존속이, 직계존속도 없는 경우에는 형제자매가 그 유족이 되며, 같은 순위의 유족이 2명 이상 있는 경우에는 각자가 단독으로 청구권을 행사한다. ④ 사망한 사람에 대한 인격권 침해에 대한 동의는 제3항에 따른 같은 순위의 유족 전원이 하여야 한다. ⑤ 다른 법률에 특별한 규정이 없으면 사망 후 30년이 지났을 때에는 제2항에 따른 구제절차를 수행할 수 없다.

제7조(언론중재위원회의 설치) ① 언론등의 보도 또는 매개(이하 "언론보도등"이라 한다)로 인한 분쟁의 조정·중재 및 침해사항을 심의하기 위하여 언론중재위원회(이하 "중재위원회"라 한다)를 둔다.

제14조(정정보도 청구의 요건) ① 사실적 주장에 관한 언론보도등이 진실하지 아니함으로 인하여 피해를 입은 자(이하 "피해자"라 한다)는 해당 언론보도등이 있음을 안 날부터 3개월 이내에 언론사, 인터넷뉴스서비스사업자 및 인터넷 멀티미디어 방송사업자(이하 "언론사등"이라 한다)에게 그 언론보도등의 내용에 관한 정정보도를 청구할 수 있다. 다만, 해당 언론보도등이 있은 후 6개월이 지났을 때에는 그러하지 아니하다. ② 제1항의 청구에는 언론사등의 고의·과실이나 위법성을 필요로 하지 아니한다.

제15조(정정보도청구권의 행사) ① 정정보도 청구는 언론사등의 대표자에게 서면으로 하여야 하며, 청구서에는 피해자의 성명·주소·전화번호 등의 연락처를 적고, 정정의 대상인 언론보도등의 내용 및 정정을 청구하는 이유와 청구하는 정정보도문을 명시하여야 한다. 다만, 인터넷신문 및 인터넷뉴스서비스의 언론보도등의 내용이 해당 인터넷 홈페이지를 통하여 계속 보도 중이거나 매개 중인 경우에는 그 내용의 정정을 함께 청구할 수 있다. ② 제1항의 청구를 받은 언론사등의 대표자는 3일 이내에 그 수용 여부에 대한 통지를 청구인에게 발송하여야 한다. 이 경우 정정의 대상인 언론보도등의 내용이 방송이나 인터넷신문, 인터넷뉴스서비스 및 인터넷 멀티미디어 방송의 보도과정에서 성립한 경우에는 해당 언론사등이 그러한 사실이 없었음을 입증하지 아니하면 그 사실의 존재를 부인하지 못한다. ③ 언론사등이 제1항의 청구를 수용할 때에는 지체 없이 피해자 또는 그 대리인과 정정보도의 내용·크기 등에 관하여 협의한 후, 그 청구를 받은 날부터 7일 내에 정정보도문을 방송하거나 게재(인터넷신문 및 인터넷뉴스서비스의 경우 제1항 단서에 따른 해당 언론보도등 내용의 정정을 포함한다)하여야 한다. 다만, 신문 및 잡지 등 정기간행물의 경우 이미 편집 및 제작이 완료되어 부득이할 때에는 다음 발행 호에 이를 게재하여야 한다.

제16조(반론보도청구권) ① 사실적 주장에 관한 언론보도등으로 인하여 피해를 입은 자는 그 보도 내용에 관한 반론보도를 언론사등에 청구할 수 있다. ② 제1항의 청구에는 언론사등의 고의·과실이나 위법성을 필요로 하지 아니하며, 보도 내용의 진실 여부와 상관없이

그 청구를 할 수 있다.

제17조(추후보도청구권) ① 언론등에 의하여 범죄혐의가 있거나 형사상의 조치를 받았다고 보도 또는 공표된 자는 그에 대한 형사절차가 무죄판결 또는 이와 동등한 형태로 종결되었을 때에는 그 사실을 안 날부터 3개월 이내에 언론사등에 이 사실에 관한 추후보도의 게재를 청구할 수 있다. ② 제1항에 따른 추후보도에는 청구인의 명예나 권리 회복에 필요한 설명 또는 해명이 포함되어야 한다.

제18조(조정신청) ① 이 법에 따른 정정보도청구등과 관련하여 분쟁이 있는 경우 피해자 또는 언론사등은 중재위원회에 조정을 신청할 수 있다.

제24조(중재) ① 당사자 양쪽은 정정보도청구등 또는 손해배상의 분쟁에 관하여 중재부의 종국적 결정에 따르기로 합의하고 중재를 신청할 수 있다. ② 제1항의 중재신청은 조정절차 계속 중에도 할 수 있다. 이 경우 조정절차에 제출된 서면 또는 주장·입증은 중재절차에서 제출한 것으로 본다.

제25조(중재결정의 효력 등) ① 중재결정은 확정판결과 동일한 효력이 있다.

제26조(정정보도청구등의 소) ① 피해자는 법원에 정정보도청구등의 소를 제기할 수 있다.

제27조(재판) ① 정정보도청구등의 소는 접수 후 3개월 이내에 판결을 선고하여야 한다. ② 법원은 정정보도청구등이 이유 있다고 인정하여 정정보도·반론보도 또는 추후보도를 명할 때에는 방송·게재 또는 공표할 정정보도·반론보도 또는 추후보도의 내용, 크기, 시기, 횟수, 게재 위치 또는 방송 순서 등을 정하여 명하여야 한다.

제30조(손해의 배상) ① 언론등의 고의 또는 과실로 인한 위법행위로 인하여 재산상 손해를 입거나 인격권 침해 또는 그 밖의 정신적 고통을 받은 자는 그 손해에 대한 배상을 언론사등에 청구할 수 있다.

※ 집회 및 시위에 관한 법률(약칭: 집시법)
[타법개정 2020. 12. 22. 법률 제17689호, 시행 2021. 1. 1.]

제1조(목적) 이 법은 적법한 집회 및 시위를 최대한 보장하고 위법한 시위로부터 국민을 보호함으로써 집회 및 시위의 권리 보장과 공공의 안녕질서가 적절히 조화를 이루도록 하는 것을 목적으로 한다.

제2조(정의) 이 법에서 사용하는 용어의 뜻은 다음과 같다. 1. "옥외집회"란 천장이 없거나 사방이 폐쇄되지 아니한 장소에서 여는 집회를 말한다. 2. "시위"란 여러 사람이 공동의 목적을 가지고 도로, 광장, 공원 등 일반인이 자유로이 통행할 수 있는 장소를 행진하거나 위력 또는 기세를 보여, 불특정한 여러 사람의 의견에 영향을 주거나 제압을 가하는 행위를 말한다.

제3조(집회 및 시위에 대한 방해 금지) ① 누구든지 폭행, 협박, 그 밖의 방법으로 평화적인 집회 또는 시위를 방해하거나 질서를 문란하게 하여서는 아니된다. ③ 집회 또는 시위의 주최자는 평화적인 집회 또는 시위가 방해받을 염려가 있다고 인정되면 관할 경찰관서에 그 사실을 알려 보호를 요청할 수 있다. 이 경우 관할 경찰관서의 장은 정당한 사유 없이 보호 요청을 거절하여서는 아니된다.

제4조(특정인 참가의 배제) 집회 또는 시위의 주최자 및 질서유지인은 특정한 사람이나 단체가 집회나 시위에 참가하는 것을 막을 수 있다. 다만, 언론사의 기자는 출입이 보장되어야 하며, 이 경우 기자는 신분증을 제시하고 기자임을 표시한 완장을 착용하여야 한다.

제5조(집회 및 시위의 금지) ① 누구든지 다음 각 호의 어느 하나에 해당하는 집회나 시위를 주최하여서는 아니된다. 1. 헌법재판소의 결정에 따라 해산된 정당의 목적을 달성하기 위한 집회 또는 시위 2. 집단적인 폭행, 협박, 손괴, 방화 등으로 공공의 안녕 질서에 직접적인 위협을 끼칠 것이 명백한 집회 또는 시위

제6조(옥외집회 및 시위의 신고 등) ① 옥외집회나 시위를 주최하려는 자는 그에 관한 다음 각 호의 사항 모두를 적은 신고서를 옥외집회나 시위를 시작하기 720시간 전부터 48시간 전에 관할 경찰서장에게 제출하여야 한다. 다만, 옥외집회 또는 시위 장소가 두 곳 이상의 경찰서의 관할에 속하는 경우에는 관할 시·도경찰청장에게 제출하여야 하고, 두 곳 이상의 시·도경찰청 관할에 속하는 경우에는 주최지를 관할하는 시·도경찰청장에게 제출하여야 한다. 1. 목적 2. 일시(필요한 시간을 포함한다) 3. 장소 4. 주최자(단체인 경우에는 그 대표자를 포함한다), 연락책임자, 질서유지인에 관한 다음 각 목의 사항(가. 주소 나. 성명 다. 직업 라. 연락처) 5. 참가 예정인 단체와 인원 6. 시위의 경우 그 방법(진로와 약도를 포함한다)

제8조(집회 및 시위의 금지 또는 제한 통고) ① 제6조 제1항에 따른 신고서를 접수한 관할경찰관서장은 신고된 옥외집회 또는 시위가 다음 각 호의 어느 하나에 해당하는 때에는 신고서를 접수한 때부터 48시간 이내에 집회 또는 시위를 금지할 것을 주최자에게 통고할 수 있다. 다만, 집회 또는 시위가 집단적인 폭행, 협박, 손괴, 방화 등으로 공공의 안녕 질서에 직접적인 위험을 초래한 경우에는 남은 기간의 해당 집회 또는 시위에 대하여 신고서를 접수한 때부터 48시간이 지난 경우에도 금지 통고를 할 수 있다. 1. 제5조 제1항, 제10조 본문 또는 제11조에 위반된다고 인정될 때 2. 제7조 제1항에 따른 신고서 기재 사항을 보완하지 아니한 때 3. 제12조에 따라 금지할 집회 또는 시위라고 인정될 때

제10조(옥외집회와 시위의 금지 시간) 누구든지 해가 뜨기 전이나 해가 진 후에는 옥외집회 또는 시위를 하여서는 아니된다. 다만, 집회의 성격상 부득이하여 주최자가 질서유지인을 두고 미리 신고한 경우에는 관할경찰관서장은 질서 유지를 위한 조건을 붙여 해가 뜨기 전이나 해가 진 후에도 옥외집회를 허용할 수 있다.

[헌법불합치, 2008헌가25, 2009.9.24. 집회 및 시위에 관한 법률(2007. 5. 11. 법률 제8424호로 전부개정된 것) 제10조 중 '옥외집회' 부분 및 제23조 제1호 중 '제10조 본문의 옥외집회' 부분은 헌법에 합치되지 아니한다. 위 조항들은 2010. 6. 30.을 시한으로 입법자가 개정할 때까지 계속 적용된다.]

[한정위헌, 2010헌가2, 2014.3.27. 집회 및 시위에 관한 법률(2007. 5. 11. 법률 제8424호로 개정된 것) 제10조 본문 중 '시위'에 관한 부분 및 제23조 제3호 중 '제10조 본문' 가운데 '시위'에 관한 부분은 각 '해가 진 후부터 같은 날 24시까지의 시위'에 적용하는 한 헌법에 위반된다.]

☞ 집회 및 시위에 관한 법률 시행령(약칭: 집시법 시행령)
[시행 2021. 1. 1. 대통령령 제31349호, 2020. 12. 31. 타법개정]

☞ 제11조(야간 옥외집회의 조건부 허용) ① 법 제10조 단서에 따라 해가 뜨기 전이나 해가 진 후의 옥외집회를 신고하는 자는 해가 뜨기 전이나 해가 진 후 옥외집회를 하여야 하

는 사유를 적고 필요한 자료를 제출하여야 한다. ② 관할 경찰관서장은 법 제10조 단서에 따라 해가 뜨기 전이나 해가 진 후의 옥외집회를 허용하는 경우에는 서면으로 질서 유지를 위한 조건을 구체적으로 밝혀 주최자에게 알려야 한다.

제11조(옥외집회와 시위의 금지 장소) 누구든지 다음 각 호의 어느 하나에 해당하는 청사 또는 저택의 경계 지점으로부터 100 미터 이내의 장소에서는 옥외집회 또는 시위를 하여서는 아니 된다. 1. 국회의사당. 다만, 다음 각 목의 어느 하나에 해당하는 경우로서 국회의 기능이나 안녕을 침해할 우려가 없다고 인정되는 때에는 그러하지 아니하다. 가. 국회의 활동을 방해할 우려가 없는 경우 나. 대규모 집회 또는 시위로 확산될 우려가 없는 경우 2. 각급 법원, 헌법재판소. 다만, 다음 각 목의 어느 하나에 해당하는 경우로서 각급 법원, 헌법재판소의 기능이나 안녕을 침해할 우려가 없다고 인정되는 때에는 그러하지 아니하다. 가. 법관이나 재판관의 직무상 독립이나 구체적 사건의 재판에 영향을 미칠 우려가 없는 경우 나. 대규모 집회 또는 시위로 확산될 우려가 없는 경우 3. 대통령 관저, 국회의장 공관, 대법원장 공관, 헌법재판소장 공관 4. 국무총리 공관. 다만, 다음 각 목의 어느 하나에 해당하는 경우로서 국무총리 공관의 기능이나 안녕을 침해할 우려가 없다고 인정되는 때에는 그러하지 아니하다. 가. 국무총리를 대상으로 하지 아니하는 경우 나. 대규모 집회 또는 시위로 확산될 우려가 없는 경우 5. 국내 주재 외국의 외교기관이나 외교사절의 숙소. 다만, 다음 각 목의 어느 하나에 해당하는 경우로서 외교기관 또는 외교사절 숙소의 기능이나 안녕을 침해할 우려가 없다고 인정되는 때에는 그러하지 아니하다. 가. 해당 외교기관 또는 외교사절의 숙소를 대상으로 하지 아니하는 경우 나. 대규모 집회 또는 시위로 확산될 우려가 없는 경우 다. 외교기관의 업무가 없는 휴일에 개최하는 경우[2020.6.9 법률 제17393호에 의하여 헌법재판소에서 헌법불합치 결정된 이 조 제1호 및 제3호를 개정함]

제12조(교통 소통을 위한 제한) ① 관할경찰관서장은 대통령령으로 정하는 주요 도시의 주요 도로에서의 집회 또는 시위에 대하여 교통 소통을 위하여 필요하다고 인정하면 이를 금지하거나 교통질서 유지를 위한 조건을 붙여 제한할 수 있다.

제13조(질서유지선의 설정) ① 제6조 제1항에 따른 신고를 받은 관할경찰관서장은 집회 및 시위의 보호와 공공의 질서 유지를 위하여 필요하다고 인정하면 최소한의 범위를 정하여 질서유지선을 설정할 수 있다.

제14조(확성기등 사용의 제한) ① 집회 또는 시위의 주최자는 확성기, 북, 징, 꽹과리 등의 기계·기구(이하 이 조에서 "확성기 등"이라 한다)를 사용하여 타인에게 심각한 피해를 주는 소음으로서 대통령령으로 정하는 기준을 위반하는 소음을 발생시켜서는 아니된다.

제15조(적용의 배제) 학문, 예술, 체육, 종교, 의식, 친목, 오락, 관혼상제 및 국경행사에 관한 집회에는 제6조부터 제12조까지의 규정을 적용하지 아니한다.

제16조(주최자의 준수 사항) ① 집회 또는 시위의 주최자는 집회 또는 시위에 있어서의 질서를 유지하여야 한다. ② 집회 또는 시위의 주최자는 집회 또는 시위의 질서 유지에 관하여 자신을 보좌하도록 18세 이상의 사람을 질서유지인으로 임명할 수 있다.

제19조(경찰관의 출입) ① 경찰관은 집회 또는 시위의 주최자에게 알리고 그 집회 또는 시위의 장소에 정복을 입고 출입할 수 있다. 다만, 옥내집회 장소에 출입하는 것은 직무 집행을 위하여 긴급한 경우에만 할 수 있다.

22. 교육을 받을 권리: 학습권과 수업권

[대법원 2007. 9. 20. 2005다25298 판결]

> 원심판결 이유에 의하면, 원심은 그 채용 증거를 종합하여 다음과 같은 사실, 즉 2001년 4월, 5월 당시 원고(선정당사자, 이하 '원고'라고만 한다) 및 선정자들은 소외 학교법인이 운영하는 (명칭 생략)여자상업고등학교(이하 '(명칭 생략)여상'이라고 한다) 3학년 학생 또는 그 학부모였으며(이하에서는 그 당시 (명칭 생략)여상 학생이었던 선정자들을 '원고 학생들'이라고 한다), 피고들은 교사로서 전국교직원노동조합(이하 '전교조'라고 한다) 서울시지부 사립강서지회 소외 학교법인 연합분회 구성원들이었던 사실, 2001년 4월 3일경 피고들은 (명칭 생략)여상 정문 앞에서 소외 학교법인 연합분회 창립기념 및 사립학교법 개정을 위한 궐기대회를 개최하면서 소외 학교법인측에 대하여 예산결산 공개, 인사위원회 구성, 단체협약안 실시 및 폭력교사 보직해임을 요구하는 결의안을 채택한 다음, 같은 달 4일부터 13일까지 하루 8시간 근무를 이유로 매일 오후 4시에 퇴근하고 학교 현관 앞에서 침묵 시위와 피케팅 시위를 하던 중, 같은 달 16일자로 (명칭 생략)여상 교장직무대리 발령 인사가 이루어지자 그 부당함 등을 주장하며 부패재단 퇴진운동을 전개한 사실, 피고들은 위와 같은 주장을 관철하기 위하여 수업을 거부하기로 결의하고, 같은 해 4월 16일부터 같은 해 5월 3일까지 및 같은 해 5월 14일부터 19일까지 (5월 4일부터 12일까지는 (명칭 생략)여상이 가정학습기간으로 정하여 학교에서 수업을 하지 않았다) 담당 수업을 거부하였는데, 그 중 원고 학생들이 소속된 학급의 수업거부 내역은 원심판결 별지 '피고들 수업거부 내역표' 기재와 같은 사실, 또한 피고들은 학교 내에서 학생들의 참여를 유도하여 집회를 열기로 결의한 다음, 같은 해 4월 17일부터 28일까지 주로 오전 시간에 (명칭 생략)여상 운동장에서 학생들과 함께 '전교조가', '임을 위한 행진곡' 등의 노래를 부르거나 스피커를 통하여 노래를 틀어놓고, 소외 학교법인측을 비방하는 구호를 외치고, 마이크를 이용하여 소외 학교법인을 비방하는 연설을 하고, 학생들이 북과 꽹과리를 치며 운동장 및 수업 진행중인 교실의 복도를 행진하게 하고, 시위에 참석한 학생 수가 적은 경우에는 학생들로 하여금 교실 쪽을 향하여 함성을 지르면서 '나와라, 나와라'라고 고함을 치게 하는 등의 시위를 한 사실 등을 인정한 다음, 위 인정 사실에 의하면 피고들의 위법한 수업거부 및 수업방해 행위로 인하여 당시 대학진학을 앞둔 고등학교 3학년 학생이던 원고 학생들이 수업을 받지 못하고 평온한 환경에서 학습을 할 수 없게 되는 등 수학권이 침해되었을 뿐만 아니라 원고 학생들의 부모인 원고와 나머지 선정자들의 교육권 또한 침해되었고, 이로 인하여 원고 및 선정자들이 정신적 고통을 입었을 것임은 경험칙상 넉넉히 인정되므로, 피고들은 원고와 선정자들의 고통을 금전으로나마 위자할 의무가 있다고 판단하였다.

【요 지】

(1) 학생의 학습권이 교원의 수업권보다 우월한 지위에 있는지 여부(적극) 및 교원이 수업을 거부할 자유가 인정될 수 있는지 여부(소극): 학교교육에 있어서 교원의 가르치는 권리를 수업권이라고 한다면, 이것은 교원의 지위에서 생기는 학생에 대한 일차적인 교육상의 직무권한이지만 어디까지나 학생의 학습권 실현을 위하여 인정되는 것이므로, 학생의 학습

권은 교원의 수업권에 대하여 우월한 지위에 있다. 따라서 학생의 학습권이 왜곡되지 않고 올바로 행사될 수 있도록 하기 위해서라면 교원의 수업권은 일정한 범위 내에서 제약을 받을 수밖에 없고, 학생의 학습권은 개개 교원들의 정상을 벗어난 행동으로부터 보호되어야 한다. 특히, 교원의 수업거부행위는 학생의 학습권과 정면으로 상충하는 것인바, 교육의 계속성 유지의 중요성과 교육의 공공성에 비추어 보거나 학생·학부모 등 다른 교육당사자들의 이익과 교량해 볼 때 교원이 고의로 수업을 거부할 자유는 어떠한 경우에도 인정되지 아니하며, 교원은 계획된 수업을 지속적으로 성실히 이행할 의무가 있다.

(2) 교원의 수업거부행위의 위법성이 목적의 정당성이나 학생자치단체의 수업거부 결의라는 사유로 조각되는지 여부(소극): 교원의 수업거부행위의 위법성은 그 행위의 목적이 정당하였다는 이유만으로 조각되는 것이 아니다. 물론, 학생의 학습권은 단순히 학교가 운영하는 교육과정을 이수할 권리에 그치지 않고 자신의 인간적인 성장·발달과 인격의 자유로운 발현을 도모하는 적극적이고 포괄적인 권리라고 할 것이나, 그렇다고 하여 교원이 이러한 포괄적 의미의 학습권 실현을 내세우면서 계획된 수업을 거부함으로써 명백히 법률에 위배되는 방법으로 학생이 정상적인 교육과정을 이수하지 못하게 하는 행위까지 허용되는 것은 아니며, 이러한 행위는 오히려 학습권의 본질적인 내용을 침해하는 것이다. 또한, 학습권의 주체인 학생들 스스로 수업에 참석하지 아니하는 바람에 교원이 계획된 수업을 이행하지 못한 때에는 원칙적으로 교원에게 그에 대한 책임을 물을 수 없을 것이나, 학생자치단체의 결의에 따라 일부 학생들이 수업에 참석하지 않았다는 이유만으로 나머지 학생들에 대한 교원의 수업거부행위가 정당화된다고 할 수는 없다. 학교교육에 있어서 학생의 학습권은 어디까지나 학생 개개인의 개인적 기본권이지 특정 학교에 재학중인 학생 전체의 집단적인 기본권이 아니어서 다수결에 의한 학생자치단체의 의사결정에 따라 함부로 제한될 수 있는 것이 아니기 때문이다. 더욱이 보통교육의 과정에 있는 초·중·고교의 학생들은 사물의 시비와 선악을 합리적으로 분별할 능력이 미숙하여 대학생이나 사회의 일반 성인과는 달리 다양한 가치와 지식에 대하여 비판적으로 취사선택을 할 수 있는 독자적 능력이 부족하다 할 것인데, 이러한 학생들의 수업거부 결의가 초·중등교육법 제17조에 의하여 권장·보호되는 '학생의 자치활동'에 포함되는 것이라고 볼 수는 없고, 또 이와 같이 미성숙한 학생들이 지식·덕성 및 체력의 함양과 향상을 통하여 그가 속한 시대와 사회의 건전한 인격체로서 독립·발전할 수 있도록 가르치고 보살피는 숭고한 직책을 수행하는 교원들로서는 자신들의 위법한 행위가 학생들의 자율적인 의사에 따른 것임을 내세워 그 정당성을 주장할 수 없다.

(3) 학원비리 척결을 이유로 한 전국교직원노동조합 소속 교사의 수업거부 및 수업방해 행위로 인하여 학생들의 학습권과 학부모의 교육권이 침해되었다고 보아 위 교사들의 손해배상책임을 인정한 사례이다.

【이 유】

(1) 헌법 제31조 제1항은 "모든 국민은 능력에 따라 균등하게 교육을 받을 권리를 가진

다."라고 규정하여 기본권으로서의 학습권을 선언하고 있으며, 교육에 관한 국민의 권리·의무와 국가의 책임 등에 관한 기본적 사항을 정한 교육기본법은 "모든 국민은 평생에 걸쳐 학습하고, 능력과 적성에 따라 교육받을 권리를 가진다."(제3조), "학생을 포함한 학습자의 기본적 인권은 학교교육 또는 사회교육의 과정에서 존중되고 보호된다."(제12조 제1항)라고 규정하고 있다. 이러한 학습권의 보장은 국민의 인간적 성장·발달 내지 인격의 자유로운 발현을 위한 것으로서, 우리 헌법이 지향하고 있는 문화국가, 민주복지국가의 이념 구현을 위한 기본적 토대이고, 국민이 인간으로서 존엄과 가치를 가지며 행복을 추구하고 인간다운 생활을 영위하는데 필수적인 조건이자 대전제이다. 그리고 부모의 자녀에 대한 교육권은 비록 헌법에 명문으로 규정되어 있지 않지만 모든 인간이 누리는 불가침의 인권으로서, 혼인과 가족생활을 보장하는 헌법 제36조 제1항, 행복추구권을 보장하는 헌법 제10조 및 "국민의 자유와 권리는 헌법에 열거되지 아니한 이유로 경시되지 아니한다."고 규정하는 헌법 제37조 제1항에서 나오는 중요한 기본권인데, 이는 자녀의 행복이란 관점에서 자녀의 보호와 인격발현을 위하여 부여되는 것이다. 교원의 노동조합 설립 및 운영 등에 관한 법률 제8조가 "노동조합과 그 조합원은 파업·태업 기타 업무의 정상적인 운영을 저해하는 일체의 쟁의행위를 하여서는 아니된다."라고 규정하고, 사립학교법 제58조 제1항 제4호에서 사립학교의 교원이 "집단적으로 수업을 거부한 때"를 면직사유로 규정함으로써 이러한 행위가 위법함을 나타내고 있는 것도 학습권 보장의 취지를 구체적으로 표현한 것이라 하겠다.

(2) 원심은 손해배상책임이 없다고 다투는 피고들의 주장에 대하여, ① 피고들의 수업거부와 시위는 소외 학교법인의 비리의혹을 해소하고 교육환경을 개선하고자 노력하는 과정에서 발생하게 된 것으로 보이나, 학생들을 가르치는 교사인 피고들이 합법적인 절차나 수단에 의하지 아니하고 불법적인 방법을 사용한 이상 비록 소외 학교법인에 비리가 있었다 하더라도 그로 인하여 피고들의 행위의 위법성이 조각된다거나 책임을 면하게 된다고 할 수는 없고, ② (명칭 생략)여상의 각 학급 반장 등 학생회 임원들이 참석한 학생들의 토론회(이 사건 원고 학생들 대부분이 속한 3학년 19반과 20반의 반장은 참석하지 아니하였다)에서 수업거부를 결의하였다는 사실만으로 위 대토론회에 참석하지 아니하고 수업거부에 찬성하지 아니한 학생들까지 수학권을 포기한 것으로 보기는 어려우며, ③ 당시 피고들과 달리 수업거부 결의나 시위에 참여하지 아니한 (명칭 생략)여상 교사들도 일부 수업을 하지 아니한 사실이 인정되나 이는 피고들의 수업거부 및 시위로 인한 학내 소란 때문인 것으로 보이고, 또 피고들 중에는 원고 학생들이 속한 학급의 수업을 직접 담당하지 않은 사람이 많아 실제로 원고 학생들에 대한 수업을 거부한 것은 일부 피고들뿐이라 하더라도 피고들은 모두 공동불법행위자로서 이로 인한 손해를 연대하여 배상할 책임이 있다고 판단하였다.

원심의 이유설시에는 다소 미흡한 부분이 있으나, 피고들이 원고 및 선정자들의 학습권(수학권)과 교육권을 침해하였다고 판단한 원심의 결론 및 그 전제가 되는 사실을 인정함에 있어서 원심의 증거가치 판단은 모두 정당한 것으로 수긍이 되고, 거기에 상고이유의 주장과 같은 학습권에 관한 법리오해, 채증법칙 위배 또는 이유모순 등의 위법이 없다.

【해 설】

(1) **교육을 받을 권리**란 교육을 받는 것을 국가로부터 방해받지 아니함은 물론 국가가 적극적으로 배려해주도록 요구할 수 있는 국민의 권리를 말한다. 즉 교육을 받을 권리는 현대적 사회국가·문화국가에서 인간다운 생활의 필수요건이 되며 국민의 능력의 계발과 실현을 위하여 요구되고 또한 민주정치를 위해서도 불가결한 요건이다. 교육을 받을 권리는 실정법상의 권리이므로 국민에게만 보장되고 외국인에게는 보장되지 않으며 성질상 자연인에게만 보장되고 법인은 제외된다.

헌법 제31조에 의하면 「① 모든 국민은 능력에 따라 균등하게 교육을 받을 권리를 가진다. ② 모든 국민은 그 보호하는 자녀에게 적어도 초등교육과 법률이 정하는 교육을 받게 할 의무를 진다. ③ 의무교육은 무상으로 한다. ④ 교육의 자주성·전문성·정치적 중립성 및 대학의 자율성은 법률이 정하는 바에 의하여 보장된다. ⑤ 국가는 평생교육을 진흥하여야 한다. ⑥ 학교교육 및 평생교육을 포함한 교육제도와 그 운영, 교육재정 및 교원의 지위에 관한 기본적인 사항은 법률로 정한다」라고 하여 교육을 받을 권리와 의무 및 평생교육진흥에 관한 규정을 두고 있다. 이 때 '**능력에 따른 교육**'이라 함은 정신적·육체적 능력에 상응한 적절한 교육을 말하므로 가령 입학시험 등 공개경쟁시험제는 위헌이 아니다. 즉 헌법 제31조 제1항에서의 능력이란 일신전속적인 정신적·육체적 능력을 의미하며, 재산·가정·환경·성별·인종 기타에 의한 불합리한 차별은 허용되지 않는다. 한편 '**균등한 교육**'이라 함은 능력 이외의 성별·종교·사회적 신분 등에 의하여 교육을 받을 기회를 차별하지 아니할 것을 의미하며, 나아가 모든 국민이 균등하게 교육을 받을 수 있도록 교육시설을 설치·운용하고 장학정책을 시행하는 등 교육의 외적 조건의 정비를 요구할 수 있음을 의미한다. 그러나 가령 중고등학교 과정에서 여자학교와 남자학교를 구별하고 합리적인 범위 안에서 교과목에 차이를 두는 것은 균등한 교육을 받을 권리에 위반되지 아니한다. 다시 말해서 균등한 교육을 받을 권리는 교육의 기회균등만이 아니라 교육의 질과 내용도 균등할 것을 요구할 수 있는 권리로서, 소극적인 차별대우의 금지에 머무는 것이 아니라 모든 국민에게 균등한 내용의 교육을 보장하기 위한 적극적인 국가의 정책을 요구하는 권리로 보아야 한다.

(2) 교육을 받을 권리를 실효성 있게 보장하기 위해서는 취학아동의 친권자나 후견인에 대하여 교육의 의무가 부여된다. 가령 **초·중등교육법**[일부개정 2021. 3. 23. 법률 제17958호, 시행 2021. 9. 24.] 제13조(취학 의무)에 의하면 「① 모든 국민은 보호하는 자녀 또는 아동이 6세가 된 날이 속하는 해의 다음 해 3월 1일에 그 자녀 또는 아동을 초등학교에 입학시켜야 하고, 초등학교를 졸업할 때까지 다니게 하여야 한다. ② 모든 국민은 제1항에도 불구하고 그가 보호하는 자녀 또는 아동이 5세가 된 날이 속하는 해의 다음 해 또는 7세가 된 날이 속하는 해의 다음 해에 그 자녀 또는 아동을 초등학교에 입학시킬 수 있다. 이 경우에도 그 자녀 또는 아동이 초등학교에 입학한 해의 3월 1일부터 졸업할 때까지 초등학교에 다니게 하여야 한다. ③ 모든 국민은 보호하는 자녀 또는 아동이 초등학교를 졸업한 학년의 다음 학년 초에 그 자녀 또는 아동을 중학교에 입학시켜야 하고, 중학교를 졸업할 때까지 다니게 하여야 한다. ④ 제1항부터 제3항까지의 규정에 따른 취학 의무의 이행과 이행 독려 등에 필요한 사항은 대통령령으로 정한다」고 규정하고 있다. 다만 제14조는 취학 의무의 면제 등에 관하여 「① 질병·발육 상태 등 부득이한 사유로 취학이 불가능한 의무교

육대상자에 대하여는 대통령령으로 정하는 바에 따라 제13조에 따른 취학 의무를 면제하거나 유예할 수 있다. ② 제1항에 따라 취학 의무를 면제받거나 유예받은 사람이 다시 취학하려면 대통령령으로 정하는 바에 따라 학습능력을 평가한 후 학년을 정하여 취학하게 할 수 있다」고 하여 예외를 인정하고 있다.

(3) **교육기본법**은 중등교육까지 의무교육으로 규정하고 있다. 의무교육은 무상으로 실시되며, 무상의 범위는 **취학필수비무상설**(다수설)에 의해 수업료의 면제는 물론 국가의 재정이 허락하는 한 교과서와 기타의 교재 및 급식까지도 무상으로 하는 것이 타당하다고 본다. 그리고 교육의 자주성·전문성·정치적 중립성 및 대학의 자율성을 보장하기 위하여 교사나 교수의 교육의 자유도 최대한 보장되어야 한다. 그러나 미성년자교육을 특성으로 하는 초중등교육에서 교사의 교육의 자유는 상당부분 제한되고 있다. 헌법 제31조 제6항이 규정한 **교원지위 법정주의**는 단순히 교원의 권익을 보장하기 위한 규정이거나 교원의 지위를 행정권력에 의한 부당한 침해로부터 보호하는 것만을 목적으로 한 규정이 아니고, 국민의 교육을 받을 기본권을 실효성 있게 보장하기 위한 것까지 포함하여 교원의 지위를 법률로 정하도록 한 것이다. 또한 교육제도로서 평생교육을 보장하기 위하여 **평생교육법**이 제정되어 있으며 국가는 평생교육진흥의무를 진다.

한편 **부모의 자녀교육권**은 비록 헌법에 명문으로 규정되어 있지는 않지만, 이는 모든 인간이 누리는 불가침의 인권으로서 혼인과 가족생활을 보장하는 헌법 제36조 제1항, 행복추구권을 보장하는 헌법 제10조 및 '국민의 자유와 권리는 헌법에 열거되지 아니한 이유로 경시되지 아니한다'고 규정하는 헌법 제37조 제1항에서 나오는 중요한 기본권이다. 부모는 자녀의 교육에 관하여 전반적인 계획을 세우고 자신의 인생관·사회관·교육관에 따라 자녀의 교육을 자유롭게 형성할 권리를 가지며 부모의 교육권은 다른 교육의 주체와의 관계에서 원칙적인 우위를 가진다. 따라서 자녀의 양육과 교육에 있어서 부모의 교육권은 교육의 모든 영역에서 존중되어야 하며, 다만 학교교육에 관한 한 국가는 헌법 제31조에 의하여 부모의 교육권으로부터 원칙적으로 독립된 독자적인 교육권한을 부여받음으로써 부모의 교육권과 함께 자녀의 교육을 담당하지만, 학교 밖의 교육영역에서는 원칙적으로 부모의 교육권이 우위를 차지한다고 본다.

[대법원 2010. 4. 22. 2008다38288] <종립 사립고교 종교교육 사건>
(가) 사인에 의한 '종교의 자유' 침해가 불법행위를 구성하는 형태: 헌법상의 기본권은 제1차적으로 개인의 자유로운 영역을 공권력의 침해로부터 보호하기 위한 방어적 권리이지만 다른 한편으로 헌법의 기본적인 결단인 객관적인 가치질서를 구체화한 것으로서, 사법을 포함한 모든 법 영역에 그 영향을 미치는 것이므로 사인간의 사적인 법률관계도 헌법상의 기본권 규정에 적합하게 규율되어야 한다. 다만 기본권 규정은 그 성질상 사법관계에 직접 적용될 수 있는 예외적인 것을 제외하고는 사법상의 일반원칙을 규정한 민법 제2조, 제103조, 제750조, 제751조 등의 내용을 형성하고 그 해석 기준이 되어 간접적으로 사법관계에 효력을 미치게 된다. 종교의 자유라는 기본권의 침해와 관련한 불법행위의 성립 여부도 위와 같은 일반규정을 통하여 사법상으로 보호되는 종교에 관한 인격적 법익침해 등의 형태로 구체화되어 논하여져야 한다.

(나) 고등학교 평준화정책에 따른 학교 강제배정제도가 위헌인지 여부(소극): 공교육체계의 헌법적 도입과 우리의 고등학교 교육 현실 및 평준화정책이 고등학교 입시의 과열과 그로 인한 부작용을 막기 위하여 도입된 사정, 그로 인한 기본권의 제한 정도 등을 모두 고려한다면, 고등학교 평준화정책에 따른 학교 강제배정제도에 의하여 학생이나 학교법인의 기본권에 일부 제한이 가하여진다고 하더라도 그것만으로는 위 제도가 학생이나 학교법인의 기본권을 본질적으로 침해하는 위헌적인 것이라고까지 할 수는 없다.

(다) 고등학교 평준화정책에 따른 학교 강제배정으로, 종립학교가 가지는 '종교교육의 자유 및 운영의 자유'와 학생들이 가지는 '소극적 종교행위의 자유 및 소극적 신앙고백의 자유'가 서로 충돌하는 경우 그 해결 방법: 고등학교 평준화정책에 따른 학교 강제배정제도가 위헌이 아니라고 하더라도 여전히 종립학교(종교단체가 설립한 사립학교)가 가지는 종교교육의 자유 및 운영의 자유와 학생들이 가지는 소극적 종교행위의 자유 및 소극적 신앙고백의 자유 사이에 충돌이 생기게 되는데, 이와 같이 하나의 법률관계를 둘러싸고 두 기본권이 충돌하는 경우에는 구체적인 사안에서의 사정을 종합적으로 고려한 이익형량과 함께 양 기본권 사이의 실제적인 조화를 꾀하는 해석 등을 통하여 이를 해결하여야 하고, 그 결과에 따라 정해지는 양 기본권 행사의 한계 등을 감안하여 그 행위의 최종적인 위법성 여부를 판단하여야 한다.

(라) 공교육체계에 편입된 종립학교의 학교법인이 가지는 '종교교육의 자유 및 운영의 자유'의 한계: 고등학교 평준화정책 및 교육 내지 사립학교의 공공성, 학교법인의 종교의 자유 및 운영의 자유가 학생들의 기본권이나 다른 헌법적 가치 앞에서 가지는 한계를 고려하고, 종립학교에서의 종교교육은 필요하고 또한 순기능을 가진다는 것을 간과하여서는 아니되나 한편으로 종교교육으로 인하여 학생들이 입을 수 있는 피해는 그 정도가 가볍지 아니하며 그 구제수단이 별달리 없음에 반하여 학교법인은 제한된 범위 내에서 종교의 자유 및 운영의 자유를 실현할 가능성이 있다는 점을 감안하면, 비록 종립학교의 학교법인이 국·공립학교의 경우와는 달리 종교교육을 할 자유와 운영의 자유를 가진다고 하더라도, 그 종립학교가 공교육체계에 편입되어 있는 이상 원칙적으로 학생의 종교의 자유, 교육을 받을 권리를 고려한 대책을 마련하는 등의 조치를 취하는 속에서 그러한 자유를 누린다고 해석하여야 한다.

(마) 종립학교가 고등학교 평준화정책에 따라 강제배정된 학생들을 상대로 특정 종교의 교리를 전파하는 종파교육 형태의 종교교육을 실시하는 경우, 그 위법성의 판단 기준: [**다수의견**] 종립학교가 고등학교 평준화정책에 따라 학생 자신의 신앙과 무관하게 입학하게 된 학생들을 상대로 종교적 중립성이 유지된 보편적인 교양으로서의 종교교육의 범위를 넘어서서 학교의 설립이념이 된 특정의 종교교리를 전파하는 종파교육 형태의 종교교육을 실시하는 경우에는 그 종교교육의 구체적인 내용과 정도, 종교교육이 일시적인 것인지 아니면 계속적인 것인지 여부, 학생들에게 그러한 종교교육에 관하여 사전에 충분한 설명을 하고 동의를 구하였는지 여부, 종교교육에 대한 학생들의 태도나 학생들이 불이익이 있을 것을 염려하지 아니하고 자유롭게 대체과목을 선택하거나 종교교육에 참여를 거부할 수 있었는지 여부 등의 구체적인 사정을 종합적으로 고려하여 사회공동체의 건전한 상식과 법감정에 비추어 볼 때 용인될 수 있는 한계를 초과한 종교교육이라고 보이는 경우에는 위법성을 인정할 수 있다.

(바) 종립학교가 특정 종교의 교리를 전파하는 종파적인 종교행사와 종교과목 수업을 실시하면서 참가 거부가 사실상 불가능한 분위기를 조성하는 등 신앙을 갖지 않거나 학교와 다른 신앙을 가진 학생들의 기본권을 고려하지 않은 것은, 학생의 종교에 관한 인격적 법익을 침해하는 위법한 행위이고, 그로 인하여 인격적 법익을 침해받는 학생이 있을 것임이 충분히 예견가능하고 그 침해가 회피가능하므로 과실 역시 인정된다고 한 사례이다.

(사) 학교의 학생에 대한 징계처분이 불법행위를 구성하기 위한 요건: [다수의견] ① 학생에 대한 징계가 징계대상자의 소행, 평소의 학업 태도, 개전의 정 등을 참작하여 학칙에 정한 징계절차에 따라서 징계위원들이나 징계권자의 자율적인 판단에 따라 행하여진 것이고, 실제로 인정되는 징계사유에 비추어 그 정도의 징계를 하는 것도 무리가 아니라고 인정되는 경우라면, 비록 그 징계양정이 결과적으로 재량권을 일탈한 것으로 인정된다고 하더라도 이는 특별한 사정이 없는 한 법률전문가가 아닌 징계위원들이나 징계권자가 징계의 경중에 관한 법령의 해석을 잘못한 데 기인하는 것이라고 보아야 하므로, 이러한 경우에는 징계의 양정을 잘못한 것을 이유로 불법행위책임을 물을 수 있는 과실이 없다. 그러나 학교가 그 징계의 이유로 된 사실이 퇴학 등의 징계처분의 사유에 해당한다고 볼 수 없음이 객관적으로 명백하고 조금만 주의를 기울이면 이와 같은 사정을 쉽게 알아 볼 수 있는데도 징계에 나아간 경우와 같이 징계권의 행사가 우리의 건전한 사회통념이나 사회상규에 비추어 용인될 수 없음이 분명한 경우에 그 징계는 그 효력이 부정됨에 그치지 아니하고 위법하게 상대방에게 정신적 고통을 가하는 것이 되어 그 학생에 대한 관계에서 불법행위를 구성하게 된다. ② 갑에 대한 퇴학처분은 그 징계의 이유로 된 사실이 퇴학처분에 해당한다고 볼 수 없음이 객관적으로 명백하고 징계권자 또는 징계위원들이 조금만 주의를 기울이면 이와 같은 사정을 쉽게 알아 볼 수 있음에도 징계에 나아간 것으로, 그 징계권의 행사가 우리의 건전한 사회통념이나 사회상규에 비추어 용인될 수 없음이 분명하여 갑에 대하여 불법행위가 된다고 본 사례이다.

(아) 서울특별시 교육감과 담당 공무원이 취한 일부 시정조치들만으로는 종립학교의 위법한 종교교육이나 퇴학처분을 막기에는 부족하여 결과적으로 학생의 인격적 법익에 대한 침해가 발생하였다고 하더라도, 교육감이 더 이상의 시정·변경명령 권한 등을 행사하지 않은 것이 객관적 정당성을 상실하였다거나 현저하게 합리성을 잃어 사회적 타당성이 없다고 볼 수 있는 정도에까지 이르렀다고 하기는 어렵다고 한 사례이다.

※ 교육기본법
[타법개정 2021. 3. 23. 법률 제17954호, 시행 2021. 3. 23.]

제1조(목적) 이 법은 교육에 관한 국민의 권리·의무 및 국가·지방자치단체의 책임을 정하고 교육제도와 그 운영에 관한 기본적 사항을 규정함을 목적으로 한다.

제2조(교육이념) 교육은 홍익인간의 이념 아래 모든 국민으로 하여금 인격을 도야하고 자주적 생활능력과 민주시민으로서 필요한 자질을 갖추게 함으로써 인간다운 삶을 영위하게 하고 민주국가의 발전과 인류공영의 이상을 실현하는 데에 이바지하게 함을 목적으로 한다.

제3조(학습권) 모든 국민은 평생에 걸쳐 학습하고, 능력과 적성에 따라 교육 받을 권리를 가진다.

제4조(교육의 기회균등) ① 모든 국민은 성별, 종교, 신념, 인종, 사회적 신분, 경제적 지위 또는 신체적 조건 등을 이유로 교육에서 차별을 받지 아니한다. ② 국가와 지방자치단체는 학습자가 평등하게 교육을 받을 수 있도록 지역 간의 교원 수급 등 교육 여건 격차를 최소화하는 시책을 마련하여 시행하여야 한다.

제5조(교육의 자주성 등) ① 국가와 지방자치단체는 교육의 자주성과 전문성을 보장하여야 하며, 지역 실정에 맞는 교육을 실시하기 위한 시책을 수립·실시하여야 한다. ② 학교운영의 자율성은 존중되며, 교직원·학생·학부모 및 지역주민 등은 법령으로 정하는 바에 따라 학교운영에 참여할 수 있다.

제6조(교육의 중립성) ① 교육은 교육 본래의 목적에 따라 그 기능을 다하도록 운영되어야 하며, 정치적·파당적 또는 개인적 편견을 전파하기 위한 방편으로 이용되어서는 아니된다. ② 국가와 지방자치단체가 설립한 학교에서는 특정한 종교를 위한 종교교육을 하여서는 아니된다.

제8조(의무교육) ① 의무교육은 6년의 초등교육과 3년의 중등교육으로 한다. ② 모든 국민은 제1항에 따른 의무교육을 받을 권리를 가진다.

제9조(학교교육) ① 유아교육·초등교육·중등교육 및 고등교육을 하기 위하여 학교를 둔다. ② 학교는 공공성을 가지며, 학생의 교육 외에 학술 및 문화적 전통의 유지·발전과 주민의 평생교육을 위하여 노력하여야 한다. ③ 학교교육은 학생의 창의력 계발 및 인성 함양을 포함한 전인적 교육을 중시하여 이루어져야 한다.

제10조(사회교육) ① 국민의 평생교육을 위한 모든 형태의 사회교육은 장려되어야 한다. ② 사회교육의 이수는 법령으로 정하는 바에 따라 그에 상응하는 학교교육의 이수로 인정될 수 있다.

제12조(학습자) ① 학생을 포함한 학습자의 기본적 인권은 학교교육 또는 사회교육의 과정에서 존중되고 보호된다. ② 교육내용·교육방법·교재 및 교육시설은 학습자의 인격을 존중하고 개성을 중시하여 학습자의 능력이 최대한으로 발휘될 수 있도록 마련되어야 한다. ③ 학생은 학습자로서의 윤리의식을 확립하고, 학교의 규칙을 준수하여야 하며, 교원의 교육·연구활동을 방해하거나 학내의 질서를 문란하게 하여서는 아니된다.

제13조(보호자) ① 부모 등 보호자는 보호하는 자녀 또는 아동이 바른 인성을 가지고 건강하게 성장하도록 교육할 권리와 책임을 가진다. ② 부모 등 보호자는 보호하는 자녀 또는 아동의 교육에 관하여 학교에 의견을 제시할 수 있으며, 학교는 그 의견을 존중하여야 한다.

제14조(교원) ① 학교교육에서 교원의 전문성은 존중되며, 교원의 경제적·사회적 지위는 우대되고 그 신분은 보장된다. ② 교원은 교육자로서 갖추어야 할 품성과 자질을 향상시키기 위하여 노력하여야 한다. ③ 교원은 교육자로서 지녀야 할 윤리의식을 확립하고, 이를 바탕으로 학생에게 학습윤리를 지도하고 지식을 습득하게 하며, 학생 개개인의 적성을 계발할 수 있도록 노력하여야 한다. ④ 교원은 특정한 정당이나 정파를 지지하거나 반대하기 위하여 학생을 지도하거나 선동하여서는 아니 된다. ⑤ 교원은 법률로 정하는 바에 따라 다른 공직에 취임할 수 있다.

제15조(교원단체) ① 교원은 상호 협동하여 교육의 진흥과 문화의 창달에 노력하며, 교원의 경제적·사회적 지위를 향상시키기 위하여 각 지방자치단체와 중앙에 교원단체를 조직할 수 있다.

제23조의3(학생정보의 보호원칙) ① 학교생활기록 등의 학생정보는 교육적 목적으로 수집

·처리·이용 및 관리되어야 한다. ② 부모 등 보호자는 자녀 등 피보호자에 대한 제1항의 학생정보를 제공받을 권리를 가진다. ③ 제1항에 따른 학생정보는 법률로 정하는 경우 외에는 해당 학생(학생이 미성년자인 경우에는 학생 및 학생의 부모 등 보호자)의 동의 없이 제3자에게 제공되어서는 아니된다.

제26조의2(교육 관련 정보의 공개) ① 국가와 지방자치단체는 국민의 알 권리와 학습권을 보장하기 위하여 그 보유·관리하는 교육 관련 정보를 공개하여야 한다.

[부산지법 2017. 10. 19. 2017구합986 판결]

국립대학교 교수 갑이 강의 중 "노무현은 전자개표기 사기극으로 당선된 가짜대통령이다. 자네들이 노무현 전자개표기 사기극 사건을 맡은 대법관이라면 어떻게 판결문을 쓸 것인지 리포트로 제출하라." 라고 발언하고, 인터넷 사이트에 유사한 내용의 게시물을 게재한 행위에 대하여 총장이 징계위원회의 의결에 따라 갑에게 파면처분을 한 사안에서, 갑이 위 행위를 통하여 대한민국 제16대 대통령 선거에서 전자개표기를 조작하는 등 사기적 수단으로 망인이 당선된 것이 확실한 사실인 것처럼 단정적으로 허위의 사실을 적시하고, 학생들의 양심 및 사상의 자유를 심각하게 침해함과 동시에 사회적 논란을 일으켰으며, 망인의 인격을 존중하지 아니한 모멸적인 어휘와 표현방법으로 망인에게 모욕을 가하였으므로 위 행위는 국가공무원법이 정한 징계사유(성실의무 위반, 품위유지의무 위반)에 해당하고, 대학교수는 일반 직업인보다 강한 성실성과 진실성, 도덕성, 윤리성이 요구되고, 보다 엄격한 품위유지의무, 성실의무를 부담하는 점, 구 교육공무원 징계양정 등에 관한 규칙(2017. 3. 24. 교육부령 제128호로 개정되기 전의 것) 제2조 [별표]에 따르면 위 행위는 직권남용으로 다른 사람의 권리를 침해한 성실의무 위반행위로 '비위의 정도가 심하고 고의가 있는 경우'에 해당하여 파면처분을 하여야 하므로 위 파면처분이 징계양정기준을 위반하였다고 보기도 어려운 점 등을 종합하면, 파면처분이 객관적으로 부당하거나 사회통념상 현저하게 타당성을 잃을 정도로 갑에게 지나치게 가혹하여 재량권의 범위를 일탈·남용한 것이 아니라고 한 사례이다.

※ 초·중등교육법

[일부개정 2021. 3. 23. 법률 제17958호, 시행 2021. 9. 24.]

제10조(수업료 등) ① 학교의 설립자·경영자는 수업료와 그 밖의 납부금을 받을 수 있다. ② 제1항에 따른 수업료와 그 밖의 납부금을 거두는 방법 등에 필요한 사항은 국립학교의 경우에는 교육부령으로 정하고, 공립·사립 학교의 경우에는 특별시·광역시·특별자치시·도·특별자치도(이하 "시·도"라 한다)의 조례로 정한다. 이 경우 국민의 교육을 받을 권리를 본질적으로 침해하는 내용을 정하여서는 아니 된다.

제10조의2(고등학교 등의 무상교육) ① 제2조 제3호에 따른 고등학교·고등기술학교 및 이에 준하는 각종학교의 교육에 필요한 다음 각 호의 비용은 무상으로 한다. 1. 입학금 2. 수업료 3. 학교운영지원비 4. 교과용 도서 구입비 ② 제1항 각 호의 비용은 국가 및 지방자치단체가 부담하고, 학교의 설립자·경영자는 학생과 보호자로부터 이를 받을 수 없다. ③

제1항 및 제2항에도 불구하고 대통령령으로 정하는 사립학교의 설립자·경영자는 학생과 보호자로부터 제1항 각 호의 비용을 받을 수 있다. **[시행일]** 제10조의2의 개정규정은 다음 각 호와 같이 순차적으로 시행 1. 2020학년도: 고등학교 등 2학년 및 3학년의 무상교육 2. 2021학년도 이후: 고등학교 등 전학년의 무상교육

☞**초·중등교육법 시행령**

[일부개정 2021. 6. 22. 대통령령 제31790호, 시행 2021. 6. 23.]

☞ **제13조의2(고등학교 등의 무상교육 예외)** 법 제10조의2 제3항에서 "대통령령으로 정하는 사립학교"란 법 제10조 제2항에 따른 시·도의 조례에서 수업료와 그 밖의 납부금을 해당 학교의 장이 정하도록 한 사립학교를 말한다.

(즉 고등학교에 재학하는 학생은 누구나 무상교육의 혜택을 받을 수 있으나, 관련 법령에 따라 수업료와 기타 납부금을 학교의 장이 정하는 일부 사립학교(2020년 말 기준, 94개교)에 재학 중인 학생은 무상교육의 대상에서 제외된다.)

제12조(의무교육) ① 국가는 「교육기본법」 제8조 제1항에 따른 의무교육을 실시하여야 하며, 이를 위한 시설을 확보하는 등 필요한 조치를 강구하여야 한다. ② 지방자치단체는 그 관할 구역의 의무교육대상자를 모두 취학시키는 데에 필요한 초등학교, 중학교 및 초등학교·중학교의 과정을 교육하는 특수학교를 설립·경영하여야 한다. ③ 지방자치단체는 지방자치단체가 설립한 초등학교·중학교 및 특수학교에 그 관할 구역의 의무교육대상자를 모두 취학시키기 곤란하면 인접한 지방자치단체와 협의하여 합동으로 초등학교·중학교 또는 특수학교를 설립·경영하거나, 인접한 지방자치단체가 설립한 초등학교·중학교 또는 특수학교나 국립 또는 사립의 초등학교·중학교 또는 특수학교에 일부 의무교육대상자에 대한 교육을 위탁할 수 있다. ④ 국립·공립 학교의 설립자·경영자와 제3항에 따라 의무교육대상자의 교육을 위탁받은 사립학교의 설립자·경영자는 의무교육을 받는 사람으로부터 제10조의2 제1항 각 호의 비용을 받을 수 없다.

23. 체벌의 정당성과 학교폭력

[인천지법 2009. 4. 23. 2009고단1010 판결]

> (1) 피고인(인천에 있는 ○○초등학교 2학년 7반 담임교사)은 2008. 10. 13.경 위 ○○초등학교 2학년 7반 교실에서, 피해자 공소외 1(남, 8세)이 수업 중에 받아쓰기 시험에 임하면서 연필을 이용하여 흐린 글씨로 답을 미리 써놓는 행위를 하고 계속하여 거짓말을 한다는 이유로, 나무 막대기로 피해자의 엉덩이를 합계 80여 대 때려서 피해자에게 약 14일간의 치료를 요하는 양측 둔부좌상 등을 가하였다.
>
> (2) 피고인은 2008. 10. 21.경 위 교실에서, 수업 중에 피해자 공소외 2(여, 7세)가 숙제를 해 오지 않았고 질문에 대답을 하지 않는다는 이유로, 나무 막대기로 피해자의 엉덩이를 합계 27대 때려서 피해자에게 약 21일간의 치료를 요하는 양측 둔부고도좌상 등을 가하였다.

【요 지】

징계방법으로서 체벌의 허용 여부(원칙적 소극) 및 교사의 학생에 대한 체벌이 징계권의 행사로서 정당행위에 해당하기 위한 요건: 교육기본법, 초·중등교육법 및 그 시행령 등의 내용과 입법 취지 등에 비추어 볼 때, 징계방법으로서 체벌은 허용되지 않으며, 기타 '지도'의 방법으로서도 훈육·훈계가 원칙이다. 학생에게 신체적 고통을 가하는 체벌은 교육상 불가피한 경우에 예외적으로만 허용되는 것으로서, 교사의 체벌은 교육적 목적이 있다는 등의 일정한 요건을 갖추면 당연히 행사될 수 있는 것이 아니라, 원칙적으로 학생에 대한 체벌은 금지하되, 교육상 불가피한 예외적인 경우에 한해 학교장의 위임을 받아 학생의 기본적 인권이 존중되고 보호될 수 있는 한도 내에서만 허용되는 것이다. 따라서 다른 교육적 수단으로는 도저히 학생의 잘못을 교정하기 불가능한 경우로서 그 방법과 정도에서도 사회통념상 용인될 수 있을 만한 객관적 타당성을 갖춘 경우에만 학교장의 위임을 받아 교사의 체벌이 예외적으로 허용된다. 본건은 교사가 초등학교 2학년생들을 징계하기 위하여 나무 막대기로 엉덩이를 때려 각각 2, 3주간의 치료를 받아야 할 상해를 입힌 사안에서, 위 징계 행위는 징계권행사의 허용한도를 넘어선 것으로서 정당행위로 볼 수 없다고 한 사례이다.

【이 유】

(1) 교사의 체벌행위에 관한 법령의 내용이나 범행의 경위 또는 당시 상황 및 범행 후 정황과 피해자들의 나이, 피해자들과의 관계 등에 비추어 볼 때 피고인에 대해 엄벌할 필요성이 있다고 판단되므로 피고인에 대해 징역형을 선택하기로 하되, 피고인이 피해자들의 치료비 및 향후 치료비로 6,072,020원을 인천광역시 학교안전공제회에 입금하고, 변론종결 후 다시 피해자 공소외 2를 위해 500만 원, 피해자 공소외 1을 위해 300만 원을 각 위자료 명

목으로 공탁한 점, 피고인이 그동안은 나름대로 교사로서 열정을 가지고 성실히 생활해 온 것으로 보이는 점(피고인의 교사 활동으로 인해 도움을 받은 사람들이나 동료 교사들이 피고인에 대해 선처를 탄원을 하고 있다), 인터넷과 언론 등을 통해 이 사건이 알려지면서부터 피고인이나 그 가족들이 상당한 심적 고통을 받아온 것으로 보이는 점, 피고인이 현재 출산한지 얼마 지나지 않았고 만 1살도 되지 않은 갓난아이를 돌보아야 한다는 점, 피고인과 같은 교사의 경우 국가공무원법상 집행유예의 판결만으로도 당연 퇴직사유에 해당되는 점 등 여러 사정을 종합적으로 고려하여 초범인 피고인에 대해 그 징역형의 집행을 유예하기로 한다.

(2) 교사의 체벌행위에 관한 법령의 내용: 교육기본법 제12조 제1항은 "학생을 포함한 학습자의 기본적 인권은 학교교육 또는 사회교육의 과정에서 존중되고 보호된다"고, 제2항은 "교육내용·교육방법·교재 및 교육시설은 학습자의 인격을 존중하고 개성을 중시하여 학습자의 능력이 최대한으로 발휘될 수 있도록 마련되어야 한다"고 규정하고 있고, 초·중등교육법 제18조 제1항은 "학교의 장은 교육상 필요한 때에는 법령 및 학칙이 정하는 바에 의하여 학생을 징계하거나 기타의 방법으로 지도할 수 있다"고 규정하고, 같은 법 제20조 제3항은 "교사는 법령이 정하는 바에 따라 학생을 교육한다"고 규정하며, 같은 법 시행령 제31조 제1항에서는 "법 제18조 제1항 본문의 규정에 의하여 학교의 장은 교육상 필요하다고 인정할 때에는 학생에 대하여 다음 각 호의 1.의 징계를 할 수 있다. 1. 학교 내의 봉사, 2. 사회봉사, 3. 특별교육이수, 4. 퇴학처분"이라고 규정하고, 같은 조 제7항에서 "학교의 장은 법 제18조 제1항 본문의 규정에 의한 지도를 하는 때에는 교육상 불가피한 경우를 제외하고는 학생에게 신체적 고통을 가하지 아니하는 훈육·훈계 등의 방법으로 행하여야 한다"고 규정하고 있다.

기록에 나타난 여러 사정을 살피더라도 피고인의 이 사건 범행 당시 피해자들에 대해 다른 교육적 수단이 없는 불가피한 상황에 있었던 것은 아니고(피고인의 변호인은 이 사건 범행이 교육적 목적에서 시작되었다는 점을 강조하나, 위와 같은 법령의 내용 등에 비추어 볼 때 피고인의 체벌행위는 그 목적의 정당성도 제대로 갖추었다고 보기 어렵다), 체벌의 방법이나 정도도 현저히 객관적 타당성을 상실하였으며, 한편 피고인에 대한 교원소청심사위원회의 결정문에 의하면 ○○초등학교에서는 학교생활규정 제31조에서 학생지도 또는 교육 활동에 어떠한 체벌도 허용하지 않고 있었던 사실을 알 수 있어, 당시 교사의 체벌에 관한 학교장의 위임도 없는 상태에 있었다 할 것이다(피고인은 이 사건 범행 며칠 전에도 교감으로부터 체벌과 관련된 주의를 받은 것으로 보인다).

(3) 범행의 경위 및 범행 당시 상황: 피고인은 피해자 공소외 1이 거짓말을 계속하고 잘못을 지적하며 반성할 시간을 주었음에도 무엇을 잘못하였는지 모르겠다고 얘기한다는 이유로 3회에 걸쳐 10대 정도씩을 때렸고(피고인은 비록 공소사실에 대해 다투지 않으나, 실제 피해자 공소외 1에 대한 체벌 횟수는 30여 대에 불과하다고 주장한다), 피해자 공소외 2의 경우 전날 약속한 숙제를 하지 않은 것과 3회 이상 선생님의 질문에 대답하지 않은 것에 대한 벌로 반 아이들과의 약속에 따라 27대를 때리게 되었다고 변소하고 있다.

현재 우리나라 초등학교의 인적, 물적 여건상 관심 영역과 개성이 다르고 학습능력이 부족하거나 주의가 산만한 어린 아이들을 개개별로 그 눈높이에 맞추어 적절한 교육방법을 선택하여 지도하는 것에 사실상 어려움이 있다 하더라도, 이 사건 당시 아직 7살, 8살 정도에 불과한 초등학교 2학년 아이들에게 피고인이 임의적으로 정한 내용을 아이들과의 약속이라는 명분으로 과다한 횟수의 체벌을 하는 것은 체벌을 통해 쉽게 아이들을 통제하려는 것에 불과하고, 설사 그러한 행동 속에 교육적 목적이 포함되어 있었다 하더라도, 그러한 행위는 피해자들이 교육을 통해 인격을 형성하는 첫 과정에 있는 초등학교 저학년들이며 아직 자신의 행동에 대한 책임을 인식할 나이도 되지 않았다는 점을 전혀 고려하지 못한 것으로, 교육적 의욕만 앞선 채 개별 아동에 대한 교육적 사랑과 관심이 부족한 사려 깊지 못한 행동이라 할 것이다. 또한, 피고인이 행한 체벌의 방법이나 정도는, 피고인의 주장하는 횟수가 맞다 하더라도 초등학교 저학년들이 수인할 수 있는 한도를 현저히 초과하고 있다고 하지 않을 수 없으며, 나아가 피해자들에 대한 체벌이 학교의 교실 내에서 그 반 아이들이 보고 있는 가운데 이루어진 이상, 피고인의 행위로 인해 이를 지켜보고 있던 그 학급의 다른 아이들에게도 심각한 정신적 충격을 줄 수 있었던 상황으로 판단된다.

 (4) 범행 후 정황: 피해자들은 아직 초등학교 저학년인 아동으로서, 신체적 상해에 관하여는 그 상해진단서상으로 각 2주, 3주에 불과하나(다만, 피해자 공소외 1의 경우 그 상해진단서에 의하면 진단일인 2008. 10. 25.로부터 2주의 진단을 받은 것으로 보인다), 현재도 정신과적 치료가 필요한 상황에 있는 것으로 보인다. 한편, 피고인 측에서는 2009. 2. 17. 02:00경 2차례에 걸쳐, 피해자 공소외 2의 모 공소외 3에게 "천벌 받을 짓 그만하고 애숭이 서방이나 잘 관리해라 살고 싶으면 또라이야", "니가 저지른 짓 혼자 벌 받아야지 여러 사람 죄짓게 하면 어떻게 감당하려고 그러나"라는 문자를 발송함으로써(피고인은 피고인의 모가 피고인과의 상의 없이 피고인의 형편을 안타까워하다가 이성을 잃고 발송하게 된 것이라고 주장한다), 피해자들로부터 완전한 용서를 받기까지 끝까지 자숙하지 않은 채 피해자 공소외 2의 모 공소외 3에 대해 불만 섞인 심정을 나타내었고, 이에 따라 위 공소외 3은 피고인 측으로부터 한 번 더 정신적 고통을 받은 것으로 보인다.

【해 설】

 (1) **학생체벌**은 1997년 6월 대통령 자문기구인 교육개혁위원회가 학생체벌과 관련된 규정이 없다는 이유로 교육부에 대하여 체벌을 금지하는 내용을 초중등교육법에 명시할 것을 건의하면서 본격적으로 거론되기 시작하였다. 당시 교육개혁위원회는 체벌의 정의를 '교사가 물리적 도구나 손과 발 등 신체의 일부를 이용하여 학생에게 신체적 고통을 주는 행위'로 규정하였다. 서울시 교육청은 1998년 11월부터 '사랑의 매'도 일절 금지하고, 그 대신에 심한 잘못을 한 학생에게는 벌점제로 '옐로카드'를 주며, 그래도 개선되지 않으면 방과 후에 운영되는 '푸른교실'에 입교시켜 노력봉사 등 재교육을 받게 하는 '체벌없는 학교 만들기 운동'을 전개하였다. 그러나 계속해서 교권과 학생인권이 심각한 사회문제로 부각되면서 교육부는 시민단체·학교·학부모 등으로 구성된 대책회의를 통해 사회통념상 합당한 범위 내에서 체벌규정을 만들도록 허용하였다. 다만 국가인권위원회는 교육부의 학교생활규정과 관련하여 학생인권의 침해소지가 있다는 이유로 교육부장관에게 체벌금지와 초중등교

육법의 개정을 권고했으며, 유엔아동권리위원회도 한국정부에 대한 권고문에서 '교육부가 체벌결정권을 학교에 위임하는 것은 일정 형태의 체벌이 가능한 것임을 보여주는 것'이라며 체벌금지를 위한 법률개정을 권고한 바 있다.

체벌의 구체적 유형으로는 ① 신체에 대한 침해를 내용으로 하는 징계 또는 피해자에게 육체적인 고통을 주는 것과 같은 징계를 들 수 있다. 즉 무릎을 꿇고 앉히거나 바로 서게 하는 것 등 특정한 자세를 장시간 걸쳐서 유지시키는 것과 같은 징계는 체벌의 일종이다. ② 용변을 못보게 하거나 식사시간이 지나도 식사를 할 수 없도록 잡아 두는 것은 육체적 고통을 수반하므로 체벌이 된다. ③ 지각이나 태만한 경우 청소당번 등의 횟수를 증가하는 것은 상관없으나 부당한 차별이나 혹사를 시키는 행위는 체벌이다. ④ 도난사고시 그 학생이나 증인을 방과 후에 심문하는 것은 가능하나 자백이나 진술을 강요하는 행위는 체벌이다. ⑤ 수업시간 중 태만하거나 떠들었다고 해서 교실 밖으로 나가게 하여 수업을 받지 못하게 하는 행위는 체벌이다. ⑥ 물건을 훔치거나 부숴버린 경우에 장시간을 남겨 놓는 행위는 체벌이다. ⑦ 고의적으로 필요 이상 정신적인 불안감·긴장감·초조감을 주는 행위 등은 모두 체벌이 된다.

(2) **체벌긍정론**에 의하면 「① 많은 청소년들이 비행을 체벌하는 것이 옳은 처사라고 보며 비행을 저지하는 것이 필요하다고 인식한다. 즉 체벌이 공정하게만 이루어진다면 자존심과 애정을 느낄 수 있다. ② 체벌은 개인의 책임감을 발전시키고 자기규제를 배울 수 있도록 도우며 도덕성의 발달을 도와주는 효과적인 방법이다. ③ 체벌은 때에 따라서는 아동의 사회화에 실질적으로 공헌하고 질서를 유지하는데 유일한 수단이며 학교에 관계된 사람들은 체벌의 사용을 선호한다. ④ 체벌은 불쾌한 자극과 고통·위험을 주기 때문에 어린이들이 체벌을 받지 않으려고 노력하는 효과를 나타낸다. ⑤ 인간의 문제행동을 개선·교정·선도·감화시키는데 체벌 이외에 다른 더 좋은 방법이 있다는 것을 제시할 수 없다」고 주장한다.

체벌부정론에 의하면 「① 학생 체벌은 불행한 정서적 부산물을 낳는다. ② 학생 체벌은 남에게 고통을 주는 것을 정당화시킨다. ③ 학생을 체벌함에 있어 교사는 일관성이 있어야 하는데 이는 극히 어려운 일이다. ④ 학생 체벌은 대체로 학생의 필요를 반영한 것이라기보다는 교사의 필요를 반영한 것으로서 체벌은 사려 깊은 판단에 의해 행해지는 것이라기보다 충동적·감정적·보복적 경향이 더 강한 것이다. ⑤ 학생 체벌은 어떤 상황에서는 나쁜 버릇과 행동을 고쳐주는 것이라기보다는 오히려 더 나쁘게 하는 역효과를 초래하게 된다. ⑥ 체벌로 인한 불안이나 공포 때문에 부적응 행동을 유발할 위험이 있다. ⑦ 체벌은 체벌을 받는 아동으로 하여금 현실도피적인 새로운 나쁜 행동을 습득케 할 우려가 있다. 즉 아동의 입장에서는 체벌을 피할 수 있는 방법만 있다면 나쁜 행동을 중단하는 대신에 벌을 받는 상황으로부터 도피해 버릴 가능성이 있다」고 주장한다.

(3) 종전의 **교육법**에 따르면 '각 학교의 장은 교육상 필요할 때에는 학생에게 징계 또는 처벌을 할 수 있으며 교사는 교장의 명을 받아 학생을 교육한다'고 규정하였다. 따라서 교사의 학생에 대한 체벌은 사회상규에 위배되지 않는 범위 안에서는 이른바 **정당행위**로서 법률상 허용되며 법적 책임도 부담하지 않는 것으로 여겨져 왔다. 그러나 교사의 징계권 행사라 할지라도 그 방법이 지나치게 가혹하거나 징계행위로 인하여 학생에게 상해를 입힌 때에는 법적 책임을 면할 수 없다. 예컨대 중학교 교장 직무대리가 훈계의 목적으로 교칙을 위

반한 학생에게 뺨을 몇 차례 때린 정도는 징계의 방법으로서 사회관념상 비난의 대상이 될 만큼 사회상규를 벗어난 것이라고 할 수 없으나[대법원 1976. 4. 27. 75도115 판결], 이로 인하여 고막파열까지 났다면 사회상규를 벗어난 것으로서 형법 제20조의 정당행위에 해당하지 않는 것으로 보아야 하며 형법상 상해죄 또는 폭행치상죄에 해당되어 그에 상응한 형사적 책임을 면할 수 없다고 본다.

초중등교육법 제18조(학생의 징계)에 의하면 「① 학교의 장은 교육을 위하여 필요한 경우에는 법령과 학칙으로 정하는 바에 따라 학생을 징계하거나 그 밖의 방법으로 지도할 수 있다. 다만, 의무교육을 받고 있는 학생은 퇴학시킬 수 없다. ② 학교의 장은 학생을 징계하려면 그 학생이나 보호자에게 의견을 진술할 기회를 주는 등 적정한 절차를 거쳐야 한다」고 규정하고 있으며, **초중등교육법 시행령 제31조**(학생의 징계 등)에 의하면 「① 법 제18조 제1항 본문의 규정에 의하여 학교의 장은 교육상 필요하다고 인정할 때에는 학생에 대하여 다음 각 호의 어느 하나에 해당하는 징계를 할 수 있다. 1. 학교내의 봉사 2. 사회봉사 3. 특별교육이수 4. 1회 10일 이내, 연간 30일 이내의 출석정지 5. 퇴학처분 ② 학교의 장은 제1항의 규정에 의한 징계를 할 때에는 학생의 인격이 존중되는 교육적인 방법으로 하여야 하며, 그 사유의 경중에 따라 징계의 종류를 단계별로 적용하여 학생에게 개전의 기회를 주어야 한다. ③ 학교의 장은 제1항에 따른 징계를 할 때에는 학생의 보호자와 학생의 지도에 관하여 상담을 할 수 있다. ④ 교육감은 제1항 제3호 및 제4호의 특별교육이수 및 출석정지의 징계를 받은 학생을 교육하는데 필요한 교육방법을 마련·운영하고, 이에 따른 교원 및 시설·설비의 확보 등 필요한 조치를 하여야 한다. ⑤ 제1항 제5호의 퇴학처분은 의무교육과정에 있는 학생외의 자로서 다음 각 호의 어느 하나에 해당하는 자에 한하여 행하여야 한다. 1. 품행이 불량하여 개전의 가망이 없다고 인정된 자 2. 정당한 이유없이 결석이 잦은 자 3. 기타 학칙에 위반한 자 ⑥ 학교의 장은 퇴학처분을 하기 전에 일정기간동안 가정학습을 하게 할 수 있다. ⑦ 학교의 장은 퇴학처분을 한 때에는 당해 학생 및 보호자와 진로상담을 하여야 하며, 지역사회와 협력하여 다른 학교 또는 직업교육훈련기관 등을 알선하는데 노력하여야 한다. ⑧ 학교의 장은 법 제18조 제1항 본문에 따라 지도를 할 때에는 학칙으로 정하는 바에 따라 훈육·훈계 등의 방법으로 하되, 도구, 신체 등을 이용하여 학생의 신체에 고통을 가하는 방법을 사용해서는 아니된다」고 규정하고 있다.

(4) **학교폭력**이란 학교 내외에서 학생 간에 발생한 상해, 폭행, 감금, 협박, 약취·유인, 명예훼손·모욕, 공갈, 강요 및 성폭력, 따돌림, 정보통신망을 이용한 음란·폭력 정보 등에 의하여 신체·정신 또는 재산상의 피해를 수반하는 행위를 말한다. 또한 이른바 '**왕따**'는 집단따돌림을 말한다. 특히 학교의 왕따는 상대적으로 강한 학생들이 약자를 의도적으로 오랫동안 괴롭히는 행위를 말한다. 학교폭력에 대한 설문조사 결과, 거의 절반에 이르는 학생들이 폭력을 당한 경험이 있다고 답변하였으며, 정부와 사회의 학교폭력 추방을 위한 노력에도 불구하고 학교폭력의 피해는 해가 거듭될수록 오히려 증가하는 현상이다. 또한 학교폭력은 같은 학년 학생에게 교내에서 당한 경우가 가장 많았고, 남학생보다 여학생이 같은 학년 친구들에게 학교폭력을 당하는 비율이 더 높은 것으로 나타났다.

[대법원 2007. 4. 26. 2005다24318 판결]
(가) 초등학교 내에서 발생한 폭행 등 괴롭힘이 상당 기간 지속되어 그 고통과 그에 따른

정신장애로 피해학생이 자살에 이른 경우, 다른 요인이 자살에 일부 작용하였다 하더라도 가해학생들의 폭행 등 괴롭힘이 주된 원인인 이상 상당인과관계가 인정된다고 보았으며, 학교폭력 가해학생들의 부모의 과실과 담임교사, 교장의 과실이 경합하여 피해학생의 자살 사건이 발생하였다는 이유로, 부모들과 지방자치단체에게 공동불법행위자로서의 손해배상책임을 인정한 사례이다.

(나) 민법 제755조에 의하여 책임능력 없는 미성년자를 감독할 친권자 등 법정감독의무자의 보호·감독책임은 미성년자의 생활 전반에 미치는 것이고, 법정감독의무자에 대신하여 보호·감독의무를 부담하는 교사 등의 보호·감독책임은 학교 내에서의 학생의 모든 생활관계에 미치는 것이 아니라 학교에서의 교육활동 및 이와 밀접 불가분의 관계에 있는 생활관계에 한하며, 이와 같은 대리감독자가 있다는 사실만 가지고 곧 친권자의 법정감독책임이 면탈된다고는 볼 수 없다.

(다) 지방자치단체가 설치·경영하는 학교의 교장이나 교사는 학생을 보호·감독할 의무를 지는데, 이러한 보호·감독의무는 교육법에 따라 학생들을 친권자 등 법정감독의무자에 대신하여 감독을 하여야 하는 의무로서 학교 내에서의 학생의 모든 생활관계에 미치는 것은 아니지만, 학교에서의 교육활동 및 이와 밀접 불가분의 관계에 있는 생활관계에 속하고, 교육활동의 때와 장소, 가해자의 분별능력, 가해자의 성행, 가해자와 피해자의 관계, 기타 여러 사정을 고려하여 사고가 학교생활에서 통상 발생할 수 있다고 하는 것이 예측되거나 또는 예측가능성(사고발생의 구체적 위험성)이 있는 경우에는 교장이나 교사는 보호·감독의무 위반에 대한 책임을 진다.

※ 학교폭력예방 및 대책에 관한 법률(약칭: 학교폭력예방법)
[타법개정 2021. 3. 23. 법률 제17954호, 시행 2021. 3. 23.]

제1조(목적) 이 법은 학교폭력의 예방과 대책에 필요한 사항을 규정함으로써 피해학생의 보호, 가해학생의 선도·교육 및 피해학생과 가해학생 간의 분쟁조정을 통하여 학생의 인권을 보호하고 학생을 건전한 사회구성원으로 육성함을 목적으로 한다.

제2조(정의) 이 법에서 사용하는 용어의 정의는 다음 각 호와 같다. 1. "**학교폭력**"이란 학교 내외에서 학생을 대상으로 발생한 상해, 폭행, 감금, 협박, 약취·유인, 명예훼손·모욕, 공갈, 강요·강제적인 심부름 및 성폭력, 따돌림, 사이버 따돌림, 정보통신망을 이용한 음란·폭력 정보 등에 의하여 신체·정신 또는 재산상의 피해를 수반하는 행위를 말한다. 1의 2. "**따돌림**"이란 학교 내외에서 2명 이상의 학생들이 특정인이나 특정집단의 학생들을 대상으로 지속적이거나 반복적으로 신체적 또는 심리적 공격을 가하여 상대방이 고통을 느끼도록 하는 모든 행위를 말한다. 1의 3. "**사이버 따돌림**"이란 인터넷, 휴대전화 등 정보통신기기를 이용하여 학생들이 특정 학생들을 대상으로 지속적, 반복적으로 심리적 공격을 가하거나, 특정 학생과 관련된 개인정보 또는 허위사실을 유포하여 상대방이 고통을 느끼도록 하는 모든 행위를 말한다.

제3조(해석·적용의 주의의무) 이 법을 해석·적용하는 경우 국민의 권리가 부당하게 침해되지 아니하도록 주의하여야 한다.

제12조(학교폭력대책심의위원회의 설치·기능) ① 학교폭력의 예방 및 대책에 관련된 사항을 심의하기 위하여 「지방교육자치에 관한 법률」 제34조 및 「제주특별자치도 설치 및

국제자유도시 조성을 위한 특별법」 제80조에 따른 교육지원청(교육지원청이 없는 경우 해당 시·도 조례로 정하는 기관으로 한다. 이하 같다)에 학교폭력대책심의위원회(이하 "심의위원회"라 한다)를 둔다. 다만, 심의위원회 구성에 있어 대통령령으로 정하는 사유가 있는 경우에는 교육감 보고를 거쳐 둘 이상의 교육지원청이 공동으로 심의위원회를 구성할 수 있다.

제13조(심의위원회의 구성·운영) ① 심의위원회는 10명 이상 50명 이내의 위원으로 구성하되, 전체위원의 3분의 1 이상을 해당 교육지원청 관할 구역 내 학교(고등학교를 포함한다)에 소속된 학생의 학부모로 위촉하여야 한다. ② 심의위원회의 위원장은 다음 각 호의 어느 하나에 해당하는 경우에 회의를 소집하여야 한다. 1. 심의위원회 재적위원 4분의 1 이상이 요청하는 경우 2. 학교의 장이 요청하는 경우 3. 피해학생 또는 그 보호자가 요청하는 경우 4. 학교폭력이 발생한 사실을 신고받거나 보고받은 경우 5. 가해학생이 협박 또는 보복한 사실을 신고받거나 보고받은 경우 6. 그 밖에 위원장이 필요하다고 인정하는 경우 ③ 심의위원회는 회의의 일시, 장소, 출석위원, 토의내용 및 의결사항 등이 기록된 회의록을 작성·보존하여야 한다.

제16조(피해학생의 보호) ① 심의위원회는 피해학생의 보호를 위하여 필요하다고 인정하는 때에는 피해학생에 대하여 다음 각 호의 어느 하나에 해당하는 조치(수 개의 조치를 동시에 부과하는 경우를 포함한다)를 할 것을 교육장(교육장이 없는 경우 제12조제1항에 따라 조례로 정한 기관의 장으로 한다. 이하 같다)에게 요청할 수 있다. 다만, 학교의 장은 학교폭력사건을 인지한 경우 피해학생의 반대의사 등 대통령령으로 정하는 특별한 사정이 없으면 지체 없이 가해자(교사를 포함한다)와 피해학생을 분리하여야 하며, 피해학생이 긴급보호를 요청하는 경우에는 제1호, 제2호 및 제6호의 조치를 할 수 있다. 이 경우 학교의 장은 심의위원회에 즉시 보고하여야 한다. 1. 학내외 전문가에 의한 심리상담 및 조언 2. 일시보호 3. 치료 및 치료를 위한 요양 4. 학급교체 5. 삭제 6. 그 밖에 피해학생의 보호를 위하여 필요한 조치 ② 심의위원회는 제1항에 따른 조치를 요청하기 전에 피해학생 및 그 보호자에게 의견진술의 기회를 부여하는 등 적정한 절차를 거쳐야 한다. ③ 제1항에 따른 요청이 있는 때에는 교육장은 피해학생의 보호자의 동의를 받아 7일 이내에 해당 조치를 하여야 한다. ④ 제1항의 조치 등 보호가 필요한 학생에 대하여 학교의 장이 인정하는 경우 그 조치에 필요한 결석을 출석일수에 포함하여 계산할 수 있다. ⑤ 학교의 장은 성적 등을 평가하는 경우 제3항에 따른 조치로 인하여 학생에게 불이익을 주지 아니하도록 노력하여야 한다. ⑥ 피해학생이 전문단체나 전문가로부터 제1항 제1호부터 제3호까지의 규정에 따른 상담 등을 받는 데에 사용되는 비용은 가해학생의 보호자가 부담하여야 한다. 다만, 피해학생의 신속한 치료를 위하여 학교의 장 또는 피해학생의 보호자가 원하는 경우에는 「학교안전사고 예방 및 보상에 관한 법률」제15조에 따른 학교안전공제회 또는 시·도교육청이 부담하고 이에 대한 상환청구권을 행사할 수 있다.

제16조의2(장애학생의 보호) ① 누구든지 장애 등을 이유로 장애학생에게 학교폭력을 행사하여서는 아니 된다. ② 심의위원회는 피해학생 또는 가해학생이 장애학생인 경우 심의과정에 「장애인 등에 대한 특수교육법」 제2조제4호에 따른 특수교육교원 등 특수교육 전문가 또는 장애인 전문가를 출석하게 하거나 서면 등의 방법으로 의견을 청취할 수 있다. ③ 심의위원회는 학교폭력으로 피해를 입은 장애학생의 보호를 위하여 장애인전문 상담가의 상담 또는 장애인전문 치료기관의 요양 조치를 학교의 장에게 요청할 수 있다. ④ 제3항에 따

른 요청이 있는 때에는 학교의 장은 해당 조치를 하여야 한다. 이 경우 제16조 제6항을 준용한다.

제17조(가해학생에 대한 조치) ① 심의위원회는 피해학생의 보호와 가해학생의 선도·교육을 위하여 가해학생에 대하여 다음 각 호의 어느 하나에 해당하는 조치(수 개의 조치를 동시에 부과하는 경우를 포함한다)를 할 것을 교육장에게 요청하여야 하며, 각 조치별 적용기준은 대통령령으로 정한다. 다만, 퇴학처분은 의무교육과정에 있는 가해학생에 대하여는 적용하지 아니한다. 1. 피해학생에 대한 서면사과 2. 피해학생 및 신고·고발 학생에 대한 접촉, 협박 및 보복행위의 금지 3. 학교에서의 봉사 4. 사회봉사 5. 학내외 전문가에 의한 특별 교육이수 또는 심리치료 6. 출석정지 7. 학급교체 8. 전학 9. 퇴학처분 ② 제1항에 따라 심의위원회가 교육장에게 가해학생에 대한 조치를 요청할 때 그 이유가 피해학생이나 신고·고발 학생에 대한 협박 또는 보복 행위일 경우에는 같은 항 각 호의 조치를 동시에 부과하거나 조치 내용을 가중할 수 있다. ③ 제1항 제2호부터 제4호까지 및 제6호부터 제8호까지의 처분을 받은 가해학생은 교육감이 정한 기관에서 특별교육을 이수하거나 심리치료를 받아야 하며, 그 기간은 심의위원회에서 정한다. ④ 학교의 장은 가해학생에 대한 선도가 긴급하다고 인정할 경우 우선 제1항 제1호부터 제3호까지, 제5호 및 제6호의 조치를 할 수 있으며, 제5호와 제6호의 조치는 동시에 부과할 수 있다. 이 경우 심의위원회에 즉시 보고하여 추인을 받아야 한다. ⑤ 심의위원회는 제1항 또는 제2항에 따른 조치를 요청하기 전에 가해학생 및 보호자에게 의견진술의 기회를 부여하는 등 적정한 절차를 거쳐야 한다. ⑥ 제1항에 따른 요청이 있는 때에는 교육장은 14일 이내에 해당 조치를 하여야 한다. ⑦ 학교의 장이 제4항에 따른 조치를 한 때에는 가해학생과 그 보호자에게 이를 통지하여야 하며, 가해학생이 이를 거부하거나 회피하는 때에는 학교의 장은 「초·중등교육법」 제18조에 따라 징계하여야 한다. ⑧ 가해학생이 제1항 제3호부터 제5호까지의 규정에 따른 조치를 받은 경우 이와 관련된 결석은 학교의 장이 인정하는 때에는 이를 출석일수에 포함하여 계산할 수 있다. ⑨ 심의위원회는 가해학생이 특별교육을 이수할 경우 해당 학생의 보호자도 함께 교육을 받게 하여야 한다. ⑩ 가해학생이 다른 학교로 전학을 간 이후에는 전학 전의 피해학생 소속 학교로 다시 전학올 수 없도록 하여야 한다. ⑪ 제1항 제2호부터 제9호까지의 처분을 받은 학생이 해당 조치를 거부하거나 기피하는 경우 심의위원회는 제7항에도 불구하고 대통령령으로 정하는 바에 따라 추가로 다른 조치를 할 것을 교육장에게 요청할 수 있다. ⑫ 가해학생에 대한 조치 및 제11조 제6항에 따른 재입학 등에 관하여 필요한 사항은 대통령령으로 정한다.

제18조(분쟁조정) ① 심의위원회는 학교폭력과 관련하여 분쟁이 있는 경우에는 그 분쟁을 조정할 수 있다. ② 제1항에 따른 분쟁의 조정기간은 1개월을 넘지 못한다.

제20조(학교폭력의 신고의무) ① 학교폭력 현장을 보거나 그 사실을 알게 된 자는 학교 등 관계 기관에 이를 즉시 신고하여야 한다. ② 제1항에 따라 신고를 받은 기관은 이를 가해학생 및 피해학생의 보호자와 소속 학교의 장에게 통보하여야 한다. ③ 제2항에 따라 통보받은 소속 학교의 장은 이를 심의위원회에 지체 없이 통보하여야 한다. ④ 누구라도 학교폭력의 예비·음모 등을 알게 된 자는 이를 학교의 장 또는 심의위원회에 고발할 수 있다. 다만, 교원이 이를 알게 되었을 경우에는 학교의 장에게 보고하고 해당 학부모에게 알려야 한다. ⑤ 누구든지 제1항부터 제4항까지에 따라 학교폭력을 신고한 사람에게 그 신고행위를

23. 체벌의 정당성과 학교폭력

이유로 불이익을 주어서는 아니 된다.

[인천지법 2015. 11. 19. 2015구합50522 판결]

고등학교 1학년 학생인 갑이 같은 반 학생 5명과 함께 같은 반 학생 을에게 따돌림 등 학교폭력(집단 괴롭힘)을 행사하였다는 이유로 학교장이 학교폭력대책자치위원회의 의결에 따라 갑에게 서면사과 처분을 하자 갑이 처분의 취소를 구한 사안에서, 갑이 을과 같이 있는 친구들을 데리고 가서 을과 친구들이 같이 있지 못하게 하거나 실수로 자신의 체육복을 떨어뜨린 을에게 욕설을 하면서 크게 소리를 지르는 등의 행위를 한 것은 모욕, 따돌림 등에 해당하고 그로 말미암아 을이 상당한 신체적·정신적 피해를 입었을 것으로 보이므로, 갑의 행위는 학교폭력예방 및 대책에 관한 법률(이하 '학교폭력예방법'이라 한다) 제2조 제1호에서 규정한 '학교폭력'에 해당하고, 서면사과 처분은 학교폭력예방법 제17조 제1항 제1호에 근거한 처분인 점, 서면의 내용을 강제하지 아니하고 상당한 자율성이 인정되는 점, 갑이 을에게 작성·교부한 서면의 내용이 양심의 자유 및 인격권을 침해할 정도로는 보이지 아니하는 점 등을 종합하면, 서면사과 처분으로 갑의 양심의 자유 및 인격권이 침해되었다고 볼 수 없다는 이유로, 갑의 청구를 기각한 사례이다.

[대법원 2015. 8. 27. 2012다95134 판결]

(가) 교육기본법, 장애인 등에 대한 특수교육법 제14조 제3항, 장애인차별금지 및 권리구제 등에 관한 법률 제13조 제4항, 학교폭력예방 및 대책에 관한 법률 제16조의2의 규정 내용과 입법 취지 등에 비추어 보면, 학교의 장이나 교사는 교육 과정에서 학생의 기본적 인권을 존중하고 보호할 의무가 있고, 특히 장애학생에 대한 관계에서는 학교에서의 교육활동 및 이와 밀접불가분의 관계에 있는 생활관계에서 장애로 인한 차별을 겪지 않도록 교육적 배려를 하고, 일반학생들에 의한 따돌림 등이 발생하지 않도록 필요한 교육을 하며, 또 장애를 가지고 있다고 의심되는 학생을 발견하였을 때에는 보호자에게 관련 내용을 설명하고 특수교육의 필요성을 확인하기 위한 진단·평가에 동의해 줄 것을 요청함으로써 특수교육이 필요한 학생이 특성에 적합한 교육과정 및 특수교육 관련 서비스를 제공받을 수 있도록 하는 등의 보호감독의무를 부담한다. 다만 학급 담당교사는 수업 방해 등 문제를 일으키는 학생의 행동을 고치기 위하여 어떤 방법을 사용할지를 결정할 권한이 있으므로, 교사가 장애학생에 대하여 시행한 교육방법이 보호감독의무를 위반한 것으로 볼 수 있기 위해서는 당해 학교 및 학급의 교육환경, 학생의 장애의 유형 및 정도, 채택한 교육방법에 따른 효과와 부작용 등에 비추어 교육방법이 당해 학생에게는 사용할 수 없는 방법에 해당되거나 장애학생의 인권을 침해하는 행위에 해당하는 등 객관적 정당성을 상실하였다고 인정될 정도에 이른 경우이어야 하며, 단지 특수교육 이론상 최선의 방법이라거나 효과적인 방법이라고 보기 어렵다는 사정만으로 위와 같은 보호감독의무를 위반한 것이라고 할 수는 없다.

(나) 기록에 의하여 알 수 있는 다음과 같은 사정, 즉 ① 당시 원고 1은 특수교육대상자가 아니어서 통합학급이 아닌 일반학급에 배치된 점, ② 피고 1이 원고 1의 수업방해 행동을 고치기 위하여 원고 1로 하여금 약 3주간 교탁 옆자리에서 수업을 듣도록 한 것은 그전에 반 학생들과 정한 규칙에 따른 것인데, 특수교육 이론상 이러한 방법이 최선이라거나 효

과적인 방법이라고 보기는 어려울지라도 애초에 장애학생에게는 사용할 수 없는 방법이라거나 장애학생의 인권을 침해하는 행위로까지는 보기 어려운 점, ③ 피고 1은 점심을 먹겠다는 원고 1의 뜻에 따라 식사를 하게 한 것이고, 수업시간 중 교실이 아닌 다른 곳에서 식사를 하게 할 경우에는 원고 1의 학습권을 침해할 수도 있으므로 교실에서 식사를 하게 한 것은 부득이한 조치로 볼 수 있는 점, ④ 원고 1의 장애 정도가 비교적 중하지 아니하고, 피고 1이 원고 1을 담당하였던 기간은 3개월이 약간 넘는 정도에 불과하며, 원고 1의 전학 이후 당시 교장이던 피고 2가 원고 2에게 원고 1에 대한 특수교육을 제의하였음에도 원고 2가 이를 거절하였던 점 등을 종합하여 보면, 피고 1, 피고 3이 원고 1에 대하여 앞서 본 바와 같은 보호감독의무를 위반하였다고 보기는 어렵다. 따라서 원심이 피고 1, 피고 3, 피고 2, 피고 경기도의 원고 1에 대한 손해배상책임을 인정하지 않은 것은 수긍할 수 있고, 거기에 학교장, 교사 등의 장애학생에 대한 보호감독의무에 관한 법리를 오해한 잘못이 없다.

[창원지법 2019. 3. 13. 2018구단12153 판결]

(가) 갑 고등학교장이 학교폭력대책자치위원회(이하 '자치위원회'라 한다)를 개최하여 '을이 학교 앞 바닷가에서 피해자 병 학생에게 폭행을 가하였다'는 안건을 심의·의결하고, 자치위원회의 의결 결과에 따라 을에게 출석정지 5일 및 특별교육이수 10시간, 보호자에 대한 특별교육 4시간을 명하는 처분을 한 사안이다.

(나) 학교폭력에 관한 조치요청권을 갖는 자치위원회는 그 구성이 법령에서 정한 절차대로 이뤄져 학교구성원들로부터 민주적 정당성을 얻어야 하고, 자치위원회가 이와 같은 적법한 절차에 따라 구성되지 않은 경우라든지 조치요청결정에 이르는 과정에서 결정의 정당성에 영향을 미치는 위법이 개입된 경우라면 그 자치위원회의 요청과 그에 따른 학교장의 조치는 위법한데, 학부모회의를 개최하면서 학교장 측의 공식적인 개최안내, 회의안건, 자치위원회 위원 선출과 관련하여서는 아무런 안내도 받지 못한 채 일부 학부모들이 참석한 점, 학부모회의의 학부모위원이나 자치위원회의 학부모위원은 희망자가 없어 어쩔 수 없이 그 자리에서 추대되는 형식을 취하여 의결한 점 등을 종합하면, 학부모회의 사전에 제대로 된 정보를 제공하지 않았고, 그에 따라 학부모들이 민주적 의사를 개진·숙의할 기회가 없었던 위와 같은 학부모회의에서 선출된 학부모위원은 법령에서 예정하고 있는 '학부모전체회의에서 적법하게 선출된 학부모대표'로 볼 수 없으므로 이러한 절차에 따른 자치위원회의 구성은 학교폭력예방 및 대책에 관한 법령을 위반한 하자가 중대하고, 자치위원회의 학부모위원이 학부모 전체의 의사에 의하여 선출된 것으로 인정할 수 없을 정도로 하자가 명백하여 자치위원회의 학부모위원 선정, 곧 의결주체 선정절차가 무효인 이상, 자치위원회의 의결이 적법하다는 전제에서 이루어진 위 처분 또한 무효로 보는 것이 타당하다고 한 사례이다.

24. 우리나라 헌정사와 공소시효

[헌법재판소 1995. 1. 20. 94헌마246 결정]

> (1) 이른바 12·12 사건 당시의 시대적 배경: 1979. 12. 12. 당시는 같은 해 10. 26. 궁정동에서 발생한 중앙정보부장 김재규의 박정희 대통령 살해사건으로 통치권의 공백이 초래되었으나, 곧 위 김재규에 대한 체포와 기소가 이루어졌고 대통령 권한대행체제에 이어 당시 헌법에 따라 국무총리 최규하가 대통령에 취임하여 정국이 상당한 안정을 되찾는 한편 정상적인 여야의 논의에 의한 개헌과 민주발전이 기대되고 있던 시점이었다.
>
> (2) 범행의 모의 및 준비과정: 피고소인들은, 피고소인(이하, "피의자"라 한다) 전두환이 국군보안사령관으로서 1979.10.26. 박정희 대통령 살해사건 이후 계엄사령부 합동수사본부(이하, "합수부"라 약칭한다)의 본부장 직위에 오름을 기화로 같은 해 11월 중순경부터 국군보안사령부(이하, "보안사"라 약칭한다) 및 군내 불법 사조직인 "하나회" 구성원 등의 인맥을 이용하는 한편 "보안사" 내 간부들의 보좌를 받아 계엄사령관 정승화를 박정희 대통령 살해사건에 연루된 것처럼 꾸며 납치하고 이를 통해 정상적인 지휘계통을 제거하는 한편 궁극적으로는 국가권력을 탈취할 목적으로 내란 및 반란을 공모하였다.

【요 지】

(1) 헌법소원심판청구로 인한 공소시효의 정지 여부: 검사의 불기소처분에 대한 헌법소원이 재판부의 심판에 회부된 경우에도 그로 인하여 그 처분의 대상이 된 피의사실에 대한 공소시효의 진행이 정지되는 것은 아니다.

(2) 헌법 제84조에 의하여 대통령 재직중에는 공소시효의 진행이 당연히 정지되는지 여부: 우리 헌법이 채택하고 있는 국민주권주의(제1조 제2항)와 법 앞의 평등(제11조 제1항), 특수계급제도의 부인(제11조 제2항), 영전에 따른 특권의 부인(제11조 제3항) 등의 기본적 이념에 비추어 볼 때, 대통령의 불소추특권에 관한 헌법의 규정(헌법 제84조)이 대통령이라는 특수한 신분에 따라 일반국민과는 달리 대통령 개인에게 특권을 부여한 것으로 볼 것이 아니라 단지 국가의 원수로서 외국에 대하여 국가를 대표하는 지위에 있는 대통령이라는 특수한 직책의 원활한 수행을 보장하고, 그 권위를 확보하여 국가의 체면과 권위를 유지하여야 할 실제상의 필요 때문에 대통령으로 재직중인 동안만 형사상 특권을 부여하고 있음에 지나지 않는 것으로 보아야 할 것이다. 위와 같은 헌법 제84조의 규정취지와 함께 공소시효제도나 공소시효정지제도의 본질에 비추어 보면, 비록 헌법 제84조에는 "대통령은 내란 또는 외환의 죄를 범한 경우를 제외하고는 재직중 형사상의 소추를 받지 아니한다"고만 규정되어 있을 뿐 헌법이나 형사소송법 등의 법률에 대통령의 재직중 공소시효의 진행이 정지된다고 명백히 규정되어 있지는 않다고 하더라도, 위 헌법규정은 바로 공소시효진행의 소극적 사유가 되는 국가의 소추권행사의 법률상 장애사유에 해당하므로, 대통령의 재직중에는 공

소시효의 진행이 당연히 정지되는 것으로 보아야 한다.

(3) **검사의 소추재량권의 성질과 한계**: 모든 국민의 법 앞에서의 평등(헌법 제11조 제1항), 형사피해자의 재판절차에서의 진술권(헌법 제27조 제5항), 범죄피해 국민의 구조청구권(헌법 제30조) 등을 보장하고 있는 헌법정신과, 검사의 불편부당한 공소권행사에 대한 국민적 신뢰를 기본적 전제로 하는 기소편의주의제도 자체의 취지와 목적에 비추어 보면, 형사소송법 제247조 제1항에서 규정하는 검사의 소추재량권은 그 운용에 있어 자의가 허용되는 무제한의 자유재량이 아니라 그 스스로 내재적인 한계를 가지는 합목적적 자유재량으로 이해함이 마땅하고, 기소편의주의 혹은 소추재량권의 내재적 제약은 바로 형법 제51조에 집약되어 있는 것으로 판단되며, 따라서 형법 제51조에 규정된 사항들이나 이러한 사항들과 동등하게 평가될 만한 사항 이외의 사항에 기한 검사의 기소유예처분은 소추재량권의 내재적 한계를 넘는 자의적 처분으로서 정의와 형평에 반하고 헌법상 인정되는 국가의 평등보호의무에 위반된다.

(4) **검사가 기소편의주의에 따라 소추권을 행사함에 있어서의 참작사항**: 검사가 기소편의주의에 따라 소추권을 행사함에 있어서 참작하여야 할 형법 제51조에 규정된 사항들은 단지 예시적인 것에 불과하고 피의자의 전과 및 전력, 법정형의 경중, 범행이 미치는 사회적 영향, 사회정세 및 가벌성에 대한 평가의 변화, 법령의 개폐, 공범의 사면, 범행 후 시간의 경과 등과 같이 위 법조에 예시되지 아니한 사항도 참작의 요소가 될 수 있다.

(5) **이른바 12·12 사건에 대한 검사의 처분이 기소편의주의가 예정하고 있는 재량범위를 벗어난 것인지 여부**: 이른바 12·12 사건의 처리에 있어 충실한 과거의 청산과 장래에 대한 경고, 정의의 회복과 국민들의 법감정의 충족 등 기소사유가 갖는 의미도 중대하지만 이 사건을 둘러싼 사회적 대립과 갈등의 장기화 또한 가볍다고만 단정할 수는 없을 것이고, 양자간의 가치의 우열이 객관적으로 명백하다고 보기도 어렵다. 그렇다면 가치의 우열이 명백하지 아니한 상반되는 방향으로 작용하는 두 가지 참작사유 중에서 검사가 그 어느 한 쪽을 선택하고 다른 사정도 참작하여 기소를 유예하는 처분을 하였다고 하여 그 처분이 형사소송법 제247조 제1항에 규정된 기소편의주의가 예정하고 있는 재량의 범위를 벗어난 것으로서 헌법재판소가 관여할 정도로 자의적인 결정이라고 볼 수 없다.

【이 유】

(1) **청구인적격**: 청구인들은 이른바 12·12 사건 당시 육군참모총장 겸 계엄사령관이었던 청구인 정승화를 정점으로 하는 군의 정규지휘계통에 속하는 지휘관 및 참모들로서, 피의자 전두환을 수괴로 하는 피의자들이 작당하여 저지른 이 사건 내란 및 반란행위로 인하여 청구인들의 위 반란세력에 대한 적법한 군령권행사가 거부되고 또 직접 신체상 피해를 입는 등 위 범행으로 인한 피해자들이므로 이 사건 불기소처분에 대하여 헌법소원을 제기할 수 있는 청구인자격이 있다.

(2) 공소시효의 정지여부에 관한 판단: 형사소송법이 일정한 기간의 경과를 이유로 범인에 대한 처벌을 면제하는 공소시효제도를 채택하고 있는 근본취지는, 다른 시효제도와 마찬가지로 일정한 기간의 경과에 따른 사실상태의 존중, 다시 말하면 법적 안정성을 고려함에 있다고 할 것이다. 즉 공소시효제도의 존재이유는, 오랜 동안 형사상의 소추권이 행사되지 않았다는 것은 결국 국가가 소추권의 행사를 게을리 한 것에 다름 아닌데도 그 불이익을 오로지 범인만이 감수하여야 한다는 것은 부당하다는 점, 유죄의 증거이든 무죄의 증거이든 오랜 기간의 경과로 증거가 산일(散逸)됨으로써 공정한 재판을 기대하기 어렵다는 점, 시간의 경과에 따라 범죄의 사회적 영향력이 미약해질 뿐만 아니라 많은 경우 범인의 범행에 대한 후회나 처벌에 대한 불안 등으로 오랜 기간 동안 범인이 처벌을 받은 것과 비슷한 상태가 계속되어 형벌이 기대하는 범인의 인격의 변화가 기대될 수 있음에 반하여, 처벌한다고 하더라도 형벌이 기대하는 범인에 대한 형벌의 감화력을 기대하기 어렵다는 점, 오래 전의 범죄에 대한 수사나 재판의 필요를 면제함으로써 국가의 부담의 경감을 도모할 수 있다는 점 등을 들 수 있을 것이다.

그러나 이상과 같은 여러 가지 이유가 공소시효제도의 정당성을 뒷받침하고 있다 하더라도, 죄를 범한 자는 반드시 처벌되어야 한다는 형사사법적 정의의 기본적인 요청에 따라 특정한 범죄에 관하여는 아예 공소시효 자체의 적용을 배제하는 규정을 두고 있는 입법례도 있다(예컨대 독일에 있어서 모살죄, 프랑스에 있어서 각종 군사범죄 등). 한편 시효제도의 근본적인 존재이유가 오랜 동안 권리의 행사를 게을리 함으로써 생긴 새로운 사실상태를 존중한다는 데 있는 것이므로, 검사가 법률상의 장애사유로 인하여 소추권을 행사할 수 없는 경우에는, 공소시효가 진행하지 않는 것이 원칙이다. 입법례에 따라서는 소추권의 행사에 법률상의 장애사유가 있는 경우 공소시효의 진행이 정지된다는 일반원칙을 명문화함과 아울러 소추권행사에 있어서의 개개 사실상 장애사유까지도 공소시효의 정지사유로 규정하고 있는 경우도 있지만(예컨대 독일), 그것이 법률상의 장애사유이건 사실상의 장애사유이건 간에 입법의 미비로 인하여 공소시효의 정지에 관한 위 일반원칙에 어긋나는 구체적 사례가 나타나는 경우 명문의 규정이 없이도 위 원칙을 적용하여 공소시효진행의 정지를 판례로써 인정하고 있는 경우도 있다(예컨대 프랑스).

헌법 제84조 자체가 대통령이 퇴직한 후에는 일반국민과 마찬가지로 범죄에 대한 형사상의 소추를 할 수 있는 것을 당연한 전제로 하여, 대통령에 대하여는 재직중에 한하여 형사상의 소추를 유예함으로써 대통령이라는 특수한 직책의 원활한 수행을 도모하고 있는 것일 뿐이므로, 위 헌법규정이 대통령에 대하여 형사상의 소추를 유예하는 이외에, 소추권의 행사가 금지되어 있음에도 불구하고 공소시효가 계속 진행되는 것으로 봄으로써 대통령의 재직중 공소시효가 완성되는 범죄에 대한 형사상의 책임을 면제해 주는 특권을 부여하는 규정이라고 볼 수 없다 함은 이미 살펴본 바와 같다. 또한 이 문제는 대통령에 한하여 재직중 일정한 범죄에 대하여는 형사상의 소추를 할 수 없다고 규정한 헌법 제84조 자체에서 말미암은 것으로서, 위 헌법규정이 대통령에 한하여 적용되는 것이므로 공소시효의 진행이 정지되는지의 여부도 대통령에 한하여 문제로 되는 것은 당연한 결과라고 할 것이고, 그렇게 본다고 하여 일반국민에 비하여 대통령을 형사상 특별히 불리하게 취급하는 것으로 보기는 어렵다고 할 것이다. 헌법이 대통령에 대하여 재직중 형사상의 소추를 유예한다는 특권을 부여하였다면 그로 인한 일반국민과 대통령 사이의 불평등을 해소하기 위한 조치로서 형사상의 소추가 유예되는 동안은 공소시효의 진행이 정지된다고 보는 것이 오히려 헌법상의 국민주권주의와 평등주의에 합치되는 해석이 될 것이다. 더욱이 헌법 제84조가 적용되는 사람은 오로지 대통령 1인 뿐이므로 설사 헌법이나 법률에 명문으로 규정되어 있지 아니함에도 불구하고 위 헌법규정 자체의 해석만으로 공소시효의 정지를 인정한다고 하더라도, 그것 때문에 일반국민의 법적 안정성을 해할 우려가 있다고는 보기 어려운 것이다.

따라서 헌법 제84조에 따라 소추가 불가능한 경우에는 공소시효의 진행이 정지되어야 한다는 것은 위와 같은 당연하고도 정당한 법리가 적용된 결과일 뿐이라고 할 것이므로 헌법상의 적법절차주의나 죄형법정주의에 반한다고 할 수 없다. 결론적으로 피의자 전두환에 대한 군형법상의 반란죄 등에 관한 공소시효는 그가 대통령으로 재직한 7년 5월 24일간은 진행이 정지되었다고 할 것이므로, 2001년 이후에야 완성된다고 할 것이다. 다만 이 부분 결론에 관하여는, 재판관 김진우, 재판관 조승형의 보충의견이 있고, 대통령 재직중에도 위 각 범행에 대한 공소시효가 정지되지 아니한다는 재판관 김문희, 재판관 황도연의 반대의견이 있다.

【해 설】

(1) 우리나라 헌정사

(가) **건국헌법**(1948. 7. 17.): 우리나라는 제2차 세계대전이 끝난 후 주권을 회복하고 근대적 의미의 헌법을 제정하였다. 즉 1948년 5월 10일 최초의 총선거로 198명의 제헌국회의원이 선출되었고, 5월 31일에는 정식으로 국회가 개회되었다. 국회는 개회 당일로 헌법제정에 착수하여 헌법기초위원 30명과 전문위원 10명을 선출할 것을 결의하고, 그 결의에 따라 6월 3일에는 헌법기초위원이 선출되었으며 헌법기초위원회는 다시 전문위원 10명을 위촉하였다. 헌법기초위원과 전문위원은 세칭 '유진오교수안'을 중심으로 신중히 검토한 후 6월 23일 이것을 국회본회의에 상정하였다. 그리하여 6월 30일에는 제1독회, 7월 7일에는 제2독회, 7월 12일에는 제3독회가 끝나고 헌법전이 완전히 통과되었으며, 1948년 7월 17일에 공포하여 즉일로 시행되었다. 건국헌법의 주요내용으로는 ① **대통령간선제(국회)** ② 대통령은 국가의 원수인 동시에 행정부의 수반 ③ 국무총리·국무위원은 대통령이 임명하고 국회에 대하여 무책임 ④ 대통령의 법률안거부권 및 법률안제출권 허용 ⑤ 대통령과 부통령의 임기는 4년(1차 중임 가능) ⑥ 국무원은 의결기구 ⑦ 국무위원의 국회의원 겸직 가능 ⑧ 국회단원제 ⑨ 대통령·국무위원의 국회출석·발언권 ⑩ 헌법위원회의 위헌법률심사권 ⑪ **사기업근로자의 이익분배균점권**(통제경제·계획경제적 요소) ⑫ 기본권제한의 개별적 법률유보 ⑬ **자연자원의 원칙적 국유화** 등을 들 수 있다. 그러나 건국헌법에는 정당조항이나 통일조항이 없었다.

(나) **제1차 개정헌법**(1952. 7. 7.): 1952년 4월 당시의 국회는 내각책임제를 골자로 한 개헌안을 제출하였고, 이에 대하여 정부에서도 같은 해 5월에 정부통령 직접선거·양원제 등을 중심으로 한 개헌안을 제출하였다. 그리하여 심한 정치파동의 진통을 겪으면서 양 개헌안이 절충된 발췌안이 1952년 7월 4일에 국회를 통과하였으며, 이것이 우리 헌정사상 최초의 개헌인 제1차 개헌이 되었다. 그러나 이른바 '**발췌개헌**'은 ① 일사부재의(一事不再議)의 원칙에 위배되고 ② 공고되지 않은 개헌안이 의결되었으며 ③ 토론의 자유가 보장되지 않았고 ④ 의결이 강제되었다는 점에서 위헌적인 것이었다. 제1차 개헌의 주요내용으로는

① **대통령직선제** ② **국회양원제** ③ **국회의 국무원 불신임제** 등을 들 수 있다.

(다) **제2차 개정헌법**(1954. 11. 29.): 제2차 개헌은 환도 후 1954년 11월 27일 국회의 표결 결과 재적의원 203명(출석 202명) 중 찬성 135표, 반대 60표, 기권 7표였다. 당시 헌법개정에 필요한 의결정족수는 국회 재적의원 3분의 2 이상인 136명이었기 때문에 동 표결은 1표 부족이라 하여 부결된 것으로 선언되었다. 그러나 자유당측은 이른바 '사사오입(四捨五入)'이라는 숫자상의 계산을 적용하여 203명의 3분의 2는 135명이라고 주장하며, 이틀 후인 11월 29일에 전전날의 부결선언을 취소함과 동시에 야당의원들이 총퇴장한 국회에서 그 통과를 번복하여 표결하고 11월 27일부로 정부가 그것을 공포하였다. 하지만 이러한 '사사오입개헌'은 의결정족수 미달로 의결절차상 흠이 있는 것이고, 초대대통령에 한하여 중임제한을 철폐한 것은 평등의 원칙에 위배되므로 위헌적인 개헌이라고 하지 않을 수 없다. 제2차 개헌의 주요내용으로는 ① **초대대통령에 대한 중임제한 철폐** ② 국무총리제 폐지 ③ 국무위원에 대한 개별적 불신임제 ④ 직접민주주의 요소의 도입(주권제한·영토변경 등 중대사항에 대한 국민투표제 및 헌법개정에 대한 국민발안제) ⑤ 군법회의에 대한 헌법적 근거 부여 ⑥ 대통령 궐위시 부통령의 지위승계 규정 ⑦ **경제조항을 자유시장경제체제로 수정한 점** 등을 들 수 있다.

(라) **제3차 개정헌법**(1960. 6. 15.): 1960년 3월 15일에 실시된 대통령과 부통령선거는 이승만 대통령의 4기 집권을 관철하기 위하여 자유당정권에 의해 감행된 사전투표·공개투표는 물론 개표결과의 조작 등 엄청난 부정선거였다. 그 결과 '**3·15부정선거**'에 항의하는 학생들의 데모가 확대되어 **4·19의거**로 발전하였으며, 이에 이승만 대통령의 독재정권은 무너지고 허정을 내각의 수반으로 하는 과도정부가 구성되게 되었다. 그리하여 제3차 개헌은 1960년 6월 15일 재적의원 218명 중 찬성 208표, 반대 3표, 결석 7명이라는 압도적 다수로 통과되고 공포되었다. '**의원내각제개헌**'이 가장 두드러진 특징인 제3차 개헌은 국민의 기본권을 강화하는 등 신헌법의 제정이라고 할 만큼 광범하게 내용개정을 하고 있다. 제3차 개헌의 주요내용으로는 ① **의원내각제 실시** ② 언론·출판·집회·결사의 사전허가·검열제 금지 ③ 정당의 헌법상 지위강화(복수정당제) ④ 자유권에 대한 유보조항 삭제 ⑤ 법관추천회의에서 대법원장·대법관 선거 ⑥ 헌법재판소 설치 ⑦ 중앙선거관리위원회 설치 ⑧ 공무원의 정치적 중립성 보장(직업공무원제) ⑨ 지방자치단체장의 원칙적 직선제 등을 들 수 있다.

(마) **제4차 개정헌법**(1960. 11. 29.): 제4차 개헌은 형벌불소급의 원칙에 대한 예외로서 3·15부정선거의 주모자 등 반민주행위자들을 처벌할 헌법적 근거를 마련하기 위한 '**부정선거관련자 소급처벌개헌**'이었다. 이는 여론의 압력에 의하여 법률불소급의 예외를 규정한 것으로서, 대한민국 건국초 반민족행위자 처벌을 위한 소급입법에 이은 두 번째 소급처벌법이었다. 제4차 개헌의 주요내용으로는 ① 부정선거관련자 및 반민주행위자의 공민권 제한과 부정축재자의 처벌에 관한 소급입법권 규정 ② 특별재판부 및 특별검찰부의 설치 등을 들 수 있다.

(바) **제5차 개정헌법**(1962. 12. 26.): 4·19의거 이후의 사회적 혼란과 민주당 정부의 무기력 때문에 1960년 헌법(제3차·제4차 개헌)은 1961년 '**5·16군사혁명(쿠데타)**'으로 인하여 단명으로 끝나고 말았다. 같은 해 6월 6일 국가재건최고회의가 공포한 '국가재건비상조치법'이 헌법적 효력을 가지게 되었다가, 1962년 12월 17일 최고회의가 제안한 헌법개정안이 국민투표에 부의되어 확정되었고, 그 해 12월 26일에 공포된 것이 제5차 개헌(제3공화국 헌법)이다. 이는 구헌법에 대한 전면적인 개정에 해당하며 구헌법과는 달리 대통령제를 채택

한 것이 특색으로 이른바 '**군정대통령제개헌**'이라고 말할 수 있다. 이 경우 국가권력은 분산되어 있으나 미국식인 완전한 권력분립적 대통령제가 아니고, 대통령에게 행정권뿐만 아니라 국가긴급권·입법거부권 등을 보장하여 집행권이 우월한 경향을 띠고 있다. 제5차 개헌의 주요내용으로는 ① **인간의 존엄과 가치의 존중조항 신설** ② 국가안전을 위해 기본권보장 다소 약화 ③ 정당정치적 경향 강화(공직선거에 소속정당의 공천을 요건으로 하고 당적 이탈 및 변경의 경우에 의원직 상실) ④ 국회단원제 환원 ⑤ **대통령제 실시** ⑥ 헌법재판소를 폐지하고 위헌법률심사권을 법원에 부여 ⑦ 법관임명에 법관추천회의 제청제 ⑧ 헌법개정시 국회의결 및 국민투표 실시 ⑨ 경제과학심의회의와 국가안전보장회의의 설치 ⑩ 긴급명령권의 부활 등을 들 수 있다.

(사) **제6차 개정헌법**(1969. 10. 21.): 여당인 민주공화당이 대통령의 계속 집권을 가능하게 하기 위하여 3선 금지 규정을 완화하여 제안한 개헌안은 심한 우여곡절 끝에 1969년 9월 14일 국회에서 의결되고, 같은 해 10월 17일에 국민투표에서 가결되었다. 이른바 '**공화당 3선개헌**'인 제6차 개헌의 주요내용으로는 ① 대통령의 계속 재임은 3기까지 가능 ② 대통령에 대한 탄핵소추요건의 강화(50인 이상의 발의와 재적 3분의 2 이상의 찬성) ③ 국회의원수의 상한을 250명으로 증원 ④ 국회의원의 국무위원 겸직 허용 등을 들 수 있다.

(아) **제7차 개정헌법**(1972. 12. 27.): 1972년 10월 17일에 '**10·17 비상조치**'를 단행하여 국회를 해산하고 정당 등의 정치활동을 금지시키는 등 헌법의 일부조항의 효력을 정지시키고, 비상국무회의가 제안한 헌법개정안이 국민투표로 확정되어 같은 해 12월 27일에 공포되었으니 이것이 제7차 개헌(제4공화국 헌법)이며, 이른바 '**유신개헌**'이라 불려진다. 제7차 개헌의 주요내용으로는 ① 통일주체국민회의 신설 ② 임기의 연장(6년)과 긴급조치권·국회해산권 등 **대통령의 지위와 권한 강화(영도적 대통령제)** ③ 국회의 권한과 지위를 제한·축소 ④ 무소속 출마의 허용 ⑤ 헌법위원회 신설 및 위헌법률심사권 부여 ⑥ 대통령의 헌법개정안 제안과 국가의 중요정책결정에 국민투표제 채택 ⑦ 경제조항 보강 ⑧ 평화적 통일지향 등을 들 수 있다.

(자) **제8차 개정헌법**(1980. 10. 27.): 1979년 10월 26일의 비상계엄선포(**10·26사태**)와 1979년 '**12·12사건**' 및 1980년 '**5·18광주의거**' 이후 1980년 10월 22일 국민투표에서 확정되고 같은 해 10월 27일에 공포·시행된 것이 제5공화국을 탄생시킨 제8차 개헌이다. 이로써 국회의원의 임기는 종료되고 정당은 해산되었으며 통일주체국민회의가 폐지되고 그 대의원의 임기도 종료되었다. 국회의 권한은 국가보위입법회의가 대행하다가 1981년 2월에는 대통령선거가 시행되었고(전두환 국가보위비상대책위원회 상임위원회 위원장이 통일주체국민회의에서 대통령(체육관대통령)으로 선출됨), 3월에는 국회의원선거가, 4월에는 대법원장이 임명되어 제5공화국이 출범하였다. 이른바 '**국보위개헌**'이라고 말할 수 있는 제8차 개헌의 주요내용으로는 ① 평화적 정권교체의 기틀 마련(대통령의 임기연장 및 중임변경을 위한 개헌은 그 헌법개정제안 당시의 대통령에게는 적용 배제) ② 기본권신장(구속적부심사제도 부활, 연좌제금지, **행복추구권, 환경권, 사생활보호권**) ③ 복지사회건설(적정임금조항, 독과점규제, 소비자보호, 농지임대차 및 위탁경영의 예외적 인정, 중소기업보장육성) ④ **대통령간선제(선거인단)**와 7년 단임제 ⑤ 대통령권한의 합리적 축소조정과 통제제도 마련 ⑥ 사법부독립 강화 ⑦ 헌법개정절차의 일원화(모든 헌법개정안은 국회가 의결하고 국민투표로 확정함) ⑧ 국정조사권 신설 ⑨ 행정심판제도 신설 ⑩ 전직대통령의 예우조항 신설 등을 들 수 있다.

(차) **제9차 개정헌법**(1987. 10. 29.): 대한민국 헌정사상 최초로 '**여·야 합의개헌**'이라는 점에서 역사적 의의를 찾아 볼 수 있는 것이 제9차 개헌이다. 이 헌법은 국회 내의 모든 교섭단체 대표들이 참여한 헌법개정 특별위원회에서 만장일치로 기초·성안한 것을 토대로 제안된 후, 1987년 10월 27일에 국민투표로 확정되고 10월 29일에 공포되었으며 1988년 2월 25일에 시행되었다(전문·본문 10장 130조·부칙 6조). 본 개헌은 '**대통령직선제개헌**'을 채택하여 국민의 직접선거에 의한 정부선택을 보장하고 대통령 단임제(임기 5년)에 의한 평화적 정권교체의 전통을 계승·확립함으로써 민주국가 발전의 기틀을 더욱 확고히 하였으며 대통령 권한의 합리적인 조정, 국회의 권한 강화, 사법권의 실질적인 보장, 국민의 기본권의 대폭 신장 등 헌법의 실효성을 강화하였다. 제9차 개헌의 주요내용으로는 ① **대통령직선제** ② 대통령의 비상조치권을 폐지하고 긴급재정경제처분·명령권 및 긴급명령권을 신설 ③ 국회해산권 폐지 ④ 국정감사권 부활 ⑤ 헌법재판소 부활 ⑥ 구속적부심사청구권의 전면인정 ⑦ 범죄피해자에 대한 국가구조제 신설 ⑧ 언론·출판·집회·결사에 대한 허가·검열 금지 ⑨ 근로삼권의 실질적 보장 ⑩ 최저임금제 실시 등을 들 수 있다.

(2) **헌법**은 국민의 기본적인 권리를 보장하며, 국가의 통치조직과 통치작용에 관한 기본원리를 정한 최고법이다. 또한 헌법은 사실적 권력관계를 둘러싼 정치세력들의 투쟁과 타협의 산물이라는 점에서 그리고 일단 성립된 헌법규범은 주로 정치적 권력관계를 규율대상으로 한다는 점에서 일반법규범에 비하여 보다 강한 정치성을 지닌다. 헌법은 당시 공동체 구성원들이 추구하는 가치와 이념을 담고 있다는 점에서 가치성과 이념성을 그 특질로 볼 수도 있다. 더욱이 헌법이 담고 있는 가치와 이념은 그 당시의 역사적 조건, 정치·경제·사회·문화·사상 등의 상황과 밀접한 관련을 갖는 이념이라는 점에서 역사성도 사실적 특질의 하나가 된다.

대한민국헌법(1987. 10. 29.) **전문**(前文)은 「유구한 역사와 전통에 빛나는 우리 대한국민은 3·1운동으로 건립된 대한민국임시정부의 법통과 불의에 항거한 4·19민주이념을 계승하고, 조국의 민주개혁과 평화적 통일의 사명에 입각하여 정의·인도와 동포애로써 민족의 단결을 공고히 하고, 모든 사회적 폐습과 불의를 타파하며, 자율과 조화를 바탕으로 자유민주적 기본질서를 더욱 확고히 하여 정치·경제·사회·문화의 모든 영역에 있어서 각인의 기회를 균등히 하고, 능력을 최고도로 발휘하게 하며, 자유와 권리에 따르는 책임과 의무를 완수하게 하여, 안으로는 국민생활의 균등한 향상을 기하고 밖으로는 항구적인 세계평화와 인류공영에 이바지함으로써 우리들과 우리들의 자손의 안전과 자유와 행복을 영원히 확보할 것을 다짐하면서 1948년 7월 12일에 제정되고 8차에 걸쳐 개정된 헌법을 이제 국회의 의결을 거쳐 국민투표에 의하여 개정한다」라고 규정하고 있으며, **헌법 제1조**는 「① 대한민국은 민주공화국이다. ② 대한민국의 주권은 국민에게 있고, 모든 권력은 국민으로부터 나온다」라고 명시하고 있다. 헌법 제1조 제1항이 명시적으로 언급하듯이 '대한민국은 민주공화국이다.' 따라서 군주제는 물론 입헌군주제의 형식을 취한다고 해도 채택할 수 없다. 우리 헌법의 민주공화국은 권력분립제를 채택한 공화국임을 강조하고 있으며, 자유국가적·국민국가적 질서를 전제로 한 자유민주주의에 비중을 둔 민주공화국이다.

본래 국가의사를 전반적·최종적으로 결정할 수 있는 최고권력을 의미하는 **주권**은 대내적으로는 최고의 권력이며, 대외적으로는 독립의 권력이라는 성질을 갖는다. **국민주권론**은 전제군주국가에서의 권력행사의 절대성과 자의성에 대한 항의적·투쟁적 이데올로기로서 발전한 이론이다. 현대의 보편적 이데올로기는 민주주의이고, 민주주의는 국민에 의한 통치를 그 내용으로 하는 것이기 때문에 현대 민주국가에서의 주권의 주체는 당연히 국민이다. 다만 주권보유자로서의 국민이 정치적·이데올로기적 개념인지 아니면 법적 개념인지에 대해서는 견해가 대립한다. 우선 **정치적·이데올로기적 개념설**에 의하면, 국민이 주권의 주체 내지 주권의 보유자로서의 지위를 가지기 위해서는 국민전체가 권리주체로서의 법인격을 가져야 하며, 이를 위해서는 국민전체가 자연인이 아닌 이상 법인격을 가진 법인으로 조직되어야 한다. 그러나 통일체로서의 전체국민은 존재하지 않을 뿐만 아니라 주권의 주체로서의 국민을 법적으로 구성하는 것이 실정법상 불가능하므로 '주권자로서의 국민' 내지 '주권의 주체로서의 국민'의 개념은 '정치적·이데올로기적 개념'이지 엄격한 법적 개념이라고 할 수 없으며, 국가권력 행사의 정당성의 근거가 될 뿐이라고 한다. 반면에 **법적 개념설**에 의하면, 국민전체는 그 구체적 구성원이 유동적이긴 하지만 이를 이념적으로 관념할 수 있으며, 최고실정법인 헌법조항상 주권이 국민에게 있다고 규정하고 있으므로 법적 개념이 될 수 있다는 견해이다. 주권의 보유자인 국민은 헌법 이전의 국민이며, 이는 조직화된 크기는 아니지만 구체적인 이념적 통일체로서 현존하고 있기 때문에 비록 실정법적으로는 법적 의사를 형성할 수 없지만, 여론의 주체로서의 주권을 보유할 수 있다고 한다.

[헌법재판소 2004. 10. 21. 2004헌마554 결정]
<신행정수도의 건설을 위한 특별조치법 위헌확인>
(가) **헌법상 수도의 개념**: 일반적으로 한 나라의 수도는 국가권력의 핵심적 사항을 수행하는 국가기관들이 집중 소재하여 정치·행정의 중추적 기능을 실현하고 대외적으로 그 국가를 상징하는 곳을 의미한다. 헌법기관들 중에서 국민의 대표기관으로서 국민의 정치적 의사를 결정하는 국회와 행정을 통할하며 국가를 대표하는 대통령의 소재지가 어디인가 하는 것은 수도를 결정하는데 있어서 특히 결정적인 요소가 된다. 대통령은 국가원수로서 국가를 상징하고 정부의 수반으로서 국가운용의 최고 통치권자이며 의회는 주권자인 국민이 선출한 대표들로 구성된 대의기관으로서 오늘날의 간접민주주의 통치구조하에서 주권자의 의사를 대변하고 중요한 국가의사를 결정하는 중추적 역할을 담당하므로 이들 두 개의 국가기관은 국가권력의 중심에 있고 국가의 존재와 특성을 외부적으로 표현하는 중심이 되기 때문이다.
(나) **신행정수도의 건설을 위한 특별조치법(이하 '이 사건 법률'이라 한다)이 수도이전의 의사결정을 포함하는지 여부(적극)**: 이 사건 법률은 신행정수도를 "국가 정치·행정의 중추기능을 가지는 수도로 새로 건설되는 지역으로서…법률로 정하여지는 지역"이라고 하고(제2조 제1호), 신행정수도의 예정지역을 "주요 헌법기관과 중앙행정기관 등의 이전을 위하여…지정·고시하는 지역"이라고 규정하여(같은 조 제2호), 결국 신행정수도는 주요 헌법기관과 중앙 행정기관들이 소재하여 국가의 정치·행정의 중추기능을 가지는 수도가 되어야 함을 명확히 하고 있다. 따라서 이 사건 법률은 비록 이전되는 주요 국가기관의 범위를 개별적으로 확정하고 있지는 아니하지만, 그 이전의 범위는 신행정수도가 국가의 정치·행정의 중추기능을 담당하기에 충분한 정도가 되어야 함을 요구하고 있다. 그렇다면 이 사건 법률은 국가의 정치·행정의 중추적 기능을 수행하는 국가기관의 소재지로서 헌법상의 수도개념에 포함되는 국가의 수도를 이전하는 내용을 가지는 것이며, 이 사건 법률에 의한 신행정수도의 이전은 곧 우리나라의 수도의 이전을 의미한다.

(다) 우리 헌법상 관습헌법이 인정될 수 있는지 여부(적극): 우리나라는 성문헌법을 가진 나라로서 기본적으로 우리 헌법전이 헌법의 법원이 된다. 그러나 성문헌법이라고 하여도 그 속에 모든 헌법사항을 빠짐없이 완전히 규율하는 것은 불가능하고 또한 헌법은 국가의 기본법으로서 간결성과 함축성을 추구하기 때문에 형식적 헌법전에는 기재되지 아니한 사항이라도 이를 불문헌법 내지 관습헌법으로 인정할 소지가 있다. 특히 헌법제정 당시 자명하거나 전제된 사항 및 보편적 헌법원리와 같은 것은 반드시 명문의 규정을 두지 아니하는 경우도 있다. 그렇다고 해서 헌법사항에 관하여 형성되는 관행 내지 관례가 전부 관습헌법이 되는 것은 아니고 강제력이 있는 헌법규범으로서 인정되려면 엄격한 요건들이 충족되어야만 하며, 이러한 요건이 충족된 관습만이 관습헌법으로서 성문의 헌법과 동일한 법적 효력을 가진다.

(라) 관습헌법 인정의 헌법적 근거: 헌법 제1조 제2항은 '대한민국의 주권은 국민에게 있고, 모든 권력은 국민으로부터 나온다.'고 규정한다. 이와 같이 국민이 대한민국의 주권자이며, 국민은 최고의 헌법제정권력이기 때문에 성문헌법의 제·개정에 참여할 뿐만 아니라 헌법전에 포함되지 아니한 헌법사항을 필요에 따라 관습의 형태로 직접 형성할 수 있다. 그렇다면 관습헌법도 성문헌법과 마찬가지로 주권자인 국민의 헌법적 결단의 의사의 표현이며 성문헌법과 동등한 효력을 가진다고 보아야 한다. 국민주권주의는 성문이든 관습이든 실정법 전체의 정립에의 국민의 참여를 요구한다고 할 것이며, 국민에 의하여 정립된 관습헌법은 입법권자를 구속하며 헌법으로서의 효력을 가진다.

(마) 관습헌법의 일반적 성립요건: 관습헌법이 성립하기 위하여서는 관습법의 성립에서 요구되는 일반적 성립 요건이 충족되어야 한다. 첫째, 기본적 헌법사항에 관하여 어떠한 관행 내지 관례가 존재하고, 둘째, 그 관행은 국민이 그 존재를 인식하고 사라지지 않을 관행이라고 인정할 만큼 충분한 기간 동안 반복 내지 계속되어야 하며(반복·계속성), 셋째, 관행은 지속성을 가져야 하는 것으로서 그 중간에 반대되는 관행이 이루어져서는 아니되고(항상성), 넷째, 관행은 여러 가지 해석이 가능할 정도로 모호한 것이 아닌 명확한 내용을 가진 것이어야 한다(명료성). 또한 다섯째, 이러한 관행이 헌법관습으로서 국민들의 승인 내지 확신 또는 폭넓은 컨센서스를 얻어 국민이 강제력을 가진다고 믿고 있어야 한다(국민적 합의).

(바) '우리나라의 수도가 서울인 점'이 관습헌법으로 인정될 수 있는지 여부(적극): 서울이 우리나라의 수도인 것은 조선시대 이래 600여 년 간 우리나라의 국가생활에 관한 당연한 규범적 사실이 되어 왔으므로 우리나라의 국가생활에 있어서 전통적으로 형성되어있는 계속적 관행이라고 평가할 수 있고(계속성), 이러한 관행은 변함없이 오랜 기간 실효적으로 지속되어 중간에 깨어진 일이 없으며(항상성), 서울이 수도라는 사실은 우리나라의 국민이라면 개인적 견해 차이를 보일 수 없는 명확한 내용을 가진 것이며(명료성), 나아가 이러한 관행은 오랜 세월간 굳어져 와서 국민들의 승인과 폭넓은 컨센서스를 이미 얻어(국민적 합의) 국민이 실효성과 강제력을 가진다고 믿고 있는 국가생활의 기본사항이라고 할 것이다. 따라서 서울이 수도라는 점은 우리의 제정헌법이 있기 전부터 전통적으로 존재하여온 헌법적 관습이며 우리 헌법조항에서 명문으로 밝힌 것은 아니지만 자명하고 헌법에 전제된 규범으로서, 관습헌법으로 성립된 불문헌법에 해당한다.

(사) '우리나라의 수도가 서울인 점'에 대한 관습헌법을 폐지하기 위해서는 헌법개정이 필요한지 여부(적극): 우리나라의 수도가 서울이라는 점에 대한 관습헌법을 폐지하기 위해

서는 헌법이 정한 절차에 따른 헌법개정이 이루어져야 한다. 이 경우 성문의 조항과 다른 것은 성문의 수도조항이 존재한다면 이를 삭제하는 내용의 개정이 필요하겠지만 관습헌법은 이에 반하는 내용의 새로운 수도설정조항을 헌법에 넣는 것만으로 그 폐지가 이루어지는 점에 있다. 다만 헌법규범으로 정립된 관습이라고 하더라도 세월의 흐름과 헌법적 상황의 변화에 따라 이에 대한 침범이 발생하고 나아가 그 위반이 일반화되어 그 법적 효력에 대한 국민적 합의가 상실되기에 이른 경우에는 관습헌법은 자연히 사멸하게 된다. 이와 같은 사멸을 인정하기 위하여서는 국민에 대한 종합적 의사의 확인으로서 국민투표 등 모두가 신뢰할 수 있는 방법이 고려될 여지도 있을 것이다. 그러나 이 사건의 경우에 이러한 사멸의 사정은 확인되지 않는다. 따라서 우리나라의 수도가 서울인 것은 우리 헌법상 관습헌법으로 정립된 사항이며 여기에는 아무런 사정의 변화도 없다고 할 것이므로 이를 폐지하기 위해서는 반드시 헌법개정의 절차에 의하여야 한다.

(아) **이 사건 법률이 헌법 제130조에 따라 헌법개정절차에 있어 국민이 가지는 국민투표권을 침해하여 위헌인지 여부**(적극): 서울이 우리나라의 수도인 점은 불문의 관습헌법이므로 헌법개정절차에 의하여 새로운 수도 설정의 헌법조항을 신설함으로써 실효되지 아니하는 한 헌법으로서의 효력을 가진다. 따라서 헌법개정의 절차를 거치지 아니한 채 수도를 충청권의 일부지역으로 이전하는 것을 내용으로 한 이 사건 법률을 제정하는 것은 헌법개정사항을 헌법보다 하위의 일반 법률에 의하여 개정하는 것이 된다. 한편 헌법 제130조에 의하면 헌법의 개정은 반드시 국민투표를 거쳐야만 하므로 국민은 헌법개정에 관하여 찬반투표를 통하여 그 의견을 표명할 권리를 가진다. 그런데 이 사건 법률은 헌법개정사항인 수도의 이전을 헌법개정의 절차를 밟지 아니하고 단지 단순법률의 형태로 실현시킨 것으로서 결국 헌법 제130조에 따라 헌법개정에 있어서 국민이 가지는 참정권적 기본권인 국민투표권의 행사를 배제한 것이므로 동 권리를 침해하여 헌법에 위반된다.

※ 헌정질서 파괴범죄의 공소시효 등에 관한 특례법(약칭: 헌정범죄시효법)
[타법개정 2016. 1. 6. 법률 제13722호, 시행 2017. 7. 7.]

제1조(목적) 이 법은 헌법의 존립을 해치거나 헌정질서의 파괴를 목적으로 하는 헌정질서 파괴범죄에 대한 공소시효의 배제 등에 관한 사항을 규정함으로써 헌법상 자유민주적 기본질서를 수호함을 목적으로 한다.

제2조(정의) 이 법에서 "**헌정질서 파괴범죄**"란 「형법」 제2편 제1장 내란의 죄, 제2장 외환의 죄와 「군형법」 제2편 제1장 반란의 죄, 제2장 이적의 죄를 말한다.

제3조(**공소시효의 적용 배제**) 다음 각 호의 범죄에 대하여는 「형사소송법」 제249조부터 제253조까지 및 「군사법원법」 제291조부터 제295조까지에 규정된 공소시효를 적용하지 아니한다. 1. 제2조의 헌정질서 파괴범죄 2. 「형법」 제250조의 죄로서 「집단살해죄의 방지와 처벌에 관한 협약」에 규정된 집단살해에 해당하는 범죄

※ 형사소송법
[일부개정 2021. 8. 17. 법률 제18398호, 시행 2021. 11. 18.]

제246조(국가소추주의) 공소는 검사가 제기하여 수행한다.

제247조(기소편의주의) 검사는 「형법」 제51조의 사항을 참작하여 공소를 제기하지 아니할 수 있다.

☞ 「형법」 제51조(양형의 조건): 형을 정함에 있어서는 다음 사항을 참작하여야 한다. 1. 범인의 연령, 성행, 지능과 환경 2. 피해자에 대한 관계 3. 범행의 동기, 수단과 결과 4. 범행 후의 정황

제248조(공소의 효력 범위) ① 공소의 효력은 검사가 피고인으로 지정한 자에게만 미친다. ② 범죄사실의 일부에 대한 공소의 효력은 범죄사실 전부에 미친다.

제249조(공소시효의 기간) ① 공소시효는 다음 기간의 경과로 완성한다. 1. 사형에 해당하는 범죄에는 25년 2. 무기징역 또는 무기금고에 해당하는 범죄에는 15년 3. 장기 10년 이상의 징역 또는 금고에 해당하는 범죄에는 10년 4. 장기 10년 미만의 징역 또는 금고에 해당하는 범죄에는 7년 5. 장기 5년 미만의 징역 또는 금고, 장기10년 이상의 자격정지 또는 벌금에 해당하는 범죄에는 5년 6. 장기 5년 이상의 자격정지에 해당하는 범죄에는 3년 7. 장기 5년 미만의 자격정지, 구류, 과료 또는 몰수에 해당하는 범죄에는 1년 ② 공소가 제기된 범죄는 판결의 확정이 없이 공소를 제기한 때로부터 25년을 경과하면 공소시효가 완성한 것으로 간주한다.

제250조(두 개 이상의 형과 시효기간) 두 개 이상의 형을 병과하거나 두 개 이상의 형에서 한 개를 과할 범죄에 대해서는 무거운 형에 의하여 제249조를 적용한다.

제252조(시효의 기산점) ① 시효는 범죄행위의 종료한 때로부터 진행한다. ② 공범에는 최종행위의 종료한 때로부터 전공범에 대한 시효기간을 기산한다.

제253조(시효의 정지와 효력) ① 시효는 공소의 제기로 진행이 정지되고 공소기각 또는 관할위반의 재판이 확정된 때로부터 진행한다. ② 공범의 1인에 대한 전항의 시효정지는 다른 공범자에게 대하여 효력이 미치고 당해 사건의 재판이 확정된 때로부터 진행한다. ③ 범인이 형사처분을 면할 목적으로 국외에 있는 경우 그 기간 동안 공소시효는 정지된다.

제253조의2(공소시효의 적용 배제) 사람을 살해한 범죄(종범은 제외한다)로 사형에 해당하는 범죄에 대하여는 제249조부터 제253조까지에 규정된 공소시효를 적용하지 아니한다.

제255조(공소의 취소) ① 공소는 제1심판결의 선고 전까지 취소할 수 있다. ② 공소취소는 이유를 기재한 서면으로 하여야 한다. 단, 공판정에서는 구술로써 할 수 있다.

제257조(고소등에 의한 사건의 처리) 검사가 고소 또는 고발에 의하여 범죄를 수사할 때에는 고소 또는 고발을 수리한 날로부터 3월 이내에 수사를 완료하여 공소제기여부를 결정하여야 한다.

제259조(고소인등에의 공소불제기이유고지) 검사는 고소 또는 고발있는 사건에 관하여 공소를 제기하지 아니하는 처분을 한 경우에 고소인 또는 고발인의 청구가 있는 때에는 7일 이내에 고소인 또는 고발인에게 그 이유를 서면으로 설명하여야 한다.

제259조의2(피해자 등에 대한 통지) 검사는 범죄로 인한 피해자 또는 그 법정대리인(피해자가 사망한 경우에는 그 배우자·직계친족·형제자매를 포함한다)의 신청이 있는 때에는 당해 사건의 공소제기여부, 공판의 일시·장소, 재판결과, 피의자·피고인의 구속·석방 등 구금에 관한 사실 등을 신속하게 통지하여야 한다.

[대법원 2021. 2. 25. 2020도3694 판결]

(가) 공소시효를 정지·연장·배제하는 특례조항을 신설하면서 소급적용에 관한 명시적인 경과규정을 두지 않은 경우 그 조항을 소급하여 적용할 수 있는지에 관해서는 보편타당한 일반원칙이 존재하지 않고, 적법절차원칙과 소급금지원칙을 천명한 헌법 제12조 제1항과 제13조 제1항의 정신을 바탕으로 하여 법적 안정성과 신뢰보호원칙을 포함한 법치주의 이념을 훼손하지 않는 범위에서 신중히 판단해야 한다.

(나) 아동학대범죄의 처벌 등에 관한 특례법(2014. 1. 28. 제정되어 2014. 9. 29. 시행되었으며, 이하 '아동학대처벌법'이라 한다)은 아동학대범죄의 처벌에 관한 특례 등을 정함으로써 아동을 보호하여 아동이 건강한 사회 구성원으로 성장하도록 함을 목적으로 다음과 같은 규정을 두고 있다. 제2조 제4호 (타)목은 아동복지법 제71조 제1항 제2호, 제17조 제3호에서 정한 '아동의 신체에 손상을 주거나 신체의 건강 및 발달을 해치는 신체적 학대행위'를 아동학대범죄의 하나로 정하고 있다. 제34조는 '공소시효의 정지와 효력'이라는 제목으로 제1항에서 "아동학대범죄의 공소시효는 형사소송법 제252조에도 불구하고 해당 아동학대범죄의 피해아동이 성년에 달한 날부터 진행한다."라고 정하고, 부칙은 "이 법은 공포 후 8개월이 경과한 날부터 시행한다."라고 정하고 있다. 아동학대처벌법은 신체적 학대행위를 비롯한 아동학대범죄로부터 피해아동을 보호하기 위한 것으로서, 제34조는 아동학대범죄가 피해아동의 성년에 이르기 전에 공소시효가 완성되어 처벌대상에서 벗어나는 것을 방지하고자 그 진행을 정지시킴으로써 피해를 입은 18세 미만 아동(아동학대처벌법 제2조 제1호, 아동복지법 제3조 제1호)을 실질적으로 보호하려는 데 취지가 있다.

(다) 아동학대처벌법은 제34조 제1항의 소급적용에 관하여 명시적인 경과규정을 두고 있지는 않다. 그러나 이 규정의 문언과 취지, 아동학대처벌법의 입법 목적, 공소시효를 정지하는 특례조항의 신설·소급에 관한 법리에 비추어 보면, 이 규정은 완성되지 않은 공소시효의 진행을 일정한 요건에서 장래를 향하여 정지시키는 것으로서, 그 시행일인 2014. 9. 29. 당시 범죄행위가 종료되었으나 아직 공소시효가 완성되지 않은 아동학대범죄에 대해서도 적용된다고 봄이 타당하다. 한편 대법원 2015. 5. 28. 선고 2015도1362, 2015전도19 판결은 공소시효의 배제를 규정한 구 성폭력범죄의 처벌 등에 관한 특례법(2012. 12. 18. 법률 제11556호로 전부 개정되기 전의 것) 제20조 제3항에 대한 것으로, 공소시효의 적용을 영구적으로 배제하는 것이 아니고 공소시효의 진행을 장래에 향하여 정지시키는 데 불과한 아동학대처벌법 제34조 제1항의 위와 같은 해석·적용에 방해가 되지 않는다.

25. 내란죄와 저항권

[대법원 1997. 4. 17. 96도3376 판결]

> 원심은 피고인들(전두환 외 16인)이 국헌문란의 목적을 가지고 있었는지의 여부는 외부적으로 드러난 피고인들의 행위, 그 행위에 이르게 된 경위 및 그 행위의 결과 등을 종합하여 판단하여야 한다고 전제하고는, 피고인들이 이른바 12·12군사반란을 통하여 군의 지휘권을 실질적으로 장악함과 아울러 국가의 정보기관을 완전히 장악한 뒤, 1980. 5. 초순경부터 이른바 '시국수습방안', '국기문란자 수사계획', '권력형 부정축재자 수사계획'을 마련하여 이를 검토, 추진하기로 모의하고, 그 계획에 따라 1981. 1. 24. 비상계엄의 해제에 이르기까지, 이른바 예비검속, 비상계엄의 전국확대, 국회의사당 점거·폐쇄, 보안목표에 대한 계엄군 배치, 광주시위진압, 국가보위비상대책위원회의 설치·운영, 정치활동 규제 등 일련의 행위를 강압에 의하여 행한 사실을 인정한 다음, 피고인들이 행한 위와 같은 일련의 행위는 결국 강압에 의하여 헌법기관인 대통령, 국무회의, 국회의원 등의 권한을 침해하거나 배제함으로써 그 권능행사를 사실상 불가능하게 한 것이므로 국헌문란에 해당하며, 위 일련의 행위에 이르게 된 동기, 그 경위 및 결과 등을 종합하여 볼 때, 피고인들이 1980. 5. 17.을 전후한 이 사건 범행 당시에 국헌문란의 목적을 가지고 있었다고 보아야 한다고 판단하였다.

【요 지】

(1) 군사반란과 내란을 통하여 정권을 장악한 경우의 가벌성 여부(적극): [다수의견] 우리나라는 제헌헌법의 제정을 통하여 국민주권주의, 자유민주주의, 국민의 기본권보장, 법치주의 등을 국가의 근본이념 및 기본원리로 하는 헌법질서를 수립한 이래 여러 차례에 걸친 헌법개정이 있었으나, 지금까지 한결같이 위 헌법질서를 그대로 유지하여 오고 있는 터이므로, 군사반란과 내란을 통하여 폭력으로 헌법에 의하여 설치된 국가기관의 권능행사를 사실상 불가능하게 하고 정권을 장악한 후 국민투표를 거쳐 헌법을 개정하고 개정된 헌법에 따라 국가를 통치하여 왔다고 하더라도 그 군사반란과 내란을 통하여 새로운 법질서를 수립한 것이라고 할 수는 없으며, 우리나라의 헌법질서 아래에서는 헌법에 정한 민주적 절차에 의하지 아니하고 폭력에 의하여 헌법기관의 권능행사를 불가능하게 하거나 정권을 장악하는 행위는 어떠한 경우에도 용인될 수 없다. 따라서 그 군사반란과 내란행위는 처벌의 대상이 된다.

(2) 5·18민주화운동등에관한특별법 제2조가 같은 법 시행 당시 공소시효가 완성된 헌정질서파괴범죄행위에 대하여도 적용되는지 여부(적극): [다수의견] 5·18민주화운동등에관한특별법 제2조는 그 제1항에서 그 적용대상을 '1979년 12월 12일과 1980년 5월 18일을 전후하여 발생한 헌정질서파괴범죄의공소시효등에관한특례법 제2조의 헌정질서파괴범죄행위'라고 특정하고 있으므로, 그에 해당하는 범죄는 5·18민주화운동등에관한특별법의 시행 당시

이미 형사소송법 제249조에 의한 공소시효가 완성되었는지 여부에 관계없이 모두 그 적용대상이 됨이 명백하다고 할 것인데, 위 법률 조항에 대하여는 헌법재판소가 1996. 2. 16. 선고 96헌가2, 96헌마7, 13 사건에서 위 법률 조항이 헌법에 위반되지 아니한다는 합헌결정을 하였으므로, 위 법률 조항의 적용범위에 속하는 범죄에 대하여는 이를 그대로 적용할 수밖에 없다.

(3) 군형법상 반란죄의 의미 및 군의 지휘권 장악을 위하여 적법한 체포절차를 거치지 아니하고 육군참모총장을 체포한 행위가 반란에 해당하는지 여부(적극): 군형법상 반란죄는 다수의 군인이 작당하여 병기를 휴대하고 국권에 반항함으로써 성립하는 범죄이고, 여기에서 말하는 국권에는 군의 통수권 및 지휘권도 포함된다고 할 것인바, 반란 가담자들이 대통령에게 육군참모총장의 체포에 대한 재가를 요청하였다고 하더라도, 이에 대한 대통령의 재가 없이 적법한 체포절차도 밟지 아니하고 육군참모총장을 체포한 행위는 육군참모총장 개인에 대한 불법체포행위라는 의미를 넘어 대통령의 군통수권 및 육군참모총장의 군지휘권에 반항한 행위라고 할 것이며, 반란 가담자들이 작당하여 병기를 휴대하고 위와 같은 행위를 한 이상 이는 반란에 해당한다.

(4) 반란의 모의 또는 공동실행의 의사에 대한 인정 방법: 반란죄를 범한 다수인의 공동실행의 의사나 그 중 모의참여자의 모의에 대한 판시는 그 공동실행의 의사나 모의의 구체적인 일시·장소·내용 등을 상세하게 판시하여야만 하는 것은 아니고, 그 공동실행의 의사나 모의가 성립된 것이 밝혀지는 정도면 족하다.

(5) 상관의 위법한 명령에 따른 범죄행위의 위법성 조각 여부(소극): 상관의 적법한 직무상 명령에 따른 행위는 정당행위로서 형법 제20조에 의하여 그 위법성이 조각된다고 할 것이나, 상관의 위법한 명령에 따라 범죄행위를 한 경우에는 상관의 명령에 따랐다고 하여 부하가 한 범죄행위의 위법성이 조각될 수는 없다.

(6) 반란에 수반하여 행한 지휘관계엄지역수소이탈 및 불법진퇴가 반란죄에 흡수되는지 여부(적극): [다수의견] 반란의 진행과정에서 그에 수반하여 일어난 지휘관계엄지역수소이탈 및 불법진퇴는 반란 자체를 실행하는 전형적인 행위라고 인정되므로, 반란죄에 흡수되어 별죄를 구성하지 아니한다.

(7) 반란을 구성하는 개별행위에 대한 반란 가담자의 책임 범위 및 죄수: 반란죄는 다수의 군인이 작당하여 넓은 의미의 폭행·협박으로 국권에 저항하는 과정에서 상황에 따라 벌어질 수 있는 살인, 약탈, 파괴, 방화, 공무집행방해 등 각종의 범죄행위를, 반란에 가담한 자들이 개별적으로 인식 또는 용인하였는지 여부에 관계없이 하나의 반란행위로 묶어 함께 처벌하는 데에 그 특질이 있는 집단적 범죄이므로, 반란에 가담한 자는 그에게 반란에 대한 포괄적인 인식과 공동실행의 의사만 있으면 반란을 구성하는 개개의 행위인 살인, 약탈, 파괴 등에 대하여 개별적으로 지시하거나 용인한 일이 없다고 하더라도, 살인 등 반란을 구성하고 있는 행위의 전부에 대하여 반란죄의 정범으로서 책임을 진다. 한편 반란에 가담한 자 중에서 반란을 구성하고 있는 특정의 살인행위를 직접 실행하지 아니하였다고 하더라도, 그

살인행위를 개별적으로 지시하거나 용인하는 등 공동실행의 의사가 있는 자는 그 살인행위에 대하여 반란죄와는 별도로 살인죄의 책임도 져야 할 것이나, 그 살인행위에 대한 공동실행의 의사가 있다고 인정되지 아니하는 자는 그 살인행위에 대하여 반란죄의 책임 이외에 별도로 살인죄의 책임을 지울 수는 없다.

(8) 형법 제91조 제2호 소정의 '국헌문란'의 의미: 형법 제91조 제2호에 의하면 헌법에 의하여 설치된 국가기관을 강압에 의하여 전복 또는 그 권능행사를 불가능하게 하는 것을 국헌문란의 목적의 하나로 규정하고 있는데, 여기에서 '권능행사를 불가능하게 한다'고 하는 것은 그 기관을 제도적으로 영구히 폐지하는 경우만을 가리키는 것은 아니고 사실상 상당기간 기능을 제대로 할 수 없게 만드는 것을 포함한다.

(9) 헌법 수호를 위하여 시위하는 국민의 결집이 국헌문란의 강압 대상인 '헌법에 의하여 설치된 국가기관'에 해당하는지 여부(소극) 및 형법 제91조가 예시적 규정인지 여부(소극): 헌법상 아무런 명문의 규정이 없음에도 불구하고, 국민이 헌법의 수호자로서의 지위를 가진다는 것만으로 헌법수호를 목적으로 집단을 이룬 시위국민들을 가리켜 형법 제91조 제2호에서 규정하고 있는 '헌법에 의하여 설치된 국가기관'에 해당하는 것이라고 말하기는 어렵고, 형법 제91조가 국헌문란의 대표적인 행태를 예시하고 있는 규정이라고 볼 수도 없다.

(10) 5·18민주화운동에 대한 폭동적 시위진압행위가 국헌문란에 해당하는지 여부(적극): 5·18내란 행위자들이 1980. 5. 17. 24:00를 기하여 비상계엄을 전국으로 확대하는 등 헌법기관인 대통령, 국무위원들에 대하여 강압을 가하고 있는 상태에서, 이에 항의하기 위하여 일어난 광주시민들의 시위는 국헌을 문란하게 하는 내란행위가 아니라 헌정질서를 수호하기 위한 정당한 행위였음에도 불구하고 이를 난폭하게 진압함으로써, 대통령과 국무위원들에 대하여 보다 강한 위협을 가하여 그들을 외포하게 하였다면, 그 시위진압행위는 내란행위자들이 헌법기관인 대통령과 국무위원들을 강압하여 그 권능행사를 불가능하게 한 것으로 보아야 하므로 국헌문란에 해당한다.

(11) 내란죄의 구성요건인 '국헌문란의 목적'이 있었는지 여부의 판단 기준: 국헌문란의 목적을 가지고 있었는지 여부는 외부적으로 드러난 행위와 그 행위에 이르게 된 경위 및 그 행위의 결과 등을 종합하여 판단하여야 한다.

(12) 내란죄의 구성요건인 '폭동'의 의미와 정도 및 내란행위자들에 의하여 이루어진 비상계엄 전국확대조치의 폭동성 여부(적극): 내란죄의 구성요건인 폭동의 내용으로서의 폭행 또는 협박은 일체의 유형력의 행사나 외포심을 생기게 하는 해악의 고지를 의미하는 최광의의 폭행·협박을 말하는 것으로서, 이를 준비하거나 보조하는 행위를 전체적으로 파악한 개념이며, 그 정도가 한 지방의 평온을 해할 정도의 위력이 있음을 요한다. 그런데 1980. 5. 17. 당시 시행되고 있던 계엄법 등 관계 법령에 의하면, '비상계엄의 전국확대'는 필연적으로 국민의 기본권을 제약하게 되므로, 비상계엄의 전국확대 그 사실 자체만으로도 국민에게 기본권이 제약될 수 있다는 위협을 주는 측면이 있고, 민간인인 국방부장관은 지역계엄실시와 관련하여 계엄사령관에 대하여 가지고 있던 지휘감독권을 잃게 되므로, 군부를 대표하는

계엄사령관의 권한이 더욱 강화됨은 물론 국방부장관이 계엄업무로부터 배제됨으로 말미암아 계엄업무와 일반국정을 조정 통할하는 국무총리의 권한과 이에 대한 국무회의의 심의권마저도 배제됨으로써, 헌법기관인 국무총리와 국무위원들이 받는 강압의 효과와 그에 부수하여 다른 국가기관의 구성원이 받는 강압의 정도가 증대된다고 할 것이며, 따라서 비상계엄의 전국확대조치의 그와 같은 강압적 효과가 법령과 제도 때문에 일어나는 당연한 결과라고 하더라도, 이러한 법령이나 제도가 가지고 있는 위협적인 효과가 국헌문란의 목적을 가진 자에 의하여 그 목적을 달성하기 위한 수단으로 이용되는 경우에는 비상계엄의 전국확대조치가 내란죄의 구성요건인 폭동의 내용으로서의 협박행위가 되므로 이는 내란죄의 폭동에 해당하고, 또한 그 당시 그와 같은 비상계엄의 전국확대는 우리나라 전국의 평온을 해하는 정도에 이르렀음을 인정할 수 있다.

(13) 간접정범의 방법에 의한 내란죄의 인정 여부(적극): 범죄는 '어느 행위로 인하여 처벌되지 아니하는 자'를 이용하여서도 이를 실행할 수 있으므로, 내란죄의 경우에도 '국헌문란의 목적'을 가진 자가 그러한 목적이 없는 자를 이용하여 이를 실행할 수 있다.

(14) 비상계엄의 선포나 확대행위가 사법심사의 대상이 되는지 여부(한정 적극): 대통령의 비상계엄의 선포나 확대 행위는 고도의 정치적·군사적 성격을 지니고 있는 행위라 할 것이므로, 그것이 누구에게도 일견하여 헌법이나 법률에 위반되는 것으로서 명백하게 인정될 수 있는 등 특별한 사정이 있는 경우라면 몰라도, 그러하지 아니한 이상 그 계엄선포의 요건 구비 여부나 선포의 당·부당을 판단할 권한이 사법부에는 없다고 할 것이나, 비상계엄의 선포나 확대가 국헌문란의 목적을 달성하기 위하여 행하여진 경우에는 법원은 그 자체가 범죄행위에 해당하는지의 여부에 관하여 심사할 수 있다.

(15) 내란을 구성하는 개별행위에 대한 내란 가담자의 책임 범위 및 죄수: 내란 가담자들이 하나의 내란을 구성하는 일련의 폭동행위 전부에 대하여 이를 모의하거나 관여한 바가 없다고 하더라도, 내란집단의 구성원으로서 전체로서의 내란에 포함되는 개개 행위에 대하여 부분적으로라도 그 모의에 참여하거나 기타의 방법으로 기여하였음이 인정된다면, 그 일련의 폭동행위 전부에 대하여 내란죄의 책임을 면할 수 없고, 한편 내란죄는 그 구성요건의 의미 내용 그 자체가 목적에 의하여 결합된 다수의 폭동을 예상하고 있는 범죄라고 할 것이므로, 내란행위자들에 의하여 애초에 계획된 국헌문란의 목적을 위하여 행하여진 일련의 폭동행위는 단일한 내란죄의 구성요건을 충족하는 것으로서 이른바 단순일죄로 보아야 한다.

(16) 내란죄와 내란목적살인죄의 관계: 내란목적살인죄는 국헌을 문란할 목적을 가지고 직접적인 수단으로 사람을 살해함으로써 성립하는 범죄라 할 것이므로, 국헌문란의 목적을 달성함에 있어 내란죄가 '폭동'을 그 수단으로 함에 비하여 내란목적살인죄는 '살인'을 그 수단으로 하는 점에서 두 죄는 엄격히 구별된다. 따라서 내란의 실행과정에서 폭동행위에 수반하여 개별적으로 발생한 살인행위는 내란행위의 한 구성요소를 이루는 것이므로 내란행위에 흡수되어 내란목적살인의 별죄를 구성하지 아니하나, 특정인 또는 일정한 범위 내의 한정된 집단에 대한 살해가 내란의 와중에 폭동에 수반하여 일어난 것이 아니라 그것 자체가 의도적으로 실행된 경우에는 이러한 살인행위는 내란에 흡수될 수 없고 내란목적살인의

별죄를 구성한다.

(17) 내란죄의 기수시기 및 내란죄가 상태범인지 여부(적극): 내란죄는 국토를 참절하거나 국헌을 문란할 목적으로 폭동한 행위로서, 다수인이 결합하여 위와 같은 목적으로 한 지방의 평온을 해할 정도의 폭행·협박행위를 하면 기수가 되고, 그 목적의 달성 여부는 이와 무관한 것으로 해석되므로, 다수인이 한 지방의 평온을 해할 정도의 폭동을 하였을 때 이미 내란의 구성요건은 완전히 충족된다고 할 것이어서 상태범으로 봄이 상당하다.

(18) 5·18내란행위의 종료 시점(1981. 1. 24.): 5·18내란 과정으로서의 비상계엄의 전국확대는 일종의 협박행위로서 내란죄의 구성요건인 폭동에 해당하므로, 그 비상계엄 자체가 해제되지 아니하는 한 전국계엄에서 지역계엄으로 변경되었다 하더라도 그 최초의 협박이 계속되고 있는 것이어서 그 비상계엄의 전국확대로 인한 폭동행위는 이를 해제할 때까지 간단없이 계속되었다 할 것이고, 이와 같은 폭동행위가 간단없이 계속되는 가운데 그 비상계엄의 전국확대를 전후하여 그 비상계엄의 해제시까지 사이에 밀접하게 행하여진 이른바 예비검속에서부터 정치활동 규제조치에 이르는 일련의 폭동행위들은 위와 같은 비상계엄의 전국확대로 인한 폭동행위를 유지 또는 강화하기 위하여 취하여진 조치들로서 위 비상계엄의 전국확대로 인한 폭동행위와 함께 단일한 내란행위를 이룬다고 봄이 상당하므로, 위 비상계엄의 전국확대를 포함한 일련의 내란행위는 위 비상계엄이 해제된 1981. 1. 24.에 비로소 종료되었다고 보아야 한다.

(19) 5·18내란 과정에서 대통령의 재가, 승인 또는 묵인 하에 이루어진 병력의 배치·이동이 반란죄에 해당하는지 여부(소극): [다수의견] 군형법상 반란죄는 군인이 작당하여 병기를 휴대하고 군 지휘계통이나 국가기관에 반항하는 경우에 성립하는 범죄이고, 군 지휘계통에 대한 반란은 위로는 군의 최고통수권자인 대통령으로부터 최말단의 군인에 이르기까지 일사불란하게 연결되어 기능하여야 하는 군의 지휘통수계통에서 군의 일부가 이탈하여 지휘통수권에 반항하는 것을 그 본질로 하고 있다 할 것이므로, 5·18내란 과정에서 군의 최고통수권자인 대통령의 재가나 승인 혹은 묵인 하에 내란행위자들에 의하여 이루어진 병력의 배치·이동은 군형법상의 반란죄에 해당하지 아니한다.

(20) 제3자 뇌물수수의 경우 그 제3자로부터 뇌물을 건네받지 않은 공무원으로부터 뇌물의 가액을 추징할 수 있는지 여부(소극): 형법 제134조에 의하면, 범인 또는 정을 아는 제3자가 받은 뇌물은 필요적으로 몰수·추징하도록 되어 있는바, 그 규정취지가 범인 또는 정을 아는 제3자로 하여금 불법한 이득을 보유시키지 아니하려는 데에 있는 점에 비추어 볼 때, 범인이라 하더라도 불법한 이득을 보유하지 아니한 자라면 그로부터 뇌물을 몰수·추징할 수 없으므로, 제3자 뇌물수수의 경우에는 범인인 공무원이 제3자로부터 그 뇌물을 건네받아 보유한 때를 제외하고는 그 공무원으로부터 뇌물의 가액을 추징할 수 없다.

【이 유】

(1) 국헌문란의 목적: 비상계엄의 전국확대와 국가보위비상대책위원회의 설치가 국헌문란

에 해당하지 아니한다는 주장에 대하여 원심은, 형법 제91조 제2호에 의하면 헌법에 의하여 설치된 국가기관을 강압에 의하여 전복 또는 그 권능행사를 불가능하게 하는 것을 국헌문란의 목적의 하나로 규정하고 있는데, 여기에서 '권능행사를 불가능하게 한다'고 하는 것은 그 기관을 제도적으로 영구히 폐지하는 경우만을 가리키는 것은 아니고 사실상 상당기간 기능을 제대로 할 수 없게 만드는 것을 포함한다고 해석하여야 한다고 전제하고는, 그 내세운 증거에 의하여, 피고인들이 이른바 12·12군사반란으로 군의 지휘권과 국가의 정보기관을 실질적으로 완전히 장악한 뒤, 정권을 탈취하기 위하여 1980. 5. 초순경부터 비상계엄의 전국확대, 비상대책기구설치 등을 골자로 하는 이른바 '시국수습방안' 등을 마련하고, 그 계획에 따라 같은 달 17. 비상계엄을 전국적으로 확대하는 것이 전군지휘관회의에서 결의된 군부의 의견인 것을 내세워 그와 같은 조치를 취하도록 대통령과 국무총리를 강압하고 병기를 휴대한 병력으로 국무회의장을 포위하고 외부와의 연락을 차단하여 국무위원들을 강압 외포시키는 등의 폭력적 불법수단을 동원하여 비상계엄의 전국확대를 의결·선포하게 함으로써, 국방부장관의 육군참모총장 겸 계엄사령관에 대한 지휘감독권을 배제하였으며, 그 결과로 비상계엄 하에서 국가행정을 조정하는 일과 같은 중요국정에 관한 국무총리의 통할권 그리고 국무회의의 심의권을 배제시킨 사실, 같은 달 27. 그 당시 시행되고 있던 계엄법(1981. 4. 17. 법률 제3442호로 전문 개정되기 전의 것, 이하 같다) 제9조, 제11조, 제12조 및 정부조직법(1981. 4. 8. 법률 제3422호로 개정되기 전의 것) 제5조에 근거하여 국가보위비상대책위원회 및 그 산하의 상임위원회를 설치하고, 그 상임위원장에 피고인 전두환이 취임하여 공직자 숙정, 언론인 해직, 언론 통폐합 등 중요한 국정시책을 결정하고 이를 대통령과 내각에 통보하여 시행하도록 함으로써, 국가보위비상대책상임위원회가 사실상 국무회의 내지 행정 각 부를 통제하거나 그 기능을 대신하여 헌법기관인 행정 각 부와 대통령을 무력화시킨 사실 등을 인정한 다음, 피고인들이 비상계엄을 전국으로 확대하게 하여 비상계엄 하에서 국가행정을 조정하는 일과 같은 중요국정에 관한 국무총리의 통할권과 이에 대한 국무회의의 심의권을 배제시킨 것은 헌법기관인 국무총리와 국무회의의 권능행사를 강압에 의하여 사실상 불가능하게 한 것이므로 국헌문란에 해당하며, 국가보위비상대책위원회를 설치하여 헌법기관인 행정 각 부와 대통령을 무력화시킨 것은 행정에 관한 대통령과 국무회의의 권능행사를 강압에 의하여 사실상 불가능하게 한 것이므로 역시 국헌문란에 해당한다고 판단하였다. 구 계엄법과 구 정부조직법 등 관계 법령의 각 규정과 기록에 비추어 볼 때, 원심의 위와 같은 사실인정 및 판단은 정당하고, 거기에 상고이유로 지적하는 바와 같은 채증법칙 위반으로 인한 사실오인, 심리미진, 법리오해 등의 위법이 있다고 할 수 없다.

(2) **내란목적살인**: 원심은 그 내세운 증거를 종합하여, 광주재진입작전(이른바 '상무충정작전') 계획은 1980. 5. 21.경부터 육군본부에서 여러 번 논의를 거친 후 최종적으로 피고인 이희성이 같은 달 25. 오전에 김재명 작전참모부장에게 지시하여 육본작전지침으로 이를 완성하여, 같은 날 12:15 국방부 내 육군회관에서 피고인 전두환, 황영시, 이희성, 주영복 등이 참석한 가운데 같은 달 27. 00:01 이후 이를 실시하기로 결정하였는데, 피고인 황영시는 같은 달 25. 오후 김재명 작전참모부장과 함께 광주에 내려가 전투병과교육사령부 사령관 육군소장 소준열에게 이를 직접 전달하는 한편, 위와 같이 광주재진입작전이 논의되던 중인 같은 해 5. 23. 12:30경 김기석 전교사 부사령관에게 무장 헬기 및 전차를 동원하여 시위대를 조속히 진압할 것을 지시하였고, 피고인 정호용은 광주에 투입된 공수여단의 모체

부대장으로서 공수여단에 대한 행정, 군수지원 등의 지원을 하는 한편, 소준열 전교사령관에게 공수여단의 특성이나 부대훈련상황을 알려 주거나 재진입작전에 필요한 가발, 수류탄과 항공사진 등의 장비를 준비하여 예하부대원을 격려하는 등 광주재진입작전의 성공을 위하여 측면에서 지원하였으며, 위 작전지침에 따라 전교사령관 소준열이 공수여단별로 특공조를 편성하여 전남도청 등 목표지점을 점령하여 20사단에 인계하기로 결정하는 등 구체적인 작전계획과 작전준비를 하였고, 이에 따라 공수여단 특공조가 같은 달 26. 23:00경부터 침투작전을 실시하여 광주재진입작전을 개시한 이래 같은 달 27. 06:20까지 사이에 전남도청, 광주공원, 여자기독교청년회(YWCA) 건물 등을 점령하는 과정에서 그 특공조 부대원들이 총격을 가하여 이정연 등 18명을 각 사망하게 한 사실을 인정한 다음, 광주재진입작전을 실시하여 전남도청 등을 다시 장악하려면 위와 같이 무장을 하고 있는 시위대를 제압하여야 하며, 그 과정에서 이에 저항하는 시위대와의 교전이 불가피하여 필연적으로 사상자가 생기게 되므로, 피고인 전두환 및 위 피고인들이 이러한 사정을 알면서 재진입작전의 실시를 강행하기로 하고 이를 명령한 데에는 그와 같은 살상행위를 지시 내지 용인하는 의사가 있었음이 분명하고, 재진입작전명령은 위에서 본 바와 같은 시위대의 무장상태 그리고 그 작전의 목표에 비추어 볼 때 시위대에 대한 사격을 전제하지 아니하고는 수행할 수 없는 성질의 것이므로, 그 실시명령에는 그 작전의 범위 내에서는 사람을 살해하여도 좋다는 발포명령이 들어 있었음이 분명하며, 당시 위 피고인들이 처하여 있는 상황은 광주시위를 조속히 제압하여 시위가 다른 곳으로 확산되는 것을 막지 아니하면 내란의 목적을 달성할 수 없는, 바꾸어 말하면 집권에 성공할 수 없는, 중요한 상황이었으므로, 광주재진입작전을 실시하는 데에 저항 내지 장애가 되는 범위의 사람들을 살상하는 것은 내란의 목적을 달성하기 위하여 직접 필요한 수단이었다고 할 것이어서, 위 피고인들은 피고인 전두환과 공동하여 내란목적살인의 책임을 져야 한다고 판단하였다. 기록에 비추어 살펴보면, 원심의 위와 같은 사실인정 및 판단은 정당하고, 거기에 상고이유로 지적하는 바와 같은 채증법칙 위반이나 심리미진 또는 내란모의에 관한 법리오해 등의 위법이 있다고 할 수 없다.

(3) 반란의 점에 대하여: 원심은 피고인 전두환, 노태우, 황영시, 차규헌, 허화평, 허삼수, 이학봉, 이희성, 주영복, 정호용에 대한 이 사건 반란의 공소사실 중, 위 피고인들이 공모하여, 1980. 5. 17. 비상계엄의 전국확대를 전후하여 무장한 계엄군을 동원하여 학생, 정치인, 재야인사 등을 체포하고, 1980. 5. 17. 저녁 무렵부터 5. 18. 새벽까지 전국의 주요 보안목표에 무장한 계엄군을 배치하고, 1980. 5. 18. 07:20경 피고인 노태우가 김영삼 당시 신민당총재의 가택에 소총 등을 휴대한 수경사의 헌병들을 배치하여 포위, 봉쇄하고, 광주에서의 시위를 진압하기 위하여 5. 18.경부터 무장한 계엄군을 투입·증파하여 시위를 진압하고 광주시 외곽을 봉쇄한 후 광주재진입작전을 실시하여 도청 등을 점령한 사실에 대하여는, 당시 대통령으로부터 육군참모총장에 이르는, 또는 대통령으로부터 국방부장관을 거쳐 육군참모총장에 이르는 군의 지휘통수계통을 따라 사전에 결재과정을 거쳐 작성된 명령에 의하여 혹은 사전 사후에 구두로 보고하여 승인을 받은 조치에 의하여 이루어진 것이므로, 위 각 행위는 대통령의 군통수권 또는 국방부장관이나 육군참모총장 등의 지휘권에 반항하는 행위였다고 볼 수는 없다는 이유로 위 피고인들에 대한 위 반란의 점은 무죄라고 판단하였다. 군형법상 반란죄는 군인이 작당하여 병기를 휴대하고 군 지휘계통이나 국가기관에 반항하는 경우에 성립하는 범죄이고, 군 지휘계통에 대한 반란은 위로는 군의 최고통

수권자인 대통령으로부터 최말단의 군인에 이르기까지 일사불란하게 연결되어 기능하여야 하는 군의 지휘통수계통에서 군의 일부가 이탈하여 지휘통수권에 반항하는 것을 그 본질로 하고 있다 할 것인데, 기록에 의하면, 위에서 본 행위들은 모두 당시 군의 최고통수권자인 대통령의 재가나 승인 혹은 묵인 하에 이루어졌음을 알 수 있다. 사정이 이와 같다면, 상고 이유에서 주장하는 바와 같이 군의 지휘계통인 국방부장관인 피고인 주영복과 육군참모총장 겸 계엄사령관인 피고인 이희성이 이 사건 내란과 반란에 참여하였다 하더라도, 위 피고인들의 위 각 행위는 반란에 해당하지 아니한다고 봄이 타당하다고 할 것이다.

【해 설】

(1) **내란죄**(內亂罪)란 국토참절 또는 국헌문란의 목적으로 폭동하거나 사람을 살해하는 죄이다. 이 때 국토참절이란 대한민국의 영토고권이 미치는 영역의 전부 또는 일부에 대해 영토고권을 배제하는 것을 말하며, 대한민국의 통일성을 배제하거나 영토를 분리하는 것도 이에 포함된다. 내란죄는 외국과 협력하지 않고 국가내부에서 국가의 존립과 안전을 침해하고 위태롭게 한다는 점에서 외환죄와 구별된다. 내란죄는 다수인이 참여하여 한 지방의 평온을 해할 정도의 폭동을 해야 성립하는 필요적 공범 중 집합범이다. 내란죄는 외환죄와 함께 반윤리도덕적 범죄의 성격보다는 정치범죄로서의 성격을 갖고 있다. 이러한 정치범죄를 규율하는 법규를 정치형법이라고 한다. 정치형법이라는 용어는 여러 가지 의미를 포함하고 있다. 즉 실패한 혁명이나 쿠데타는 내란죄가 되지만, 성공한 혁명이나 쿠데타는 내란죄로 처벌되지 않으므로 형법의 적용이 정치적 상황에 따라 달라진다는 의미를 내포하고 있다. 나아가 형법이 정치의 수단으로 악용되기 쉽다는 부정적 의미도 갖고 있다. 역사상 상당수의 정치범죄에 대한 처벌이 피고인들의 반사회성이나 반국가성 때문이 아니라 정쟁에서의 패배 때문이었다는 의미이다. 이러한 형태의 정치형법은 엄벌주의를 취하고, 그 적용과정에서 법원칙을 무시하는 경향을 띠게 됨으로써 인권침해의 가능성이 크다. 과거 우리나라에서도 정치형법은 주로 반정권투쟁을 하던 사람들에게 적용된 경우가 많았다.

(2) **외환죄**(外患罪)란 외국 또는 적국과 협조하거나 외국 또는 적국의 이익을 위한 행위를 함으로써 대한민국의 존립과 안전을 침해하고 위태롭게 하는 죄이다. 외국 또는 적국과 협조하거나 외국 또는 적국의 이익을 위한 행위를 요한다는 점에서 내란죄와 구별되지만, 정치범죄로서의 성격을 갖는다는 공통점이 있다. 외환죄는 외국, 적국과 관련된 범죄로부터 국가의 존립과 안전을 보호하려는 것이므로 그 보호법익은 국가의 외적 존립과 안전이다. 내란죄가 국가의 내적 존립과 안전이라는 점과 구별된다고 할 수 있지만, 별다른 실익이 없는 구별이다. 외환죄에 대한 규정은 동맹국에 대한 행위에 적용하므로 외국인이 외국에서 동맹국에 대하여 행한 행위에도 적용한다. 이처럼 외국인이 외국에서 외국에 대해 행한 죄도 처벌하지만, 이는 세계주의를 규정한 것이라고 말할 수는 없고, 동맹국에 대한 행위를 대한민국에 대한 행위로 간주하는 것이므로 보호주의를 규정한 것이라고 할 수 있다. 외환죄는 국민의 국가에 대한 충성의무를 본질로 한다는 견해와 외국인이 외국에 대해 행한 범죄도 처벌한다는 점에서 국민의 국가에 대한 충성의무를 본질로 하지 않는다는 견해가 대립한다. 국민의 국가에 대한 충성의무라는 개념은 전체주의적 사고의 산물로서 시대착오적인

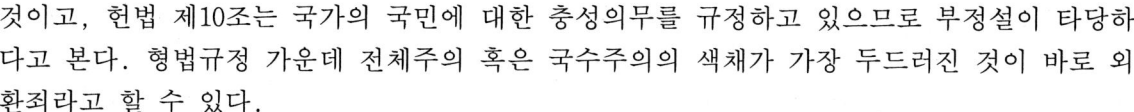

것이고, 헌법 제10조는 국가의 국민에 대한 충성의무를 규정하고 있으므로 부정설이 타당하다고 본다. 형법규정 가운데 전체주의 혹은 국수주의의 색채가 가장 두드러진 것이 바로 외환죄라고 할 수 있다.

※ 형법
[일부개정 2020. 12. 8. 법률 제17571호, 시행 2021. 12. 9.]

제87조(내란) 대한민국 영토의 전부 또는 일부에서 국가권력을 배제하거나 국헌을 문란하게 할 목적으로 폭동을 일으킨 자는 다음 각 호의 구분에 따라 처벌한다. 1. 우두머리는 사형, 무기징역 또는 무기금고에 처한다. 2. 모의에 참여하거나 지휘하거나 그 밖의 중요한 임무에 종사한 자는 사형, 무기 또는 5년 이상의 징역이나 금고에 처한다. 살상, 파괴 또는 약탈 행위를 실행한 자도 같다. 3. 부화수행하거나 단순히 폭동에만 관여한 자는 5년 이하의 징역이나 금고에 처한다.

제88조(내란목적의 살인) 대한민국 영토의 전부 또는 일부에서 국가권력을 배제하거나 국헌을 문란하게 할 목적으로 사람을 살해한 자는 사형, 무기징역 또는 무기금고에 처한다.

제89조(미수범) 전2조의 미수범은 처벌한다.

제90조(예비, 음모, 선동, 선전) ① 제87조 또는 제88조의 죄를 범할 목적으로 예비 또는 음모한 자는 3년 이상의 유기징역이나 유기금고에 처한다. 단, 그 목적한 죄의 실행에 이르기 전에 자수한 때에는 그 형을 감경 또는 면제한다. ② 제87조 또는 제88조의 죄를 범할 것을 선동 또는 선전한 자도 전항의 형과 같다.

제91조(국헌문란의 정의) 본장에서 국헌을 문란할 목적이라 함은 다음 각호의 1에 해당함을 말한다. 1. 헌법 또는 법률에 정한 절차에 의하지 아니하고 헌법 또는 법률의 기능을 소멸시키는 것 2. 헌법에 의하여 설치된 국가기관을 강압에 의하여 전복 또는 그 권능행사를 불가능하게 하는 것

제92조(외환유치) 외국과 통모하여 대한민국에 대하여 전단을 열게 하거나 외국인과 통모하여 대한민국에 항적한 자는 사형 또는 무기징역에 처한다.

제93조(여적) 적국과 합세하여 대한민국에 항적한 자는 사형에 처한다.

제94조(모병이적) ① 적국을 위하여 모병한 자는 사형 또는 무기징역에 처한다. ② 전항의 모병에 응한 자는 무기 또는 5년 이상의 징역에 처한다.

제95조(시설제공이적) ① 군대, 요새, 진영 또는 군용에 공하는 선박이나 항공기 기타 장소, 설비 또는 건조물을 적국에 제공한 자는 사형 또는 무기징역에 처한다. ② 병기 또는 탄약 기타 군용에 공하는 물건을 적국에 제공한 자도 전항의 형과 같다.

제96조(시설파괴이적) 적국을 위하여 전조에 기재한 군용시설 기타 물건을 파괴하거나 사용할 수 없게 한 자는 사형 또는 무기징역에 처한다.

제97조(물건제공이적) 군용에 공하지 아니하는 병기, 탄약 또는 전투용에 공할 수 있는 물건을 적국에 제공한 자는 무기 또는 5년 이상의 징역에 처한다.

제98조(간첩) ① 적국을 위하여 간첩하거나 적국의 간첩을 방조한 자는 사형, 무기 또는 7년 이상의 징역에 처한다. ② 군사상의 기밀을 적국에 누설한 자도 전항의 형과 같다.

제99조(일반이적) 전7조에 기재한 이외에 대한민국의 군사상 이익을 해하거나 적국에 군사상 이익을 공여한 자는 무기 또는 3년 이상의 징역에 처한다.

제100조(미수범) 전8조의 미수범은 처벌한다.
제101조(예비, 음모, 선동, 선전) ① 제92조 내지 제99조의 죄를 범할 목적으로 예비 또는 음모한 자는 2년 이상의 유기징역에 처한다. 단 그 목적한 죄의 실행에 이르기 전에 자수한 때에는 그 형을 감경 또는 면제한다. ② 제92조 내지 제99조의 죄를 선동 또는 선전한 자도 전항의 형과 같다.
제102조(준적국) 제93조 내지 전조의 죄에 있어서는 대한민국에 적대하는 외국 또는 외국인의 단체는 적국으로 간주한다.
제103조(전시군수계약불이행) ① 전쟁 또는 사변에 있어서 정당한 이유없이 정부에 대한 군수품 또는 군용공작물에 관한 계약을 이행하지 아니한 자는 10년 이하의 징역에 처한다. ② 전항의 계약이행을 방해한 자도 전항의 형과 같다.
제104조(동맹국) 본장의 규정은 동맹국에 대한 행위에 적용한다.

※ 군형법
[타법개정 2016. 5. 29. 법률 제14183호, 시행 2016. 11. 30.]

제5조(반란) 작당하여 병기를 휴대하고 반란을 일으킨 사람은 다음 각 호의 구분에 따라 처벌한다. 1. 수괴: 사형 2. 반란 모의에 참여하거나 반란을 지휘하거나 그 밖에 반란에서 중요한 임무에 종사한 사람과 반란 시 살상, 파괴 또는 약탈 행위를 한 사람: 사형, 무기 또는 7년 이상의 징역이나 금고 3. 반란에 부화뇌동하거나 단순히 폭동에만 관여한 사람: 7년 이하의 징역이나 금고
제6조(반란 목적의 군용물 탈취) 반란을 목적으로 작당하여 병기, 탄약 또는 그 밖에 군용에 공하는 물건을 탈취한 사람은 제5조의 예에 따라 처벌한다.
제7조(미수범) 제5조와 제6조의 미수범은 처벌한다.
제8조(예비, 음모, 선동, 선전) ① 제5조 또는 제6조의 죄를 범할 목적으로 예비 또는 음모를 한 사람은 5년 이상의 유기징역이나 유기금고에 처한다. 다만, 그 목적한 죄의 실행에 이르기 전에 자수한 경우에는 그 형을 감경하거나 면제한다. ② 제5조 또는 제6조의 죄를 범할 것을 선동하거나 선전한 사람도 제1항의 형에 처한다.
제9조(반란 불보고) ① 반란을 알고도 이를 상관 또는 그 밖의 관계관에게 지체 없이 보고하지 아니한 사람은 2년 이하의 징역이나 금고에 처한다. ② 제1항의 경우에 적을 이롭게 할 목적으로 보고하지 아니한 사람은 7년 이하의 징역이나 금고에 처한다.
제10조(동맹국에 대한 행위) 이 장의 규정은 대한민국의 동맹국에 대한 행위에도 적용한다.
제11조(군대 및 군용시설 제공) ① 군대 요새, 진영 또는 군용에 공하는 함선이나 항공기 또는 그 밖의 장소, 설비 또는 건조물을 적에게 제공한 사람은 사형에 처한다. ② 병기, 탄약 또는 그 밖에 군용에 공하는 물건을 적에게 제공한 사람도 제1항의 형에 처한다.
제12조(군용시설 등 파괴) 적을 위하여 제11조에 규정된 군용시설 또는 그 밖의 물건을 파괴하거나 사용할 수 없게 한 사람은 사형에 처한다.
제13조(간첩) ① 적을 위하여 간첩행위를 한 사람은 사형에 처하고, 적의 간첩을 방조한 사람은 사형 또는 무기징역에 처한다. ② 군사상 기밀을 적에게 누설한 사람도 제1항의 형에 처한다. ③ 다음 각 호의 어느 하나에 해당하는 지역 또는 기관에서 제1항 및 제2항의 죄를 범한 사람도 제1항의 형에 처한다. 1. 부대·기지·군항지역 또는 그 밖에 군사시설

보호를 위한 법령에 따라 고시되거나 공고된 지역 2. 부대이동지역·부대훈련지역·대간첩 작전지역 또는 그 밖에 군이 특수작전을 수행하는 지역 3. 「방위사업법」에 따라 지정되거나 위촉된 방위산업체와 연구기관

(3) **저항권**이라 함은 입헌주의적 헌법질서를 침해·배제하려는 개인이나 기관에 대하여 다른 법적 구제방법이 더 이상 없는 경우에 주권자로서의 국민이 그 헌법적 질서 특히 법치국가적 질서를 유지하고 회복하기 위한 최후의 비상수단으로서 그 개인이나 기관에게 저항할 수 있는 권리를 말한다. 저항권이 인정되는 경우에도 잘못하면 남용되기 쉽고 이를 빙자하여 혁명권을 행사할 가능성이 있기 때문에 엄격한 요건 하에서 행사되어야 한다.

저항권의 행사요건을 살펴보면 다음과 같다. ① 저항권의 행사는 공권력에 대한 실력에 의한 저항이기 때문에 개별헌법조항이나 법률에 대한 단순한 위반이 아니라 민주적·법치국가적 기본질서나 기본권보장체계에 대한 전면적인 부인 내지 침해가 있어야 한다(**헌법침해의 중대성**). ② 이러한 침해행위가 민주적 기본질서를 침해함이 객관적으로 명백하여야 한다. 개인의 자의적인 저항권행사로 인해 사회적 혼란과 무질서를 가져올 우려가 많기 때문이다(**헌법침해의 명백성**). ③ 저항권은 헌법이나 법률에 구제방법이 없거나 구제방법이 있더라도 실효적이지 못할 때 행사할 수 있다. 즉 저항권행사는 헌법이나 법률이 규정하는 모든 구제수단에 의해서도 목적을 달성할 수 없는 경우에 최후의 수단으로 인정될 수 있는 것이다(**최후수단성·보충성**).

저항권과 구별해야 할 개념으로는 **저항권과 혁명권**(革命權)을 들 수 있다. 즉 저항권은 헌법질서의 유지·수호·회복을 위해서만 행사가 가능하고 헌법질서의 개혁을 목적으로 해서는 안 되지만, 혁명권은 자신의 정치적 주장의 실현을 위하여 법질서의 기초를 변혁시킬 것을 목적으로 행사된다. 때로는 저항권의 행사와 혁명권의 행사가 일치하는 경우(가령 프랑스혁명과 같이 저항이 발전하여 혁명으로 되는 경우)도 있고 반대되는 경우도 있다. 여기서 참고로 **혁명과 쿠데타**를 비교해보면 우선 양자는 적법절차에 의하지 아니하고 정권장악 및 헌법폐지가 이루어진다는 점에서 유사하나, 혁명은 수직적 정치권력의 교체·이동이며 돌연한 폭력적 사회변화로서 헌법제정권의 변경을 초래하는데 반해, 쿠데타는 수평적 권력층내의 정치권력의 교체·이동이며 정권담당자의 교체만이 있다는 점에서 구별된다. 또한 **저항권과 시민불복종권**도 구별된다. 즉 시민불복종권은 헌법적 질서가 부정되거나 위협받는 경우는 물론이고 단순히 정의에 반하는 내용의 개별법령(법제도)이나 정책이 시행되는 경우에도 행사할 수 있는 권리로서 원칙적으로 비폭력적 방법으로 행사할 것을 예정하고 있는데 반해, 저항권은 민주적·법치국가적 기본질서 또는 기본권보장의 체계가 근본적으로 부정되거나 위협받는 경우에만 행사할 수 있는 권리로서 폭력적 방법으로 행사될 경우도 예정하고 있다. 다시 말해서 시민불복종권은 개별법령이나 정책이 헌법의 기본질서를 전면적으로 침해하지 않더라도 단순히 정의에 반하는 경우, 개인의 양심에 반하는 경우, 정책이 타당성이 없는 경우에도 행사할 수 있으며, 저항권의 요건처럼 최후수단성 혹은 보충성을 요하지 않는다는 점에서 구별된다.

국민주권론이나 **국가계약설**과 같은 자연법사상에서 유래하는 저항권이 헌법상의 권리로 명문화된 것은 근대시민혁명 이후의 일로서 미국의 독립선언, 버지니아권리장전 및 프랑스인권선언 등에서 그 예를 찾아 볼 수 있다. 본래 영국에서는 저항권이 관습법의 발전으로 대헌장에 규정되었으며 그 사상적 기초는 로크(J. Locke)의 저항권이론이었다. 미국이나 프

랑스에 있어서의 저항권은 전국가적·초국가적 자연법상의 인권으로 관념되어 국민의 의식 속에 이어져 내려왔던 것이다. 독일의 경우는 19세기 중엽에 저항권사상이 소멸되어 버리고 오랫동안 법실증주의가 지배하다가 제2차대전 후에 서독기본법에서 부활하게 되었으며, 오늘날 독일기본법은 국가긴급권을 규정하는 헌법개정에서 저항권을 실정법화하고 있다.

우리나라에서는 저항권에 관한 명문의 규정을 두고 있지 않으며, 다만 **헌법전문**에 있어서 '**불의에 항거한 4·19 민주이념을 계승하고**' 라는 표현에서 간접적으로 그 근거를 엿볼 수 있다. 이에 대하여 학설은 긍정설과 부정설로 나뉘어져 있다. **긍정설**에 의하면 헌법전문이 저항권의 표현이라고 할 수 있는 4·19 민주이념의 계승에 대해 규정하고 있는 것은 우리 헌법이 저항권을 인정하고 있음을 의미하는 것이고, 더욱이 저항권은 본질적으로 자연법상의 권리이므로 헌법규정의 존부에 관계없이 인정된다고 주장한다. 반면에 **부정설**에 의하면 '불의에 항거한 4·19 민주이념을 계승하고' 라는 문언은 저항권을 인정하는 명문규정으로 보기 어려우며, 저항권은 본질적으로 실정법상의 권리이므로 법실증주의적 관점에서 볼 때 자연권으로서의 저항권은 인정할 수 없다고 주장한다. 우리나라에서 저항권이 헌법문제로서 논의되기 시작한 것은 4·19 혁명 직후에 이 혁명의 법적 성격을 저항권의 행사로 이론구성하면서부터 비롯되었으며, 대부분의 학자는 4·19 혁명이 이승만 독재정권의 압제와 부패에 대하여 저항권을 행사한 것으로 보고 있다.

그러나 **대법원**은 초헌법적인 저항권을 **부인**하고 있다. 가령 유신헌법 당시 **긴급조치위반사건**(**민청학련사건**)에서 피고인측이 「유신헌법 제53조에 근거하는 긴급조치 등은 국민의 천부적 인권을 침해한 것으로 유효한 조치라고 할 수 없으므로 긴급조치 등에 위반한 행위는 저항권의 행사로서 위법성이 조각된다」고 주장한 데 대하여, 대법원은 「소위 저항권에 의한 행위이므로 위법성이 조각된다고 하는 주장은 그 저항권 자체의 개념이 막연할 뿐 아니라…실존하는 헌법적 질서를 무시하고 초법규적인 권리개념으로써 현행실정법에 위배된 행위의 정당화를 주장하는 것은 이를 받아들일 수 없는 것이다」라고 판시하였다[대법원 1975. 4. 8. 74도3323 판결]. 또한 10·26사태(1979년 박정희 대통령 살해사건) 당시 이른바 **김재규사건**에서도 대법원은 「저항권이 비록 존재한다고 인정하더라도 그 저항권이 실정법에 근거를 두지 못하고 자연법에만 근거하고 있는 한, 법관은 그것을 재판규범으로 원용할 수 없다」라고 판시하였으며[대법원 1980. 5. 20. 80도306 판결], **계엄포고 위반·교사·방조사건**에 있어서도 역시 「저항권은 초실정법적인 자연법 질서 내의 권리주장으로서 그 개념 자체가 막연할 뿐 아니라 실정법을 근거로 국가사회의 법질서 위반여부를 판단하는 재판권 행사에 있어서는 적용될 수 없다」라고 판시하였다[대법원 1980. 8. 26. 80도1278 판결].

한편 [**헌법재판소 1997. 9. 25. 97헌가4 결정**]에 의하면 「저항권은 국가권력에 의하여 헌법의 기본원리에 대한 중대한 침해가 행하여지고 그 침해가 헌법의 존재 자체를 부인하는 것으로서 다른 합법적인 구제수단으로는 목적을 달성할 수 없을 때에 국민이 자기의 권리·자유를 지키기 위하여 실력으로 저항하는 권리이므로, 국회법 소정의 협의 없는 개의시간의 변경과 회의일시를 통지하지 아니한 입법과정의 하자는 저항권 행사의 대상이 되지 아니한다」라고 판시하였다.

26. 국가보안법의 적용과 위헌성

[대법원 1998. 3. 13. 95도117 판결]

기록에 의하면, 이 사건 모내기 그림은 130.3㎝×160.2㎝ 크기의 캔버스에 유화물감을 이용하여 1986. 7. 20.경 제작에 착수하였다가 개인사정으로 일단 중단한 뒤 1987. 6.경 다시 작품제작을 재개하여 같은 해 8. 10. 완성한 작품으로서, 그림의 상단 우측에 백두산을, 하단에 파도가 이는 남해바다를 그리는 등 전체적으로 보아 한반도를 묘사하고 있고 상반부와 하반부로 나누어 각각 다른 광경을 그리고 있는바, 그림 하반부는 모내기를 하는 농부가 황소를 이용하여 써래질을 하면서 소위 미·일 제국주의 등 외세를 상징하는 이.티(E.T), 람보, 양담배, 코카콜라, 매트헌터, 일본 사무라이, 일본기생, 레이건 당시 미국대통령, 나카소네 당시 일본수상, 군사파쇼정권을 상징하는 전두환 당시 대통령, 미군을 상징하는 탱크, 핵무기 등은 물론 지주 및 매판자본가 계급을 상징하는 사람들을 황소가 짓밟으면서 남해 바다 속으로 쓸어버리고 삽으로 분단을 상징하는 38선의 철조망을 걷어내는 형상을 묘사하고 있고, 그림 상반부는 상단에 잎이 무성한 나무숲에 천도복숭아가 그려져 있고 그 나무숲 좌측상단에 두 마리 비둘기가 다정하게 깃들어 있는 모습이 그려져 있으며 그 나무숲 우측 아래에 북한에서 소위 '혁명의 성산'으로 일컬어지는 백두산이 그려져 있으며 그 바로 밑 좌측 부분에는 꽃이 만발한 곳에 초가집과 호수가 그려져 있으며 그 아래 부분에 농민들이 무르익은 오곡과 풍년을 경축하며 각종 음식을 차려놓고 둘러앉거나 서서 춤을 추며 놀고 주변에는 어린이들이 포충망을 들고 행복하게 뛰어 노는 장면이 그려져 있는 사실을 알 수 있다.

【요 지】

이적표현물의 판단 기준: 표현물의 내용이 구 국가보안법의 보호법익인 국가의 존립·안전과 자유민주적 기본질서를 위협하는 적극적이고 공격적인 표현이면 표현의 자유의 한계를 벗어난 것이고 표현물에 이와 같이 이적성이 있는지 여부는 표현물의 전체적인 내용뿐만 아니라 그 제작의 동기는 물론 표현행위 자체의 태양 및 외부와의 관련사항, 표현행위 당시의 정황 등 제반 사정을 종합하여 결정하여야 한다. 본건은 반국가단체의 활동에 동조하는 내용이 담긴 모내기 그림이 이적표현물에 해당하지 않는다고 본 원심판결을 채증법칙 위배 등을 이유로 파기하고 이적표현물에 해당된다고 본 사례이다.

【이 유】

(1) 원심판결 이유에 의하면 원심은, 구 국가보안법(1991. 5. 31. 법률 제4373호로 개정되기 전의 법률, 이하 같다) 제7조 제5항의 규정은 각 그 소정행위가 국가의 존립·안전을 위태롭게 하거나 자유민주적 기본질서에 위해를 줄 명백한 위험이 있는 경우에 한해서 적용

되는 것이라 할 것인데, 첫째 그림이 표현하는 사상이나 이념이 구 국가보안법 제7조 제5항에 위반되는 이적성이 있는지 여부를 판단함에 있어서는 그 시대의 상황에 있어서 사회일반인이 갖는 건전한 상식과 보편적인 정서에 기초하여 그림을 해석하여야 할 것이고, 둘째 미술품이 실정법위반인지 여부를 판단함에 있어서는 획일적, 일의적으로 해석하지 않도록 매우 신중하고 섬세하여야 하며, 셋째 회화의 이적성 여부를 판단함에 있어서 어떤 특정부분을 전체 그림에서 분리하여 독립적으로 해석하여 그것이 이적성을 띠는 것인가 여부를 판단하여서는 아니되고 각개의 구성 부분은 주제의식을 드러내기 위해서 작품전체의 구성과 관련하여 어떠한 역할을 하는가 하는 관점에서 해석되어야 하고, 넷째 헌법 제22조 제1항에서 예술의 자유를 보장하고 있으므로 국가안전보장, 질서유지, 공공복리 등을 위하여 이를 제한하는 경우에도 필요한 최소한의 규제에 그쳐야 할 것이어서 그 제한 법규는 가능한 한 한정적으로 엄격하게 축소해석하여야 할 것이라는 해석방법을 기초로, 거시 증거에 의하여, 이 사건 모내기 그림의 하반부에 관하여는, 전체적으로 원작자가 표현하고자 하는 바대로 통일에 장애가 되는 요소로서의 외세와 저질외래문화를 배척하고 우리 사회를 민주화하여 자주적, 평화적 통일로 나가야 한다는 조국통일에의 의지 및 염원을 나타낸 것이고, 하반부의 그림 중에 탱크, 미사일 등 무기를 써래질하는 모양은 비인간적이고 평화와는 상치되는 무기의 배제를 상징적으로 나타내어 평화통일을 이루어야 함을 표현하고자 하는 것이고, 위 모내기 그림의 상반부에 관하여는 통일이 주는 기쁨과 통일 후의 평화로운 모습을 이상향으로 묘사하고 있는 사실을 인정하고, 공소사실에 부합하는 증거를 배척하여 무죄를 선고한 제1심을 그대로 유지하고 있다.

(2) 그러나 원심의 위와 같은 판단은 다음과 같은 이유로 수긍하기 어렵다. 피고인은 위 그림을 자신이 1986. 2.경 회원으로 가입하여 1987. 3.경에는 공동대표를 역임한바 있는 민족미술협의회(이하 '민미협'이라고 한다) 주최의 '통일전'에 출품하여, 통일의 저해요소인 외래저질 퇴폐문화와 미·일 외세, 군사독재정권, 지주 등 자본가 계급 등을 없애야 한다는 것을 농민 등 민중에게 알리기 위한 목적으로 제작한 것으로서, 제작한 후에 1987. 8. 중순경 실제로 민미협 주최의 제2회 통일전에 출품하였고, 그 후 1988. 10.경 민미협 발행의 1989년도 달력에 게재케 한 사실, 민미협은 민족미술운동 또는 민중미술운동을 추구하고 있는바 민중미술운동에 대하여 민족역량의 한 부분이며 민족이 처한 상황을 극복하는 힘이라고 자평하고 있으므로 민중미술은 순수미술이 아니라 이른바 민족과제에 복무하는 미술로서 민중들의 통일의지를 심어주고 민중의 민족해방의지를 구체화한 작품을 창작하는 데 그 목적을 두고 있는 사실, 위 그림의 제작 당시인 1986~1987년경에는 소위 운동권에서 주체사상이 널리 확산되면서 북한의 주장을 좇은 남한혁명이론으로서의 민족해방 민중민주주의혁명론(NLPDR)이 득세하였는데 동 이론은 남한을 미제국주의의 식민지로 보고 미국의 사주를 받은 군사독재정권과 매판자본가들이 남한의 민중을 억압, 착취하고 있으므로 남한의 노동자, 농민, 애국적 청년, 학생, 지식인 등이 연합하여 미제를 축출하고 민중의 정권 이른바 민주정부를 수립하여야 한다는 이론이었고, 아울러 통일에 관하여도 남한에서 위와 같은 민주정부를 수립한 후 북한과의 연방제 통일을 주장하는 이론이 주장되기 시작하였던 사실을 인정할 수 있는바, 위 인정 사실에 비추어 보면 그림 상반부는 북한을 그린 것으로서 통일에 저해되는 요소가 전혀 없이 전체적으로 평화롭고 풍요로운 광경으로 그림으로써 결과적으로 북한을 찬양하는 내용으로 되어 있고, 그림 하반부는 남한을 그린 것으로서 미·일 제

국주의와 독재권력, 매판자본 등 통일에 저해되는 세력들이 가득하며 농민으로 상징되는 민중 등 피지배계급이 이들을 강제로 써래질하듯이 몰아내면 38선을 삽으로 걷듯이 자연스럽게 통일이 된다는 내용을 그린 것이라 할 것이므로, 결국 이는 피지배계급이 파쇼독재정권과 매판자본가 등 지배계급을 타도하는 민중민주주의 혁명을 일으켜 연방제통일을 실현한다는 북한 공산집단의 주장과 궤를 같이하는 것으로 여겨질 뿐만 아니라, 위에서 본 제작동기, 표현행위 당시의 정황 등 제반 사정을 종합하여 보면, 위 그림은 반국가단체인 북한 공산집단의 활동에 동조하는 적극적이고 공격적인 표현물로서 구 국가보안법 제7조 제5항 소정의 이적표현물에 해당한다고 봄이 상당하다고 할 것이다.

따라서 이와 달리, 이 사건 모내기 그림의 하반부는 통일에 장애가 되는 요소로서의 외세와 저질외래문화를 배척하고 우리 사회를 민주화하여 자주적, 평화적 통일로 나가야 한다는 조국통일에의 의지 및 염원을 나타낸 것이고, 그 그림의 상반부는 통일이 주는 기쁨과 통일 후의 평화로운 모습을 이상향으로 묘사하고 있다고 인정하여, 피고인이 위 그림을 제작·반포한 행위에 대하여 무죄로 판단한 제1심을 그대로 유지한 원심에는 채증법칙을 위배하였거나 구 국가보안법상의 이적표현물에 관한 법리를 오해한 위법이 있다고 할 것이고, 이와 같은 위법은 판결에 영향을 미친 것이 명백하므로, 원심판결을 파기하고 사건을 원심법원에 환송하기로 한다.

【해 설】

(1) 국가보안법은 대한민국 정부가 수립된 지 4개월이 채 되지 않은 1948년 12월 1일 공포·시행되었다. 즉 1948년 5월 10일 남한만의 단독선거를 강행하려고 하자 각계각층에서 분노가 분출하였으며, 이 영향으로 제주도 4·3사건이 일어났고 이 사건을 진압하라는 출동명령을 받은 여수·순천지구 주둔 제14연대와 그 인근 주민들에 의해 무장봉기가 일어났다. 제헌국회가 서둘러 국가보안법을 제정하게 된 이유는 1948년 11월에 발생하였던 여수·순천사건을 계기로 하여 좌익세력의 폭동과 내란행위를 처단함으로써 신생 대한민국 정부의 기틀을 다지고 좌익세력을 제거하려는데 있었다. 당시 국회는 아직 행정부에 대한 견제나 비판 기능보다는 국가의 골격을 세움에 있어서 행정부와 보조적·협조적 기능이 강조되고 있었다. 더구나 당시 제헌의원의 출신성분과 제헌국회의 성격은 우익 보수 성향을 이루고 있어 국가보안법 제정의 필요성에 대한 공감대를 쉽게 이룰 수 있었던 것이다.

제정 국가보안법은 일제하의 **치안유지법**을 모체로 하여 이를 계승하였으며 동시에 그 후 독재 강화와 더불어 더욱 확대되어 오늘날의 국가보안법에 이르는 원형을 이룬 것이었다. 이러한 제정 국가보안법의 성격은 당시 이승만 정권이 일제 잔재를 청산하지 못한 상태에서 지니고 있던 **반공·반통일·반민중적 성격**을 확대·강화해갔음을 의미한다. 예컨대 국가보안법이 제정된 지 1년만에 11만 8621명을 투옥시키고 132개의 정당·사회단체를 강제 해산시킨 바 있다. 또한 1984년~1987년 사이에는 거의 매일 1명꼴로 국가보안법 위반으로 구속되기도 하였다. 2002년 당시 국가보안법 사범은 258명이고 유형별로는 이적단체 구성 등이 82.9%로 가장 많으며 그 다음으로 이적표현물 제작, 회합·통신, 간첩 등의 순이다.

김대중 대통령이 북한을 방문한 이후 국가보안법의 철폐 혹은 개정의 논의는 공론화되기 시작하였으며, 이른바 '국가보안법 폐지를 위한 입법추진위원회'가 활동을 하면서 국가보안법의 폐지 및 개정 여부를 둘러싸고 논의가 활발히 진행되어왔다. 동 입법추진위원회는 국가보안법에 대한 폐지법안을 마련하면서 국가보안법의 위헌성, 형법과의 중복, 남북교류협력법과의 충돌, 냉전과 분단시대의 과거사 청산을 제안이유로 제시한 바 있다. 또한 국가보안법에 대하여 "19세기의 발상으로 20세기를 호령했던 역사의 사생아이자 법의 존재의미를 부정하고 파괴하는 입법사의 돌연변이이며, 그 스스로 '악법도 법'임을 증명하는 비극적 사례"라고 규정하기도 하였다.

　　(2) 국가보안법의 문제점은 다음과 같다. ① 국가보안법은 적용과정상 수사의 첫 단계인 연행에서부터 재판이 확정된 후 복역과정의 전향 압력에 이르기까지 불법적인 공권력 행사로 점철되어 있으며 국가보안법 위반사건에 관한 한 헌법과 형사소송법 등 인권보장규범의 구속이 해제되어 있다(**적용과정에서의 불법성**). ② 국가보안법 위반사건은 일반형사사건과는 완전히 다른 특수한 취급을 받아왔으며, 극히 예외적인 경우를 제외하고는 불구속기소라는 것은 없었고 보석과 구속적부심사도 받아들여지지 않았다. 법의 집행과정에도 자의적인 성격이 매우 강하여 법규의 적용에 있어서 '귀에 걸면 귀걸이, 코에 걸면 코걸이'라는 식의 적용이 많았다(**심각한 형평성의 파괴**). ③ 국가보안법은 정치적인 정적을 제거하기 위한 광범위한 적용이었거나 정치적인 위기국면을 탈출하려는 방책 혹은 정치적 목적을 달성하기 위하여 국민의 여론을 집중시키는 도구로 사용되었다(**정치성의 개재**). ④ 적용기관의 폭력성과 긴밀한 관계가 있는 것으로 수사관에게는 인간의 존엄성이라는 커다란 명제보다 국가의 존립이나 반공이라는 가치가 훨씬 우위였다(**반인간성**). ⑤ 불법성·반인간성·자의성은 모두 국가보안법을 다루는 공권력 담당자들의 몰헌법적인 의식구조에서 비롯되었으며 그만큼 국민의 기본권은 유린되었다(**몰헌법성**). ⑥ 대공수사기관의 수사관들이 국가보안법사건의 적용대상영역에서 모두 전문가일 수는 없으며, 오히려 국가보안법의 적용이 간첩사건으로부터 정치·문학·예술 등의 영역에까지 확대되면서 이들의 무지와 비전문성은 더욱 적나라하게 드러나고 있다(**수사관들의 비전문성**). ⑦ 중요한 국가보안법 위반사건일수록 유죄판결 확정전 혹은 기소전에 수사결과가 발표되기도 하고, 때때로 이러한 사실은 허위였거나 과장되었다는 점이 밝혀지기도 한다. 더구나 이것은 형법상 규정된 '피의사실공표죄'(형법 제126조)에 해당하는 것이다(**조작과 과장**).

　　(3) 특히 **구속기간의 연장**에 관한 국가보안법 제19조에 의하면 「① 지방법원판사는 제3조 내지 제10조의 죄로서 사법경찰관이 검사에게 신청하여 검사의 청구가 있는 경우에 수사를 계속함에 상당한 이유가 있다고 인정한 때에는 형사소송법 제202조의 구속기간의 연장을 1차에 한하여 허가할 수 있다. ② 지방법원판사는 제1항의 죄로서 검사의 청구에 의하여 수사를 계속함이 상당한 이유가 있다고 인정한 때에는 형사소송법 제203조의 구속기간의 연장을 2차에 한하여 허가할 수 있다. ③ 제1항 및 제2항의 기간의 연장은 각 10일 이내로 한다」라고 규정하고 있다. 그러므로 지방법원판사는 수사를 계속함에 상당한 이유가 있다고 인정하는 때에는 각각 10일 이내의 구속기간을 규정하고 있는 형사소송법 제202조(→10일 이내 연장 가능) 및 제203조(→20일 이내 연장 가능)의 구속기간을 연장하여 최장 **50일**까지 가능하도록 명시함으로써 일반범죄의 경우 최장 **30일**(형사소송법 제202조·제203조·제205조)

까지 구속기간을 연장할 수 있는 것과 대조된다. 다만 헌법재판소는 동법 **제7조[찬양·고무 등]** 및 **제10조[불고지]**의 범죄에까지 **구속기간연장(50일)**을 인정한 것은 불필요한 장기구속을 허용하는 것이어서 헌법 제37조 제2항의 규정에 현저하게 위배된다고 판시한 바 있다[헌법재판소 1992. 4. 14. 90헌마82 결정].

구속기간	· 형사소송법 ⇒ 사법경찰관(10일)+검사(10일+연장10일)=총 30일 연장 · 국가보안법 ⇒ 사법경찰관(10일+연장10일)+검사(10일+연장10일+연장10일) 　　　　　　=총 50일 연장

※ 형사소송법
[일부개정 2021. 8. 17. 법률 제18398호, 시행 2021. 11. 18.]

제202조(사법경찰관의 구속기간) 사법경찰관이 피의자를 구속한 때에는 10일 이내에 피의자를 검사에게 인치하지 아니하면 석방하여야 한다.

제203조(검사의 구속기간) 검사가 피의자를 구속한 때 또는 사법경찰관으로부터 피의자의 인치를 받은 때에는 10일 이내에 공소를 제기하지 아니하면 석방하여야 한다.

제205조(구속기간의 연장) ① 지방법원판사는 검사의 신청에 의하여 수사를 계속함에 상당한 이유가 있다고 인정한 때에는 10일을 초과하지 아니하는 한도에서 제203조의 구속기간의 연장을 1차에 한하여 허가할 수 있다. ② 전항의 신청에는 구속기간의 연장의 필요를 인정할 수 있는 자료를 제출하여야 한다.

[대법원 2008. 4. 17. 2004도4899 판결]

(가) 대한민국 국민이 외국에 거주하다가 반국가단체의 지배하에 있는 지역으로 들어간 행위가 국가보안법 제6조 제2항의 '탈출'에 해당하는지 여부(적극): [**다수의견**] 국가보안법의 입법 취지와 같은 법 제6조 제1항, 제2항의 문언의 의미, 특히 탈출이라는 용어는 일반적으로 구속상태나 제한상황에서 벗어나는 행위 또는 빠져나가는 행위를 뜻한다는 점 등을 종합해 볼 때, 위 각 조항의 탈출이란 대한민국의 통치권 또는 지배력으로부터 벗어나는 행위를 뜻한다고 볼 것이고, 대한민국의 통치권은 대한민국의 영역은 물론 국민에 대하여도 미치는 것이므로 그러한 통치권이 실지로 미치는 지역 또는 상태에서 벗어나 통치권이 사실상 행사되기 어려운 지역 또는 상태로 이탈하는 행위는 모두 위 각 조항의 탈출에 해당할 수 있다. 따라서 국가보안법 제6조 제1항의 탈출에는, 누구라도 대한민국의 통치권이 실지로 미치는 지역을 떠나 직접 또는 외국을 거쳐 바로 반국가단체의 지배하에 있는 지역으로 들어가는 행위 외에 대한민국 국민이 외국에 거주하다가 그곳을 떠나 그에 대한 대한민국의 통치권이 사실상 행사되기 어려운 반국가단체의 지배하에 있는 지역으로 들어가는 행위도 포함되며, 제6조 제2항의 탈출에는 위 행위 외에 누구라도 대한민국의 통치권이 실지로 미치는 지역을 떠나 외국으로 나가는 행위까지 포함된다.

(나) 독일에서 거주하다가 대한민국 국적을 상실한 사람이 국적 상실을 전후하여 북한을 방문한 사안에서, 대한민국 국적을 상실하기 전의 방문행위는 국가보안법 제6조 제2항의 탈

출에 해당하지만 국적 상실 후의 방문행위는 이에 해당하지 않는다고 본 사례: 대한민국 국민이던 사람이 대한민국 국적을 상실하기 전 4회에 걸쳐 북한의 초청에 응하여 거주하고 있던 독일에서 출발하여 북한을 방문하였고, 그 후 독일 국적을 취득함에 따라 대한민국 국적을 상실한 후에도 거주지인 독일에서 출발하여 북한을 방문한 사안에서, 대한민국 국적을 상실하기 전의 방문행위는 국가보안법 제6조 제2항의 탈출에 해당하지만 대한민국 국적을 상실한 후의 방문행위는 국가보안법 제6조 제2항의 탈출 개념에 해당하지 않는다고 본 사례이다.

[대법원 2020. 1. 9. 2016도2195 판결]

(가) 국가보안법 제7조 제3항에 규정된 '이적단체'의 의미 및 판단 기준: 국가보안법 제7조 제3항에 규정된 이른바 '이적단체'는 국가보안법 제2조에서 규정하고 있는 반국가단체 등의 활동을 찬양·고무·선전 또는 이에 동조하거나 국가의 변란을 선전·선동하는 행위를 하는 것을 그 목적으로 하여 특정 다수인에 의하여 결성된 계속적이고 독자적인 결합체를 가리킨다. 이러한 이적단체를 인정할 때에는 국가보안법 제1조에서 규정하고 있는 위 법의 목적과 유추해석이나 확대해석을 금지하는 죄형법정주의의 기본정신에 비추어 그 구성요건을 엄격히 제한하여 해석하여야 한다. 또한 그와 같은 반국가단체 등의 활동 찬양·고무·선전·동조와 국가 변란 선전·선동 목적성이 있는지 여부는 그 강령, 노선, 토론, 주장과 그 활동들의 전체적인 내용뿐만 아니라 그 동기, 행위 태양, 외부 관련 사상, 당시 정황 등 모든 사정을 종합하여 결정하여야 한다(대법원 2007. 3. 30. 선고 2003도8165 판결 등 참조). 원심은 그 판시와 같은 이유를 들어 검사가 제출한 증거들만으로는 변혁의 새시대 교육운동준비위가 이적단체에 해당한다고 인정하기에 부족하다고 보아 피고인들의 국가보안법 위반(이적단체의구성등)의 점을 무죄로 판단하였다.

(나) 국가보안법 제7조 제1항에 규정된 '반국가단체 등 활동동조죄'에서 말하는 '동조' 행위의 의미 및 판단 기준: 국가보안법 제7조 제1항에 규정된, 이른바 '반국가단체 등 활동동조죄'에서 말하는 '동조' 행위는 반국가단체 등의 선전·선동 및 그 활동과 동일한 내용의 주장을 하거나 이에 합치되는 행위를 하여 반국가단체 등의 활동에 호응·가세하는 것을 말한다. 그리고 국가의 존립·안전이나 자유민주적 기본질서에 실질적 해악을 끼칠 명백한 위험성이 있는 경우에 한하여 국가보안법이 제한적으로 적용되어야 한다는 해석원리는 반국가단체 등 활동동조죄에 대하여도 그대로 적용된다. 따라서 국가보안법 제7조 제1항에 의하여 금지되는 동조행위는 같은 조항에서 규정하고 있는 '반국가단체 등의 활동을 찬양·고무·선전'하는 것과 같이 평가될 정도로 적극적으로 자신이 반국가단체 등 활동에 호응·가세한다는 의사를 외부에 표시하는 정도에 이르러야 하고, 국가의 존립·안전이나 자유민주적 기본질서에 실질적 해악을 끼칠 명백한 위험성이 있다고 보기 어려운 경우에는 같은 조항에서 정한 동조죄를 범하였다고 단정하여서는 아니 된다(대법원 2008. 4. 17. 선고 2003도758 전원합의체 판결 등 참조). 원심은 그 판시와 같은 이유를 들어 피고인 1의 이적동조로 인한 국가보안법 위반(찬양·고무등)의 점을 무죄로 판단하였다.

(다) 국가보안법 제7조 제5항에 규정된 '이적표현물'의 요건 및 표현물의 이적성 유무를 판단하는 기준: 국가보안법상 이적표현물로 인정되기 위해서는 그 표현물의 내용이 국가보안법의 보호법익인 국가의 존립·안전과 자유민주적 기본질서를 위협하는 적극적이고 공

격적인 것이어야 하고, 표현물에 이와 같은 이적성이 있는지 여부는 표현물의 전체적인 내용뿐만 아니라 그 작성의 동기는 물론 표현행위 자체의 태양 및 외부와의 관련사항, 표현행위 당시의 정황 등 여러 사정을 종합하여 결정하여야 한다(대법원 2010. 7. 23. 선고 2010도1189 전원합의체 판결 등 참조). 원심은 그 판시와 같은 이유를 들어 피고인들의 이적표현물 소지로 인한 국가보안법 위반(찬양·고무등)의 점 중 제1심 판시 별지 범죄일람표 2 기재 부분과 원심 판시 별지 범죄일람표 2 기재 부분을 무죄로 판단하였다.

(라) 국가보안법 제7조 제5항의 죄가 목적범인지 여부(적극) 및 행위자에게 '이적행위를 할 목적'이 있었다는 점에 대한 증명책임 소재(=검사)와 증명 방법: 국가보안법 제7조 제5항의 죄는 제1항, 제3항, 제4항에 규정된 이적행위를 할 목적으로 문서·도화 기타의 표현물을 제작·수입·복사·소지·운반·반포·판매 또는 취득하는 것으로서 이른바 목적범임이 명백하다. 목적범에서의 목적은 범죄 성립을 위한 초과주관적 위법요소로서 고의 외에 별도로 요구되는 것이므로, 행위자가 표현물의 이적성을 인식하고 제5항 소정의 행위를 하였다고 하더라도 이적행위를 할 목적이 인정되지 아니하면 그 구성요건은 충족되지 아니한다. 그리고 형사재판에서 공소가 제기된 범죄의 구성요건을 이루는 사실에 대한 증명책임은 검사에게 있으므로 행위자에게 이적행위를 할 목적이 있었다는 점은 검사가 증명하여야 하고, 행위자가 이적표현물임을 인식하고 제5항 소정의 행위를 하였다는 사실만으로 그에게 이적행위를 할 목적이 있었다고 추정해서는 아니 된다. 이 경우 행위자에게 이적행위 목적이 있음을 증명할 직접증거가 없는 때에는 앞에서 본 표현물의 이적성의 징표가 되는 여러 사정들에 더하여 피고인의 경력과 지위, 피고인이 이적표현물과 관련하여 제5항 소정의 행위를 하게 된 경위 등 간접사실을 종합적으로 고려하여 판단할 수 있다(위 대법원 2010도1189 전원합의체 판결 등 참조). 원심은 그 판시와 같은 이유를 들어 피고인들의 이적표현물 소지로 인한 국가보안법 위반(찬양·고무등)의 점 중 제1심 판시 범죄일람표 1 기재 부분(다만, 원심 판시 범죄일람표 2 기재 부분 제외)을 유죄로 판단하였다.

※ <u>국가보안법</u>
[타법개정 2016. 1. 6. 법률 제13722호, 시행 2017. 7. 7.]

제1조(목적등) ① 이 법은 국가의 안전을 위태롭게 하는 반국가활동을 규제함으로써 국가의 안전과 국민의 생존 및 자유를 확보함을 목적으로 한다. ② 이 법을 해석적용함에 있어서는 제1항의 목적달성을 위하여 필요한 최소한도에 그쳐야 하며, 이를 확대해석하거나 헌법상 보장된 국민의 기본적 인권을 부당하게 제한하는 일이 있어서는 아니된다.

제2조(정의) ① 이 법에서 "반국가단체"라 함은 정부를 참칭하거나 국가를 변란할 것을 목적으로 하는 국내외의 결사 또는 집단으로서 지휘통솔체제를 갖춘 단체를 말한다.

제3조(반국가단체의 구성등) ① 반국가단체를 구성하거나 이에 가입한 자는 다음의 구별에 따라 처벌한다. 1. 수괴의 임무에 종사한 자는 사형 또는 무기징역에 처한다. 2. 간부 기타 지도적 임무에 종사한 자는 사형·무기 또는 5년 이상의 징역에 처한다. 3. 그 이외의 자는 2년 이상의 유기징역에 처한다. ② 타인에게 반국가단체에 가입할 것을 권유한 자는 2년 이상의 유기징역에 처한다. ③ 제1항 및 제2항의 미수범은 처벌한다. ④ 제1항 제1호 및 제2호의 죄를 범할 목적으로 예비 또는 음모한 자는 2년 이상의 유기징역에 처한다. ⑤ 제1

항 제3호의 죄를 범할 목적으로 예비 또는 음모한 자는 10년 이하의 징역에 처한다.

제6조(잠입·탈출) ① 국가의 존립·안전이나 자유민주적 기본질서를 위태롭게 한다는 정을 알면서 반국가단체의 지배하에 있는 지역으로부터 잠입하거나 그 지역으로 탈출한 자는 10년 이하의 징역에 처한다.

제7조(찬양·고무등) ① 국가의 존립·안전이나 자유민주적 기본질서를 위태롭게 한다는 정을 알면서 반국가단체나 그 구성원 또는 그 지령을 받은 자의 활동을 찬양·고무·선전 또는 이에 동조하거나 국가변란을 선전·선동한 자는 7년 이하의 징역에 처한다. ② <삭제> ③ 제1항의 행위를 목적으로 하는 단체를 구성하거나 이에 가입한 자는 1년 이상의 유기징역에 처한다. ④ 제3항에 규정된 단체의 구성원으로서 사회질서의 혼란을 조성할 우려가 있는 사항에 관하여 허위사실을 날조하거나 유포한 자는 2년 이상의 유기징역에 처한다. ⑤ 제1항·제3항 또는 제4항의 행위를 할 목적으로 문서·도화 기타의 표현물을 제작·수입·복사·소지·운반·반포·판매 또는 취득한 자는 그 각항에 정한 형에 처한다. ⑥ 제1항 또는 제3항 내지 제5항의 미수범은 처벌한다. ⑦ 제3항의 죄를 범할 목적으로 예비 또는 음모한 자는 5년 이하의 징역에 처한다.

제8조(회합·통신등) ① 국가의 존립·안전이나 자유민주적 기본질서를 위태롭게 한다는 정을 알면서 반국가단체의 구성원 또는 그 지령을 받은 자와 회합·통신 기타의 방법으로 연락을 한 자는 10년 이하의 징역에 처한다.

제9조(편의제공) ① 이 법 제3조 내지 제8조의 죄를 범하거나 범하려는 자라는 정을 알면서 총포·탄약·화약 기타 무기를 제공한 자는 5년 이상의 유기징역에 처한다.

제10조(불고지) 제3조, 제4조, 제5조제1항·제3항(제1항의 미수범에 한한다)·제4항의 죄를 범한 자라는 정을 알면서 수사기관 또는 정보기관에 고지하지 아니한 자는 5년 이하의 징역 또는 200만원 이하의 벌금에 처한다. 다만, 본범과 친족관계가 있는 때에는 그 형을 감경 또는 면제한다.

제12조(무고, 날조) ① 타인으로 하여금 형사처분을 받게 할 목적으로 이 법의 죄에 대하여 무고 또는 위증을 하거나 증거를 날조·인멸·은닉한 자는 그 각조에 정한 형에 처한다.

제15조(몰수·추징) ① 이 법의 죄를 범하고 그 보수를 받은 때에는 이를 몰수한다. 다만, 이를 몰수할 수 없을 때에는 그 가액을 추징한다.

제16조(형의 감면) 다음 각 호의 1에 해당한 때에는 그 형을 감경 또는 면제한다. 1. 이 법의 죄를 범한 후 자수한 때 2. 이 법의 죄를 범한 자가 이 법의 죄를 범한 타인을 고발하거나 타인이 이 법의 죄를 범하는 것을 방해한 때

제19조(구속기간의 연장) ① 지방법원판사는 제3조 내지 제10조의 죄로서 사법경찰관이 검사에게 신청하여 검사의 청구가 있는 경우에 수사를 계속함에 상당한 이유가 있다고 인정한 때에는 형사소송법 제202조의 구속기간의 연장을 1차에 한하여 허가할 수 있다. ② 지방법원판사는 제1항의 죄로서 검사의 청구에 의하여 수사를 계속함에 상당한 이유가 있다고 인정한 때에는 형사소송법 제203조의 구속기간의 연장을 2차에 한하여 허가할 수 있다. ③ 제1항 및 제2항의 기간의 연장은 각 10일 이내로 한다.

27. 한미행정협정 / 한미주둔군지위협정 / SOFA협정

[대법원 2009. 10. 29. 2009다42666 판결]

> 원심은 제1심판결 이유를 인용하여 그 판시와 같은 사실을 인정한 다음, ① 녹사평역 부근의 지하수 흐름이 주한미군 영내에서 녹사평역 방향인 점, ② 주한미군 영내에서 검출된 등유와 녹사평역 부지에서 검출된 등유가 주한미군만이 사용하는 JP-8로 동일한 점, ③ 주한미군이 2001. 2.과 같은 해 8. 누수시험을 통과하지 못하였다는 이유로 지하저장탱크를 제거하였는데 이들 지하저장탱크에는 JP-8이 보관되어 있었던 점, ④ 휘발유와 JP-8이 혼합되어 유출된 경우 휘발유가 JP-8에 비해 생물막에 의한 분해, 공기 중으로 휘발, 물에 용해되는 현상이 잘 일어나 하류로 갈수록 전체 유류에서 휘발유가 차지하는 비율이 점점 낮아지는 점, ⑤ 주한미군 영내에 있는 것을 제외한 녹사평역 인근에 있는 유류저장시설에서는 유류누출 현상이 발견되지 않은 점 등에 비추어, 주한미군이 관리하는 유류저장시설에서 휘발유와 등유(JP-8)가 유출되어 원고 소유의 토지를 오염시켰다고 판단하였다.

【요 지】

(1) 공해소송에서 인과관계의 증명책임의 분배: 일반적으로 불법행위로 인한 손해배상청구사건에 있어서 가해행위와 손해발생 간의 인과관계의 입증책임은 청구자인 피해자가 부담하나, 대기오염이나 수질오염에 의한 공해로 인한 손해배상을 청구하는 소송에 있어서는 기업이 배출한 원인물질이 대기나 물을 매체로 하여 간접적으로 손해를 끼치는 수가 많고 공해문제에 관하여는 현재의 과학수준으로도 해명할 수 없는 분야가 있기 때문에 가해행위와 손해의 발생 사이의 인과관계를 구성하는 하나 하나의 고리를 자연과학적으로 증명한다는 것이 매우 곤란하거나 불가능한 경우가 많으므로, 이러한 공해소송에 있어서 피해자에게 사실적인 인과관계의 존재에 관하여 과학적으로 엄밀한 증명을 요구한다는 것은 공해로 인한 사법적 구제를 사실상 거부하는 결과가 될 우려가 있는 반면에, 가해기업은 기술적·경제적으로 피해자보다 훨씬 원인조사가 용이한 경우가 많을 뿐만 아니라, 그 원인을 은폐할 염려가 있기 때문에, 가해기업이 어떠한 유해한 원인물질을 배출하고 그것이 피해물건에 도달하여 손해가 발생하였다면 가해자측에서 그것이 무해하다는 것을 입증하지 못하는 한 책임을 면할 수 없다고 보는 것이 사회형평의 관념에 적합하다.

(2) '한미행정협정' 제5조 제2항을 근거로 대한민국이 주한미군의 시설 등 사용과 관련된 불법행위의 피해자에 대하여 면책을 주장할 수 있는지 여부(소극): '대한민국과 아메리카합중국 간의 상호방위조약 제4조에 의한 시설과 구역 및 대한민국에서의 합중국군대의 지위에 관한 협정' 제5조 제2항은 '대한민국은, 미합중국에 부담을 과하지 아니하고, 본 협정의 유효기간 동안 제2조 및 제3조에 규정된 비행장과 항구에 있는 시설과 구역처럼 공동

으로 사용하는 시설과 구역을 포함한 모든 시설, 구역 및 통행권을 제공하고, 상당한 경우에는 그들의 소유자와 제공자에게 보상하기로 합의한다. 대한민국 정부는 이러한 시설과 구역에 대한 미합중국 정부의 사용을 보장하고, 또한 미합중국 정부 및 기관과 직원이 이러한 사용과 관련하여 제기할 수 있는 제3자의 청구권으로부터 해를 받지 않도록 한다'라고 규정하고 있다. 위 규정의 취지와 위 협정 제23조 제5항, 제6항의 내용 등을 종합하여 보면, 위 제5조 제2항은 대한민국의 주한미군에 대한 시설제공 의무와 주한미군의 시설 등 사용과 관련된 제3자의 청구권에 대한 대한민국과 미합중국 사이의 관계를 규정한 것에 불과하고, 주한미군의 시설 등 사용과 관련된 불법행위의 피해자에 대한 대한민국의 면책의 근거 규정이 될 수는 없다.

【이 유】

손해배상책임의 발생에 관하여 앞서 본 법리와 기록에 비추어 살펴보면, 원심의 위와 같은 사실인정 및 판단은 정당한 것으로 수긍이 가고, 거기에 상고이유에서 주장하는 바와 같은 채증법칙 위반으로 인한 사실오인, 심리미진, 불법행위의 입증책임에 관한 법리오해 등의 잘못이 없다. 또한 한미행정협정 제5조 제2항을 근거로 불법행위의 피해자인 원고에 대하여 피고가 면책을 주장할 수는 없다고 판단한 것은 정당하고, 거기에 상고이유에 주장하는 바와 같이 한미행정협정 제5조 제2항을 부당하게 제한적으로 해석한 잘못이 없다. 그러므로 상고를 기각하고, 상고비용은 패소자가 부담하기로 한다.

【해 설】

(1) 한국전쟁 이후 한반도의 평화에 있어서 가장 중요한 요소는 한미동맹관계이었고, 사실상 한국의 안전보장에 있어서의 근간은 한미상호방위조약과 주한미군의 존재였음을 부정할 수는 없을 것이다. 과거 60년 가까이 한국의 입장에서는 한미동맹관계를 통해 북방의 군사적 위협에 대처하고자 했으며, 미국의 입장에서는 북방의 공산세력을 봉쇄하여 지역의 안정적 균형을 유지하고자 하였다. 즉 지금까지의 한미동맹관계는 북방의 공산세력이라는 공통의 위협인식에 입각하여 주로 북한의 위협에 대처하는 협력관계라고 말할 수 있다. 그러나 냉전이라는 한반도 주변의 지역질서가 붕괴되고 각국이 새로운 질서를 모색해가는 현 단계에서 북한의 위협이 약화되는 상황이라면 한미동맹의 당위성에 대한 의문 혹은 주한미군의 철수요구가 대두될 수밖에 없는 것이다.

1980년대에 접어들면서 반미의식이 고조되고 미군의 각종 범죄행위가 커다란 사회문제로 부각되자 한국정부는 1988년 12월 6일 미군당국에 대하여 문제를 제기하게 되었고, 협정개정작업이 시작되어 1991년 2월 8일 조약 제1038호로 한미행정협정이 개정되기에 이르렀다. 이 개정으로 상당 부분이 개선되었지만 아직도 많은 문제점이 내재되어 있을 뿐만 아니라 다른 주둔군지위협정에 비해 상대적으로 많은 문제점을 지니고 있다고 말할 수 있다. 1992년 윤금이씨 살해사건, 1995년 충무로 지하철 난동사건, 2000년 이태원 외국인전용클럽의 한국인 여종업원 살해사건, 매향리 미공군 폭음피해사건, 포르말린 475㎖짜리 480병 한강폐

27. 한미행정협정 / 한미주둔군지위협정 / SOFA협정

수처리사건(용산 미군부대 영안실에서 주검 방부처리용 약품인 포르말린을 하수구에 몰래 버려 한강으로 흘려보낸 사건으로, 원래 포르말린은 사람의 경우에 찻숟가락 2개 분량(30㎖)만 먹어도 즉사할 정도로 독성이 강하다) 등 계속되는 미군범죄로 인해 반미감정이 더욱 고조되고 있는 가운데 한미행정협정 개정문제가 첨예하게 대두되었다.

그러나 번번히 미국측의 일방적인 협상지연 및 거부로 매번 결렬되곤 하다가, 결국 한미 당국은 2000년 12월 28일 서울에서 협상을 재개하고 전격 타결하기에 이른다. 실로 1995년 재개협상이 시작된 이후 5년여만에 공식협상만 11차례를 가진 끝에 얻어진 결실이었다. 동 협정은 2001년 3월 29일 조약 제1553호로 개정되었으며, 주된 개정내용으로서 살인·강간·약취·유괴 등 12개 중대범죄를 저지른 미군 피의자의 신병인도시기를 '재판종료후'에서 '기소시점'으로 앞당기는 한편 미군측의 우리 환경법령 존중원칙 및 미군기지내 한국인 근로자의 해고요건 강화 등을 들 수 있으나, 그 내용이 매우 추상적이므로 실제운용상 큰 차이는 없는 것으로 보인다.

그 후 미군장갑차에 의한 여중생들 사망사건 및 이라크 파병문제를 둘러싸고 국민적 반미 시위로 확대되기도 하였다. 급기야는 반미감정 등 한미관계가 미묘한 시기에 주한미군 재배치의 문제가 거론되었고, 용산기지를 오산·평택으로 옮기기로 했으며, 미2사단을 포함한 주한미군 감축도 논의되었다. 그런데 한국인들은 주한미군 감축문제에 대하여 이중적인 태도를 보이고 있는 것이 사실이다. 한편으로는 단계적인 철수를 원하면서도 다른 한편으로는 주한미군의 규모에 따라 미국의 한국에 대한 지지나 한미관계의 건강상태를 가늠하는 기준으로 삼고 있는 것이다. 다시 말해서 주한미군 감축문제가 거론되면 국민들은 한반도 안보상황에 대하여 심리적으로 불안해하며 정치적·경제적·사회적 충격이 발생하지 않을까 우려하는 모습이다.

본래 한 국가의 군대가 외국에 주둔하는 형태에는 두 가지가 있다. 하나는 전시에 점령군으로서 주둔하는 경우이고, 또 하나는 평시에 우호군으로서 주둔하는 경우이다. 전자의 예는 과거에도 흔히 있었으며, 이 경우 주둔군의 지위는 전쟁법규의 점령에 관한 규정이 적용된다. 후자의 경우는 제2차 세계대전 후 동서 양진영의 대립의 부산물로서 한 국가의 군대가 동맹국에 우호적 합의에 의하여 장기간 주둔하는 현상으로 일반화되었다. 이와 같이 제2차 세계대전 이후 이념과 체제의 대립이 냉전으로 나타나고 군사동맹이 곳곳에 구축되면서 군대의 파견 및 접수가 활발해지자, 군사조약에 군대의 파견 및 접수에 대한 구체적인 규정을 **주둔군지위협정(Status of Forces Agreement, SOFA)**의 형식으로 둠으로써 군대의 파견 및 접수에 따르는 문제들을 처리하게 되었다. 이러한 외국군대의 법적 지위는 공동방위조약 당사국들간의 다자조약으로 일반내용을 규정하고, 파견국과 체류국간의 양자협정으로 필요사항을 보완하고 있는 것이 보통이다. 이 때 규정내용은 출입국 관리체제, 조세 및 관세면제, 형사재판권, 민사관할권 등이다. 대표적인 SOFA협정의 예로는 1951년의 군대지위에 관한 북대서양조약 당사국간의 협정(NATO군대지위에 관한 London협정, NATO협정), 1960년의 군대지위에 관한 미일협정, 1966년의 군대지위에 관한 한미협정 등을 들 수 있다.

(2) 여기서는 **한미행정협정(한미주둔군지위협정)**을 중심으로 살펴보고자 한다. 우선 주한미군의 지위에 관한 최초의 협정은 1948년 8월 24일 대한민국 대통령과 미합중국 군대 사령관간에 체결된 **『과도기에 시행될 잠정적 군사안녕에 관한 행정협정』**이다. 미군정 시대에는 한국의 주권이 없었고, 1948년 8월 15일 남한에 단독정부가 세워짐에 따라 주한미군의

법적인 지위문제가 제기되었다. 이에 한국정부는 미군의 기지 및 시설 사용권은 물론 일체의 권리를 포기하는 내용으로 된 협정을 맺게 된 것이며, 이 협정은 1949년 미군의 일시적인 철수로 종료되었다. 1950년 6월 25일 한국전쟁이 발발하자 다시 미군이 우리나라에 진주하게 되어 미국의 요구로 전시라는 급박한 상황에서 미군에게 일체의 재판권을 부여하는 **『대전협정(정식명칭: 주한미군 군대의 형사재판권에 관한 대한민국과 미합중국간의 협정)』**을 1950년 7월 12일 임시수도인 대전에서 체결하게 되었다. 이 협정은 미군당국의 일방적인 형사재판권을 인정했기 때문에, 이로 인하여 많은 미군 범죄가 발생하게 되었다. 이어 1952년 5월 24일에는 한국의 미군에 대한 경제적 지원을 내용으로 하는 **『마이어협정(정식명칭: 경제조정에 관한 협정)』**을 체결하여 미군의 특권을 더욱 강화하였다.

한국전쟁이 끝나자 미군은 1953년 10월 1일 체결된 한미상호방위조약을 통해 계속 주둔하게 되었다. 한국정부는 한미상호방위조약 체결협상 때부터 주한미군의 지위에 관한 새로운 협정을 체결할 것을 요구하였지만, 미국측은 대전협정 및 마이어협정을 계속 유지하기 위해 회피하였다. 그러다가 1966년 7월 9일 미군 범죄의 발생 및 반미의식의 형성 등으로 인해 한미행정협정이 체결되었으며 1967년 2월 9일 조약 제232호로 발효되었다. 한미행정협정은 한미상호방위조약을 통해 주둔하게 된 미군의 법적인 지위를 규정하고 있으므로, 결국 한미상호방위조약은 한미행정협정의 모법인 셈이다. 즉 1954년 11월 18일 조약 제34호로 발효된 **『한미상호방위조약(정식명칭: 대한민국과 미합중국간의 상호방위조약)』** 제4조에 의하면 「상호적 합의에 의하여 미합중국의 육군·해군과 공군을 대한민국의 영토내와 그 부근에 배비(配備)하는 권리를 대한민국은 이를 허여하고 미합중국은 이를 수락한다」라고 규정하고 있다.

본래 **『한미행정협정(정식명칭: 대한민국과 아메리카 합중국간의 상호방위조약 제4조에 의한 시설과 구역 및 대한민국에서의 합중국 군대의 지위에 관한 협정)』**은 한국의 입장에서 볼 때 국회의 비준절차를 거친 정식조약이기 때문에 **『한미주둔군지위협정』**이라고 부르는 것이 타당하다. 동 협정은 **본문** 이외에도 **합의의사록**, **합의양해사항**, 형사재판권에 관한 한국 외무부장관과 주한 미국대사간의 1966년 7월 6일 **교환서한**의 세 가지 부속서로 되어 있으며, 3개의 문서는 31개조와 각 조에 따른 수십 개의 조항들로 구성된 방대한 구조를 가지고 있다. 이 가운데 본문은 외형적으로 한미간의 평등성을 많이 반영하였으나, 나머지 3개 부속서로 인해 대한민국이 주권국가로서 그 권리를 행사하는데 많은 문제점을 야기시켰다. 이 협정은 협상과정만 13년(1953년~1966년)이 걸렸을 뿐만 아니라 미국이 협상체결에 대한 조건으로 제시한 한국군의 월남파병과 한일협정체결을 받아들여야만 했다. 더구나 1967년 한미행정협정은 그 내용에 있어서 이전의 대전협정과 별다른 차이가 없으며, 국제법에서 가장 후진적으로 평가받는 미국과 이디오피아간의 협정과 유사한 치욕적인 협정이었다.

(3) 한미주둔군지위협정(한미행정협정)의 주요내용 및 문제점을 살펴보면 다음과 같다.

(가) 협정의 대상자: 한미행정협정 제1조에 의하면 '가족'이라 함은 「(1) 배우자 및 21세 미만의 자녀 (2) 부모 및 21세 이상의 자녀 또는 기타 친척으로서 그 생계비의 반액 이상을 합중국 군대의 구성원 또는 군속에 의존하는 자」라고 규정하고 있으며, 이 때 '**기타 친척**'에 대한 별다른 규정을 두고 있지 않다. 따라서 사돈의 팔촌까지 협정의 대상자가 될 수 있으므로 인적 범위가 지나치게 넓다. 반면에 NATO협정은 「가족이라 함은 군대의 구

27. 한미행정협정 / 한미주둔군지위협정 / SOFA협정

성원이나 군속의 배우자나 그의 부양을 받고 있는 자녀를 말한다」라고 되어 있으며(동 협정 제1조 제1항 (c)), 미일협정에는 「가족이라 함은 다음과 같은 자를 말한다. (1) 배우자 및 21세 미만의 자녀 (2) 부모 및 21세 이상의 자녀로서 그 생계비의 반액 이상을 합중국 군대의 구성원 또는 군속에게 의존하는 자」라고 규정되어 있다(동 협정 제1조 (c)). 이는 한미행정협정에서의 '기타 친척'의 해석에 대한 문제점을 나타내는 것이며, 다른 협정과 마찬가지로 '기타 친척'은 제외시키는 것이 바람직하다고 본다.

(나) 형사재판권의 행사: 한미행정협정 제22조에 의하면 합중국 군 당국은 합중국 군대의 구성원, 군속 및 그들의 가족에 대하여 합중국 법령이 부여한 모든 형사재판권 및 징계권을 대한민국 안에서 행사할 권리를 가지는 한편 대한민국 당국은 합중국 군대의 구성원, 군속 및 그들의 가족에 대하여 대한민국의 영역 안에서 범한 범죄로서 대한민국 법령에 의하여 처벌할 수 있는 범죄에 관하여 재판권을 가진다. 다만 재판권을 행사할 권리가 경합하는 경우에는 ㉠ 오로지 합중국의 재산이나 안전에 대한 범죄 또는 오로지 합중국 군대의 타구성원이나 군속 또는 그들의 가족의 신체나 재산에 관한 범죄 ㉡ 공무집행중의 작위 또는 부작위에 의한 범죄에 관하여는 합중국 군당국이 그 군대의 구성원이나 군속 및 그들의 가족에 대하여 재판권을 행사할 제1차적 권리를 가지며, 기타의 범죄에 관하여는 대한민국 당국이 재판권을 행사할 제1차적 권리를 가진다고 규정하고 있다. 그러나 대한민국의 **제1차적 재판권행사**를 제한하는 합의의사록은 그대로 존재하므로 한국은 미군당국의 질서와 규율을 유지함이 합중국 군 당국의 주된 책임임을 인정하여 미군당국이 요청하면 한국이 재판권을 행사함이 특히 중요하다고 결정하는 경우를 제외하고는 제1차적 재판권을 포기할 것을 명시하고 있다. 이와 같이 접수국 당국의 제1차적 재판권행사를 거의 전면적으로 포기하도록 원칙화한 규정은 다른 주요 주둔군지위협정에는 존재하지 않는다는 점에서 상당히 대조적이다. 한편 2001년 개정의 결과, 한국당국이 미군구성원 등 피의자를 범행현장에서 또는 동 현장에서의 도주직후나 미군지역으로의 복귀 전에 체포한 경우, 당해 피의자가 살인과 같은 흉악범죄 또는 죄질이 나쁜 강간죄를 저질렀다고 믿을 만한 상당한 이유가 있고, 증거인멸·도주 또는 피해자나 잠재적 증인의 생명·신체 또는 재산에 대한 가해 가능성을 이유로 구속해야 할 필요가 있는 때에는 미군당국은 당해 피의자의 공정한 재판을 위해 피의자의 권리가 침해될 우려가 있다고 믿을 적법한 사유가 없는 한 구금인도를 요청하지 않기로 합의하였다.

(다) 민사청구권의 문제: 한미행정협정 제23조에 의하면 공무집행중의 합중국 군대의 구성원이나 고용원의 작위·부작위 또는 합중국 군대가 법률상 책임을 지는 기타의 작위·부작위 또는 사고로 인하여 대한민국 안에서 대한민국 정부 이외의 제3자에 손해를 가함으로써 발생한 청구권은 대한민국이 이를 처리하도록 규정하고 있다. 이 때 합중국만이 책임이 있는 경우에도 합의 또는 재판에 의해 결정된 금액은 대한민국이 25%를, 합중국이 75%를 각각 분담한다. 양국이 손해에 대하여 공동책임이 있는 경우 및 책임소재가 불명확한 경우의 배상액은 균등하게 분담한다. 한편 외국군대의 구성원 및 고용원의 비공무중 행위로 발생한 손해배상문제는 접수국(한국)의 민사관할권에 종속되며, 원칙적으로 일반민사사건과 같이 민사재판에 의해 해결된다. 다만 한미 양측은 2001년 합의사항에서 주한미군 비공무사건 중 교통사고의 비중(61%)이 높으며, 비공무사건의 배상절차가 시일이 소요되어 문제가 되고 있다는 데 대해 인식을 같이하였다. 이에 주한미군의 비공무사고시 치료비 선지급 및 배상금 지급 신속화절차를 마련한다는 원칙에 따라 2003년 합의사항에서 미군의 비공무중 사고시 치료비·장례비 등의 선지급 신속화에 합의하고, 선지급 처리기간을 단축하여 4일 이내에 가

급적 처리하도록 하며, 절차도 간소화함으로써 이 제도를 많이 이용하도록 홍보하는 데 협력하기로 합의하였다.

(라) 환경오염의 문제: 한미행정협정에는 환경에 관한 직접적인 규정이 없다. 다만 동 협정 제2조(시설과 구역-공여와 반환), 제3조(시설과 구역-보안조치), 제4조(시설과 구역-시설의 반환) 등에서 시설과 구역의 사용 및 반환에 관해 언급하고 있을 뿐이다. 특히 제4조에 의하면 합중국 정부는 본 협정의 종료시나 그 이전에 대한민국 정부에 시설과 구역을 반환할 때에 이들 시설과 구역이 합중국 군대에 제공되었던 당시의 상태로 원상회복해야 할 의무를 지지 않으며 또한 이러한 원상회복 대신에 대한민국 정부에 보상할 의무도 지지 않는다고 규정되어 있다. 즉 미군측에게 공여된 시설과 구역을 반환하는 경우 원상회복의 의무가 없으므로 환경오염이 누적된 미군 이용시설이 우리에게 되돌아올 때에도 우리나라는 아무런 배상이나 보상을 요구할 수 없게 되어 있다. 다만 2001년 1월 18일에 대한민국 정부와 합중국 정부는 합동위원회를 통하여 『환경보호에 관한 특별양해각서』에 서명한 바 있다. 동 특별양해각서는 「1953년의 상호방위조약, 대한민국과 합중국간의 주한미군지위협정에 따라 주한미군에게 공여된 시설 및 구역, 그리고 그러한 시설 및 구역에 인접한 지역사회에서의 오염의 방지를 포함하여 환경보호의 중요성을 인식하면서, 대한민국 정부와 합중국 정부는 그들의 정책에 부합하게 환경관리기준, 정보공유 및 출입, 환경이행실적 및 환경협의에 관하여 양해사항에 합의」한 것이다. 즉 SOFA 환경조항은 2001년 개정을 통해 삼단계 구조로 신설하여 SOFA 합의의사록에 한국환경법령 존중의무를 규정하고, 양해각서에 세부사항을 규정하며, 절차사항은 SOFA 합동위원회에서 마련하도록 하였다.

(마) 노무제공과 관련된 문제: 미군부대 내에서 일하는 한국인 근로자들은 한국인이면서도 한국의 노동법으로부터 보호받지 못한 채 인권의 사각지대로 여겨졌다. 이는 한미행정협정 제17조에 의하여 한국의 경우 원칙적으로 미군측이 직접고용제를 채택하고 있기 때문이다. 즉 미군이 접수국 국민을 고용하는 방식에는 직접고용제와 간접고용제가 있는데, **직접고용제**는 미군이 필요한 근로자를 직접 고용함으로써 사용자가 곧 미군당국이 되는 경우이고, **간접고용제**는 현지 정부 또는 그 대리인이 사용자가 되어 근로자를 고용하는 방식으로 노사관계에서 현지의 노동관계법령이 전면적으로 적용되는 경우이다. 일본이나 NATO 등은 간접고용제를 채택하고 있는 반면에, 우리나라에서는 직접고용제를 채택하고 있으므로 한미행정협정 하에서 한국정부는 한국인 고용문제에 관한 한 제3자의 위치에 머물게 된다. 다만 종래에는 한국인 종업원에 대한 미군당국의 일방적 근로조건 설정과 징계조치 및 노사분쟁에 대한 한국측의 효과적 중재 및 개입이 제한되어 있었으나, 1991년 개정의 결과 근로조건을 한국노동법규정과 실질적으로 일치시키기로 합의하고, 해고나 징계 등 단체 및 개인 소청사건을 다룰 한미공동심사위원회를 설치하기로 합의함으로써 미군당국의 일방적 징계결정을 방지하게 되었다. 또한 2001년 1월 18일에 대한민국과 아메리카합중국은 『**한국인고용원의 우선고용 및 가족구성원의 취업에 관한 양해각서**』에 서명한 바 있다. 동 양해각서에 의하면 「주한미군은 이 양해각서 발효일 현재 주한미군에 의하여 대한민국 국민으로 충원되는 것으로 지정되어 있는 민간인 직위에 대하여는 대한민국 국민의 독점적인 고용을 보장한다. 이러한 직위는 합중국 군대 가족 및 군속 가족에게 개방될 수 있으나, 이들 가족은 가용한 그리고 자격을 갖춘 대한민국 국민 후보자가 없는 경우에 한하여 공석인 동 직위에 고려될 수 있다」라고 규정하고 있다.

(바) 협정의 해석상 문제: 한미행정협정 제31조에 의하면 「한국어와 영어로 본서 2통을

27. 한미행정협정 / 한미주둔군지위협정 / SOFA협정

작성하였다. 양본은 동등히 정문(正文)이나, 해석에 상위가 있을 경우에는 영어본에 따른다」라고 규정하고 있다. 이와는 달리 NATO협정의 경우 「본 협정은 해석이나 적용에 관한 체약당사국간의 모든 의견 차이는…체약당사국간의 교섭에 의하여 해결하여야 한다. 본 협정에 명백한 반대규정이 있는 경우를 제외하고, 직접교섭에 의하여 해결할 수 없는 의견차이는 이를 북대서양조약이사회에 부탁한다」라고 규정하고 있다(동 협정 제16조).

☞ 한미행정협정의 체결과 개정

(가) 1950년 6월 25일 한국전쟁이 발발하자 같은 해인 6월 27일과 7월 7일의 UN 안전보장이사회 결의와 1953년 10월 1일에 체결된 한미상호방위조약에 따라 대한민국 영역과 그 부근에 미군이 배치되어 미군 주둔에 필요한 세부 절차를 내용으로 하는 한미 SOFA가 1966년 7월 9일 대한민국 행정부 대표 외무부장관과 미국 행정부 대표 국무장관 간에 조인되어 1967년 2월 9일 발효되었다.

(나) 1991년 2월 1일에 제1차 개정되었고, 2001년 4월 2일에 제2차 개정에서 한미는 살인, 강간, 방화, 마약 거래를 위시한 중요 범죄 12개를 대상으로 한 미군 피의자 신병 인도 시기를 현행 `재판 종결 후'에서 `기소 시점'으로 앞당기고 특히 살인 강간을 비롯한 흉악범은 대한민국 경찰관이 피의자를 체포할 때 미군에 신병을 인도하지 않고 계속 구금 가능하게끔 해 그동안 법원의 최종 판결이 난 뒤에 신병이 대한민국에 인도되던 미군 피의자는 대한민국에 기소 시점이나 체포 시점에 신병이 즉시 인도되게 됐으며, 양국은 미군의 대한민국 환경 법령 존중을 내용으로 하는 환경 조항을 법 효력이 있는 합의 의사록에 규정하고 이에 근거한 환경보호 협력 조처를 포함하는 내용의 특별 양해 각서를 조만간 체결키로 하는 등 환경 조항 신설에도 합의했다. 특별 양해 각서에는 미군 내 시설의 환경을 공동으로 조사하려는 출입 절차 신설, 미군의 환경 관리 실적 평가 실시, 주요 오염원 제거 노력 원칙을 담기로 했다. 노무 문제와 관련해서는 미군 기지 내 대한민국 노동자들의 노동쟁의 냉각기간을 현행 70일에서 45일로 단축하는 한편, 이 노동자를 대상으로 한 해고 요건을 엄격히 하는 등 국내 노동법 적용 배제 기준을 이전보다 강화했다. 이밖에 양국은 미군 식품용으로 수입되는 동물이나 식물과 생산물을 공동으로 검역하고 미군기지 내 시설물이 지역사회의 건강이나 공공 안전에 영향을 끼칠 때 이런 시설물 개조·해체·신축·개축 계획을 사전에 협의하기로 했으며 주한 미군 클럽과 골프장에 면세 혜택받는 비세출 자금 기관을 대상으로 한 대한민국인 출입통제를 강화하려는 새로운 절차를 마련키로 했다. 이에 미군 중대 범죄자 신병 인도 시점을 앞당겼다는 성과와 환경 조항 신설은 높게 평가되나 환경 범죄 행위자의 처벌과 원상복구 규정이 포함되지 않은 사정은 유감으로 지적되었다.

[헌법재판소 2007. 3. 13. 2007헌마273 결정]
(가) 대한민국과 아메리카합중국의 상호방위조약 제4조에 의한 시설과 구역 및 대한민국에서의 합중국군대의 지위에 관한 협정 제14조 제1항 위헌확인사건에서, 청구인은 2002. 4. 2. 전라북도에 비영리단체로 등록된 단체로 군산지역에 의과대학의 설립을 주선하고 있었고, 대한민국과 미합중국 간에 체결된 한미행정협정 제14조 제1항에 따라 대한민국 정부와 미합중국 정부는 군산시에 지방세 등 비행장 사용에 대한 대가를 지불하고 있지 않았다는 이유로, 청구인은 군산비행장으로 인하여 군산시가 적으로부터 공격대상이 된 불안에 대한 아무런 보상을 하여주지 않고 있는 것이 군산시민의 재산권을 침해하였다면서 이 사건 헌법

소원심판 청구에 이른 것이다.

(나) 이 사건의 심판대상은 **한미행정협정 제14조(과세)** '1. 합중국 군대는 그가 대한민국 안에서 보유, 사용 또는 이전하는 재산에 조세 또는 이에 유사한 과징금을 부과 받지 아니한다'는 것이다. 이에 대한 판단으로는, 헌법재판소법 제68조 제1항의 '공권력의 행사 또는 불행사로 인하여 기본권의 침해를 받은 자'라 함은 공권력의 행사 또는 불행사로 말미암아 자기의 기본권이 현재 그리고 직접적으로 침해받은 경우를 의미하므로 원칙적으로 공권력의 행사 또는 불행사의 직접적인 상대방만이 이에 해당한다고 할 것이고, 공권력의 작용에 단순히 간접적, 사실적 또는 경제적인 이해관계가 있을 뿐인 제3자는 이에 해당되지 않는다(헌법재판소 1997. 3. 27. 94헌마277 결정). 그런데 청구인은 군산지역에 의과대학의 설립을 추진하는 비영리단체로서 군산비행장의 존재로 인하여 군산시가 적으로부터 공격대상이 되므로 군산시민들은 불안감을 느끼고 생활하고 있음에도 대한민국 정부와 미합중국 정부가 이 사건 협정조항에 의하여 군산시에 아무런 보상을 해주지 않고 있는 것이 군산시민의 행복추구권과 재산권을 침해하여 위헌이라고 주장하고 있다. 이와 같은 청구인의 주장에 의하더라도 군산시민이 아닌 의과대학의 설립을 추진하는 비영리단체에 불과한 청구인은 이 사건 협정 조항과 간접적, 사실적 또는 경제적인 이해관계가 있을 뿐이며 이 사건 협정 조항으로 인하여 직접 기본권이 제한되는 상대방이 아니다. 따라서 이 사건 헌법소원심판청구는 자기관련성을 흠결하였다. 그렇다면 이 사건 헌법소원심판청구는 더 나아가 살펴볼 필요 없이 부적법하므로 헌법재판소법 제72조 제3항 제4호에 따라 이를 각하하기로 결정하였다.

[대법원 2014. 9. 25. 2012다22709 판결]
(가) 갑 지방자치단체 소유의 토지가 징발된 후 주한미군에게 공여되어 사용되던 중 '대한민국과 아메리카합중국 간의 상호방위조약 제4조에 의한 시설과 구역 및 대한민국에 있어서의 합중국 군대의 지위에 관한 협정의 시행에 따른 국가 및 지방자치단체의 재산의 관리와 처분에 관한 법률'이 제정·시행되었고, 그 후 위 토지 징발이 해제된 사안에서, 위 토지는 같은 법 제5조, 부칙(1967. 3. 3.) 제2항에 따라 법률관계가 갑 지방자치단체의 국방부장관에 대한 무상대여로 전환됨으로써 징발을 전제로 한 법률관계는 더 이상 존재하지 아니하게 되었으므로, 징발로 인한 법률관계의 존속을 전제로 한 징발해제는 하자가 중대하고 명백하여 무효이고, 징발해제가 무효인 이상 위 토지의 반환에 2010. 3. 31. 법률 제10222호로 개정된 '주한미군 공여구역주변지역 등 지원 특별법' 제12조 제5항 본문이 적용될 수 없다고 한 사례이다.

(나) 주한미군에 공여하는 국가 및 지방자치단체의 재산의 관리와 처분에 관한 특례를 규정함을 목적으로 1967. 3. 3. 법률 제1905호로 제정된 '대한민국과 아메리카합중국 간의 상호방위조약 제4조에 의한 시설과 구역 및 대한민국에 있어서의 합중국 군대의 지위에 관한 협정의 시행에 따른 국가 및 지방자치단체의 재산의 관리와 처분에 관한 법률'(이하 '관리처분법'이라 한다)은 국방부장관의 주한미군에 대한 공여의 확실성 및 신속성을 확보하기 위하여 종전에 유상으로 제공하도록 되어 있던 지방자치단체 소유 재산에 관한 무상대여 의무 등을 규정함에 주된 입법 취지가 있었고, 이러한 입법은 국방의무의 분담이라는 측면에서 정당성을 찾을 수 있다. 따라서 지방자치단체로서는 그 소유 재산을 기한의 정함이 없이 무상으로 대여하고 이를 반환받으면서 통상의 원상회복책임까지 부담하는 것만으로도 관리처분법이 당초 의도한 국방의무의 분담이라는 입법 목적을 상당 부분 달성하였다고

할 것이므로 관리처분법 제6조 제2항에 정한 원상회복책임 면제의 범위는 무상대여의 목적 범위 내인 통상의 원상회복에 한정된다고 해석함이 타당하고, 이를 넘어 당초 예상하기 어려웠던 환경오염으로 인한 원상회복책임까지 지방자치단체가 부담한다고 해석하는 것은 공여의 확실성 및 신속성에 중점을 두었던 관리처분법의 입법 취지와 형평의 관점에서 받아들이기 어렵다.

※ 한미행정협정

[대한민국과 아메리카 합중국의 상호방위조약 제4조에 의한 시설과 구역 및 대한민국에서의 합중국 군대의 지위에 관한 협정/ 1966.7.9 서명, 1967.2.9. 발효]

아메리카 합중국은 1950년 6월 25일, 1950년 6월 27일 및 1950년 7월 7일의 국제 연합 안전보장이사회의 재결의와 1953년 10월 1일에 서명된 대한민국과 아메리카 합중국간의 상호방위 조약 제4조에 따라, 대한민국의 영역내 및 그 부근에 동 군대를 배치하였음에 비추어, 대한민국과 아메리카 합중국은 양국가간의 긴밀한 상호 이익의 유대를 공고히 하기 위하여, 시설과 구역 및 대한민국에서의 합중국 군대의 지위에 관한 본 협정을 아래와 같이 체결하였다.

제1조(정의) 본 협정에 있어서, (가) "**합중국 군대의 구성원**"이라 함은 대한민국의 영역 안에 있는 아메리카 합중국의 육군, 해군 또는 공군에 속하는 인원으로서 현역에 복무하고 있는 자를 말한다. 다만, 합중국 대사관에 부속된 합중국 군대의 인원과 개정된 1950년 1월 26일자 군사고문단 협정에 그 신분이 규정된 인원을 제외한다. (나) "**군속**"이라 함은 합중국의 국적을 가진 민간인으로서 대한민국에 있는 합중국 군대에 고용되거나 동군대에 근무하거나 또는 동반하는 자를 말하나, 통상적으로 대한민국에 거주하는 자, 또는 제15조 제1항에 규정된 자는 제외한다. 본 협정의 적용에 관한 한, 대한민국 및 합중국의 이중국적자로서 합중국에 의하여 대한민국에 들어온 자는 합중국 국민으로 간주한다. (다) "**가족**"이라 함은 다음의 자를 말한다. (1) 배우자 및 21미만의 자녀 (2) 부모 및 21세 이상의 자녀 또는 기타 친척으로서 그 생계비 반액 이상을 합중국 군대의 구성원 또는 군속에 의존하는 자.

제4조(시설과 구역-시설의 반환) 1. 합중국 정부는, 본 협정의 종료시나 그 이전에 대한민국 정부에 시설과 구역을 반환할 때에, 이들 시설과 구역이 합중국 군대에 제공되었던 당시의 상태로 동시설과 구역을 원상회복하여야 할 의무를 지지 아니하며, 또한 이러한 원상회복 대신으로 대한민국 정부에 보상하여야 할 의무도 지지 아니한다. 2. 대한민국 정부는 본 협정의 종료시나 그 이전의 시설과 구역의 반환에 있어서, 동시설과 구역에 가하여진 어떠한 개량에 대하여 또는 시설과 구역에 잔유한 건물 및 공작물에 대하여 합중국 정부에 어떠한 보상도 행할 의무를 지지 아니한다. 3. 전 2항의 규정은, 합중국 정부가 대한민국 정부와의 특별한 약정에 의거하여 행할 수 있는 건설 공사에는 적용되지 아니한다.

제17조(노무) 1. 본조에 있어서 (가) "**고용주**"라 함은 합중국 군대(비세출자금기관을 포함한다) 및 제15조 제1항에 규정된 자를 말한다. (나) "**고용원**"이라 함은 고용주가 고용한 군속이나 제15조에 규정된 계약자의 고용원이 아닌 민간인을 말한다. 다만, (1) 한국노무단(「케이·에스·씨」)의 구성원 및 (2) 합중국 군대의 구성원, 군속 또는 그들의 가

족의 개인이 고용한 기사사용인은 제외된다. 이러한 고용원은 대한민국 국민이어야 한다. 2. 고용주는 그들의 인원을 모집하고 고용하며 관리할 수 있다. 대한민국 정부의 모집사무기관은 가능한 한 이용된다. 고용주가 고용원을 직접 모집하는 경우에는 고용주는 노동행정상 필요한 적절한 정보를 대한민국 노동청에 제공한다. 3. 본조의 규정과 합중국 군대의 군사상 필요에 배치되지 아니하는 한도내에서 합중국 군대가 그들의 고용원을 위하여 설정한 고용조건, 보상 및 노사관계는 대한민국의 노동법령의 제 규정에 따라야 한다.

제22조(형사재판권) 1. 본 조의 규정에 따를 조건으로, (가) 합중국 군당국은, 합중국 군대의 구성원, 군속 및 그들의 가족에 대하여, 합중국 법령이 부여한 모든 형사재판권 및 징계권을 대한민국 안에서 행사할 권리를 가진다. (나) 대한민국 당국은, 합중국 군대의 구성원, 군속 및 그들의 가족에 대하여 대한민국의 영역 안에서 범한 범죄로서 대한민국 법령에 의하여 처벌할 수 있는 범죄에 관하여 재판권을 가진다. 3.재판권을 행사할 권리가 경합하는 경우에는, 다음의 규정이 적용된다. (가) 합중국 군당국은, 다음의 범죄에 관하여는, 합중국 군대의 구성원이나 군속 및 그들의 가족에 대하여 재판권을 행사할 제1차적 권리를 가진다. (1) 오로지 합중국의 재산이나 안전에 대한 범죄, 또는 오로지 합중국 군대의 타구성원이나 군속 또는 그들의 가족의 신체나 재산에 관한 범죄 (2) 공무집행중의 작위 또는 부작위(act or omission)에 의한 범죄. (나) 기타의 범죄에 관하여는 대한민국 당국이 재판권을 행사할 제1차적 권리를 가진다. (다) 제1차적 권리를 가지는 국가가 재판권을 행사하지 아니하기로 결정한 때에는, 가능한 신속히 타방 국가 당국에 그 뜻을 통고하여야 한다. 제1차적 권리를 가지는 국가의 당국은, 타방 국가가 이러한 권리 포기를 특히 중요하다고 인정하는 경우에 있어서, 그 타방 국가의 당국으로부터 그 권리 포기 요청이 있으면, 그 요청에 대하여 호의적 고려를 하여야 한다.

제23조(청구권) 5. 공무집행중의 합중국 군대의 구성원이나 고용원(대한민국 국민이거나 대한민국에 통상적으로 거주하는 고용원을 포함한다)의 작위 또는 부작위, 또는 합중국 군대가 법률상 책임을 지는 기타의 작위, 부작위 또는 사고로서, 대한민국 안에서 대한민국 정부 이외의 제3자에 손해를 가한 것으로부터 발생하는 청구권(계약에 의한 청구권 및 본조 제6항이나 제7항의 적용을 받는 청구권은 제외된다)은, 대한민국이 다음의 규정에 따라 이를 처리한다. (마) 전기(前記) (가) 내지 (라)의 규정 및 제2항의 규정에 따라 청구를 충족시키는데 소요된 비용은, 양 당사국이 다음과 같이 분담한다. (1) 합중국만이 책임이 있는 경우에는, 제정되어 합의되거나 또는 재판에 의하여 결정된 금액은 대한민국이 그의 25%를, 합중국이 그의 75%를 부담하는 비율로 이를 분담한다. (2) 대한민국과 합중국이 손해에 대하여 책임이 있는 경우에는, 재결되어 합의되거나 또는 재판에 의하여 결정된 금액은 양 당사국이 균등히 이를 분담한다. 손해가 대한민국 군대나 합중국 군대에 의하여 일어나고 그 손해를 이들 군대의 어느 일방 또는 쌍방의 책임으로 특정할 수 없는 경우에는 재정되어 합의되거나 또는 재판에 의하여 결정된 금액은, 대한민국과 합중국이 균등히 이를 분담한다.

제31조(협정의 유효 기간) 본 협정 및 본 협정의 합의된 개정은, 양정부간의 합의에 따라 그 이전에 종결되지 아니하는 한, 대한민국과 합중국간의 상호방위조약이 유효한 동안, 효력을 가진다. 이상의 증거로서, 하기 서명자는, 그들 각자의 정부로부터 정당한 권한을 위임받아 본 협정에 서명하였다. 한국어와 영어로 본서 2통을 작성하였다. 양본은 동등히 정문이나, 해석에 상위가 있을 경우에는 영어본에 따른다.

28. 환경권과 환경영향평가

[대법원 2006. 3. 16. 2006두330 판결]

> 기록 및 관계 법령에 의하면, 이 사건 새만금간척종합개발사업(이하 '새만금사업'이라 한다)은, 국가의 주무장관인 구 농림수산부장관(1996. 8. 8. 대통령령 제15134호로 개정된 '농림부와 그 소속기관 직제'에 의하여 농림수산부가 농림부로 변경되었다. 이하 농지개량사업의 시행자인 국가의 주무장관으로서의 구 농림수산부장관을 농림부장관이라 하고, 구 농림수산부를 농림부라 한다)이 1991. 10. 17. 구 공수법 제4조에 터잡아 이루어진 공유수면매립면허처분(이하 '이 사건 공유수면매립면허처분'이라 한다)과 같은 해 11. 13. 농근법 제96조 및 구 공수법 제9조의2에 터잡아 이루어진 새만금사업 시행인가처분(이하 '이 사건 시행인가처분'이라 하고, 이 사건 공유수면매립면허처분과 이 사건 시행인가처분을 모두 합하여 '이 사건 각 처분'이라 한다)을 근거로 하여, 전라북도에 위치한 만경강, 동진강의 하구해역에 방조제를 설치하고 공유수면을 매립·간척하여 28,300ha의 농지와 11,800ha의 담수호(이하 '새만금 담수호'라 한다)를 조성하는 것을 내용으로 하는 매립 및 간척사업으로서 구 환경정책기본법 제26조의 환경영향평가 대상사업에 해당한다. 그리고 새만금사업의 환경영향평가 대상지역은 군산시, 김제시, 전북 부안군 전 지역인데, 원고 조경훈 등 143명의 원고를 제외한 나머지 원고들(원고 144. 내지 3539.)이 거주하는 목포시, 익산시, 전북 완주군, 전주시, 서울 등의 지역은 환경영향평가 대상지역도 아닌 데다가 위 원고들이 위 공유수면매립면허처분 등으로 인하여 그 처분 전과 비교하여 수인한도를 넘는 환경피해를 받거나 받을 우려가 있다는 점을 입증하지 못하고 있으며, 위 원고들이 이 사건 각 처분과 관련된 구 공수법상의 공유수면에 관하여 권리를 가진 자 또는 농근법상의 이해관계인에 해당한다고 인정할 자료가 없다. 그러므로 위 원고들에게는 이 사건 각 처분의 무효확인을 구할 원고적격이 있다고 할 수 없다.

【요 지】

(1) 행정처분의 직접 상대방이 아닌 제3자가 행정처분의 무효확인을 구할 수 있는 요건으로서 '법률상 보호되는 이익'의 의미: 행정처분의 직접 상대방이 아닌 제3자라 하더라도 당해 행정처분으로 인하여 법률상 보호되는 이익을 침해당한 경우에는 그 처분의 무효확인을 구하는 행정소송을 제기하여 그 당부의 판단을 받을 자격이 있다 할 것이며, 여기에서 말하는 법률상 보호되는 이익이라 함은 당해 처분의 근거 법규 및 관련 법규에 의하여 보호되는 개별적·직접적·구체적 이익이 있는 경우를 말하고, 공익보호의 결과로 국민 일반이 공통적으로 가지는 일반적·간접적·추상적 이익이 생기는 경우에는 법률상 보호되는 이익이 있다고 할 수 없다.

(2) 환경영향평가 대상지역 밖에 거주하는 주민에게 헌법상의 환경권 또는 환경정책기본

법에 근거하여 공유수면매립면허처분과 농지개량사업 시행인가처분의 무효확인을 구할 원고적격이 없다고 한 사례: 헌법 제35조 제1항에서 정하고 있는 환경권에 관한 규정만으로는 그 권리의 주체·대상·내용·행사방법 등이 구체적으로 정립되어 있다고 볼 수 없고, 환경정책기본법 제6조도 그 규정 내용 등에 비추어 국민에게 구체적인 권리를 부여한 것으로 볼 수 없다는 이유로, 환경영향평가 대상지역 밖에 거주하는 주민에게 헌법상의 환경권 또는 환경정책기본법에 근거하여 공유수면매립면허처분과 농지개량사업 시행인가처분의 무효확인을 구할 원고적격이 없다고 한 사례이다.

(3) 환경영향평가법령에서 정한 환경영향평가 절차를 거쳤으나 그 환경영향평가의 내용이 부실한 경우, 그 부실로 인하여 환경영향평가 대상사업에 대한 승인 등 처분이 위법하게 되는지 여부(한정 소극): 환경영향평가법령에서 정한 환경영향평가를 거쳐야 할 대상사업에 대하여 그러한 환경영향평가를 거치지 아니하였음에도 승인 등 처분을 하였다면 그 처분은 위법하다 할 것이나, 그러한 절차를 거쳤다면, 비록 그 환경영향평가의 내용이 다소 부실하다 하더라도, 그 부실의 정도가 환경영향평가제도를 둔 입법 취지를 달성할 수 없을 정도이어서 환경영향평가를 하지 아니한 것과 다를 바 없는 정도의 것이 아닌 이상, 그 부실은 당해 승인 등 처분에 재량권 일탈·남용의 위법이 있는지 여부를 판단하는 하나의 요소로 됨에 그칠 뿐, 그 부실로 인하여 당연히 당해 승인 등 처분이 위법하게 되는 것이 아니다.

(4) 새만금간척종합개발사업을 위한 공유수면매립면허 및 사업시행인가처분의 취소신청에 대하여 처분청이 구 공유수면매립법 제32조 제3호에 의한 취소권의 행사를 거부한 경우, 그 사업목적상의 사정변경, 농지의 필요성에 대한 사정변경, 경제적 타당성에 대한 사정변경, 수질관리상의 사정변경, 해양환경상의 사정변경이 위 개발사업을 중단하여야 할 정도로 중대한 사정변경이나 공익상 필요가 있다고 인정하기에 부족하다고 본 원심의 판단을 수긍한 사례: [다수의견] 농업기반공사나 전라북도가 복합산업단지 개발을 검토하고 대통령이 공단과 국제항 조성에 관한 종합개발계획 추진안에 관한 발언을 하였다는 사정들만으로는 현재 농지조성과 농업용수 개발을 주목적으로 한 새만금간척종합개발사업의 토지이용계획이 복합산업단지 개발로 변경되었다고 볼 수 없다. 또한 향후 사업목적의 변경 가능성이 있다고 하여 현재의 사업목적 달성이 불가능하다거나 법률적으로 또는 실질적으로 사업목적이 변경되었다고 볼 수 없다. 쌀 공급과잉 현상으로 쌀 재배면적을 감소시킬 필요성이 있다고 하더라도 일정수준의 식량자급을 유지하기 위한 우량농지의 확보의 필요성이 줄어든 것은 아니므로, 필요 이상의 과다한 우량농지가 전용되고 있다는 사정만으로 농지의 필요성이 줄어들었다고 단정할 수 없다. 갯벌 내지는 환경 보전의 중요성을 참작한다고 하더라도 새만금간척종합개발사업을 통하여 이루려고 하는 국가의 발전이라는 실질적인 목적을 달성할 수 없을 정도로 과다한 비용과 희생이 요구되어 경제성 내지는 사업성이 없다고 인정하기에 부족하므로, 결국 새만금간척종합개발사업의 경제적 타당성에 있어서 공유수면매립면허처분 등을 취소하여야 할 만큼 예상하지 못한 사정변경이 있다고 할 수 없다. 장차 형성될 새만금 담수호에서 농업용수로서의 수질을 유지하는 것이 사회통념상 불가능하다고 할 수 없으므로, 농림부장관의 수질개선대책 수립의 실현가능성이 불확실하다거나 그 수질개선대책을 시행하더라도 목표수질을 달성할 수 없는 사정변경이 생겼다고 할 수는 없다. 또한 농림부장관이

환경부의 수질관리에 관한 환경영향평가 협의내용을 지키지 아니하고 결과적으로 방조제를 우선 완공함으로써 협의내용을 위반하였다는 사유만으로는 수질관리에 예상하지 못한 사정변경이 발생하였다거나 그 사정변경이 공유수면매립면허처분 등을 취소할 정도로 중대하다고 할 수도 없다. 방조제 축조로 인하여 생길 수 있는 자연적인 해안선의 변화나 물질순환의 차단, 퇴적환경이 달라지는 등의 해양환경상의 영향은 새만금사업시행계획 당시부터 예상하였던 것으로서 이를 들어 예상하지 못한 사정변경이라고 할 수 없다. 해류 순환의 변화는 당초 환경영향평가에서도 고려된 사정으로 보일 뿐 아니라, 그로 인하여 수질에 미치는 악영향을 새만금사업시행계획 당시 충분히 예상하지 못하였던 사정변경 사유로 본다고 하더라도, 그로 인해 발생할 수 있는 피해가 어느 정도인가에 관하여는 한국해양연구원의 조사연구 결과로도 명확하지 않고 달리 그 피해 정도를 인정할 만한 증거도 없다. 따라서 새만금간척종합개발사업을 중단하여야 할 정도로 중대한 사정변경이나 공익상 필요가 있다고 인정하기에 부족하다고 한 원심의 판단을 수긍한 사례이다. 즉 새만금간척종합개발사업을 위한 공유수면매립면허처분 및 농지개량사업 시행인가처분의 하자인 사업의 경제성 결여, 사업의 필요성 결여, 적법한 환경영향평가의 결여, 담수호의 수질기준 및 사업목적 달성 불능 등의 사유가 새만금간척종합개발사업을 당연무효라고 할 만큼 중대·명백하다고 할 수 없다고 한 원심의 판단을 수긍한 사례이다.

【이 유】

(1) 원고적격 관련 상고이유에 대하여: 기록 및 관계 법령에 의하면, 이 사건 새만금간척종합개발사업(이하 '새만금사업'이라 한다)은, 국가의 주무장관인 구 농림수산부장관(1996. 8. 8. 대통령령 제15134호로 개정된 '농림부와 그 소속기관 직제'에 의하여 농림수산부가 농림부로 변경되었다. 이하 농지개량사업의 시행자인 국가의 주무장관으로서의 구 농림수산부장관을 농림부장관이라 하고, 구 농림수산부를 농림부라 한다)이 1991. 10. 17. 구 공수법 제4조에 터잡아 이루어진 공유수면매립면허처분(이하 '이 사건 공유수면매립면허처분'이라 한다)과 같은 해 11. 13. 농근법 제96조 및 구 공수법 제9조의2에 터잡아 이루어진 새만금사업 시행인가처분(이하 '이 사건 시행인가처분'이라 하고, 이 사건 공유수면매립면허처분과 이 사건 시행인가처분을 모두 합하여 '이 사건 각 처분'이라 한다)을 근거로 하여, 전라북도에 위치한 만경강, 동진강의 하구해역에 방조제를 설치하고 공유수면을 매립·간척하여 28,300ha의 농지와 11,800ha의 담수호(이하 '새만금 담수호'라 한다)를 조성하는 것을 내용으로 하는 매립 및 간척사업으로서 구 환경정책기본법 제26조의 환경영향평가 대상사업에 해당한다. 그리고 새만금사업의 환경영향평가 대상지역은 군산시, 김제시, 전북 부안군 전 지역인데, 원고 조경훈 등 143명의 원고를 제외한 나머지 원고들(원고 144. 내지 3539.)이 거주하는 목포시, 익산시, 전북 완주군, 전주시, 서울 등의 지역은 환경영향평가 대상지역도 아닌 데다가 위 원고들이 위 공유수면매립면허처분 등으로 인하여 그 처분 전과 비교하여 수인한도를 넘는 환경피해를 받거나 받을 우려가 있다는 점을 입증하지 못하고 있으며, 위 원고들이 이 사건 각 처분과 관련된 구 공수법상의 공유수면에 관하여 권리를 가진 자 또는 농근법상의 이해관계인에 해당한다고 인정할 자료가 없다. 그러므로 위 원고들에게는 이 사건 각 처분의 무효확인을 구할 원고적격이 있다고 할 수 없다.

(2) 사업의 경제성에 관한 채증법칙 위배 등 부분: 특히, 새만금사업과 같이 사업시행의 범위가 광범위하고 국가의 특별한 정책적 필요에 의하여 시행하는 공공사업의 경우에는 그러한 공공사업이 국가경제 및 사회경제적으로 끼치는 영향도 클 뿐만 아니라 갯벌과 생태계 및 해양환경 등 자연환경에 미치는 영향도 매우 크다고 할 것이므로, 그러한 공공사업에 경제성 내지 사업성이 있는지 여부를 판단함에 있어서는 위와 같은 요소들을 빠짐없이 고려하여야 할 것이다. 또한, 위와 같은 간척지의 매립사업과 같이 어떠한 항목을 편익이나 비용 항목에 넣을 수 있는지 여부와 그러한 항목에 대한 평가방법이나 기법에 관하여 확립된 원칙이나 정설이 존재하지 아니한 경우에는, 경제성 내지 사업성 평가 당시의 공공사업의 투자분석이론이나 재정학 또는 경제학 이론 등에 따라 그 분야의 전문가들에 의하여 가능한 한 가장 객관적이고 공정한 방법을 사용하여 편익과 비용을 분석한 후 공공사업에 경제성 내지 사업성이 있는지 여부를 평가하는 것이 바람직하다고 할 것이다. 원심은, 채택 증거를 종합하여 판시와 같은 사실을 인정한 다음, 1988년 당시 한국산업경제연구원의 경제성 분석 보고서 및 새만금사업 기본계획에는 감사원 감사에서 지적된 바와 같이 농수산 중심 개발안에 대하여 일부 비용을 누락한 채 관광편익 및 항만편익을 계상하고 수질오염 등으로 시행이 불투명한 담수어 양식장 편익 등을 계상한 하자가 있기는 하지만, 그 감사 결과에 의하더라도 오류를 수정하여 경제성을 재검토하였을 경우 할인율 10%를 기준으로 한 농수산 중심 개발안의 편익·비용비율은 0.99(내부수익률은 9.92%)에 이르고 있어 편익과 비용이 거의 대등하고, 또한 비록 이견과 비판론이 있기는 하나 환경단체 등이 추천한 위원 등 민간위원 21명과 정부관계기관 인사 9명 등 30명의 공공투자분석 전문가들로 구성된 민관공동조사단에서 약 1년 2개월 동안 회의를 계속하여 공동조사보고서를 작성함에 있어 위원들의 견해차를 고려하여 10개의 시나리오를 구성하여 분석하기로 합의한 후 시나리오별 분석치를 내놓았고, 그 결과 모든 시나리오에서 경제적 타당성이 있는 것으로 분석된 점 등에 비추어 보면, 이 사건 각 처분에서 채택한 한국산업경제연구원의 경제성 분석이 충분하지 아니한 일부의 하자가 있다고 하더라도, 이를 법규의 중요한 부분을 위반한 중대한 것으로서 객관적으로 명백하다고 할 수 없다고 판단하였다. 위 법리와 기록에 비추어 살펴보면, 원심의 위와 같은 사실인정과 판단은 정당하고, 거기에 상고이유와 같은 경제성과 관련한 판단유탈, 심리미진 및 채증법칙 위배 등의 위법이 없다.

(3) 사업의 필요성에 관한 채증법칙 위배 등 부분: 농지개량사업의 시행을 인가함에 있어서는 농근법 제93조 및 제96조에 따라 농지개량사업을 시행할 필요가 있어야 하는바, 사업의 필요성 결여로 인하여 사업이 무효라고 보기 위하여는 그 하자가 중대하고 객관적으로 명백하여야 한 경우라야 할 것이다. 원심이 확정한 사실에 비추어 보면, 농림부에서는 새만금사업의 기본계획을 확정할 당시 국토의 간척 가능면적과 개발면적 및 개발중인 면적을 밝히면서 국토 공간의 과밀화와 경제사회 발전으로 인한 토지수요 증대에 종합적으로 대처하고 농지잠식과 한계농지를 대체하며 일정수준의 식량자급을 유지하기 위한 우량농지 확보와 수자원 개발로 해안지역 용수개발을 위하여 간척사업이 필요하다고 보았는바, 비록 한국산업경제연구원이 1989년부터 2011년까지 논의 신규창출이 요구되는 면적이 33,077ha라고 추정하였지만 이는 향후 농경지 수요량 추정치와 지목별 잠식량 및 농경지 지목변경량 추정치

를 근거로 하여 다시 추정 산출한 것으로서 1989년부터 2002년까지 실제로 잠식된 농지의 면적이 위 추정 잠식 면적과 달리 그 2배에 달하고 있어 위 논의 신규창출 요구 면적 추정치를 그대로 믿기 어려우므로 그 추정치만을 근거로 하여 새만금사업의 토지이용계획이 잘못되었다고 할 수 없고, 또한 새만금사업의 토지이용계획 당시 이미 간척 중인 토지 면적이 47,000ha라는 사정을 고려한다고 하더라도 새만금사업의 필요성이 없다거나 그 하자가 새만금사업을 당연무효라고 할 만큼 중대·명백하다고 할 수 없다. 같은 취지의 원심 판단은 정당하고, 거기에 상고이유와 같은 농지의 필요성에 대한 심리미진, 채증법칙 위배 등의 위법이 없다.

(4) 담수호 수질기준 및 사업목적 달성 불능에 관한 채증법칙 위배 등 부분: 위 법리와 원심이 확정한 사실에 비추어 살펴보면, 원심이 새만금사업에 대한 감사원 감사에서 지적된 바와 같이 새만금사업 기본계획이나 환경영향평가 당시에는 오염부하량의 산정이나 수질대책이 미흡한 상태에서 사업을 시행하는 등의 하자가 있었지만, 그 후 정부는 환경부 수질보전종합대책 시안과 민관공동조사단의 수질분석 결과 및 환경부의 수질예측 결과를 반영하여 정부조치계획을 수립함으로써 그 하자를 보완하였으며, 그와 같은 정부조치계획에서는 당초 수질대책으로 들어가 있지 않았던 인처리 시설, 환배수로, 인공습지, 인공수초섬, 침전시설 등 각종 대책을 추가하고, 순차개발방식으로 공사를 진행하는 내용이 추가되었으며, 정부조치계획 이후 구성된 새만금환경대책위원회의 평가 결과에 의하면 2004년 현재 환경기초시설 확충, 새만금 상류지역에 대한 축산분뇨 관리대책, 새만금 친환경 간척계획 등 소관부처별 정부실천계획에 나오는 11개 과제 모두 정상적으로 추진되고 있고, 수질예측 결과도 당초 예측보다 초과하여 달성되고 있는 것으로 나타난 사실, 정부조치계획상의 새만금 내부 수질 개선비 2,257억 원 중 새만금 사업비에 이미 포함된 1,461억 원을 제외하면 신규로 소요될 예산은 796억 원에 불과한 사실 등을 인정한 다음, 새만금 담수호의 목표 수질 달성이 실현 불가능하다고 할 수도 없고, 위와 같은 정도의 비용 지출이 사회적으로 감당하기 어려운 과다한 비용이라고 할 수도 없어 무효사유에 해당하지 아니한다고 판단한 것은 정당하고, 거기에 상고이유와 같은 수질예측과 관련한 채증법칙 위배, 심리미진 등의 위법이 없다.

(5) [반대의견 이유]: (가) 이 사건 새만금사업은 갯벌을 농지로 바꾸는 사업으로 광활한 갯벌의 상실은 필연적인 것인데, 새만금 갯벌은 전국 갯벌 면적의 약 8%, 전라북도 갯벌 면적의 절반을 훨씬 초과하는 20,800ha의 대규모 갯벌이고, 강과 바다가 만나는 곳에 형성된 하구갯벌로서 다른 갯벌에 비하여 가치가 훨씬 높고, 패류의 성장에 알맞은 사니로 구성되어 종다양성과 생체량이 풍부하며, 수십만 마리의 도요·물떼새류가 이용하는 국제적으로 보기 드문 철새도래지이다.

(나) 앞서 본 바와 같이 방조제가 완공되면 해수순환의 남북 이원화, 유속 감소, 성층형성 등으로 인한 인근 해역의 수질악화 등 해양환경에 급격한 영향을 미칠 것으로 예상됨에도 불구하고, 현재 방조제 완공으로 인한 해양환경 피해를 저감할 수 있는 별다른 대책이 마련되어 있지 않은바, 이러한 상태에서 방조제가 완공될 경우 해양환경상 발생하게 될 피해는 이를 가액으로 산정하기 어렵다 하더라도 경제성 내지는 사업성을 판단함에 있어서는 충분히 고려되어야 한다.

(다) 새만금사업의 경제성 분석 결과에 대하여 많은 문제점이 지적되고, 갯벌이 갖고 있는 다양하고 풍부한 가치가 제대로 평가되지 않은 점, 경제성 분석에서 비용으로 포함되지 않은 해양환경 변화에 대한 대책비용 등을 고려하면, 이 사건 새만금사업에 대규모 환경의 희생을 정당화할 정도로 우월한 경제성 내지 사업성이 있다고 보기는 어려우므로 사업을 강행할 명분이 없다고 보아야 한다.

(라) 최근에 갯벌의 가치와 효용에 대한 연구와 인식이 빠른 속도로 강화되고, 갯벌이 국경을 넘나드는 철새와 각종 희귀종의 서식지인 점에 착안하여 이를 범세계적으로 보존하려는 국제적 공동노력이 활발하게 진행되고 있으며, 이에 발맞추어 우리나라도 '물새 서식지로서 국제적으로 중요한 습지에 관한 협약'(람사협약)에 가입한 데 이어 후속조치로서 습지보전법을 제정하는 등 국제적 추세를 거스를 수 없는 상황에 이르렀다. 우리나라 서해안의 갯벌은 세계 5대 갯벌 중 하나에 포함될 정도로 국제적으로 주목받는 갯벌인데, 위와 같은 국제적 추세를 거스르고 새만금 갯벌을 매립하는 경우 국제적인 비난은 물론 우리나라가 환경 후진국이라는 평가를 면하기 어렵게 될 것이다.

(6) [보충의견 이유]: (가) 이 사건 새만금사업은 전라북도 만경강, 동진강의 하구해역에 방조제를 설치하고 공유수면을 매립·간척하여 농지와 담수호를 조성함으로써 국토의 확장과 함께 농업생산력을 증진시켜 국민경제의 발전과 낙후된 지역경제의 활성화를 꾀하고자 하는 국가 정책적 목적에 터잡은 대규모의 개발사업으로서 긍정적 측면이 있는 반면, 새만금 갯벌의 상실 및 해양환경에의 영향 등 자연환경의 훼손이라는 개발에 따르는 부정적인 효과가 따를 수밖에 없어, 개발과 환경보호라는 두 가치의 충돌이 필연적으로 발생하게 되는 전형적인 사업이다. 그러한 만큼 이 사건 새만금사업에 소요되는 국가·사회적인 비용과 이 사업을 통하여 얻을 수 있는 국가·사회적인 편익 내지는 국민 경제적인 가치를 과학적·합리적·이성적으로 평가하여야 할 것이다. 더욱이 이 사건 새만금사업은 1991. 11. 28. 방조제공사가 착공된 이래 현재까지 약 1조 9,000억 원의 막대한 비용을 투입하여 총 33㎞의 길이로 예정된 새만금 방조제 중 30.3㎞의 구간이 완공되어 2.7㎞의 구간만 남아 있고, 담수호 수위 조절 등을 위한 가력배수갑문과 신시배수갑문이 모두 완공되어 있는바, 이 사건 취소 청구는 그 사업이 시행되기 전에 그 위법성을 다투는 것이 아니라 이와 같이 이미 상당한 정도로 진행이 되어 있는 대규모의 공공사업에 대하여 사정변경 및 공익상의 필요 등을 이유로 그 사업의 전면적 중단을 요구하는 것에 그 특이성이 있다. 그렇다면 이 사건에 있어서는 사업시행 전에 사업의 타당성이나 적법성을 심리하는 경우와는 달리, 그 사업을 계속함으로 인하여 초래될 수 있는 환경상의 피해와 사업에 소요되는 비용 못지않게 그 사업을 중단시킴으로써 달성할 수 없게 되는 국가·사회적인 편익 내지는 국민 경제적인 가치뿐 아니라 이미 사업을 위하여 지출된 막대한 비용에 따른 손해에 대하여도 고려하여야 하며, 이와 같은 모든 손해들을 감수하고서라도 사업을 중단시켜야 할 정도로 환경상의 피해와 비용이 든다는 점이 충분히 입증되어야만 비로소 사업을 중단시켜야 할 사정변경 및 공익상의 특별한 필요가 있다고 할 것이고, 이에 대한 입증책임은 사업을 중단시켜야 할 사정변경 및 공익상의 특별한 필요가 있다고 주장하는 측에게 있다 할 것이다. 그런데 원심은 원고측이 그러한 입증에 실패하였음을 이유로 이 사건 청구를 기각하고 있는 것이다.

(나) 자연환경은 그 속성상 한번 파괴되면 이를 회복하는 것이 어려울 뿐만 아니라, 자연

28. 환경권과 환경영향평가

환경은 현재 세대의 생존의 기초가 되는 동시에 장래 세대에 대하여도 역시 생존의 기초로 유지되어야 할 자산으로서, 이 사건 새만금사업과 같이 환경 훼손의 우려가 있는 대규모의 국책사업의 경우 신중한 판단을 위하여 사전에 환경피해의 범위 및 정도 등에 대한 철저한 조사 등이 우선되어야 할 것인데, 다수의견에서 지적하고 있는 바와 같이, 이 사건 새만금사업계획을 수립할 당시에 이루어진 환경영향평가, 담수호 수질 유지·관리 대책 등에 관하여 일부 미흡한 점이 있었음을 인정하지 않을 수 없고, 이 점이 새만금사업의 원만한 추진에 걸림돌이 되었고 커다란 사회적 갈등을 야기하였다. 이 점은 장래 이른바 대규모의 국가 정책적 사업을 추진함에 있어서 소중한 교훈으로 삼아야 할 것이다.

【해 설】

(1) 헌법 제35조 제1항에서는 「모든 국민은 건강하고 쾌적한 환경에서 생활할 권리를 가지며, 국가와 국민은 환경보전을 위하여 노력하여야 한다」라고 하여 **환경권**을 보장하는 동시에 국가와 국민의 **환경보전의무**도 명시하고 있다. 이 조항은 **제8차(1980년) 개헌**에서 신설되었고 현행헌법은 자구수정을 가하였을 뿐이다. 동조 제2항에서는 「환경권의 내용과 행사에 관하여는 법률로 정한다」라고 하여 환경권의 구현을 위한 법률유보를 규정하고, 동조 제3항에서는 「국가는 주택개발정책을 통하여 모든 국민이 쾌적한 주거생활을 할 수 있도록 노력하여야 한다」라고 하여 사회적 환경권 중 주거환경권까지 보장하고 있다.

일반적으로 **환경권**이란 건강하고 쾌적한 환경에서 인간다운 생활을 누릴 수 있는 생활환경의 회복·보전을 요구할 수 있는 권리를 말한다. 이 때 **좁은 의미의 환경권**은 생명·건강에 침해를 받지 않는 환경 속에서 살 수 있는 권리, 즉 토지·태양·깨끗한 물·맑은 공기 등의 자연환경 속에서 살 수 있는 권리(자연환경권)를 말하고, **넓은 의미의 환경권**은 자연환경권 외에 문화적 유산환경, 도로·공원·교육·의료 등 인공적 제시설환경을 포함한 좋은 환경 속에서 살 수 있는 권리를 말한다. 헌법 제35조의 환경권은 넓은 의미의 환경권으로 이해해야 한다.

환경정책기본법 제3조(정의)에 의하면 **"환경"**이란 자연환경과 생활환경을 말하며, **"자연환경"**이란 지하·지표(해양을 포함) 및 지상의 모든 생물과 이들을 둘러싸고 있는 비생물적인 것을 포함한 자연의 상태(생태계 및 자연경관을 포함)를 말한다. 또한 **"생활환경"**이란 대기, 물, 폐기물, 소음·진동, 악취, 일조 등 사람의 일상생활과 관계되는 환경을 말하고, **"환경오염"**이란 사업활동 및 그 밖의 사람의 활동에 의하여 발생하는 대기오염, 수질오염, 토양오염, 해양오염, 방사능오염, 소음·진동, 악취, 일조 방해, 인공조명에 의한 빛공해 등으로서 사람의 건강이나 환경에 피해를 주는 상태를 말한다.

본래 인간과 환경은 서로 영향을 주고받는 상호의존관계에 있지만 인류의 역사는 환경에 대한 일방적인 지배만을 도모하여 왔고, 그 결과 공해 등 환경파괴로 인한 환경문제의 심각성은 인류의 생존마저 위협하는 상황에 이르고 있으며, 이에 각국은 환경문제를 새롭게 인식하지 않을 수 없게 되었다. 환경권이 등장하게 된 사상적·이론적 배경으로는 환경공유사상, 생명권·보건권의 재산권·영업권에 대한 우위론, 산업우선주의를 지양한 인간존중주의 등을 들 수 있다. 다시 말해서 환경권은 인간의 존엄성존중을 그 이념적 기초로 하면서 여러 가지 성격을 아울러 가진 총합적 기본권이지만, 그 주된 성격은 **사회적 기본권**이다(다수설). 왜냐하면 국민은 환경파괴를 배제할 것을 요구할 수 있을 뿐만 아니라 환경보전우선을 저해하는 환경파괴의 예방·저지·회복·개선 등을 적극적으로 요구할 수 있는 권리가 있기 때문이다.

따라서 생명·신체·생활환경에 피해나 위협을 받은 국민은 국가에 대하여 직접 구체적 권리로서 침해배제청구권이나 손해배상청구권을 행사할 수 있다. 환경권의 주체는 모든 사람이며 개인이든 다수인이든 **자연인**만이다. 또한 환경권을 법원에서 다룰 때 환경소송의 원고적격의 범위는 오염된 환경과 관련이 있는 모든 자로 보아야 할 것이다. 환경권도 헌법 제37조 제2항의 규정에 따라 국가안전보장·질서유지 또는 공공복리를 위하여 필요한 경우에는 법률로써 제한할 수 있다. 다만 제한하는 경우에도 환경권의 본질적 내용은 침해할 수 없다.

(2) 우리나라의 경우 1960년대 이후 급속한 경제개발에 따라 환경오염의 문제가 제기되기 시작하였다. 당시에 이에 대한 대응책으로 활용되었던 것은 주로 민사적 손해배상이나 행정법적 규제였다. 당시로서는 환경오염상황이 심각하지 않았기 때문에 관련당사자 사이에서 이해관계를 조정하거나 행정적 규제로 환경침해행위에 대한 규제가 가능했기 때문이었다. 그러나 환경침해행위가 환경재의 오염을 통해 인간의 생명과 신체를 위협하는 사태에 이르고, 나아가 이것이 누적·심화되어 인류의 생존기반을 파괴하는 정도에 이르게 되자 환경침해행위는 형법의 규제영역에 편입되어야 한다는 인식이 형성되었다.

우리나라의 환경관련법에서 처음으로 형벌이 제재 수단으로 등장한 것은 1963년 『**공해방지법**』에 규정된 '벌금형'이었고, 1971년 개정시 자유형(2년 이하의 징역)이 도입되었으며, 점차 형벌부과대상이 되는 행위영역이 확대되어가는 경향을 보였다. 그런데 이러한 환경침해행위와 그에 대한 형벌은 전적으로 개별 환경행정법내의 벌칙장에서 규정되어 왔다. 이는 형벌이 환경범죄의 규제를 위해서라기보다는 환경행정의 원활한 수행을 위한 것이라고 볼 수 있다.

그 후 직접적으로 환경침해방지를 위해 형벌이 규정된 것은 1991년에 제정된 『**환경범죄의 처벌에 관한 특별조치법**』에서였다. 이 법은 지금까지 행정법에 부수하여 벌칙의 장에서 존재했던 형벌체계에서 탈피하여 독자적 범죄구성요건과 형벌을 규정한 형사특별법으로서, 이로 인해 우리나라는 처음으로 단행법인 환경형법을 갖게 된 것이다. 그러나 이 법은 일반인에게 적용되는 법률이 아니고 기업형 환경범죄에만 적용되는 법률이므로 일반인에게 보편적으로 적용되는 환경범죄에 관한 규정은 아직 제정된 것이 아니라고 할 수 있다.

요컨대 우리나라의 환경관련법제는 몇 단계를 거치면서 발전하여 왔다. 제1단계로 1963년에 **공해방지법**이 제정되었고, 제2단계로 1970년대에 접어들면서 경제개발우선정책에 따라 본격적인 공업화의 추진으로 환경문제가 심각해지자 1977년에 **환경보전법**과 **해양오염방지법**이 제정되었다. 제3단계는 환경권이 헌법상 기본권의 하나로 채택된 단계로서 1980년 **헌법** 제33조에 **환경권**과 국가 및 국민의 **환경보전의무**가 규정되었다. 제4단계로는 경제성장의 고도화와 공업화의 진전으로 환경오염의 유형이 다양화되면서 단일법주의에 입각한 환경보전법이 한계를 드러내자 이를 계기로 복수법주의에 입각한 환경법제로의 전환이 이루어졌다. 1990년 8월 1일에는 **환경정책기본법**을 제정하여 환경보전정책의 기본방향을 설정하고, 나아가 토양환경보전법, 대기환경보전법, 수질환경보전법, 소음·진동규제법, 유해화학물질관리법, 환경분쟁조정법 등의 관련법으로 환경권의 내실화를 기하고자 하였다.

(3) 환경권의 침해와 구제에 있어서 우선 **사인에 의한 환경권의 침해**에 대하여는 손해배상청구 혹은 유지청구를 할 수 있다. **손해배상청구**는 환경피해를 금전적 또는 물질적으로 배상할 것을 요구하는 것을 말한다. 가령 **환경정책기본법 제44조**(환경오염의 피해에 대한 무과실책임)에 의하면 「① 환경오염 또는 환경훼손으로 피해가 발생한 경우에는 해당 환경오염 또는 환경훼손의 원인자가 그 피해를 배상하여야 한다. ② 환경오염 또는 환경훼손의 원인자가 둘 이상인 경우에 어느 원인자에 의하여 제1항에 따른 피해가 발생한 것인지를 알 수 없을 때에는 각 원인자가 연대하여 배상하여야 한다」라고 규정함으로써 환경피해에 대하여 원인자는 **무과실책임**(無過失責任)을 지도록 명시하고 있다. **유지청구**(留止請求)는 환경피해가 현실로 발생하였거나 발생이 예견되는 경우에 피해자가 환경피해의 배제 또는 예방을 법원에 구하는 방법이다.

환경권침해의 구제와 관련해서는 수인한도론과 개연성이론이 주장되고 있다. 즉 **수인한도**란 가해자측의 사정과 피해자측의 사정 및 지역적 특성 등을 비교형량하여 피해가 일반인으로 하여금 통상 견딜 수 있는 한도를 말하며, 이러한 한도를 넘어서는 피해가 있는 경우에 위법성이 인정된다는 이론이 **수인한도론**(受忍限度論)이다. 수인한도의 판단기준으로는 피침해이익의 성질 및 정도, 공공성, 지역성, 계속성, 방지조치 등을 들 수 있다. 한편 **개연성이론**(蓋然性理論)이란 환경분쟁에 있어서 인과관계의 증명은 과학적으로 엄밀한 증명을 요하지 아니하고 침해행위와 손해발생 사이에 인과관계가 존재한다는 상당한 정도의 개연성이 있음을 입증함으로써 족하며, 가해자는 이에 대한 반증을 한 경우에만 인과관계의 존재를 부인할 수 있다는 이론이다. 다음으로 **공권력에 의한 환경권의 침해**에 대하여는 국가나 공공단체 등을 상대로 행정쟁송·국가배상·손실보상·헌법소원을 제기하거나 행정개입을 청구할 수 있다.

사인이나 공권력에 의한 환경피해를 사법기관을 통하여 구제하는 것은 강제적이고 공정하며 피해구제의 최후수단이라는 점에서 그 의의가 크다고 할 수 있다. 그러나 이는 원인유형의 다양성·인과관계입증의 곤란성·피해분쟁의 복잡성 등을 특징으로 하는 현대적 환경분쟁을 구제하는 수단으로서는 한계가 있다. 따라서 이러한 한계를 극복하고 환경피해에 대한 국민의 권리구제를 보다 효율적으로 하기 위하여 마련된 제도가 **환경분쟁조정제도**이다. 즉 **환경분쟁조정법** 제4조(환경분쟁조정위원회의 설치)에 의하면 환경부에 중앙환경분쟁조정위원회(이하 "중앙조정위원회"라 한다)를 설치하고, 특별시·광역시·특별자치시·도·특별자치도(이하 "시·도"라 한다)에 지방환경분쟁조정위원회(이하 "지방조정위원회"라 한다)를 설치하도록 규정하고 있다.

민사소송법상 소송당사자를 기준으로 할 경우에 민사소송은 다음의 네 가지로 분류할 수 있다. 즉 ① 피해자 중 한 사람이 당사자가 되어 소송을 제기하는 **개별소송** ② 다수의 피해자 중 일부 당사자들이 병합하여 소송을 제기하는 **공동소송** ③ 다수의 피해자 중 대표자를 선정하여 이 대표자가 소송을 하는 **선정당사자소송** ④ 피해당사자가 아닌 사람 또는 단체가 소송을 담당하는 **공공소송** 등이다. 그러나 이들 소송에 의한 분쟁해결방안은 불특정 다수인을 상대로 하는 현대적 환경피해분쟁의 해결방법으로서는 한계가 있으므로 예컨대 동일한 사건의 피해자가 개별적으로 소송을 제기하는 것이 아니라 집단에 대하여 원고적격을 인정하여 집단적으로 소송을 제기할 수 있게 하는 미국의 **집단소송제도** 혹은 독일의 **단체소송제도**와 같은 새로운 환경소송제도의 도입이 활발하게 논의되어왔다.

[대법원 2006. 6. 2. 2004마1148,1149 결정]

도롱뇽은 천성산 일원에 서식하고 있는 도롱뇽목 도롱뇽과에 속하는 양서류로서 자연물인 도롱뇽 또는 그를 포함한 자연 그 자체로서는 소송을 수행할 당사자능력을 인정할 수 없다고 한 원심의 판단을 수긍한 사례이다. 즉 환경권에 관한 헌법 제35조 제1항이나 자연방위권 등 헌법상의 권리에 의하여 직접 한국철도시설공단에 대하여 고속철도 중 일부 구간의 공사 금지를 청구할 수 없고, 환경정책기본법 등 관계 법령의 규정 역시 그와 같이 구체적인 청구권원을 발생시키는 것으로 해석할 수 없다고 보았다. 한국철도시설공단이 국가의 전 지역에서 장기간 이루어지는 고속철도사업의 일환으로 터널공사를 시행함에 있어서 환경 침해에 관한 우려를 해소하기 위하여 비록 법령상의 환경영향평가절차는 아니지만 사단법인 대한지질공학회에 의뢰하여 자연변화 정밀조사를 실시하였고, 그 조사 결과 및 환경부의 의뢰로 이루어진 한국환경정책평가연구원 등의 검토의견에 의하면 터널공사가 천성산의 환경에 별다른 영향을 미치지 않는 것으로 조사된 사정 등을 모두 종합하여 보면, 현재로서는 터널공사로 인하여 신청인들의 환경이익이 침해될 수 있는 개연성에 관한 소명이 부족하다고 한 사례이다.

[대법원 2014. 2. 27. 2009다40462 판결] <신축아파트 시야차단 사건>

(가) 일조방해행위가 사회통념상 수인한도를 넘었는지 여부는 피해의 정도, 피해이익의 성질 및 그에 대한 사회적 평가, 가해 건물의 용도, 지역성, 토지이용의 선후관계, 가해 방지 및 피해 회피의 가능성, 공법적 규제의 위반 여부, 교섭 경과 등 모든 사정을 종합적으로 고려하여 판단하여야 하고, 건축 후에 신설된 일조권에 관한 새로운 공법적 규제 역시 이러한 위법성의 평가에 있어서 의미 있는 자료가 될 수 있다. 그리고 건축법 등 관계 법령에 일조방해에 관한 직접적인 단속법규가 있다면 그 법규에 적합한지 여부가 사법상 위법성을 판단함에 있어서 중요한 판단자료가 될 것이지만, 이러한 공법적 규제에 의하여 확보하고자 하는 일조는 원래 사법상 보호되는 일조권을 공법적인 면에서도 가능한 한 보장하려는 것으로서 특별한 사정이 없는 한 일조권 보호를 위한 최소한도의 기준으로 봄이 상당하고, 구체적인 경우에 있어서는 어떠한 건물 신축이 건축 당시의 공법적 규제에 형식적으로 적합하다고 하더라도 현실적인 일조방해의 정도가 현저하게 커서 사회통념상 수인한도를 넘은 경우에는 위법행위로 평가될 수 있다.

(나) 인접 토지에 건물 등이 건축되어 발생하는 시야 차단으로 인한 폐쇄감이나 압박감 등의 생활이익의 침해를 이유로 하는 소송에서 침해가 사회통념상 일반적으로 수인할 정도를 넘어서서 위법하다고 할 것인지 여부는, 피해 건물의 거실이나 창문의 안쪽으로 일정 거리 떨어져서 거실 등의 창문을 통하여 외부를 보았을 때 창문의 전체 면적 중 가해 건물 외에 하늘이 보이는 면적비율을 나타내는 이른바 천공률이나 그 중 가해 건물이 외부 조망을 차단하는 면적비율을 나타내는 이른바 조망침해율뿐만 아니라, 피해건물과 가해건물 사이의 이격거리와 가해 건물의 높이 및 이격거리와 높이 사이의 비율 등으로 나타나는 침해의 정도와 성질, 창과 거실 등의 위치와 크기 및 방향 등 건물 개구부 현황을 포함한 피해 건물의 전반적인 구조, 건축법령상의 이격거리 제한 규정 등 공법상 규제의 위반 여부, 나아가 피해 건물이 입지하고 있는 지역에 있어서 건조물의 전체적 상황 등의 사정을 포함한 넓은 의미의 지역성, 가해건물 건축의 경위 및 공공성, 가해자의 방지조치와 손해회피의 가능성,

가해자 측이 해의를 가졌는지 유무 및 토지 이용의 선후관계 등 모든 사정을 종합적으로 고려하여 판단하여야 한다.

(다) 갑 아파트의 일부 세대 소유자들인 을 등이 인접 토지에 신축된 병 아파트의 시행사인 정 주식회사를 상대로 조망침해(개방감 상실)에 따른 손해배상을 구한 사안에서, 병 아파트와 갑 아파트 각 피해 세대 사이의 이격거리와 병 아파트의 높이 및 이격거리와 높이의 비율 등 가해 건물과 피해 건물 사이의 배치관계가 그 지역에서 이례적인 것으로 보기 어려운데도, 이른바 조망침해율의 증가만을 이유로 정 회사의 병 아파트 신축으로 을 등에게 수인한도를 초과한 시야차단으로 폐쇄감이나 압박감이 발생하였다고 본 원심판결에는 시야차단으로 인한 폐쇄감이나 압박감의 수인한도에 관한 법리오해 등 위법이 있다고 한 사례이다.

(라) 원심은 채용 증거를 종합하여 용인시 처인구 (주소 2 생략) 외 15필지 지상에 △△△△△아파트(이하 '이 사건 신축아파트'라고 한다)가 건축되기 전에는 이 사건 ○○아파트 105동 중 원심판결 별지 제1의 '원고' 및 '호수'란 기재 각 해당 세대(이하 '이 사건 각 피해세대'라고 한다) 전체가 동지일 기준으로 08:00부터 16:00까지 8시간 동안 일조가 확보되었으나 이 사건 신축아파트가 건축된 후로는 이 사건 각 피해세대 가운데 동지일 기준으로 09:00부터 15:00까지 6시간 중 연속 2시간 이상의 일조가 확보되거나 08:00부터 16:00까지 8시간 중 합계 4시간 이상의 일조가 확보되는 세대가 없게 되었으므로, 피고가 이 사건 신축아파트를 건축함으로써 사회통념상 수인한도를 초과하여 원고들의 일조에 관한 권리를 침해하였다고 판단하였다. 그러나 이 사건 ○○아파트 부지와 이 사건 신축아파트 부지는 모두 용도지역이 제2종 일반주거지역으로서, 피고는 위 신축아파트를 건축함에 있어서 인접한 토지의 경계선으로부터 일정 거리를 유지하도록 하는 건축법령의 관련 규정 등 제반 공법상 규정을 준수하였다. 그 결과 이 사건 신축아파트와 이 사건 각 피해세대 사이의 이격거리는 최소 33.34m, 최대 46.29m, 위 신축아파트의 높이는 약 40.7m에 이르게 되었는데, 위 각 피해세대가 속한 이 사건 ○○아파트 105동과 그 북쪽 방향에 있는 위 ○○아파트 103동 사이의 이격거리는 54m이면서 위 105동의 높이는 54.3m이고, 위 103동과 그 북쪽 방향에 있는 이 사건 ○○아파트 101동 사이의 이격거리는 58.8m이면서 위 103동의 높이는 54.3m이다. 또한 이 사건 신축아파트 103동과 그 남쪽 방향에 있는 위 신축아파트 104동 사이의 이격거리는 28.43m 또는 30.15m이면서 위 104동의 높이는 27.45m 또는 30.1m이고, 이 사건 신축아파트 105동과 그 남쪽 방향에 있는 위 신축아파트 106동 사이의 이격거리는 40.8m이면서 위 106동의 높이는 40.7m이다. 이와 같이 이 사건 각 피해세대가 속한 지역의 건물들 사이의 이격거리와 건물 높이 및 그 이격거리와 높이 사이의 비율 현황 등에 비추어 볼 때, 이 사건 신축아파트와 이 사건 각 피해세대 사이의 이격거리와 위 신축아파트의 높이 및 그 이격거리와 높이의 비율 등 가해건물과 피해건물 사이의 배치관계가 그 지역에서 이례적인 것으로 보기 어렵다.

※ **환경정책기본법**

[타법개정 2021. 6. 15. 법률 제18283호, 시행 2021. 12. 16.]

제1조(목적) 이 법은 환경보전에 관한 국민의 권리·의무와 국가의 책무를 명확히 하고 환경정책의 기본 사항을 정하여 환경오염과 환경훼손을 예방하고 환경을 적정하고 지속가능

하게 관리·보전함으로써 모든 국민이 건강하고 쾌적한 삶을 누릴 수 있도록 함을 목적으로 한다.

제3조(정의) 이 법에서 사용하는 용어의 뜻은 다음과 같다. 1. "환경"이란 자연환경과 생활환경을 말한다. 2. "자연환경"이란 지하·지표(해양을 포함한다) 및 지상의 모든 생물과 이들을 둘러싸고 있는 비생물적인 것을 포함한 자연의 상태(생태계 및 자연경관을 포함한다)를 말한다. 3. "생활환경"이란 대기, 물, 토양, 폐기물, 소음·진동, 악취, 일조, 인공조명, 화학물질 등 사람의 일상생활과 관계되는 환경을 말한다. 4. "환경오염"이란 사업활동 및 그 밖의 사람의 활동에 의하여 발생하는 대기오염, 수질오염, 토양오염, 해양오염, 방사능오염, 소음·진동, 악취, 일조 방해, 인공조명에 의한 빛공해 등으로서 사람의 건강이나 환경에 피해를 주는 상태를 말한다. 5. "환경훼손"이란 야생동식물의 남획 및 그 서식지의 파괴, 생태계질서의 교란, 자연경관의 훼손, 표토의 유실 등으로 자연환경의 본래적 기능에 중대한 손상을 주는 상태를 말한다. 6. "환경보전"이란 환경오염 및 환경훼손으로부터 환경을 보호하고 오염되거나 훼손된 환경을 개선함과 동시에 쾌적한 환경 상태를 유지·조성하기 위한 행위를 말한다. 7. "환경용량"이란 일정한 지역에서 환경오염 또는 환경훼손에 대하여 환경이 스스로 수용, 정화 및 복원하여 환경의 질을 유지할 수 있는 한계를 말한다. 8. "환경기준"이란 국민의 건강을 보호하고 쾌적한 환경을 조성하기 위하여 국가가 달성하고 유지하는 것이 바람직한 환경상의 조건 또는 질적인 수준을 말한다.

제6조(국민의 권리와 의무) ① 모든 국민은 건강하고 쾌적한 환경에서 생활할 권리를 가진다. ② 모든 국민은 국가 및 지방자치단체의 환경보전시책에 협력하여야 한다. ③ 모든 국민은 일상생활에서 발생하는 환경오염과 환경훼손을 줄이고, 국토 및 자연환경의 보전을 위하여 노력하여야 한다.

제7조(오염원인자 책임원칙) 자기의 행위 또는 사업활동으로 환경오염 또는 환경훼손의 원인을 발생시킨 자는 그 오염·훼손을 방지하고 오염·훼손된 환경을 회복·복원할 책임을 지며, 환경오염 또는 환경훼손으로 인한 피해의 구제에 드는 비용을 부담함을 원칙으로 한다.

제7조의2(수익자 부담원칙) 국가 및 지방자치단체는 국가 또는 지방자치단체 이외의 자가 환경보전을 위한 사업으로 현저한 이익을 얻는 경우 이익을 얻는 자에게 그 이익의 범위에서 해당 환경보전을 위한 사업 비용의 전부 또는 일부를 부담하게 할 수 있다.

제9조(환경과 경제의 통합적 고려 등) ① 정부는 환경과 경제를 통합적으로 평가할 수 있는 방법을 개발하여 각종 정책을 수립할 때에 이를 활용하여야 한다. ② 정부는 환경용량의 범위에서 산업 간, 지역 간, 사업 간 협의에 의하여 환경에 미치는 해로운 영향을 최소화하도록 지원하여야 한다.

제12조(환경기준의 설정) ① 국가는 생태계 또는 인간의 건강에 미치는 영향 등을 고려하여 환경기준을 설정하여야 하며, 환경 여건의 변화에 따라 그 적정성이 유지되도록 하여야 한다.

제14조(국가환경종합계획의 수립 등) ① 환경부장관은 관계 중앙행정기관의 장과 협의하여 국가 차원의 환경보전을 위한 종합계획(이하 "국가환경종합계획"이라 한다)을 20년마다 수립하여야 한다.

제30조(환경보전을 위한 규제 등) ① 정부는 환경보전을 위하여 대기오염·수질오염·토

양오염 또는 해양오염의 원인이 되는 물질의 배출, 소음·진동·악취의 발생, 폐기물의 처리, 일조의 침해 및 자연환경의 훼손에 대하여 필요한 규제를 하여야 한다. ② 환경부장관 및 지방자치단체의 장은 환경오염의 원인이 되는 물질을 배출하는 시설이 설치된 사업장으로서 2개 분야 이상의 배출시설이 설치된 사업장에 대하여 관계 법률에 따라 출입·검사를 하는 경우에는 이를 통합적으로 실시할 수 있다.

제41조(환경영향평가) ① 국가는 환경기준의 적정성을 유지하고 자연환경을 보전하기 위하여 환경에 영향을 미치는 계획 및 개발사업이 환경적으로 지속가능하게 수립·시행될 수 있도록 전략환경영향평가, 환경영향평가, 소규모 환경영향평가를 실시하여야 한다.

제44조(환경오염의 피해에 대한 무과실책임) ① 환경오염 또는 환경훼손으로 피해가 발생한 경우에는 해당 환경오염 또는 환경훼손의 원인자가 그 피해를 배상하여야 한다. ② 환경오염 또는 환경훼손의 원인자가 둘 이상인 경우에 어느 원인자에 의하여 제1항에 따른 피해가 발생한 것인지를 알 수 없을 때에는 각 원인자가 연대하여 배상하여야 한다.

※ **환경영향평가법**

[타법개정 2021. 8. 17. 법률 제18432호, 시행 2021. 8. 17.]

제1조(목적) 이 법은 환경에 영향을 미치는 계획 또는 사업을 수립·시행할 때에 해당 계획과 사업이 환경에 미치는 영향을 미리 예측·평가하고 환경보전방안 등을 마련하도록 하여 친환경적이고 지속가능한 발전과 건강하고 쾌적한 국민생활을 도모함을 목적으로 한다.

제2조(정의) 이 법에서 사용하는 용어의 뜻은 다음과 같다. 1. "**전략환경영향평가**"란 환경에 영향을 미치는 계획을 수립할 때에 환경보전계획과의 부합 여부 확인 및 대안의 설정·분석 등을 통하여 환경적 측면에서 해당 계획의 적정성 및 입지의 타당성 등을 검토하여 국토의 지속가능한 발전을 도모하는 것을 말한다. 2. "**환경영향평가**"란 환경에 영향을 미치는 실시계획·시행계획 등의 허가·인가·승인·면허 또는 결정 등(이하 "승인등"이라 한다)을 할 때에 해당 사업이 환경에 미치는 영향을 미리 조사·예측·평가하여 해로운 환경영향을 피하거나 제거 또는 감소시킬 수 있는 방안을 마련하는 것을 말한다. 3. "**소규모 환경영향평가**"란 환경보전이 필요한 지역이나 난개발이 우려되어 계획적 개발이 필요한 지역에서 개발사업을 시행할 때에 입지의 타당성과 환경에 미치는 영향을 미리 조사·예측·평가하여 환경보전방안을 마련하는 것을 말한다. 4. "**환경영향평가등**"이란 전략환경영향평가, 환경영향평가 및 소규모 환경영향평가를 말한다.

제4조(환경영향평가등의 기본원칙) 환경영향평가등은 다음 각 호의 기본원칙에 따라 실시되어야 한다. 1. 환경영향평가등은 보전과 개발이 조화와 균형을 이루는 지속가능한 발전이 되도록 하여야 한다. 2. 환경보전방안 및 그 대안은 과학적으로 조사·예측된 결과를 근거로 하여 경제적·기술적으로 실행할 수 있는 범위에서 마련되어야 한다. 3. 환경영향평가등의 대상이 되는 계획 또는 사업에 대하여 충분한 정보 제공 등을 함으로써 환경영향평가등의 과정에 주민 등이 원활하게 참여할 수 있도록 노력하여야 한다. 4. 환경영향평가등의 결과는 지역주민 및 의사결정권자가 이해할 수 있도록 간결하고 평이하게 작성되어야 한다. 5. 환경영향평가등은 계획 또는 사업이 특정 지역 또는 시기에 집중될 경우에는 이에 대한

누적적 영향을 고려하여 실시되어야 한다. 6. 환경영향평가등은 계획 또는 사업으로 인한 환경적 위해가 어린이, 노인, 임산부, 저소득층 등 환경유해인자의 노출에 민감한 집단에게 미치는 사회·경제적 영향을 고려하여 실시되어야 한다.

제13조(주민 등의 의견 수렴) ① 개발기본계획을 수립하려는 행정기관의 장은 개발기본계획에 대한 전략환경영향평가서 초안을 공고·공람하고 설명회를 개최하여 해당 평가 대상지역 주민의 의견을 들어야 한다. 다만, 대통령령으로 정하는 범위의 주민이 공청회의 개최를 요구하면 공청회를 개최하여야 한다. ② 개발기본계획을 수립하려는 행정기관의 장은 개발기본계획이 생태계의 보전가치가 큰 지역, 환경훼손 또는 자연생태계의 변화가 현저하거나 현저하게 될 우려가 있는 지역 등으로서 대통령령으로 정하는 지역을 포함하는 경우에는 관계 전문가 등 평가 대상지역의 주민이 아닌 자의 의견도 들어야 한다.

제22조(환경영향평가의 대상) ① 다음 각 호의 어느 하나에 해당하는 사업(이하 "환경영향평가 대상사업"이라 한다)을 하려는 자(이하 이 장에서 "사업자"라 한다)는 환경영향평가를 실시하여야 한다. 1. 도시의 개발사업 2. 산업입지 및 산업단지의 조성사업 3. 에너지 개발사업 4. 항만의 건설사업 5. 도로의 건설사업 6. 수자원의 개발사업 7. 철도(도시철도를 포함한다)의 건설사업 8. 공항의 건설사업 9. 하천의 이용 및 개발 사업 10. 개간 및 공유수면의 매립사업 11. 관광단지의 개발사업 12. 산지의 개발사업 13. 특정 지역의 개발사업 14. 체육시설의 설치사업 15. 폐기물 처리시설의 설치사업 16. 국방·군사 시설의 설치사업 17. 토석·모래·자갈·광물 등의 채취사업 18. 환경에 영향을 미치는 시설로서 대통령령으로 정하는 시설의 설치사업

제23조(환경영향평가 대상 제외) 제22조에도 불구하고 다음 각 호의 어느 하나에 해당하는 사업은 환경영향평가 대상에서 제외한다. 1. 「재난 및 안전관리 기본법」 제37조에 따른 응급조치를 위한 사업 2. 국방부장관이 군사상 고도의 기밀보호가 필요하거나 군사작전의 긴급한 수행을 위하여 필요하다고 인정하여 환경부장관과 협의한 사업 3. 국가정보원장이 국가안보를 위하여 고도의 기밀보호가 필요하다고 인정하여 환경부장관과 협의한 사업

제41조(재평가) ① 환경부장관은 다음 각 호의 어느 하나에 해당하는 경우에는 승인기관장등과의 협의를 거쳐 한국환경연구원의 장 또는 관계 전문기관의 장(이하 "재평가기관"이라 한다)에게 재평가를 하도록 요청할 수 있다. 1. 환경영향평가 협의 당시 예측하지 못한 사정이 발생하여 주변 환경에 중대한 영향을 미치는 경우로서 제36조 제2항 또는 제40조에 따른 조치나 조치명령으로는 환경보전방안을 마련하기 곤란한 경우 2. 제53조 제5항 제2호를 위반하여 환경영향평가서등과 그 작성의 기초가 되는 자료를 거짓으로 작성한 경우 ② 재평가기관은 제1항에 따른 요청을 받았을 때에는 해당 사업계획 등에 대하여 재평가를 실시하고 그 결과를 대통령령으로 정하는 기간 이내에 환경부장관과 승인기관장등에게 통보하여야 한다.

29. 동물보호법과 실험동물

[대법원 2013. 4. 25. 2012다118594 판결]

> 원심은 제1심판결 이유를 인용하여, 피고(동물사랑실천협회)가 원고 1로부터 위탁받은 애완견 2마리를 유기견으로 오인하여 안락사시킨 사건에서, 안락사당한 위 개 2마리 자체의 위자료 청구 부분은 배척하는 대신 이와 같은 사정까지 참작하여 원고 1의 위자료를 산정하였다.

【요 지】

(1) 동물 자체가 위자료 청구권의 귀속주체가 될 수 있는지 여부(소극) 및 그 동물이 반려동물이어도 마찬가지인지 여부(적극): 동물의 생명보호, 안전 보장 및 복지 증진을 꾀하고 동물의 생명 존중 등 국민의 정서를 함양하는 데에 이바지함을 목적으로 한 동물보호법의 입법 취지나 그 규정 내용 등을 고려하더라도, 민법이나 그 밖의 법률에 동물에 대하여 권리능력을 인정하는 규정이 없고 이를 인정하는 관습법도 존재하지 아니하므로, 동물 자체가 위자료 청구권의 귀속주체가 된다고 할 수 없다. 그리고 이는 그 동물이 애완견 등 이른바 반려동물이라고 하더라도 달리 볼 수 없다.

(2) 비법인사단 대표자의 대표권 유무가 의심스러운 경우, 법원이 이를 직권으로 조사하여야 하는지 여부(적극) 및 비법인사단이 사원총회 결의 없이 제기한 소송의 적법 여부(원칙적 소극): 비법인사단이 당사자인 사건에서 대표자에게 적법한 대표권이 있는지는 소송요건에 관한 것으로서 법원의 직권조사사항이므로 비법인사단 대표자의 대표권 유무가 의심스러운 경우에 법원은 이를 직권으로 조사하여야 하고, 비법인사단이 총유재산에 관한 소송을 제기할 때에는 정관에 다른 정함이 있다는 등의 특별한 사정이 없는 한 사원총회 결의를 거쳐야 하므로 비법인사단이 이러한 사원총회 결의 없이 그 명의로 제기한 소송은 소송요건이 흠결된 것으로서 부적법하다.

【이 유】

(1) 원심이 제1심판결 이유를 인용하여, 안락사당한 위 개 2마리 자체의 위자료 청구 부분은 배척하는 대신 이와 같은 사정까지 참작하여 원고 1의 위자료를 산정한 조치는 정당하고, 거기에 상고이유 주장과 같이 동물의 권리능력에 관한 법리를 오해하는 등의 잘못이 없다.

(2) 원고 유기견에게 사랑을 주세요(이하 '원고 유사주'라고 한다)의 상고이유에 관하여: 원심은 제1심판결 이유를 인용하여, 원고 유사주의 정관에는 대표이사를 비롯한 임원을 총회에서 구성원 과반수 참석과 참석인원 과반수 찬성으로 선임하게 되어 있는데, 원고 유사주의 대표자라고 주장하는 소외인이 위와 같은 절차를 거쳐 원고 유사주의 대표자로 선임되었음을 인정할 아무런 증거가 없고, 원고 유사주가 총유재산에 관한 이 사건 소를 제기하기에 앞서 사원총회의 결의를 거쳤음을 인정할 아무런 증거도 없으므로, 원고 유사주의 이 사건 소는 부적법하다고 판단하였다. 원심의 판단은 앞서 본 법리에 따른 것으로서 정당하고, 거기에 상고이유 주장과 같이 논리와 경험의 법칙에 위반하여 자유심증주의의 한계를 벗어나거나 비법인사단 대표자의 대표성이나 비법인사단의 소송제기 요건에 관한 법리를 오해하는 등의 잘못이 없다.

【해 설】

다른 사람의 반려동물을 학대하는 사건이 잇따라 발생한 가운데 동물학대범에 대해 솜방망이 처벌이 이뤄지고 있어 더욱 근본적인 재발 방지 대책이 필요하다는 지적이 나오고 있다. 한국고양이보호협회(이하 '고보협'이라고 한다)에 따르면 충남 아산시 한 아파트에 사는 여성 A 씨가 교제 중인 남자친구 B 씨에게 헤어지자고 하자 이에 격분한 B 씨가 A 씨의 고양이를 14층에서 던져 죽였다. 이 고양이는 A 씨가 14년간 길러왔으며, 이 사건 이후 A 씨는 매일 신경안정제를 복용해야 할 정도로 충격을 받았다. 고보협에 이 사건이 접수된 뒤 협회 측은 충남 아산경찰서에 B 씨에 대한 고발장을 접수하였고, A 씨의 정신적 피해보상을 위한 민사소송도 진행하였다. 이처럼 동물학대가 끊임없이 일어나는 것은 동물학대의 위험성에 대한 사회적 인식과 관련 규정이 미흡하기 때문이다. 지금까지 다른 사람의 동물을 학대했을 경우 '재물손괴죄'(형법 제366조)로 최대 3년 이하의 징역 또는 700만원 이하의 처벌을 받을 수 있지만, 실제 처벌은 동물을 샀을 때의 금액만큼의 보상 판결이나 수십만원의 벌금형이 대부분이었다. 고보협 관계자는 "내 가족이었던 반려동물이 억울한 죽임을 당하고도 단순히 수십만원의 벌금형으로 끝나는 경우가 많다"면서 "그에 맞는 처벌과 일정 기간 의무적인 '동물학대자 대상 생명 학대방지 교육'을 이수하게 하는 재범 방지 시스템이 필요하다"고 말했다. 전국 만19세 이상 성인남녀 1000명을 대상으로 설문조사한 결과 응답자의 89.6%가 '반려동물 학대행위에 대한 법적 처벌 수위가 높아야 한다'고 응답한 바 있다.

※ <u>민법 제98조(물건의 정의)</u> 본법에서 물건이라 함은 유체물 및 전기 기타 관리할 수 있는 자연력을 말한다.

※ <u>민법개정안(법무부) 제98조의2(동물의 법적 지위)</u> ① 동물은 물건이 아니다. ② 동물에 대해서는 법률에 특별한 규정이 있는 경우를 제외하고는 물건에 관한 규정을 준용한다.

※ <u>동물보호법</u>
[일부개정 2020. 2. 11. 법률 제16977호, 시행 2021. 2. 12.]

29. 동물보호법과 실험동물

제1조(목적) 이 법은 동물에 대한 학대행위의 방지 등 동물을 적정하게 보호·관리하기 위하여 필요한 사항을 규정함으로써 동물의 생명보호, 안전 보장 및 복지 증진을 꾀하고, 건전하고 책임 있는 사육문화를 조성하여, 동물의 생명 존중 등 국민의 정서를 기르고 사람과 동물의 조화로운 공존에 이바지함을 목적으로 한다.

제2조(정의) 이 법에서 사용하는 용어의 뜻은 다음과 같다. 1. **"동물"**이란 고통을 느낄 수 있는 신경체계가 발달한 척추동물로서 다음 각 목의 어느 하나에 해당하는 동물을 말한다. 가. 포유류 나. 조류 다. 파충류·양서류·어류 중 농림축산식품부장관이 관계 중앙행정기관의 장과의 협의를 거쳐 대통령령으로 정하는 동물(※ **동법 시행령 제2조(동물의 범위)** 「동물보호법」(이하 "법"이라 한다) 제2조 제1호 다목에서 "대통령령으로 정하는 동물"이란 파충류, 양서류 및 어류를 말한다. 다만, 식용(食用)을 목적으로 하는 것은 제외한다) 1의 2. **"동물학대"**란 동물을 대상으로 정당한 사유 없이 불필요하거나 피할 수 있는 신체적 고통과 스트레스를 주는 행위 및 굶주림, 질병 등에 대하여 적절한 조치를 게을리하거나 방치하는 행위를 말한다. 1의 3. **"반려동물"**이란 반려 목적으로 기르는 개, 고양이 등 농림축산식품부령으로 정하는 동물을 말한다(※ **동법 시행규칙 제1조의2(반려동물의 범위)** 「동물보호법」(이하 "법"이라 한다) 제2조 제1호의 3에서 "개, 고양이 등 농림축산식품부령으로 정하는 동물"이란 개, 고양이, 토끼, 페럿, 기니피그 및 햄스터를 말한다). 2. **"등록대상동물"**이란 동물의 보호, 유실·유기방지, 질병의 관리, 공중위생상의 위해 방지 등을 위하여 등록이 필요하다고 인정하여 대통령령으로 정하는 동물을 말한다(※ **동법 시행령 제3조(등록대상동물의 범위)** 법 제2조 제2호에서 "대통령령으로 정하는 동물"이란 다음 각 호의 어느 하나에 해당하는 월령(月齡) 2개월 이상인 개를 말한다. 1. 「주택법」 제2조 제1호 및 제4호에 따른 주택·준주택에서 기르는 개 2. 제1호에 따른 주택·준주택 외의 장소에서 반려(伴侶) 목적으로 기르는 개). 3. **"소유자등"**이란 동물의 소유자와 일시적 또는 영구적으로 동물을 사육·관리 또는 보호하는 사람을 말한다. 3의 2. **"맹견"**이란 도사견, 핏불테리어, 로트와일러 등 사람의 생명이나 신체에 위해를 가할 우려가 있는 개로서 농림축산식품부령으로 정하는 개를 말한다(※ **동법 시행규칙 제1조의3(맹견의 범위)** 법 제2조 제3호의 2에 따른 맹견(猛犬)은 다음 각 호와 같다. 1. 도사견과 그 잡종의 개 2. 아메리칸 핏불테리어와 그 잡종의 개 3. 아메리칸 스태퍼드셔 테리어와 그 잡종의 개 4. 스태퍼드셔 불 테리어와 그 잡종의 개 5. 로트와일러와 그 잡종의 개). 4. **"동물실험"**이란 「실험동물에 관한 법률」 제2조 제1호에 따른 동물실험을 말한다.

제3조(동물보호의 기본원칙) 누구든지 동물을 사육·관리 또는 보호할 때에는 다음 각 호의 원칙을 준수하여야 한다. 1. 동물이 본래의 습성과 신체의 원형을 유지하면서 정상적으로 살 수 있도록 할 것 2. 동물이 갈증 및 굶주림을 겪거나 영양이 결핍되지 아니하도록 할 것 3. 동물이 정상적인 행동을 표현할 수 있고 불편함을 겪지 아니하도록 할 것 4. 동물이 고통·상해 및 질병으로부터 자유롭도록 할 것 5. 동물이 공포와 스트레스를 받지 아니하도록 할 것

제4조(국가·지방자치단체 및 국민의 책무) ① 국가는 동물의 적정한 보호·관리를 위하여 5년마다 다음 각 호의 사항이 포함된 동물복지종합계획을 수립·시행하여야 하며, 지방자치단체는 국가의 계획에 적극 협조하여야 한다. 1. 동물학대 방지와 동물복지에 관한 기본방침 2. 다음 각 목에 해당하는 동물의 관리에 관한 사항 가. 도로·공원 등의 공공장소

에서 소유자등이 없이 배회하거나 내버려진 동물(이하 "유실·유기동물"이라 한다) 나. 제8조 제2항에 따른 학대를 받은 동물(이하 "피학대 동물"이라 한다) 3. 동물실험시행기관 및 제25조의 동물실험윤리위원회의 운영 등에 관한 사항 4. 동물학대 방지, 동물복지, 유실·유기동물의 입양 및 동물실험윤리 등의 교육·홍보에 관한 사항 5. 동물복지 축산의 확대와 동물복지축산농장 지원에 관한 사항 6. 그 밖에 동물학대 방지와 반려동물 운동·휴식시설 등 동물복지에 필요한 사항

제5조(동물복지위원회) ① 농림축산식품부장관의 다음 각 호의 자문에 응하도록 하기 위하여 농림축산식품부에 동물복지위원회를 둔다. 1. 제4조에 따른 종합계획의 수립·시행에 관한 사항 2. 제28조에 따른 동물실험윤리위원회의 구성 등에 대한 지도·감독에 관한 사항 3. 제29조에 따른 동물복지축산농장의 인증과 동물복지축산정책에 관한 사항 4. 그 밖에 동물의 학대방지·구조 및 보호 등 동물복지에 관한 사항 ② 동물복지위원회는 위원장 1명을 포함하여 10명 이내의 위원으로 구성한다.

제7조(적정한 사육·관리) ① 소유자등은 동물에게 적합한 사료와 물을 공급하고, 운동·휴식 및 수면이 보장되도록 노력하여야 한다. ② 소유자등은 동물이 질병에 걸리거나 부상당한 경우에는 신속하게 치료하거나 그 밖에 필요한 조치를 하도록 노력하여야 한다. ③ 소유자등은 동물을 관리하거나 다른 장소로 옮긴 경우에는 그 동물이 새로운 환경에 적응하는 데에 필요한 조치를 하도록 노력하여야 한다.

제8조(동물학대 등의 금지) ① 누구든지 동물에 대하여 다음 각 호의 행위를 하여서는 아니 된다. 1. 목을 매다는 등의 잔인한 방법으로 죽음에 이르게 하는 행위 2. 노상 등 공개된 장소에서 죽이거나 같은 종류의 다른 동물이 보는 앞에서 죽음에 이르게 하는 행위 3. 고의로 사료 또는 물을 주지 아니하는 행위로 인하여 동물을 죽음에 이르게 하는 행위 4. 그 밖에 수의학적 처치의 필요, 동물로 인한 사람의 생명·신체·재산의 피해 등 농림축산식품부령으로 정하는 정당한 사유 없이 죽음에 이르게 하는 행위 ② 누구든지 동물에 대하여 다음 각 호의 학대행위를 하여서는 아니 된다. 1. 도구·약물 등 물리적·화학적 방법을 사용하여 상해를 입히는 행위. 다만, 질병의 예방이나 치료 등 농림축산식품부령으로 정하는 경우는 제외한다. 2. 살아 있는 상태에서 동물의 신체를 손상하거나 체액을 채취하거나 체액을 채취하기 위한 장치를 설치하는 행위. 다만, 질병의 치료 및 동물실험 등 농림축산식품부령으로 정하는 경우는 제외한다. 3. 도박·광고·오락·유흥 등의 목적으로 동물에게 상해를 입히는 행위. 다만, 민속경기 등 농림축산식품부령으로 정하는 경우는 제외한다. 3의 2. 반려동물에게 최소한의 사육공간 제공 등 농림축산식품부령으로 정하는 사육·관리 의무를 위반하여 상해를 입히거나 질병을 유발시키는 행위 4. 그 밖에 수의학적 처치의 필요, 동물로 인한 사람의 생명·신체·재산의 피해 등 농림축산식품부령으로 정하는 정당한 사유 없이 신체적 고통을 주거나 상해를 입히는 행위 ③ 누구든지 다음 각 호에 해당하는 동물에 대하여 포획하여 판매하거나 죽이는 행위, 판매하거나 죽일 목적으로 포획하는 행위 또는 다음 각 호에 해당하는 동물임을 알면서도 알선·구매하는 행위를 하여서는 아니 된다. 1. 유실·유기동물 2. 피학대 동물 중 소유자를 알 수 없는 동물 ④ 소유자등은 동물을 유기하여서는 아니 된다. ⑤ 누구든지 다음 각 호의 행위를 하여서는 아니 된다. 1. 제1항부터 제3항까지에 해당하는 행위를 촬영한 사진 또는 영상물을 판매·전시·전달·상영하거나 인터넷에 게재하는 행위. 다만, 동물보호 의식을 고양시키기 위한 목적이 표시된 홍보

활동 등 농림축산식품부령으로 정하는 경우에는 그러하지 아니하다. 2. 도박을 목적으로 동물을 이용하는 행위 또는 동물을 이용하는 도박을 행할 목적으로 광고·선전하는 행위. 다만, 「사행산업통합감독위원회법」 제2조제1호에 따른 사행산업은 제외한다. 3. 도박·시합·복권·오락·유흥·광고 등의 상이나 경품으로 동물을 제공하는 행위 4. 영리를 목적으로 동물을 대여하는 행위. 다만, 「장애인복지법」 제40조에 따른 장애인 보조견의 대여 등 농림축산식품부령으로 정하는 경우는 제외한다.

제9조(동물의 운송) ① 동물을 운송하는 자 중 농림축산식품부령으로 정하는 자는 다음 각 호의 사항을 준수하여야 한다. 1. 운송 중인 동물에게 적합한 사료와 물을 공급하고, 급격한 출발·제동 등으로 충격과 상해를 입지 아니하도록 할 것 2. 동물을 운송하는 차량은 동물이 운송 중에 상해를 입지 아니하고, 급격한 체온 변화, 호흡곤란 등으로 인한 고통을 최소화할 수 있는 구조로 되어 있을 것 3. 병든 동물, 어린 동물 또는 임신 중이거나 젖먹이가 딸린 동물을 운송할 때에는 함께 운송 중인 다른 동물에 의하여 상해를 입지 아니하도록 칸막이의 설치 등 필요한 조치를 할 것 4. 동물을 싣고 내리는 과정에서 동물이 들어있는 운송용 우리를 던지거나 떨어뜨려서 동물을 다치게 하는 행위를 하지 아니할 것 5. 운송을 위하여 전기 몰이도구를 사용하지 아니할 것

제9조의2(반려동물 전달 방법) 제32조 제1항의 동물을 판매하려는 자는 해당 동물을 구매자에게 직접 전달하거나 제9조 제1항을 준수하는 동물 운송업자를 통하여 배송하여야 한다.

제10조(동물의 도살방법) ① 모든 동물은 혐오감을 주거나 잔인한 방법으로 도살되어서는 아니 되며, 도살과정에 불필요한 고통이나 공포, 스트레스를 주어서는 아니 된다. ② 「축산물위생관리법」 또는 「가축전염병예방법」에 따라 동물을 죽이는 경우에는 가스법·전살법 등 농림축산식품부령으로 정하는 방법을 이용하여 고통을 최소화하여야 하며, 반드시 의식이 없는 상태에서 다음 도살 단계로 넘어가야 한다. 매몰을 하는 경우에도 또한 같다. ③ 제1항 및 제2항의 경우 외에도 동물을 불가피하게 죽여야 하는 경우에는 고통을 최소화할 수 있는 방법에 따라야 한다.

제11조(동물의 수술) 거세, 뿔 없애기, 꼬리 자르기 등 동물에 대한 외과적 수술을 하는 사람은 수의학적 방법에 따라야 한다.

제12조(등록대상동물의 등록 등) ① 등록대상동물의 소유자는 동물의 보호와 유실·유기 방지 등을 위하여 시장·군수·구청장(자치구의 구청장을 말한다. 이하 같다)·특별자치시장(이하 "시장·군수·구청장"이라 한다)에게 등록대상동물을 등록하여야 한다. 다만, 등록대상동물이 맹견이 아닌 경우로서 농림축산식품부령으로 정하는 바에 따라 시·도의 조례로 정하는 지역에서는 그러하지 아니하다. ② 제1항에 따라 등록된 등록대상동물의 소유자는 다음 각 호의 어느 하나에 해당하는 경우에는 해당 각 호의 구분에 따른 기간에 시장·군수·구청장에게 신고하여야 한다. 1. 등록대상동물을 잃어버린 경우에는 등록대상동물을 잃어버린 날부터 10일 이내 2. 등록대상동물에 대하여 농림축산식품부령으로 정하는 사항이 변경된 경우에는 변경 사유 발생일부터 30일 이내 ③ 제1항에 따른 등록대상동물의 소유권을 이전받은 자 중 제1항에 따른 등록을 실시하는 지역에 거주하는 자는 그 사실을 소유권을 이전받은 날부터 30일 이내에 자신의 주소지를 관할하는 시장·군수·구청장에게 신고하여야 한다.

제13조(등록대상동물의 관리 등) ① 소유자등은 등록대상동물을 기르는 곳에서 벗어나게

하는 경우에는 소유자등의 연락처 등 농림축산식품부령으로 정하는 사항을 표시한 인식표를 등록대상동물에게 부착하여야 한다. ② 소유자등은 등록대상동물을 동반하고 외출할 때에는 농림축산식품부령으로 정하는 바에 따라 목줄 등 안전조치를 하여야 하며, 배설물(소변의 경우에는 공동주택의 엘리베이터·계단 등 건물 내부의 공용공간 및 평상·의자 등 사람이 눕거나 앉을 수 있는 기구 위의 것으로 한정한다)이 생겼을 때에는 즉시 수거하여야 한다.

제13조의2(맹견의 관리) ① 맹견의 소유자등은 다음 각 호의 사항을 준수하여야 한다. 1. 소유자등 없이 맹견을 기르는 곳에서 벗어나지 아니하게 할 것 2. 월령이 3개월 이상인 맹견을 동반하고 외출할 때에는 농림축산식품부령으로 정하는 바에 따라 목줄 및 입마개 등 안전장치를 하거나 맹견의 탈출을 방지할 수 있는 적정한 이동장치를 할 것 3. 그 밖에 맹견이 사람에게 신체적 피해를 주지 아니하도록 하기 위하여 농림축산식품부령으로 정하는 사항을 따를 것

제13조의3(맹견의 출입금지 등) 맹견의 소유자등은 다음 각 호의 어느 하나에 해당하는 장소에 맹견이 출입하지 아니하도록 하여야 한다. 1. 「영유아보육법」 제2조 제3호에 따른 어린이집 2. 「유아교육법」 제2조 제2호에 따른 유치원 3. 「초·중등교육법」 제38조에 따른 초등학교 및 같은 법 제55조에 따른 특수학교 4. 그 밖에 불특정 다수인이 이용하는 장소로서 시·도의 조례로 정하는 장소

제14조(동물의 구조·보호) ① 시·도지사(특별자치시장은 제외한다. 이하 이 조, 제15조, 제17조부터 제19조까지, 제21조, 제29조, 제38조의2, 제39조부터 제41조까지, 제41조의2, 제43조, 제45조 및 제47조에서 같다)와 시장·군수·구청장은 다음 각 호의 어느 하나에 해당하는 동물을 발견한 때에는 그 동물을 구조하여 제7조에 따라 치료·보호에 필요한 조치(이하 "보호조치"라 한다)를 하여야 하며, 제2호 및 제3호에 해당하는 동물은 학대 재발 방지를 위하여 학대행위자로부터 격리하여야 한다. 다만, 제1호에 해당하는 동물 중 농림축산식품부령으로 정하는 동물은 구조·보호조치의 대상에서 제외한다(※ **동법 시행규칙 제13조(구조·보호조치 제외 동물)** ① 법 제14조 제1항 각 호 외의 부분 단서에서 "농림축산식품부령으로 정하는 동물"이란 도심지나 주택가에서 자연적으로 번식하여 자생적으로 살아가는 고양이로서 개체수 조절을 위해 중성화(中性化)하여 포획장소에 방사(放飼)하는 등의 조치 대상이거나 조치가 된 고양이를 말한다). 1. 유실·유기동물 2. 피학대 동물 중 소유자를 알 수 없는 동물 3. 소유자로부터 제8조 제2항에 따른 학대를 받아 적정하게 치료·보호받을 수 없다고 판단되는 동물 ② 시·도지사와 시장·군수·구청장이 제1항 제1호 및 제2호에 해당하는 동물에 대하여 보호조치 중인 경우에는 그 동물의 등록 여부를 확인하여야 하고, 등록된 동물인 경우에는 지체 없이 동물의 소유자에게 보호조치 중인 사실을 통보하여야 한다.

제15조(동물보호센터의 설치·지정 등) ① 시·도지사와 시장·군수·구청장은 제14조에 따른 동물의 구조·보호조치 등을 위하여 농림축산식품부령으로 정하는 기준에 맞는 동물보호센터를 설치·운영할 수 있다.

제16조(신고 등) ① 누구든지 다음 각 호의 어느 하나에 해당하는 동물을 발견한 때에는 관할 지방자치단체의 장 또는 동물보호센터에 신고할 수 있다. 1. 제8조에서 금지한 학대를 받는 동물 2. 유실·유기동물

제17조(공고) 시·도지사와 시장·군수·구청장은 제14조 제1항 제1호 및 제2호에 따른

동물을 보호하고 있는 경우에는 소유자등이 보호조치 사실을 알 수 있도록 대통령령으로 정하는 바에 따라 지체 없이 7일 이상 그 사실을 공고하여야 한다.

제18조(동물의 반환 등) ① 시·도지사와 시장·군수·구청장은 다음 각 호의 어느 하나에 해당하는 사유가 발생한 경우에는 제14조에 해당하는 동물을 그 동물의 소유자에게 반환하여야 한다. 1. 제14조 제1항 제1호 및 제2호에 해당하는 동물이 보호조치 중에 있고, 소유자가 그 동물에 대하여 반환을 요구하는 경우 2. 제14조 제3항에 따른 보호기간이 지난 후, 보호조치 중인 제14조 제1항 제3호의 동물에 대하여 소유자가 제19조 제2항에 따라 보호비용을 부담하고 반환을 요구하는 경우

제19조(보호비용의 부담) ① 시·도지사와 시장·군수·구청장은 제14조 제1항 제1호 및 제2호에 해당하는 동물의 보호비용을 소유자 또는 제21조 제1항에 따라 분양을 받는 자에게 청구할 수 있다.

제20조(동물의 소유권 취득) 시·도와 시·군·구가 동물의 소유권을 취득할 수 있는 경우는 다음 각 호와 같다. 1. 「유실물법」 제12조 및 「민법」 제253조에도 불구하고 제17조에 따라 공고한 날부터 10일이 지나도 동물의 소유자등을 알 수 없는 경우 2. 제14조 제1항 제3호에 해당하는 동물의 소유자가 그 동물의 소유권을 포기한 경우 3. 제14조 제1항 제3호에 해당하는 동물의 소유자가 제19조 제2항에 따른 보호비용의 납부기한이 종료된 날부터 10일이 지나도 보호비용을 납부하지 아니한 경우 4. 동물의 소유자를 확인한 날부터 10일이 지나도 정당한 사유 없이 동물의 소유자와 연락이 되지 아니하거나 소유자가 반환받을 의사를 표시하지 아니한 경우

제23조(동물실험의 원칙) ① 동물실험은 인류의 복지 증진과 동물 생명의 존엄성을 고려하여 실시하여야 한다. ② 동물실험을 하려는 경우에는 이를 대체할 수 있는 방법을 우선적으로 고려하여야 한다. ③ 동물실험은 실험에 사용하는 동물(이하 "실험동물"이라 한다)의 윤리적 취급과 과학적 사용에 관한 지식과 경험을 보유한 자가 시행하여야 하며 필요한 최소한의 동물을 사용하여야 한다. ④ 실험동물의 고통이 수반되는 실험은 감각능력이 낮은 동물을 사용하고 진통·진정·마취제의 사용 등 수의학적 방법에 따라 고통을 덜어주기 위한 적절한 조치를 하여야 한다. ⑤ 동물실험을 한 자는 그 실험이 끝난 후 지체 없이 해당 동물을 검사하여야 하며, 검사 결과 정상적으로 회복한 동물은 분양하거나 기증할 수 있다. ⑥ 제5항에 따른 검사 결과 해당 동물이 회복할 수 없거나 지속적으로 고통을 받으며 살아야 할 것으로 인정되는 경우에는 신속하게 고통을 주지 아니하는 방법으로 처리하여야 한다.

제24조(동물실험의 금지 등) 누구든지 다음 각 호의 동물실험을 하여서는 아니 된다. 다만, 해당 동물종의 건강, 질병관리연구 등 농림축산식품부령으로 정하는 불가피한 사유로 농림축산식품부령으로 정하는 바에 따라 승인을 받은 경우에는 그러하지 아니하다. 1. 유실·유기동물(보호조치 중인 동물을 포함한다)을 대상으로 하는 실험 2. 「장애인복지법」 제40조에 따른 장애인 보조견 등 사람이나 국가를 위하여 봉사하고 있거나 봉사한 동물로서 대통령령으로 정하는 동물을 대상으로 하는 실험

제24조의2(미성년자 동물 해부실습의 금지) 누구든지 미성년자(19세 미만의 사람을 말한다. 이하 같다)에게 체험·교육·시험·연구 등의 목적으로 동물(사체를 포함한다) 해부실습을 하게 하여서는 아니 된다. 다만, 「초·중등교육법」 제2조에 따른 학교 또는 동물실험 시행기관 등이 시행하는 경우 등 농림축산식품부령으로 정하는 경우에는 그러하지 아니하다.

제25조(동물실험윤리위원회의 설치 등) ① 동물실험시행기관의 장은 실험동물의 보호와 윤리적인 취급을 위하여 제27조에 따라 동물실험윤리위원회(이하 "윤리위원회"라 한다)를 설치·운영하여야 한다. 다만, 동물실험시행기관에 「실험동물에 관한 법률」 제7조에 따른 실험동물운영위원회가 설치되어 있고, 그 위원회의 구성이 제27조 제2항부터 제4항까지에 규정된 요건을 충족할 경우에는 해당 위원회를 윤리위원회로 본다. ③ 동물실험시행기관의 장은 동물실험을 하려면 윤리위원회의 심의를 거쳐야 한다.

제46조(벌칙) ① 다음 각 호의 어느 하나에 해당하는 자는 3년 이하의 징역 또는 3천만원 이하의 벌금에 처한다. 1. 제8조 제1항을 위반하여 동물을 죽음에 이르게 하는 학대행위를 한 자 2. 제13조 제2항 또는 제13조의2 제1항을 위반하여 사람을 사망에 이르게 한 자

제47조(과태료) ① 다음 각 호의 어느 하나에 해당하는 자에게는 300만원 이하의 과태료를 부과한다. 1. <삭제> 2. 제9조의2를 위반하여 동물을 판매한 자 2의 2. 제13조의2 제1항 제1호를 위반하여 소유자등 없이 맹견을 기르는 곳에서 벗어나게 한 소유자등 2의 3. 제13조의2 제1항 제2호를 위반하여 월령이 3개월 이상인 맹견을 동반하고 외출할 때 안전장치 및 이동장치를 하지 아니한 소유자등 2의 4. 제13조의2 제1항 제3호를 위반하여 사람에게 신체적 피해를 주지 아니하도록 관리하지 아니한 소유자등 2의 5. 제13조의2 제3항을 위반하여 맹견의 안전한 사육 및 관리에 관한 교육을 받지 아니한 소유자 2의 6. 제13조의2 제4항을 위반하여 보험에 가입하지 아니한 소유자 2의 7. 제13조의3을 위반하여 맹견을 출입하게 한 소유자등 3. 제25조 제1항을 위반하여 윤리위원회를 설치·운영하지 아니한 동물실험시행기관의 장 4. 제25조 제3항을 위반하여 윤리위원회의 심의를 거치지 아니하고 동물실험을 한 동물실험시행기관의 장 5. 제28조 제2항을 위반하여 개선명령을 이행하지 아니한 동물실험시행기관의 장

※ 실험동물에 관한 법률(약칭: 실험동물법)

[일부개정 2018. 12. 11. 법률 제15944호, 시행 2019. 3. 12.]

제1조(목적) 이 법은 실험동물 및 동물실험의 적절한 관리를 통하여 동물실험에 대한 윤리성 및 신뢰성을 높여 생명과학 발전과 국민보건 향상에 이바지함을 목적으로 한다.

제2조(정의) 이 법에서 사용하는 용어의 정의는 다음과 같다. 1. "**동물실험**"이란 교육·시험·연구 및 생물학적 제제의 생산 등 과학적 목적을 위하여 실험동물을 대상으로 실시하는 실험 또는 그 과학적 절차를 말한다. 2. "**실험동물**"이란 동물실험을 목적으로 사용 또는 사육되는 척추동물을 말한다. 3. "**재해**"란 동물실험으로 인한 사람과 동물의 감염, 전염병 발생, 유해물질 노출 및 환경오염 등을 말한다.

제3조(적용 대상) 이 법은 다음 각 호의 어느 하나에 필요한 실험에 사용되는 동물과 그 동물실험시설의 관리 등에 적용한다. 1. 식품·건강기능식품·의약품·의약외품·생물의약품·의료기기·화장품의 개발·안전관리·품질관리 2. 마약의 안전관리·품질관리

제4조(다른 법률과의 관계) 실험동물의 사용 또는 관리에 관하여 이 법에서 규정한 것을 제외하고는 「동물보호법」으로 정하는 바에 따른다.

29. 동물보호법과 실험동물

제7조(실험동물운영위원회 설치 등) ① 동물실험시설에는 동물실험의 윤리성, 안전성 및 신뢰성 등을 확보하기 위하여 실험동물운영위원회를 설치·운영하여야 한다. 다만, 해당 동물실험시설에 「동물보호법」 제25조에 따른 동물실험윤리위원회가 설치되어 있고, 그 위원회의 구성이 제2항 및 제3항의 요건을 충족하는 경우에는 그 위원회를 실험동물운영위원회로 본다. ② 실험동물운영위원회는 위원장 1명을 포함하여 4명 이상 15명 이내의 위원으로 구성한다.

제8조(동물실험시설의 등록) ① 동물실험시설을 설치하고자 하는 자는 식품의약품안전처장에게 등록하여야 한다. 등록사항을 변경하는 경우에도 또한 같다.

제18조(재해 방지) ① 동물실험시설의 운영자 또는 관리자는 재해를 유발할 수 있는 물질 또는 병원체 등을 사용하는 동물실험을 실시하는 경우 사람과 동물에 위해를 주지 아니하도록 필요한 조치를 취하여야 한다. ② 동물실험시설 및 실험동물생산시설로 인한 재해가 국민 건강과 공익에 유해하다고 판단되는 경우 운영자 또는 관리자는 즉시 폐쇄, 소독 등 필요한 조치를 취한 후 그 결과를 식품의약품안전처장에게 보고하여야 한다. 이 경우 「가축전염병예방법」 제19조를 준용한다.

제20조(사체 등 폐기물) ① <삭제> ② 동물실험시설의 운영자 및 관리자 또는 실험동물공급자는 동물실험시설과 실험동물생산시설에서 배출된 실험동물의 사체 등의 폐기물은 「폐기물관리법」에 따라 처리한다. 다만, 제5조 제1항 제3호의 2에 따른 실험동물자원은행에 제공하는 경우에는 그러하지 아니하다.

제22조(동물실험 실태보고) ① 식품의약품안전처장은 동물실험에 관한 실태보고서를 매년 작성하여 발표하여야 한다. ② 제1항에 따른 실태보고서에는 다음 각 호의 사항이 포함되어야 한다. 1. 동물실험에 사용된 실험동물의 종류 및 수 2. 동물실험 후의 실험동물의 처리 3. 동물실험시설 및 실험동물공급시설의 종류 및 수 4. 제11조에 따른 동물실험시설 등에 대한 지도·감독에 관한 사항 5. 제18조에 따른 재해유발 물질 또는 병원체 등의 사용에 관한 사항 6. 제19조에 따른 위해물질의 사용에 관한 사항 7. 제24조에 따른 지정취소 등에 관한 사항 8. 그 밖에 총리령으로 정하는 사항

[대법원 2018. 9. 13. 2017도16732 판결] <전기 쇠꼬챙이로 개를 감전시켜 도살한 사건>

(가) 구 동물보호법(2017. 3. 21. 법률 제14651호로 개정되기 전의 것, 이하 '구 동물보호법'이라고 한다) 제8조 제1항은 "누구든지 동물에 대하여 다음 각호의 행위를 하여서는 아니 된다."라고 규정하면서 그 제1호에서 "목을 매다는 등의 잔인한 방법으로 죽이는 행위"를 들고 있고, 구 동물보호법 제46조 제1항은 같은 법 제8조 제1항 제1호를 위반한 사람을 처벌하도록 규정하고 있다. '잔인'은 사전적 의미로 '인정이 없고 아주 모짊'을 뜻하는데, 잔인성에 관한 논의는 시대와 사회에 따라 변동하는 상대적, 유동적인 것이고, 사상, 종교, 풍속과도 깊이 연관된다. 따라서 형사처벌의 구성요건인 구 동물보호법 제8조 제1항 제1호에서 금지하는 잔인한 방법인지 여부는 특정인이나 집단의 주관적 입장에서가 아니라 사회 평균인의 입장에서 그 시대의 사회통념에 따라 객관적이고 규범적으로 판단하여야 한다. 그리고 아래에서 살필, 구 동물보호법의 입법 목적, 같은 법 제8조 제1항 제1호의 문언 의미와 입법 취지, 동물의 도살방법에 관한 여러 관련 규정들의 내용 등에 비추어

보면, 이러한 잔인한 방법인지 여부를 판단할 때에는 해당 도살방법의 허용이 동물의 생명존중 등 국민 정서에 미치는 영향, 동물별 특성 및 그에 따라 해당 도살방법으로 인해 겪을 수 있는 고통의 정도와 지속시간, 대상 동물에 대한 그 시대, 사회의 인식 등을 종합적으로 고려하여야 한다.

(나) 개 농장을 운영하는 피고인이 농장 도축시설에서 개를 묶은 상태에서 전기가 흐르는 쇠꼬챙이를 개의 주둥이에 대어 감전시키는 방법으로 잔인하게 도살하였다고 하여 구 동물보호법(2017. 3. 21. 법률 제14651호로 개정되기 전의 것, 이하 같다) 위반으로 기소된 사안에서, 구 동물보호법 제8조 제1항 제1호에서 금지하는 잔인한 방법에 해당하는지는 해당 도살방법의 허용이 동물의 생명존중 등 국민 정서에 미치는 영향, 동물별 특성 및 그에 따라 해당 도살방법으로 인해 겪을 수 있는 고통의 정도와 지속시간, 대상 동물에 대한 그 시대, 사회의 인식 등을 종합적으로 고려하여 판단하여야 하는데, 동물보호법 시행규칙 제6조에 따라 제정된 동물도축세부규정(농림수산검역검사본부고시 제2016-77호)에서는 돼지, 닭, 오리에 대하여 전살법은 기절방법으로만 허용하고, 도살방법으로는 완전하게 기절한 상태의 동물에 대해 방혈을 시행하여 방혈 중에 동물이 죽음에 이르도록 할 것을 규정하고 있으며, 일반적으로 동물이 감전에 의해 죽음에 이르는 경우에는 고통을 수반한 격렬한 근육경련과 화상, 세포괴사, 근육마비, 심실세동 등의 과정을 거칠 수 있고, 이때 고통의 정도와 지속시간은 동물의 크기, 통전부위와 사용한 전류값 등에 의해 달라지게 되므로, 피고인이 개 도살에 사용한 쇠꼬챙이에 흐르는 전류의 크기, 개가 감전 후 기절하거나 죽는 데 소요되는 시간, 도축 장소 환경 등 전기를 이용한 도살방법의 구체적인 행태, 그로 인해 개에게 나타날 체내·외 증상 등을 심리하여, 그 심리결과와 위와 같은 도살방법을 허용하는 것이 동물의 생명존중 등 국민 정서에 미칠 영향, 사회통념상 개에 대한 인식 등을 종합적으로 고려하여 피고인의 행위를 구 동물보호법 제8조 제1항 제1호에서 금지하는 잔인한 방법으로 죽이는 행위로 볼 수 있는지 판단하였어야 함에도, 이와 달리 보아 공소사실을 무죄로 판단한 원심판결에 구 동물보호법 제8조 제1항 제1호의 잔인한 방법의 판단 기준, 같은 법 제46조 제1항의 구성요건 해당성에 관한 법리를 오해하여 필요한 심리를 다하지 아니한 잘못이 있다고 한 사례이다. 그러므로 원심판결을 파기하고, 사건을 서울고등법원에 환송한다.

30. 무의미한 연명치료와 안락사

[대법원 2009. 5. 21. 2009다17417 판결]

> (1) 원심은 거시 증거를 종합하여 원고에 대한 뇌 자기공명영상(MRI) 검사에서 뇌가 전반적으로 심한 위축을 보이고 대뇌피질의 요철이 단지 가느다란 띠 형상으로 보일 정도로 심하게 파괴되어 있으며 기저핵 시상의 구조가 보이지 아니하고 뇌간 및 소뇌도 심한 손상으로 위축되어 있는 사실, 원고의 담당 주치의는 원고에게 자발호흡은 없지만 뇌사상태는 아니며 지속적 식물인간상태로서 의식을 회복할 가능성은 매우 낮아 5% 미만이라는 견해를 피력하였으나, 진료기록 감정의는 원고가 자발호흡이 없어 일반적인 식물인간상태보다 더 심각하여 뇌사상태에 가깝고 회복가능성은 거의 없다고 하고 있으며, 신체감정의들도 모두 원고가 지속적 식물인간상태로서 회생가능성이 희박하다는 취지의 견해를 밝히고 있는 사실, 자발호흡이 없어 인공호흡기에 의하여 생명이 유지되는 상태인 사실을 각 인정한 후, 원고가 회복불가능한 사망의 단계에 진입하였다고 판단하였다.
>
> (2) 원심은 거시 증거를 종합하여 원고가 독실한 기독교 신자로서 15년 전 교통사고로 팔에 상처가 남게 된 후부터는 이를 남에게 보이기 싫어하여 여름에도 긴 팔 옷과 치마를 입고 다닐 정도로 항상 정갈한 모습을 유지하고자 하였던 사실, 텔레비전을 통해 병석에 누워 간호를 받으며 살아가는 사람의 모습을 보고 "나는 저렇게까지 남에게 누를 끼치며 살고 싶지 않고 깨끗이 이 생을 떠나고 싶다"라고 말하였던 사실, 3년 전 남편의 임종 당시 며칠 더 생명을 연장할 수 있는 기관절개술을 거부하고 그대로 임종을 맞게 하면서 "내가 병원에서 안 좋은 일이 생겨 소생하기 힘들 때 호흡기는 끼우지 말라. 기계에 의하여 연명하는 것은 바라지 않는다"고 말한 사실 등 일상생활에서의 대화 및 원고의 현 상태 등 여러 사정을 종합하여, 원고가 현재의 상황에 관한 정보를 충분히 제공받았을 경우 원고에게 현재 시행되고 있는 연명치료를 중단하고자 하는 의사가 있었을 것으로 추정하였다.

【요 지】

(1) 의료계약에 따른 진료의무의 내용: 환자가 의사 또는 의료기관(이하 '의료인'이라 한다)에게 진료를 의뢰하고 의료인이 그 요청에 응하여 치료행위를 개시하는 경우에 의료인과 환자 사이에는 의료계약이 성립된다. 의료계약에 따라 의료인은 질병의 치료 등을 위하여 모든 의료지식과 의료기술을 동원하여 환자를 진찰하고 치료할 의무를 부담하며 이에 대하여 환자 측은 보수를 지급할 의무를 부담한다. 질병의 진행과 환자 상태의 변화에 대응하여 이루어지는 가변적인 의료의 성질로 인하여, 계약 당시에는 진료의 내용 및 범위가 개괄적이고 추상적이지만, 이후 질병의 확인, 환자의 상태와 자연적 변화, 진료행위에 의한 생체반응 등에 따라 제공되는 진료의 내용이 구체화되므로, 의료인은 환자의 건강상태 등과 당시의 의료수준 그리고 자기의 지식경험에 따라 적절하다고 판단되는 진료방법을 선택할 수 있는 상당한 범위의 재량을 가진다. 그렇지만 환자의 수술과 같이 신체를 침해하는 진료행위를 하는 경우에는 질병의 증상, 치료방법의 내용 및 필요성, 발생이 예상되는 위험 등

에 관하여 당시의 의료수준에 비추어 상당하다고 생각되는 사항을 설명하여, 당해 환자가 그 필요성이나 위험성을 충분히 비교해 보고 그 진료행위를 받을 것인지의 여부를 선택하도록 함으로써 그 진료행위에 대한 동의를 받아야 한다. 환자의 동의는 헌법 제10조에서 규정한 개인의 인격권과 행복추구권에 의하여 보호되는 자기결정권을 보장하기 위한 것으로서, 환자가 생명과 신체의 기능을 어떻게 유지할 것인지에 대하여 스스로 결정하고 진료행위를 선택하게 되므로, 의료계약에 의하여 제공되는 진료의 내용은 의료인의 설명과 환자의 동의에 의하여 구체화된다.

(2) 연명치료 중단의 허용 기준: [다수의견] (가) 의학적으로 환자가 의식의 회복가능성이 없고 생명과 관련된 중요한 생체기능의 상실을 회복할 수 없으며 환자의 신체상태에 비추어 짧은 시간 내에 사망에 이를 수 있음이 명백한 경우(이하 '회복불가능한 사망의 단계'라 한다)에 이루어지는 진료행위(이하 '연명치료'라 한다)는, 원인이 되는 질병의 호전을 목적으로 하는 것이 아니라 질병의 호전을 사실상 포기한 상태에서 오로지 현 상태를 유지하기 위하여 이루어지는 치료에 불과하므로, 그에 이르지 아니한 경우와는 다른 기준으로 진료중단 허용 가능성을 판단하여야 한다. 이미 의식의 회복가능성을 상실하여 더 이상 인격체로서의 활동을 기대할 수 없고 자연적으로는 이미 죽음의 과정이 시작되었다고 볼 수 있는 회복불가능한 사망의 단계에 이른 후에는, 의학적으로 무의미한 신체 침해 행위에 해당하는 연명치료를 환자에게 강요하는 것이 오히려 인간의 존엄과 가치를 해하게 되므로, 이와 같은 예외적인 상황에서 죽음을 맞이하려는 환자의 의사결정을 존중하여 환자의 인간으로서의 존엄과 가치 및 행복추구권을 보호하는 것이 사회상규에 부합되고 헌법정신에도 어긋나지 아니한다. 그러므로 회복불가능한 사망의 단계에 이른 후에 환자가 인간으로서의 존엄과 가치 및 행복추구권에 기초하여 자기결정권을 행사하는 것으로 인정되는 경우에는 특별한 사정이 없는 한 연명치료의 중단이 허용될 수 있다. 한편, 환자가 회복불가능한 사망의 단계에 이르렀는지 여부는 주치의의 소견뿐 아니라 사실조회, 진료기록 감정 등에 나타난 다른 전문의사의 의학적 소견을 종합하여 신중하게 판단하여야 한다.

(나) 환자가 회복불가능한 사망의 단계에 이르렀을 경우에 대비하여 미리 의료인에게 자신의 연명치료 거부 내지 중단에 관한 의사를 밝힌 경우(이하 '사전의료지시'라 한다)에는, 비록 진료 중단 시점에서 자기결정권을 행사한 것은 아니지만 사전의료지시를 한 후 환자의 의사가 바뀌었다고 볼 만한 특별한 사정이 없는 한 사전의료지시에 의하여 자기결정권을 행사한 것으로 인정할 수 있다. 다만, 이러한 사전의료지시는 진정한 자기결정권 행사로 볼 수 있을 정도의 요건을 갖추어야 하므로 의사결정능력이 있는 환자가 의료인으로부터 직접 충분한 의학적 정보를 제공받은 후 그 의학적 정보를 바탕으로 자신의 고유한 가치관에 따라 진지하게 구체적인 진료행위에 관한 의사를 결정하여야 하며, 이와 같은 의사결정 과정이 환자 자신이 직접 의료인을 상대방으로 하여 작성한 서면이나 의료인이 환자를 진료하는 과정에서 위와 같은 의사결정 내용을 기재한 진료기록 등에 의하여 진료 중단 시점에서 명확하게 입증될 수 있어야 비로소 사전의료지시로서의 효력을 인정할 수 있다.

(다) 한편, 환자의 사전의료지시가 없는 상태에서 회복불가능한 사망의 단계에 진입한 경우에는 환자에게 의식의 회복가능성이 없으므로 더 이상 환자 자신이 자기결정권을 행사하여 진료행위의 내용 변경이나 중단을 요구하는 의사를 표시할 것을 기대할 수 없다. 그러나 환자의 평소 가치관이나 신념 등에 비추어 연명치료를 중단하는 것이 객관적으로 환자의 최

선의 이익에 부합한다고 인정되어 환자에게 자기결정권을 행사할 수 있는 기회가 주어지더라도 연명치료의 중단을 선택하였을 것이라고 볼 수 있는 경우에는, 그 연명치료 중단에 관한 환자의 의사를 추정할 수 있다고 인정하는 것이 합리적이고 사회상규에 부합된다. 이러한 환자의 의사 추정은 객관적으로 이루어져야 한다. 따라서 환자의 의사를 확인할 수 있는 객관적인 자료가 있는 경우에는 반드시 이를 참고하여야 하고, 환자가 평소 일상생활을 통하여 가족, 친구 등에 대하여 한 의사표현, 타인에 대한 치료를 보고 환자가 보인 반응, 환자의 종교, 평소의 생활 태도 등을 환자의 나이, 치료의 부작용, 환자가 고통을 겪을 가능성, 회복불가능한 사망의 단계에 이르기까지의 치료 과정, 질병의 정도, 현재의 환자 상태 등 객관적인 사정과 종합하여, 환자가 현재의 신체상태에서 의학적으로 충분한 정보를 제공받는 경우 연명치료 중단을 선택하였을 것이라고 인정되는 경우라야 그 의사를 추정할 수 있다.

(라) 환자 측이 직접 법원에 소를 제기한 경우가 아니라면, 환자가 회복불가능한 사망의 단계에 이르렀는지 여부에 관하여는 전문의사 등으로 구성된 위원회 등의 판단을 거치는 것이 바람직하다.

[대법관 이홍훈, 김능환의 반대의견] 생명에 직결되는 진료에서 환자의 자기결정권은 소극적으로 그 진료 내지 치료를 거부하는 방법으로는 행사될 수 있어도 이미 환자의 신체에 삽입, 장착되어 있는 인공호흡기 등의 생명유지장치를 제거하는 방법으로 치료를 중단하는 것과 같이 적극적인 방법으로 행사되는 것은 허용되지 아니한다. 환자가 인위적으로 생명을 유지, 연장하기 위한 생명유지장치의 삽입 또는 장착을 거부하는 경우, 특별한 사정이 없는 한, 비록 환자의 결정이 일반인의 관점에서는 비합리적인 것으로 보이더라도 의료인은 환자의 결정에 따라야 하고 일반적인 가치평가를 이유로 환자의 자기결정에 따른 명시적인 선택에 후견적으로 간섭하거나 개입하여서는 아니된다. 그러나 이와는 달리, 이미 생명유지장치가 삽입 또는 장착되어 있는 환자로부터 생명유지장치를 제거하고 그 장치에 의한 치료를 중단하는 것은 환자의 현재 상태에 인위적인 변경을 가하여 사망을 초래하거나 사망시간을 앞당기는 것이므로, 이미 삽입 또는 장착되어 있는 생명유지장치를 제거하거나 그 장치에 의한 치료를 중단하라는 환자의 요구는 특별한 사정이 없는 한 자살로 평가되어야 하고, 이와 같은 환자의 요구에 응하여 생명유지장치를 제거하고 치료를 중단하는 것은 자살에 관여하는 것으로서 원칙적으로 허용되지 않는다. 다만, 생명유지장치가 삽입, 장착되어 있는 상태에서도 환자가 몇 시간 또는 며칠 내와 같이 비교적 아주 짧은 기간 내에 사망할 것으로 예측, 판단되는 경우에는, 환자가 이미 돌이킬 수 없는 사망의 과정에 진입하였고 생명유지장치에 의한 치료는 더 이상 의학적으로 의미가 없으며 생명의 유지, 보전에 아무런 도움도 주지 못하는 것이므로, 이 때에는 생명유지장치를 제거하고 치료를 중단하는 것이 허용된다.

[대법관 김지형, 박일환의 별개의견] 환자의 사전의료지시가 없는 상태에서 회복불가능한 사망의 단계에 진입한 경우, 이러한 상태에 있는 환자는 법적으로 심신상실의 상태에 있는 자로 보아야 한다. 민법상 심신상실의 상태에 있는 자에 대하여는 금치산을 선고할 수 있으며 금치산이 선고된 경우에는 후견인을 두게 되는데, 그 후견인은 금치산자의 법정대리인이 되며 금치산자의 재산관리에 관한 사무를 처리하는 외에 금치산자의 요양, 감호에 관하여 일상의 주의를 기울여야 하는 의무를 부담한다. 따라서 후견인은 금치산자의 요양을 위하여

금치산자를 대리하여 의사와 의료계약을 체결할 수 있음은 당연하며, 그 의료계약 과정에서 이루어지는 수술 등 신체를 침해하는 행위에 관하여는 의사로부터 설명을 듣고 금치산자를 위한 동의 여부에 관한 의사를 표시할 수 있고, 마찬가지로 진료행위가 개시된 후라도 금치산자의 최선의 이익을 위하여 필요하다고 인정되는 범위 내에서는 그 진료행위의 중단 등 의료계약 내용의 변경을 요구하는 행위를 할 수 있다. 다만, 진료행위가 금치산자 본인의 생명과 직결되는 경우에는 그 중단에 관한 환자 본인의 자기결정권이 제한되는 것과 마찬가지로 후견인의 행위는 제한되어야 하고, 환자의 자기결정권에 의한 연명치료 중단이 허용될 수 있는 경우라고 하더라도 후견인이 금치산자의 생명에 관한 자기결정권 자체를 대리할 수는 없으므로 후견인의 의사만으로 그 연명치료의 중단이 허용된다고 할 수 없다. 그렇다면 회복불가능한 사망의 단계에 이른 경우에 이루어지는 연명치료의 계속이 금치산자인 환자 본인에게 무익하고 오히려 인간으로서의 존엄과 가치를 해칠 염려가 있어 이를 중단하는 것이 환자 본인의 이익을 보호하는 것이라고 하더라도, 이는 항상 금치산자인 환자 본인의 생명 보호에 관한 법익 제한의 문제를 낳을 우려가 있으므로, 민법 제947조 제2항을 유추적용하여 후견인은 의료인에게 연명치료의 중단을 요구하는 것이 금치산자의 자기결정권을 실질적으로 보장할 수 있는 최선의 판단인지 여부에 관하여 법원의 허가를 받아야 하고, 이에 관하여는 가사소송법, 가사소송규칙, 비송사건절차법 등의 규정에 따라 가사비송절차에 의하여 심리·판단을 받을 수 있다. 한편, 이와 같이 비송절차에 의하여 연명치료 중단에 관한 법원의 허가를 받는 것이 가능하다고 하더라도, 환자 측이 반드시 비송절차에 따른 허가를 받아야 하는 것은 아니고 소송절차에 의하여 기판력 있는 판결을 구하는 것도 가능하다.

(3) 연명치료 중단의 요건으로서 환자가 회복불가능한 사망의 단계에 진입하였고 연명치료 중단을 구하는 환자의 의사를 추정할 수 있다고 한 사례: [다수의견] 담당 주치의, 진료기록 감정의, 신체 감정의 등의 견해에 따르면 환자는 현재 지속적 식물인간상태로서 자발호흡이 없어 인공호흡기에 의하여 생명이 유지되는 상태로서 회복불가능한 사망의 단계에 진입하였고, 환자의 일상생활에서의 대화 및 현 상태 등에 비추어 볼 때 환자가 현재의 상황에 관한 정보를 충분히 제공받았을 경우 현재 시행되고 있는 연명치료를 중단하고자 하는 의사를 추정할 수 있다.

[대법관 안대희, 양창수의 반대의견] 환자가 회복불가능한 사망의 단계에 이르렀는지를 판단할 때 환자를 계속적으로 진료하여 옴으로써 환자의 상태를 직접적으로 얻은 자료에 의하여 가장 잘 알고 있을 담당 주치의의 의견은 단지 의료기록만을 통하여 환자의 상태에 접근한 다른 전문가의 견해에 비교하여 그에 일정한 무게를 두지 않을 수 없는바, 담당 주치의의 의견에 의하면 환자가 회복불가능한 사망의 단계에 진입했다고 단정할 수 없고, 연명치료의 중단을 환자의 자기결정권에 의하여 정당화하는 한, 그 '추정적 의사'란 환자가 현실적으로 가지는 의사가 객관적인 정황으로부터 추단될 수 있는 경우에만 긍정될 수 있으며 다수의견이 말하는 바와 같은 '가정적 의사' 그 자체만으로 이를 인정할 수 없는바, 연명치료 중단에 관한 환자의 추정적 의사를 인정할 근거가 부족하다.

[대법관 이홍훈, 김능환의 반대의견] 환자가 생명유지장치인 인공호흡기가 이미 삽입, 장착되어 있는 상태에서 그 장치의 제거를 구하는 것이 정당하려면 생명유지장치가 삽입, 장

착되어 있는 상태에서도 환자가 비교적 아주 짧은 기간 내에 사망할 것으로 예측, 판단되는 돌이킬 수 없는 사망의 과정에 진입하였다는 점이 전제되어야 하는데, 환자가 아직 뇌사 상태에는 이르지 아니한 지속적 식물인간 상태이고 기대여명이 적어도 4개월 이상이므로, 이러한 경우 환자가 돌이킬 수 없는 사망의 과정에 진입하였다고 할 수는 없다.

【이 유】

자기결정권 및 신뢰관계를 기초로 하는 의료계약의 본질에 비추어 강제진료를 받아야 하는 등의 특별한 사정이 없는 한 환자는 자유로이 의료계약을 해지할 수 있다 할 것이며(민법 제689조 제1항), 의료계약을 유지하는 경우에도 환자의 자기결정권이 보장되는 범위 내에서는 제공되는 진료행위의 내용 변경을 요구할 수 있을 것이다. 따라서 환자의 신체 침해를 수반하는 구체적인 진료행위가 환자의 동의를 받아 제공될 수 있는 것과 마찬가지로, 그 진료행위를 계속할 것인지 여부에 관한 환자의 결정권 역시 존중되어야 하며, 환자가 그 진료행위의 중단을 요구할 경우에 원칙적으로 의료인은 이를 받아들이고 다른 적절한 진료방법이 있는지를 강구하여야 할 것이다. 그러나 인간의 생명은 고귀하고 생명권은 헌법에 규정된 모든 기본권의 전제로서 기능하는 기본권 중의 기본권이라 할 것이므로, 환자의 생명과 직결되는 진료행위를 중단할 것인지 여부는 극히 제한적으로 신중하게 판단하여야 한다.

원심판결 이유에 의하면, 원심은 환자가 회생가능성이 없는 회복불가능한 사망과정에 진입한 경우에 환자의 진지하고 합리적인 치료중단 의사가 추정될 수 있다면 사망과정의 연장에 불과한 진료행위를 중단할 수 있다는 취지로 판단하였는바, 원심이 연명치료 중단의 기준으로 삼은 위와 같은 사유는 위에서 살펴 본 회복불가능한 사망의 단계에 이른 경우의 연명치료 중단에 관한 법리와 같은 취지이므로 정당하고, 거기에 연명치료 중단의 허용기준에 관한 법리를 오해한 위법이 없다. 그러므로 상고를 기각하고, 상고비용은 패소자가 부담하기로 한다.

【해 설】

(1) **안락사**의 영문표기는 Euthanasia로서 'Eu'는 영어로 'Good'이고, 'thanasia'는 영어로 'Death'를 의미한다. 본래 이 용어는 '아름다운 죽음'이라는 뜻을 가진 Euthantos라는 그리스어의 번역이다. 이는 본래 불치의 질병으로 사경을 헤매며 고통받는 환자를 편안하게 임종을 맞이하도록 돕는 것을 말한다. 안락사 문제는 이미 고대 그리스에서부터 논의되었으며, 그 당시 영아살해는 자손을 육성하기 위해서 그리고 장애자 본인을 위해서도 필요하다고 치부되어왔고, 플라톤도 기형아는 기르지 말고 생후 즉시 버려야 한다고 여겼다. 이러한 관념은 실제로 스파르타의 영아살해의 관행으로도 나타났다. 그러나 중세에 들어와 이러한 관념은 기독교 사상의 영향을 받음으로써, 모든 생명은 비록 그것이 기형아일지라도 신의 피조물로서 불가침이고 거룩하다는 인식을 바탕으로 안락사에 대한 부정적 견해가 지배적이었다. 근대로 넘어오면서 과학사상의 보급과 계몽주의 철학의 영향으로 신앙적이었던 생명관에서 인권주의적 생명관으로 변하기 시작하였고, 18세기에 이르러서는 인도주의와 난치병

여부에 관한 의사의 판단으로 고통 완화에서 나아가 생명의 단축이라는 적극적인 안락사의 논쟁도 일어나기 시작했다. 현대에는 장기이식 등의 과학적 진보, 그에 앞서 인권의 신장으로 안락사에 대한 논쟁이 많았다.

(2) 영미에서는 의사들이 안락사 협회를 설치하여 많은 논의를 하고 있으며, 독일에서는 우생학적 논리에 맞춰 안락사를 정당시하기도 했으나 아직까지도 그 논의는 계속되고 있다. 현재 미국은 상당수의 주에서 소극적 안락사를 허용하고 있으며, 특히 오리건주는 적극적 안락사가 합법화된 최초의 주가 되었다. 즉 오리건주의 존엄사법에 따르면 불치의 병으로 죽음을 앞두고 있으나 의사를 표시할 능력이 있는 환자들은 의사에게 극약처방을 요구할 수 있다. 또한 **네덜란드**는 세계 최초로 유일하게 국가적 차원에서 관행이나 묵인이 아닌 법을 통하여 적극적 안락사를 허용하는 국가가 되었다. 다만 실제 실행을 위해서는 매우 엄격한 조건이 요구되고 있다. 먼저 환자가 자발적으로 안락사를 요구해야 하고, 할 수 있는 모든 치료방법을 다 썼지만 살아날 가망이 없어야 한다. 안락사를 요청받은 의사는 또 다른 전문의의 의견을 구해야 하며, 안락사는 신중한 방법으로 시행되어야 한다. 안락사 시행 후 담당의사는 검시관과 변호사·의사·윤리전문가로 구성된 지역심사위원회에 통보해야 하며, 담당의사가 안락사 규정을 제대로 지키지 않았다고 판명될 경우 이 위원회는 처벌을 건의할 수 있고, 이 경우 의사는 최고 12년까지의 징역형을 선고받을 수 있도록 규정하고 있다. 네덜란드 안락사 관리위원회 통계에 따르면 2012년 한해 안락사 시행이 전년 대비 13% 증가한 4천188명에 달했으며, 안락사를 선택한 경우의 대부분인 3천251명은 암환자인 것으로 조사되었다. 네덜란드에서 안락사를 선택하는 환자는 2006년 1천923명을 기록한 이후 지속적인 증가세를 보이고 있다. 네덜란드가 2001년 세계 최초로 안락사를 법으로 허용한 이래 2002년 벨기에, 2004년 룩셈부르크가 뒤를 이었다.

스위스의 경우 직접 안락사를 시키는 것은 여전히 불법이지만 안락사를 돕는 이른바 '조력자살'은 허용하고 있다. 즉 스위스는 1942년부터 비영리단체를 통한 안락사가 이뤄져왔으며, 찬반논의가 지속됐지만 2006년 스위스 연방대법원이 안락사를 최종적으로 인정하면서 논란이 마무리됐다. 현재 스위스는 자국민뿐 아니라 외국인을 대상으로 한 안락사도 허용하고 있고, 이미 한국인 2명이 스위스에서 안락사(조력자살) 기관의 도움을 받아 스스로 삶을 마감한 것으로 알려졌다. 2016년과 2018년 각각 1명의 한국인이 안락사를 돕는 스위스 비영리 단체 디그니타스(DIGNITAS)를 통해 안락사를 실행했다. 디그니타스는 1998년 설립돼 20년 동안 2100여명의 안락사를 도와왔다. 스위스에는 현재 디그니타스를 비롯해, 엑시트 인터내셔널(Exit International), 이터널 스피릿(Eternal Spirit) 3곳의 안락사 기관이 있다. 2019년 현재 디그니타스에는 47명의 한국인이 가입했고, 다른 단체인 엑시트 인터내셔널에는 한국인 60명이 회원으로 등록돼 있는 것으로 알려졌다. 2018년 5월 호주의 과학자 데이비드 구달도 스위스에서 안락사했다. 당시 104세였던 그는 특별한 질병이 없는데도 스스로 삶을 마감하기 위해 자신의 나라를 떠나 스위스로 향했다. 구달은 호주에서 스위스로 가는 경비 2만달러(약 2400만원)를 마련하기 위해 자신의 마지막 여정을 인터넷에 공개하기도 했다. 이러한 비영리단체를 통한 안락사는 경찰관이 입회한 상태에서 죽음을 앞당기는 약물, 주사를 주입하는 방식으로 이뤄진다. 이는 건강한 상태에서 스스로 결정을 내렸다는 증명 하에서 안락사가 이뤄져야 한다는 법적 제한 때문이다. 안락사를 위한 약을 대신 먹여 달라거나 의사한테 주사기를 눌러 달라고 하는 행위는 엄격히 금지된다.

(3) 안락사라는 용어는 예전부터 매우 다양하고 광범위하게 사용되어 왔으므로 그 개념을 정의하는 데에는 상당한 어려움이 따른다. 가령 생존의미의 존재여부에 따른 안락사의 허용범위를 기준으로 구분해보면 다음과 같다.

(가) **최광의의 안락사(도태적 안락사)**: 이는 무가치한 인간의 생명은 불필요하기 때문에 사회로부터 제거해야 한다는 입장으로서 사회적으로 쓸모없고 해악만 끼치는 신체장애자나 정신병자의 생명을 인위적으로 단축케 하는 행위이다. 여기서는 환자의 고통이나 죽음의 임박성을 문제삼지 않으며, 환자의 승낙이나 촉탁을 요구하지도 않는다. 가령 방금 태어난 유아가 심한 장애자라서 본인이나 부모에게 고통만 가중시킬 것이라는 생각으로 살해하거나 또는 독일 나치스 정권 하에서 볼 수 있는 바와 같이 중증의 정신병자는 사회에 도리어 해가 된다는 입장에서 그들의 생명을 단축케 한 행위들이다. 그러나 이러한 안락사는 어떠한 명분 하에서도 인정될 수 없으며, 우리 헌법 제10조의 인간존엄성의 보호에 곧바로 역행하는 헌법위반으로서 입법론적으로도 불가능하다고 본다.

(나) **광의의 안락사(존엄사)**: 이는 현대 의료상으로 보아 불치의 질병으로 사경을 헤매는 환자에 대하여 그의 고통여부에 관계없이 그 자신의 자결권에 따라 또는 자신의 견해표명이 불가능한 경우에는 보호자의 진지한 뜻에 따라 그가 인간다운 죽음을 맞이할 수 있도록 그의 생명을 인위적으로 단축케 하는 조치를 뜻한다. 이러한 광의의 안락사의 개념은 다시 두 가지로 나눌 수 있는데, 그 하나는 AIDS나 암과 같은 치명적인 질병으로 환자 자신이 장래 인간다운 삶을 기대할 수 없다는 인식 아래 본인의 요구로 그의 생명을 단축케 하는 경우이고, 다른 하나는 뇌의 손상으로 의식이 회복될 수 없는 환자의 경우이다. 후자의 경우는 더 이상 이성적인 인간다운 삶을 누릴 수 없기 때문에 인격의 존엄을 유지하기 위하여 환자 본인의 승낙이 그런 상태에 도달하기 전에 이미 있었거나 혹은 없었더라도 환자의 추정적 승낙이나 보호자의 사리에 합당한 진지한 요구에 의해 사망시기를 단축케 하는 행위이다.

(다) **협의의 안락사(고통해방을 위한 안락사)**: 이는 환자가 현대 의료상 불치의 질병에 걸려 이에 수반된 견디기 힘든 육체적 고통을 제거하기 위하여 본인의 진지한 요구로 그의 생명의 종기를 인위적으로 단축시키는 조치를 의미한다. 여기에는 환자의 고통을 완화할 목적으로 행한 치료행위가 불가피하게 부수적으로 생명의 단축을 초래케 할 가능성이 있다는 의심 아래 치료행위를 하다가 환자의 생명이 단축되는 경우도 포함된다. 그러므로 협의의 안락사는 환자의 고통에 대한 완화 내지는 억지를 위해서 야기되는 안락사라고 말할 수 있다.

(라) **최협의의 안락사(진정안락사)**: 이는 임종에 직면한 환자에게 생명의 단축없이 안락한 죽음에 이르도록 그의 죽음을 도와주는 행위이다. 진정 안락사의 경우에 형법상 특히 문제될 수 있는 것은 환자의 의견에 반하여 의사가 그에게 고통없이 자연스런 임종이 되도록 의료적 조치를 취하는 행위가 처벌될 수 있는가 하는 점이다. 생명의 단축이 없는 진정 안락사는 훌륭한 치료행위이므로 적어도 형법 제20조에 해당되어 정당행위가 됨으로써 가벌성이 부정되나, 만일 환자가 명백한 의견으로 의사의 치료행위를 거부하는 경우에도 의사가 치료행위를 통하여 환자의 생명이 고통없이 자연스럽게 연장되었다면, 과연 해당 의사는 처벌받지 않을지 의문이다.

(4) 안락사의 허용여부에 관한 논의에 있어서 **긍정론**의 입장은 ① 사람의 생명에 대한 권

리는 사람의 자연적 죽음과 인간다운 죽음에 대한 권리를 포함하며 ② 환자의 동의나 의사에 반하여 생명과 고통의 연장을 강요할 수는 없고 ③ 환자의 생명을 유지해야 할 의사의 의무도 환자에게 소생이나 치료의 가능성이 소멸되고 죽을 시기가 임박하여 죽음을 피할 수 없게 된 때에는 인정할 수 없다고 주장한다. 반면에 안락사에 대한 **부정론**의 입장은 ① 천부적 생명이 끝나기 전에 생명을 박탈하는 행위는 사회도덕상 용납할 수 없고 ② 완전히 불치이고 사망의 시점이 임박하였다는 절대적 판단을 내릴 수 있는 사람은 없으며 ③ 안락사를 허용할 경우 합법적인 살인행위가 자행될 가능성이 있으므로 안락사를 의사가 행한다고 해도 범죄이고, 설령 피해자의 승낙이 있더라도 허용될 수 없다고 주장한다.

다만 안락사를 긍정하는 입장에서도 ① 환자가 불치의 질병으로 죽을 때가 임박하였고 ② 환자의 고통을 차마 볼 수 없을 정도로 극심하며 ③ 환자의 고통을 제거 또는 완화하기 위한 것이고 ④ 환자의 진지한 촉탁 또는 승낙이 있고 ⑤ 원칙적으로 의사에 의하여 시행되며 그 방법이 윤리적으로 정당하다고 인정되는 경우 등에 한하여 사회상규에 반하지 아니하는 **정당행위**로서 위법성이 조각된다고 본다.

엄밀히 말해서 안락사와 존엄사는 그 개념이 다르다. 즉 **존엄사**는 '품위 있는 죽음'을 말한다. 인간적 삶을 살 수 있도록 최선의 의학적인 치료를 다했음에도 돌이킬 수 없는 죽음이 임박했을 때 의학적으로 무의미한 연명치료를 중단함으로써 질병에 의한 자연적인 죽음을 받아들이는 것이다. 이때는 의학적 치료가 더 이상 생명을 연장할 수 없기 때문에 무의미한 연명치료를 중단한다고 하더라도 그 치료의 중단으로 생명이 더 단축되는 것을 의미하지는 않는다. 따라서 인위적인 기계호흡을 통해 무작정 생명을 연장하는 것이 병원, 환자, 가족 모두에게 도움이 되지 않으므로 존엄사는 도입되어야 할 제도라고 보는 것이다.

이에 비해 안락사는 질병에 의한 자연적인 죽음보다 훨씬 이전에 생명을 마감시키며, 질병에 의한 죽음이 아니라 인위적인 행위에 의한 죽음을 의미한다. 흔히 안락사를 적극적 안락사와 소극적 안락사로 구분하는데, 이는 안락사의 시술방식을 시행자의 행위에 따라 분류한 것으로서 **적극적 안락사**는 견디기 어려운 고통에 직면한 환자에 대하여 조용히 그리고 즉시 숨지게 할 수 있는 약을 주사하여 숨지게 하는 방법과 같이 적극적 행위방식으로 하는 안락사를 말하며, **소극적 안락사**는 현대의 의료수준에 따른 정상적인 생명유지조치를 강구하지 아니하거나 또는 현재 시행되고 있는 생명유지조치 등을 차단하여 생명이 단축되는 경우를 말한다. 윤리적으로나 법적으로 소극적 안락사는 세계적으로 널리 허용되고 있다.

이와 더불어 안락사를 예방하는 대안으로 종교계나 세계보건기구(WHO) 등에서 제시하는 **호스피스·완화의료**를 보면, 이는 죽음이 임박한 말기환자에게 무의미한 치료를 환자의 자율적 결정대로 시행하지 않는 대신 훈련된 의사, 간호사, 사회복지사, 성직자와 자원봉사자가 환자의 통증 등의 다양한 증상에 대해 치료와 심리적, 영적 상담을 시행하면서 품위 있고 자연스러운 죽음을 맞이할 수 있도록 하는 제도이다. 이 때 **무의미한 연명치료**란 인간적 삶을 살 수 있도록 최선의 의학적인 치료를 다했음에도 돌이킬 수 없는 죽음이 임박했을 때 의학적으로 불필요하다고 판단되는 기계적 호흡이나 심폐소생술 등을 시행하는 것을 의미한다. 또한 **사전의사결정제도**란 죽음이 임박하지 않은 시점에서 죽음이 임박했을 때 생명연장치료의 시행 여부에 대한 결정을 미리 개인의 의지와 선호에 의해 결정하는 것을 말한다. 의료계에서는 이를 두고 환자의 자율적 의지를 존중하는 인본적인 제도라고 평가한다. 사전의사결정제도는 미국, 대만, 프랑스 등에서 이미 도입해 시행 중이며, 호스피스·완화의료의 제도화를 위해 필수적인 장치라고 본다.

30. 무의미한 연명치료와 안락사

(5) 우리나라의 경우는 그동안 뇌사자들의 장기이식과 관련해서 안락사의 요건을 고통완화가 아닌 신체의 효율성 측면에서 다루어왔으며, 학설상으로는 엄격한 요건을 갖춘 안락사는 위법이 아니라는 견해가 주장되어왔다. 즉 우리나라에서도 살아날 가망성이 없는 환자들, 가령 말기 암환자 등의 경우에는 환자가 직접 혹은 가족들이 퇴원을 요구할 때 이를 받아들여 주는 형태의 소극적 안락사가 의료계의 하나의 관행처럼 묵인되어왔다. 그러나 일명 '보라매병원사건'을 통하여 치료비의 지급여력이 없던 가족들이 환자의 퇴원을 요구하자 처음에는 이를 거부하던 의사들이 환자를 퇴원시켜 준 사례에서 법원이 의사들에게 살인죄를 적용하여 징역 2년 6월에 집행유예 3년을 선고한 바 있다(※[서울고등법원 2002. 2. 7. 98노1310 판결] 참조).

현재 우리나라에서는 안락사가 법으로 금지되어 있다. 다만 2018년 2월부터 치료효과 없이 생명만 연장하는 연명치료를 중단할 수 있게 하는 '존엄사법'은 시행 중이다. 존엄사법은 인위적으로 죽음을 앞당기지 않고 자연사의 범주 내에서 연명치료를 포기한다는 점에서 안락사와는 다르다. 보건복지부에 따르면 '존엄사법'이 시행된 후 1년 동안 3만 5000여명의 사람들이 존엄사를 선택했다. **'웰다잉법'** 혹은 **'존엄사법'**이라 불리는 **'연명의료결정법'**(호스피스·완화의료 및 임종 과정에 있는 환자의 연명의료 결정에 관한 법률)에 따르면 담당 의사와 해당 분야 전문의 1명으로부터 임종 과정에 있다는 의학적 판단을 받은 환자는 심폐소생술, 혈액 투석, 항암제, 인공호흡기 착용의 연명의료를 시행하지 않거나 중단하는 결정을 할 수 있다. 이를 통해 임종을 앞둔 회생 불능 환자에 대한 무의미한 연명의료를 중단함으로써 고통을 줄이고 가족과 따뜻한 작별을 나눈 뒤 평안한 죽음을 맞을 수 있는 존엄사의 길을 열어놓았다고 볼 수 있다. 그러나 입법으로 품위 있는 죽음의 길이 열렸다고 해도 이를 뒷받침할 수 있는 의료시스템과 임종 과정에 대한 가족과 일반인의 인식이 개선되지 않고서는, 임사(臨死) 단계에 있는 환자의 고통을 더는 데 큰 도움이 되지 못할 것이다. 참고로 **미국 노인병학회**는 임사 과정에 있는 환자를 온전하게 돌보는 중요한 요소로 다음과 같은 9가지를 꼽았다. 즉 ① 심신 양면의 여러 가지 증세를 경감시키고 ② 환자가 품위를 지킬 수 있도록 도와주며 ③ 환자의 뜻을 반영한 치료법을 쓰고 ④ 적절하지 않은 적극적 의료를 피하며 ⑤ 환자와 가족이 함께 값진 시간을 갖게 하고 ⑥ 환자에게 가능한 최상의 삶을 이어가게 하며 ⑦ 가족의 의료비 부담을 최소화하고 ⑧ 보험으로 커버되는 의료비 내역을 알려주며 ⑨ 가족을 잃은 유가족의 슬픔을 다독여줘야 한다. 9가지 요소라 하지만 핵심은 임종 단계의 여러 가지 증세를 누그러뜨려 편안하게 해주고 환자의 뜻에 따라 적합하지 않은 적극적 의료를 피한다는 점이다. 오히려 환자나 유가족의 의료비 부담을 걱정해 건강보험의 범위와 혜택 내용을 알려주고 유족의 마음을 달래주는데 많은 배려를 하고 있다. 그러나 역시 환자가 존엄을 지키면서 가능한 최상의 삶으로 남은 생을 마치도록 하는 것이 중요하겠다.

'존엄사법'이 시행된 이래 2021년 11월 현재 존엄사를 택한 임종기 환자가 18만명을 넘어섰다. 즉 보건복지부와 국가생명윤리정책원에 따르면 2021년 10월 말 기준으로 연명의료를 유보하거나 중단하기로 결정한 환자는 18만1천978명에 달했다. 연도별로는 2018년 3만1천765명, 2019년 8만3명, 2020년 13만4천945명 등으로 꾸준히 증가해왔다. 성별로는 남성 10만8천140명, 여성 7만3천838명이었다. 연령별로는 30세 미만 1천907명, 30~39세 2천323명, 40~49세 7천959명, 50~59세 2만1천394명, 60~69세 3만7천40명, 70~79세 5만2천122명, 80세 이상 5만9천233명 등이었다. 이들은 암이나 호흡기질환, 심장질환, 뇌 질환 등을 앓다가 존엄사를 결정했다.치료할 수 없는 상태에 빠졌을 때 연명치료를 받지 않겠다고 서약한 사람도 100만명을 돌파했다. 이는 2018년 2월 4일 일명 존엄사법으로 불리는 '호스피스·완화의료 및 임종 과정에 있는 환자의 연명의료 결정에 관한 법률(연명의료결정법)'이 시행된 이후 3년 8개월간의 통계이다.

연명의료결정제도는 심폐소생술, 혈액투석, 항암제 투여, 인공호흡기 착용, 체외생명유지술(ECLS·심장이나 폐순환 장치), 수혈, 승압제 투여 등 아무런 치료 효과 없이 임종기에 접어든 말기 환자의 생명만 무의미하게 연장하는 의학적 시술을 중단하거나 유보하는 것을 말한다. 유보는 연명의료를 처음부터 시행하지 않는 것이고, 중단은 시행하던 연명의료를 그만두는 것이다. 현재 회생 가능성이 없는 임종기 환자가 연명의료를 중단하거나 유보하는 데는 4가지 방식이 있다. 건강할 때 미리 '사전연명의료의향서'를 작성해놓거나 말기·임종기 환자가 직접 '연명의료계획서'(말기 환자 등의 의사에 따라 담당 의사가 환자에 대한 연명의료중단 등 결정 및 호스피스에 관한 사항을 계획해 문서로 작성한 것)를 쓰면 된다. 또 가족 2명 이상이 '평소 환자가 연명의료를 원하지 않았다'고 일치된 진술을 하거나 환자의 뜻을 모를 때는 가족 전원이 합의하면 연명치료를 중단할 수 있다. 4가지 방식 중에서 지금까지는 환자의 직접적 뜻보다는 가족의 합의와 결정으로 연명의료를 유보, 중단하는 경우가 많았다. 환자 가족 전원의 합의나 환자 가족 2명 이상의 일치된 진술로 연명의료를 중단한 경우가 각각 5만3천419명(29.35%)과 6만936명(33.48%)으로 전체 연명의료 중단·유보 환자의 62.83%에 달했다. 환자가 의식 있을 때 자신의 의지로 연명의료계획서 등을 미처 작성하지 못한 채 임종기에 빠진 경우가 많기 때문으로 풀이된다. 연명의료계획서를 직접 써서 연명의료를 중단한 환자는 6만145명(33.0%)이었다. 사전연명의료의향서로 연명의료를 중단한 환자는 7천478(4.1%)에 그쳤다. 사전연명의료의향서는 나중에 아파서 회복할 수 없는 상태에 빠졌을 때 연명의료를 받지 않겠다는 뜻을 미리 밝혀두는 서류다.

[서울고등법원 2002. 2. 7. 98노1310 판결]

(가) **범죄사실**: 피고인 양후진은 보라매병원 신경외과 전담의사, 피고인 3은 위 병원 같은 과 레지던트로 각 근무하고 있는 자인바, 1997. 12. 4. 14:30경 피해자 김수광이 자신의 주거지에서 술에 취한 채 화장실을 가다가 중심을 잃어 기둥에 머리를 부딪치고 시멘트바닥에 넘어지면서 머리를 충격하여 경막외출혈상을 입어 위 보라매병원으로 응급후송된 다음 같은 날 18:05경부터 다음 날 03:00경까지 피고인 2의 집도와 피고인 3 등의 보조로 경막외출혈로 인한 혈종제거수술을 받고 중환자실로 옮겨져 계속 치료를 받았는데 위 혈종제거수술이 성공적으로 이루어졌고, 시간이 경과함에 따라 피해자의 대광반사와 충격에 대한 반응 속도가 점점 빨라지고 이름을 부르면 스스로 눈까지 뜨려고 하는 등 그 상태가 호전되어 계속적으로 치료를 받을 경우 회복될 가능성이 있었으나 뇌수술에 따른 뇌부종으로 자가호흡을 하기 어려운 상태에서 인공호흡을 위한 산소호흡기를 부착한 채 수술부위에서 배어 나오는 피를 배액하는 등 합병증 및 후유증에 대한 치료를 계속 받던 중, 피해자의 처인 상 피고인 1이 당시까지 치료비 260만원 상당뿐 아니라 추가치료비의 지출이 자신의 재산능력에 비추어 상당한 부담이 되고, 17년 동안 무위도식하면서 술만 마시고 가족들에게 구타를 일삼아 온 피해자가 차라리 사망하는 것이 낫겠다고 생각한 나머지, 피고인 2, 3으로부터 위와 같은 피해자의 상태와 인공호흡장치가 없는 집으로 퇴원하게 되면 호흡을 제대로 하지

30. 무의미한 연명치료와 안락사

못하여 피해자가 사망하게 된다는 사실에 대한 설명을 들어 알고 있었음에도 피해자에 대한 치료를 중단하고 퇴원시키는 방법으로 피해자를 살해할 것을 마음먹고, 같은 달 5. 14:20경 및 18:00경 주치의인 피고인 3에게 '도저히 더 이상의 추가치료비를 부담할 능력이 없다'는 이유로 퇴원을 요구하고, 같은 달 10:00경 전담의인 피고인 2에게도 같은 이유로 퇴원을 요구하는 등 피고인 2, 3의 퇴원만류에도 불구하고 계속하여 퇴원을 요구하자 피고인 3은 상 피고인 1의 퇴원요구를 받아 상사인 피고인 2에게 직접 퇴원승낙을 받도록 하고, 피고인 2는 상 피고인 1의 퇴원요구를 받아들여 피고인 3에게 피해자의 퇴원을 지시하고, 피고인 3은 이에 따라 피해자의 퇴원을 지시하여 피고인 2, 3의 지시를 받은 상 피고인 4로 하여금 상 피고인 1과 함께 피해자를 집까지 데리고 간 다음 인공호흡보조장치인 엠브와 기관에 삽입된 관을 제거하여 그 무렵 피해자로 하여금 뇌간압박에 의한 호흡곤란으로 사망에 이르게 하여 피고인 1의 범행을 용이하게 하여 이를 방조하였다.

(나) 양형이유: 이 사건의 경우 생존가능성이 있는 피해자에 대하여 경막외혈종 수술을 받은 후 치료비 부담을 이유로 36시간만에 퇴원시켜 인공호흡장치를 제거함으로써 치료행위의 중단을 초래하여 사망에 이르게 한 것으로 피해자의 보호자인 피고인 1의 경우 부작위에 의한 살인죄의 형법적 책임을 묻지 않을 수 없고, 담당의사들인 피고인 2, 3의 경우 소극적 안락사의 법적 개념에 해당하지 아니하고, 치료행위 중지의 허용요건을 충족하지도 못하며, 만약 담당의사들이 피해자의 생존가능성 및 더 이상의 치료행위가 의미 있는지 여부를 판단할 수 있는 시점까지 피해자에 대한 치료를 다하고, 동료 및 선후배의사와 의논하거나 병원 윤리위원회에 회부하는 등 여러 가지 검증절차를 통하여 더 이상 치료가 무의미하다고 판단하여 한계상황에서의 환자 자신의 이익과 의사를 고려한 양심적 결단에 의해 퇴원시킨 것이었다면 법원으로서도 그러한 의료인의 결정을 존중할 여지가 있다고 할 것이나, 이 사건은 피해자의 추정적 의사에 반하는 보호자의 경제적 부담을 이유로 한 퇴원요구에 응하여 경솔하게 생존가능성이 있는 환자를 퇴원시켜 그 생명을 포기케 하는 결과를 초래한 행위로서 환자의 상태와 환자 자신의 의사를 신중하게 고려한 담당의사들의 한계상황에서의 양심적 결단이 있다고 볼 수 없음이 명백하고, 따라서 위 피고인들이 보호자의 경제적 고려에 의한 퇴원 요구에 응하여 생존가능성이 있는 피해자의 치료행위의 중지를 초래케 한 행위에 대해서도 단순한 윤리적 책임뿐 아니라 현행법에 의한 책임을 묻지 않을 수 없다. 다만, 피고인 2, 3은 피해자에 대해 자신들이 할 수 있는 최선의 의료조치를 취하였었고, 그 후 피고인 1의 퇴원요구에 대해 수차례 만류하였던 사정이 있으며, 피해자의 사망이라는 결과를 의욕 또는 용인할 의사가 있었다고 보이지는 않아 살인죄가 아닌 살인방조죄로 처단하는 점에 비추어 그 형을 주문과 같이 정한다.

※ 주문: 원심판결 중 피고인 2, 3에 대한 부분을 파기한다. 피고인 2, 3을 각 징역 1년 6월에 각 처한다. 원심판결 선고 전 구금일수 3일을 피고인 2에 대한 위 형에, 같은 1일을 피고인 3에 대한 위 형에 각 산입한다. 다만 이 판결 확정일로부터 각 2년간 위 각 형의 집행을 유예한다. 피고인 1의 항소 및 검사의 피고인 1, 4에 대한 항소를 모두 기각한다.

[대법원 2016. 1. 28. 2015다9769 판결]

(가) 의학적으로 환자가 의식의 회복가능성이 없고 생명과 관련된 중요한 생체기능의 상실을 회복할 수 없으며 환자의 신체상태에 비추어 짧은 시간 내에 사망에 이를 수 있음이

명백한 경우(이하 '회복불가능한 사망의 단계'라 한다)에 이루어지는 진료행위(이하 '연명치료'라 한다)는 원인이 되는 질병의 호전을 목적으로 하는 것이 아니라 질병의 호전을 사실상 포기한 상태에서 오로지 현 상태를 유지하기 위하여 이루어지는 치료에 불과하므로, 그에 이르지 아니한 경우와는 다른 기준으로 진료중단 허용 가능성을 판단하여야 한다. 그러므로 회복불가능한 사망의 단계에 이른 후에 환자가 인간으로서의 존엄과 가치 및 행복추구권에 기초하여 자기결정권을 행사하는 것으로 인정되는 경우에는 특별한 사정이 없는 한 연명치료의 중단이 허용될 수 있다.

(나) 한편 환자가 의료인과 의료계약을 체결하고 진료를 받다가 미리 의료인에게 자신의 연명치료 거부 내지 중단에 관한 의사를 밝히지 아니한 상태에서 회복불가능한 사망의 단계에 진입을 하였고, 환자 측이 직접 법원에 연명치료 중단을 구하는 소를 제기한 경우에는, 특별한 사정이 없는 한, 연명치료 중단을 명하는 판결이 확정됨으로써 판결 주문에서 중단을 명한 연명치료는 더 이상 허용되지 아니하지만, 환자와 의료인 사이의 기존 의료계약은 판결 주문에서 중단을 명한 연명치료를 제외한 나머지 범위 내에서는 유효하게 존속한다.

따라서 이 사건 의료계약의 연대보증인 또는 소외 1의 상속인들인 피고들은 이 사건 의료계약에 따라 원고에게 연명치료중단 소송이 제기된 2008. 6. 2.부터 연명치료중단 판결이 확정된 2009. 5. 21.까지 인공호흡기 유지비용뿐만 아니라 2009. 6. 23. 소외 1이 상급병실로 전실된 이후 그가 사망할 때까지 발생한 상급병실 사용료를 포함한 미납진료비를 지급할 의무가 있다.

31. 뇌사와 장기이식

[대법원 2008. 11. 20. 2007다27670 판결]

> (1) 원심은, 관습상 종손이 있는 경우라면 그가 제사를 주재하는 자의 지위를 유지할 수 없는 특별한 사정이 있는 경우를 제외하고는 종손에게 제사주재자의 지위가 인정된다고 전제한 다음, 망 소외인의 장남인 원고가 종손으로서 그에 대한 제사를 주재할 자의 지위에 있다는 취지로 판시하였다.
>
> (2) 원고는 제사주재자의 지위에 있음을 전제로 이 사건 유체(遺體)에 대한 소유권에 기하여 이 사건 분묘 안에 매장된 이 사건 유체를 자신에게 인도할 것을 청구하고 있다. 이에 대하여 피고들은 제1심 이래 일관하여 이 사건 유체는 망인의 의사에 따라 이 사건 분묘에 매장된 것이므로, 제사주재자의 지위에서 이 사건 유체의 인도를 청구할 수 없다고 주장하여왔다.

【요 지】

(1) 제사주재자의 결정 방법: [다수의견] 제사주재자는 우선적으로 망인의 공동상속인들 사이의 협의에 의해 정하되, 협의가 이루어지지 않는 경우에는 제사주재자의 지위를 유지할 수 없는 특별한 사정이 있지 않은 한 망인의 장남(장남이 이미 사망한 경우에는 장남의 아들, 즉 장손자)이 제사주재자가 되고, 공동상속인들 중 아들이 없는 경우에는 망인의 장녀가 제사주재자가 된다.

[대법관 박시환, 대법관 전수안의 반대의견] 제사주재자는 우선 공동상속인들의 협의에 의해 정하되, 협의가 이루어지지 않는 경우에는 다수결에 의해 정하는 것이 타당하다.

[대법관 김영란, 대법관 김지형의 반대의견] 민법 제1008조의3에 정한 제사주재자라 함은 조리에 비추어 제사용 재산을 승계받아 제사를 주재하기에 가장 적합한 공동상속인을 의미하는데, 공동상속인 중 누가 제사주재자로 가장 적합한 것인가를 판단함에 있어서 공동상속인들 사이에 협의가 이루어지지 아니하여 제사주재자의 지위에 관한 분쟁이 발생한 경우에는 민법 제1008조의3의 문언적 해석과 그 입법 취지에 충실하면서도 인격의 존엄과 남녀의 평등을 기본으로 하고 가정평화와 친족상조의 미풍양속을 유지·향상한다고 하는 가사에 관한 소송의 이념 및 다양한 관련 요소를 종합적으로 고려하여 개별 사건에서 당사자들의 주장의 당부를 심리·판단하여 결정하여야 한다.

(2) 망인의 유체·유골의 승계권자 및 피상속인이 생전행위 또는 유언으로 자신의 유체·유골의 처분 방법을 정하거나 매장장소를 지정한 경우 그 효력: [다수의견] (가) 사람의 유체·유골은 매장·관리·제사·공양의 대상이 될 수 있는 유체물로서, 분묘에 안치되어 있는 선조의 유체·유골은 민법 제1008조의3 소정의 제사용 재산인 분묘와 함께 그 제사주재

자에게 승계되고, 피상속인 자신의 유체·유골 역시 위 제사용 재산에 준하여 그 제사주재자에게 승계된다.

(나) 피상속인이 생전행위 또는 유언으로 자신의 유체·유골을 처분하거나 매장장소를 지정한 경우에, 선량한 풍속 기타 사회질서에 반하지 않는 이상 그 의사는 존중되어야 하고 이는 제사주재자로서도 마찬가지이지만, 피상속인의 의사를 존중해야 하는 의무는 도의적인 것에 그치고, 제사주재자가 무조건 이에 구속되어야 하는 법률적 의무까지 부담한다고 볼 수는 없다.

[대법관 박시환, 대법관 전수안의 반대의견] 피상속인의 유체·유골은 제사용 재산인 분묘와 함께 제사주재자가 이를 승계한다고 본 다수의견에는 찬성한다. 그러나 제사주재자가 피상속인의 유체·유골에 대한 관리·처분권을 가지고 있다고 하여 정당한 사유 없이 피상속인의 의사에 반하여 유체·유골을 처분하거나 매장장소를 변경하는 것까지 허용된다고 볼 수는 없다.

[대법관 안대희, 대법관 양창수의 반대의견] (가) 장례의 방식이 다양화하여 분묘 없는 장례가 빈번하게 되고 또한 매장 또는 분묘개설을 강행할 근거가 없는 이상, 유체의 귀속은 분묘의 귀속과 분리하여 처리되어야 한다.

(나) 망인이 자신의 장례 기타 유체를 그 본래적 성질에 좇아 처리하는 것에 관하여 생전에 종국적인 의사를 명확하게 표명한 경우에는, 그 의사는 법적으로도 존중되어야 하며 일정한 법적 효력을 가진다고 함이 타당하다. 나아가 망인의 의사대로 이미 장례나 분묘개설 기타 유체의 처리가 행하여진 경우에는, 다른 특별한 사정이 없는 한 유체의 소유자라고 하더라도 그 소유권에 기하여 그 분묘를 파헤쳐 유체를 자신에게 인도할 것을 청구할 수 없다.

(3) 제사주재자의 지위를 유지할 수 없는 특별한 사정의 의미: 어떤 경우에 제사주재자의 지위를 유지할 수 없는 특별한 사정이 있다고 볼 것인지에 관하여는, 제사제도가 관습에 바탕을 둔 것이므로 관습을 고려하되, 여기에서의 관습은 과거의 관습이 아니라 사회의 변화에 따라 새롭게 형성되어 계속되고 있는 현재의 관습을 말하므로 우리 사회를 지배하는 기본적 이념이나 사회질서의 변화와 그에 따라 새롭게 형성되는 관습을 고려해야 할 것인바, 중대한 질병, 심한 낭비와 방탕한 생활, 장기간의 외국 거주, 생계가 곤란할 정도의 심각한 경제적 궁핍, 평소 부모를 학대하거나 심한 모욕 또는 위해를 가하는 행위, 선조의 분묘에 대한 수호·관리를 하지 않거나 제사를 거부하는 행위, 합리적인 이유 없이 부모의 유지 내지 유훈에 현저히 반하는 행위 등으로 인하여 정상적으로 제사를 주재할 의사나 능력이 없다고 인정되는 경우가 이에 해당하는 것으로 봄이 상당하다.

【이 유】

(1) 제사주재자의 결정방법

(가) 민법 제1008조의3은 "분묘에 속한 1정보 이내의 금양임야와 600평 이내의 묘토인

농지, 족보와 제구의 소유권은 제사를 주재하는 자가 이를 승계한다"고 규정하고 있다. 원래 1958. 2. 22. 법률 제471호로 제정된 구 민법은 제사상속에 관한 일반 규정을 두지 않음으로써 제사상속을 도덕과 관습의 범주에 맡기면서도, 제996조에서 분묘에 속한 1정보 이내의 금양임야와 600평 이내의 묘토인 농지, 족보와 제구(이하 '제사용 재산'이라 한다)의 소유권은 호주상속인이 이를 승계하도록 규정하고 있었는데, 1990. 1. 13. 법률 제4199호로 개정된 구 민법에서는 호주상속제도를 폐지하고 호주승계제도를 채택하면서 위와 같이 제사용 재산의 승계를 호주승계의 효력이 아닌 재산상속의 효력 중의 하나로 제1008조의3에 규정하고 그 승계권자를 '호주상속인'에서 '제사를 주재하는 자'로 변경하였으며, 2005. 3. 31. 법률 제7427호로 개정된 현행 민법에서는 호주승계제도조차 폐지하고 제1008조의3은 그대로 유지하기에 이른 것이다.

(나) 그런데 위와 같이 1990. 1. 13. 법률 제4199호로 개정된 구 민법은 물론 현행 민법에서도 '제사를 주재하는 자'가 제사용 재산을 승계한다고만 규정하고 있을 뿐 그것이 누구이거나 어떻게 정하는지에 관하여는 아무런 규정을 두고 있지 않다. 이에 관하여 종래 대법원은, 공동상속인 중 종손이 있다면 그에게 제사를 주재하는 자의 지위를 유지할 수 없는 특별한 사정이 있는 경우를 제외하고는 통상 종손이 제사주재자가 된다고 판시하여 왔다(대법원 1997. 11. 25. 97누7820 판결, 대법원 1997. 11. 28. 96누18069 판결, 대법원 2004. 1. 16. 2001다79037 판결 등 참조). 일반적으로 종손이라 함은 '장자계의 남자손으로서 적장자'를 지칭하는바, 종래 우리의 관습은 상속인들간의 협의와 무관하게 우선적으로 적장자가 제사상속인이 되고 적장자가 없는 경우에는 적손, 중자, 서자, 중손, 서손의 순서로 제사상속인이 되는 것이었으므로, 위 대법원판결들은 이러한 종래의 관습에 터잡은 것이라고 하겠다.

(다) 그러나 사회의 거듭된 관행으로 생성한 사회생활규범으로서의 관습 내지 관습법이라고 할지라도, 헌법을 최상위 규범으로 하는 전체 법질서에 반하여 정당성과 합리성이 없는 때에는 이를 법적 규범으로 삼아 법원으로서의 효력을 인정할 수 없다(대법원 2003. 7. 24. 2001다48781 전원합의체 판결 등 참조). 앞서 본 바와 같이 적장자라는 신분을 최우선시하는 제사상속제도는, 과거의 종법사상에 기초한 것으로서 조상숭배를 통한 부계혈족 중심의 가(家)의 유지와 계승을 목적으로 하는 것이었고, 가부장적인 대가족 제도와 자급자족을 원칙으로 하는 농경사회를 그 바탕으로 한 것이나, 우리 사회는 1970년대 이래 급속한 경제성장을 통하여 고도로 산업화·도시화된 사회를 이루었고, 대가족제도가 핵가족제도로 바뀌었으며, 가정 내에서 가족 개개인의 의사가 존중되고, 적서의 차별이 사라졌으며, 남아선호사상의 쇠퇴와 더불어 딸만을 자녀로 둔 가정의 비율이 증가하게 되었다. 이에 따라 1980. 10. 27. 헌법 제9호로 전문 개정된 헌법 제34조 제1항은 "혼인과 가족생활은 개인의 존엄과 양성의 평등을 기초로 성립되고 유지되어야 한다"고 선언하기에 이르렀고, 이는 현행 헌법 제36조 제1항으로 유지되고 있는바, 그 후 사회의 모든 영역에서 가족 구성원의 평등을 실현하는 방향으로 제도가 개선되었으며, 여러 차례에 걸친 민법 개정을 통하여 형제자매의 상속분이 균등하게 되었고, 호주제도가 폐지되어 호주를 중심으로 한 가(家)의 제도에서 본인과 배우자를 중심으로 한 새로운 가족제도로 재편되는 한편, 2008. 1. 1. 호적제도조차 새로운 가족관계등록제도로 대체되기에 이르렀다. 위와 같이 우리 사회 구성원들의 생활양식과 각종 법률 및 제도가 변화함에 따라 상속인들간의 협의와 무관하게 적장자가 우선적으로 제사를 승계해야 한다는 종래의 관습은, 가족 구성원인 상속인들의 자율적인 의사를

무시하는 것이고 적서간에 차별을 두는 것이어서 개인의 존엄과 평등을 기초로 한 변화된 가족제도에 원칙적으로 부합하지 않게 되었고, 이에 대한 우리 사회 구성원들의 법적 확신 역시 상당 부분 약화되었으므로, 더 이상 관습 내지 관습법으로서의 효력을 유지할 수 없게 되었으며, 그러한 관습에 터잡은 종래의 대법원판결들 역시 더 이상 판례법으로서의 효력을 유지할 수 없게 되었다고 봄이 상당하다.

(라) 한편, 민법 제1조는 민사에 관하여 법률에 규정이 없으면 관습법에 의하고 관습법이 없으면 조리에 의하도록 정하고 있는바, 누가 제사주재자가 되는지에 관하여는 법률에 아무런 규정이 없고, 제사주재자에 관한 종래의 관습 내지 판례법이 그 효력을 유지할 수 없게 된 현재의 상황에서는, 민법의 일반원리와 아울러 제사용 재산의 성격, 제사용 재산의 승계에 관한 민법 제1008조의3의 입법 목적, 제사가 가지는 역사적·사회적 의미 등을 종합적으로 고려하여 조리에 의해 제사주재자의 결정방법을 정해야 할 것이다.

(마) 원심은, 관습상 종손이 있는 경우라면 그가 제사를 주재하는 자의 지위를 유지할 수 없는 특별한 사정이 있는 경우를 제외하고는 종손에게 제사주재자의 지위가 인정된다고 전제한 다음, 망 소외인의 장남인 원고가 종손으로서 그에 대한 제사를 주재할 자의 지위에 있다는 취지로 판시하였다. 원심이 전제로 삼은 법리는 위에서 본 제사주재자의 결정방법에 관한 법리와 다른 것이어서 잘못이라고 할 것이지만, 원심이 적법하게 인정한 사실에 의하면 위 망인의 장남인 원고와 피고들을 비롯한 다른 공동상속인들 사이에서 누구를 위 망인의 제사주재자로 할 것인지에 관한 협의가 이루어지지 아니한 사실을 알 수 있으므로, 위 법리에 따라 위 망인의 장남인 원고가 위 망인의 제사주재자가 된다고 보아야 할 것이다. 따라서 원심판결의 결론은 정당하고, 원심의 위 잘못은 판결 결과에는 영향이 없으므로, 이 점에 관한 상고이유는 받아들이지 아니한다.

(2) 유체·유골의 처분방법 또는 매장장소 지정의 효력

(가) 무릇 분묘라 함은 그 내부에 사람의 유골·유해·유발 등 시신을 매장하여 사자(死者)를 안장한 장소를 말하고, 외형상 분묘의 형태만 갖추었을 뿐 그 내부에 시신이 안장되어 있지 않은 경우에는 분묘라고 할 수 없으므로, 유체·유골이야말로 분묘의 본체가 되는 것으로서 그것이 없으면 법적으로 유효한 분묘를 설치할 수 없다. 또한, 민법은 분묘를 제사승계의 대상으로 삼고 있고, 분묘에 대한 수호·관리권은 특별한 사정이 없는 한 누가 그 분묘를 설치했는지에 관계없이 제사주재자에게 속한다고 해석되는바, 이는 유체·유골이 제사승계의 대상으로서 제사주재자에게 귀속됨을 전제로 하는 것이다. 한편, 유체·유골의 처분방법 또는 매장장소 지정에 관한 망인 자신의 생전 의사 내지 감정은 마땅히 존중되어야 하지만, 망인의 영혼이 떠나고 남은 유체·유골에 대한 매장·관리·제사·공양 등은 그 제사주재자를 비롯한 유족들의 망인에 대한 경애·추모 등 개인적인 감정에 의해 이루어지는 것이고, 망인의 유체·유골은 제사주재자에게 승계되는 것이므로, 그에 관한 관리 및 처분은 종국적으로는 제사주재자의 의사에 따라 이루어져야 한다고 봄이 상당하다. 나아가, 유체·유골의 처분방법이나 매장장소의 지정은 법정 유언사항에 해당하지 않고, 달리 법률적 구속력을 인정할 만한 근거도 없다.

(나) 원심이 망 소외인의 생전 의사에 따라 일부 공동상속인들이 위 망인의 유체를 이 사건 분묘에 매장한 것이라 하더라도 위 망인이 생전에 자신의 유체를 처분하는 행위는 위 망

인의 사후에 그 유체에 대한 권리를 취득한 원고에 대하여 법률상 구속력이 없다고 판단한 것은 정당하고, 거기에 제사주재자의 권리에 관한 법리오해 등의 위법이 있다고 할 수 없다.

(3) 원심이, 1961년경부터 망 소외인이 스스로의 의사에 의하여 원고의 어머니와 별거하고 피고들의 어머니와 동거생활을 함으로써 원고와의 왕래나 원고에 의한 부양 등이 이루어지지 않았다고 보일 뿐, 달리 원고가 위 망인의 생존시 위 망인에 대한 부양을 거부하거나 사후 제사를 거부하겠다는 등의 의사를 표시하였음을 인정할 만한 아무런 증거가 없다는 이유로 원고에게 제사주재자의 지위를 유지할 수 없는 특별한 사정이 인정되지 않는다고 판단한 것은 수긍할 수 있고, 또한 상고이유에서 주장하는 바와는 달리 원고의 이 사건 청구를 가리켜 제사주재자의 지위를 상실시킬 정도로 '합리적인 이유 없이 망인의 유지 내지 유훈에 현저히 반하는 행위'를 하는 것이라고 볼 수도 없다. 따라서 원심판결은 정당하고, 거기에 상고이유에서 주장하는 바와 같은 제사주재자의 지위를 유지할 수 없는 특별한 사정에 관한 법리 오해나 채증법칙에 관한 법령 위반 등의 위법이 있다고 할 수 없다. 그러므로 상고를 모두 기각하고, 상고비용은 패소자들이 부담하기로 한다.

【해 설】

(1) 일반적으로 **뇌사**는 뇌의 활동이 회복할 수 없을 정도로 정지된 상태를 말하며, 의학적으로는 생명을 주관하는 뇌간(숨골)의 기능이 정지되어 모든 반사작용이 없거나 무호흡 증상이 모두 확인될 때 뇌사로 진단한다. 즉 뇌사는 뇌활동의 회복이 불가능할 정도로 정지된 상태로 뇌간을 포함한 뇌기능이 완전히 정지되어 회복 불능의 상태이므로, 산소 호흡기를 떼어내면 환자는 스스로 호흡하지 못하고 사망하게 된다. 한편 **식물인간** 상태는 심장과 폐 기능이 작동을 멈춰 심한 저산소성 뇌손상을 받은 환자들이 깊은 혼수상태에 빠졌다가 지속적으로 생존하는 경우를 말한다. 식물인간은 뇌 중에서 대뇌의 전반적인 손상에 의해 발생한다는 점에서 뇌사와 다르다. 반면 뇌사는 대뇌를 포함한 뇌간(숨골)이 손상을 받아서 발생한다. 따라서 식물인간 상태는 뇌기능 장애로 대사기능만 가능해 호흡·소화·순환과 혈압은 정상으로 인공호흡기 없이도 스스로 호흡하는 경우가 많고, 수주일내로 의식을 회복하게 되거나 의식이 돌아오지 않더라도 장기간 살아있는 경우가 많다. 하지만 인공호흡기가 식물인간 여부를 결정하는 잣대는 아니라고 본다.

뇌사판정기준은 환자가 외부자극에 전혀 반응이 없는 깊은 혼수상태이며, 자발적인 호흡이 되살아날 수 없는 상태이고, 뇌간에서 일어나는 모든 반응이 정지되었을 때를 말한다. 환자에 대한 3명의 전문의의 의견이 일치할 경우 뇌사판정을 내릴 수 있고 뇌사판정위원회에서 최종적으로 뇌사판정을 다시 내리게 된다. 1968년에 하버드 대학 의대에서 비가역적 혼수에 대한 책을 펴내고 뇌의 기능이 완전히 손실된 상태라고 정의하였으며, 같은 해에 제22회 오스트레일리아 시드니에서 세계의사회가 열려 뇌사설 지지 선언을 채택함으로써 뇌사의 기준을 구체적으로 설명하였고, 뇌사를 의학적 죽음으로 인식하게 되었다. 우리나라에서는 2000년부터 뇌사를 법적으로 인정하게 되었고, 상태가 나빠지기 전에 심장, 폐, 간장, 신장, 췌장, 안구, 뼈, 조직 등 장기를 기증할 수 있다.

대한의사협회의 뇌사판정기준 개정안(1998.10.)에 따르면 **뇌사판정의 선행조건**으로서 다음과 같은 조건들을 들고 있다. 즉 ① 원인질환이 확정되어 있고 치료될 가능성이 없는 기질적인 뇌병변이 있어야 한다. ② 깊은 혼수상태(deep coma)로서 자발 호흡이 없고 인공호흡기로 호흡이 유지되고 있어야 한다. ③ 치료 가능한 급성 약물중독(마취제, 수면제, 진정제, 근육이완제 등 기타 독극물), 대사성 또는 내분비성 장애(간성혼수, 유독성 혼수, 저혈당 혼수, 뇌병증 등)의 증거가 없어야 한다. ④ 저체온 상태(직장온도 섭씨 32도 이하)가 아니어야 한다. ⑤ 쇼크(shock) 상태가 아니어야 한다. 한편 **뇌사판정의 판정조건**은 다음과 같다. ① 외부 자극에 전혀 반응이 없는 깊은 혼수상태 ② 자발호흡의 비가역적 소실 ③ 양안 동공의 확대 고정 ④ 뇌간반사의 완전 소실(광반사 소실, 각막반사 소실, 안구두부반사 소실, 전정안구반사 소실, 모양체 척수반사 소실, 구역반사 소실, 기침반사 소실) ⑤ 자발운동, 제뇌강직, 제뇌피질강직, 경련 등이 나타나지 않는다. ⑥ 무호흡검사: 자발호흡이 소실된 이후 자발호흡의 회복가능 여부를 판정하는 임상검사로서 100% 산소(O_2) 혹은 95% 산소 + 5% 이산화탄소(CO_2)를 10분간 인공호흡기로 흡입시킨 후 인공호흡기를 제거하고 100% 산소를 기관내관을 통해 분당 6리터로 공급하면서 10분 이내에 혈압을 관찰하고 혈액 $PaCO_2$ 50 torr 이상으로 상승하게 됨을 확인한다. 이 조작으로서도 자발호흡이 유발되지 않으면 호흡정지가 비가역적이라고 판정한다. 위의 ①~⑥의 검사를 6시간 경과 후에 재확인한다. ⑦ 뇌파검사: 위의 ①②③④⑤⑥의 기준을 재확인한 후 뇌파를 검사하여 평탄뇌파 30분 이상을 확인한다. 단, 뇌파검사가 정확한 뇌파기준에 합당하게 검사한 뇌파를 신경과 전문의가 판독해야 한다. ⑧ 소아에서의 뇌사판정 기준은 다음과 같이 한다: ⓐ 생후 2개월에서 1년 사이의 연령군은 48시간 간격으로 2회의 판정기준 검사와 2회의 뇌파검사를 해야 한다. ⓑ 1세에서 5세 사이는 성인에서와 같이 2회의 판정기준 검사와 1회의 뇌파검사를 하되 24시간 간격을 두어야 한다. ⓒ 6세 이상의 소아는 성인에서와 같다.

현재 우리나라는 인체조직 사용의 빈도 및 양이 지속적으로 증가하고 있으나, 기증문화가 정착되지 않아 인체조직의 원활하고 효율적인 수급과 관리에 어려움을 겪고 있다. **인체조직기증**은 시신기증이나 장기기증과 다르다. 시신기증은 의과대학 교육용 및 연구용으로 사체를 기증하는 것이고, 장기기증은 생명유지에 필요한 신장, 간 등 몇몇 장기를 적출 기증하는 것으로 뇌사시에만 가능하다. 그러나 인체조직기증은 뇌사는 물론 일반 사망시에도 기증이 가능하며, 사망 후 24시간 이내에 각막, 피부, 뼈, 인대, 혈관, 심장판막 등을 기증하여 조직 손상으로 장애가 있는 환자의 재건과 치료에 쓰이도록 기증하는 것이다(만 14세~80세까지 기증 가능). 조직 채취 후에는 최대한 기증 전 모습으로 복원해 12시간 안에 유가족에 인도해 장례를 치르게 한다. 외국의 경우 대부분의 나라에서는 활발한 인체조직기증 활동이 이뤄지고 있는 반면 우리나라는 아직 인지도가 매우 낮은 것이 현실이다. 따라서 우리나라는 87% 이상의 인체조직 이식재를 외국으로부터 수입해서 사용하고 있다.

(2) 의료에 **생명윤리**가 문제되는 것은 이식의료, 첨단의료, 생식의료 등 법제화가 충분치 않은 영역에서이다. 인공호흡기의 보급에 의해 개체의 생명이 유지되는 뇌사상태에 사람들이 놓여지게 되고, 장기이식의료에 의해 장기제공자로서의 뇌사자의 존재가 분명하게 인식되었다. 그 후 뇌사의 개념이나 정의를 둘러싸고 다양한 논의가 제기되었으며, 1980년대에는 면역억제제의 진보에 따라 이식 후의 생존율이 비약적으로 향상되자 뇌사를 사람의 사망

31. 뇌사와 장기이식

으로 인정할 것인가 아닌가 하는 의논이 활발해졌다. 가령 미국 등에서 장기이식이 널리 수용되는 배경에는 종교관이나 사체에 대한 국민감정의 차이, 의료보험제도의 차이, 뇌사를 개체사로 인정해온 역사의 차이 등이 있다.

본래 **장기이식**(臟器移植)이란 어떤 조직 또는 장기의 파손된 기능을 대체할 목적으로 원래 존재하는 장소에서 다른 장소로 조직 또는 장기를 옮기는 것이다. 장기이식이 필요한 경우는 그 장기가 꼭 필요하고 대체할 수 없는 경우다. 예컨대 위를 이식했다는 말을 들어보지 못한 이유는 위가 없어도 장으로 연결해서 사람이 살아갈 수 있기 때문이다. 그러나 사람의 심장이나 간, 신장이 파손되어 기능을 잃게 되면 이것들을 대체할 수 있는 것이 없기 때문에 장기이식을 하지 않으면 사람이 죽게 된다. 심장과 신장과 같은 경우는 대체 물품이 개발되어 있긴 하지만 한시적이고 실제적인 장기역할이 힘들게 된다. 신장이 안 좋은 사람은 매주 투석기로 투석을 해주어야 하며 그렇지 않으면 신부전증으로 사망하게 된다. 간은 심장이나 신장처럼 아예 비슷하게 대체할 수 있는 것조차 없다. 이렇듯 현재의 기술로는 심장, 간, 신장은 몸속에 넣어서 똑같은 기능을 할 수 있는 물건을 개발할 기술이 없기 때문에 이식을 하게 된다. 이 때 간은 절반정도 잘라내어도 살아갈 수 있으며 시간이 지나면 크기가 점점 회복하게 된다. 또 콩팥은 한 사람에게 두개씩 있고 한 개만으로도 아무런 이상 없이 살아갈 수 있다고 한다.

장기이식의 종류로는 ① 자신의 신체 일부를 특정한 곳에서 다른 곳으로 이식하는 **자가이식**(autograft) ② 심장이식, 콩팥이식 등과 같이 사람과 사람간에 이루어지는 **동종이식**(allograft) ③ 동물로부터 장기를 적출하여 인간에게 이식하는 **이종이식**(xenograft) 등이 있다. 우리나라에서 장기이식은 1969년 신장이식의 성공으로 시작되었으며, 그 후 1988년 뇌사자로부터 적출한 간이식이 성공하면서 뇌사에 관한 사회적 관심을 불러일으켰고, 1992년 췌장 및 심장이식이 성공한 이후 장기이식이 본격화 되었다. 또한 국내 연구진은 2009년에 장기이식이 필요한 환자에게 돼지의 장기를 면역거부가 거의 없이 이식할 수 있도록 해주는 복제돼지를 생산하는 데 성공하였다. 그런데 동종간 장기이식은 장기이식 중에서 가장 안정성이 높은 시술이지만 장기공여자의 부족이라는 문제점이 있다. 이는 세계적으로 공통된 문제점이며, 가령 미국의 한해 장기이식 대기 환자 수는 6만 5천명으로 추정되는데, 그 수가 장기기증의 부족으로 매년 10-15%씩 증가하고 있다고 한다. 우리나라의 상황도 이와 크게 다르지 않은데, 연간 장기이식 대기자 수는 2000년도에 3,730명에서 2005년 7,751명으로 2배 이상 증가하였다. 또한 '장기 기증 및 기증희망등록 현황'에 따르면 장기이식을 기다리는 대기자는 2020년 기준 누적 4만3천182명이다. 이식대기자는 2018년에 3만7천217명, 2019년에 4만253명으로 매년 꾸준히 증가하고 있다. 그러나 실제 기증을 실천한 기증자는 10분의 1인 4천425명밖에 되지 않아 이식 대기자 4만3천여 명에 비하면 기증자가 현저히 적은 상황이다. 이 중 장기기증을 실천한 뇌사자도 478명이다. 2020년 장기 뇌사기증율에 따르면 우리나라는 9.22명으로 장기기증문화가 정착된 미국 38.0명, 스페인 37.9명에 비하면 상당히 낮은 수치를 보이고 있다.

이와 같이 증가하는 동종간 장기공여자의 부족현상으로 인해서 사체장기이식, 장기매매 등이 암암리에 행해지고 있다. 예컨대 중국에서는 사형을 앞둔 사형수의 장기를 이식받는 방법으로 장기를 구하는 극단적 방법이 성행하고 있다. 한편 이종 장기이식의 가장 큰 위험성은 동물을 매개로 한 새로운 바이러스성 전염병의 발생이다. 동물 장기 이식은 1905년 이후 여러 차례 시도되었으며, 지금까지 전 세계적으로 침팬지, 원숭이, 돼지, 염소 등 동물의 장기와 조직을 이식받았으나 성공한 예는 드물다고 한다. 동물의 장기를 사람에게 이식하면 인체의 면역체계가 항체를 만들어 이식 장기를 이물질로 인식하여 파괴하는 거부반응을 일으키기 때문에 이식한 장기나 부위가 괴사해 사망에 이르게 된다. 가령 전염병이 발생한 사례를 들면, 바이러스 구조의 유사성으로 볼 때 돼지에게서 사람에게 전파된 것으로 추정되는 돼지독감, 원숭이와 사람의 접촉에서 유래하는 AIDS, 광우병에 걸린 쇠고기를 먹은 사람들이 병에 걸리게 되는 인간광우병 등이 그 예들이다.

※ 장기등 이식에 관한 법률(약칭: 장기이식법)
[일부개정 2020. 4. 7. 법률 제17214호, 시행 2020. 10. 8.]

제1조(목적) 이 법은 장기등의 기증에 관한 사항과 사람의 장기등을 다른 사람의 장기등의 기능회복을 위하여 적출하고 이식하는 데에 필요한 사항을 규정하여 장기등의 적출 및 이식을 적정하게 하고 국민보건을 향상시키는 데에 이바지하는 것을 목적으로 한다.

제2조(기본이념) ① 장기등의 적출 및 이식은 인도적 정신에 따라 이루어져야 한다. ② 장기등을 기증하려는 사람이 자신의 장기등의 기증에 관하여 표시한 의사는 존중되어야 한다. 이 경우 장기등을 기증하려는 사람의 의사는 자발적인 것이어야 한다. ③ 장기등을 이식받을 기회는 장기등의 이식이 필요한 모든 사람에게 공평하게 주어져야 한다. ④ 장기등의 적출 및 이식은 윤리적으로 타당하고 의학적으로 인정된 방법으로 이루어져야 한다.

제3조(장기등기증자의 존중) ① 장기등기증자의 이웃 사랑과 희생정신은 언제나 존중되어야 한다. ② 누구든지 장기등 기증을 이유로 장기등기증자를 차별대우하여서는 아니된다. ③ 국가 또는 지방자치단체는 제2항을 위반하여 장기등기증자에게 불이익을 주거나 차별대우를 한 것으로 인정되는 자에 대하여 시정을 요구할 수 있다.

제4조(정의) 이 법에서 사용하는 용어의 뜻은 다음과 같다. 1. "**장기등**"이란 사람의 내장이나 그 밖에 손상되거나 정지된 기능을 회복하기 위하여 이식이 필요한 조직으로서 다음 각 목의 어느 하나에 해당하는 것을 말한다. 가. 신장·간장·췌장·심장·폐 나. 말초혈(조혈모세포를 이식할 목적으로 채취하는 경우에 한정한다)·골수·안구 다. 뼈·피부·근육·신경·혈관 등으로 구성된 복합조직으로서의 손·팔 또는 발·다리 라. 제8조 제2항 제4호에 따라 장기등이식윤리위원회의 심의를 거쳐 보건복지부장관이 결정·고시한 것 마. 그 밖에 사람의 내장 또는 조직 중 기능회복을 위하여 적출·이식할 수 있는 것으로서 대통령령으로 정하는 것 2. "**장기등기증자**"란 다른 사람의 장기등의 기능회복을 위하여 대가 없이 자신의 특정한 장기등을 제공하는 사람으로서 제14조에 따라 등록한 사람을 말한다. 3. "**장기등기증희망자**"란 본인이 장래에 뇌사 또는 사망할 때(말초혈 또는 골수의 경우에는 살아있을 때를 포함한다) 장기등을 기증하겠다는 의사표시를 한 사람으로서 제15조에 따라 등록한 사람을 말한다. 4. "**장기등이식대기자**"란 자신의 장기등의 기능회복을 목적으로 다른 사람의 장기등을 이식받기 위하여 제14조에 따라 등록한 사람을 말한다. 5. "**살아있는 사람**"이란 사람 중에서 뇌사자를 제외한 사람을 말하고, "**뇌사자**"란 이 법에 따른 뇌사판정기준 및 뇌사판정절차에 따라 뇌 전체의 기능이 되살아날 수 없는 상태로 정지되었다고 판정된 사람을 말한다. 6. "**가족**" 또는 "**유족**"이란 살아있는 사람·뇌사자 또는 사망한 자의 다음

각 목의 어느 하나에 해당하는 사람을 말한다. 다만, 14세 미만인 사람은 제외한다. 가. 배우자 나. 직계비속 다. 직계존속 라. 형제자매 마. 가목부터 라목까지에 해당하는 가족 또는 유족이 없는 경우에는 4촌 이내의 친족

제5조(적용범위) 이 법은 다른 사람의 장기등의 기능회복을 위하여 이식할 목적으로 살아있는 사람 등으로부터 적출·이식되는 장기등에 적용한다.

제7조(장기등의 매매행위 등 금지) ① 누구든지 금전 또는 재산상의 이익, 그 밖의 반대급부를 주고 받거나 주고 받을 것을 약속하고 다음 각 호의 어느 하나에 해당하는 행위를 하여서는 아니 된다. 1. 다른 사람의 장기등을 제3자에게 주거나 제3자에게 주기 위하여 받는 행위 또는 이를 약속하는 행위 2. 자신의 장기등을 다른 사람에게 주거나 다른 사람의 장기등을 자신에게 이식하기 위하여 받는 행위 또는 이를 약속하는 행위 3. 제1호 또는 제2호의 행위를 교사·알선·방조하는 행위 ② 누구든지 제1항 제1호 또는 제2호의 행위를 교사·알선·방조하여서는 아니된다. ③ 누구든지 제1항 또는 제2항을 위반하는 행위가 있음을 알게 된 경우에는 그 행위와 관련되는 장기등을 적출하거나 이식하여서는 아니된다.

제8조(장기등이식윤리위원회) ① 장기등의 적출 및 이식과 뇌사판정 등에 관한 주요사항을 심의하기 위하여 보건복지부에 장기등이식윤리위원회(이하 "위원회"라 한다)를 둔다. ② 위원회는 다음 각 호의 사항을 심의한다. 1. 뇌사판정 기준에 관한 사항 2. 장기등을 이식받을 사람(이하 "이식대상자"라 한다)의 선정기준에 관한 사항 3. 제13조 제1항에 따른 장기이식등록기관, 제19조 제1항에 따른 뇌사판정대상자관리전문기관, 제20조 제1항에 따른 장기구득기관 및 제25조 제1항에 따른 장기이식의료기관의 지정기준에 관한 사항 4. 장기등의 범위에 관한 사항 5. 그 밖에 장기등의 적출 및 이식 등에 관하여 보건복지부장관이 회의에 부치는 사항

제9조(위원회의 구성과 운영) ① 위원회는 위원장을 포함한 15명 이상 20명 이하의 위원으로 구성하고, 위원은 의사 또는 변호사 자격을 가진 사람, 판사, 검사, 공무원, 그 밖에 학식과 사회적 덕망이 풍부한 사람 중에서 보건복지부장관이 임명하거나 위촉한다. 이 경우 공무원이 아닌 위원이 전체 위원의 과반수가 되도록 하여야 한다. ② 위원장은 위원 중에서 호선한다. ③ 위원회는 위원회를 효율적으로 운영하기 위하여 분야별로 전문위원회를 둘 수 있다.

제10조(국립장기이식관리기관) ① 장기등의 이식에 관한 사항을 적정하게 관리하기 위하여 장기이식관리기관(이하 "국립장기이식관리기관"이라 한다)을 두되, 국립장기이식관리기관은 보건복지부 소속 기관 중에서 보건복지부령으로 정하는 기관으로 한다.

제11조(장기등의 적출·이식의 금지 등) ① 다음 각 호의 어느 하나에 해당하는 장기등은 이를 적출하거나 이식하여서는 아니 된다. 1. 장기등을 이식하기에 적합하지 아니한 감염성 병원체에 감염된 장기등 2. 암세포가 침범한 장기등 3. 그 밖에 이식대상자의 생명·신체에 위해를 가할 우려가 있는 것으로서 대통령령으로 정하는 장기등 ② 이식대상자가 정하여지지 아니한 경우에는 장기등을 적출하여서는 아니 된다. 다만, 안구 등 상당한 기간이 지난 후에도 이식이 가능한 장기등으로서 대통령령으로 정하는 장기등의 경우에는 그러하지 아니하다. ③ 살아있는 사람으로서 다음 각 호의 어느 하나에 해당하는 사람의 장기등은 적출하여서는 아니 된다. 다만, 제1호에 해당하는 사람의 경우에는 말초혈과 골수에 한정하여 적출할 수 있다. 1. 16세 미만인 사람 2. 임신한 여성 또는 해산한 날부터 3개월이 지나지 아

니한 사람 3. 정신질환자·지적장애인. 다만, 정신건강의학과전문의가 본인 동의 능력을 갖춘 것으로 인정하는 사람은 그러하지 아니하다. 4. 마약·대마 또는 향정신성 의약품에 중독된 사람 ④ 살아있는 사람으로서 16세 이상인 미성년자의 장기등(말초혈과 골수는 제외한다)은 배우자·직계존비속·형제자매 또는 4촌 이내의 친족에게 이식하는 경우가 아니면 적출할 수 없다. ⑤ 살아있는 사람으로부터 적출할 수 있는 장기등은 다음 각 호의 것에 한정한다. 1. 신장은 정상인 것 2개 중 1개 2. 간장·말초혈·골수·폐 및 대통령령으로 정하는 장기등은 의학적으로 인정되는 범위에서 그 일부

☞ **골수 이식**: 우리가 흔히 알고 말하는 '골수 이식'의 정식명칭은 '골수 조혈모세포이식' 이다. '조혈모세포 이식'은 일반적인 치료에 반응하지 않는 난치성 자가면역질환 환자에게 시술하는 치료법으로 이 시술은 강력한 면역억제요법으로 기존의 면역세포를 제거한 후 미리 채취해 둔 환자 자신의 조혈모세포를 이식함으로써 면역체계를 다시 세워주는 방법이다. 본래 백혈병 등의 악성 혈액질환에서 사용되던 치료법이었으나, 최근 자가면역질환의 발병기전 연구 성과 및 이식술의 획기적인 발전으로 류마티스 관절염, 루푸스, 전신성 경화증 등 여러 자가면역질환 치료에 응용되고 있다. 과거에는 전신마취 하에 골수에서 조혈모세포를 채취하였으나 최근에는 말초혈액에서 전신마취 없이 조혈모세포를 채취하는 방법이 개발되었다.

☞ **말초혈 이식**: 과거에는 백혈병 등 혈액암 환자들에게 조혈모세포를 이식하기 위한 방법으로 조혈모세포 기증자에게 전신마취를 하고 엉덩이뼈에 대형주사바늘을 꽂아 골수를 채취하였으나, 이제는 의료기술의 발달로 전신마취를 하지 않고도 말초혈을 채취하는 것이 가능해졌다. 조혈모세포기증자에게 조혈모세포 촉진제를 투여한 뒤 골수 내의 조혈모세포를 자극해 말초혈로 나오게 한 뒤 채취하는 방식이다. 이러한 말초혈 조혈모세포이식 방법은 현재 국내 조혈모세포이식 비중의 98% 정도를 차지하고 있다.

제12조(장기등의 기증에 관한 동의) ① 이 법에 따른 장기등기증자·장기등기증희망자 본인 및 가족·유족의 장기등의 기증에 관한 동의는 다음 각 호에 따른 것이어야 한다. 1. 본인의 동의: 본인이 서명한 문서에 의한 동의 또는 「민법」의 유언에 관한 규정에 따른 유언의 방식으로 한 동의 2. 가족 또는 유족의 동의: 제4조 제6호 각 목에 따른 가족 또는 유족의 순서에 따른 선순위자 1명의 서면 동의. 다만, 선순위자 1명이 미성년자이면 그 미성년자와 미성년자가 아닌 다음 순서의 가족 또는 유족 1명이 함께 동의한 것이어야 하고, 선순위자가 행방불명이거나 그 밖에 대통령령으로 정하는 부득이한 사유로 동의를 할 수 없으면 그 다음 순위자가 동의할 수 있다.

제13조(장기이식등록기관) ① 장기등기증자, 장기등기증희망자, 장기등이식대기자의 등록에 관한 업무를 수행하려는 자는 대통령령으로 정하는 시설·인력 등을 갖추고 보건복지부장관으로부터 장기이식등록기관(이하 "등록기관"이라 한다)으로 지정받아야 한다. 이 경우 보건복지부장관은 대통령령으로 정하는 바에 따라 해당 등록기관이 등록받을 수 있는 장기등의 종류를 정하여 지정할 수 있다.

제16조(뇌사판정의료기관 및 뇌사판정위원회) ① 장기등의 적출 및 이식을 위한 뇌사판정 업무를 하려는 의료기관은 보건복지부령으로 정하는 바에 따라 국립장기이식관리기관의 장에게 알려야 한다. ② 뇌사판정업무를 하려는 의료기관은 제1항에 따른 통보 전까지 보건복지부령으로 정하는 시설·장비·인력 등을 갖추고, 해당 의료기관에 뇌사판정위원회를 설치

하여야 한다.

제17조(뇌사추정자의 신고 및 뇌사판정의 신청) ① 뇌사로 추정되는 사람(이하 "뇌사추정자"라 한다)을 진료한 의료기관의 장은 제20조에 따른 장기구득기관의 장에게 알려야 하고, 통보를 받은 장기구득기관의 장은 국립장기이식관리기관의 장에게 그 사실을 신고하여야 한다. ② 뇌사추정자의 장기등을 기증하기 위하여 뇌사판정을 받으려는 사람은 보건복지부령으로 정하는 바에 따라 뇌사추정자의 검사기록 및 진료담당의사의 소견서를 첨부하여 뇌사판정기관의 장에게 뇌사판정 신청을 하여야 한다.

제18조(뇌사판정 등) ① 뇌사판정기관의 장은 제17조 제2항에 따른 뇌사판정 신청을 받으면 지체 없이 현장에 출동하여 뇌사판정 신청이 된 뇌사추정자(이하 "뇌사판정대상자"라 한다)의 상태를 파악한 후 보건복지부령으로 정하는 바에 따라 전문의사 2명 이상과 진료담당의사가 함께 작성한 뇌사조사서를 첨부하여 뇌사판정위원회에 뇌사판정을 요청하여야 한다. ② 제1항에 따라 뇌사판정의 요청을 받은 뇌사판정위원회는 전문의사인 위원 2명 이상과 의료인이 아닌 위원 1명 이상을 포함한 과반수의 출석과 출석위원 전원의 찬성으로 뇌사판정을 한다. 이 경우 뇌사판정의 기준은 대통령령으로 정한다. ③ 뇌사판정위원회는 뇌사판정을 위하여 필요하다고 인정하면 뇌사조사서를 작성한 전문의사와 진료담당의사를 뇌사판정위원회에 출석시켜 의견을 진술하게 할 수 있다.

제19조(뇌사판정대상자관리전문기관) ① 국립장기이식관리기관의 장은 뇌사판정대상자에 대하여 장기등 기증, 뇌사판정, 장기등 적출·이식 등에 관한 일련의 업무를 통합하여 수행할 수 있는 뇌사판정대상자관리전문기관을 지정할 수 있다.

제21조(뇌사자의 사망원인 및 사망시각) ① 뇌사자가 이 법에 따른 장기등의 적출로 사망한 경우에는 뇌사의 원인이 된 질병 또는 행위로 인하여 사망한 것으로 본다. ② 뇌사자의 사망시각은 뇌사판정위원회가 제18조 제2항에 따라 뇌사판정을 한 시각으로 한다.

제22조(장기등의 적출 요건) ① 살아있는 사람의 장기등은 본인이 동의한 경우에만 적출할 수 있다. 다만, 16세 이상인 미성년자의 장기등과 16세 미만인 미성년자의 말초혈 또는 골수를 적출하려는 경우에는 본인과 그 부모(부모가 없고 형제자매에게 말초혈 또는 골수를 이식하기 위하여 적출하려는 경우에는 법정대리인)의 동의를 함께 받아야 한다. ② 제1항 단서의 경우 부모 중 1명이 행방불명, 그 밖에 대통령령으로 정하는 부득이한 사유로 동의할 수 없으면 부모 중 나머지 1명과 제4조 제6호 각 목에 따른 가족 또는 유족의 순서에 따른 선순위자 1명의 동의를 받아야 한다. ③ 뇌사자와 사망한 자의 장기등은 다음 각 호의 어느 하나에 해당하는 경우에만 적출할 수 있다. 1. 본인이 뇌사 또는 사망하기 전에 장기등의 적출에 동의한 경우. 다만, 그 가족 또는 유족이 장기등의 적출을 명시적으로 거부하는 경우는 제외한다. 2. 본인이 뇌사 또는 사망하기 전에 장기등의 적출에 동의하거나 반대한 사실이 확인되지 아니한 경우로서 그 가족 또는 유족이 장기등의 적출에 동의한 경우. 다만, 본인이 16세 미만의 미성년자인 경우에는 그 부모(부모 중 1명이 사망·행방불명, 그 밖에 대통령령으로 정하는 부득이한 사유로 동의할 수 없으면 부모 중 나머지 1명)가 장기등의 적출에 동의한 경우로 한정한다. ④ 제1항부터 제3항까지에 따라 동의한 사람은 장기등을 적출하기 위한 수술이 시작되기 전까지는 언제든지 장기등의 적출에 관한 동의의 의사표시를 철회할 수 있다.

제23조(장기등의 적출시 준수사항) 장기등을 적출하려는 의사는 다음 각 호의 사항을 준

수하여야 한다. 1. 제22조에 따른 동의 및 제26조 제3항 후단에 따른 승인 사실을 확인할 것 2. 장기등기증자가 살아있는 사람인 경우에는 본인 여부를 확인하고 본인과 그 가족에게 다음 각 목의 사항을 충분히 설명할 것 가. 장기등기증자의 건강상태 나. 장기등 적출수술의 내용과 건강에 미치는 영향 다. 장기등을 적출한 후의 치료계획 라. 그 밖에 장기등기증자가 장기등의 적출과 관련하여 미리 알아야 할 사항

제24조(해부 또는 검시의 우선) 「형사소송법」 또는 「검역법」에 따라 해부 또는 검시를 하여야 하는 경우에는 그 해부 또는 검시를 하기 전에는 이식을 위하여 장기등을 적출할 수 없다. 다만, 진료담당의사가 적출할 장기등이 사망원인과 상관관계가 없고 해부 또는 검시가 끝날 때까지 기다리면 적출 시기를 놓칠 우려가 있다고 판단하는 경우에는 관할 지방검찰청 또는 지방검찰청지청의 검사, 관할 검역소장의 승인과 유족의 동의를 받아 장기등을 적출할 수 있다.

제26조(이식대상자 선정 등) ① 국립장기이식관리기관의 장은 제14조 제3항에 따라 장기등기증자의 등록결과를 통보받으면 대통령령으로 정하는 장기등 이식대상자의 선정기준에 따라 장기등이식대기자 중에서 이식대상자를 선정하여야 한다. 이 경우 국립장기이식관리기관의 장은 이를 장기등기증자 또는 이식대상자가 등록된 등록기관의 장에게 알려야 하고 등록기관의 장은 선정사실을 등록된 장기등기증자 또는 이식대상자와 그 가족·유족에게 즉시 알려야 한다. ② 제1항에도 불구하고 안구 및 제4조 제1호 라목의 경우와 이식대상자의 선정을 기다리면 이식 시기를 놓칠 현저한 우려가 있는 경우 등 대통령령으로 정하는 부득이한 사유가 있으면 이식의료기관의 장이 이식대상자를 선정할 수 있다. 이 경우 이식의료기관의 장은 선정한 사유 및 선정결과를 국립장기이식관리기관의 장에게 알리고, 등록기관의 장·장기등기증자·이식대상자와 그 가족·유족에게 선정결과를 알려야 한다. ③ 제1항에도 불구하고 살아있는 사람으로서 제11조 제4항에 따른 16세 이상의 장기등기증자와 20세 미만인 사람 중 말초혈 또는 골수를 기증하려는 사람은 자신의 장기등의 이식대상자를 선정할 수 있다. 이 경우 본인 또는 배우자의 가족에게 말초혈 또는 골수를 기증하려는 경우 외에는 보건복지부령으로 정하는 기준과 절차에 따라 미리 국립장기이식관리기관의 장의 승인을 받아야 한다. ④ 이식대상자 선정은 제2항 및 제3항과 제11조 제4항에 해당되는 경우 외에는 제1항에 따라 국립장기이식관리기관의 이식대상자 선정절차를 거쳐야 한다.

제27조(뇌사판정 의사의 장기등의 적출 등 금지) 다음 각 호의 어느 하나에 해당하는 자는 해당 뇌사자의 장기등을 적출하거나 이식하는 수술에 참여하여서는 아니된다. 1. 해당 뇌사자의 뇌사조사서를 작성한 전문의사와 진료담당의사 2. 해당 뇌사자에 대하여 뇌사판정을 한 뇌사판정위원회에 출석한 위원인 의사

제27조의2(국외 장기등 이식자에 대한 관리) 국외에서 장기등을 이식받은 사람은 귀국 후 30일 이내에 이식받은 의료기관 등 보건복지부령으로 정하는 사항이 기재된 서류를 국립장기이식관리기관에 제출하여야 한다.

제32조(장기등기증자 등에 대한 지원 등) ① 국가는 다음 각 호의 어느 하나에 해당하는 자에게 예산의 범위에서 장제비·진료비 등을 지급할 수 있다. 1. 장기등기증자 2. 장기등기증자의 가족 또는 유족 3. 장기등기증자인 근로자(「근로기준법」 제2조 제1항 제1호에 따른 근로자를 말한다. 이하 이 조에서 같다)의 사용자 ② 근로자인 장기등기증자가 장기등을 기증하기 위한 신체검사 또는 적출 등에 필요한 입원기간에 대하여는 공무원인 근로자의

소속 기관의 장은 그 기간을 병가로 처리하고, 공무원 외의 근로자의 사용자는 그 기간을 유급휴가로 처리하여야 한다. ③ 국가는 장기등기증자 및 그 유족에 대한 추모 및 예우 사업을 실시할 수 있다. ④ 국립장기이식관리기관의 장은 장기등기증자인 뇌사자 또는 사망한 자에 대한 장례지원 방법·절차, 가족 또는 유족에 대한 상담 등 가족관리, 사후 행정처리 지원 등에 관한 표준지침을 마련하고 이를 뇌사판정대상자관리전문기관, 장기구득기관, 이식의료기관 등 관련 기관이 따르도록 권고할 수 있다.

제39조(국립장기이식관리기관 등의 명칭 사용금지) 이 법에 따른 국립장기이식관리기관, 등록기관, 뇌사판정기관, 뇌사판정대상자관리전문기관, 장기구득기관 또는 이식의료기관이 아니면 각각 해당 명칭을 사용하지 못한다.

제42조(장기등의 적출·이식 비용의 부담 등) ① 장기등의 적출 및 이식에 드는 비용은 해당 장기등을 이식받은 사람이 부담한다. 다만, 이식받은 사람이 부담하는 비용에 대하여 다른 법령에서 따로 정하는 경우에는 해당 법령에서 정하는 바에 따른다.

제44조(벌칙) ① 다음 각 호의 어느 하나에 해당하는 자는 무기징역 또는 2년 이상의 유기징역에 처한다. 1. 제11조 제1항을 위반하여 감염성병원체에 감염된 장기등, 암세포가 침범한 장기등 또는 이식대상자의 생명·신체에 위해를 줄 우려가 있는 장기등을 적출하거나 이식한 자 2. 제11조 제2항을 위반하여 이식대상자가 정하여지지 아니한 장기등을 적출한 자 3. 제11조 제3항을 위반하여 같은 항 각 호의 어느 하나에 해당하는 사람으로부터 장기등을 적출한 자 4. 제11조 제4항을 위반하여 16세 이상인 미성년자의 장기등을 적출한 자 5. 제11조 제5항을 위반하여 살아있는 사람으로부터 적출할 수 없는 장기등을 적출한 자 6. 제18조에 따른 뇌사판정을 받지 아니한 뇌사추정자의 장기등을 적출한 자 7. 제18조 제2항을 위반하여 뇌사판정을 한 자 8. 제22조 제1항 또는 제2항을 위반하여 본인 등의 동의를 받지 아니하고 장기등을 적출한 자 9. 제22조 제3항을 위반하여 뇌사자로부터 장기등을 적출한 자 ② 제1항 각 호의 어느 하나를 위반하여 사람을 사망에 이르게 한 자는 사형·무기징역 또는 5년 이상의 유기징역에 처한다.

[서울행법 2019. 6. 27. 2019구합58360 판결]

(가) 갑이 국립장기이식관리기관으로 지정되어 이식대상자 선정 등의 업무를 수행하는 질병관리본부장에게 간이식이 필요한 '을을 이식대상자로 선정하여 간장 일부를 기증하고자 한다'는 취지로 장기이식대상자 선정 승인을 신청하였으나, 질병관리본부장이 갑에게 '갑과 을 사이의 사적 친분이나 관계를 확인할 만큼 입증자료가 부족하여 순수하게 장기를 기증할 만큼 명확한 관계로 보기 어렵다'는 이유로 장기등 이식에 관한 법률(이하 '장기이식법'이라 한다) 제26조에 따라 을을 장기이식대상자로 선정함을 승인하지 않는다고 통보한 사안이다.

(나) 질병관리본부장이 살아 있는 사람의 이식대상자 선정을 승인할 때에는 장기등 이식에 관한 법률 시행규칙 제23조 제2항에서 한정적으로 열거한 승인 거절 사유가 있는지를 심사하여야 하고, 승인 거절 처분이 적법한지도 마찬가지 기준에 따라 판단하여야 하며, 살아 있는 사람의 이식대상자 선정 승인을 거절한 데에 위 시행규칙에서 정한 거절 사유가 있다는 점에 관하여는 처분청에 증명할 책임이 있는데, 갑이 을과 사적 친분이 있음을 증명하기 위하여 제출한 사진의 촬영일시에 관한 기재는 신빙성이 있고 그에 따르면 두 사람은 늦

어도 6년 전부터 교회에서 함께 활동하며 알게 된 것으로 보이는 점, 갑이 이전 배우자와 이혼하고 지금의 배우자와 다시 결혼한 사실과 갑이 을을 알게 되어 그에게 자발적으로 장기 기증을 결심하게 된 경위에 대한 주장이 일부 들어맞는 점, 교회의 설립 경위와 성장 과정에 대한 자세한 자료를 검토하지 않은 채 공부상 등록일시(2014. 9.경)가 갑이 을을 2012년경 교회에 같이 다니면서 알게 되었다는 진술과 맞지 않는다는 사정만으로 두 사람이 알게 된 경위를 허위로 진술한다고 단정하기 어려운 점, 을이 간암으로 진단받고도 즉시 장기이식대기자로 등록하지 않았다는 사정만으로 을이 살아 있는 사람의 장기를 매매할 의도가 있었다고 단정하기 어려운 점에 비추어, 갑과 을 사이의 관계가 명확하게 확인되지 않아 장기이식법 제7조에서 금지하는 이른바 장기매매에 해당하는 경우라고 보기 어렵다는 이유로, 이와 다른 전제에 선 위 처분이 위법하다고 한 사례이다.

※ 인체조직안전 및 관리 등에 관한 법률(약칭: 인체조직법)
[일부개정 2021. 8. 17. 법률 제18447호, 시행 2021. 8. 17.]

제1조(목적) 이 법은 사람의 신체적 완전성을 기하고 생리적 기능회복을 위하여 인체조직의 기증·관리 및 이식 등에 필요한 사항을 정함으로써 인체조직의 적정한 수급과 안전성을 도모하고 국민보건향상에 이바지함을 목적으로 한다.

제2조(기본이념) ① 인체조직의 기증·관리 및 이식은 인도적 정신에 따라 행하여져야 한다. ② 자신의 인체조직 기증에 관하여 표시한 의사는 존중되어야 한다. 이 경우 그 의사는 자발적이어야 한다. ③ 인체조직의 이식을 필요로 하는 사람은 사회적·경제적 조건 등에 관계없이 공평하게 이식을 받을 수 있는 기회를 가져야 한다. ④ 인체조직의 기증·관리 및 이식은 윤리적으로 타당하고 의학적으로 인정된 방법에 의하여 행하여져야 한다.

제3조(정의) 이 법에서 사용하는 용어의 정의는 다음과 같다. 1. "**인체조직**"이라 함은 「장기등 이식에 관한 법률」 제4조 제1호에 따른 장기등에 속하지 아니하는 다음 각 목의 어느 하나에 해당하는 것(이하 "조직"이라 한다)을 말한다. 가. 뼈·연골·근막·피부·양막·인대 및 건 나. 심장판막·혈관 다. 신체의 일부로서 사람의 건강, 신체회복 및 장애예방을 위하여 채취하여 이식될 수 있는 것으로 대통령령이 정하는 것 2. "**조직기증자**"란 다른 사람의 기능회복을 위하여 대가 없이 특정한 조직을 제공하는 사람으로서 제7조의2 제1항에 따라 조직기증자로 등록한 사람을 말한다. 2의 2. "**조직기증희망자**"란 장래에 사망할 때 조직을 기증할 의사를 가진 사람으로서 제7조의2 제1항에 따라 조직기증희망자로 등록한 사람을 말한다. 2의 3. "**잠재적 조직기증자**"란 유족이 제16조의2에 따른 조직기증지원기관(이하 "조직기증지원기관"이라 한다), 「의료법」 제3조에 따른 의료기관(이하 "의료기관"이라 한다)에 조직기증에 관한 정보제공 및 상담을 요청한 사망자, 「장기등 이식에 관한 법률」 제20조에 따른 장기구득기관(이하 "장기구득기관"이라 한다)에 신고된 뇌사추정자 중 가족이 조직기증에 관한 정보 제공 및 상담을 요청하여 조직기증지원기관으로 연계된 자를 말한다. 3. "**조직이식**"이라 함은 조직기증자로부터 기증된 안전성이 확보된 조직을 환자의 질환치료 등을 목적으로 이식하는 행위를 말한다. 4. "**조직은행**"이라 함은 이식을 목적으로 조직의 관리를 위하여 제13조 제1항의 규정에 따라 허가받은 기관을 말한다. 5. "**조직

관리"라 함은 조직을 채취·저장·처리·보관 및 분배하는 행위를 말한다. 6. "살아있는 자"·"뇌사자"·"가족" 또는 "유족"의 정의는 「장기등 이식에 관한 법률」 제4조를 준용한다.

제4조(적용범위) 이 법은 사람의 신체의 완전성을 기하고 생리적 기능의 회복을 위하여 이식의 목적으로 살아있는 자·뇌사자·사망한 자로부터 기증·관리 및 이식 등과 관련하여 국내에서 생산 혹은 외국으로부터 수입된 조직에 적용한다. 다만, 다음 각호의 1은 제외한다. 1. 자가이식용 조직 2. 「약사법」, 「의료기기법」, 그 밖에 다른 법령의 적용을 받는 품목류 또는 품목

제5조(조직의 매매행위 등의 금지) ① 누구든지 금전 또는 재산상의 이익 그 밖의 반대급부를 주고받거나 주고받을 것을 약속하고 다음 각호의 1에 해당하는 행위를 하여서는 아니된다. 1. 뇌사자 또는 사망한 자의 조직을 제3자에게 주거나 제3자에게 주기 위하여 받는 행위 또는 이를 각각 약속하는 행위 2. 자신의 조직을 타인에게 주거나 타인의 조직을 자신에게 이식하기 위하여 받는 행위 또는 이를 각각 약속하는 행위 3. 제1호 또는 제2호의 행위를 알선하는 행위 ② 누구든지 제1항의 규정을 위반한 행위가 있음을 인지한 때에는 그 행위와 관련되는 조직을 관리하거나 이식하여서는 아니된다.

제8조(조직의 채취요건) ① 뇌사자와 사망한 자의 조직은 다음 각호의 1에 해당하는 경우에 한하여 이를 채취할 수 있다. 1. 본인이 뇌사 또는 사망전에 조직의 채취에 동의한 경우. 다만, 그 가족 또는 유족이 조직 등의 채취를 명시적으로 거부하는 경우를 제외한다. 2. 본인이 뇌사 또는 사망전에 조직의 채취에 동의 또는 반대하였다는 사실이 확인되지 아니한 경우로서 그 가족 또는 유족이 조직의 채취에 동의한 경우. 다만, 본인이 16세 미만의 미성년자인 경우에는 그 부모가 조직의 채취에 동의한 경우에 한한다. ② 살아 있는 자로부터 조직을 채취할 경우에는 본인의 동의가 있는 경우에 한한다. 다만, 미성년자의 조직을 채취하고자 하는 경우에는 본인의 동의 외에 부모의 동의를 얻어야 한다. ③ 제1항 및 제2항의 규정에 의하여 동의한 자는 조직의 채취를 위한 수술이 시작되기 전까지 언제든지 조직채취에 관한 동의의 의사표시를 철회할 수 있다.

제9조(조직의 분배·이식의 금지 등) 다음 각호의 1에 해당하는 조직은 이를 분배하거나 이식하여서는 아니된다. 1. 이식에 적합하지 아니한 B형 또는 C형 간염·매독·후천성면역결핍증후군 등 전염성질환에 감염되거나 감염이 의심되는 조직 2. 치매 등 퇴행성 신경질환을 가진 기증자의 조직 3. 사망원인이 분명하지 아니한 기증자의 조직 4. 유해성물질에 노출된 기증자의 조직 5. 암세포의 전이 우려가 있는 조직 6. 제8조 제1항·제2항, 제13조 제1항 또는 제17조 제1항을 위반한 조직 7. 그 밖에 제1호부터 제6호까지에 준하는 조직으로 이식대상자의 생명·신체에 위해를 가할 우려가 있어 이식에 적합하지 아니하다고 총리령이 정하는 조직

제18조(해부 또는 검시의 우선) 형사소송법 또는 검역법에 의하여 해부 또는 검시를 하여야 하는 경우에는 그 해부 또는 검시전에 조직의 이식을 위한 조직의 채취를 할 수 없다. 다만, 진료를 담당한 의료인이 채취할 조직과 사망의 원인간에 상관관계가 없고 해부 또는 검시를 기다려서는 채취할 시기를 상실할 우려가 있다고 판단하는 경우에는 관할 지방검찰청 또는 지방검찰지청의 검사, 관할 검역소장의 승인과 유족의 동의를 얻어 조직을 채취할 수 있다.

제22조(비밀의 유지) ① 등록기관·조직기증지원기관·조직은행·조직이식의료기관 또는

조직의 기증·관리 및 이식 관련업무에 종사하는 자로서 대통령령이 정하는 자는 이 법에 특별히 규정한 경우를 제외하고는 당해 조직기증자 등의 조직 채취·이식과 관련된 업무를 담당하는 자 외의 자에게 다음 각호의 1에 해당하는 사항을 알려주어서는 아니된다. 1. 조직기증자와 채취한 조직에 관한 사항, 조직기증자의 병력 및 투약이력의 조사결과에 관한 사항, 조직기증자 및 잠재적 조직기증자의 의무기록에 관한 사항, 장기구득기관에서 연계받은 뇌사추정자 및 뇌사판정대상자에 관한 사항 2. 이식대상자와 이식한 조직에 관한 사항 3. 조직 기증희망자에 관한 사항 ② 다음 각호의 1에 해당하는 경우에는 제1항의 규정을 적용하지 아니한다. 1. 범죄수사를 위한 수사기관이 조직 등의 채취 또는 이식과 관련된 자료를 요청한 경우 2. 재판과 관련되어 법관이 조직 등의 채취 또는 이식과 관련된 자료를 요청한 경우 3. 「장기등 이식에 관한 법률」에 따라 장기등 기증을 목적으로 요청한 경우

제31조(비용의 부담 등) ① 조직의 채취 및 이식에 소요되는 비용은 해당 조직을 이식받은 자가 부담한다. 다만, 이식받은 자가 부담하는 비용에 대하여 다른 법령이 따로 정하는 경우에는 당해 법령이 정하는 바에 의한다.

제32조(벌칙) 제9조의 규정을 위반하여 같은 조 각 호(제6호는 제외한다)에 해당하는 조직을 다른 사람에게 이식할 목적으로 분배 또는 이식한 자는 무기징역 또는 2년 이상의 유기징역에 처한다.

제33조(벌칙) ① 금전 등을 주고받거나 주고받을 것을 약속하고 제5조 제1항 제1호 또는 제3호의 규정을 위반한 자는 7년 이하의 징역에 처한다. ② 금전 등을 주고받거나 주고받을 것을 약속하고 제5조 제1항 제2호의 규정을 위반한 자는 5년 이하의 징역 또는 5천만원 이하의 벌금에 처하거나 이를 병과할 수 있다. ③ 다음 각 호의 어느 하나에 해당하는 자는 5년 이하의 징역 또는 5천만원 이하의 벌금에 처한다. 1. 제8조 제1항·제2항에 따른 동의를 받지 아니하고 조직을 채취한 자 2. 제13조 제1항에 따른 허가를 받지 아니하고 조직은행을 설립한 자 2의 2. 거짓이나 그 밖의 부정한 방법으로 제13조 제1항 또는 제14조 제2항에 따른 허가·변경허가 또는 갱신허가를 받은 자 3. 제17조 제1항을 위반하여 조직을 수입한 자 ④ 제1항 또는 제2항의 규정을 위반하여 주고받은 금전 또는 재산상의 이익 그 밖의 반대급부는 이를 몰수한다. 다만, 이에 대한 몰수가 불가능할 때에는 그 가액을 추징한다.

32. 의료사고와 의료과오 / 의사의 법적 책임

[대법원 2008. 8. 11. 2008도3090 판결]

> 피고인은 경북대학교 병원 소아외과 전문의인바, 2005. 12. 12. 08:55경부터 10:20경까지 위 병원 중앙수술실에서, 위 병원 소아과로부터 신장, 간, 비장 등으로의 전이가 의심되는 급성 림프구성 백혈병 진단을 받은 피해자 공소외 1(여, 5세)을 상대로 계속적인 항암치료를 위하여 전신마취를 하고 "카테터(catheter)" 및 이에 연결된 "케모포트(chemoport)"를 피해자의 우측 쇄골하 중심정맥 및 우측 흉부에 삽입하는 수술(이하 '이 사건 수술'이라 한다)을 함에 있어서, 피해자는 백혈병 환자로서 혈소판 수치가 지극히 낮아 수술을 위하여는 수혈을 통하여 인위적으로 혈소판 수치를 끌어 올려야 하는 등 지혈이 어려운 상태였으므로 주사바늘을 사용하여 피해자의 우측 쇄골하 중심정맥의 위치를 찾음에 있어서 수술을 위하여 필요한 최소한의 손상의 범위를 넘어 혈관이나 흉막을 손상시키지 않도록 더욱 더 주의하여야 할 뿐만 아니라, 찾고자 하는 피해자의 우측 쇄골하 중심정맥이 계속 발견되지 아니할 경우 그만두어야 할 업무상 주의의무가 있음에도 불구하고, 주사바늘로 피해자의 우측 쇄골하 중심정맥을 찾는 과정에서 이를 정확히 찾지 못한 채 피해자의 우측 쇄골하 부위를 10여 차례에 걸쳐 지나치게 빈번하게 찌른 업무상 과실로, 주사바늘로 피해자의 우측 쇄골하 혈관과 흉막을 관통하여 혈흉을 발생시켜, 같은 날 10:45경 위 병원 흉부외과 전공의 공소외 2가 피해자를 상대로 흉강 삽관술 등 지혈조치를 시행하였음에도 불구하고, 피해자로 하여금 같은 날 14:20경 위 병원 중앙수술실에서 심폐소생술을 받던 중 우측 쇄골하 혈관 및 흉막 관통상에 기인한 외상성 혈흉으로 인한 순환혈액량 감소성 쇼크로 사망에 이르게 하였다.

【요 지】

(1) 의료과오사건에서 의사의 과실을 인정하기 위한 요건 및 그 판단 기준: 의료과오사건에 있어서 의사의 과실을 인정하려면 결과 발생을 예견할 수 있고 또 회피할 수 있었음에도 이를 하지 못한 점을 인정할 수 있어야 하고, 위 과실의 유무를 판단함에는 같은 업무와 직무에 종사하는 일반적 보통인의 주의 정도를 표준으로 하여야 하며, 이때 사고 당시의 일반적인 의학의 수준과 의료환경 및 조건, 의료행위의 특수성 등을 고려하여야 한다.

(2) 진료방법의 선택에서 의사가 가지는 재량의 범위 및 그에 관한 과실 유무의 판단 기준: 의사는 진료를 행함에 있어 환자의 상황과 당시의 의료수준 그리고 자기의 지식경험에 따라 적절하다고 판단되는 진료방법을 선택할 상당한 범위의 재량을 가진다고 할 것이고, 그것이 합리적인 범위를 벗어난 것이 아닌 한 진료의 결과를 놓고 그 중 어느 하나만이 정당하고 이와 다른 조치를 취한 것은 과실이 있다고 말할 수는 없다.

(3) 소아외과 의사가 5세의 급성 림프구성 백혈병 환자의 항암치료를 위하여 쇄골하 정맥

에 중심정맥도관을 삽입하는 수술을 하는 과정에서 환자의 우측 쇄골하 부위를 주사바늘로 10여 차례 찔러 환자가 우측 쇄골하 혈관 및 흉막 관통상에 기인한 외상성 혈흉으로 인한 순환혈액량 감소성 쇼크로 사망한 사안에서, 담당 소아외과 의사에게 형법 제268조의 업무상 과실이 없다고 본 사례이다.

【이 유】

(1) **원심의 판단**: 원심은 그 채용 증거들을 종합하여 판시와 같은 사실을 인정한 다음, ① 피해자는 소아로서 이 사건 수술 직전까지만 해도 백혈병으로 인하여 고열, 혈소판 수치 감소, 간수치의 이상증대, 폐혈증 증상, 자발적인 출혈 징후 등 몸 상태가 매우 좋지 않았고, 수술 당시에도 비록 검사수치상으로는 이 사건 수술이 가능하였을지는 몰라도 그와 같은 검사수치는 해열제와 혈소판 등의 지속적인 투여로써 인위적으로 만들어진 것이었으며, 그러함에도 불구하고 혈소판 수치가 정상인보다는 많이 낮은 상태인데다가, 백혈병으로 인하여 간, 비장 등의 장기가 비대해져 중심정맥의 위치가 이동되었을 가능성마저 있었으므로, 피고인으로서는 피해자의 위와 같은 상태를 감안하여 보다 주의깊게 이 사건 수술에 임하였어야 함에도 불구하고, 위 인정 사실에 나타난 수술 과정과 시간 등에 비추어 볼 때, 그러한 주의의무를 게을리 한 채 수술의 필요성에 너무 치중한 나머지 다소 무리하게 수술을 시행하다가 혈관 및 흉막에 손상을 가한 것으로 보이는 점, ② 위와 같은 환자의 상태와 특히, 혈액량감소증(hypovolemic shock)의 경우 출혈량과 함께 혈액이 얼마나 빨리 소실되는지가 매우 중요하고, 이는 환자의 빈혈 정도, 혈관의 해부학적 위치 등에 따라 개인차가 매우 심하므로, 피고인이 이 사건 수술 후 피해자에게서 혈흉을 발견하였다면, 급속하고도 지속적인 출혈을 예상하고 그 즉시 그에 대한 대비를 하여야 함에도 불구하고, 경과를 지켜보다가 수술 완료 후 20분 이상 경과한 시점에야 흉부외과에 연락하여 흉관삽입술을 시행케 하였고, 그 결과 이미 피해자의 체내 전체 혈액량의 대략 11 내지 13%에 달하는 150 내지 200cc의 혈액이 유출되었는데, 이는 수술 종료 직후부터 흉부외과에 연락할 때까지 이미 피해자의 흉강 내부에 상당량의 출혈이 빠른 속도로 진행되고 있었기 때문으로 보이는 점, ③ 이 사건 수술이 매우 어려운 것이나 피해자에게 반드시 필요한 것이었고, 당시 피해자의 간수치가 매우 높아 전신마취로 인한 간기능 저하 및 경우에 따라서는 간괴사가 발생할 가능성이 있어, 수술을 중단한 후에 다시 전신마취를 하여 수술을 시도하는 것이 매우 어려운 상태였다고 하더라도, 이 사건 수술은 피해자의 병을 치료하고 생명을 유지하기 위한 수술이므로, 그로 인하여 수술 전보다 더 악화된 결과가 예견된다면 다른 대책을 강구하여야 함에도 불구하고, 만연히 잘 될 것이라는 생각하에 무리하게 이 사건 수술을 시행한 점 등을 종합하면, 피고인에게 공소사실 기재와 같은 잘못이 인정된다고 판단하여, 이를 유죄로 인정한 제1심판결을 그대로 유지하였다.

(2) **대법원의 판단**: 그러나 위와 같은 원심의 판단은 수긍할 수 없다.

(가) 원심판결 및 원심이 인용한 제1심이 적법하게 조사한 증거 등에 의하면, 피해자에 대한 지속적인 항암치료를 위해서는 피하혈관의 확보가 필요하였고, 이를 위하여 이 사건

수술이 반드시 필요하였던 사실, 당시 피해자의 전신상태가 매우 좋지 아니하였고, 간수치가 높아 전신마취로 인한 간기능 저하 및 경우에 따라서는 간괴사가 발생할 가능성이 있어, 수술을 중단한 후에 다시 전신마취를 하여 수술을 시도하는 것이 매우 어려운 상태였음을 알 수 있고, 한편 이 사건 수술 외에 달리 피하혈관을 확보할 수 있는 방법이 있다고 볼 자료를 기록상 찾아볼 수 없고, 쇄골하 정맥에 중심정맥도관을 삽입하기 위하여 쇄골하 부위에 과연 몇 번 주사바늘을 찔러야 하는지에 대하여 의학적인 기준이 확립되어 있지 아니하며, 이 사건 수술을 중단하게 될 경우 항암치료의 지속이 어려워 결국, 피해자에게 백혈병 악화로 인한 중대한 위험이 예상된다면, 피고인이 이 사건 수술을 중단하지 아니하고 중심정맥을 찾기 위하여 10회 정도 쇄골하 부위를 주사바늘로 찔렀고 이 과정에서 수술시간이 다소 지연되었다고 하여, 피고인의 그와 같은 진료방법의 선택이 합리적인 재량의 범위를 벗어난 것이라고 단정할 수는 없다고 할 것이다.

(나) 한편, 원심이 확정한 사실관계에 의하면, 쇄골하 정맥·동맥 및 흉막은 해부학적으로 매우 근접해 있고, 시술자가 육안으로 혈관을 확인하지 못한 채 오직 감각에 의존하여 주사바늘로 중심정맥을 찾는 이 사건 수술의 특성상 가장 중요한 합병증으로 동맥의 손상이나 기흉, 혈흉을 들 수 있다는 것이므로, 피해자에게 발생한 혈흉이 일반적으로 인정되는 합병증의 범위를 벗어났다고 볼 수 있는 사정이 없는 이상, 혈흉이 발생되었다는 사실만으로 이 사건 수술과정에 과실이 있다고 추정할 수도 없다. 또한, 원심이 확정한 사실관계에 의하면, 피고인은 이 사건 수술을 마친 직후 피해자의 흉부 X선(촬영시간 10:14)을 통하여 카테터가 정상 위치에 삽입되어 있는 것을 확인하였으나, 한편 혈흉으로 의심되는 음영을 확인하고 10:40경 흉부외과에 연락을 취하였고, 흉부외과 전공의 공소외 2가 수술실에 도착하여 피해자의 혈흉을 확인한 다음 곧바로 혈흉을 제거하기 위하여 10:45경 흉관삽관술을 시행하였다는 것인데, 종합병원의 특성상 X선 촬영 후 그 필름을 현상하여 판독하는 데에도 어느 정도 시간이 필요할 것으로 보이는바, 이에 대한 자료를 기록상 찾아볼 수 없는 이 사건에서, 과연 피고인이 혈흉을 발견하고서도 그에 대한 처치를 20분 이상 지연하였다고 단정할 수 있는지도 의문이다.

(다) 그렇다면 피고인이 이 사건 수술을 중단하지 않았다거나 주사바늘로 쇄골하 부위를 10회 정도 찔렀다는 점을 들어 피고인에게 과실이 있다고 할 수 없고, 이 사건 수술 시행 중 혈관 및 흉막에 손상을 가하여 혈흉을 발생시켰다는 사실만으로 의료행위 과정에 과실이 있다고 할 수도 없으며, 혈흉의 치료를 위한 조치를 게을리하였다고 볼 만한 사정도 보이지 아니함에도 불구하고, 원심이 피고인을 유죄로 인정한 조치에는 의사의 주의의무 또는 합병증이 문제될 수 있는 의료사고에 있어서의 과실 인정에 관한 법리를 오해하였거나, 그 의료상 과실에 관한 심리를 다하지 아니함으로써 판결 결과에 영향을 미친 위법이 있고, 이를 지적하는 상고이유의 주장은 이유 있다. 그러므로 원심판결을 파기하고, 사건을 다시 심리·판단하게 하기 위하여 원심법원에 환송하기로 한다.

【해 설】

(1) 의료사고와 의료과오는 구분되어야 한다. 우선 **의료사고**(醫療事故)란 의료현장에서 의료의 전 과정에서 발생하는 전반적인 인신사고(人身事故)이며, ① 사망, 생명의 위험·증

상악화 등의 신체적 피해 및 고통·불안 등의 정신적 피해가 생긴 사례 ② 환자의 전도와 같이 진료행위와는 직접관계 없이 관리상 피해가 생긴 사례 ③ 주사침의 감염 등에 의해 의료종사자에게 피해가 생긴 사례 등을 포함한다. 이와 같이 의료행위가 개시되어 종료될 때까지의 과정에서 환자에게 예상외의 이상한 결과가 발생하면 의료사고가 된다. 의료사고는 의사의 과실에 의하여 발생하는 경우도 있고, 의사의 과실과 관계없이 예측불가능한 상황에서 발생하는 경우도 있다. **의료과오**(醫療過誤)란 의료사고 가운데 의료수준에 비추어 의료행위에 대한 의사의 과실이 있는 경우, 즉 의사가 의료행위에 필요한 주의의무를 다하지 못하여 발생한 의료사고만을 말한다. 보통 의사책임은 의료과오에서만 문제된다.

의사가 법적 책임을 부담하기 위해서는 우선 의료행위에 대한 의사의 과실이 존재해야 하고 또한 과실있는 의료행위를 통하여 환자의 사상(死傷)이라는 결과가 발생해야 한다. 다시 말해서 의사에게 책임이 인정되기 위해서는 법적으로 **과실**과 **인과관계**라는 두 가지 요건을 필요로 한다. 이 때 과실은 의사가 의학의 전문지식·의료기술·임상경험을 바탕으로 의료행위를 하기 위해 필요한 주의의무를 위반하는 경우에 인정된다. 또한 의사책임은 단지 의사가 결과예견의무 혹은 결과회피의무를 위반한 사실만으로는 성립하지 않으며 이들 의무의 위반에 기인하여 유해한 결과가 발생하여야 한다. 주의의무위반과 결과발생 사이에 통상 생각할 수 있는 인과관계, 즉 상당인과관계가 인정되는 경우에 한하여 의사책임이 성립한다.

(2) 의사의 법적 책임으로는 보통 민사책임과 형사책임이 고려된다. **민사책임**에는 환자와 의사 사이의 의료계약에 대한 위반을 이유로 하는 **채무불이행책임**과 의사의 과실있는 의료행위에 의하여 환자의 이익을 침해한 경우에 성립하는 **불법행위책임**이 있다. 본래 의료행위를 위해서는 의사와 환자 사이에 의료계약 혹은 진료계약이 성립하며, 의료계약을 통하여 의사는 진료의무·설명의무·비밀유지의무·진료기록의무 등 계약상의 채무를 부담한다. 그러므로 의사의 고의 또는 과실을 통하여 계약상의 의무를 위반해서 환자에게 손해를 발생케 한 경우는 의사의 계약적 책임이 발생한다. 또한 의사의 고의 또는 과실에 의한 위법행위로 인해 환자에게 손해를 발생케 한 경우에는 불법행위에 의한 의사책임이 고려된다. 한편 **형사책임**으로는 **업무상과실치사상죄**가 고려된다. 즉 형법 제268조(업무상과실·중과실치사상)에 의하면 「업무상과실 또는 중대한 과실로 사람을 사망이나 상해에 이르게 한 자는 5년 이하의 금고 또는 2천만원 이하의 벌금에 처한다」라고 규정하고 있다. 이러한 민사책임과 형사책임은 전혀 별개의 것으로서 가령 민사책임은 물을 수 있지만 형사책임은 물을 수 없다든지 혹은 그 반대의 경우도 있게 된다.

(3) 참고로 의료사고가 발생했을 경우에 대처방안으로 제시되는 내용은 다음과 같다.
① 현장을 보전하고 사진촬영 및 증거를 확보할 것 ② 사고당시 현장에 있던 사람을 체크하거나 증거(주사기나 약물)를 필히 확보할 수 있도록 노력할 것 ③ 사고 발생 후 반드시 해당 의사를 만나 사고원인에 대한 설명을 적극적으로 요구하고, 이 때 가급적 여럿이 함께 가서 사고 경위를 냉정하게 듣고 메모할 것 ④ 진료기록과 방사선 사진 등의 사본을 확보할 것 ⑤ 일반인이 전문적인 의료행위를 모르기 때문에 될 수 있으면 진료 기록을 빠른 시일에 입수할 수 있도록 할 것 ⑥ 형사상 법적 조치를 자제할 것. 형사상의 고소를 하더라도 특별한 증거가 없고 입증을 할 수 없으면 처벌이 어려우므로, 형사적으로 명백한 과실치사와 과실치상으로 간주되는 사고인 경우에 형사고발할 것 ⑦ 의료사고 가족연합회 등에 신고할

것. 본 연합회에 먼저 신고를 하고, 주의사항과 대처할 수 있는 방법을 알고 난 후 처리하는 것이 빠른 해결을 위해 도움이 될 것임 ⑧ 사고 병원에서 농성을 자제할 것. 농성을 하게 되면 업무 방해로 인하여 오히려 형사상의 고소를 당하기 쉬우므로 주의해야 함 ⑨ 사망사건의 경우 병원 관할경찰서에서 부검을 실시할 것. 만일 부검을 회피할 경우 재판에 필요한 중요한 증거들을 놓치게 됨 ⑩ 부상사고의 경우 다른 병원으로 환자를 옮길 것. 가급적 상급병원이나 전문병원을 찾는 것이 좋으나, 대학병원일 경우 다른 대학병원으로 옮기고, 이 때 사고병원 의사와 학연 등에서 특수관계가 없는 병원으로 옮기는 것이 중요함. 또 진료기록과 X-레이 필름 등의 진료자료나 그 사본은 반드시 그리고 최대한 받아서 가는 것이 좋음.

(4) 신해철법: 「의료사고 피해구제 및 의료분쟁 조정 등에 관한 법률」(약칭: **의료분쟁조정법**)은 의료인의 과실로 환자에게 상해나 사망 등의 사고를 일으켰을 경우 그 상황에 따른 의료분쟁의 처리와 관련한 사항을 규정한 법률로서, 2011년 4월 7일 제정되었으며, 2012년 4월 8일부터 시행되었다. 이 법은 대한민국 국민이 아닌 사람이 보건의료기관에 대하여 의료사고로 인한 손해배상을 청구하는 경우에도 적용되며(제3조), 의료분쟁의 조정 및 중재 등에 관한 사항을 규정함으로써 의료사고로 인한 피해를 신속·공정하게 구제하고, 보건의료인의 안정적인 진료 환경을 조성함을 목적으로 한다(제1조). 2014년 10월 장 협착과 위 축소 수술을 받았던 가수 신해철 씨의 죽음 이후 의료사고에 대한 관심이 증폭되면서 '신해철법' 이라는 법안의 별칭이 붙었다. 이후 2016년 11월 30일 개정 시행된 법안은 ▷의료사고로 사망 ▷1개월 이상 의식 불명 ▷장애등급 1급(자폐성·정신장애 제외) 등의 중대한 피해를 본 경우 의료기관의 동의 없이도 한국 의료분쟁조정중재원에서 분쟁 조정 절차를 시작할 수 있도록 했다. 종전까지는 피해자가 한국의료분쟁조정중재원에 조정을 신청해도 의료인이 동의하지 않으면 조정 절차를 밟지 못하고 곧장 법원으로 가서 병원과 법적 공방을 벌여야 했다. 다만 개정안(2016.11.30.)은 조정 신청 남발을 막고자 '사망 또는 대통령령으로 정하는 중상해'로 대상을 제한하였다.

※ **의료사고 피해구제 및 의료분쟁 조정 등에 관한 법률**(약칭: 의료분쟁조정법)
[일부개정 2020. 4. 7. 법률 제17212호, 시행 2020. 4. 7.]

제1조(목적) 이 법은 의료분쟁의 조정 및 중재 등에 관한 사항을 규정함으로써 의료사고로 인한 피해를 신속·공정하게 구제하고 보건의료인의 안정적인 진료환경을 조성함을 목적으로 한다.
제2조(정의) 이 법에서 사용하는 용어의 뜻은 다음과 같다. 1. "**의료사고**"란 보건의료인(「의료법」 제27조 제1항 단서 또는 「약사법」 제23조 제1항 단서에 따라 그 행위가 허용되는 자를 포함한다)이 환자에 대하여 실시하는 진단·검사·치료·의약품의 처방 및 조제 등의 행위(이하 "의료행위등"이라 한다)로 인하여 사람의 생명·신체 및 재산에 대하여 피해가 발생한 경우를 말한다. 2. "**의료분쟁**"이란 의료사고로 인한 다툼을 말한다.
제3조(적용 대상) 이 법은 대한민국 국민이 아닌 사람이 보건의료기관에 대하여 의료사고로 인한 손해배상을 구하는 경우에도 적용한다.
제6조(한국의료분쟁조정중재원의 설립) ① 의료분쟁을 신속·공정하고 효율적으로 해결하

기 위하여 한국의료분쟁조정중재원(이하 "조정중재원"이라 한다)을 설립한다. ② 조정중재원은 법인으로 한다.

제8조(업무) 조정중재원의 업무는 다음 각 호와 같다. 1. 의료분쟁의 조정·중재 및 상담 2. 의료사고 감정 3. 손해배상금 대불 4. 의료분쟁과 관련된 제도와 정책의 연구, 통계 작성, 교육 및 홍보 5. 그 밖에 의료분쟁과 관련하여 대통령령으로 정하는 업무

제19조(의료분쟁조정위원회의 설치) ① 의료분쟁을 조정하거나 중재하기 위하여 조정중재원에 의료분쟁조정위원회(이하 "조정위원회"라 한다)를 둔다.

제20조(조정위원회의 구성 및 운영) ① 조정위원회는 위원장 및 100명 이상 300명 이내의 조정위원으로 구성하고 비상임으로 한다. 다만, 제37조 제2항에 따른 조정조서 작성 등을 위하여 상임 조정위원을 둘 수 있다. ⑤ 조정위원의 임기는 3년으로 하고, 연임할 수 있다. ⑥ 조정위원회는 재적위원 과반수의 출석과 출석위원 과반수의 찬성으로 의결한다.

제27조(조정의 신청) ① 의료분쟁(이하 "분쟁"이라 한다)의 당사자 또는 그 대리인은 보건복지부령으로 정하는 바에 따라 조정중재원에 분쟁의 조정을 신청할 수 있다. ② 당사자는 다음 각 호의 어느 하나에 해당하는 사람을 대리인으로 선임할 수 있다. 다만, 제4호의 경우에는 제1호에 해당하는 사람이 없거나 외국인 등 보건복지부령으로 정하는 경우에 한정한다. 1. 당사자의 법정대리인, 배우자, 직계존비속 또는 형제자매 2. 당사자인 법인 또는 보건의료기관의 임직원 3. 변호사 4. 당사자로부터 서면으로 대리권을 수여받은 자 ③ 원장은 제1항에 따른 조정신청이 다음 각 호의 어느 하나에 해당하는 경우 신청을 각하한다. 다만, 조정신청이 접수되기 전에 제1호의 소 또는 제2호의 조정신청이 취하되거나 각하된 경우에는 그러하지 아니하다. 1. 이미 해당 분쟁조정사항에 대하여 법원에 소가 제기된 경우 2. 이미 해당 분쟁조정사항에 대하여 「소비자기본법」 제60조에 따른 소비자분쟁조정위원회에 분쟁조정이 신청된 경우 3. 조정신청 자체로서 의료사고가 아닌 것이 명백한 경우 ④ 원장은 조정신청을 접수하면 조정위원회와 감정단에 각각 이를 통지하고 조정신청을 한 자(이하 "신청인"이라 한다)의 상대방(이하 "피신청인"이라 한다)에게 조정신청서를 송달하여야 한다. ⑤ 위원장은 제4항에 따른 조정신청의 통지를 받은 때에는 지체 없이 관할 조정부를 지정하고 해당 사건을 배당하여야 한다. ⑥ 단장은 제4항에 따른 조정신청의 통지를 받은 때에는 지체 없이 관할 감정부를 지정하고 해당 사건을 배당하여야 한다. ⑦ 위원장 또는 단장은 다음 각 호의 어느 하나에 해당하는 경우 지체 없이 그 사실을 원장에게 통지하여야 한다. 이 경우 원장은 조정신청을 각하한다. 1. 신청인이 조사에 응하지 아니하거나 2회 이상 출석요구에 응하지 아니한 때 2. 신청인이 조정신청 후에 의료사고를 이유로 「의료법」 제12조 제2항("누구든지 의료기관의 의료용 시설·기재·약품, 그 밖의 기물 등을 파괴·손상하거나 의료기관을 점거하여 진료를 방해하여서는 아니 되며, 이를 교사하거나 방조하여서는 아니 된다")을 위반하는 행위를 한 때 또는 「형법」 제314조 제1항("제313조(신용훼손)의 방법 또는 위력으로써 사람의 업무를 방해한 자는 5년 이하의 징역 또는 1천500만원 이하의 벌금에 처한다")에 해당하는 행위를 한 때 3. 조정신청이 있은 후에 소가 제기된 때 ⑧ 제4항에 따라 조정신청서를 송달받은 피신청인이 조정에 응하고자 하는 의사를 조정중재원에 통지함으로써 조정절차를 개시한다. 피신청인이 조정신청서를 송달받은 날부터 14일 이내에 조정절차에 응하고자 하는 의사를 통지하지 아니한 경우 원장은 조정신청을 각하한다. ⑨ 원장은 제8항에도 불구하고 제1항에 따른 조정신청의 대상인 의료사고가 사망 또는 다음 각 호에 해당하는 경우에는 지체 없이 조정절차를 개시하여야 한다. 이 경

우 피신청인이 조정신청서를 송달받은 날을 조정절차 개시일로 본다. 1. 1개월 이상의 의식불명 2. 「장애인복지법」 제2조에 따른 장애인 중 장애 정도가 중증에 해당하는 경우로서 대통령령으로 정하는 경우 ⑩ 제9항에 따른 조정절차가 개시된 경우 조정신청서를 송달받은 피신청인은 다음 각 호의 어느 하나에 해당하는 경우 조정절차의 개시에 대하여 송달받은 날부터 14일 이내에 위원장에게 이의신청을 할 수 있다. 1. 신청인이 조정신청 전에 의료사고를 이유로 「의료법」 제12조 제2항을 위반하는 행위 또는 「형법」 제314조 제1항에 해당하는 행위를 한 경우 2. 거짓된 사실 또는 사실관계로 조정신청을 한 것이 명백한 경우 3. 그 밖에 보건복지부령으로 정하는 사유에 해당되는 경우 ⑪ 위원장은 제10항에 따른 이의신청을 받은 때에는 그 이의신청일부터 7일 이내에 다음 각 호의 구분에 따른 조치를 하여야 한다. 1. 이의신청이 이유 없다고 인정하는 경우: 이의신청에 대한 기각결정을 하고 지체 없이 이의신청을 한 피신청인에게 그 결과를 통지한다. 2. 이유 있다고 인정하는 경우: 그 사실을 원장에게 통지하고 원장은 그 조정신청을 각하한다. ⑫ 제7항, 제8항 또는 제11항 제2호에 따라 조정신청이 각하된 경우 원장은 지체 없이 위원장과 단장에게 이를 알려야 한다. ⑬ 제1항에 따른 분쟁의 조정신청은 다음 각 호에 해당하는 기간 내에 하여야 한다. 1. 의료사고의 원인이 된 행위가 종료된 날부터 10년 2. 피해자나 그 법정대리인이 그 손해 및 가해자를 안 날부터 3년 ⑭ 신청인이 피신청인을 잘못 지정한 것이 명백한 때에는 조정부는 신청인의 신청에 따라 결정으로 피신청인의 경정을 허가할 수 있다. ⑮ 제14항에 따른 경정허가결정이 있는 경우 새로운 피신청인에 대한 조정신청은 제14항의 경정신청이 있는 때에 한 것으로 보고, 종전의 피신청인에 대한 조정신청은 신청인의 경정신청이 있는 때에 취하된 것으로 본다.

제33조(조정결정) ① 조정부는 사건의 조정절차가 개시된 날부터 90일 이내에 조정결정을 하여야 한다. ② 제1항에도 불구하고 조정부가 필요하다고 인정하는 경우 그 기간을 1회에 한하여 30일까지 연장할 수 있다. 이 경우 그 사유와 기한을 명시하여 신청인에게 통지하여야 한다. ③ 조정부는 해당 사건에 대한 감정부의 감정의견을 고려하여 조정결정을 한다.

제33조의3(조정을 하지 아니하는 결정) 조정부는 조정신청이 다음 각 호의 어느 하나에 해당하는 경우 조정을 하지 아니하는 결정으로 사건을 종결시킬 수 있다. 1. 신청인이 정당한 사유 없이 조정을 기피하는 등 그 조정신청이 이유 없다고 인정하는 경우 2. 신청인이 거짓된 사실로 조정신청을 하거나 부당한 목적으로 조정신청을 한 것으로 인정하는 경우 3. 사건의 성질상 조정을 하기에 적당하지 아니한 경우

제35조(배상금의 결정) 조정부는 제33조에 따라 조정결정을 하는 경우 의료사고로 인하여 환자에게 발생한 생명·신체 및 재산에 관한 손해, 보건의료기관개설자 또는 보건의료인의 과실 정도, 환자의 귀책사유 등을 고려하여 손해배상액을 결정하여야 한다.

제36조(조정결과의 통지) ① 원장은 제33조 또는 제33조의3에 따라 조정부가 조정결정 또는 조정을 하지 아니하는 결정을 한 때에는 그 조정결정서 정본을 7일 이내에 신청인과 피신청인에게 송달하여야 한다. ② 제1항에 따른 조정결정 송달을 받은 신청인과 피신청인은 그 송달을 받은 날부터 15일 이내에 동의 여부를 조정중재원에 통보하여야 한다. 이 경우 15일 이내에 의사표시가 없는 때에는 동의한 것으로 본다. ③ 조정은 제2항에 따라 당사자 쌍방이 조정결정에 동의하거나 동의한 것으로 보는 때에 성립한다. ④ 제3항에 따라 성립된 조정은 재판상 화해와 동일한 효력이 있다.

제37조(조정절차 중 합의) ① 신청인은 제27조 제1항에 따른 조정신청을 한 후 조정절차

진행 중에 피신청인과 합의할 수 있다. ② 제1항에 따른 합의가 이루어진 경우 조정부는 조정절차를 중단하고 당사자가 합의한 내용에 따라 조정조서를 작성하여야 한다. ③ 조정부는 제2항에 따른 조정조서를 작성하기 전에 당사자의 의사를 확인하여야 한다. ④ 제2항에 따라 작성된 조정조서는 재판상 화해와 동일한 효력이 있다.

제40조(소송과의 관계) 의료분쟁에 관한 소송은 이 법에 따른 조정절차를 거치지 아니하고도 제기할 수 있다.

제43조(중재) ① 당사자는 분쟁에 관하여 조정부의 종국적 결정에 따르기로 서면으로 합의하고 중재를 신청할 수 있다. ② 제1항의 중재신청은 조정절차 계속 중에도 할 수 있다. 이 경우 조정절차에 제출된 서면 또는 주장 등은 중재절차에서 제출한 것으로 본다.

제44조(중재판정의 효력 등) ① 중재판정은 확정판결과 동일한 효력이 있다.

제51조(조정성립 등에 따른 피해자의 의사) ① 의료사고로 인하여 「형법」 제268조의 죄 중 업무상과실치상죄를 범한 보건의료인에 대하여는 제36조 제3항에 따른 조정이 성립하거나 제37조 제2항에 따라 조정절차 중 합의로 조정조서가 작성된 경우 피해자의 명시한 의사에 반하여 공소를 제기할 수 없다. 다만, 피해자가 신체의 상해로 인하여 생명에 대한 위험이 발생하거나 장애 또는 불치나 난치의 질병에 이르게 된 경우에는 그러하지 아니하다.

[대법원 1998. 2. 13. 96다7854 판결]

(가) 사건개요: ① 원고 1는 1989. 5. 16. 방광요도류와 자궁탈출증의 치료를 위하여 피고 학교법인 고려중앙학원이 운영하는 고려대학교 의과대학 부속 구로병원에 입원하여 같은 달 16. 질식자궁적출술을 시술받았는데, 위 시술 과정에서의 출혈로 인하여 같은 해 5. 20. 실시된 혈액검사 결과에서 헤모글로빈 수치가 8.6g/dl, 헤마토크리트 수치가 25.8%로 정상 이하로 떨어지면서 위 원고는 병원측에 어지럼증을 호소하게 되었고, 이에 위 병원측은 피고 대한적십자사로부터 공급받은 혈액인 농축적혈구 2단위(전혈 640cc에 해당하는 양, 혈액관리번호 11587, 47222)에 대하여 위 원고의 혈액과의 교차반응검사를 실시한 후 같은 날 위 원고에게 이를 수혈하였다. 그런데 위 원고에게 수혈된 혈액 중 혈액관리번호 47222호의 혈액은 혈액관리법 제4조 제2항 제2호의 규정에 따라 혈액원을 개설하여 그 업무를 수행하는 피고 대한적십자사 산하 서울특별시 남부적십자혈액원이 같은 해 5. 15. 서울 관악구 신림동 전철역 앞에서 행하여진 가두 헌혈행사 중 소외 1(남, 1965. 1. 13.생)로부터 헌혈받아, 그 혈액의 인간면역결핍 바이러스(Human Immunodeficiency Virus, 약칭 HIV, 이하 에이즈 바이러스라고 한다) 감염 여부를 효소면역측정법이라는 방법으로 검사하여 이상이 없는 것(음성)으로 판정되자 이를 위 병원측에 공급한 것인데, 그 혈액은 위 효소면역측정법에 의한 판정 결과와는 달리 실제로는 에이즈 바이러스에 감염{즉, 위음성이었음}되어 있었던 것이었다. 위 소외 1은 위의 헌혈에 이어 같은 해 11. 2.에도 가두 헌혈을 하였는바, 피고 대한적십자사는 그 혈액에 대하여 효소면역측정법에 의한 에이즈 바이러스 감염 여부를 검사한 결과 위 소외 1이 감염자(양성)로 판명되자, 동인이 과거에 헌혈한 경력이 있는지를 조사하여, 위와 같이 같은 해 5. 15.에도 헌혈하였는데 그 혈액 중 적혈구 농축액이 다음날 피고 학교법인 고려중앙학원 산하 구로병원으로 출고되어 위 원고에게 수혈된 사실을 확인하고 위 병원에 그 사실을 통보하였으며, 위 병원은 추가적인 혈액검사를 통하여 같은 해 12. 15. 위 원고가 에이즈 바이러스에 감염된 사실을 확인하고 이를 관계 기관에 통보하였으며, 위 원고는 같은 달 16.경 대한민국 산하 보건사회부(현재의 보건복지부의 전신) 소속

공무원으로부터 자신이 위 수혈에 의하여 에이즈 바이러스에 감염되었음을 통보받았다.

② 에이즈, 즉 후천성면역결핍증은 후천적으로 에이즈 바이러스의 감염에 의하여 야기되는 질병으로서 이러한 에이즈 바이러스는 1981. 6.경 미국에서 최초로 발견된 이래 1985년경부터는 의학계 일반에서 새로운 바이러스에 의한 질병의 하나로서 받아들여지게 되었고, 그 후 에이즈는 급속도로 전세계에 전파되어 1992년 현재 전세계 에이즈감염자는 500,000명을 초과하는 것으로 보고되고 있는바, 에이즈 바이러스에 감염되면 인체는 면역의 기능을 상실하고 면역결핍에 의한 기회감염으로 인해서 모든 질병에 감염의 기회를 주게 되며, 감기에라도 걸리게 되면 감기에서 폐렴, 만성기관지염, 피부병, 만성설사 등으로 병세가 쉽게 발전하고 그에 대한 뚜렷한 치료 방법도 없어, 결국 에이즈는 발병하기만 하면 예후가 극히 불량하고 치유가 불가능하여 에이즈환자는 암, 폐렴, 식도염 등에 의하여 거의 예외 없이 수년 내에 사망하는 것으로 보고되고 있다. 에이즈 바이러스의 감염경로로는 에이즈에 감염된 사람과의 성적인 접촉, 감염된 혈액의 수혈이나 감염 혈액으로 제조된 혈액제제(혈액제제)의 사용, 감염된 사람과의 주사바늘 및 주사기의 공동 사용, 감염된 산모로부터 임신 중 또는 출산시 태아에게의 전파 혹은 모유에 의한 감염, 장기이식 혹은 인공적 임신을 위한 감염자로부터의 장기, 조직 및 정액의 제공에 따른 감염 등이 현재까지 밝혀져 있다.

(나) 판결요지: ① **수혈받은 환자의 에이즈 바이러스 감염에 대하여 대한적십자사의 과실을 인정한 사례**-현재의 의학적 수준과 경제적 사정 및 혈액 공급의 필요성 측면에서 항체 미형성 기간 중에 있는 에이즈 감염자가 헌혈한 혈액은 에이즈 바이러스 검사를 시행하더라도 감염 혈액임을 밝혀내지 못하게 되어 이러한 혈액의 공급을 배제할 적절한 방법이 없으므로 위와 같은 경로로 인한 수혈에 따른 에이즈 감염의 위험에 대하여는 무방비 상태에 있다 할 것인데, 수혈로 인한 에이즈 감염이라는 결과와 그로 인한 피침해이익의 중대성에 비추어 볼 때, 혈액원의 업무를 수행하는 대한적십자사로서는 사전에 동성연애자나 성생활이 문란한 자 등 에이즈 감염 위험군으로부터의 헌혈이 배제될 수 있도록 헌혈의 대상을 비교적 건강한 혈액을 가졌다고 생각되는 집단으로 한정하고, 헌혈자가 에이즈 바이러스에 감염되어 있을 위험이 높은 자인지를 판별하여 그러한 자에 대하여는 스스로 헌혈을 포기하도록 유도하기 위하여 그의 직업과 생활관계, 건강 상태 등을 조사하고 필요한 설명과 문진을 하는 등 가두 헌혈의 대상이나 방법을 개선하여야 할 의무가 있음에도 불구하고, 에이즈 감염 위험군을 헌혈 대상에서 제외하기는 커녕, 오히려 헌혈시 에이즈 바이러스 감염 여부의 검사를 무료로 해준다고 홍보함으로써 에이즈 감염 위험자들이 헌혈을 에이즈 바이러스 감염 여부를 확인할 기회로 이용하도록 조장하였을 뿐만 아니라, 에이즈 바이러스 감염자로부터 헌혈받을 당시 헌혈자의 직업이나 생활관계 등에 대하여는 아무런 조사를 하지 아니하고 에이즈 감염 여부에 대하여는 설문사항에 포함시키지도 아니하였으며 전혀 문진을 하지 아니하여 동성연애자인 위 감염자의 헌혈을 무방비 상태에서 허용함으로써 감염자가 헌혈한 혈액을 수혈받은 피해자로 하여금 에이즈 바이러스에 감염되게 하였다는 이유로, 대한적십자사에게 혈액원의 업무를 수행하는 자로서의 주의의무를 다하지 아니한 과실이 있다고 본 사례이다.

② **수술중의 출혈로 수술 후 수혈하는 경우, 의사가 환자에게 수술에 대한 설명, 동의와는 별개로 수혈에 의한 에이즈 바이러스 감염 위험 등을 설명할 의무가 있는지 여부(적극)** -수혈에 의한 에이즈 바이러스의 감염은 수혈행위에 전형적으로 발생하는 위험이고, 그로 인하여 에이즈 바이러스에 감염되는 경우 현대의학으로는 치료 방법이 없어 결국 사망에 이

르게 되는 것으로서 그 피해는 회복할 수 없는 중대한 것인 데다가 의학적으로 문외한인 환자로서는 예상할 수 없는 의외의 것이므로, 위험 발생가능성의 희소성에도 불구하고 의사들의 설명의무가 면제될 수 없다고 보아야 하고, 수술 후 수술중의 출혈로 인하여 수혈하는 경우에는 수혈로 인한 에이즈 바이러스 감염 위험은 당해 수술과는 별개의 수혈 그 자체에 특유한 위험으로서 당해 수술 자체로 인한 위험 못지아니하게 중대한 것이므로 의사는 환자에게 그 수술에 대한 설명, 동의와는 별개로 수혈로 인한 위험 등을 설명하여야 한다.

[대법원 2011. 9. 8. 2009도13959 판결]
(가) 사건개요: 원심은, 그 판시 포항 소재 병원에서 인턴으로 근무하던 피고인이 위 병원 응급실로 이송된 익수환자인 피해자를 위 병원 응급의학과장 원심 공동피고인의 지시에 따라 구급차에 태워 대구 소재 의료원으로 이송함에 있어, 구급차에 비치된 산소통의 산소잔량을 체크하지 않은 과실로 이송 도중 약 18분간 산소 공급이 중단된 결과 피해자로 하여금 폐부종 등으로 사망에 이르게 하였다는 이 사건 공소사실에 대하여, 다음과 같이 피고인에게 업무상 과실이 인정된다는 이유로 유죄를 선고한 제1심판결을 그대로 유지하였다. 즉, 위급환자인 피해자를 구급차로 이송하는 과정에 원심 공동피고인의 지시에 따라 의사로 동승하게 된 피고인으로서는, 피해자가 산소 공급이 절대적으로 필요한 익수환자였으므로 이송 도중 환자에게 산소 주입이 원활히 되고 있는지, 산소통에 산소잔량이 있는지 여부를 체크하고, 산소가 떨어질 염려가 있는 경우 인근 병원이나 119 구급대에 연락하여 산소통을 교체하는 등 환자에게 주입되는 산소가 떨어지지 않고 지속적으로 환자에게 투여되도록 하여 환자를 안전하게 이송하여야 할 업무상 주의의무가 있음에도, 피해자가 산소부족으로 몸부림을 치고 동승한 피해자의 모가 산소가 떨어졌다고 이야기할 때까지 산소통의 산소량이 얼마나 있는지에 관하여 관심을 기울이지 아니함으로써 피해자에게 주입되는 산소통의 산소가 소진되어 산소 공급이 중단되게 한 것은 피고인의 업무상 과실로 인정된다는 것이다.
(나) 의료사고에서 의료종사자의 과실을 인정하기 위해서는 의료종사자가 결과발생을 예견할 수 있고 또 회피할 수 있었는데도 이를 예견하거나 회피하지 못한 과실이 인정되어야 하고, 그러한 과실 유무를 판단할 때에는 같은 업무와 직무에 종사하는 보통인의 주의 정도를 표준으로 하여야 하며, 이에는 사고 당시의 일반적인 의학 수준과 의료 환경 및 조건, 의료행위의 특수성 등이 고려되어야 한다. 병원 인턴인 피고인이, 응급실로 이송되어 온 익수환자 갑을 담당의사 을의 지시에 따라 구급차에 태워 다른 병원으로 이송하던 중 산소통의 산소잔량을 체크하지 않은 과실로 산소 공급이 중단된 결과 갑을 폐부종 등으로 사망에 이르게 하였다는 내용으로 기소된 사안에서, 피고인에게 업무상과실치사죄를 인정한 원심판단에 법리오해 또는 심리미진의 위법이 있다고 한 사례이다. 즉 을에게서 이송 도중 갑에 대한 앰부 배깅(ambu bagging)과 진정제 투여 업무만을 지시받은 피고인에게 일반적으로 구급차 탑승 전 또는 이송 도중 구급차에 비치되어 있는 산소통의 산소잔량을 확인할 주의의무가 있다고 보기는 어렵고, 다만 피고인이 갑에 대한 앰부 배깅 도중 산소 공급 이상을 발견하고도 구급차에 동승한 의료인에게 기대되는 적절한 조치를 취하지 아니하였다면 업무상 과실이 있다고 할 것이나, 피고인이 산소부족 상태를 안 후 취한 조치에 어떠한 업무상 주의의무 위반이 있었다고 볼 수 없는데도, 피고인에게 산소잔량을 확인할 주의의무가 있음을 전제로 업무상과실치사죄를 인정한 원심판단에 응급의료행위에서 인턴의 주의의무 범위에 관한 법리오해 또는 심리미진의 위법이 있다고 한 것이다.

33. 간통죄와 형법 제241조 위헌제청사건

[헌법재판소 2015. 2. 26. 2009헌바17 등 결정]
― 형법 제241조 위헌소원 등(2015.2.26.2009헌바17·205,2010헌바194,2011헌바4,2012헌바57·255·411,2013헌바139·161·267·276·342·365,2014헌바53·464,2011헌가31,2014헌가4(병합))

> 청구인들은 간통 내지 상간하였다는 범죄사실로 기소되어 당해사건 계속 중 형법 제241조가 위헌이라며 위헌법률심판제청 신청을 하였으나 그 신청이 기각되자 헌법소원심판을 청구하였다. 2011헌가31 사건의 당해사건 피고인은 간통죄로 기소되어 1심에서 유죄판결을 선고받고 항소하였는데, 의정부지방법원은 형법 제241조가 헌법에 위반된다고 의심할 상당한 이유가 있다는 이유로 2011. 8. 26. 직권으로 위헌법률심판을 제청하였다. 또한, 2014헌가4 사건의 제청신청인도 간통죄로 기소되어 1심에서 유죄판결을 선고받고 항소한 뒤 형법 제241조 제1항에 대한 위헌법률심판제청 신청을 하였고, 제청법원이 그 제청신청을 받아들여 2014. 3. 13. 위헌법률심판을 제청하였다.

【요 지】

배우자 있는 자의 간통행위 및 그와의 상간행위를 2년 이하의 징역에 처하도록 규정한 형법(1953. 9. 18. 법률 제293호로 제정된 것) 제241조(이하 '심판대상조항'이라 한다)가 성적 자기결정권 및 사생활의 비밀과 자유를 침해하여 헌법에 위반되는지 여부(적극): 형법 제241조는 헌법에 위반된다.

【이 유】

[재판관 박한철, 재판관 이진성, 재판관 김창종, 재판관 서기석, 재판관 조용호의 위헌의견] 사회 구조 및 결혼과 성에 관한 국민의 의식이 변화되고, 성적 자기결정권을 보다 중요시하는 인식이 확산됨에 따라 간통행위를 국가가 형벌로 다스리는 것이 적정한지에 대해서는 이제 더 이상 국민의 인식이 일치한다고 보기 어렵고, 비록 비도덕적인 행위라 할지라도 본질적으로 개인의 사생활에 속하고 사회에 끼치는 해악이 그다지 크지 않거나 구체적 법익에 대한 명백한 침해가 없는 경우에는 국가권력이 개입해서는 안 된다는 것이 현대 형법의 추세여서 전세계적으로 간통죄는 폐지되고 있다. 또한 간통죄의 보호법익인 혼인과 가정의 유지는 당사자의 자유로운 의지와 애정에 맡겨야지, 형벌을 통하여 타율적으로 강제될 수 없는 것이며, 현재 간통으로 처벌되는 비율이 매우 낮고, 간통행위에 대한 사회적 비난 역시 상당한 수준으로 낮아져 간통죄는 행위규제규범으로서 기능을 잃어가고, 형사정책상 일반예방 및 특별예방의 효과를 거두기도 어렵게 되었다. 부부 간 정조의무 및 여성 배우자의

보호는 간통한 배우자를 상대로 한 재판상 이혼 청구, 손해배상청구 등 민사상의 제도에 의해 보다 효과적으로 달성될 수 있고, 오히려 간통죄가 유책의 정도가 훨씬 큰 배우자의 이혼수단으로 이용되거나 일시 탈선한 가정주부 등을 공갈하는 수단으로 악용되고 있기도 하다. 결국 심판대상조항은 과잉금지원칙에 위배하여 국민의 성적 자기결정권 및 사생활의 비밀과 자유를 침해하는 것으로서 헌법에 위반된다.

[재판관 김이수의 위헌의견] 간통죄의 본질은 자유로운 의사에 기하여 혼인이라는 사회제도를 선택한 자가 의도적으로 배우자에 대한 성적 성실의무를 위배하는 성적 배임행위를 저지른 데 있다. 혼인생활을 영위하고 있는 간통행위자 및 배우자 있는 상간자에 대한 형사처벌은 부부 간의 성적 성실의무에 기초한 혼인제도에 내포되어 있는 사회윤리적 기본질서를 최소한도로 보호하려는 정당한 목적 하에 이루어지는 것으로서 개인의 성적 자기결정권에 대한 과도한 제한이라고 하기 어렵다. 그러나 사실상 혼인관계의 회복이 불가능한 파탄상태로 인해 배우자에 대한 성적 성실의무를 더 이상 부담하지 아니하는 간통행위자나 미혼인 상간자의 상간행위 같이 비난가능성 내지 반사회성이 없는 경우도 있다. 그럼에도 불구하고, 심판대상조항이 일률적으로 모든 간통행위자 및 상간자를 형사처벌하도록 규정한 것은 개인의 성적 자기결정권을 과도하게 제한하는 국가형벌권의 과잉행사로서 헌법에 위반된다.

[재판관 강일원의 위헌의견] 간통 및 상간행위가 내밀한 사생활의 영역에 속하는 것이라고 해도 이에 대한 법적 규제를 할 필요성은 인정되고, 그에 대한 규제의 정도는 원칙적으로 입법자가 결정할 사항이므로, 입법자가 간통행위를 예방하기 위하여 형벌이라는 제재수단을 도입한 것이 그 자체로 헌법에 위반된다고 볼 수는 없다. 그러나 형법은 간통죄를 친고죄로 규정하면서, 배우자의 종용이나 유서가 있는 경우 간통죄로 고소할 수 없도록 규정하고 있는데, 소극적 소추조건인 종용이나 유서의 개념이 명확하지 않아 수범자인 국민이 국가 공권력 행사의 범위와 한계를 확실하게 예측할 수 없으므로 심판대상조항은 명확성원칙에 위배되며, 간통 및 상간행위에는 행위의 태양에 따라 죄질이 현저하게 다른 수많은 경우가 존재함에도 반드시 징역형으로만 응징하도록 한 것은 구체적 사안의 개별성과 특수성을 고려할 수 있는 가능성을 배제 또는 제한하여 책임과 형벌간 비례의 원칙에 위배되어 헌법에 위반된다.

[재판관 이정미, 재판관 안창호의 반대의견] 간통은 일부일처제에 기초한 혼인이라는 사회적 제도를 훼손하고 가족공동체의 유지·보호에 파괴적인 영향을 미치는 행위라는 점에서 개인의 성적 자기결정권의 보호영역에 포함되어 있다고 보기 어렵다. 배우자 있는 자의 간통 및 그에 동조한 상간자의 행위는 단순한 윤리적·도덕적 차원의 문제를 넘어서 사회질서를 해치고 타인의 권리를 침해하는 것이라고 보는 우리 사회의 법의식은 여전히 유효하다. 특히 간통죄의 폐지는 우리 사회 전반에서 성도덕 의식의 하향화를 가져오고 성도덕의 문란을 초래할 수 있으며, 그 결과 혼인과 가족 공동체의 해체를 촉진시킬 수 있다는 점에서, 간통죄를 형사처벌하도록 한 입법자의 판단이 자의적인 것이라고 보기는 어렵다. 부부공동생활이 파탄되어 회복될 수 없을 정도의 상태에 이르러 더 이상 배우자에 대한 성적 성실의무를 부담한다고 볼 수 없는 경우에는 간통행위가 사회윤리 내지 사회상규에 위배되지 아니하는 행위로서 위법성이 조각될 여지가 있으므로 과잉처벌의 문제는 발생하지 않을 수 있다. 심판대상조항은 징역형만을 규정하고 있으나 법정형의 상한 자체가 높지 않아 지나치게 과중한 형벌을 규정하고 있다고 볼 수 없고, 벌금형에 의할 경우 간통행위자에 대하여 위하력을 가지기 어려우므로 형벌체계상 균형에 반하는 것이라고 할 수도 없다. 또한 현행 민법

33. 간통죄와 형법 제241조 위헌제청사건

상의 제도나 재판실무에 비추어보면, 간통죄를 폐지할 경우 수많은 가족공동체가 파괴되고 가정 내 약자와 어린 자녀들의 인권과 복리가 침해되는 사태가 발생하게 될 것을 우려하지 않을 수 없다. 따라서 심판대상조항은 과잉금지원칙에 위반된다고 할 수도 없다.

[재판관 이진성의 다수의견에 대한 보충의견] 간통행위는 행위 유형이 다양하여 법정형으로 징역형만 규정한 것이 책임과 형벌 사이에 균형을 잃을 가능성은 있지만, 재산형인 벌금형이나 명예형인 자격형이 배우자에 대한 정조의무를 저버리고 혼인제도의 문란을 가져오는 비윤리적 범죄인 간통죄에 유효하고 적절한 수단이라고 보기 어렵다. 부부 일방의 부정행위로 인한 민사, 가사 문제들의 해결수단을 간통죄를 유지시켜 형사사건에서 찾을 것도 아니다. 간통행위로 인한 가족의 해체 사태에서 손해배상, 재산분할청구, 자녀양육 등에 관한 재판실무관행을 개선하고 배우자와 자녀를 위해 필요한 제도를 새로 강구해야 한다.

【해 설】

(1) **간통**은 부부간의 성관계 이외의 성행위, 즉 근친상간·혼전성관계·동성연애·매매춘 등과 더불어 비도덕적인 것으로 간주되어왔다. 그런데 간통의 양상이나 의미·규제의 정도는 사회나 시대에 따라 다양하게 나타난다. 우선 서구사회에서의 간통의 사회적 의미를 살펴보면 영국의 관습법에서는 간통을 기혼여성과 남편 이외의 다른 남성의 성관계로 규정하였고, 고대 헤브류법이나 로마법에서는 남편이 간통한 아내를 발견했을 때 아내와 그 상대남자를 죽일 수 있는 권리가 있었다. 특히 여성의 간통은 가부장적 남성의 재산권독점과 적장자(嫡長子) 승계의 필요성에서 유지된 일부일처제를 위협하는 의미로 받아들여지기도 했다. 중세이후 일부일처제를 옹호한 기독교의 교회법에 의하면 법적으로 남녀모두의 간통에 대하여 처벌할 것을 명시하였으며 서구에서는 이러한 전통이 계속 이어져 내려왔다. 현대에 들어서면서 성개방 풍조가 성행하여 여성의 간통 또한 늘어나고 있으며, 이와 더불어 성을 개인적인 것으로 보는 경향이 보편화됨에 따라 간통의 법적인 규제는 사라지고 있는 추세이다. 일부에서는 간통을 인정하는 결혼형태를 옹호하는 입장도 있으나 의식적으로는 간통을 비도덕적인 것으로 보는 경향이 아직도 남아 있다.

다음으로 우리 사회에서의 간통의 사회적 의미를 살펴보면 고려시대에는 남성이나 여성의 성이 자유로웠던 것으로 보이나, 유교가 지배원리였던 조선시대 이후에는 남성과 여성의 성에 대한 규제는 매우 달랐던 것으로 보인다. 축첩이나 기녀제도가 보장될 만큼 남성의 간통은 공식적으로 허용되었던 반면에, 여성은 과부재가금지법·열녀장려를 통해 남편이 사망한 이후에도 정절을 지키는 것을 독려했던 것으로 미루어 보아 여성의 간통에 대해서는 엄격한 규제가 가해졌다고 볼 수 있다. 이와 같은 여성에 대한 성통제는 부계혈통의 와해를 방지하기 위한 것이며, 서구 고대에서와 같이 적자 확보의 필요성에서 금기시 되었던 것이다. 그 후 축첩제나 기녀제도가 공식적으로 폐지되었지만, 식민지시대의 구형법에서는 여성의 간통만을 처벌하는 것으로 되어 있어서 여전히 여성의 간통에 대한 규제가 남아 있었다. 그러나 대한민국정부가 수립되면서 쌍벌죄로 개정되어 공식적으로는 여성뿐만 아니라 남성의 간통도 금지되었다.

우리 사회의 성문화의 특징을 살펴보면 가령 성적 경험은 감성과 이성의 요소를 모두 가지는 인격자들의 전인적인 경험임에도 불구하고, 우리 사회에서는 성(性)과 성교(性交)를 동일시하며 성기중심적 경향이 짙다. 또한 여성의 상품화된 성이 만연하고 있으며 남성들은 이러한 상품화된 성을 이용하는 것이 일상화되어 있다. 더구나 전통적인 유교 사회에서는 이데올로기적으로 많은 남성들에게 부부간의 성관계는 성적 쾌락보다는 생식을 위한 것이고 외도에서 성적인 즐거움을 찾아야 한다는 의식이 지배적이었다. 그리고 성에 대한 인식과 성에 대한 규범 또한 남성과 여성에게 다르게 적용된다. 즉 남성의 성욕은 충동적이고 억제할 수 없는 것으로 인식되는 반면에, 여성의 성욕은 참을 수 있고 때로는 무성적인 존재로 인식되기도 한다. 따라서 여성들에게는 정조나 순결의 가치가 중시되나 남성들에게는 문제가 되지 않는다. 이러한 측면에서 남성의 간통에 대해서는 본능상 흔히 있을 수 있는 일 혹은 불가피한 현상으로 받아들여져 관용되거나 은폐되기도 하는 반면에, 간통한 여성은 타락한 여성으로서 성도덕을 문란하게 하고 결혼의 신성한 질서를 위협하는 것으로 간주되고 있다.

(2) 우리 **형법 제241조** 제1항은 「배우자 있는 자가 간통한 때에는 2년 이하의 징역에 처한다. 그와 상간(相姦)한 자도 같다」고 규정하고 있으며, 동조 제2항에서는 「전항의 죄는 배우자의 고소(告訴)가 있어야 논한다. 단 배우자가 간통을 종용(慫慂) 또는 유서(宥恕)한 때에는 고소할 수 없다」고 규정하고 있다. 간통에 대하여 세계 각국이 취하고 있는 입법례로는 ① 처의 간통만을 처벌하는 **불평등처벌주의** ② 처의 간통을 처벌하되 남편은 축첩의 경우에만 처벌하는 주의 ③ 부부쌍방을 처벌하는 **평등처벌주의** ④ **불벌주의** 등을 들 수 있다.

간통죄는 배우자 있는 자가 간통하거나 배우자 있는 자와 상간함으로써 성립하는 범죄이다. 즉 간통죄에 있어서 간통한 자와 그의 상대방인 상간자는 **필요적 공범**의 관계에 있으며, 본죄는 성생활에 대한 선량한 풍속을 그 보호법익으로 하고 있다. 간통죄의 주체는 배우자 있는 자인데, 이 때 "**배우자 있는 자**"란 법률상의 혼인이 성립되어 현재 부 또는 처가 생존하고 있는 경우를 말한다. 따라서 사실상의 혼인관계에 있는 내연의 부 또는 처는 본죄의 주체가 될 수 없다. 즉 간통죄는 '배우자 있는 자'라는 일정한 신분을 필요로 하는 **신분범**이다. 그리고 상간자는 상대방이 배우자가 있다는 것을 인식하고 상간한 경우에 한하여 처벌된다. 가령 유부남이 미혼의 처녀와 연애를 하면서 자기가 총각이라고 속였고 여자 또한 남자가 아내 있는 유부남인 줄 전혀 모르는 가운데 서로 육체관계를 가졌다면, 여자만은 고의가 없었기 때문에 간통죄로 처벌할 수가 없게 된다.

간통죄의 행위는 간통이다. 이 때 **간통**이란 합의에 의한 남자와 여자의 성적 결합행위로서, 통설에 의하면 남자의 음경을 여자의 음부에 삽입할 때 기수로 되고 반드시 사정을 요하지 않는다고 보며(**삽입설**), 간통죄의 미수는 처벌받지 아니한다. 실제에 있어서 간통은 통상 남의 눈을 피하여 은밀하게 저질러지기 때문에 그 입증이 어려운 경우가 많다. 따라서 대법원의 견해는「남녀간의 정사를 내용으로 하는 범죄의 입증정도는 피해전말에 관한 증언을 토대로 하여 범행의 전후 정황에 관한 제반증거를 종합한 결과 일반인의 경험칙상 범행이 있었다는 것을 인정할 수 있으면 된다」고 넓게 해석하고 있다[대법원 1960. 10. 19. 선고 4292형상940 판결]. 그리고 **간통죄의 죄수**에 관해서는 상대방을 달리할 때는 물론이고, 동일한 남녀간에 있어서도 각 정교마다 1개의 간통행위로서 각각 독립하여 일죄를 구성한다. 따라서 수 개의 간통행위는 수 개의 간통죄를 성립시켜 **경합범**으로 처벌된다.

간통죄는 **친고죄**(親告罪)이므로 피해자인 배우자의 고소가 있어야 논한다. 만일 고소권자인 피해자가 사망한 경우에는 그 직계친족이나 형제자매도 고소가 가능하다. 고소권자는 혼인을 해소하거나 이혼소송을 제기한 후가 아니면 고소할 수 없으며, 고소를 제기한 후 다시 혼인을 하거나 이혼소송을 취하한 때는 그 고소도 취소된 것으로 간주한다. 한편 고소는 범

33. 간통죄와 형법 제241조 위헌제청사건

인을 알게 된 날로부터 **6개월**을 경과하면 고소하지 못하며, 다만 고소할 수 없는 불가항력의 사유가 있는 때에는 그 사유가 없어진 날로부터 기산한다. 그리고 한번 고소를 취소한 자는 그 사건에 관하여 다시 고소하지 못한다. 또한 배우자의 일방이 상대방 배우자의 간통을 종용했거나 유서 혹은 용서한 때에는 고소할 수 없다. 이 때 **종용**이란 간통을 사전동의한 것을 말하며, **유서**란 간통을 사후승낙한 것을 말한다. 간통죄에 대한 처벌은 쌍방에게 행해지며 2년 이하의 징역에 처한다.

(3) 이와 같이 형법상 간통을 처벌하는 것은 헌법에 위배된다고 주장하는 **위헌론**에 의하면 ① 간통죄는 성에 대한 자기결정권을 국가가 간섭하므로 행복추구권에 위배되고 ② 애정이 없는 경우에도 혼인관계를 지속하도록 강제하므로 신체의 자유에 위배되며 ③ 간통죄가 실제적으로 경제적 약자인 여자만을 가혹하게 처벌한다는 점에서 평등권에 위배되고 ④ 간통죄는 자유로운 의사에 따라서 가정을 이룰 수 있는 가능성을 배제하므로 혼인과 가정생활의 규정에 위배된다고 보아 간통죄를 폐지할 것을 주장한다. 즉 **간통죄의 폐지론**에 의하면 ① 간통행위의 불벌은 세계적인 입법추세라는 점 ② 헌법상의 인간존엄 및 행복추구권의 보장은 개인의 성적 자기결정권을 존중함을 요청하므로 개인적 자유주의 사상은 간통죄의 폐지를 요구한다는 점 ③ 형법은 개인의 사생활질서, 특히 성에 관계되는 사적 윤리에 간섭해서는 안된다는 점 ④ 동의하는 간통행위에는 원칙적으로 피해자가 없고, 다만 혼인중의 당사자는 그 배우자에 대하여 민법상의 불법행위책임을 지면 족하다는 점 ⑤ 간통죄를 존치시킴으로써 양순하고 선량한 배우자는 제외되고 복수심 많은 자만을 보호하게 되어 법집행상 헌법의 평등원칙에 반할 위험성이 있다는 점 ⑥ 속이고 숨기는 경우가 많으므로 법의 실효성이 거의 없다는 점 ⑦ 형사정책적으로 볼 때 형벌의 범죄억지효과나 재사회화의 효과는 거의 없다는 점 ⑧ 간통죄를 존치시킴으로써 범죄의 예방적 효과가 있을 것으로 생각하는 것은 우리의 고정관념에서만 유지되고 있는 생각이지 아무런 실증적 근거가 없다는 점 ⑨ 간통에 대한 형벌은 행위자의 전부를 실추시키고 시민으로서의 일생을 파멸시킬 뿐만 아니라 자녀 등 가족의 장래를 파멸로 몰아넣는다는 점 ⑩ 실제로 형벌에 의한 위하를 악용하는 자에겐 간통죄는 공갈의 합법적인 수단이 되므로 재력 있는 범인은 처벌이 면제되고 재력 없는 자만이 수형하게 되는 결과, 헌법상의 평등권이 부정되고 불평등을 조장하게 된다는 점 ⑪ 간통죄의 폐지가 여성 배우자의 법적 지위의 보장을 약화시킬 것이라는 위구심 때문에 존치론을 주장하는 자에겐 오늘날 그 존치로 말미암아 여성이 처벌되는 경우가 많아져가고 있다는 사실을 환기시켜야 할 것이라는 점 등을 주장하고 있다.

이에 반해 간통을 처벌하는 것은 헌법에 합치한다고 주장하는 **합헌론**에 의하면 ① 개인의 성적 자기결정권은 국가적·사회적 공동생활의 테두리 안에서 다른 사람의 권리·공중도덕·사회윤리·공공복리를 위해 어느 정도 제한될 수 있으며, 간통행위는 국가사회의 기조인 가정의 화합을 파괴하고 배우자의 유기·혼외자녀의 문제 등 여러 가지 사회적 해악을 막기 위해 규제될 수 있다고 보고 ② 경제적 약자인 여성에게 불리하게 작용하는 측면이 있으나, 이는 친고죄로 되어 있는 모든 범죄에서 나타나는 문제에 불과하며 ③ 혼인과 가정생활 조항의 위배에 대해서는 개인의 선택권을 혼인제도의 보호보다 우선적인 것으로 해석할 수 없다고 보아 간통죄를 존속시킬 것을 주장한다. 즉 **간통죄의 존치론**을 주장하는 여성계에서는 간통죄의 폐지가 급한 것이 아니라 폐지의 전제를 위한 사회적 노력이 필요하다고 강조한다. 간통죄의 존치론에 의하면 ① 간통죄가 가정과 혼인의 순결을 보호하기 위한 제도로서 헌법적 기본권의 구체화 규범으로서 성격을 지닌다는 점 ② 형법과 윤리의 중첩성을 가지고 있어 단순한 윤리범주에만 국한시킬 수 없다는 점 ③ 합리적 형사정책은 국민의 지배적인 도덕관에 대한 고려를 배제할 수 없다는 점 ④ 선량한 풍속이나 도덕에 관련된 행동도 평화로운 공동사회의 질서안정에 전제가 되는 한 형법적 보호의 필요성이 있다는 점 등을 들어 아직은 폐지가 이르다고 주장한다.

[대법원 1997. 7. 25. 97도974 판결]
(가) 간통죄의 입증 방법: 남녀간의 정사를 내용으로 하는 간통죄는 행위의 성질상 통상 당사자간에 극비리에, 또는 외부에서 알아보기 어려운 상태하에서 감행되는 것이어서 이에 대한 직접적인 물적 증거나 증인의 존재를 기대하기가 극히 어렵다 할 것이어서, 간통죄에 있어서는 범행의 전후 정황에 관한 제반 간접증거들을 종합하여 경험칙상 범행이 있었다는 것을 인정할 수 있을 때에는 이를 유죄로 인정하여야 한다.

(나) 성교 사실을 부인하는 사안에서, 정황에 관한 간접증거와 경험칙에 의하여 간통죄의 유죄를 인정한 사례: 서로 사랑하여 상대방을 재혼대상으로까지 생각하고 있었던 성인 남녀가 심야에 여관에 함께 투숙하였고, 투숙한지 1시간 30분 가량 지난 뒤에 그들이 함께 묵고 있던 여관 객실에 다른 사람들이 들어가 보니 남자는 팬티만을 입고 있었고 여자는 팬티와 브라우스만을 입고 있었으며 방바닥에 구겨진 화장지가 여러 장 널려 있었다면 두 남녀가 서로 정을 통하였다고 인정하는 것이 경험칙에 비추어 상당하다고 본 사례이다.

(다) 강간당한 것이라고 주장하면서 간통죄의 공소사실을 부인한 사안에서, 강간의 가능성에 대한 합리적인 의심 사유가 없다고 보아 정황에 관한 간접증거와 경험칙에 의하여 간통죄의 유죄를 인정한 사례: 기록에 의하면 피고인은 남편인 소외 1과 잦은 불화끝에 1995. 12. 30. 가출하여 혼자 살고 있었고, 소외 2는 1993. 6. 14. 처 소외 3과 이혼하여 독신으로 살아 왔는바, 피고인과 소외 2는 1995. 10. 초순경 처음 만난 후 1996. 2.경부터 이 사건 범행시까지 매월 평균 3회씩 만나 교제한 끝에 사랑하는 사이로 발전하여 서로 상대방을 재혼대상으로 고려하기에 이르렀고 1996. 4. 초순경에는 소외 2가 자신의 어머니에게 피고인을 인사시키기까지 하였으며, 피고인과 소외 2는 1996. 4. 19. 18:30경 만나 식당에서 저녁식사를 하고 소외 2의 친구 김인환의 초대에 응하여 그의 집을 방문하였다가 23:30경 그 집을 나와 23:40경 나주시 송월동 소재 금성각여관 207호실에 투숙하였는데, 피고인을 미행하던 피고인의 남편 소외 1이 피고인과 소외 2가 위 여관에 함께 투숙하는 것을 목격하고 그 다음날 01:10경 경찰 2명과 위 여관 지배인 김형렬과 함께 위 여관 207호실 출입문을 열고 그 객실 안으로 들어갔을 때, 피고인은 팬티와 브라우스만을 입고 있었고 소외 2는 팬티만 입고 있었으며 방바닥에는 구겨진 화장지가 여러 장 널려 있었던 사실을 알 수 있다. 이와 같이 서로 사랑하여 상대방을 재혼대상으로까지 생각하고 있었던 성인 남녀가 심야에 여관에 함께 투숙하였고, 투숙한지 1시간 30분 가량 지난 뒤에 그들이 함께 묵고 있던 여관 객실에 다른 사람들이 들어가 보니 남자는 팬티만을 입고 있었고 여자는 팬티와 브라우스만을 입고 있었으며 방바닥에 구겨진 화장지가 여러 장 널려 있었다면 두 남녀가 서로 정을 통하였다고 인정하는 것이 경험칙에 비추어 상당하다 할 것이다. 비록 기록에 의하면 범행 직후 피고인의 요청에 의하여 의사가 피고인의 질분비물과 소변을 검사하여 본 결과 살아있는 정자가 발견되지 않은 사실을 알 수 있으나, 간통죄는 성기의 결합만으로 범죄행위가 완성되는 것이고 피임기구 사용 등으로 통정행위가 있었음에도 불구하고 위와

같은 검사결과가 나올 가능성이 얼마든지 있을 수 있으므로, 앞서 본 제반 정황에 관한 간접사실들에도 불구하고 위 검사결과만을 들어 이 사건이 피고인이 간통죄를 범하지 않았을 개연성에 대한 합리적인 의심을 할 여지가 있는 경우로서 그 범죄사실의 증명이 없는 때에 해당한다고 볼 수는 없다 할 것이다.

[대법원 2013. 9. 12. 2013도5893 판결]

(가) 강간의 피해자가 배우자 있는 자인 경우 그 성관계는 피해자의 자의에 의한 것이라고 볼 수 없으므로 강간 피해자에게 따로 간통죄가 성립할 수는 없다. 이 경우 가해자도 강간죄의 죄책을 지는 외에 강간 피해자의 배우자가 상간자라고 하여 고소한 데 따른 간통죄의 죄책을 지지는 아니한다.

(나) 기록에 의하면, 피고인 1의 남편인 공소외인은 이 부분 공소사실에 대하여 피고인 1을 간통으로, 피고인 2를 상간에 의한 간통으로 고소하였고 이에 따라 위 피고인들 모두에 대하여 간통죄로 의율하는 이 부분 공소가 제기되었는데, 피고인 1은 원심에서, 피고인 2의 강압에 의하여 마치 성관계를 가지는 것처럼 보이는 동영상을 촬영하는 데 응하는 척하였을 뿐 종국적으로 성관계 자체는 이루어진 바가 없다고 주장하였고, 반면 피고인 2는 당시 성관계가 이루어졌다고 주장하였다. 이에 대하여 원심은, 피고인 2가 성관계가 있었다고 자백하고 있는 이상 간음행위가 있었다는 사실은 인정되지만, 이는 피고인 1의 의사에 반하여 강제로 한 것이므로 피고인 1에 대해서는 간통죄가 성립할 수 없고 반면 피고인 2에 대해서는 강간죄와 간통죄가 모두 성립하는데 그중 간통죄로 기소된 이상 간통죄의 죄책을 물을 수 있다고 판단하였다. 그러나 직권으로 보건대, 이 사건은 피고인 1의 남편인 공소외인이 간통죄로 고소한 것이라는 점을 감안하면, 원심의 위와 같은 판단 중 우선 피고인 2에 대한 부분은 앞에서 본 법리에 비추어 볼 때 그대로 수긍할 수 없다. 뿐만 아니라 이 사건 동영상에는 피고인 2가 피고인 1에게 성기의 결합을 계속적으로 요구하는 장면만이 나올 뿐 실제 성관계가 이루어진 장면은 나타나지 않는데, 만약 실제로 성기의 결합이 있었다면 피고인 2가 이를 촬영하지 않았을 리 없다고 보이는 점 등에 비추어 볼 때, 과연 당시 피고인들이 성관계에까지 이르렀다는 점이 합리적 의심의 여지가 없을 정도로 증명되었다고 볼 수 있는지에 대해서도 상당한 의문이 든다. 결국 원심의 이 부분 판단은 간통죄에 관한 법리를 오해하였을 뿐만 아니라, 피고인들 사이에 성관계가 있었는지 여부에 대해서도 필요한 심리를 다하지 아니하여 판결에 영향을 미친 위법이 있다.

[대법원 2021. 9. 9. 2020도12630 전원합의체 판결]

<배우자 있는 사람과의 혼외 성관계 목적으로 다른 배우자가 부재중인 주거에 출입하여 주거침입죄로 기소된 사건>

(1) [다수의견] 외부인이 공동거주자의 일부가 부재중에 주거 내에 현재하는 거주자의 현실적인 승낙을 받아 통상적인 출입방법에 따라 공동주거에 들어간 경우라면 그것이 부재중인 다른 거주자의 추정적 의사에 반하는 경우에도 주거침입죄가 성립하지 않는다고 보아야 한다. 구체적인 이유는 다음과 같다.

(가) 주거침입죄의 보호법익은 사적 생활관계에 있어서 사실상 누리고 있는 주거의 평온,

즉 '사실상 주거의 평온'으로서, 주거를 점유할 법적 권한이 없더라도 사실상의 권한이 있는 거주자가 주거에서 누리는 사실적 지배·관리관계가 평온하게 유지되는 상태를 말한다. 외부인이 무단으로 주거에 출입하게 되면 이러한 사실상 주거의 평온이 깨어지는 것이다. 이러한 보호법익은 주거를 점유하는 사실상태를 바탕으로 발생하는 것으로서 사실적 성질을 가진다. 한편 공동주거의 경우에는 여러 사람이 하나의 생활공간에서 거주하는 성질에 비추어 공동거주자 각자는 다른 거주자와의 관계로 인하여 주거에서 누리는 사실상 주거의 평온이라는 법익이 일정 부분 제약될 수밖에 없고, 공동거주자는 공동주거관계를 형성하면서 이러한 사정을 서로 용인하였다고 보아야 한다. 부재중인 일부 공동거주자에 대하여 주거침입죄가 성립하는지를 판단할 때에도 이러한 주거침입죄의 보호법익의 내용과 성질, 공동주거관계의 특성을 고려하여야 한다. 공동거주자 개개인은 각자 사실상 주거의 평온을 누릴 수 있으므로 어느 거주자가 부재중이라고 하더라도 사실상의 평온상태를 해치는 행위태양으로 들어가거나 그 거주자가 독자적으로 사용하는 공간에 들어간 경우에는 그 거주자의 사실상 주거의 평온을 침해하는 결과를 가져올 수 있다. 그러나 공동거주자 중 주거 내에 현재하는 거주자의 현실적인 승낙을 받아 통상적인 출입방법에 따라 들어갔다면, 설령 그것이 부재중인 다른 거주자의 의사에 반하는 것으로 추정된다고 하더라도 주거침입죄의 보호법익인 사실상 주거의 평온을 깨트렸다고 볼 수는 없다. 만일 외부인의 출입에 대하여 공동거주자 중 주거 내에 현재하는 거주자의 승낙을 받아 통상적인 출입방법에 따라 들어갔음에도 불구하고 그것이 부재중인 다른 거주자의 의사에 반하는 것으로 추정된다는 사정만으로 주거침입죄의 성립을 인정하게 되면, 주거침입죄를 의사의 자유를 침해하는 범죄의 일종으로 보는 것이 되어 주거침입죄가 보호하고자 하는 법익의 범위를 넘어서게 되고, '평온의 침해' 내용이 주관화·관념화되며, 출입 당시 현실적으로 존재하지 않는, 부재중인 거주자의 추정적 의사에 따라 주거침입죄의 성립 여부가 좌우되어 범죄 성립 여부가 명확하지 않고 가벌성의 범위가 지나치게 넓어지게 되어 부당한 결과를 가져오게 된다.

(나) 주거침입죄의 구성요건적 행위인 침입은 주거침입죄의 보호법익과의 관계에서 해석하여야 한다. 따라서 침입이란 '거주자가 주거에서 누리는 사실상의 평온상태를 해치는 행위태양으로 주거에 들어가는 것'을 의미하고, 침입에 해당하는지 여부는 출입 당시 객관적·외형적으로 드러난 행위태양을 기준으로 판단함이 원칙이다. 사실상의 평온상태를 해치는 행위태양으로 주거에 들어가는 것이라면 대체로 거주자의 의사에 반하는 것이겠지만, 단순히 주거에 들어가는 행위 자체가 거주자의 의사에 반한다는 거주자의 주관적 사정만으로 바로 침입에 해당한다고 볼 수는 없다. 외부인이 공동거주자 중 주거 내에 현재하는 거주자로부터 현실적인 승낙을 받아 통상적인 출입방법에 따라 주거에 들어간 경우라면, 특별한 사정이 없는 한 사실상의 평온상태를 해치는 행위태양으로 주거에 들어간 것이라고 볼 수 없으므로 주거침입죄에서 규정하고 있는 침입행위에 해당하지 않는다.

[대법관 김재형의 별개의견] (가) 주거침입죄의 보호법익은 주거권이다. 주거침입죄가 주거의 평온을 보호하기 위한 것이라고 해서 그 보호법익을 주거권으로 파악하는 데 장애가 되지 않는다. 주거침입죄의 보호법익에 관하여 대법원판결에서 '사실상 주거의 평온'이라는 표현을 사용한 사안들은 그 보호법익을 주거권으로 보더라도 사안의 해결에 영향이 없다.

(나) 주거침입죄에서 말하는 침입은 이른바 의사침해설에 따라 '거주자의 의사에 반하여 주거에 들어가는 것'이라고 본 판례가 타당하다.

(다) 동등한 권한이 있는 공동주거권자 중 한 사람의 승낙을 받고 주거에 들어간 경우에는 어느 한쪽의 의사나 권리를 우선시할 수 없어 원칙적으로 주거침입죄가 성립하지 않는다. 다른 공동주거권자의 의사에 반한다고 해서 형법 제319조 제1항이 정한 침입에 해당하는 것으로 보아 주거침입죄로 처벌하는 것은 죄형법정주의가 정한 명확성의 원칙이나 형법의 보충성 원칙에 반할 수 있다. 평온한 방법으로 주거에 들어갔는지 여부가 주거침입죄의 성립 여부를 판단하는 기준이라고 볼 근거도 없다.

(라) 부부인 공동주거권자 중 남편의 부재중에 아내의 승낙을 받아 혼외 성관계를 가질 목적으로 주거에 들어갔다고 해서 주거침입죄로 처벌할 수 없다. 주거침입죄는 목적범이 아닌 데다가 현재 혼외 성관계는 형사처벌의 대상이 아니기 때문에 이러한 목적의 유무에 따라 주거침입죄의 성립이 좌우된다고 볼 수 없다.

[대법관 안철상의 별개의견] 외부인이 공동거주자 중 한 사람의 승낙을 받아 공동주거에 출입한 경우에는 그것이 다른 거주자의 의사에 반하더라도 특별한 사정이 없는 한 주거침입죄가 성립하지 않는다. 공동거주자 중 한 사람의 승낙에 따른 외부인의 공동주거 출입행위 그 자체는 외부인의 출입을 승낙한 공동거주자의 통상적인 공동주거의 이용행위 내지 이에 수반되는 행위에 해당한다고 할 것이고, 다른 거주자는 외부인의 출입이 그의 의사에 반하더라도 여러 사람이 함께 거주함으로써 사생활이 제약될 수밖에 없는 공동주거의 특성에 비추어 공동거주자 중 한 사람의 승낙을 받은 외부인의 출입을 용인하여야 하기 때문이다. 즉, 공동거주자 중 한 사람이 다른 거주자의 의사에 반하여 공동주거에 출입하더라도 주거침입죄가 성립하지 않는 것과 마찬가지로, 공동거주자 중 한 사람의 승낙에 따라 공동주거에 출입한 외부인이 다른 거주자의 의사에 반하여 공동주거에 출입하더라도 주거침입죄가 성립하지 않는다고 보아야 한다.

[대법관 이기택, 대법관 이동원의 반대의견] 공동거주자 중 한 사람의 부재중에 주거 내에 현재하는 다른 거주자의 승낙을 받아 주거에 들어간 경우 주거침입죄가 성립하는지 여부는 부재중인 거주자가 만일 그 자리에 있었다면 피고인의 출입을 거부하였을 것임이 명백한지 여부에 따라야 한다. 즉, 부재중인 거주자가 그 자리에 있었다면 피고인의 출입을 거부하였을 것임이 명백한 경우에는 주거침입죄가 성립하고, 그렇지 않을 경우에는 주거침입죄가 성립하지 않는다고 보아야 한다. 구체적인 이유는 다음과 같다.

(가) 주거침입죄는 거주자의 의사에 반하여 주거에 들어가는 경우에 성립한다. 주거침입죄는 사람의 주거에 침입한 경우, 즉 거주자 외의 사람이 거주자의 승낙 없이 무단으로 주거에 출입하는 경우에 성립하는 것이다. 거주자는 주거에 대한 출입이 자신의 의사대로 통제되고 지배·관리되어야 주거 내에서 평온을 누릴 수 있다. 이러한 점에서 주거침입죄의 보호법익인 '사실상 주거의 평온'은 '법익의 귀속주체인 거주자의 주거에 대한 지배·관리, 즉 주거에 대한 출입의 통제가 자유롭게 유지되는 상태'를 말한다고 할 것이다. 이러한 주거에 대한 지배·관리 내지 출입통제의 방식은 거주자의 의사 및 의사 표명을 통하여 이루어지게 된다. 따라서 주거침입죄에 있어 침입은 '거주자의 의사에 반하여 주거에 들어가는 것'이라고 해석하여야 한다.

(나) 부재중인 거주자의 경우에도 그의 '사실상 주거의 평온'이라는 법익은 보호되므로 그의 법익이 침해된 경우에는 주거침입죄가 성립한다.

(다) 공동주거에 있어서도 외부인의 출입이 공동거주자 중 부재중인 거주자의 의사에 반

하는 것이 명백한 경우에는 그 거주자에 대한 관계에서 사실상 주거의 평온이 깨어졌다고 보아 주거침입죄의 성립을 인정하는 것이 주거침입죄의 법적 성질과 보호법익의 실체에 부합하는 해석이다. 외부인의 출입이 부재중인 거주자의 의사에 반하는 것이 명백한 경우에 해당하는지에 대한 판단은 우리 사회에서 건전한 상식을 가지고 있는 일반 국민의 의사를 기준으로 객관적으로 하고 그에 관한 증명책임은 검사가 부담하므로, 외부인의 출입이 부재중인 거주자의 의사에 반하는 것이 명백한 경우에는 주거침입죄가 성립한다고 보더라도 처벌 범위가 확장되는 것이 아니다.

(2) 피고인이 갑의 부재중에 갑의 처 을과 혼외 성관계를 가질 목적으로 을이 열어 준 현관 출입문을 통하여 갑과 을이 공동으로 거주하는 아파트에 3회에 걸쳐 들어간 사안에서, 피고인이 을로부터 현실적인 승낙을 받아 통상적인 출입방법에 따라 주거에 들어갔으므로 주거의 사실상 평온상태를 해치는 행위태양으로 주거에 들어간 것이 아니어서 주거에 침입한 것으로 볼 수 없고, 설령 피고인의 주거 출입이 부재중인 갑의 의사에 반하는 것으로 추정되더라도 그것이 사실상 주거의 평온을 보호법익으로 하는 주거침입죄의 성립 여부에 영향을 미치지 않는다는 이유로, 같은 취지에서 피고인에게 무죄를 선고한 원심의 판단이 정당하다고 한 사례이다.

☞ 남편이 일시부재 중 간통의 목적 하에 그 처의 승낙을 얻어 주거에 들어간 경우에도 남편의 위 주거에 대한 지배·관리관계는 여전히 존속한다고 볼 것이고, 사회통념상 간통의 목적으로 주거에 들어가는 것은 남편의 의사에 반한다고 보여지므로 처의 승낙이 있었다 하더라도 남편 주거의 사실상 평온은 깨어졌다고 할 것이어서 이러한 경우에는 주거침입죄가 성립한다[대법원 1984. 6. 26. 83도685 판결].

34. 낙태죄와 인공임신중절수술의 허용한계

[헌법재판소 2019. 4. 11. 2017헌바127 결정]
— 형법 제269조 제1항 등 위헌소원(낙태죄 사건)

> 청구인은 1994. 3. 31. 산부인과 의사면허를 취득한 사람으로, 2013. 11. 1.경부터 2015. 7. 3.경까지 69회에 걸쳐 부녀의 촉탁 또는 승낙을 받아 낙태하게 하였다는 공소사실(업무상승낙낙태) 등으로 기소되었다(광주지방법원 2016고단3266). 청구인은 제1심 재판 계속 중, 주위적으로 형법 제269조 제1항, 제270조 제1항이 헌법에 위반되고, 예비적으로 위 조항들의 낙태 객체를 임신 3개월 이내의 태아까지 포함하여 해석하는 것은 헌법에 위반된다고 주장하면서 위헌법률심판제청신청을 하였으나 2017. 1. 25. 그 신청이 기각되었다(광주지방법원 2016초기1322). 이에 청구인은 2017. 2. 8. 위 조항들에 대하여 같은 취지로 이 사건 헌법소원심판을 청구하였다.

【요 지】

(1) 임신한 여성의 자기낙태를 처벌하는 형법(1995. 12. 29. 법률 제5057호로 개정된 것) 제269조 제1항(이하 '자기낙태죄 조항'이라 한다)과, 의사가 임신한 여성의 촉탁 또는 승낙을 받아 낙태하게 한 경우를 처벌하는 같은 법 제270조 제1항 중 '의사'에 관한 부분(이하 '의사낙태죄 조항'이라 한다)이 각각 임신한 여성의 자기결정권을 침해하는지 여부(적극)

(2) 단순위헌의견이 3인, 헌법불합치의견이 4인인 경우 주문의 표시 및 종전결정의 변경

[주문] 형법(1995. 12. 29. 법률 제5057호로 개정된 것) 제269조 제1항, 제270조 제1항 중 '의사'에 관한 부분은 모두 헌법에 합치되지 아니한다. 위 조항들은 2020. 12. 31.을 시한으로 입법자가 개정할 때까지 계속 적용된다.

【이 유】

(1) [재판관 유남석, 재판관 서기석, 재판관 이선애, 재판관 이영진의 헌법불합치의견]
자기낙태죄 조항은 모자보건법이 정한 예외를 제외하고는 임신기간 전체를 통틀어 모든 낙태를 전면적·일률적으로 금지하고, 이를 위반할 경우 형벌을 부과함으로써 임신의 유지·출산을 강제하고 있으므로, 임신한 여성의 자기결정권을 제한한다. 자기낙태죄 조항은 태아의 생명을 보호하기 위한 것으로서, 정당한 입법목적을 달성하기 위한 적합한 수단이다. 임신·출산·육아는 여성의 삶에 근본적이고 결정적인 영향을 미칠 수 있는 중요한 문제이므로, 임신한 여성이 임신을 유지 또는 종결할 것인지 여부를 결정하는 것은 스스로 선택한 인생관·사회관을 바탕으로 자신이 처한 신체적·심리적·사회적·경제적 상황에 대한 깊은

고민을 한 결과를 반영하는 전인적(全人的) 결정이다. 현 시점에서 최선의 의료기술과 의료인력이 뒷받침될 경우 태아는 임신 22주 내외부터 독자적인 생존이 가능하다고 한다. 한편 자기결정권이 보장되려면 임신한 여성이 임신 유지와 출산 여부에 관하여 전인적 결정을 하고 그 결정을 실행함에 있어서 충분한 시간이 확보되어야 한다. 이러한 점들을 고려하면, 태아가 모체를 떠난 상태에서 독자적으로 생존할 수 있는 시점인 임신 22주 내외에 도달하기 전이면서 동시에 임신 유지와 출산 여부에 관한 자기결정권을 행사하기에 충분한 시간이 보장되는 시기(이하 착상 시부터 이 시기까지를 '결정가능기간'이라 한다)까지의 낙태에 대해서는 국가가 생명보호의 수단 및 정도를 달리 정할 수 있다고 봄이 타당하다.

낙태갈등 상황에서 형벌의 위하가 임신종결 여부 결정에 미치는 영향이 제한적이라는 사정과 실제로 형사처벌되는 사례도 매우 드물다는 현실에 비추어 보면, 자기낙태죄 조항이 낙태갈등 상황에서 태아의 생명 보호를 실효적으로 하지 못하고 있다고 볼 수 있다. 낙태갈등 상황에 처한 여성은 형벌의 위하로 말미암아 임신의 유지 여부와 관련하여 필요한 사회적 소통을 하지 못하고, 정신적 지지와 충분한 정보를 제공받지 못한 상태에서 안전하지 않은 방법으로 낙태를 실행하게 된다. 모자보건법상의 정당화사유에는 다양하고 광범위한 사회적·경제적 사유에 의한 낙태갈등 상황이 전혀 포섭되지 않는다. 예컨대, 학업이나 직장 생활 등 사회활동에 지장이 있을 것에 대한 우려, 소득이 충분하지 않거나 불안정한 경우, 자녀가 이미 있어서 더 이상의 자녀를 감당할 여력이 되지 않는 경우, 상대 남성과 교제를 지속할 생각이 없거나 결혼 계획이 없는 경우, 혼인이 사실상 파탄에 이른 상태에서 배우자의 아이를 임신했음을 알게 된 경우, 결혼하지 않은 미성년자가 원치 않은 임신을 한 경우 등이 이에 해당할 수 있다.

자기낙태죄 조항은 모자보건법에서 정한 사유에 해당하지 않는다면 결정가능기간 중에 다양하고 광범위한 사회적·경제적 사유를 이유로 낙태갈등 상황을 겪고 있는 경우까지도 예외 없이 전면적·일률적으로 임신의 유지 및 출산을 강제하고, 이를 위반한 경우 형사처벌하고 있다. 따라서 자기낙태죄 조항은 입법목적을 달성하기 위하여 필요한 최소한의 정도를 넘어 임신한 여성의 자기결정권을 제한하고 있어 침해의 최소성을 갖추지 못하였고, 태아의 생명 보호라는 공익에 대하여만 일방적이고 절대적인 우위를 부여함으로써 법익균형성의 원칙도 위반하였으므로, 과잉금지원칙을 위반하여 임신한 여성의 자기결정권을 침해한다. 자기낙태죄 조항과 동일한 목표를 실현하기 위하여 임신한 여성의 촉탁 또는 승낙을 받아 낙태하게 한 의사를 처벌하는 의사낙태죄 조항도 같은 이유에서 위헌이라고 보아야 한다.

자기낙태죄 조항과 의사낙태죄 조항에 대하여 각각 단순위헌결정을 할 경우, 임신 기간 전체에 걸쳐 행해진 모든 낙태를 처벌할 수 없게 됨으로써 용인하기 어려운 법적 공백이 생기게 된다. 더욱이 입법자는 결정가능기간을 어떻게 정하고 결정가능기간의 종기를 언제까지로 할 것인지, 결정가능기간 중 일정한 시기까지는 사회적·경제적 사유에 대한 확인을 요구하지 않을 것인지 여부까지를 포함하여 결정가능기간과 사회적·경제적 사유를 구체적으로 어떻게 조합할 것인지, 상담요건이나 숙려기간 등과 같은 일정한 절차적 요건을 추가할 것인지 여부 등에 관하여 앞서 헌법재판소가 설시한 한계 내에서 입법재량을 가진다. 따라서 자기낙태죄 조항과 의사낙태죄 조항에 대하여 단순위헌 결정을 하는 대신 각각 헌법불합치 결정을 선고하되, 다만 입법자의 개선입법이 이루어질 때까지 계속적용을 명함이 타당하다.

[재판관 이석태, 재판관 이은애, 재판관 김기영의 단순위헌의견] 헌법불합치의견이 지적

하는 기간과 상황에서의 낙태까지도 전면적·일률적으로 금지하고, 이를 위반한 경우 형사처벌하는 것은 임신한 여성의 자기결정권을 침해한다는 점에 대하여 헌법불합치의견과 견해를 같이한다. 다만 여기에서 더 나아가 이른바 '임신 제1삼분기(first trimester, 대략 마지막 생리기간의 첫날부터 14주 무렵까지)'에는 어떠한 사유를 요구함이 없이 임신한 여성이 자신의 숙고와 판단 아래 낙태할 수 있도록 하여야 한다는 점, 자기낙태죄 조항 및 의사낙태죄 조항(이하 '심판대상조항들'이라 한다)에 대하여 단순위헌결정을 하여야 한다는 점에서 헌법불합치의견과 견해를 달리 한다.

임신한 여성이 임신의 유지 또는 종결에 관하여 한 전인격적인 결정은 그 자체가 자기결정권의 행사로서 원칙적으로 보장되어야 한다. 다만 이러한 자기결정권도 태아의 성장 정도, 임신 제1삼분기를 경과하여 이루어지는 낙태로 인한 임신한 여성의 생명·건강의 위험성 증가 등을 이유로 제한될 수 있다. 한편, 임신한 여성의 안전성이 보장되는 기간 내의 낙태를 허용할지 여부와 특정한 사유에 따른 낙태를 허용할지 여부의 문제가 결합한다면, 결과적으로 국가가 낙태를 불가피한 경우에만 예외적으로 허용하여 주는 것이 되어 임신한 여성의 자기결정권을 사실상 박탈하게 될 수 있다. 그러므로 태아가 덜 발달하고, 안전한 낙태 수술이 가능하며, 여성이 낙태 여부를 숙고하여 결정하기에 필요한 기간인 임신 제1삼분기에는 임신한 여성의 자기결정권을 최대한 존중하여 그가 자신의 존엄성과 자율성에 터 잡아 형성한 인생관·사회관을 바탕으로 자신이 처한 상황에 대하여 숙고한 뒤 낙태 여부를 스스로 결정할 수 있도록 하여야 한다.

심판대상조항들은 임신 제1삼분기에 이루어지는 안전한 낙태조차 일률적·전면적으로 금지함으로써, 과잉금지원칙을 위반하여 임신한 여성의 자기결정권을 침해한다. 자유권을 제한하는 법률에 대하여, 기본권의 제한 그 자체는 합헌이나 그 제한의 정도가 지나치기 때문에 위헌인 경우에도 헌법불합치결정을 해야 한다면, 법률이 위헌인 경우에는 무효로 선언되어야 한다는 원칙과 그에 기초한 결정형식으로서 위헌결정의 존재 이유가 사라진다. 심판대상조항들이 예방하는 효과가 제한적이고, 형벌조항으로서의 기능을 제대로 하지 못하고 있으므로, 이들 조항이 폐지된다고 하더라도 극심한 법적 혼란이나 사회적 비용이 발생한다고 보기 어렵다. 반면, 헌법불합치결정을 선언하고 사후입법으로 이를 해결하는 것은 형벌규정에 대한 위헌결정의 효력이 소급하도록 한 입법자의 취지에도 반할 뿐만 아니라, 그 규율의 공백을 개인에게 부담시키는 것으로서 가혹하다. 또한 앞서 본 바와 같이 심판대상조항들 중 적어도 임신 제1삼분기에 이루어진 낙태에 대하여 처벌하는 부분은 그 위헌성이 명확하여 처벌의 범위가 불확실하다고 볼 수 없다. 심판대상조항들에 대하여 단순위헌결정을 하여야 한다.

(2) 자기낙태죄 조항과 의사낙태죄 조항이 헌법에 위반된다는 단순위헌의견이 3인이고, 헌법에 합치되지 아니한다는 헌법불합치의견이 4인이므로, 단순위헌의견에 헌법불합치의견을 합산하면 법률의 위헌결정을 함에 필요한 심판정족수에 이르게 된다. 따라서 위 조항들에 대하여 헌법에 합치되지 아니한다고 선언하되, 2020. 12. 31.을 시한으로 입법자가 개선입법을 할 때까지 계속적용을 명한다. 아울러 종전에 헌법재판소가 이와 견해를 달리하여 자기낙태죄 조항과 형법(1995. 12. 29. 법률 제5057호로 개정된 것) 제270조 제1항 중 '조산사'에 관한 부분이 헌법에 위반되지 아니한다고 판시한 헌재 2012. 8. 23. 2010헌바402 결정은 이 결정과 저촉되는 범위 내에서 변경하기로 한다.

[재판관 조용호, 재판관 이종석의 합헌의견] 태아와 출생한 사람은 생명의 연속적인 발달과정 아래 놓여 있다고 볼 수 있으므로, 인간의 존엄성의 정도나 생명 보호의 필요성과 관련하여 태아와 출생한 사람 사이에 근본적인 차이가 있다고 보기 어렵다. 따라서 태아 역시 헌법상 생명권의 주체가 된다. 태아의 생명권 보호라는 입법목적은 매우 중대하고, 낙태를 원칙적으로 금지하고 이를 위반할 경우 형사처벌하는 것 외에 임신한 여성의 자기결정권을 보다 덜 제한하면서 태아의 생명 보호라는 공익을 동등하게 효과적으로 보호할 수 있는 다른 수단이 있다고 보기 어렵다. 태아의 생명권을 보호하고자 하는 공익의 중요성은 태아의 성장 상태에 따라 달라진다고 볼 수 없으며, 임신 중의 특정한 기간 동안에는 임신한 여성의 인격권이나 자기결정권이 우선하고 그 이후에는 태아의 생명권이 우선한다고 할 수도 없다. 다수의견이 설시한 '사회적·경제적 사유'는 그 개념과 범위가 매우 모호하고 그 사유의 충족 여부를 객관적으로 확인하기도 어렵다. 사회적·경제적 사유에 따른 낙태를 허용할 경우 현실적으로 낙태의 전면 허용과 동일한 결과를 초래하여 일반적인 생명경시 풍조를 유발할 우려가 있다. 이처럼 자기낙태죄 조항으로 인하여 임신한 여성의 자기결정권이 어느 정도 제한되는 것은 사실이나, 그 제한의 정도가 자기낙태죄 조항을 통하여 달성하려는 태아의 생명권 보호라는 중대한 공익에 비하여 결코 크다고 볼 수 없으므로, 자기낙태죄 조항은 법익균형성 원칙에도 반하지 아니한다. 의사낙태죄 조항은 그 법정형의 상한 자체가 높지 않을 뿐만 아니라, 선고유예 또는 집행유예 선고의 길이 열려 있으므로, 책임과 형벌 간의 비례원칙에 위배되지 아니한다. 태아의 생명을 보호해야 하는 업무에 종사하는 자가 태아의 생명을 박탈하는 시술을 한다는 점에서 비난가능성 또한 크므로, 의사낙태죄 조항에 대하여 동의낙태죄(제269조 제2항)와 달리 벌금형을 규정하지 아니한 것이 형벌체계상의 균형에 반하여 헌법상 평등원칙에 위배된다고도 할 수 없다. 따라서 자기낙태죄 조항 및 의사낙태죄 조항은 모두 헌법에 위반되지 아니한다.

【해 설】

(1) **낙태**란 태아를 자연적 분만 이전에 인위적으로 모체 밖으로 배출하거나 모체 안에서 살해하는 것을 말한다. 낙태가 범죄로서 금지된 것은 서양 그리스도교의 영향이었다. 원래 고대 로마법에서는 태아를 모체의 일부로 보아 낙태를 처벌하지 않았으나, 중세 교회법과 독일 보통법에서는 낙태를 태아의 생명을 살해하는 범죄로 보아 처벌하기 시작하였던 것이다. 그 사상적 배경은 기독교 사상, 특히 태아가 수태된 후 10주 이내에 인간의 영혼이 태아 속에 들어가므로 그 이후부터 태아를 살해하는 것은 인간을 살해하는 것과 같다고 보는 **영혼입주설**에 근거를 두었다.

19세기 이후 독일제국 형법전을 비롯한 각국의 입법은 예외없이 낙태를 죄로 처벌하였다. 그러나 20세기 후반 이후 요즘의 세계적 추세는 낙태의 전면적 금지에서 제한된 자유화 혹은 전면 자유화라는 방향으로 나아가고 있다. 지금 미국은 낙태에 관한 한 완전히 찬반양론으로 분열되어 있다. 우리나라의 경우 조선시대에는 부녀의 자낙태를 처벌하지 않았으며, 타낙태의 처벌규정이 있었으나 상해죄의 일종으로 관념되었다. 구한말의 형법초안에서는 자낙태의 처벌도 예정되어 있었으나, 형법대전에서는 전통에 입각하여 부녀 자신의 낙태는 처벌하지 않고 다른 사람의 낙태행위만을 규제하였다. 일본형법이 의용되면서부터는 자낙태까지 처벌하기 시작하였다. 그럼에도 불구하고 최근 우리 사회에서는 실제로 상당한 숫자의

34. 낙태죄와 인공임신중절수술의 허용한계

태아가 낙태로 죽어가고 있으며, 미성년 소녀들의 출산과 낙태, 성감별에 따른 여아 낙태, 출생아의 성비불균형 현상 등이 심각한 사회문제로 부각되고 있다.

따라서 낙태에 관한 현실과 법규정의 괴리감 속에서 낙태죄의 존폐론이 계속 논의되어왔다. **낙태죄존치론**에 의하면 ① 주로 종교단체에서 주장하는 이유로서 태아도 생명이며 정자와 난자가 결합하여 수정체가 되었을 때부터 이미 인간이라는 것이다. 따라서 낙태는 명백한 살인행위라는 것이다. ② 과학적인 피임방법이 발달되어 있음에도 불구하고 엄연한 생명인 태아를 희생시킨다는 것은 허용할 수 없다는 것이다. 반면에 **낙태죄폐지론**에 의하면 ① 태아는 사람이 아니며 모체로부터 완전히 출생하기 전까지는 도덕적 인격을 가진 사람으로 인정할 수 없다는 것이다. ② 낙태는 죄가 아니라 임산부의 프라이버시이며 여성의 자기결정권 및 사회적 지위확보를 위하여 아이를 낳을 권리는 전적으로 임산부에게 있다는 것이다. ③ 법이야 어떻든 낙태는 현실에서 아무런 거리낌없이 행해지고 있고 정말로 '재수없는 사람만 걸리는 법'을 존속시킬 이유가 없다는 것이다.

(2) 우리 **형법**은 1953년 9월 18일 법률 제293호로 제정(2005. 7. 29. 법률 제7623호 개정)된 이래 ① 임신한 부녀가 약물 기타 방법으로 스스로 낙태하거나(**자기낙태죄**) ② 타인이 부녀의 촉탁 또는 승낙을 받아 낙태하게 한 경우(**동의낙태죄**) ③ 타인이 부녀의 촉탁 또는 승낙없이 낙태하게 한 경우(**부동의낙태죄**) ④ 의사, 한의사, 조산사, 약제사 또는 약종상이 부녀의 촉탁 또는 승낙을 받아 낙태하게 한 경우(**업무상 동의낙태죄**) ⑤ 동의낙태죄·부동의낙태죄·업무상 동의낙태죄를 범하여 부녀를 상해 또는 사망에 이르게 한 경우에 결과적 가중범으로 처벌하는 규정(**낙태치사상죄**)을 두고 있다.

형법 제269조는 「① 부녀가 약물 기타 방법으로 낙태한 때에는 1년 이하의 징역 또는 200만원 이하의 벌금에 처한다. ② 부녀의 촉탁 또는 승낙을 받아 낙태하게 한 자도 제1항의 형과 같다. ③ 제2항의 죄를 범하여 부녀를 상해에 이르게 한 때에는 3년 이하의 징역에 처한다. 사망에 이르게 한 때에는 7년 이하의 징역에 처한다」라고 규정하고 있으며, **형법 제270조**는 「① 의사, 한의사, 조산사, 약제사 또는 약종상이 부녀의 촉탁 또는 승낙을 받아 낙태하게 한 때에는 2년 이하의 징역에 처한다. ② 부녀의 촉탁 또는 승낙없이 낙태하게 한 자는 3년 이하의 징역에 처한다. ③ 제1항 또는 제2항의 죄를 범하여 부녀를 상해에 이르게 한 때에는 5년 이하의 징역에 처한다. 사망에 이르게 한 때에는 10년 이하의 징역에 처한다. ④ 전3항의 경우에는 7년 이하의 자격정지를 병과한다」라고 규정하고 있다.

그러나 좁은 국토에 인구과잉의 문제를 안고 있던 우리나라는 형법상 낙태죄의 규정에도 불구하고, 인구조절을 위한 국가정책적 차원에서 산아제한이라는 명분 하에 낙태를 묵인함으로써 형법상의 낙태죄를 사문화시켜왔다. 이에 커다란 영향을 끼친 법률이 바로 모자보건법상 인공임신중절수술에 관한 규정이다. 그러나 판례는 '모자보건법이 특별한 의학적, 우생학적 또는 윤리적 적응이 인정되는 경우에는 임산부와 배우자의 동의아래 인공임신중절수술을 허용하고 있다고 하여도 이로써 의사가 부녀의 촉탁 또는 승낙을 받으면 일체의 낙태행위가 정상적인 행위이고 형법 제270조 제1항의 죄에 의한 처벌은 무가치하게 되었다고 할 수는 없으며, 임산부의 촉탁이 있으면 의사로서 낙태를 거절하는 것이 보통의 경우 도저히 기대할 수 없게 되었다고 할 수도 없다'라고 판시한 바 있다[**대법원 1985. 6. 11. 84도1958 판결**].

[대법원 2007. 6. 29. 2005도3832 판결]

(가) 태아가 사람으로 되는 시기(始期): 사람의 생명과 신체의 안전을 보호법익으로 하고 있는 형법의 해석으로는 규칙적인 진통을 동반하면서 분만이 개시된 때(소위 진통설 또는 분만개시설)가 사람의 시기라고 봄이 타당하다.

(나) 제왕절개 수술의 경우 '의학적으로 제왕절개 수술이 가능하였고 규범적으로 수술이 필요하였던 시기'를 분만의 시기로 볼 수 있는지 여부(소극): 제왕절개 수술의 경우 '의학적으로 제왕절개 수술이 가능하였고 규범적으로 수술이 필요하였던 시기'는 판단하는 사람 및 상황에 따라 다를 수 있어, 분만개시 시점 즉, 사람의 시기도 불명확하게 되므로 이 시점을 분만의 시기로 볼 수는 없다.

(다) 태아를 사망에 이르게 하는 행위가 임산부에 대한 상해에 해당하는지 여부(소극): 현행 형법이 사람에 대한 상해 및 과실치사상의 죄에 관한 규정과는 별도로 태아를 독립된 행위객체로 하는 낙태죄, 부동의 낙태죄, 낙태치상 및 낙태치사의 죄 등에 관한 규정을 두어 포태한 부녀의 자기낙태행위 및 제3자의 부동의 낙태행위, 낙태로 인하여 위 부녀에게 상해 또는 사망에 이르게 한 행위 등에 대하여 처벌하도록 한 점, 과실낙태행위 및 낙태미수행위에 대하여 따로 처벌규정을 두지 아니한 점 등에 비추어 보면, 우리 형법은 태아를 임산부 신체의 일부로 보거나, 낙태행위가 임산부의 태아양육, 출산 기능의 침해라는 측면에서 낙태죄와는 별개로 임산부에 대한 상해죄를 구성하는 것으로 보지는 않는다고 해석된다. 따라서 태아를 사망에 이르게 하는 행위가 임산부 신체의 일부를 훼손하는 것이라거나 태아의 사망으로 인하여 그 태아를 양육, 출산하는 임산부의 생리적 기능이 침해되어 임산부에 대한 상해가 된다고 볼 수는 없다.

[헌법재판소 2008. 7. 31. 2004헌마1010 결정](의료법 제19조의2 제2항 위헌확인 등)

(가) 구 의료법(1987. 11. 28. 법률 제3948호로 개정되고, 2007. 4. 11. 법률 제8366호로 전부 개정되기 전의 것, 이하 '구 의료법'이라 한다) 제19조의2 제2항(이하 '이 사건 규정'이라 한다)이 태아의 성별에 대하여 이를 고지하는 것을 금지하는 것이 의료인의 직업수행의 자유와 부모의 태아성별정보에 대한 접근을 방해받지 않을 권리를 침해하는 것인지 여부(적극): 이 사건 규정의 태아 성별 고지 금지는 낙태, 특히 성별을 이유로 한 낙태를 방지함으로써 성비의 불균형을 해소하고 태아의 생명권을 보호하기 위해 입법된 것이다. 그런데 임신 기간이 통상 40주라고 할 때, 낙태가 비교적 자유롭게 행해질 수 있는 시기가 있는 반면, 낙태를 할 경우 태아는 물론, 산모의 생명이나 건강에 중대한 위험을 초래하여 낙태가 거의 불가능하게 되는 시기도 있는데, 성별을 이유로 하는 낙태가 임신 기간의 전 기간에 걸쳐 이루어질 것이라는 전제 하에, 이 사건 규정이 낙태가 사실상 불가능하게 되는 임신 후반기에 이르러서도 태아에 대한 성별 정보를 태아의 부모에게 알려 주지 못하게 하는 것은 최소침해성원칙을 위반하는 것이고, 이와 같이 임신후반기 공익에 대한 보호의 필요성이 거의 제기되지 않는 낙태 불가능 시기 이후에도 의사가 자유롭게 직업수행을 하는 자유를 제한하고, 임부나 그 가족의 태아 성별 정보에 대한 접근을 방해하는 것은 기본권 제한의 법익 균형성 요건도 갖추지 못한 것이다. 따라서 이 사건 규정은 헌법에 위반된다 할 것이다.

※ 의료법(1987. 11. 28. 법률 제3948호로 개정되고, 2007. 4. 11. 법률 제8366호로 전부

개정되기 전의 것, 이하 '구 의료법'이라 한다) 제19조의 2(태아의 성감별행위 등의 금지) 제2항: 의료인은 태아 또는 임부에 대한 진찰이나 검사를 통하여 알게 된 태아의 성별을 임부 본인, 그 가족 기타 다른 사람이 알 수 있도록 하여서는 아니된다.

※ 의료법(2007. 4. 11. 법률 제8366호로 전부 개정된 것) 제20조(태아 성 감별 행위 등 금지) 제2항: 의료인은 태아나 임부를 진찰하거나 검사하면서 알게 된 태아의 성을 임부, 임부의 가족, 그 밖의 다른 사람이 알게 하여서는 아니된다.

(나) 입법배경: 태아의 성에 대한 감별은 본래 의료기술의 발달에 힘입어 임신중 태아에 대한 유전성 질병이나 기형 등 건강상태의 이상 유무를 확인하기 위한 목적으로 개발된 태아 진단방법이다. 그런데 1980년대 들어 고도의 경제성장과 더불어 출산자녀수가 줄어들게 된 데다가 의료기술의 발달로 태아의 성에 대한 감별이 가능하게 되자, 이것이 우리 사회에 존재하던 남아선호사상과 결부되어 태아의 성을 선별하여 출산하는 경향을 부추기게 되었고, 그 결과 남녀간의 성비에 심한 불균형이 초래되었다. 태아의 성에 대한 감별이 당초의 목적과는 달리 여아에 대한 낙태를 조장하는 결과를 초래함으로써 인간생명의 존엄성을 위협하고 인구의 성비에 심각한 불균형을 불러오게 된 것이다. 이에 태아의 성 감별 및 고지 자체에 낙태의 개연성이 내포되어 있는 것으로 간주하고, 성별에 따른 낙태의 예방 및 그 근절을 위하여 '태아 또는 임부에 대한 진찰, 검사 과정에서 알게 된 태아의 성별을 고지하는 행위'를 금지하기에 이르렀다. 즉, 남아선호사상이 만연했던 우리 사회현실에서 낙태가 명백한 범죄행위임에도 불구하고 태아의 성 감별을 통한 여아 낙태가 공공연하게 이루어지자, 태아의 생명과 임부의 건강을 보호하고 성비의 불균형을 막기 위하여 1987. 11. 28. 법률 제3948호로 의료법 개정시에 의료인의 태아 성별 고지 행위를 금지하게 된 것이다. 한편, 이 사건 규정을 신설할 무렵에는 의료인의 위반행위에 대한 형사처벌 규정을 별도로 두지 않았으나, 성별 고지 금지 위반에 대해 의료면허를 정지하거나 취소하는 것만으로는 그 실효성을 담보하기 어렵다고 보고, 1994. 1. 7. 법률 4732호 의료법 개정시 제67조에서 성별고지금지에 대한 위반행위시 이를 형사처벌하도록 하는 규정을 두게 되었는바, 이를 위반하는 의료인의 경우 3년 이하의 징역 또는 1천만원 이하의 벌금에 처하도록 하였다.

[대법원 2013. 9. 12. 2012도2744 판결]
(가) 교사범이란 정범인 피교사자로 하여금 범죄를 결의하게 하여 그 죄를 범하게 한 때에 성립하므로, 교사자의 교사행위에도 불구하고 피교사자가 범행을 승낙하지 아니하거나 피교사자의 범행결의가 교사자의 교사행위에 의하여 생긴 것으로 보기 어려운 경우에는 이른바 실패한 교사로서 형법 제31조 제3항에 의하여 교사자를 음모 또는 예비에 준하여 처벌할 수 있을 뿐이다.
(나) 피교사자가 범죄의 실행에 착수한 경우 그 범행결의가 교사자의 교사행위에 의하여 생긴 것인지는 교사자와 피교사자의 관계, 교사행위의 내용 및 정도, 피교사자가 범행에 이르게 된 과정, 교사자의 교사행위가 없더라도 피교사자가 범행을 저지를 다른 원인의 존부 등 제반 사정을 종합적으로 고려하여 사건의 전체적 경과를 객관적으로 판단하는 방법에 의하여야 하고, 이러한 판단 방법에 의할 때 피교사자가 교사자의 교사행위 당시에는 일응 범행을 승낙하지 아니한 것으로 보여진다 하더라도 이후 그 교사행위에 의하여 범행을 결의한 것으로 인정되는 이상 교사범의 성립에는 영향이 없다.
(다) 피고인이 결혼을 전제로 교제하던 여성 갑의 임신 사실을 알고 수회에 걸쳐 낙태를

권유하였다가 거부당하자, 갑에게 출산 여부는 알아서 하되 더 이상 결혼을 진행하지 않겠다고 통보하고, 이후에도 아이에 대한 친권을 행사할 의사가 없다고 하면서 낙태할 병원을 물색해 주기도 하였는데, 그 후 갑이 피고인에게 알리지 아니한 채 자신이 알아본 병원에서 낙태시술을 받은 사안에서, 피고인은 갑에게 직접 낙태를 권유할 당시뿐만 아니라 출산 여부는 알아서 하라고 통보한 이후에도 계속 낙태를 교사하였고, 갑은 이로 인하여 낙태를 결의·실행하게 되었다고 보는 것이 타당하며, 갑이 당초 아이를 낳을 것처럼 말한 사실이 있다는 사정만으로 피고인의 낙태교사행위와 갑의 낙태결의 사이에 인과관계가 단절되는 것은 아니라는 이유로, 피고인에게 낙태교사죄를 인정한 원심판단을 정당하다고 한 사례이다.

※ 형법

[일부개정 2020. 12. 8. 법률 제17571호, 시행 2021. 12. 9.]

제269조(낙태) ① 부녀가 약물 기타 방법으로 낙태한 때에는 1년 이하의 징역 또는 200만원 이하의 벌금에 처한다. ② 부녀의 촉탁 또는 승낙을 받아 낙태하게 한 자도 제1항의 형과 같다. ③ 제2항의 죄를 범하여 부녀를 상해에 이르게 한때에는 3년 이하의 징역에 처한다. 사망에 이르게 한때에는 7년 이하의 징역에 처한다.

[**헌법불합치**, 2017헌바127, 2019. 4. 11. 형법(1995. 12. 29. 법률 제5057호로 개정된 것) 제269조 제1항, 제270조 제1항 중 '**의사**'에 관한 부분은 모두 헌법에 합치되지 아니한다. 위 조항들은 2020. 12. 31.을 시한으로 입법자가 개정할 때까지 계속 적용된다]

제270조(의사 등의 낙태, 부동의낙태) ① 의사, 한의사, 조산사, 약제사 또는 약종상이 부녀의 촉탁 또는 승낙을 받아 낙태하게 한 때에는 2년 이하의 징역에 처한다. ② 부녀의 촉탁 또는 승낙없이 낙태하게 한 자는 3년 이하의 징역에 처한다. ③ 제1항 또는 제2항의 죄를 범하여 부녀를 상해에 이르게 한때에는 5년 이하의 징역에 처한다. 사망에 이르게 한때에는 10년 이하의 징역에 처한다. ④ 전 3항의 경우에는 7년 이하의 자격정지를 병과한다.

[**헌법불합치**, 2017헌바127, 2019. 4. 11. 형법(1995. 12. 29. 법률 제5057호로 개정된 것) 제269조 제1항, 제270조 제1항 중 '**의사**'에 관한 부분은 모두 헌법에 합치되지 아니한다. 위 조항들은 2020. 12. 31.을 시한으로 입법자가 개정할 때까지 계속 적용된다]

☞ 2021년 1월 1일 00시 00분, 대한민국 형법에서는 '낙태죄'가 삭제됐다. 67년간 한국 여성들의 몸과 자기 결정권을 통제하고 억압하던 굴레가 마침내 사라진 것이다. '낙태죄' 폐지를 위한 과정은 결코 쉽지 않았다. 67년 동안 '낙태죄'나 임신중지의 문제가 사회 주류 담론으로 가시화된 순간은 그리 많지 않았다. 그럼에도 많은 여성 단체와 여성 인권 활동가, 여성주의 학자들이 변화를 위해 목소리를 냈다. 사회의 무관심 속에서도 각자의 위치에서 수많은 사람들이 연대하며 싸웠다. 2019년, 낙태죄의 위헌 여부에 대한 헌법재판소 결정을 앞두고 국제앰네스티는 전세계 여성들과 여성 인권 옹호자들에게 연대의 목소리를 요청했다. 한국의 '낙태죄' 폐지를 위해 폴란드에서부터 아일랜드, 덴마크, 페루, 대만, 호주, 아르헨티나, 홍콩, 몽골에 이르기까지, 전 세계에서 한국의 '낙태죄' 폐지를 위한 연대와 응원의 메시지를 보냈다. 2019년 4월 11일, 헌법재판소는 형법상 낙태죄 조항이 위헌이라고 결정하며 2020년 12월 31일까지 관련 법을 개정하라고 주문했다. 2020년 10월 7일

34. 낙태죄와 인공임신중절수술의 허용한계

법무부는 형법상 '낙태죄'를 유지하는 대신, 임신중지 허용 요건을 확대하는 내용의 형법개정안을 입법 예고했다. 이 법안의 내용에 따르면 임신 14주 이내의 경우에만 임신부의 요청에 따라 임신중지가 가능하고, 24주 이내의 경우 사회, 경제적 사유 등 일정한 사유가 있어야만 임신중지가 제한적으로 허용된다. 형법상 '낙태죄'가 위헌이라는 헌법재판소의 결정, 국제인권규범과 기준, 법무부의 자문기구인 양성평등정책위원회 권고, 시민 사회 단체의 끝없는 목소리를 모두 무시한, 퇴행적 결정이었다. 국제앰네스티는 2020년 11월, '낙태죄의 완전 삭제'를 촉구하는 법률 의견서를 법무부에 제출했다. 국제인권규범과 기준은 임신중지가 반드시 보장되어야 할 '당연한' 인권이라고 보고 있다는 것, 정부는 여성의 성과 재생산권을 보장해야 할 의무가 있다는 것을 명확히 보여주고 온전한 '낙태죄' 폐지를 촉구하기 위해서였다. 형법으로서의 '낙태죄'는 폐지됐지만, 적극적이지 않은 정부의 태도와 입법 공백에 의한 혼란은 대한민국 여성 개개인에게 부담이 되고 있다. 산부인과별로 수술 여부나 가격이 제각각이고, 병원 역시 제대로 된 가이드가 없어 현장의 혼란은 계속되고 있다.

※ 모자보건법

[타법개정 2020. 3. 24. 법률 제17091호, 시행 2020. 3. 24.]

제1조(목적) 이 법은 모성 및 영유아의 생명과 건강을 보호하고 건전한 자녀의 출산과 양육을 도모함으로써 국민보건 향상에 이바지함을 목적으로 한다.

제2조(정의) 이 법에서 사용하는 용어의 뜻은 다음과 같다. 1. "**임산부**"란 임신 중이거나 분만 후 6개월 미만인 여성을 말한다. 2. "**모성**"이란 임산부와 가임기 여성을 말한다. 3. "**영유아**"란 출생 후 6년 미만인 사람을 말한다. 4. "**신생아**"란 출생 후 28일 이내의 영유아를 말한다. 5. "**미숙아**"란 신체의 발육이 미숙한 채로 출생한 영유아로서 대통령령으로 정하는 기준에 해당하는 영유아를 말한다. 6. "**선천성이상아**"란 선천성 기형 또는 변형이 있거나 염색체에 이상이 있는 영유아로서 대통령령으로 정하는 기준에 해당하는 영유아를 말한다. 7. "**인공임신중절수술**"이란 태아가 모체 밖에서는 생명을 유지할 수 없는 시기에 태아와 그 부속물을 인공적으로 모체 밖으로 배출시키는 수술을 말한다. 11. "**난임**"이란 부부(사실상의 혼인관계에 있는 경우를 포함한다. 이하 이 호에서 같다)가 피임을 하지 아니한 상태에서 부부간 정상적인 성생활을 하고 있음에도 불구하고 1년이 지나도 임신이 되지 아니하는 상태를 말한다. 12. "**보조생식술**"이란 임신을 목적으로 자연적인 생식과정에 인위적으로 개입하는 의료행위로서 인간의 정자와 난자의 채취 등 보건복지부령으로 정하는 시술을 말한다.

제3조의2(임산부의 날) 임신과 출산의 중요성을 북돋우기 위하여 10월 10일을 임산부의 날로 정한다.

제14조(인공임신중절수술의 허용한계) ① 의사는 다음 각 호의 어느 하나에 해당되는 경우에만 본인과 배우자(사실상의 혼인관계에 있는 사람을 포함한다. 이하 같다)의 동의를 받아 인공임신중절수술을 할 수 있다. 1. 본인이나 배우자가 대통령령으로 정하는 우생학적 또는 유전학적 정신장애나 신체질환이 있는 경우 2. 본인이나 배우자가 대통령령으로 정하는 전염성 질환이 있는 경우 3. 강간 또는 준강간에 의하여 임신된 경우 4. 법률상 혼인할

수 없는 혈족 또는 인척 간에 임신된 경우 5. 임신의 지속이 보건의학적 이유로 모체의 건강을 심각하게 해치고 있거나 해칠 우려가 있는 경우 ② 제1항의 경우에 배우자의 사망·실종·행방불명, 그 밖에 부득이한 사유로 동의를 받을 수 없으면 본인의 동의만으로 그 수술을 할 수 있다. ③ 제1항의 경우 본인이나 배우자가 심신장애로 의사표시를 할 수 없을 때에는 그 친권자나 후견인의 동의로, 친권자나 후견인이 없을 때에는 부양의무자의 동의로 각각 그 동의를 갈음할 수 있다.

제28조(형법의 적용 배제) 이 법에 따른 인공임신중절수술을 받은 자와 수술을 한 자는 「형법」 제269조 제1항·제2항 및 제270조 제1항에도 불구하고 처벌하지 아니한다.

※ 모자보건법 시행령

[일부개정 2021. 12. 14. 대통령령 제32211호, 시행 2021. 12. 14.]

제1조의2(미숙아 및 선천성이상아의 기준) 「모자보건법」(이하 "법"이라 한다) 제2조 제5호 및 제6호에 따른 미숙아 및 선천성이상아(이하 "미숙아등"이라 한다)의 기준은 다음 각 호와 같다. 1. **미숙아**: 임신 37주 미만의 출생아 또는 출생 시 체중이 2천500그램 미만인 영유아로서 보건소장 또는 의료기관의 장이 임신 37주 이상의 출생아 등과는 다른 특별한 의료적 관리와 보호가 필요하다고 인정하는 영유아 2. **선천성이상아**: 보건복지부장관이 선천성이상의 정도·발생빈도 또는 치료에 드는 비용을 고려하여 정하는 선천성이상에 관한 질환이 있는 영유아로서 다음 각 목의 어느 하나에 해당하는 영유아 **가.** 선천성이상으로 사망할 우려가 있는 영유아 **나.** 선천성이상으로 기능적 장애가 현저한 영유아 **다.** 선천성이상으로 기능의 회복이 어려운 영유아

제15조(인공임신중절수술의 허용한계) ① 법 제14조에 따른 인공임신중절수술은 임신 24주일 이내인 사람만 할 수 있다. ② 법 제14조 제1항 제1호에 따라 인공임신중절수술을 할 수 있는 우생학적 또는 유전학적 정신장애나 신체질환은 연골무형성증, 낭성섬유증 및 그 밖의 유전성 질환으로서 그 질환이 태아에 미치는 위험성이 높은 질환으로 한다. ③ 법 제14조 제1항 제2호에 따라 인공임신중절수술을 할 수 있는 전염성 질환은 풍진, 톡소플라즈마증 및 그 밖에 의학적으로 태아에 미치는 위험성이 높은 전염성 질환으로 한다.

35. 경범죄처벌법의 적용과 남용금지

[서울서부지법 2013. 10. 10. 2013고정160 판결]

> 누구든지 다른 사람의 집이나 그 밖의 공작물에 함부로 광고물 등을 붙여서는 아니됨에도, 피고인은 2012. 5. 17. 01:00경부터 03:30경까지 서울 서대문구 (이하 생략)에 있는 주택의 담벽 등에 '수의와 수갑을 착용한 채 29만 원 수표를 들고 있는 공소외 1 전 대통령'의 모습을 그린 포스터(이하 '이 사건 포스터'라고 한다) 55장을 청색테이프를 이용하여 붙였다.

【요 지】

(1) 구 경범죄처벌법(2012. 3. 21. 법률 제11401호로 전부 개정되기 전의 것) 제1조 제13호(현행 제3조 제1항 제9호 참조)가 죄형법정주의가 요구하는 명확성 원칙에 위배되는지 여부(소극): 경범죄처벌법이 사회공공의 질서유지를 목적으로 제정된 법률인 점, 구 경범죄처벌법 제1조 제13호에 규정된 '함부로'는 '무모하게, 과도하게' 또는 '허가 없이'라는 사전적 의미를 지니고 있고, 위 조항은 위와 같이 함부로 행하여지는 대상을 '다른 사람 또는 단체의 집이나 그 밖의 공작물'로 한정하고 있는 점, 또한 위 조항은 광고물 등을 붙이거나 거는 행위뿐만 아니라 '다른 사람 또는 단체의 집이나 그 밖의 공작물에 글씨나 그림을 쓰거나 그리거나 새기는 행위 및 다른 사람 또는 단체의 간판 그 밖의 표시물 또는 공작물을 함부로 옮기거나 더럽힌 행위'도 함께 처벌하고 있는 점 등을 종합하여 보면, 위 조항의 전단 부분은 '다른 사람 또는 단체의 집이나 그 밖의 공작물에 타인의 허락을 받지 아니하고, 그것이 붙여짐으로 인하여 사회공공의 질서유지에 방해가 될 수 있는 광고물 등을 포함한 물건을 붙이거나 거는 행위를 한 자'를 처벌하는 규정으로 해석되고, 이러한 해석이 수범자의 예측가능성을 넘거나, 법을 해석·집행하는 기관으로 하여금 자의적인 법해석이나 법집행이 가능하게 하는 것으로 보이지 않으므로, 위 조항이 헌법에 위배된다고 할 정도로 죄형법정주의가 요구하는 명확성의 원칙에 반한다고 할 수 없다.

(2) 피고인이 전직 대통령을 풍자한 포스터를 주택의 담벽 등에 붙였다고 하여 구 경범죄처벌법 위반으로 기소된 사안에서, 피고인이 단속될 당시 이미 55장의 포스터를 타인의 담벽에 붙였고, 그 외에 약 150여 장의 포스터를 더 소지하고 있었던 점, 피고인이 포스터를 붙인 거리가 약 300m에 이르는 점 등을 종합할 때, 피고인의 행위를 구 경범죄처벌법 위반으로 처벌하는 것은 사회공동체의 질서유지를 위하여 필요한 범위 내에 있고, 예술의 자유를 과도하게 제한하거나 구 경범죄처벌법이 규정한 남용금지 원칙에 위배되지 않는다고 한 사례이다.

【이 유】

(1) 피고인의 주장: (가) 이 사건의 적용 법률이 명확성의 원칙에 위배된다는 주장: 구 경범죄처벌법 제1조 제13호는 다른 사람 또는 단체의 집이나 그 밖의 공작물에 함부로 광고물 등을 붙이거나 걸거나 또는 글씨나 그림을 쓰거나 그리거나 새기는 행위 등을 한 사람과 다른 사람 또는 단체의 간판 그 밖의 표시물 또는 공작물을 함부로 옮기거나 더럽히거나 해친 사람을 처벌한다고 규정하고 있으나, 위 규정의 전단 중 '함부로'라는 부분은 광고물 등을 무단으로 부착하는 행위의 태양에 대하여 어떠한 제한도 두지 않고 있어 명확성의 원칙에 반하고, 또한 위 조항 중 '광고물 등' 부분은 행위대상에 대하여 아무런 제한을 두지 않아 모든 물건이 이에 해당할 수 있도록 규정하여 명확성의 원칙에 반한다.

(나) 피고인의 행위가 예술의 자유를 실현하기 위한 것으로 정당행위에 해당한다거나 피고인의 행위를 처벌하는 것이 경범죄처벌법의 남용에 해당한다는 주장: 피고인이 이 사건 포스터를 붙인 행위는 예술의 자유를 실현하는 행위로 정당행위에 해당한다. 또한 구 경범죄처벌법 제4조(현행 제2조 참조)는 "이 법의 적용에 있어서는 국민의 권리를 부당하게 침해하지 아니하도록 세심한 주의를 기울여야 하며, 본래의 목적에서 벗어나 다른 목적을 위하여 이 법을 함부로 적용하여서는 아니된다."고 규정하여 경범죄처벌법의 남용을 금지하고 있는데, 위와 같은 규정 취지와 피고인의 예술의 자유 등에 비추어 볼 때 피고인의 행위가 처벌되어서는 안 된다.

(2) 법원의 판단: (가) 어떠한 법규범이 명확한지 여부는 그 법규범이 수범자에게 법규의 의미 내용을 알 수 있도록 공정한 고지를 하여 예측가능성을 주고 있는지 여부 및 그 법규범이 법을 해석·집행하는 기관에 충분한 의미 내용을 규율하여 자의적인 법해석이나 법집행이 배제되는지 여부, 다시 말하면 예측가능성 및 자의적 법집행 배제가 확보되는지 여부에 따라 이를 판단할 수 있고, 법규범의 의미 내용은 그 문언뿐만 아니라 입법 목적이나 입법 취지, 입법 연혁, 그리고 법규범의 체계적 구조 등을 종합적으로 고려하는 해석방법에 의하여 구체화되므로, 결국 법규범이 명확성 원칙에 위반되는지 여부는 위와 같은 해석방법에 의하여 그 의미 내용을 합리적으로 파악할 수 있는 해석기준을 얻을 수 있는지 여부에 달려 있다.

(나) 헌법 제22조는 모든 국민은 예술의 자유를 가진다고 규정하고 있는데, 예술의 자유에는 예술창작의 자유뿐만 아니라 창작한 예술품을 일반 대중에게 전시·전람하거나 공연할 수 있는 자유가 포함되고, 이 사건과 같이 피고인이 이 사건 포스터를 타인의 담벼락 등에 붙이는 행위는 예술표현의 자유에 포함된다 할 것이다. 그러나 한편 예술의 자유 중 예술창작의 자유는 아무런 제한 없이 보장되어야 할 것이나, 예술표현의 자유는 헌법 제37조 제2항에 따라 국가안전보장·질서유지 또는 공공복리를 위하여 필요한 경우에는 법률로써 제한할 수 있다. 피고인이 단속될 당시 이미 판시 범죄사실 기재와 같이 55장의 포스터를 타인의 담벼락에 붙였던 점, 피고인은 위 55장의 포스터 이외에 약 150여 장의 포스터를 더 소지하고 있었던 점, 피고인이 포스터를 붙인 거리는 이미 연희우체국을 중심으로 약 300m에 이르렀던 점 등을 종합하여 보면, 비록 피고인이 이 사건 포스터를 떼기 쉬운 청테이프를 이용하여 붙였고, 해가 뜬 후 날이 밝아질 무렵에 이를 철거할 의사를 가지고 있었다는 점

등을 모두 고려하더라도, 피고인의 위 행위를 구 경범죄처벌법 위반으로 처벌하는 것은 사회공동체의 질서유지를 위하여 필요한 범위 내에 해당한다고 보이고, 그것이 피고인이 향유하고자 하는 예술의 자유를 과도하게 제한한다거나 구 경범죄처벌법이 규정한 남용금지의 원칙에 위배된다고 보이지는 않는다.

【해 설】

경범죄처벌법은 범죄의 예방 및 공공의 안녕과 질서유지 기타 특정한 경찰목적을 달성하기 위한 법으로, 형법에는 처벌규정이 없거나 또는 처벌규정이 있어도 정식 형사소송절차로 소추하기에는 부적당한 경우에 최소한도의 반도의적 행위를 열거하고 이에 대한 처벌을 규정한 법이라고 할 수 있다. 1912년에 제정되었던 '경찰범처벌규칙'이 전신이며, 이 규칙은 1954년에 법률 제316호로 경범죄처벌법이 제정되면서 폐지되었다. 그 후 경범죄처벌법은 부분개정을 거쳐 1983년에 전면 개정되었으며, 현행법(2013.5.22. 법률 제11778호)은 제1장 총칙, 제2장 경범죄의 종류와 처벌, 제3장 경범죄 처벌의 특례 및 부칙으로 구성되어 있다. 경범죄를 범한 사람의 처벌에 있어서는 그 사정과 형편을 헤아려서 그 형을 면제하거나 또는 구류와 과료를 함께 과할 수 있다. 한편 이 법의 적용에 있어서는 국민의 권리를 부당하게 침해하지 않도록 세심한 주의를 기울여야 하며, 본래의 목적에서 벗어나 다른 목적을 위하여 함부로 적용해서는 아니된다.

※ **경범죄처벌법**

[일부개정 2017. 10. 24. 법률 제14908호, 시행 2017. 10. 24.]

제1조(목적) 이 법은 경범죄의 종류 및 처벌에 필요한 사항을 정함으로써 국민의 자유와 권리를 보호하고 사회공공의 질서유지에 이바지함을 목적으로 한다.

제2조(남용금지) 이 법을 적용할 때에는 국민의 권리를 부당하게 침해하지 아니하도록 세심한 주의를 기울여야 하며, 본래의 목적에서 벗어나 다른 목적을 위하여 이 법을 적용하여서는 아니된다.

제3조(경범죄의 종류) ① 다음 각 호의 어느 하나에 해당하는 사람은 **10만원 이하**의 벌금, 구류 또는 과료의 형으로 처벌한다.

1. **(빈집 등에의 침입)** 다른 사람이 살지 아니하고 관리하지 아니하는 집 또는 그 울타리·건조물·배·자동차 안에 정당한 이유 없이 들어간 사람

2. **(흉기의 은닉휴대)** 칼·쇠몽둥이·쇠톱 등 사람의 생명 또는 신체에 중대한 위해를 끼치거나 집이나 그 밖의 건조물에 침입하는 데에 사용될 수 있는 연장이나 기구를 정당한 이유 없이 숨겨서 지니고 다니는 사람

3. **(폭행 등 예비)** 다른 사람의 신체에 위해를 끼칠 것을 공모하여 예비행위를 한 사람이 있는 경우 그 공모를 한 사람

4. 삭제 <2013.5.22>

5. (시체 현장변경 등) 사산아를 감추거나 정당한 이유 없이 변사체 또는 사산아가 있는 현장을 바꾸어 놓은 사람

6. (도움이 필요한 사람 등의 신고불이행) 자기가 관리하고 있는 곳에 도움을 받아야 할 노인, 어린이, 장애인, 다친 사람 또는 병든 사람이 있거나 시체 또는 사산아가 있는 것을 알면서 이를 관계 공무원에게 지체 없이 신고하지 아니한 사람

7. (관명사칭 등) 국내외의 공직, 계급, 훈장, 학위 또는 그 밖에 법령에 따라 정하여진 명칭이나 칭호 등을 거짓으로 꾸며 대거나 자격이 없으면서 법령에 따라 정하여진 제복, 훈장, 기장 또는 기념장, 그 밖의 표장 또는 이와 비슷한 것을 사용한 사람

8. (물품강매·호객행위) 요청하지 아니한 물품을 억지로 사라고 한 사람, 요청하지 아니한 일을 해주거나 재주 등을 부리고 그 대가로 돈을 달라고 한 사람 또는 여러 사람이 모이거나 다니는 곳에서 영업을 목적으로 떠들썩하게 손님을 부른 사람

9. (광고물 무단부착 등) 다른 사람 또는 단체의 집이나 그 밖의 인공구조물과 자동차 등에 함부로 광고물 등을 붙이거나 내걸거나 끼우거나 글씨 또는 그림을 쓰거나 그리거나 새기는 행위 등을 한 사람 또는 다른 사람이나 단체의 간판, 그 밖의 표시물 또는 인공구조물을 함부로 옮기거나 더럽히거나 훼손한 사람 또는 공공장소에서 광고물 등을 함부로 뿌린 사람

10. (마시는 물 사용방해) 사람이 마시는 물을 더럽히거나 사용하는 것을 방해한 사람

11. (쓰레기 등 투기) 담배꽁초, 껌, 휴지, 쓰레기, 죽은 짐승, 그 밖의 더러운 물건이나 못쓰게 된 물건을 함부로 아무 곳에나 버린 사람

12. (노상방뇨 등) 길, 공원, 그 밖에 여러 사람이 모이거나 다니는 곳에서 함부로 침을 뱉거나 대소변을 보거나 또는 그렇게 하도록 시키거나 개 등 짐승을 끌고 와서 대변을 보게 하고 이를 치우지 아니한 사람

13. (의식방해) 공공기관이나 그 밖의 단체 또는 개인이 하는 행사나 의식을 못된 장난 등으로 방해하거나 행사나 의식을 하는 자 또는 그 밖에 관계있는 사람이 말려도 듣지 아니하고 행사나 의식을 방해할 우려가 뚜렷한 물건을 가지고 행사장 등에 들어간 사람

14. (단체가입 강요) 싫다고 하는데도 되풀이하여 단체 가입을 억지로 강요한 사람

15. (자연훼손) 공원·명승지·유원지나 그 밖의 녹지구역 등에서 풀·꽃·나무·돌 등을 함부로 꺾거나 캔 사람 또는 바위·나무 등에 글씨를 새기거나 하여 자연을 훼손한 사람

16. (타인의 가축·기계 등 무단조작) 다른 사람 또는 단체의 소나 말, 그 밖의 짐승 또는 매어 놓은 배·뗏목 등을 함부로 풀어 놓거나 자동차 등의 기계를 조작한 사람

17. (물길의 흐름 방해) 개천·도랑이나 그 밖의 물길의 흐름에 방해될 행위를 한 사람

18. (구걸행위 등) 다른 사람에게 구걸하도록 시켜 올바르지 아니한 이익을 얻은 사람 또는 공공장소에서 구걸을 하여 다른 사람의 통행을 방해하거나 귀찮게 한 사람

19. (불안감조성) 정당한 이유 없이 길을 막거나 시비를 걸거나 주위에 모여들거나 뒤따르거나 몹시 거칠게 겁을 주는 말이나 행동으로 다른 사람을 불안하게 하거나 귀찮고 불쾌하게 한 사람 또는 여러 사람이 이용하거나 다니는 도로·공원 등 공공장소에서 고의로 험악한 문신을 드러내어 다른 사람에게 혐오감을 준 사람

20. (음주소란 등) 공회당·극장·음식점 등 여러 사람이 모이거나 다니는 곳 또는 여러 사람이 타는 기차·자동차·배 등에서 몹시 거친 말이나 행동으로 주위를 시끄럽게 하거나 술에 취하여 이유 없이 다른 사람에게 주정한 사람

21. (인근소란 등) 악기·라디오·텔레비전·전축·종·확성기·전동기 등의 소리를 지나치게 크게 내거나 큰소리로 떠들거나 노래를 불러 이웃을 시끄럽게 한 사람

22. (위험한 불씨 사용) 충분한 주의를 하지 아니하고 건조물, 수풀, 그 밖에 불붙기 쉬운 물건 가까이에서 불을 피우거나 휘발유 또는 그 밖에 불이 옮아붙기 쉬운 물건 가까이에서 불씨를 사용한 사람

23. (물건 던지기 등 위험행위) 다른 사람의 신체나 다른 사람 또는 단체의 물건에 해를 끼칠 우려가 있는 곳에 충분한 주의를 하지 아니하고 물건을 던지거나 붓거나 또는 쏜 사람

24. (인공구조물 등의 관리소홀) 무너지거나 넘어지거나 떨어질 우려가 있는 인공구조물이나 그 밖의 물건에 대하여 관계 공무원으로부터 고칠 것을 요구받고도 필요한 조치를 게을리하여 여러 사람을 위험에 빠트릴 우려가 있게 한 사람

25. (위험한 동물의 관리 소홀) 사람이나 가축에 해를 끼치는 버릇이 있는 개나 그 밖의 동물을 함부로 풀어놓거나 제대로 살피지 아니하여 나다니게 한 사람

26. (동물 등에 의한 행패 등) 소나 말을 놀라게 하여 달아나게 하거나 개나 그 밖의 동물을 시켜 사람이나 가축에게 달려들게 한 사람

27. (무단소등) 여러 사람이 다니거나 모이는 곳에 켜 놓은 등불이나 다른 사람 또는 단체가 표시를 하기 위하여 켜 놓은 등불을 함부로 끈 사람

28. (공중통로 안전관리소홀) 여러 사람이 다니는 곳에서 위험한 사고가 발생하는 것을 막을 의무가 있으면서도 등불을 켜 놓지 아니하거나 그 밖의 예방조치를 게을리한 사람

29. (공무원 원조불응) 눈·비·바람·해일·지진 등으로 인한 재해, 화재·교통사고·범죄, 그 밖의 급작스러운 사고가 발생하였을 때에 현장에 있으면서도 정당한 이유 없이 관계 공무원 또는 이를 돕는 사람의 현장출입에 관한 지시에 따르지 아니하거나 공무원이 도움을 요청하여도 도움을 주지 아니한 사람

30. (거짓 인적사항 사용) 성명, 주민등록번호, 등록기준지, 주소, 직업 등을 거짓으로 꾸며대고 배나 비행기를 타거나 인적사항을 물을 권한이 있는 공무원이 적법한 절차를 거쳐 묻는 경우 정당한 이유 없이 다른 사람의 인적사항을 자기의 것으로 거짓으로 꾸며댄 사람

31. (미신요법) 근거 없이 신기하고 용한 약방문인 것처럼 내세우거나 그 밖의 미신적인 방법으로 병을 진찰·치료·예방한다고 하여 사람들의 마음을 홀리게 한 사람

32. (야간통행제한 위반) 전시·사변·천재지변, 그 밖에 사회에 위험이 생길 우려가 있을 경우에 경찰청장이나 해양경찰청장이 정하는 야간통행제한을 위반한 사람

33. (과다노출) 공개된 장소에서 공공연하게 성기·엉덩이 등 신체의 주요한 부위를 노출하여 다른 사람에게 부끄러운 느낌이나 불쾌감을 준 사람

[2017.10.24 법률 제14908호에 의하여 2016.11.24 헌법재판소에서 위헌 결정된 이 조 제1항 제33호를 개정함]

☞ 개정전 33. (과다노출) 여러 사람의 눈에 뜨이는 곳에서 공공연하게 알몸을 지나치게 내놓거나 가려야 할 곳을 내놓아 다른 사람에게 부끄러운 느낌이나 불쾌감을 준 사람

34. (지문채취 불응) 범죄 피의자로 입건된 사람의 신원을 지문조사 외의 다른 방법으로는 확인할 수 없어 경찰공무원이나 검사가 지문을 채취하려고 할 때에 정당한 이유 없이 이를 거부한 사람

35. (자릿세 징수 등) 여러 사람이 모이거나 쓸 수 있도록 개방된 시설 또는 장소에서 좌석이나 주차할 자리를 잡아 주기로 하거나 잡아주면서, 돈을 받거나 요구하거나 돈을 받으려고 다른 사람을 귀찮게 따라다니는 사람

36. (행렬방해) 공공장소에서 승차·승선, 입장·매표 등을 위한 행렬에 끼어들거나 떠밀거나 하여 그 행렬의 질서를 어지럽힌 사람

37. (무단출입) 출입이 금지된 구역이나 시설 또는 장소에 정당한 이유 없이 들어간 사람

38. (총포 등 조작장난) 여러 사람이 모이거나 다니는 곳에서 충분한 주의를 하지 아니하고 총포, 화약류, 그 밖에 폭발의 우려가 있는 물건을 다루거나 이를 가지고 장난한 사람

39. (무임승차 및 무전취식) 영업용 차 또는 배 등을 타거나 다른 사람이 파는 음식을 먹고 정당한 이유 없이 제 값을 치르지 아니한 사람

40. (장난전화 등) 정당한 이유 없이 다른 사람에게 전화·문자메시지·편지·전자우편·전자문서 등을 여러 차례 되풀이하여 괴롭힌 사람

41. (지속적 괴롭힘) 상대방의 명시적 의사에 반하여 지속적으로 접근을 시도하여 면회 또는 교제를 요구하거나 지켜보기, 따라다니기, 잠복하여 기다리기 등의 행위를 반복하여 하는 사람 (☞스토킹처벌법)

② 다음 각 호의 어느 하나에 해당하는 사람은 20만원 이하의 벌금, 구류 또는 과료의 형으로 처벌한다.

1. (출판물의 부당게재 등) 올바르지 아니한 이익을 얻을 목적으로 다른 사람 또는 단체의 사업이나 사사로운 일에 관하여 신문, 잡지, 그 밖의 출판물에 어떤 사항을 싣거나 싣지 아니할 것을 약속하고 돈이나 물건을 받은 사람

2. (거짓광고) 여러 사람에게 물품을 팔거나 나누어 주거나 일을 해주면서 다른 사람을 속이거나 잘못 알게 할 만한 사실을 들어 광고한 사람

3. (업무방해) 못된 장난 등으로 다른 사람, 단체 또는 공무수행 중인 자의 업무를 방해한 사람

4. (암표매매) 흥행장, 경기장, 역, 나루터, 정류장, 그 밖에 정하여진 요금을 받고 입장시키거나 승차 또는 승선시키는 곳에서 웃돈을 받고 입장권·승차권 또는 승선권을 다른 사람에게 되판 사람

③ 다음 각 호의 어느 하나에 해당하는 사람은 60만원 이하의 벌금, 구류 또는 과료의 형으로 처벌한다.

1. (관공서에서의 주취소란) 술에 취한 채로 관공서에서 몹시 거친 말과 행동으로 주정하거나 시끄럽게 한 사람

2. (거짓신고) 있지 아니한 범죄나 재해 사실을 공무원에게 거짓으로 신고한 사람

제4조(교사·방조) 제3조의 죄를 짓도록 시키거나 도와준 사람은 죄를 지은 사람에 준하여 벌한다.

제5조(형의 면제와 병과) 제3조에 따라 사람을 벌할 때에는 그 사정과 형편을 헤아려서 그 형을 면제하거나 구류와 과료를 함께 과할 수 있다.

제6조(정의) ① 이 장에서 "**범칙행위**"란 제3조 제1항 각 호 및 제2항 각 호의 어느 하나에 해당하는 위반행위를 말하며, 그 구체적인 범위는 대통령령으로 정한다. ② 이 장에서 "**범칙자**"란 범칙행위를 한 사람으로서 다음 각 호의 어느 하나에 해당하지 아니하는 사람을 말한다. 1. 범칙행위를 상습적으로 하는 사람 2. 죄를 지은 동기나 수단 및 결과를 헤아려 볼 때 구류처분을 하는 것이 적절하다고 인정되는 사람 3. 피해자가 있는 행위를 한 사람 4. 18세 미만인 사람 ③ 이 장에서 "**범칙금**"이란 범칙자가 제7조에 따른 통고처분에 따라 국고 또는 제주특별자치도의 금고에 납부하여야 할 금전을 말한다.

제7조(통고처분) ① 경찰서장, 해양경찰서장, 제주특별자치도지사 또는 철도특별사법경찰대장은 범칙자로 인정되는 사람에 대하여 그 이유를 명백히 나타낸 서면으로 범칙금을 부과하고 이를 납부할 것을 통고할 수 있다. 다만, 다음 각 호의 어느 하나에 해당하는 사람에게는 통고하지 아니한다. 1. 통고처분서 받기를 거부한 사람 2. 주거 또는 신원이 확실하지 아니한 사람 3. 그 밖에 통고처분을 하기가 매우 어려운 사람 ② 제1항에 따라 통고할 범칙금의 액수는 범칙행위의 종류에 따라 대통령령으로 정한다. ③ 제주특별자치도지사, 철도특별사법경찰대장은 제1항에 따라 통고처분을 한 경우에는 관할 경찰서장에게 그 사실을 통보하여야 한다.

제8조(범칙금의 납부) ① 제7조에 따라 통고처분서를 받은 사람은 통고처분서를 받은 날부터 **10일 이내**에 경찰청장·해양경찰청장 또는 철도특별사법경찰대장이 지정한 은행, 그 지점이나 대리점, 우체국 또는 제주특별자치도지사가 지정하는 금융기관이나 그 지점에 범칙금을 납부하여야 한다. 다만, 천재지변이나 그 밖의 부득이한 사유로 말미암아 그 기간 내에 범칙금을 납부할 수 없을 때에는 그 부득이한 사유가 없어지게 된 날부터 5일 이내에 납부하여야 한다. ② 제1항에 따른 납부기간에 범칙금을 납부하지 아니한 사람은 납부기간의 마지막 날의 다음 날부터 **20일 이내**에 통고받은 범칙금에 그 금액의 **100분의 20**을 더한 금액을 납부하여야 한다. ③ 제1항 또는 제2항에 따라 범칙금을 납부한 사람은 그 범칙행위에 대하여 다시 처벌받지 아니한다.

제9조(통고처분 불이행자 등의 처리) ① 경찰서장, 해양경찰서장 및 제주특별자치도지사는 다음 각 호의 어느 하나에 해당하는 사람에 대하여는 지체 없이 즉결심판을 청구하여야 한다. 다만, 즉결심판이 청구되기 전까지 통고받은 범칙금에 그 금액의 **100분의 50**을 더한 금액을 납부한 사람에 대하여는 그러하지 아니하다. 1. 제7조 제1항 각 호의 어느 하나에 해당하는 사람 2. 제8조 제2항에 따른 납부기간에 범칙금을 납부하지 아니한 사람 ② 제1항 제2호에 따라 즉결심판이 청구된 피고인이 통고받은 범칙금에 그 금액의 **100분의 50**을 더한 금액을 납부하고 그 증명서류를 즉결심판 선고 전까지 제출하였을 때에는 경찰서장, 해양경찰서장 및 제주특별자치도지사는 그 피고인에 대한 즉결심판 청구를 취소하여야 한다. ③ 제1항 단서 또는 제2항에 따라 범칙금을 납부한 사람은 그 범칙행위에 대하여 다시 처벌받지 아니한다.

※ **스토킹범죄의 처벌 등에 관한 법률**(약칭: 스토킹처벌법)
[제정 2021. 4. 20. 법률 제18083호, 시행 2021. 10. 21.]

제1조(목적) 이 법은 스토킹범죄의 처벌 및 그 절차에 관한 특례와 스토킹범죄 피해자에 대한 보호절차를 규정함으로써 피해자를 보호하고 건강한 사회질서의 확립에 이바지함을 목적으로 한다.

제2조(정의) 이 법에서 사용하는 용어의 뜻은 다음과 같다.

1. "**스토킹행위**"란 상대방의 의사에 반하여 정당한 이유 없이 상대방 또는 그의 동거인, 가족에 대하여 다음 각 목의 어느 하나에 해당하는 행위를 하여 상대방에게 불안감 또는 공포심을 일으키는 것을 말한다. **가.** 접근하거나 따라다니거나 진로를 막아서는 행위 **나.** 주거, 직장, 학교, 그 밖에 일상적으로 생활하는 장소(이하 "주거등"이라 한다) 또는 그 부근에서 기다리거나 지켜보는 행위 **다.** 우편·전화·팩스 또는 「정보통신망 이용촉진 및 정보보호 등에 관한 법률」 제2조 제1항 제1호의 정보통신망을 이용하여 물건이나 글·말·부호·음향·그림·영상·화상(이하 "물건등"이라 한다)을 도달하게 하는 행위 **라.** 직접 또는 제3자를 통하여 물건등을 도달하게 하거나 주거등 또는 그 부근에 물건등을 두는 행위 **마.** 주거등 또는 그 부근에 놓여져 있는 물건등을 훼손하는 행위 2. "**스토킹범죄**"란 지속적 또는 반복적으로 스토킹행위를 하는 것을 말한다.

제4조(긴급응급조치) ① 사법경찰관은 스토킹행위 신고와 관련하여 스토킹행위가 지속적 또는 반복적으로 행하여질 우려가 있고 스토킹범죄의 예방을 위하여 긴급을 요하는 경우 스토킹행위자에게 직권으로 또는 스토킹행위의 상대방이나 그 법정대리인 또는 스토킹행위를 신고한 사람의 요청에 의하여 다음 각 호에 따른 조치를 할 수 있다. 1. 스토킹행위의 상대방이나 그 주거등으로부터 100미터 이내의 접근 금지 2. 스토킹행위의 상대방에 대한 「전기통신기본법」 제2조 제1호의 전기통신을 이용한 접근 금지

제18조(스토킹범죄) ① 스토킹범죄를 저지른 사람은 3년 이하의 징역 또는 3천만원 이하의 벌금에 처한다. ② 흉기 또는 그 밖의 위험한 물건을 휴대하거나 이용하여 스토킹범죄를 저지른 사람은 5년 이하의 징역 또는 5천만원 이하의 벌금에 처한다. ③ 제1항의 죄는 피해자가 구체적으로 밝힌 의사에 반하여 공소를 제기할 수 없다.

[대법원 2003. 10. 9. 2003도4148 판결]
(가) 헌법 제20조 제1항이 보장하는 종교의 자유에는 자기가 신봉하는 종교를 선전하고 새로운 신자를 규합하기 위한 선교의 자유가 포함되고, 공공장소 등에서 자신의 종교를 선전할 목적으로 타인에게 그 교리를 전파하는 것 자체는 이러한 선교의 자유의 한 내용을 당연히 이루는 것이라고 볼 것이며, 따라서 헌법이 보장하고 있는 이러한 종교의 자유의 허용범위와 내용에 더하여 경범죄처벌법의 적용에 있어서 국민의 권리를 부당하게 침해하지 아니하도록 세심한 주의를 기울여야 한다는 경범죄처벌법 제4조 소정의 입법정신을 아울러 고려할 때, 불가불 타인의 주목을 끌고 자신의 주장을 전파하기 위하여 목소리나 각종 음향기구를 사용하여 이루어지는 선교행위가 경범죄처벌법 제1조 제26호 소정의 인근소란행위의

구성요건에 해당되어 형사처벌의 대상이 된다고 판단하기 위해서는 당해 선교행위가 이루어진 구체적인 시기와 장소, 선교의 대상자, 선교행위의 개별적인 내용과 방법 등 제반 정황을 종합하여 그러한 행위가 통상 선교의 범위를 일탈하여 다른 법익의 침해에 이를 정도가 된 것인지 여부 등 법익간의 비교교량을 통하여 사안별로 엄격하게 판단해야 한다.

(나) 지하철 전동차 구내에서 한 선교행위를 경범죄처벌법상 인근소란행위로 본 원심의 판단에 심리미진의 위법이 있다는 이유로 원심판결을 파기한 사례: 원심판결 이유에 의하면, 원심은, 피고인이 ① 1999. 12. 9.경 서울시 소재 지하철 2호선 전동차 내에서 선교활동을 하기 위해 큰 소리로 "하나님을 믿으면 천국에 갈 수 있고 하나님을 믿어라"라는 등의 말을 하여 인근을 소란하게 하고, ② 2001. 3. 27.경 같은 장소에서 위와 같은 방법으로 인근을 소란하게 하였다는 이 사건 공소사실에 대하여, 피고인의 법정 및 경찰에서의 진술과 수사기록에 편철된 단속경위서 및 범칙자적발보고서를 종합하여 위 공소사실을 인정한 다음, 이러한 피고인의 행위가 경범죄처벌법 제1조 제26호 소정 인근소란행위에 해당한다고 판단하였다. 그러나 원심이 유죄의 증거로 삼은 피고인의 법정 진술이나 경찰 피의자신문조서의 기재내용은 피고인이 위 일시 장소에서 자신이 신봉하는 기독교를 선교할 목적으로 전동차 탑승객들을 상대로 공소사실과 같은 내용의 선교활동을 하였다는 점을 인정한 것에 불과할 뿐, 더 나아가 자신의 행위가 그러한 선교활동의 범위를 넘어서서 경범죄처벌법 제1조 제26호에서 예정하고 있는 인근소란행위에 해당된다는 사실까지 인정한 것은 아니라고 보아야 할 것이고, 나머지 증거들인 단속경위서 및 범칙자적발보고서를 살펴보더라도 과연 피고인이 위 일시장소에서 한 선교행위의 구체적 내용과 목소리의 크기, 소란의 정도가 어떠한 것이었는지 도무지 알 수 없을 뿐더러, 달리 기록상 피고인에 대한 공소사실을 인정할 증거를 찾아 볼 수 없다. 그럼에도 불구하고, 위 공소사실에서 적시한 일시 장소에서 피고인이 한 구체적인 선교행위의 내용과 방법, 소란의 정도, 피고인의 선교행위로 인하여 그 전동차에 탑승한 승객들의 평온한 공공시설 이용권이 어느 정도로 침해되었고 그 수인한도를 얼마나 초과한 것인지 여부, 피고인의 선교행위가 공공질서의 유지에 현존하는 명백한 위험을 초래한 것인지 여부 등에 관하여 이를 심사할 아무런 자료도 없는 이 사건에 있어서, 막연히 전동차 구내에서 선교활동을 하였다는 정도만으로 피고인에 대하여 유죄를 인정한 원심판결에는 종교와 선교의 자유 및 경범죄처벌법에 관한 법리를 오해하여 심리를 다하지 아니한 위법이 있다고 할 것이다.

[수원지법안산지원 2020. 7. 23. 2019고단4541 판결]

(가) 갑 노동조합 지부 조직부장인 피고인이 을 주식회사의 건설공사현장 출입구에서 조합 노조원을 채용해 달라고 주장하며 노조원 20명가량과 방송차량 3대를 동원하여 사측 직원들이 출근하기 전인 이른 시간에 7회에 걸쳐 인근소란 행위를 하였다고 하여 경범죄 처벌법 위반으로 즉결심판에 회부되었다가 정식재판을 청구한 사안이다.

(나) 피고인이 집회 및 시위에 관한 법률 제6조 제1항에 따른 옥외집회(시위) 신고를 하였고, 피고인이 집회를 개최하면서 한 행위가 위 신고의 범위를 넘어선 것으로 보이지 않으며 같은 법 제14조 제1항과 같은 법 시행령 제14조 [별표 2]에 따른 일몰 후 일출 전 주거지역 등에서 준수해야 할 소음기준은 준수되었던 것으로 보이는 점, 그럼에도 집회가 새벽 시간에 아파트 인근에서 이루어졌다는 이유만으로 경범죄에 해당한다고 해석한다면, 이는 집회 및 시위에 관한 법률에서 정한 엄격한 기본권 제한 기준을 형해화시키는 결과가 되는

점, 약 18회의 민원 신고 등 일부 주민들의 피해 호소가 있었으나, 주거단지 내 구체적 소음 수준의 측정까지 이루어지지는 않았던 것으로 보이고, 집회의 목적에 어떠한 불법성을 찾기 어려우며, 집회 장소가 공사현장의 출입구 앞이었던 사정 등을 고려할 때, 피고인의 행위가 사회통념상 용인될 수 없을 정도에 이르렀다고 보기는 어려운 점에 비추어, 피고인이 집회를 통해 경범죄 처벌법 제3조 제1항 제21호에서 금지하고 있는 행위인 '지나치게 큰 소리를 내 이웃을 시끄럽게 하는 행위'를 하였다는 사실이 합리적 의심을 배제할 정도로 증명되었다고 볼 수 없다는 이유로 무죄를 선고한 사례이다.

[대법원 2020. 4. 29. 2017도13409 판결]
(가) 경범죄 처벌법은 제3장에서 '경범죄 처벌의 특례'로서 범칙행위에 대한 통고처분(제7조), 범칙금의 납부(제8조, 제8조의2)와 통고처분 불이행자 등의 처리(제9조)를 정하고 있다. 경찰서장으로부터 범칙금 통고처분을 받은 사람은 통고처분서를 받은 날부터 10일 이내에 범칙금을 납부하여야 하고, 위 기간에 범칙금을 납부하지 않은 사람은 위 기간의 마지막 날의 다음 날부터 20일 이내에 통고받은 범칙금에 20/100을 더한 금액을 납부하여야 한다(제8조 제1항, 제2항). 경범죄 처벌법 제8조 제2항에 따른 납부기간에 범칙금을 납부하지 않은 사람에 대하여 경찰서장은 지체 없이 즉결심판을 청구하여야 하고(제9조 제1항 제2호), 즉결심판이 청구되더라도 그 선고 전까지 피고인이 통고받은 범칙금에 50/100을 더한 금액을 납부하고 그 증명서류를 제출하였을 경우에는 경찰서장은 즉결심판 청구를 취소하여야 한다(제9조 제2항). 이와 같이 통고받은 범칙금을 납부한 사람은 그 범칙행위에 대하여 다시 처벌받지 않는다(제8조 제3항, 제9조 제3항).
(나) 위와 같은 규정 내용과 통고처분의 입법 취지를 고려하면, 경범죄 처벌법상 범칙금 제도는 범칙행위에 대하여 형사절차에 앞서 경찰서장의 통고처분에 따라 범칙금을 납부할 경우 이를 납부하는 사람에 대하여는 기소를 하지 않는 처벌의 특례를 마련해 둔 것으로 법원의 재판절차와는 제도적 취지와 법적 성질에서 차이가 있다. 또한 범칙자가 통고처분을 불이행하였더라도 기소독점주의의 예외를 인정하여 경찰서장의 즉결심판 청구를 통하여 공판절차를 거치지 않고 사건을 간이하고 신속·적정하게 처리함으로써 소송경제를 도모하되, 즉결심판 선고 전까지 범칙금을 납부하면 형사처벌을 면할 수 있도록 함으로써 범칙자에 대하여 형사소추와 형사처벌을 면제받을 기회를 부여하고 있다. 따라서 경찰서장이 범칙행위에 대하여 통고처분을 한 이상, 범칙자의 위와 같은 절차적 지위를 보장하기 위하여 통고처분에서 정한 범칙금 납부기간까지는 원칙적으로 경찰서장은 즉결심판을 청구할 수 없고, 검사도 동일한 범칙행위에 대하여 공소를 제기할 수 없다고 보아야 한다.

36. 근로의 권리와 근로삼권

[대법원 2007. 12. 28. 2007도5204 판결]

> 원심은, 피고인들의 이 사건 회의실 점거행위는 쟁의행위에 해당하고, 그로 인하여 위 회의실에서 임원회의를 개최해 오던 대한건축사협회 서울특별시건축사회(이하 '협회'라고만 한다)의 회장과 임원들은 협회의 임원회의를 위 회의실에서 진행하지 못하고 음식점 등에서 진행하기도 하였던 점 등에 비추어 보면, 피고인들의 위와 같은 회의실 점거로 인하여 협회의 업무가 실제로 방해되었거나 또는 적어도 그 업무방해의 결과를 초래할 위험성이 발생하였다고 봄이 상당하며, 한편 피고인들의 이 사건 회의실 점거행위는 위 회의실에 관한 사용자측의 출입이나 관리지배를 배제한 채 이를 전면적, 배타적으로 점거한 것이고, 그 밖에 피고인들이 쟁의행위에 앞서 행정관청과 관할 노동위원회에 쟁의행위의 일시·장소·참가인원 및 그 방법을 미리 서면으로 신고하였다는 사정을 찾아볼 수 없음을 고려하면, 피고인들의 위 쟁의행위는 그 정당성을 벗어났다고 봄이 상당하다고 판단하여, 피고인들에 대하여 업무방해죄의 책임을 인정하였다.

【요 지】

(1) 직장 또는 사업장시설을 점거하는 형태의 쟁의행위의 정당성의 한계: 직장 또는 사업장시설의 점거는 적극적인 쟁의행위의 한 형태로서 그 점거의 범위가 직장 또는 사업장시설의 일부분이고 사용자측의 출입이나 관리지배를 배제하지 않는 병존적인 점거에 지나지 않을 때에는 정당한 쟁의행위로 볼 수 있으나, 이와 달리 직장 또는 사업장시설을 전면적, 배타적으로 점거하여 조합원 이외의 자의 출입을 저지하거나 사용자측의 관리지배를 배제하여 업무의 중단 또는 혼란을 야기케 하는 것과 같은 행위는 이미 정당성의 한계를 벗어난 것이라고 볼 수밖에 없다.

(2) 노동조합의 조합원들이 쟁의행위로 사용자인 서울특별시건축사회의 사무실 일부를 점거한 사안에서, 이는 부분적·병존적 점거로 정당한 쟁의행위에 해당하므로 업무방해죄의 책임을 물을 수 없다고 한 사례: 노동조합의 조합원들이 쟁의행위로 사용자인 서울특별시건축사회의 사무실 일부를 점거한 사안에서, 점거한 곳의 범위와 평소의 사용형태, 사용자측에서 이를 사용하지 못하게 됨으로써 입은 피해의 내용과 정도 등에 비추어 이는 폭력의 행사에 해당하지 않는 사업장시설의 부분적·병존적인 점거로서 사용자의 재산권과 조화를 이루고 있고, 사용자의 업무가 실제로 방해되었거나 업무방해의 결과를 초래할 위험성이 발생하였다고 보기 어려우므로, 위 점거행위는 노동관계 법령에 따른 정당한 행위로서 위법성이 조각되어 업무방해죄의 책임을 물을 수 없다고 한 사례이다.

(3) 노동조합 및 노동관계조정법 시행령 제17조의 서면신고의무의 미준수만을 이유로 쟁

의행위의 정당성을 부정할 수 있는지 여부(소극): 노동조합 및 노동관계조정법 시행령 제17조에서 규정하고 있는 쟁의행위의 일시·장소·참가인원 및 그 방법에 관한 서면신고의무는 쟁의행위를 함에 있어 그 세부적·형식적 절차를 규정한 것으로서 쟁의행위에 적법성을 부여하기 위하여 필요한 본질적인 요소는 아니므로, 신고절차의 미준수만을 이유로 쟁의행위의 정당성을 부정할 수는 없다.

(4) 사용자의 직장폐쇄가 정당한 쟁의행위로 인정되기 위한 요건 및 적법한 쟁의행위로 사업장을 점거한 근로자가 부당한 직장폐쇄에 대항하여 퇴거요구에 불응한 것이 퇴거불응죄를 구성하는지 여부(소극): 사용자의 직장폐쇄는 노사간의 교섭태도, 경과, 근로자측 쟁의행위의 태양, 그로 인하여 사용자측이 받는 타격의 정도 등에 관한 구체적 사정에 비추어 형평상 근로자측의 쟁의행위에 대한 대항·방위 수단으로서 상당성이 인정되는 경우에 한하여 정당한 쟁의행위로 평가받을 수 있는 것이고, 사용자의 직장폐쇄가 정당한 쟁의행위로 인정되지 아니하는 때에는 적법한 쟁의행위로서 사업장을 점거 중인 근로자들이 직장폐쇄를 단행한 사용자로부터 퇴거 요구를 받고 이에 불응한 채 직장점거를 계속하더라도 퇴거불응죄가 성립하지 아니한다.

(5) 노동조합이 파업을 시작한 지 불과 4시간 만에 사용자가 바로 직장폐쇄 조치를 취한 것이 정당한 쟁의행위로 인정되지 아니하므로, 사용자측 시설을 정당하게 점거한 조합원들이 사용자의 퇴거요구에 불응하였더라도 퇴거불응죄가 성립하지 아니한다고 한 사례: 사용자측의 노사간 교섭에 소극적인 태도, 노동조합의 파업이 노사간 교섭력의 균형과 사용자측 업무수행에 미치는 영향 등에 비추어 노동조합이 파업을 시작한 지 불과 4시간 만에 사용자가 바로 직장폐쇄 조치를 취한 것은 정당한 쟁의행위로 인정되지 아니하므로, 사용자측 시설을 정당하게 점거한 조합원들이 사용자로부터 퇴거요구를 받고 이에 불응하였더라도 퇴거불응죄가 성립하지 아니한다고 한 사례이다.

【이 유】

(1) 쟁의행위는 근로자가 소극적으로 노무제공을 거부하거나 정지하는 행위만이 아니라 적극적으로 그 주장을 관철하기 위하여 업무의 정상적인 운영을 저해하는 행위까지 포함하는 것이므로, 쟁의행위의 본질상 사용자의 정상업무가 저해되는 경우가 있음은 부득이한 것으로서 사용자는 이를 수인할 의무가 있으나, 이러한 근로자의 쟁의행위가 정당성의 한계를 벗어날 때에는 근로자는 업무방해죄 등 형사상 책임을 면할 수 없다. 근로자의 쟁의행위가 형법상 정당행위가 되기 위하여는, 첫째 그 주체가 단체교섭의 주체로 될 수 있는 자이어야 하고, 둘째 그 목적이 근로조건의 향상을 위한 노사간의 자치적 교섭을 조성하는 데에 있어야 하며, 셋째 사용자가 근로자의 근로조건 개선에 관한 구체적인 요구에 대하여 단체교섭을 거부하였을 때 개시하되 특별한 사정이 없는 한 조합원의 찬성결정 및 노동쟁의 발생신고 등 절차를 거쳐야 하는 한편, 넷째 그 수단과 방법이 사용자의 재산권과 조화를 이루어야 함은 물론 폭력의 행사에 해당되지 아니하여야 한다는 여러 조건을 모두 구비하여야 한다.

앞서 본 바와 같은 법리 및 위와 같은 사정들에 비추어 보면, 피고인들의 이 사건 회의실 점거행위는, 협회의 사업장시설을 전면적, 배타적으로 점거한 것이라고 보기 어렵고, 오히려 그 점거의 범위가 협회의 사업장시설의 일부분이고 사용자측의 출입이나 관리지배를 배제하지 않는 부분적, 병존적인 점거에 지나지 않으며, 그 수단과 방법이 사용자의 재산권과 조화를 이루면서 폭력의 행사에 해당되지 아니하는 것으로 봄이 상당하다. 그리고 쟁의행위의 본질상 사용자의 정상업무가 일부 저해되는 경우가 있음은 부득이한 것으로서 이 사건의 경우 이 사건 회의실 점거행위로 인하여 위와 같이 1달에 1, 2회 정도 개최되는 임원회의를 이 사건 회의실이 아닌 음식점 등에서 개최하게 된 사정 정도는 사용자가 이를 수인하여야 할 범위 내라고 봄이 상당하고, 그 외에는 실질적으로 협회의 업무의 중단 또는 혼란을 초래한 바도 없어, 협회의 업무가 실제로 방해되었거나 또는 적어도 그 업무방해의 결과를 초래할 위험성이 발생하였다고 보이지도 아니한다.

그렇다면 피고인들의 이 사건 회의실 점거행위는 노동관계 법령에 따른 정당한 쟁의행위로서 위법성이 조각된다고 할 것이고, 그 쟁의행위 과정에서 별도의 업무방해행위가 있었던 것으로 보이지도 아니하므로, 피고인들에 대하여 그로 인한 업무방해죄의 책임을 물을 수 없다고 할 것인데, 이와 달리 판단한 원심판결에는 쟁의행위의 정당성과 업무방해죄에 관한 법리오해로 인하여 판결 결과에 영향을 미친 위법이 있다고 할 것이다.

(2) 원심은, 피고인들이 협회의 협회장 및 임원들의 업무공간을 배타적으로 점거하고 협회측의 퇴거요구에 불응함으로써 이 사건 퇴거불응죄는 성립하는 것이고, 가사 협회측의 직장폐쇄 조치가 위법하다고 하더라도 그와 같은 사정이 피고인들의 위 퇴거불응죄 성립에 영향을 미치는 것은 아니라고 판단하였다. 그러나 원심의 위와 같은 판단은 수긍하기 어렵다. 정당한 쟁의행위로서 이 사건 회의실을 부분적, 병존적으로 점거하고 있던 피고인들로서는 협회측의 퇴거요구(위 직장폐쇄를 이유로 하는 것인지 여부와 상관없다)에 응하여야 할 의무가 인정되지 아니한다고 할 것인데, 이와 달리 판단한 원심판결에는 쟁의행위의 정당성과 퇴거불응죄에 관한 법리오해로 인하여 판결 결과에 영향을 미친 위법이 있다고 할 것이다. 그러므로 원심판결을 파기하고, 사건을 다시 심리·판단하게 하기 위하여 원심법원에 환송하기로 한다.

【해 설】

(1) **근로기본권**이란 근로자에 대하여 헌법이 보장하고 있는 기본권으로서 헌법 제32조의 근로의 권리와 헌법 제33조의 단결권·단체교섭권·단체행동권의 근로삼권 등을 포괄하여 지칭하는 개념이다. 우선 **헌법 제32조**는 「① 모든 국민은 근로의 권리를 가진다. 국가는 사회적·경제적 방법으로 근로자의 고용의 증진과 적정임금의 보장에 노력하여야 하며, 법률이 정하는 바에 의하여 최저임금제를 시행하여야 한다. ② 모든 국민은 근로의 의무를 진다. 국가는 근로의 의무의 내용과 조건을 민주주의 원칙에 따라 법률로 정한다. ③ 근로조건의 기준은 인간의 존엄성을 보장하도록 법률로 정한다. ④ 여자의 근로는 특별한 보호를 받으며, 고용·임금 및 근로조건에 있어서 부당한 차별을 받지 아니한다. ⑤ 연소자의 근로는 특

별한 보호를 받는다. ⑥ 국가유공자·상이군경 및 전몰군경의 유가족은 법률이 정하는 바에 의하여 우선적으로 근로의 기회를 부여받는다」라고 규정함으로써 제1항은 근로의 권리를 비롯한 근로자의 고용증진·적정임금보장·최저임금제시행 등을 정하고, 제2항은 근로의 의무, 제3항은 근로조건기준의 법정주의, 제4항은 여자의 근로에 대한 특별보호와 근로관계에 있어서 여성의 차별금지, 제5항은 연소근로자의 특별보호, 제6항은 국가유공자·상이군경·전몰군경 유가족에 대한 근로기회우선을 각각 보장하고 있다.

근로의 권리의 소극적 의미는 개인이 근로를 행함에 있어서 국가 또는 타인의 방해를 받지 아니하고 자유로이 근로를 하거나 또는 근로를 하지 아니할 수 있는 권리를 말하며, 적극적 의미는 근로의 능력과 의사가 있는 개인이 국가에 대하여 근로기회의 제공을 요구하고 국가가 근로의 기회를 제공하지 못하는 경우에는 이에 대신하여 생활비의 지급을 요청할 수 있는 권리를 말한다. 이 때 **근로**라 함은 근로자가 사용자로부터 임금을 받는 대가로 제공하는 육체적·정신적 활동을 말한다. 근로의 권리는 자유권적 성격과 사회권적 성격을 모두 가지고 있다. 즉 개인이 자유로이 일할 기회를 가지는 것을 국가가 방해 내지 제한하지 못한다는 측면에서 자유권적 성격이 있는 한편 근로를 통하여 경제적 약자인 근로자에게 인간다운 생활을 보장한다는 측면에서 사회권적 성격이 있다. 그러나 근로의 권리는 사회권적 기본권으로서의 성격에 본질이 있고 자유권적 기본권으로서의 성격은 부수적인 것에 불과하다.

(2) 다음으로 **헌법 제33조**는 「① 근로자는 근로조건의 향상을 위하여 자주적인 단결권·단체교섭권 및 단체행동권을 가진다. ② 공무원인 근로자는 법률이 정하는 자에 한하여 단결권·단체교섭권 및 단체행동권을 가진다. ③ 법률이 정하는 주요방위산업체에 종사하는 근로자의 단체행동권은 법률이 정하는 바에 의하여 이를 제한하거나 인정하지 아니할 수 있다」라고 규정함으로써 제1항은 근로자의 근로삼권을 보장하고, 제2항은 일정한 범위의 공무원에 한하여 근로삼권을 보장하며, 제3항은 주요방위산업체에 종사하는 근로자의 단체행동권을 제한하고 있다. **근로삼권**이란 근로자의 단결권·단체교섭권·단체행동권을 통칭하는 개념이다.

(가) **단결권**이란 근로자들이 자주적으로 노동조합을 설립하고 이에 가입하며 노동조합을 운영할 수 있는 권리를 말한다. 따라서 근로자의 단결을 금지하거나 제한하는 입법은 위헌이며 단체에의 불가입이나 그로부터의 탈퇴를 조건으로 고용하는 이른바 **황견계약**의 체결 및 단체의 결성이나 그 가입을 이유로 해고하는 것은 **부당노동행위**로서 위헌이 된다. 한편 노동조합 및 노동관계조정법 제81조 제2호 단서에 의하면 노동조합이 당해 사업장에 종사하는 근로자의 3분의 2 이상을 대표하고 있을 때에는 근로자가 그 노동조합의 조합원이 될 것을 고용조건으로 하는 단체협약의 체결이 부당노동행위에 해당되지 않는다고 봄으로써 단결강제의 한 유형인 이른바 **유니언숍(Union Shop)조항**을 인정하고 있다. 본래 단결권은 그 단결 자체만으로는 무의미하며 단결된 힘을 배경으로 사용자와 단체교섭을 전개함으로써 근로자의 근로조건을 개선하여 근로자의 경제적·사회적 지위를 향상시키는 것을 주된 목적으로 하고 있다.

(나) **단체교섭권**이란 근로자가 조직한 노동조합이 근로조건을 유지·개선하기 위하여 사용자와 교섭할 수 있는 권리를 말한다. 단체교섭에서는 각 근로자의 개별문제를 교섭의 대상으로 하는 것이 아니라 근로자집단의 문제를 대상으로 하기 때문에 근로자측의 주체는 노동

조합이 된다. 이 경우 사용자가 독점적으로 보유하는 경영권·인사권 및 이윤취득권에 속하는 사항은 원칙적으로 단체교섭의 대상이 될 수 없다. 하지만 근로자들의 근로조건이나 지위에 직접 관련되거나 그것에 중대한 영향을 미치는 사항은 그 한도 내에서 단체교섭이 이루어질 수 있다. 사용자가 정당한 이유 없이 단체교섭을 거부하면 이는 부당노동행위가 된다.

(다) **단체행동권**이란 단체교섭이 결렬되어 노동쟁의가 발생하는 경우에 쟁의행위를 할 수 있는 권리로서 이는 근로자가 자신의 주장을 관철하기 위하여 업무의 정상적인 운영을 저해하는 행위를 할 수 있는 권리를 말한다. 이 때 **노동쟁의**라 함은 노동관계 당사자간에 임금·근로시간·복지·해고 기타 대우 등 근로조건의 결정에 관한 주장의 불일치로 인하여 발생한 분쟁상태를 말하고, **쟁의행위**라 함은 파업·태업·직장폐쇄 기타 노동관계 당사자가 그 주장을 관철할 목적으로 행하는 행위와 이에 대항하는 행위로서 업무의 정상적인 운영을 저해하는 행위를 말한다. 가령 **근로자측의 쟁의행위**의 유형으로는 ㉠ 다수의 근로자가 근로조건의 유지·개선을 위하여 조직적인 방법으로 공동으로 노무제공을 거부하는 **파업**(Strike) ㉡ 근로자들이 단결하여 의식적으로 작업능률을 저하시키는 **태업**(Sabotage) ㉢ 사용자 또는 그와 거래관계에 있는 제3자의 상품구입·시설이용 등을 거절하거나 그들과의 근로계약의 체결을 거절할 것을 호소하는 **보이코트**(Boycott) ㉣ 근로자들이 단결하여 사용자의 지휘명령은 거부하면서 사업장 또는 공장을 점거하여 조합간부의 지휘 하에 노무를 제공하는 **생산관리** ㉤ 파업을 효과적으로 수행하기 위하여 근로희망자들의 사업장 또는 공장출입을 저지하고 파업에 협력할 것을 구하는 **피케팅**(Picketing) 등을 들 수 있다. 반면에 **사용자측의 쟁의행위**로는 ㉠ 근로자들이 취업상태에 있지 못하도록 사업장을 봉쇄하는 **직장폐쇄** ㉡ 임금을 공제하는 행위 ㉢ 근로자들의 위법한 쟁의행위에 대하여 책임을 추궁하는 행위 등을 들 수 있다.

[대법원 2013. 1. 10. 2011도15497 판결]
(가) 사용자가 연설, 사내방송, 게시문, 서한 등을 통하여 의견을 표명하는 경우 표명된 의견의 내용과 함께 그것이 행하여진 상황, 시점, 장소, 방법 및 그것이 노동조합의 운영이나 활동에 미치거나 미칠 수 있는 영향 등을 종합하여 노동조합의 조직이나 운영 및 활동을 지배하거나 이에 개입하는 의사가 인정된다면 노동조합 및 노동관계조정법 제81조 제4호에 규정된 '근로자가 노동조합을 조직 또는 운영하는 것을 지배하거나 이에 개입하는 행위'로서 부당노동행위가 성립하고, 또 그 지배·개입으로서 부당노동행위의 성립에 반드시 근로자의 단결권 침해라는 결과 발생까지 요하는 것은 아니다. 그러나 사용자 또한 자신의 의견을 표명할 수 있는 자유를 가지고 있으므로, 사용자가 노동조합의 활동에 대하여 단순히 비판적 견해를 표명하거나 근로자를 상대로 집단적인 설명회 등을 개최하여 회사의 경영상황 및 정책방향 등 입장을 설명하고 이해를 구하는 행위 또는 비록 파업이 예정된 상황이라 하더라도 파업의 정당성과 적법성 여부 및 파업이 회사나 근로자에 미치는 영향 등을 설명하는 행위는 거기에 징계 등 불이익의 위협 또는 이익제공의 약속 등이 포함되어 있거나 다른 지배·개입의 정황 등 노동조합의 자주성을 해칠 수 있는 요소가 연관되어 있지 않는 한, 사용자에게 노동조합의 조직이나 운영 및 활동을 지배하거나 이에 개입하는 의사가 있다고 가볍게 단정할 것은 아니다.
(나) 전국철도노동조합(이하 '노동조합'이라 한다)이 한국철도공사(이하 '철도공사'라 한다)와 단체교섭 결렬을 이유로 파업을 예고한 상태에서 파업 예정일 하루 전에 사용자측 교섭위원인 갑이 직원들을 상대로 설명회를 개최하려고 지역 차량사업소에 도착하자, 노

동조합 간부인 피고인들 등이 청사 안으로 들어가지 못하게 몸으로 가로막는 등 위력으로 갑의 업무를 방해하였다는 내용으로 기소된 사안에서, 갑이 설명회에서 발언하고자 한 내용과 설명회 전 다른 지역 순회설명회에서 표명한 발언 내용 및 그러한 발언 등이 조합원이나 노동조합 활동에 미쳤거나 미칠 수 있는 영향, 당초 예정된 파업의 정당성 여부 등 부당노동행위를 인정하는 전제가 되는 전후 상황 등에 관하여 구체적으로 심리하여, 설명회 개최가 사용자 입장에서 단순히 파업에 대한 의견을 개진하는 수준을 넘어 사용자에게 노동조합의 운영이나 활동을 지배하거나 그 활동에 개입하려는 의사가 있었던 것으로 추단되는지를 판단하지 아니한 채, 설명회 개최가 '근로자가 노동조합을 운영하는 것을 지배하거나 이에 개입하는 행위'로서 업무방해죄의 보호법익인 '업무'에 해당하지 않는다는 등의 이유로 피고인들에게 무죄를 선고한 원심판결에 법리오해 및 심리미진의 위법이 있다고 보아 원심판결을 파기하고, 사건을 서울서부지방법원 합의부에 환송한 사례이다.

(다) 원심판결 이유 및 기록에 의하면, ① 한국철도공사가 2009. 11. 24. 이 사건 노동조합과의 단체협약을 해지하자 이 사건 노동조합은 같은 해 11. 26.부터 같은 해 12. 2.까지 파업을 진행하다가 같은 해 12. 3. 업무에 복귀한 사실, ② 이 사건 노동조합은 이후 계속하여 한국철도공사와 단체교섭을 진행하였음에도 교섭이 이루어지지 않자, 2010. 5. 12.까지 교섭이 결렬될 경우 재차 파업을 하겠다고 한국철도공사에 예고(파업 예정일은 2010. 5. 12. 04:00경임)한 사실, ③ 이에 한국철도공사의 ○○본부장이자 단체교섭의 사용자 측 교섭위원 중 한 명인 공소외 1은 2010. 5. 8.부터 같은 달 11일까지 한국철도공사 산하 차량사업소 및 정비단 등 현장을 순회하면서 직원설명회를 개최하기로 하여 파업 예정일 이전 며칠 동안 집중적으로 전국을 이동하며 직원설명회를 개최한 사실, ④ 공소외 1이 2010. 5. 11. 한국철도공사 산하 서울차량사업소에서 약 300여 명에 이르는 직원을 상대로 위와 같은 설명회(이하 '이 사건 설명회')를 개최하려고 위 사업소에 도착하자, 피고인들 및 조합원 30여 명은 건물 1층 현관 앞을 막아서서 '내일이 파업인데 본사에 가서 협상하는 데 가 있어야지 여기 있을 때가 아니다'고 하거나 '파업을 하루 앞두고 성실교섭이나 하지 뭐 하러 왔어. 현장에 설명회를 할 시간이 있으면 다시 돌아가 교섭에 충실히 임해 파업을 막도록 하라'고 하면서 멱살을 잡는 등으로 건물 안으로 들어가지 못하게 가로막은 사실, ⑤ 피고인들의 위와 같은 출입방해 등으로 인하여 공소외 1은 결국 그날 서울차량사업소 2층 회의실에서 과장 등 중간관리자와 차량팀원 일부 등 몇십 명만 참석한 가운데 약 10분간 설명회를 진행하면서 한국철도공사의 현황에 비추어 파업에 무리가 있다는 취지의 발언을 하고 나아가 국민들의 파업에 대한 시각과 국가가 처한 현실 등과 함께 현재로서는 철도가 파업이 된다면 한국철도공사 전체의 위기가 올 수 있다고 언급한 사실을 알 수 있다.

[대법원 2019. 11. 28. 2018두44647 판결]
(가) 정리해고의 요건 중 긴박한 경영상의 필요란 반드시 기업의 도산을 회피하기 위한 경우에 한정되지 아니하고, 장래에 올 수도 있는 위기에 미리 대처하기 위하여 인원삭감이 필요한 경우도 포함하지만, 그러한 인원삭감은 객관적으로 보아 합리성이 있다고 인정되어야 한다. 그리고 정리해고의 요건 중 해고를 피하기 위한 노력을 다하여야 한다는 것은 경영방침이나 작업방식의 합리화, 신규 채용의 금지, 일시휴직 및 희망퇴직의 활용, 전근 등 사용자가 해고범위를 최소화하기 위하여 가능한 모든 조치를 취하는 것을 의미하고, 그 방법과 정도는 확정적·고정적인 것이 아니라 당해 사용자의 경영위기의 정도, 정리해고를 실

시하여야 하는 경영상의 이유, 사업의 내용과 규모, 직급별 인원상황 등에 따라 달라지는 것이다.

(나) 근로기준법 제31조에 의하여 부당해고구제재심판정을 다투는 소송의 경우에는 해고의 정당성에 관한 증명책임은 이를 주장하는 사용자가 부담하므로, 정리해고에서도 사용자가 정리해고의 정당성을 비롯한 정리해고의 요건을 모두 증명해야 한다.

※ 근로기준법

[일부개정 2021. 5. 18. 법률 제18176호, 시행 2021. 11. 19.]

제1조(목적) 이 법은 헌법에 따라 근로조건의 기준을 정함으로써 근로자의 기본적 생활을 보장, 향상시키며 균형 있는 국민경제의 발전을 꾀하는 것을 목적으로 한다.

제2조(정의) ① 이 법에서 사용하는 용어의 뜻은 다음과 같다. 1. "**근로자**"란 직업의 종류와 관계없이 임금을 목적으로 사업이나 사업장에 근로를 제공하는 사람을 말한다. 2. "**사용자**"란 사업주 또는 사업 경영 담당자, 그 밖에 근로자에 관한 사항에 대하여 사업주를 위하여 행위하는 자를 말한다. 3. "**근로**"란 정신노동과 육체노동을 말한다. 4. "**근로계약**"이란 근로자가 사용자에게 근로를 제공하고 사용자는 이에 대하여 임금을 지급하는 것을 목적으로 체결된 계약을 말한다. 5. "**임금**"이란 사용자가 근로의 대가로 근로자에게 임금, 봉급, 그 밖에 어떠한 명칭으로든지 지급하는 모든 금품을 말한다. 6. "**평균임금**"이란 이를 산정하여야 할 사유가 발생한 날 이전 3개월 동안에 그 근로자에게 지급된 임금의 총액을 그 기간의 총일수로 나눈 금액을 말한다. 근로자가 취업한 후 3개월 미만인 경우도 이에 준한다. 7. "1주"란 휴일을 포함한 7일을 말한다.

제3조(근로조건의 기준) 이 법에서 정하는 근로조건은 최저기준이므로 근로관계 당사자는 이 기준을 이유로 근로조건을 낮출 수 없다.

제6조(균등한 처우) 사용자는 근로자에 대하여 남녀의 성을 이유로 차별적 대우를 하지 못하고, 국적·신앙 또는 사회적 신분을 이유로 근로조건에 대한 차별적 처우를 하지 못한다.

제7조(강제근로의 금지) 사용자는 폭행, 협박, 감금, 그 밖에 정신상 또는 신체상의 자유를 부당하게 구속하는 수단으로써 근로자의 자유의사에 어긋나는 근로를 강요하지 못한다.

제8조(폭행의 금지) 사용자는 사고의 발생이나 그 밖의 어떠한 이유로도 근로자에게 폭행을 하지 못한다.

제9조(중간착취의 배제) 누구든지 법률에 따르지 아니하고는 영리로 다른 사람의 취업에 개입하거나 중간인으로서 이익을 취득하지 못한다.

제10조(공민권 행사의 보장) 사용자는 근로자가 근로시간 중에 선거권, 그 밖의 공민권 행사 또는 공의 직무를 집행하기 위하여 필요한 시간을 청구하면 거부하지 못한다. 다만, 그 권리 행사나 공의 직무를 수행하는 데에 지장이 없으면 청구한 시간을 변경할 수 있다.

제11조(적용범위) ① 이 법은 상시 5명 이상의 근로자를 사용하는 모든 사업 또는 사업장에 적용한다. 다만, 동거하는 친족만을 사용하는 사업 또는 사업장과 가사 사용인에 대하여는 적용하지 아니한다.

제15조(이 법을 위반한 근로계약) ① 이 법에서 정하는 기준에 미치지 못하는 근로조건을 정한 근로계약은 그 부분에 한정하여 무효로 한다. ② 제1항에 따라 무효로 된 부분은 이 법에서 정한 기준에 따른다.

제22조(강제 저금의 금지) ① 사용자는 근로계약에 덧붙여 강제 저축 또는 저축금의 관리를 규정하는 계약을 체결하지 못한다.

제23조(해고 등의 제한) ① 사용자는 근로자에게 정당한 이유 없이 해고, 휴직, 정직, 전직, 감봉, 그 밖의 징벌(이하 "부당해고등"이라 한다)을 하지 못한다.

제24조(경영상 이유에 의한 해고의 제한) ① 사용자가 경영상 이유에 의하여 근로자를 해고하려면 긴박한 경영상의 필요가 있어야 한다. 이 경우 경영 악화를 방지하기 위한 사업의 양도·인수·합병은 긴박한 경영상의 필요가 있는 것으로 본다. ② 제1항의 경우에 사용자는 해고를 피하기 위한 노력을 다하여야 하며, 합리적이고 공정한 해고의 기준을 정하고 이에 따라 그 대상자를 선정하여야 한다. 이 경우 남녀의 성을 이유로 차별하여서는 아니된다.

제26조(해고의 예고) 사용자는 근로자를 해고(경영상 이유에 의한 해고를 포함한다)하려면 적어도 30일 전에 예고를 하여야 하고, 30일 전에 예고를 하지 아니하였을 때에는 30일분 이상의 통상임금을 지급하여야 한다. 다만, 다음 각 호의 어느 하나에 해당하는 경우에는 그러하지 아니하다. 1. 근로자가 계속 근로한 기간이 3개월 미만인 경우 2. 천재·사변, 그 밖의 부득이한 사유로 사업을 계속하는 것이 불가능한 경우 3. 근로자가 고의로 사업에 막대한 지장을 초래하거나 재산상 손해를 끼친 경우로서 고용노동부령으로 정하는 사유에 해당하는 경우

제27조(해고사유 등의 서면통지) ① 사용자는 근로자를 해고하려면 해고사유와 해고시기를 서면으로 통지하여야 한다. ② 근로자에 대한 해고는 제1항에 따라 서면으로 통지하여야 효력이 있다. ③ 사용자가 제26조에 따른 해고의 예고를 해고사유와 해고시기를 명시하여 서면으로 한 경우에는 제1항에 따른 통지를 한 것으로 본다.

제28조(부당해고등의 구제신청) ① 사용자가 근로자에게 부당해고등을 하면 근로자는 노동위원회에 구제를 신청할 수 있다. ② 제1항에 따른 구제신청은 부당해고등이 있었던 날부터 3개월 이내에 하여야 한다.

제38조(임금채권의 우선변제) ① 임금, 재해보상금, 그 밖에 근로관계로 인한 채권은 사용자의 총재산에 대하여 질권·저당권 또는 「동산·채권 등의 담보에 관한 법률」에 따른 담보권에 따라 담보된 채권 외에는 조세·공과금 및 다른 채권에 우선하여 변제되어야 한다. 다만, 질권·저당권 또는 「동산·채권 등의 담보에 관한 법률」에 따른 담보권에 우선하는 조세·공과금에 대하여는 그러하지 아니하다. ② 제1항에도 불구하고 다음 각 호의 어느 하나에 해당하는 채권은 사용자의 총재산에 대하여 질권·저당권 또는 「동산·채권 등의 담보에 관한 법률」에 따른 담보권에 따라 담보된 채권, 조세·공과금 및 다른 채권에 우선하여 변제되어야 한다. 1. 최종 3개월분의 임금 2. 재해보상금

제46조(휴업수당) ① 사용자의 귀책사유로 휴업하는 경우에 사용자는 휴업기간 동안 그 근로자에게 평균임금의 100분의 70 이상의 수당을 지급하여야 한다. 다만, 평균임금의 100분의 70에 해당하는 금액이 통상임금을 초과하는 경우에는 통상임금을 휴업수당으로 지급할 수 있다. ② 제1항에도 불구하고 부득이한 사유로 사업을 계속하는 것이 불가능하여 노동위

원회의 승인을 받은 경우에는 제1항의 기준에 못 미치는 휴업수당을 지급할 수 있다.

제49조(임금의 시효) 이 법에 따른 임금채권은 3년간 행사하지 아니하면 시효로 소멸한다.

제50조(근로시간) ① 1주 간의 근로시간은 휴게시간을 제외하고 40시간을 초과할 수 없다. ② 1일의 근로시간은 휴게시간을 제외하고 8시간을 초과할 수 없다. ③ 제1항 및 제2항에 따라 근로시간을 산정하는 경우 작업을 위하여 근로자가 사용자의 지휘·감독 아래에 있는 대기시간 등은 근로시간으로 본다.

제51조(3개월 이내의 탄력적 근로시간제) ① 사용자는 취업규칙(취업규칙에 준하는 것을 포함한다)에서 정하는 바에 따라 2주 이내의 일정한 단위기간을 평균하여 1주 간의 근로시간이 제50조 제1항의 근로시간을 초과하지 아니하는 범위에서 특정한 주에 제50조 제1항의 근로시간을, 특정한 날에 제50조 제2항의 근로시간을 초과하여 근로하게 할 수 있다. 다만, 특정한 주의 근로시간은 48시간을 초과할 수 없다. ② 사용자는 근로자대표와의 서면 합의에 따라 다음 각 호의 사항을 정하면 3개월 이내의 단위기간을 평균하여 1주 간의 근로시간이 제50조 제1항의 근로시간을 초과하지 아니하는 범위에서 특정한 주에 제50조 제1항의 근로시간을, 특정한 날에 제50조 제2항의 근로시간을 초과하여 근로하게 할 수 있다. 다만, 특정한 주의 근로시간은 52시간을, 특정한 날의 근로시간은 12시간을 초과할 수 없다. 1. 대상 근로자의 범위 2. 단위기간(3개월 이내의 일정한 기간으로 정하여야 한다) 3. 단위기간의 근로일과 그 근로일별 근로시간 4. 그 밖에 대통령령으로 정하는 사항 ③ 제1항과 제2항은 15세 이상 18세 미만의 근로자와 임신 중인 여성 근로자에 대하여는 적용하지 아니한다. ④ 사용자는 제1항 및 제2항에 따라 근로자를 근로시킬 경우에는 기존의 임금 수준이 낮아지지 아니하도록 임금보전방안을 강구하여야 한다.

제51조의2(3개월을 초과하는 탄력적 근로시간제) ① 사용자는 근로자대표와의 서면 합의에 따라 다음 각 호의 사항을 정하면 3개월을 초과하고 6개월 이내의 단위기간을 평균하여 1주간의 근로시간이 제50조 제1항의 근로시간을 초과하지 아니하는 범위에서 특정한 주에 제50조 제1항의 근로시간을, 특정한 날에 제50조 제2항의 근로시간을 초과하여 근로하게 할 수 있다. 다만, 특정한 주의 근로시간은 52시간을, 특정한 날의 근로시간은 12시간을 초과할 수 없다. 1. 대상 근로자의 범위 2. 단위기간(3개월을 초과하고 6개월 이내의 일정한 기간으로 정하여야 한다) 3. 단위기간의 주별 근로시간 4. 그 밖에 대통령령으로 정하는 사항

제53조(연장 근로의 제한) ① 당사자 간에 합의하면 1주 간에 12시간을 한도로 제50조의 근로시간을 연장할 수 있다. ② 당사자 간에 합의하면 1주 간에 12시간을 한도로 제51조 및 제51조의2의 근로시간을 연장할 수 있고, 제52조 제1항 제2호의 정산기간을 평균하여 1주간에 12시간을 초과하지 아니하는 범위에서 제52조 제1항의 근로시간을 연장할 수 있다.

제54조(휴게) ① 사용자는 근로시간이 4시간인 경우에는 30분 이상, 8시간인 경우에는 1시간 이상의 휴게시간을 근로시간 도중에 주어야 한다. ② 휴게시간은 근로자가 자유롭게 이용할 수 있다.

제55조(휴일) ① 사용자는 근로자에게 1주에 평균 1회 이상의 유급휴일을 보장하여야 한다.

제56조(연장·야간 및 휴일 근로) ① 사용자는 연장근로(제53조·제59조 및 제69조 단서에 따라 연장된 시간의 근로를 말한다)에 대하여는 통상임금의 100분의 50 이상을 가산하여 근로자에게 지급하여야 한다. ② 제1항에도 불구하고 사용자는 휴일근로에 대하여는 다음 각 호의

기준에 따른 금액 이상을 가산하여 근로자에게 지급하여야 한다. 1. 8시간 이내의 휴일근로: 통상임금의 100분의 50 2. 8시간을 초과한 휴일근로: 통상임금의 100분의 100 ③ 사용자는 야간근로(오후 10시부터 다음 날 오전 6시 사이의 근로를 말한다)에 대하여는 통상임금의 100분의 50 이상을 가산하여 근로자에게 지급하여야 한다.

제60조(연차유급휴가) ① 사용자는 1년간 80퍼센트 이상 출근한 근로자에게 15일의 유급휴가를 주어야 한다. ② 사용자는 계속하여 근로한 기간이 1년 미만인 근로자 또는 1년간 80퍼센트 미만 출근한 근로자에게 1개월 개근 시 1일의 유급휴가를 주어야 한다. ④ 사용자는 3년 이상 계속하여 근로한 근로자에게는 제1항에 따른 휴가에 최초 1년을 초과하는 계속 근로 연수 매 2년에 대하여 1일을 가산한 유급휴가를 주어야 한다. 이 경우 가산휴가를 포함한 총 휴가 일수는 25일을 한도로 한다.

제65조(사용금지) ① 사용자는 임신 중이거나 산후 1년이 지나지 아니한 여성(이하 "임산부"라 한다)과 18세 미만자를 도덕상 또는 보건상 유해·위험한 사업에 사용하지 못한다. ② 사용자는 임산부가 아닌 18세 이상의 여성을 제1항에 따른 보건상 유해·위험한 사업 중 임신 또는 출산에 관한 기능에 유해·위험한 사업에 사용하지 못한다.

제67조(근로계약) ① 친권자나 후견인은 미성년자의 근로계약을 대리할 수 없다. ② 친권자, 후견인 또는 고용노동부장관은 근로계약이 미성년자에게 불리하다고 인정하는 경우에는 이를 해지할 수 있다.

제68조(임금의 청구) 미성년자는 독자적으로 임금을 청구할 수 있다.

제73조(생리휴가) 사용자는 여성 근로자가 청구하면 월 1일의 생리휴가를 주어야 한다.

제74조(임산부의 보호) ① 사용자는 임신 중의 여성에게 출산 전과 출산 후를 통하여 90일(한 번에 둘 이상 자녀를 임신한 경우에는 120일)의 출산전후휴가를 주어야 한다. 이 경우 휴가 기간의 배정은 출산 후에 45일(한 번에 둘 이상 자녀를 임신한 경우에는 60일) 이상이 되어야 한다. ② 사용자는 임신 중인 여성 근로자가 유산의 경험 등 대통령령으로 정하는 사유로 제1항의 휴가를 청구하는 경우 출산 전 어느 때 라도 휴가를 나누어 사용할 수 있도록 하여야 한다. 이 경우 출산 후의 휴가 기간은 연속하여 45일(한 번에 둘 이상 자녀를 임신한 경우에는 60일) 이상이 되어야 한다. ③ 사용자는 임신 중인 여성이 유산 또는 사산한 경우로서 그 근로자가 청구하면 대통령령으로 정하는 바에 따라 유산·사산 휴가를 주어야 한다. 다만, 인공 임신중절 수술(「모자보건법」 제14조 제1항에 따른 경우는 제외한다)에 따른 유산의 경우는 그러하지 아니하다. ④ 제1항부터 제3항까지의 규정에 따른 휴가 중 최초 60일(한 번에 둘 이상 자녀를 임신한 경우에는 75일)은 유급으로 한다. 다만, 「남녀고용평등과 일·가정 양립 지원에 관한 법률」 제18조에 따라 출산전후휴가급여 등이 지급된 경우에는 그 금액의 한도에서 지급의 책임을 면한다. ⑤ 사용자는 임신 중의 여성 근로자에게 시간외근로를 하게 하여서는 아니 되며, 그 근로자의 요구가 있는 경우에는 쉬운 종류의 근로로 전환하여야 한다. ⑥ 사업주는 제1항에 따른 출산전후휴가 종료 후에는 휴가 전과 동일한 업무 또는 동등한 수준의 임금을 지급하는 직무에 복귀시켜야 한다. ⑦ 사용자는 임신 후 12주 이내 또는 36주 이후에 있는 여성 근로자가 1일 2시간의 근로시간 단축을 신청하는 경우 이를 허용하여야 한다. 다만, 1일 근로시간이 8시간 미만인 근로자에 대하여는 1일 근로시간이 6시간이 되도록 근로시간 단축을 허용할 수 있다. ⑧ 사용자는 제7항에 따른 근로시간 단축을 이유로 해당 근로자의 임금을 삭감하여서는 아니 된다.

제75조(육아시간) 생후 1년 미만의 유아를 가진 여성 근로자가 청구하면 1일 2회 각각 30분 이상의 유급 수유 시간을 주어야 한다.

제79조(휴업보상) ① 사용자는 제78조에 따라 요양 중에 있는 근로자에게 그 근로자의 요양 중 평균임금의 100분의 60의 휴업보상을 하여야 한다.

제82조(유족보상) ① 근로자가 업무상 사망한 경우에는 사용자는 근로자가 사망한 후 지체 없이 그 유족에게 평균임금 1,000일분의 유족보상을 하여야 한다.

제83조(장례비) 근로자가 업무상 사망한 경우에는 사용자는 근로자가 사망한 후 지체 없이 평균임금 90일분의 장례비를 지급하여야 한다.

제86조(보상청구권) 보상을 받을 권리는 퇴직으로 인하여 변경되지 아니하고, 양도나 압류하지 못한다.

※ <u>노동조합 및 노동관계조정법</u>(약칭: 노동조합법)

[일부개정 2021. 1. 5. 법률 제17864호, 시행 2021. 7. 6.]

제1조(목적) 이 법은 헌법에 의한 근로자의 단결권·단체교섭권 및 단체행동권을 보장하여 근로조건의 유지·개선과 근로자의 경제적·사회적 지위의 향상을 도모하고, 노동관계를 공정하게 조정하여 노동쟁의를 예방·해결함으로써 산업평화의 유지와 국민경제의 발전에 이바지함을 목적으로 한다.

제2조(정의) 이 법에서 사용하는 용어의 정의는 다음과 같다. 1. "**근로자**"라 함은 직업의 종류를 불문하고 임금·급료 기타 이에 준하는 수입에 의하여 생활하는 자를 말한다. 2. "**사용자**"라 함은 사업주, 사업의 경영담당자 또는 그 사업의 근로자에 관한 사항에 대하여 사업주를 위하여 행동하는 자를 말한다. 3. "**사용자단체**"라 함은 노동관계에 관하여 그 구성원인 사용자에 대하여 조정 또는 규제할 수 있는 권한을 가진 사용자의 단체를 말한다. 4. "**노동조합**"이라 함은 근로자가 주체가 되어 자주적으로 단결하여 근로조건의 유지·개선 기타 근로자의 경제적·사회적 지위의 향상을 도모함을 목적으로 조직하는 단체 또는 그 연합단체를 말한다. 다만, 다음 각목의 1에 해당하는 경우에는 노동조합으로 보지 아니한다. 가. 사용자 또는 항상 그의 이익을 대표하여 행동하는 자의 참가를 허용하는 경우 나. 경비의 주된 부분을 사용자로부터 원조받는 경우 다. 공제·수양 기타 복리사업만을 목적으로 하는 경우 라. 근로자가 아닌 자의 가입을 허용하는 경우 마. 주로 정치운동을 목적으로 하는 경우 5. "**노동쟁의**"라 함은 노동조합과 사용자 또는 사용자단체(이하 "노동관계 당사자"라 한다)간에 임금·근로시간·복지·해고 기타 대우등 근로조건의 결정에 관한 주장의 불일치로 인하여 발생한 분쟁상태를 말한다. 이 경우 주장의 불일치라 함은 당사자간에 합의를 위한 노력을 계속하여도 더이상 자주적 교섭에 의한 합의의 여지가 없는 경우를 말한다. 6. "**쟁의행위**"라 함은 파업·태업·직장폐쇄 기타 노동관계 당사자가 그 주장을 관철할 목적으로 행하는 행위와 이에 대항하는 행위로서 업무의 정상적인 운영을 저해하는 행위를 말한다.

제3조(손해배상 청구의 제한) 사용자는 이 법에 의한 단체교섭 또는 쟁의행위로 인하여

손해를 입은 경우에 노동조합 또는 근로자에 대하여 그 배상을 청구할 수 없다.

제4조(정당행위) 형법 제20조의 규정은 노동조합이 단체교섭·쟁의행위 기타의 행위로서 제1조의 목적을 달성하기 위하여 한 정당한 행위에 대하여 적용된다. 다만, 어떠한 경우에도 폭력이나 파괴행위는 정당한 행위로 해석되어서는 아니된다.

제24조(근로시간 면제 등) ① 근로자는 단체협약으로 정하거나 사용자의 동의가 있는 경우에는 사용자 또는 노동조합으로부터 급여를 지급받으면서 근로계약 소정의 근로를 제공하지 아니하고 노동조합의 업무에 종사할 수 있다. ② 제1항에 따라 사용자로부터 급여를 지급받는 근로자(이하 "근로시간면제자"라 한다)는 사업 또는 사업장별로 종사근로자인 조합원 수 등을 고려하여 제24조의2에 따라 결정된 근로시간 면제 한도(이하 "근로시간 면제 한도"라 한다)를 초과하지 아니하는 범위에서 임금의 손실 없이 사용자와의 협의·교섭, 고충처리, 산업안전 활동 등 이 법 또는 다른 법률에서 정하는 업무와 건전한 노사관계 발전을 위한 노동조합의 유지·관리업무를 할 수 있다. ③ 사용자는 제1항에 따라 노동조합의 업무에 종사하는 근로자의 정당한 노동조합 활동을 제한해서는 아니 된다. ④ 제2항을 위반하여 근로시간 면제 한도를 초과하는 내용을 정한 단체협약 또는 사용자의 동의는 그 부분에 한정하여 무효로 한다.

제81조(부당노동행위) ① 사용자는 다음 각 호의 어느 하나에 해당하는 행위(이하 "부당노동행위"라 한다)를 할 수 없다. 1. 근로자가 노동조합에 가입 또는 가입하려고 하였거나 노동조합을 조직하려고 하였거나 기타 노동조합의 업무를 위한 정당한 행위를 한 것을 이유로 그 근로자를 해고하거나 그 근로자에게 불이익을 주는 행위 2. 근로자가 어느 노동조합에 가입하지 아니할 것 또는 탈퇴할 것을 고용조건으로 하거나 특정한 노동조합의 조합원이 될 것을 고용조건으로 하는 행위. 다만, 노동조합이 당해 사업장에 종사하는 근로자의 3분의 2 이상을 대표하고 있을 때에는 근로자가 그 노동조합의 조합원이 될 것을 고용조건으로 하는 단체협약의 체결은 예외로 하며, 이 경우 사용자는 근로자가 그 노동조합에서 제명된 것 또는 그 노동조합을 탈퇴하여 새로 노동조합을 조직하거나 다른 노동조합에 가입한 것을 이유로 근로자에게 신분상 불이익한 행위를 할 수 없다. 3. 노동조합의 대표자 또는 노동조합으로부터 위임을 받은 자와의 단체협약체결 기타의 단체교섭을 정당한 이유없이 거부하거나 해태하는 행위 4. 근로자가 노동조합을 조직 또는 운영하는 것을 지배하거나 이에 개입하는 행위와 근로시간 면제한도를 초과하여 급여를 지급하거나 노동조합의 운영비를 원조하는 행위. 다만, 근로자가 근로시간 중에 제24조 제2항에 따른 활동을 하는 것을 사용자가 허용함은 무방하며, 또한 근로자의 후생자금 또는 경제상의 불행 그 밖에 재해의 방지와 구제 등을 위한 기금의 기부와 최소한의 규모의 노동조합사무소의 제공 및 그 밖에 이에 준하여 노동조합의 자주적인 운영 또는 활동을 침해할 위험이 없는 범위에서의 운영비 원조행위는 예외로 한다. 5. 근로자가 정당한 단체행위에 참가한 것을 이유로 하거나 또는 노동위원회에 대하여 사용자가 이 조의 규정에 위반한 것을 신고하거나 그에 관한 증언을 하거나 기타 행정관청에 증거를 제출한 것을 이유로 그 근로자를 해고하거나 그 근로자에게 불이익을 주는 행위

37. 저작권의 보호와 저작권법

[서울중앙지법 2014. 3. 27. 2013가합527718 판결]

> (1) 소외 1의 '솔섬' 사진: 영국 출신 사진작가 소외 1은 2007년 삼척시 원덕읍 호산리에 있는 솔섬을 촬영한 후 이를 발표하였으며, 그 후 솔섬은 출사지로서 유명세를 타기 시작하였다. 별지 1 사진(이하 '이 사건 사진저작물'이라 한다)은 당시 발표한 사진 중의 하나이다.
>
> (2) 원고와 소외 1 사이의 계약: 원고는 원고 갤러리를 운영하는 개인사업자로서, 2010. 10. 28. 소외 1과 사이에 원고가 이 사건 사진저작물을 포함한 소외 1의 작품의 국내 판매 및 전시 대리권을 가진다는 내용의 에이전시 계약(이하 '이 사건 에이전시 계약'이라 한다)을 체결하고, 2010. 11. 4. 소외 1로부터 "소외 1의 솔섬 사진 시리즈 작품들의 한국 저작권과 처분권, 소유권을 추후 통지가 있을 때까지 원고에게 이전한다"는 내용의 확인서(이하 '이 사건 확인서'라 한다)를 받았다.
>
> (3) 소외 2의 '솔섬' 사진: 아마추어 사진작가인 소외 2는 2010년경 피고가 주최한 제17회 대한항공 여행사진 공모전에 솔섬을 배경으로 한 사진들을 출품하였고, 2010. 10. 5. 그중 별지 2 사진(이하 '이 사건 공모전 사진'이라 한다)이 입선으로 당선되었다.
>
> (4) 피고의 광고: 그 후 피고는 2011년경 이 사건 공모전 사진을 이용하여 광고 영상을 제작하였고, 2011. 8. 11.부터 이를 TV 및 인터넷을 통해 방송하였다.

【요 지】

영국 출신 사진작가 갑이 을에게 '솔섬' 사진 작품에 관한 국내 저작권 등을 양도하였는데, 병 주식회사가 '솔섬'을 배경으로 한 사진을 광고에 사용하자 을이 병 회사를 상대로 '솔섬' 사진의 저작권 침해를 이유로 손해배상을 구한 사안에서, 자연 경관은 만인에게 공유되는 창작의 소재로서 촬영자가 피사체에 어떠한 변경을 가하는 것이 사실상 불가능하다는 점을 고려할 때 다양한 표현 가능성이 있다고 보기 어려우므로, 갑의 사진과 병 회사의 사진이 모두 같은 촬영지점에서 풍경을 표현하고 있어 전체적인 콘셉트(Concept) 등이 유사하다고 하더라도 그 자체만으로는 저작권의 보호대상이 된다고 보기 어렵고, 양 사진이 각기 다른 계절과 시각에 촬영된 것으로 보이는 점 등에 비추어 이를 실질적으로 유사하다고 할 수 없다고 한 사례이다.

【이 유】

(1) (가) 원고의 주장: 피고는 저작권자인 원고의 허락 없이 이 사건 사진저작물을 모방한 이 사건 공모전 사진을 사용하여 광고하였다. 따라서 피고는 원고에게 저작권 침해로 인

한 손해배상으로 3억 원 및 이에 대한 지연손해금을 지급할 의무가 있다.

(나) **피고의 주장**: ① 원고는 소외 1로부터 이 사건 사진저작물에 관한 저작권을 양도받은 것이 아니라 소외 1의 작품에 대한 전시 및 판매대리권만을 부여받았으며, 설령 원고가 저작권을 양도받았다고 하더라도 이는 이 사건 소송을 목적으로 이루어진 것이므로 신탁법 제6조에 위반되어 무효이다. ② 이 사건 공모전 사진은 이 사건 사진저작물과 표현형식에 있어서 실질적 유사성이 인정되지 않는 전혀 다른 작품이다. ③ 이 사건 공모전 사진은 이 사건 사진저작물을 토대로 하여 촬영된 것이라고 볼 수 없어 의거성이 인정되지 않는다.

(2) (가) **원고가 저작권의 귀속주체인지 여부**: 원고가 소외 1로부터 이 사건 사진저작물의 저작권을 양도받았는지에 관하여 살피건대, 앞서 인정한 사실관계에 증인 소외 1의 증언 및 변론 전체의 취지를 종합하여 인정할 수 있는 다음과 같은 사정들, 즉 ① 소외 1이 2010. 11. 4. 직접 작성한 이 사건 확인서에 한국 내 저작권을 원고에게 양도한다는 내용이 명시적으로 기재되어 있을 뿐만 아니라, 소외 1도 이 법정에서 "한국에서 판매되는 모든 라이센스는 ○갤러리(원고)가 저작권을 갖는다"고 진술하고 있는 점, ② 이 사건 확인서의 내용이 2010. 10. 28. 체결된 이 사건 에이전시 계약과 다른 내용이긴 하나 이를 보충 내지 수정하는 계약으로 그 유효성을 인정할 수 있는 점, ③ 저작재산권에 대하여 시간적·장소적 제한을 가하여 양도하는 것이 가능하므로 '한국 내'에서의 저작권을 '추후 통지가 있을 때까지' 양도했다고 해서 이를 신탁 또는 대리권의 수여로 해석하기는 어려운 점, ④ 오히려 소외 1이 향후 저작물의 처분에 따라 원고로부터 그 대가를 지급받고 다른 사정이 발생하면 재양도 또는 해제를 요구할 수 있는 권리를 유보한 저작권 양도계약으로 보이는 점 등을 보태어 보면 원고는 2010. 11. 4. 소외 1로부터 이 사건 사진저작물의 저작권을 양도받았다고 봄이 상당하다.

(나) **저작권 침해 여부**: ① **저작권 침해의 판단 기준** — 저작권의 보호 대상은 학문과 예술에 관하여 사람의 정신적 노력에 의하여 얻어진 사상 또는 감정을 말, 문자, 음, 색 등에 의하여 구체적으로 외부에 표현한 창작적인 표현형식이고, 표현되어 있는 내용, 즉 아이디어나 이론 등의 사상 및 감정 그 자체는 설사 그것이 독창성, 신규성이 있다고 하더라도 원칙적으로 저작권의 보호 대상이 되지 않는 것이므로, 저작권의 침해 여부를 가리기 위하여 두 저작물 사이에 실질적인 유사성이 있는가의 여부를 판단함에 있어서도 창작적인 표현형식에 해당하는 것만을 가지고 대비하여야 하는바, 사진저작물의 경우 피사체의 선정, 구도의 설정, 빛의 방향과 양의 조절, 카메라 각도의 설정, 셔터의 속도, 셔터찬스의 포착, 기타 촬영방법, 현상과 인화 등의 과정에서 촬영자의 개성과 창조성이 인정되어야만 그러한 저작물에 해당된다고 볼 수 있다. 저작권 침해를 인정하기 위해서는 객관적으로 침해저작물과 피침해저작물 간에 실질적 유사성이 인정되어야 하고, 주관적으로 침해자가 저작물에 의거하여 그것을 이용하였을 것이 요구된다.

② **실질적 유사성 여부** — 원고는 '물에 비친 솔섬을 통하여 물과 하늘과 나무가 조화를 이루고 있는 앵글'이 이 사건 사진저작물의 핵심이고, 이 사건 공모전 사진은 사진저작물의 모든 구성요소 즉 피사체의 선정, 구도의 설정, 빛의 방향과 양의 조절, 카메라 각도의 설정, 셔터의 속도, 셔터찬스의 포착, 기타 촬영 방법, 현상 및 인화 등의 과정에서 이 사건 사진저작물과 유사하다고 주장하는바, 이 사건 공모전 사진이 이 사건 사진저작물의 표

현 중 아이디어의 영역을 넘어서 저작권으로 보호가 되는 구체적으로 표현된 창작적인 표현형식 등을 복제하거나 이용하여 실질적인 유사성이 있는 저작물에 해당하는가에 대하여 살펴본다. 즉 ① 동일한 피사체를 촬영하는 경우 이미 존재하고 있는 자연물이나 풍경을 어느 계절의 어느 시간에 어느 장소에서 어떠한 앵글로 촬영하느냐의 선택은 일종의 아이디어로서 저작권의 보호대상이 될 수 없는 점, ② 비록 이 사건 사진저작물과 이 사건 공모전 사진이 모두 같은 촬영지점에서 '물에 비친 솔섬을 통하여 물과 하늘과 나무가 조화를 이루고 있는 모습'을 표현하고 있어 전체적인 콘셉트(Concept)나 느낌이 유사하다 하더라도 그 자체만으로는 저작권의 보호대상이 된다고 보기 어려운 점(자연 경관은 만인에게 공유되는 창작의 소재로서 촬영자가 피사체에 어떠한 변경을 가하는 것이 사실상 불가능하다는 점을 고려할 때 다양한 표현 가능성이 있다고 보기 어려우므로, 전체적인 콘셉트나 느낌에 의하여 저작물로서의 창작성을 인정하는 것은 다른 저작자나 예술가의 창작의 기회 및 자유를 심하게 박탈하는 결과를 초래할 것이다), ③ 이 사건 사진저작물은 솔섬을 사진의 중앙 부분보다 다소 좌측으로 치우친 지점에 위치시킨 정방형의 사진인 데 반하여, 이 사건 공모전 사진은 솔섬을 사진의 중앙 부분보다 다수 우측으로 치우친 지점에 위치시킨 장방형의 사진으로, 두 사진의 구도 설정이 동일하다고 보기도 어려운 점, ④ 빛의 방향은 자연물인 솔섬을 찍은 계절과 시각에 따라 달라지는데 이는 선택의 문제로서 역시 그 자체만으로는 저작권의 보호대상이 되기 어려울 뿐만 아니라, 이 사건 사진저작물과 이 사건 공모전 사진은 각기 다른 계절과 시각에 촬영된 것으로 보이는 점(이 사건 사진저작물은 늦겨울 저녁 무렵에, 이 사건 공모전 사진은 한여름 새벽에 촬영된 것으로 보인다), ⑤ 나아가 이 사건 사진저작물의 경우 솔섬의 좌측 수평선 부근이 가장 밝은 데 반하여, 이 사건 공모전 사진은 솔섬의 우측 수평선 부근에 밝은 빛이 비치고 있어 빛의 방향이 다르고, 달리 두 저작물에 있어 빛의 방향이나 양의 조절이 유사하다고 볼만한 자료가 없는 점, ⑥ 비록 두 사진 모두 장노출 기법을 사용하기는 하였으나, 이 사건 사진저작물의 경우 솔섬의 정적인 모습을 마치 수묵화와 같이 담담하게 표현한 데 반하여, 이 사건 공모전 사진의 경우 새벽녘 일출 직전의 다양한 빛과 구름의 모습, 그리고 이와 조화를 이루는 솔섬의 모습을 역동적으로 표현하고 있어 위와 같은 촬영방법을 통해 표현하고자 하는 바가 상이한 점, ⑦ 그 밖에 카메라 셔터의 속도, 기타 촬영 방법, 현상 및 인화 등의 과정에 유사점을 인정할 만한 자료가 없는 점 등에 비추어 보면, 원고가 들고 있는 증거만으로는 이 사건 사진저작물과 이 사건 공모전 사진이 실질적으로 유사하다고 보기 어렵고, 달리 이를 인정할 만한 증거가 없다.

따라서 이 사건 공모전 사진이 이 사건 사진저작물에 의거하여 창작되었는지에 관하여 나아가 살필 필요 없이 이 사건 사진저작물과 이 사건 공모전 사진 사이에 실질적 유사성이 인정됨을 전제로 한 원고의 저작권 침해 주장은 이유 없다. 그렇다면 원고의 청구는 이유 없어 이를 기각하기로 한다.

【해 설】

(1) **저작권**(copyright)이란 문학·학술·예술의 저작물에 속하는 창작물에 대하여 저작자에게 배타적이고 독점적으로 인정되는 인격적·재산적 권리로서 무체재산권을 말한다. **무체재산권(無體財産權)**은 유체물에 대한 배타적 지배권인 물권에 대비되는 무형의 재산적 이익의

배타적 지배권의 총칭으로, 저작·발명 등의 정신적·지능적 창조물을 독점적으로 이용하는 것을 내용으로 하는 권리인 **지식재산권**(intellectual property right)·**지적재산권**·**지적소유권**을 말한다. 무체재산권은 크게 문학적·미술적 소유권인 저작권과 산업적·영업적 소유권인 공업소유권의 두 유형으로 나뉜다. **공업소유권(산업재산권)**에는 기술적 창조에 대한 특허발명을 일정 기간 독점적·배타적으로 이용할 수 있는 **특허권**, 방법이나 물질에 대한 기술이론을 제외한 물품의 형상·구조·조합에 관한 실용적인 고안, 즉 물품에 구현된 기술이론을 보호대상으로 하는 **실용신안권**, 물품의 형상·모양·색채 또는 이들의 조합으로 시각을 통해 미감을 일으켜 공업적으로 이용가능한 고안을 보호대상으로 하는 **의장권**, 등록상표를 지정상표에 독점적으로 사용할 수 있는 **상표권**이 있고 이들 권리의 보호를 위해 각기 특별법이 제정되어 있다(특허법·실용신안법·의장법·상표법). 한편 저작권의 보호객체인 저작물은 창작자의 정신노동의 산물임과 동시에 정신의 객관적 실재이며 창작자의 인격에 그 뿌리를 박고 있어서 일반의 재산권과는 다른 독특한 보호와 규제가 필요한 분야이므로, 무체재산권법의 영역에서도 특수한 위치를 차지하고 있다. 이에 대한 보호는 헌법(제21조)에 기초하고 있으며 이를 바탕으로 한 저작권법이 제정되어 있다.

저작권은 주로 예술가나 출판업자 또는 기타의 소유자들에 대하여, 권한 없이 그 작품을 모방하는 것(예를 들면 어떤 구체적인 형태로든 그 작품을 복제하거나, 출판하거나, 공개적으로 상연하거나, 영화화하거나, 방송하거나, 구독자에게 배포되게 하거나, 각색하는 것 등)으로부터 보호하기 위해 고안된 것이다. 저작권은 저작권자에게 저작물에 대한 일종의 독점권을 부여함으로써 그로부터 파생되는 금전상의 이득을 보장해준다. 저작물에는 소설·시·논문·강연·각본·음악·연극·무용·회화·서예·도안·조각·공예·건축물·사진·영상·도형·컴퓨터프로그램 등이 있다. 또한 원저작물을 번역·편곡·변형·각색·영상제작 등의 방법으로 만든 2차적 저작물과 편집물로서 소재의 선택 또는 배열에 창작성이 있는 것도 이에 속한다. 저작자의 권리에는 공표권·성명표시권·동일성유지권 등의 **저작인격권**과 저작물의 복제·공연·방송·전시·배포와 2차적 저작물작성권 등의 **저작재산권**이 있다.

(2) 저작권을 규율하는 초기의 법률은 저자나 출판업자의 권리를 보호하기 위해서라기보다는 정부의 세수(稅收)를 확보하기 위해 제정되었다. 1476년 베네치아 시의 인쇄업자들은 책을 인쇄할 배타적인 권리를 획득하기 위해 국가에 수수료를 지급하였다. 1710년 영국에서 제정된 '앤여왕법'(Statute of Anne)은 저자들이 저작권법의 주요한 수혜대상이라고 인정하였고, 그와 같은 법률들은 한시적으로만 지속되어야 하며 그 이후에는 작품들이 공유상태로 들어간다는 이론을 확립하였고, 그 지속기간은 28년으로 정해졌다. 덴마크(1741)·미국(1790)·프랑스(1793)에서도 유사한 법률이 제정되었으며, 19세기에 대부분의 선진국들은 자국 저자들의 작품을 보호하는 법률들을 제정하였다. 그 후 1852년 프랑스는 저작권법의 보호를 국적에 관계없이 모든 저자들에게 확대하였는데, 이는 국제적 협정을 위한 운동을 촉발시켰다. 그 결과 1886년 스위스에서 '베른협약'(Berne Convention)이 채택되었으며, 각 체약국들은 동맹 가입국들에서 창작된 저작들과 동맹 가입국의 시민 또는 거주자가 저자로 되어 있는 미출판 저작들에 대하여 자동적으로 보호를 제공해야 한다는 조항을 규정하였다. 좀 더 포괄적인 국제협약으로서 1952년 제네바에서 체결되어 1955년에 발효된 '세계저작권협약'(Universal Copyright Convention, UCC)은 베른협약과 공존하며, 베른동맹의 회원국이 아닌 미국과 같은 주요국들도 포함되어 있다. 세계저작권협약은 외국저작에 대해서

37. 저작권의 보호와 저작권법

도 그것이 어느 나라에서 최초로 발행되었는가에 관계없이 모든 나라에서 국내저작과 동일한 보호를 하도록 규정하고 있으며, 번역권에 대해서는 7년까지 독점권을 규정하고 있다.

최근에는 새로운 기술의 산물인 컴퓨터 소프트웨어와 유전공학 기술 등의 보호방법과 보호범위가 지적소유권 보호제도의 관심사가 되고 있다. 따라서 첨단기술과 문화의 발달로 인해 지식재산권도 점차 다양해져서 영업비밀보호권이나 반도체칩배치설계보호권과 같은 새로운 지식재산권이 늘어날 전망이다. 그밖에 지식재산권에 관한 국제기구로는 세계지식재산권기구(World Intellectual Property Organization, WIPO), 세계무역기구(World Trade Organization, WTO), 국제산업재산권보호협회(AIPPI), 국제상업회의소(International Chamber of Commerce, ICC), 위조상품정보국(Counterfeiting Intelligence Bureau, CIB), 국제상품위조방지협회, 국제재산권연맹, 국제라이선싱협회 등 많은 단체가 있다. 현재 우리 나라의 경우 공업소유권은 특허청에서, 저작권은 문화체육관광부에서 관장하고 있으며, 지식재산권을 규율하는 법으로는 특허법, 실용신안법, 의장법, 상표법, 저작권법, 부정경쟁방지법, 컴퓨터프로그램보호법, 반도체집적회로의 배치설계에 관한 법률 등을 들 수 있다.

[서울서부지법 2006. 3. 17. 2004가합4676 판결]

(가) 대중가요인 '돌아와요 부산항에'의 가사가 '돌아와요 충무항에'의 가사를 토대로 창작된 2차적 저작물로서, '돌아와요 충무항에'의 가사의 저작권에 기한 2차적 저작물작성권을 침해하였다고 할 것이나, 원작사자의 저작인격권을 침해하였다고는 할 수 없다고 한 사례이다. 또한 원작사자의 동의 없이 대중가요의 가사를 바꾸어 2차적 저작물인 다른 가사를 만든 뒤 같은 곡에 붙여 공연, 방송, 복제 등을 함으로써 원작사자의 저작재산권을 침해한 사안에서, 저작권법 제93조를 적용하지 않고 제94조에 따라 손해액을 산정한 사례이다.

(나) 사건개요: ① 원고는 망 소외 6의 어머니로 소외 6의 단독 재산상속인이고, 피고는 1960년대부터 현재까지 갑 또는 을이라는 이명으로 많은 대중가요를 작사·작곡하여 온 음악인이며, 소외 6은 가수지망생으로 1970년경 피고로부터 노래를 배웠다. 소외 6은 1967년경 누나 소외 2와 함께 고향인 충무를 떠나 서울로 상경하였다. 소외 6은 고향에 대한 향수와 충무항 여객터미널선착장에서 부모님과 울면서 헤어졌던 가슴 아픈 경험을 바탕으로 1969년경 '돌아와요 충무항에'라는 노래를 작사하였고, 그 가사는 다음과 같다. 1) 꽃피는 미륵산에 봄이 왔건만/님 떠난 충무항에 갈매기만 슬피우네/세병관 둥근기둥 기대여서/목메여 불러봐도 소식없는 그 사람/돌아와요 충무항에 야속한 내 님아. 2) 무학새 슬피우는 한산도 달밤에/통통배 줄을 지어 웃음꽃에 잘도 가네/무정한 부산배는 님 실어가고/소리쳐 불러봐도 간곳없는 그 사람/돌아와요 충무항에 야속한 내 님아. 그 뒤 피고는 위 가사에 따라 작곡을 하였다. 소외 6은 피고가 만들어준 곡에 따라 '돌아와요 충무항에'라는 노래를 직접 불러 1970. 12. 16. 주식회사 유니버설 레코드를 통하여 위 노래를 취입한 음반(이하 '이 사건 음반'이라고 한다)을 발표하였다. 이 사건 음반 2면에 수록된 '돌아와요 충무항에'는 그 작사자로 소외 6의 성명이, 작곡자로 피고의 성명이 표시되어 있다. 한편, 이 사건 음반 2면에는 '돌아와요 충무항에' 이외에 소외 6이 부른 '떠나간 당신', '믿어주세요', '쓰라린 상처라면'의 3곡을 포함하여 6곡이 수록되어 있고, 이 사건 음반 1면에는 가수 이장용이 부른 '너는 사랑의 나그네(소외 4 작사·작곡)'를 비롯하여 소외 4가 작곡한 6곡이 수록되어 있다. 소외 4는 자신이 작곡한 이 사건 음반 1면의 노래들을 녹

음하고 제작할 때 참여하였다. 주식회사 유니버셜 레코드는 당시 시행되던 음반에 관한 법률에 의하여 문공부등록 제6호로 등록을 마친 음반제작자였다. 주식회사 유니버셜 레코드는 '돌아와요 충무항에'에 대하여 한국예술문화윤리위원회에 심의를 신청하여 1970. 11. 30. '작사자 소외 6, 작곡자 갑, 가사악보심의번호 2389'로 심의를 통과하였다. 소외 6은 이 사건 음반을 발표한 이후 별다른 활동 없이 군에 입대하였고, 1971. 12. 24. 휴가차 나왔다가 서울 대연각호텔 대형 화재사고로 사망하였다.

② 가수 조용필은 1972. 2. 25. '돌아와요 부산항에'라는 노래가 녹음된 '여학생을 위한 조용필 스테레오 힛트앨범'을 발표하였는데, 위 음반에는 '돌아와요 부산항에'의 작사자로 피고의 성명이 표시되어 있다. 이 때 발표된 '돌아와요 부산항에'의 가사는 다음과 같다. 1) 꽃피는 동백섬에 봄이 왔건만/님 떠난 부산항은 갈매기만 슬피우네/오륙도 돌아가는 연락선마다/목메어 불러봐도 말없는 그 사람/돌아와요 부산항에 그리운 내 님아. 2) 해저문 해운대에 달은 떴는데/백사장 해변가에 파도만 밀려오네/쌍고동 울어주는 연락선마다/소리쳐 불러봐도 대답없는 그 사람/돌아와요 부산항에 보고픈 내 님아. 1975년경 재일동포 고향방문단이 대한민국을 방문하게 되자 조용필은 이에 맞춰 1972년에 발표된 '돌아와요 부산항에'를 부분적으로 개사하여 다시 발표하였는데, 1975년에 발표된 '돌아와요 부산항에'(이하 이 사건 '돌아와요 부산항에'라고 한다)의 가사는 다음과 같다. 1) 꽃피는 동백섬에 봄이 왔건만/형제 떠난 부산항에 갈매기만 슬피우네/오륙도 돌아가는 연락선마다/목메어 불러봐도 대답없는 내 형제여/돌아와요 부산항에 그리운 내 형제여. 2) 가고파 목이 메어 부르던 이 거리는/그리워서 헤매이던 긴긴날의 꿈이었지/언제나 말이 없는 저 물결들도/부딪쳐 슬퍼하며 가는 길을 막았었지/돌아와요 부산항에 그리운 내 형제여. 피고는 이 사건 음반이 알려짐으로써 '돌아와요 부산항에'라는 노래 가사에 관한 저작권 논쟁이 제기되자 2003. 11. 14. 등록번호 제 C-2003-003837호로 저작권심의조정위원회에 저작권 등록을 하였다.

③ 원고는 피고가 '돌아와요 충무항에' 가사에 의거하여 이와 실질적 유사성이 있는 이 사건 '돌아와요 부산항에' 가사를 만들고 이를 자신의 저작물인 것으로 공표함으로써 소외 6의 가사에 대한 복제권, 배포권, 2차적 저작물작성권 등 저작재산권을 침해하였으므로 이에 대한 소외 6의 재산적 손해를 배상할 책임이 있고, 또한 원작사자의 성명을 표시하지 않아 소외 6의 성명표시권, 동일성유지권 등 저작인격권을 침해하였으므로 이에 대한 소외 6의 명예회복을 위한 조치로 별지 기재의 해명서를 신문에 게재할 의무가 있다고 주장한다. 반면에 피고는 '돌아와요 충무항에' 가사는 떠나간 연인을 그리워하는 내용인 반면 이 사건 '돌아와요 부산항에' 가사는 1975년경 재일동포 고향방문단의 모국방문에 맞추어 민족의 아픔에 대한 내용으로 변경되어 그 내용이 상이하고, 불과 앞 두 구절의 가사만 비슷할 뿐이어서 '돌아와요 부산항에' 가사에는 피고의 독창성이 인정된다고 주장한다.

(다) ① 우선, 원작사자의 동의 없이 노래 가사를 바꾸어 2차적 저작물인 다른 가사를 같은 곡에 붙여 공연, 방송, 복제 등을 함으로써 원작사자의 저작재산권을 침해한 경우에 원작사자가 입은 손해액을 평가할 기준이 없고, 원고가 제출한 모든 증거를 살펴보아도 그 기준을 찾을 방법조차 가늠하기 어렵다. 또한, 저작권법 제93조 제1항이 저작재산권을 침해한 자가 침해행위로 인하여 받은 이익액을 저작재산권자가 입은 손해액으로 추정한다고 규정하고 있으나, 피고가 원작사자인 소외 6의 가사를 바꾸지 아니하고 그대로 이용한 것이 아닌

점, 소외 6은 이 사건 음반을 발표한 이후 별다른 활동이나 홍보를 하지 않고 군대에 갔으며 이 사건 음반을 발표한지 1년 만에 사망하는 등으로 그 노래를 대중에게 그리 호소하지도 못하여 인기가 거의 없었고 음반 판매는 물론 방송, 유흥주점, 노래방, 음악관련서적 등에 무시하여도 좋을 만큼 실적이 거의 없었던 것으로 보이는 점, 더구나 조용필이 1972년 '돌아와요 부산항에'를 음반으로 발표했을 때에도 그리 알려지거나 대중의 인기를 끌지는 못한 점, 이 사건 '돌아와요 부산항에'는 1975년 재일동포 고향방문단이 향수에 젖어 대대적으로 부산항을 통하여 모국을 방문한 당시의 시대적 물결을 흡수하여 유행시키고자 한 피고에 의하여 동포의 귀환에 관한 내용으로 가사가 상당 부분 수정되고 전보다 인기가 급상승한 가수 조용필의 강한 호소력 등이 어우러져 일약 유명해진 점, 그 후에도 피고의 개사와 가수 조용필의 편곡과 가창력, 국민가수로서의 강한 이미지 등이 어울려 이 사건 '돌아와요 부산항에'가 꾸준히 대중적 인기를 누린 것이고, 그러한 요소가 없었다면 '돌아와요 충무항에'는 대중가요사에만 남아있을 뿐 그 2차적 저작물인 이 사건 '돌아와요 부산항에'조차도 대중의 사랑을 받고 널리 애창되는 등 인기를 누리기는 어려웠던 것으로 보이는 점 등을 종합하여 보면, 위 규정을 그대로 적용할 수는 없다. 따라서 원고의 이 부분 청구는 더 나아가 살필 것 없이 받아들이지 아니한다.

② 다음으로, 저작권법 제93조 제2항은 저작권자가 그 권리의 행사로 통상 받을 수 있는 금액에 상당한 액을 최소한의 손해배상액으로 청구할 수 있다고 규정하고 있으나, 피고의 침해행위 당시 약정사용료가 존재하지도 아니하고 원·피고 제출의 관련 증거에 의하여도 만약 그 당시에 이용허락계약이 있었다면 사용료로 결정되었을 가정적인 금액 등을 산정할 보조자료마저 찾을 수 없고, 달리 이에 대한 원고의 입증도 없어 위 규정을 적용할 수도 없다. 그렇다면 저작권법 제94조에 따라 법원이 변론의 취지 및 증거조사의 결과를 참작하여 상당한 손해액을 산정할 수밖에 없다. 살피건대, 소외 6이 '돌아와요 충무항에' 가사를 창작하고 가수로서 활동한 기간과 그 당시 동종업계나 대중의 반응, 피고가 가사를 바꾸게 된 경위와 그 바뀐 내용, 그로 인하여 '돌아와요 충무항에' 가사가 묻히지 않고 재창조되어 소외 6도 작사자로서의 인기를 되살릴 수 있는 기반이 마련된 점, 이 사건 '돌아와요 부산항에'가 대중들에게 인기를 끌게 된 경위와 그에 관련된 여러 사정들, 원·피고의 관계, 원고가 피고에게 개사 등을 이유로 확인을 구하자 그에 대하여 피고가 취한 태도, 피고가 이 사건 '돌아와요 부산항에'의 작사자로서 사단법인 한국음악저작권협회로부터 받은 금액이 원고 주장과 거의 같은 점(사단법인 한국음악저작권협회에 대한 각 사실조회 결과) 등 이 사건 변론에 나타난 모든 사정들을 고려하면, 피고가 원고에게 배상하여야 할 손해액은 30,000,000원으로 봄이 상당하다(원고는 손해배상과 더불어 부당이득청구도 구하는 것으로 보이나, 특별한 사정이 없는 한 손해배상 이외에 추가적으로 부당이득을 구할 수는 없다).

[대법원 2021. 7. 15. 2018도144 판결] <표지갈이 저작권법위반 사건>

(가) 저작권법 제137조 제1항 제1호는 저작자 아닌 자를 저작자로 하여 실명·이명을 표시하여 저작물을 공표한 자를 형사처벌한다고 정하고 있다. 이 규정은 자신의 의사에 반하여 타인의 저작물에 저작자로 표시된 저작자 아닌 자의 인격적 권리나 자신의 의사에 반하여 자신의 저작물에 저작자 아닌 자가 저작자로 표시된 데 따른 실제 저작자의 인격적 권리뿐만 아니라 저작자 명의에 관한 사회 일반의 신뢰도 보호하려는 데 목적이 있다. 이러한

입법 취지 등을 고려하면, 저작자 아닌 자를 저작자로 표시하여 저작물을 공표한 이상 위 규정에 따른 범죄는 성립하고, 사회통념에 비추어 사회 일반의 신뢰가 손상되지 않는다고 인정되는 특별한 사정이 있는 경우가 아닌 한 그러한 공표에 저작자 아닌 자와 실제 저작자의 동의가 있었더라도 달리 볼 것은 아니다. 또한 실제 저작자가 저작자 아닌 자를 저작자로 표시하여 저작물을 공표하는 범행에 가담하였다면 저작권법 제137조 제1항 제1호 위반죄의 공범으로 처벌할 수 있다.

(나) 저작권법상 공표는 저작물을 공연, 공중송신 또는 전시 그 밖의 방법으로 공중에게 공개하는 것과 저작물을 발행하는 것을 말한다(저작권법 제2조 제25호). 이러한 공표의 문언적 의미와 저작권법 제137조 제1항 제1호의 입법 취지에 비추어 보면, 저작자를 허위로 표시하는 대상이 되는 저작물이 이전에 공표된 적이 있더라도 위 규정에 따른 범죄의 성립에는 영향이 없다.

※ **저작권법**

[일부개정 2021. 5. 18. 법률 제18162호, 시행 2021. 5. 18.]

제1조(목적) 이 법은 저작자의 권리와 이에 인접하는 권리를 보호하고 저작물의 공정한 이용을 도모함으로써 문화 및 관련 산업의 향상발전에 이바지함을 목적으로 한다.

제2조(정의) 이 법에서 사용하는 용어의 뜻은 다음과 같다. 1. "**저작물**"은 인간의 사상 또는 감정을 표현한 창작물을 말한다. 2. "**저작자**"는 저작물을 창작한 자를 말한다. 3. "**공연**"은 저작물 또는 실연·음반·방송을 상연·연주·가창·구연·낭독·상영·재생 그 밖의 방법으로 공중에게 공개하는 것을 말하며, 동일인의 점유에 속하는 연결된 장소 안에서 이루어지는 송신(전송을 제외한다)을 포함한다. 4. "**실연자**"는 저작물을 연기·무용·연주·가창·구연·낭독 그 밖의 예능적 방법으로 표현하거나 저작물이 아닌 것을 이와 유사한 방법으로 표현하는 실연을 하는 자를 말하며, 실연을 지휘, 연출 또는 감독하는 자를 포함한다. 7. "**공중송신**"은 저작물, 실연·음반·방송 또는 데이터베이스(이하 "저작물등"이라 한다)를 공중이 수신하거나 접근하게 할 목적으로 무선 또는 유선통신의 방법에 의하여 송신하거나 이용에 제공하는 것을 말한다. 13. "**영상저작물**"은 연속적인 영상(음의 수반여부는 가리지 아니한다)이 수록된 창작물로서 그 영상을 기계 또는 전자장치에 의하여 재생하여 볼 수 있거나 보고 들을 수 있는 것을 말한다. 21. "**공동저작물**"은 2명 이상이 공동으로 창작한 저작물로서 각자의 이바지한 부분을 분리하여 이용할 수 없는 것을 말한다. 22. "**복제**"는 인쇄·사진촬영·복사·녹음·녹화 그 밖의 방법으로 일시적 또는 영구적으로 유형물에 고정하거나 다시 제작하는 것을 말하며, 건축물의 경우에는 그 건축을 위한 모형 또는 설계도서에 따라 이를 시공하는 것을 포함한다. 23. "**배포**"는 저작물등의 원본 또는 그 복제물을 공중에게 대가를 받거나 받지 아니하고 양도 또는 대여하는 것을 말한다. 24. "**발행**"은 저작물 또는 음반을 공중의 수요를 충족시키기 위하여 복제·배포하는 것을 말한다. 25. "**공표**"는 저작물을 공연, 공중송신 또는 전시 그 밖의 방법으로 공중에게 공개하는 경우와 저작물을 발행하는 경우를 말한다. 32. "**공중**"은 불특정 다수인(특정 다수인을 포함한다)을 말한다. 33. "**인증**"은 저작물등의 이용허락 등을 위하여 정당한 권리자임을 증명하는 것을 말한다.

제3조(외국인의 저작물) ① 외국인의 저작물은 대한민국이 가입 또는 체결한 조약에 따라 보호된다.

제4조(저작물의 예시 등) ① 이 법에서 말하는 저작물을 예시하면 다음과 같다. 1. 소설·시·논문·강연·연설·각본 그 밖의 어문저작물 2. 음악저작물 3. 연극 및 무용·무언극 그 밖의 연극저작물 4. 회화·서예·조각·판화·공예·응용미술저작물 그 밖의 미술저작물 5. 건축물·건축을 위한 모형 및 설계도서 그 밖의 건축저작물 6. 사진저작물(이와 유사한 방법으로 제작된 것을 포함한다) 7. 영상저작물 8. 지도·도표·설계도·약도·모형 그 밖의 도형저작물 9. 컴퓨터프로그램저작물

제5조(2차적 저작물) ① 원저작물을 번역·편곡·변형·각색·영상제작 그 밖의 방법으로 작성한 창작물(이하 "2차적 저작물"이라 한다)은 독자적인 저작물로서 보호된다. ② 2차적 저작물의 보호는 그 원저작물의 저작자의 권리에 영향을 미치지 아니한다.

제7조(보호받지 못하는 저작물) 다음 각 호의 어느 하나에 해당하는 것은 이 법에 의한 보호를 받지 못한다. 1. 헌법·법률·조약·명령·조례 및 규칙 2. 국가 또는 지방자치단체의 고시·공고·훈령 그 밖에 이와 유사한 것 3. 법원의 판결·결정·명령 및 심판이나 행정심판절차 그 밖에 이와 유사한 절차에 의한 의결·결정 등 4. 국가 또는 지방자치단체가 작성한 것으로서 제1호 내지 제3호에 규정된 것의 편집물 또는 번역물 5. 사실의 전달에 불과한 시사보도

제8조(저작자 등의 추정) ① 다음 각 호의 어느 하나에 해당하는 자는 저작자로서 그 저작물에 대한 저작권을 가지는 것으로 추정한다. 1. 저작물의 원본이나 그 복제물에 저작자로서의 실명 또는 이명(예명·아호·약칭 등을 말한다. 이하 같다)으로서 널리 알려진 것이 일반적인 방법으로 표시된 자 2. 저작물을 공연 또는 공중송신하는 경우에 저작자로서의 실명 또는 저작자의 널리 알려진 이명으로서 표시된 자 ② 제1항 각 호의 어느 하나에 해당하는 저작자의 표시가 없는 저작물의 경우에는 발행자·공연자 또는 공표자로 표시된 자가 저작권을 가지는 것으로 추정한다.

제10조(저작권) ① 저작자는 제11조 내지 제13조의 규정에 따른 권리(이하 "저작인격권"이라 한다)와 제16조 내지 제22조의 규정에 따른 권리(이하 "저작재산권"이라 한다)를 가진다. ② 저작권은 저작물을 창작한 때부터 발생하며 어떠한 절차나 형식의 이행을 필요로 하지 아니한다.

제11조(공표권) ① 저작자는 그의 저작물을 공표하거나 공표하지 아니할 것을 결정할 권리를 가진다.

제12조(성명표시권) ① 저작자는 저작물의 원본이나 그 복제물에 또는 저작물의 공표 매체에 그의 실명 또는 이명을 표시할 권리를 가진다.

제13조(동일성유지권) ① 저작자는 그의 저작물의 내용·형식 및 제호의 동일성을 유지할 권리를 가진다.

제14조(저작인격권의 일신전속성) ① 저작인격권은 저작자 일신에 전속한다. ② 저작자의 사망 후에 그의 저작물을 이용하는 자는 저작자가 생존하였더라면 그 저작인격권의 침해가 될 행위를 하여서는 아니된다. 다만, 그 행위의 성질 및 정도에 비추어 사회통념상 그 저작자의 명예를 훼손하는 것이 아니라고 인정되는 경우에는 그러하지 아니하다.

제15조(공동저작물의 저작인격권) ① 공동저작물의 저작인격권은 저작자 전원의 합의에

의하지 아니하고는 이를 행사할 수 없다. 이 경우 각 저작자는 신의에 반하여 합의의 성립을 방해할 수 없다. ② 공동저작물의 저작자는 그들 중에서 저작인격권을 대표하여 행사할 수 있는 자를 정할 수 있다.

제16조(복제권) 저작자는 그의 저작물을 복제할 권리를 가진다.

제17조(공연권) 저작자는 그의 저작물을 공연할 권리를 가진다.

제18조(공중송신권) 저작자는 그의 저작물을 공중송신할 권리를 가진다.

제19조(전시권) 저작자는 미술저작물등의 원본이나 그 복제물을 전시할 권리를 가진다.

제20조(배포권) 저작자는 저작물의 원본이나 그 복제물을 배포할 권리를 가진다. 다만, 저작물의 원본이나 그 복제물이 해당 저작재산권자의 허락을 받아 판매 등의 방법으로 거래에 제공된 경우에는 그러하지 아니하다.

제21조(대여권) 제20조 단서에도 불구하고 저작자는 상업적 목적으로 공표된 음반(이하 "상업용 음반"이라 한다)이나 상업적 목적으로 공표된 프로그램을 영리를 목적으로 대여할 권리를 가진다.

제22조(2차적 저작물작성권) 저작자는 그의 저작물을 원저작물로 하는 2차적 저작물을 작성하여 이용할 권리를 가진다.

제25조(학교교육 목적 등에의 이용) ① 고등학교 및 이에 준하는 학교 이하의 학교의 교육 목적상 필요한 교과용도서에는 공표된 저작물을 게재할 수 있다. ② 교과용도서를 발행한 자는 교과용도서를 본래의 목적으로 이용하기 위하여 필요한 한도 내에서 제1항에 따라 교과용도서에 게재한 저작물을 복제·배포·공중송신할 수 있다. ③ 다음 각 호의 어느 하나에 해당하는 학교 또는 교육기관이 수업 목적으로 이용하는 경우에는 공표된 저작물의 일부분을 복제·배포·공연·전시 또는 공중송신(이하 이 조에서 "복제등"이라 한다)할 수 있다. 다만, 공표된 저작물의 성질이나 그 이용의 목적 및 형태 등에 비추어 해당 저작물의 전부를 복제등을 하는 것이 부득이한 경우에는 전부 복제등을 할 수 있다. 1. 특별법에 따라 설립된 학교 2. 「유아교육법」, 「초·중등교육법」 또는 「고등교육법」에 따른 학교 3. 국가나 지방자치단체가 운영하는 교육기관

제28조(공표된 저작물의 인용) 공표된 저작물은 보도·비평·교육·연구 등을 위하여는 정당한 범위 안에서 공정한 관행에 합치되게 이를 인용할 수 있다.

제29조(영리를 목적으로 하지 아니하는 공연·방송) ① 영리를 목적으로 하지 아니하고 청중이나 관중 또는 제3자로부터 어떤 명목으로든지 반대급부를 받지 아니하는 경우에는 공표된 저작물을 공연(상업용 음반 또는 상업적 목적으로 공표된 영상저작물을 재생하는 경우를 제외한다) 또는 방송할 수 있다. 다만, 실연자에게 통상의 보수를 지급하는 경우에는 그러하지 아니하다. ② 청중이나 관중으로부터 해당 공연에 대한 반대급부를 받지 아니하는 경우에는 상업용 음반 또는 상업적 목적으로 공표된 영상저작물을 재생하여 공중에게 공연할 수 있다. 다만, 대통령령으로 정하는 경우에는 그러하지 아니하다.

제30조(사적이용을 위한 복제) 공표된 저작물을 영리를 목적으로 하지 아니하고 개인적으로 이용하거나 가정 및 이에 준하는 한정된 범위 안에서 이용하는 경우에는 그 이용자는 이를 복제할 수 있다. 다만, 공중의 사용에 제공하기 위하여 설치된 복사기기, 스캐너, 사진기 등 문화체육관광부령으로 정하는 복제기기에 의한 복제는 그러하지 아니하다.

37. 저작권의 보호와 저작권법

제32조(시험문제를 위한 복제 등) 학교의 입학시험이나 그 밖에 학식 및 기능에 관한 시험 또는 검정을 위하여 필요한 경우에는 그 목적을 위하여 정당한 범위에서 공표된 저작물을 복제·배포 또는 공중송신할 수 있다. 다만, 영리를 목적으로 하는 경우에는 그러하지 아니하다.

제33조(시각장애인 등을 위한 복제 등) ① 공표된 저작물은 시각장애인 등을 위하여 점자로 복제·배포할 수 있다.

제33조의2(청각장애인 등을 위한 복제 등) ① 누구든지 청각장애인 등을 위하여 공표된 저작물을 한국수어로 변환할 수 있고, 이러한 한국수어를 복제·배포·공연 또는 공중송신할 수 있다.

제37조(출처의 명시) ① 이 관에 따라 저작물을 이용하는 자는 그 출처를 명시하여야 한다. 다만, 제26조, 제29조부터 제32조까지, 제34조 및 제35조의2부터 제35조의4까지의 경우에는 그러하지 아니하다. ② 출처의 명시는 저작물의 이용 상황에 따라 합리적이라고 인정되는 방법으로 하여야 하며, 저작자의 실명 또는 이명이 표시된 저작물인 경우에는 그 실명 또는 이명을 명시하여야 한다.

제39조(보호기간의 원칙) ① 저작재산권은 이 관에 특별한 규정이 있는 경우를 제외하고는 저작자가 생존하는 동안과 사망한 후 70년간 존속한다. ② 공동저작물의 저작재산권은 맨 마지막으로 사망한 저작자가 사망한 후 70년간 존속한다.

제45조(저작재산권의 양도) ① 저작재산권은 전부 또는 일부를 양도할 수 있다.

제46조(저작물의 이용허락) ① 저작재산권자는 다른 사람에게 그 저작물의 이용을 허락할 수 있다. ② 제1항의 규정에 따라 허락을 받은 자는 허락받은 이용 방법 및 조건의 범위 안에서 그 저작물을 이용할 수 있다. ③ 제1항의 규정에 따른 허락에 의하여 저작물을 이용할 수 있는 권리는 저작재산권자의 동의 없이 제3자에게 이를 양도할 수 없다.

제50조(저작재산권자 불명인 저작물의 이용) ① 누구든지 대통령령으로 정하는 기준에 해당하는 상당한 노력을 기울였어도 공표된 저작물의 저작재산권자나 그의 거소를 알 수 없어 그 저작물의 이용허락을 받을 수 없는 경우에는 대통령령으로 정하는 바에 따라 문화체육관광부장관의 승인을 얻은 후 문화체육관광부장관이 정하는 기준에 의한 보상금을 위원회에 지급하고 이를 이용할 수 있다. ② 제1항의 규정에 따라 저작물을 이용하는 자는 그 뜻과 승인연월일을 표시하여야 한다.

제104조의6(영상저작물 녹화 등의 금지) 누구든지 저작권으로 보호되는 영상저작물을 상영 중인 영화상영관 등에서 저작재산권자의 허락 없이 녹화기기를 이용하여 녹화하거나 공중송신하여서는 아니된다.

제124조(침해로 보는 행위) ① 다음 각 호의 어느 하나에 해당하는 행위는 저작권 그 밖에 이 법에 따라 보호되는 권리의 침해로 본다. 1. 수입 시에 대한민국 내에서 만들어졌더라면 저작권 그 밖에 이 법에 따라 보호되는 권리의 침해로 될 물건을 대한민국 내에서 배포할 목적으로 수입하는 행위 2. 저작권 그 밖에 이 법에 따라 보호되는 권리를 침해하는 행위에 의하여 만들어진 물건(제1호의 수입물건을 포함한다)을 그 사실을 알고 배포할 목적으로 소지하는 행위 3. 프로그램의 저작권을 침해하여 만들어진 프로그램의 복제물(제1호에 따른 수입 물건을 포함한다)을 그 사실을 알면서 취득한 자가 이를 업무상 이용하는 행위 ② 저작자의 명예를 훼손하는 방법으로 저작물을 이용하는 행위는 저작인격권의 침해로 본다.

제125조(손해배상의 청구) ① 저작재산권 그 밖에 이 법에 따라 보호되는 권리(저작인격권 및 실연자의 인격권을 제외한다)를 가진 자(이하 "저작재산권자등"이라 한다)가 고의 또는 과실로 권리를 침해한 자에 대하여 그 침해행위에 의하여 자기가 받은 손해의 배상을 청구하는 경우에 그 권리를 침해한 자가 그 침해행위에 의하여 이익을 받은 때에는 그 이익의 액을 저작재산권자등이 받은 손해의 액으로 추정한다. ② 저작재산권자등이 고의 또는 과실로 그 권리를 침해한 자에게 그 침해행위로 자기가 받은 손해의 배상을 청구하는 경우에 그 권리의 행사로 통상 받을 수 있는 금액에 상응하는 액을 저작재산권자등이 받은 손해의 액으로 하여 그 손해배상을 청구할 수 있다. ③ 제2항에도 불구하고 저작재산권자등이 받은 손해의 액이 제2항에 따른 금액을 초과하는 경우에는 그 초과액에 대해서도 손해배상을 청구할 수 있다. ④ 등록되어 있는 저작권, 배타적발행권(제88조 및 제96조에 따라 준용되는 경우를 포함한다), 출판권, 저작인접권 또는 데이터베이스제작자의 권리를 침해한 자는 그 침해행위에 과실이 있는 것으로 추정한다.

제127조(명예회복 등의 청구) 저작자 또는 실연자는 고의 또는 과실로 저작인격권 또는 실연자의 인격권을 침해한 자에 대하여 손해배상에 갈음하거나 손해배상과 함께 명예회복을 위하여 필요한 조치를 청구할 수 있다.

제136조(벌칙) ① 다음 각 호의 어느 하나에 해당하는 자는 5년 이하의 징역 또는 5천만원 이하의 벌금에 처하거나 이를 병과할 수 있다. 1. 저작재산권, 그 밖에 이 법에 따라 보호되는 재산적 권리(제93조에 따른 권리는 제외한다)를 복제, 공연, 공중송신, 전시, 배포, 대여, 2차적 저작물 작성의 방법으로 침해한 자 2. 제129조의3(비밀유지명령) 제1항에 따른 법원의 명령을 정당한 이유 없이 위반한 자 ② 다음 각 호의 어느 하나에 해당하는 자는 3년 이하의 징역 또는 3천만원 이하의 벌금에 처하거나 이를 병과할 수 있다. 1. 저작인격권 또는 실연자의 인격권을 침해하여 저작자 또는 실연자의 명예를 훼손한 자 2. 제53조 및 제54조(제90조 및 제98조에 따라 준용되는 경우를 포함한다)에 따른 등록을 거짓으로 한 자 3. 제93조에 따라 보호되는 데이터베이스제작자의 권리를 복제·배포·방송 또는 전송의 방법으로 침해한 자

제137조(벌칙) ① 다음 각 호의 어느 하나에 해당하는 자는 1년 이하의 징역 또는 1천만원 이하의 벌금에 처한다. 1. 저작자 아닌 자를 저작자로 하여 실명·이명을 표시하여 저작물을 공표한 자 2. 실연자 아닌 자를 실연자로 하여 실명·이명을 표시하여 실연을 공연 또는 공중송신하거나 복제물을 배포한 자 3. 제14조(저작인격권의 일신전속성) 제2항을 위반한 자 3의 2. 제104조의4(암호화된 방송 신호의 무력화 등의 금지) 제3호에 해당하는 행위를 한 자 3의 3. 제104조의6(영상저작물 녹화 등의 금지)을 위반한 자

제139조(몰수) 저작권, 그 밖에 이 법에 따라 보호되는 권리를 침해하여 만들어진 복제물과 그 복제물의 제작에 주로 사용된 도구나 재료 중 그 침해자·인쇄자·배포자 또는 공연자의 소유에 속하는 것은 몰수한다.

38. 죄형법정주의와 형벌의 종류

[대법원 2013. 6. 20. 2010도14328 판결]

원심판결 이유와 적법하게 채택된 증거에 의하면, ① 피고인은 베트남 국적의 여성으로서 2006. 2. 16. 공소외 1과 혼인하고 같은 해 4. 30. 입국한 후 2007. 8. 12. 아들 공소외 2를 출산하여 천안시 두정동 소재 주거지에서 거주하며 공소외 1과 공동으로 공소외 2를 보호·양육하여 온 사실, ② 당시 공소외 1은 직장에 다녔고 피고인이 가사를 전담하였기 때문에 공소외 2에 대한 현실적인 보호·양육을 주로 피고인이 맡아왔던 사실, ③ 피고인은 2008. 8. 30. 수원의 친구에게 놀러 갔다가 늦어져 버스를 놓치는 바람에 다음날 귀가하였는데 화가 난 공소외 1로부터 며칠 동안 집을 나가라는 말을 듣고, 공소외 1이 자신을 이제 필요 없다고 생각하는 것 같아 자존심이 상한 데다 국내에는 마땅히 찾아갈 곳이 없어 생후 약 13개월 된 공소외 2를 데리고 친정인 베트남으로 돌아가기로 마음먹은 사실, ④ 피고인은 2008. 9. 3. 공소외 1이 직장에 출근한 사이 공소외 2를 데리고 집을 나와 항공편으로 출국하여 베트남 친정으로 떠났고, 공소외 2를 데리고 가기 위하여 공소외 1 측에 어떠한 폭행, 협박이나 실력행사를 하지 아니한 사실, ⑤ 피고인은 공소외 2의 양육비를 벌기 위하여 공소외 2를 베트남 친정에 맡겨 둔 채 2008. 9. 17. 다시 우리나라에 입국하였고, 그 사이 피고인의 부모 등이 공소외 2를 베트남에서 계속 보호·양육한 사실, ⑥ 한편 피고인은 2010. 5. 13. 공소외 1과 협의하여 피고인을 공소외 2의 친권자 및 양육자로 정하여 이혼하기로 하고 법원으로부터 그 의사를 확인받았는데, 피고인이 그때까지 공소외 1에게 공소외 2를 돌려주는 대가로 금전 등을 부당하게 요구하거나 이를 협의이혼의 조건으로 내세운 적이 없었고, 협의이혼 후 공소외 2의 양육비도 피고인이 부담하기로 한 사실을 알 수 있다.

【요 지】

(1) 미성년자약취죄, 국외이송약취죄 등의 구성요건 중 '약취'의 의미와 그 판단 기준 및 미성년자를 보호·감독하는 사람이 해당 미성년자에 대한 약취죄의 주체가 될 수 있는지 여부(한정 적극)와 미성년 자녀의 부모 일방에 대하여 자녀에 대한 약취죄가 성립하기 위한 요건: [다수의견] 형법 제287조의 미성년자약취죄, 제288조 제3항 전단[구 형법(2013. 4. 5. 법률 제11731호로 개정되기 전의 것을 말한다. 이하 같다) 제289조 제1항에 해당한다]의 국외이송약취죄 등의 구성요건요소로서 약취란 폭행, 협박 또는 불법적인 사실상의 힘을 수단으로 사용하여 피해자를 그 의사에 반하여 자유로운 생활관계 또는 보호관계로부터 이탈시켜 자기 또는 제3자의 사실상 지배하에 옮기는 행위를 의미하고, 구체적 사건에서 어떤 행위가 약취에 해당하는지 여부는 행위의 목적과 의도, 행위 당시의 정황, 행위의 태양과 종류, 수단과 방법, 피해자의 상태 등 관련 사정을 종합하여 판단하여야 한다. 한편 미성년자를 보호·감독하는 사람이라고 하더라도 다른 보호감독자의 보호·양육권을 침해하거나 자신의 보호·양육권을 남용하여 미성년자 본인의 이익을 침해하는 때에는 미성년자에 대한 약취죄의 주체가 될 수 있는데, 그 경우에도 해당 보호감독자에 대하여 약취죄의 성립을 인

정할 수 있으려면 그 행위가 위와 같은 의미의 약취에 해당하여야 한다. 그렇지 아니하고 폭행, 협박 또는 불법적인 사실상의 힘을 사용하여 그 미성년자를 평온하던 종전의 보호·양육 상태로부터 이탈시켰다고 볼 수 없는 행위에 대하여까지 다른 보호감독자의 보호·양육권을 침해하였다는 이유로 미성년자에 대한 약취죄의 성립을 긍정하는 것은 형벌법규의 문언 범위를 벗어나는 해석으로서 죄형법정주의의 원칙에 비추어 허용될 수 없다. 따라서 부모가 이혼하였거나 별거하는 상황에서 미성년의 자녀를 부모의 일방이 평온하게 보호·양육하고 있는데, 상대방 부모가 폭행, 협박 또는 불법적인 사실상의 힘을 행사하여 그 보호·양육 상태를 깨뜨리고 자녀를 탈취하여 자기 또는 제3자의 사실상 지배하에 옮긴 경우, 그와 같은 행위는 특별한 사정이 없는 한 미성년자에 대한 약취죄를 구성한다고 볼 수 있다. 그러나 이와 달리 미성년의 자녀를 부모가 함께 동거하면서 보호·양육하여 오던 중 부모의 일방이 상대방 부모나 그 자녀에게 어떠한 폭행, 협박이나 불법적인 사실상의 힘을 행사함이 없이 그 자녀를 데리고 종전의 거소를 벗어나 다른 곳으로 옮겨 자녀에 대한 보호·양육을 계속하였다면, 그 행위가 보호·양육권의 남용에 해당한다는 등 특별한 사정이 없는 한 설령 이에 관하여 법원의 결정이나 상대방 부모의 동의를 얻지 아니하였다고 하더라도 그러한 행위에 대하여 곧바로 형법상 미성년자에 대한 약취죄의 성립을 인정할 수는 없다.

[대법관 신영철, 대법관 김용덕, 대법관 고영한, 대법관 김창석, 대법관 김신의 반대의견] 공동친권자인 부모 중 일방이 상대방과 동거하며 공동으로 보호·양육하던 유아를 국외로 데리고 나간 행위가 약취죄의 '약취행위'에 해당하는지를 판단하려면, 우선 폭행, 협박 또는 사실상의 힘을 수단으로 사용하여 유아를 범인 또는 제3자의 사실상 지배하에 옮겼는지, 그로 말미암아 다른 공동친권자의 보호·양육권을 침해하고, 피해자인 유아를 자유로운 생활관계 또는 보호관계로부터 이탈시켜 그의 이익을 침해하였는지를 따져 볼 필요가 있다. 부모 중 일방이 상대방과 동거하며 공동으로 보호·양육하던 유아를 국외로 데리고 나갔다면, '사실상의 힘'을 수단으로 사용하여 유아를 자신 또는 제3자의 사실상 지배하에 옮겼다고 보아야 함에 이론이 있을 수 없다. 친권은 미성년 자녀의 양육과 감호 및 재산관리를 적절히 함으로써 그의 복리를 확보하도록 하기 위한 부모의 권리이자 의무의 성격을 갖는 것으로서, 민법 제909조에 의하면, 친권은 혼인관계가 유지되는 동안에는 부모의 의견이 일치하지 아니하거나 부모 일방이 친권을 행사할 수 없는 등 예외적인 경우를 제외하고는 부모가 공동으로 행사하는 것이 원칙이고(제2항, 제3항), 이혼하려는 경우에도 상대방과의 협의나 가정법원의 결정을 거치지 아니한 채 일방적으로 상대방의 친권행사를 배제하는 것은 허용되지 않는다(제4항). 따라서 공동친권자인 부모의 일방이 상대방의 동의나 가정법원의 결정이 없는 상태에서 유아를 데리고 공동양육의 장소를 이탈함으로써 상대방의 친권행사가 미칠 수 없도록 하였다면, 이는 특별한 사정이 없는 한 다른 공동친권자의 유아에 대한 보호·양육권을 침해한 것으로서 민법을 위반한 행위라고 할 것이다. 그뿐 아니라 유아로서도 다른 공동친권자로부터 보호·양육을 받거나 받을 수 있는 상태에서 배제되는 결과를 강요당하게 되어 유아의 이익을 현저히 해치게 될 것이므로 그 점에서도 위법성을 면할 수 없다. 따라서 어느 모로 보나 부모의 일방이 유아를 임의로 데리고 가면서 행사한 사실상의 힘은 특별한 사정이 없는 한 불법적이라고 할 것이며, 특히 장기간 또는 영구히 유아를 데리고 간 경우에는 그 불법성이 훨씬 더 크다는 점을 부인할 수 없을 것이다.

38. 죄형법정주의와 형벌의 종류

(2) 베트남 국적 여성인 피고인이 남편 갑의 의사에 반하여 생후 약 13개월 된 아들 을을 주거지에서 데리고 나와 약취하고 이어서 베트남에 함께 입국함으로써 을을 국외에 이송하였다고 하여 국외이송약취 및 피약취자국외이송으로 기소된 사안에서, 제반 사정을 종합할 때 피고인이 을을 데리고 베트남으로 떠난 행위는 어떠한 실력을 행사하여 을을 평온하던 종전의 보호·양육 상태로부터 이탈시킨 것이라기보다 친권자인 모로서 출생 이후 줄곧 맡아왔던 을에 대한 보호·양육을 계속 유지한 행위에 해당하여, 이를 폭행, 협박 또는 불법적인 사실상의 힘을 사용하여 을을 자기 또는 제3자의 지배하에 옮긴 약취행위로 볼 수는 없다는 이유로, 피고인에게 무죄를 인정한 원심판단을 정당하다고 한 사례이다.

【이 유】

(1) 원심은, 베트남 국적 여성인 피고인이 남편 공소외 1의 의사에 반하여 아들인 피해자 공소외 2를 국외에 이송할 목적으로 주거지에서 데리고 나와 약취하고 이어서 베트남에 함께 입국함으로써 피해자를 국외에 이송하였다는 공소사실에 대하여, ① 피고인이 남편인 공소외 1과 헤어져 베트남으로 돌아갈 것을 결심한 때는 피해자가 태어난 지 만 13개월이 채 안 되었으므로 피해자에게는 아버지보다 어머니의 손길이 더 필요했던 시기인 점, ② 당시 피해자의 아버지인 공소외 1은 직장을 다니고 있었으므로 피고인이 없는 상황에서 공소외 1 혼자 피해자를 양육한다는 것은 사실상 어려웠던 점, ③ 피고인이 아들인 어린 피해자를 집에 혼자 두고 나가는 것이 오히려 친권자의 보호·양육의무를 방기하는 행위로서 더 비난받을 행위로 평가될 수 있는 점, ④ 피해자가 비록 한국이 아닌 베트남에서 양육되고 있기는 하나 그곳은 피해자의 외가이므로 피해자가 한국에서 어머니인 피고인 없이 양육되는 것보다 불리한 상황에 처하였다고 단정하기 어려운 점 등의 사정을 종합하면, 피고인의 행위는 공소외 1의 보호·양육권을 침해한 것이라고 볼 수는 있으나 피해자 본인의 이익을 침해한 것이라고 볼 수는 없어 미성년자에 대한 약취에 해당하지 아니한다는 이유로, 무죄를 선고한 제1심을 그대로 유지하였다.

위와 같은 사정을 종합하여 보면, 피고인이 공소외 2를 데리고 베트남으로 떠난 행위는 어떠한 실력을 행사하여 공소외 2를 평온하던 종전의 보호·양육 상태로부터 이탈시킨 것이라기보다 친권자인 모로서 출생 이후 줄곧 맡아왔던 공소외 2에 대한 보호·양육을 계속 유지한 행위라고 할 것이고, 이를 폭행, 협박 또는 불법적인 사실상의 힘을 사용하여 공소외 2를 자기 또는 제3자의 지배하에 옮긴 약취행위로 볼 수는 없다고 할 것이다. 원심이 그 판시와 같은 사정만을 들어 피고인의 행위로 인하여 공소외 2의 이익이 침해되지 아니하였다고 단정한 것은 적절하다고 볼 수 없으나, 피고인의 행위가 미성년자에 대한 약취에 해당하지 아니한다는 이유로 국외이송약취 및 피약취자국외이송의 공소사실을 모두 무죄로 판단한 원심의 조치는 결론에 있어 정당하고, 거기에 상고이유에서 주장하는 바와 같은 법리오해 등으로 판결 결과에 영향을 미친 위법이 없다.

(2) 형법 제37조 전단의 경합범으로 동시에 기소된 사건에 대하여 일부 유죄, 일부 무죄

의 선고를 하거나 일부의 죄에 대하여 징역형을, 다른 죄에 대하여 벌금형을 선고하는 등 판결 주문이 수 개일 때에는 그 1개의 주문에 포함된 부분을 다른 부분과 분리하여 일부상소를 할 수 있고, 이때 당사자 쌍방이 상소하지 아니한 부분은 분리 확정된다. 그러므로 경합범 중 일부에 대하여 무죄, 일부에 대하여 유죄를 선고한 제1심판결에 대하여 검사만이 무죄 부분에 대하여 항소한 경우, 피고인과 검사가 항소하지 아니한 유죄판결 부분은 항소기간이 지남으로써 확정되어 항소심에 계속된 사건은 무죄판결 부분뿐이고, 그에 따라 항소심이 심리·판단하여야 할 범위는 무죄판결 부분에 한정된다고 할 것이다. 원심판결 이유와 기록에 의하면, ① 피고인은 절도, 국외이송약취 및 피약취자국외이송의 공소사실로 기소되었고, 제1심은 그 중 절도 부분에 대하여 유죄, 나머지 부분에 대하여 무죄를 선고하였으며, ② 제1심판결에 대하여 피고인은 항소하지 아니하고, 검사만이 무죄 부분에 한하여 항소하였는데, 검사가 항소기간이 경과한 후 원심법원에 제출한 항소이유서에는 위 항소 부분에 관한 항소이유 외에 항소하지 아니한 절도 부분에 대한 양형부당의 항소이유까지 기재되어 있고, ③ 한편 원심은 검사가 제1심판결 전부에 대하여 항소한 것으로 보고 심리하여 제1심판결의 유죄 부분과 무죄 부분에 대한 각 항소이유를 배척하고 판결로 검사의 항소를 기각하였음을 알 수 있다. 이러한 사정을 앞에서 본 법리에 비추어 살펴보면, 제1심판결 중 절도죄에 관한 유죄 부분은 항소기간이 지남으로써 이미 확정되어 국외이송약취 및 피약취자국외이송에 관한 무죄 부분만이 원심에 계속되게 되었으므로 원심으로서는 위 무죄 부분만을 심리·판단하였어야 하고, 설령 검사가 항소이유서에 이미 확정된 유죄 부분에 대한 항소이유를 기재하였다고 하더라도 위 유죄 부분은 원심의 심리·판단 대상이 될 수 없다. 그럼에도 원심은 이미 유죄로 확정된 절도 부분까지 다시 심리하여 판결로 이에 대한 검사의 항소를 기각하였으니, 원심판결 중 절도 부분에는 항소심의 심리·판단의 범위에 관한 법리를 오해하여 판결 결과에 영향을 미친 위법이 있다.

그러므로 원심판결 중 절도 부분을 파기하고(다만 이 부분은 이미 확정되어 당초부터 원심의 심판 대상이 아니었으므로 원심에 환송할 수 없고, 이 법원이 이를 파기하는 것으로 충분하다), 국외이송약취 및 피약취자국외이송 부분에 대한 검사의 상고를 기각하기로 한다. 이 판결에는 국외이송약취 및 피약취자국외이송 부분에 관하여 대법관 신영철, 대법관 김용덕, 대법관 고영한, 대법관 김창석, 대법관 김신의 반대의견이 있는 외에는 관여 법관의 의견이 일치하였으며, 다수의견에 대한 대법관 이인복, 대법관 이상훈, 대법관 박병대, 대법관 박보영, 대법관 김소영의 보충의견이 있다.

【해 설】

(1) **죄형법정주의**(罪刑法定主義)는 이미 제정된 정의로운 법률에 의하지 아니하고는 처벌되지 아니한다는 원칙으로서 이는 무엇이 처벌될 행위인가를 국민이 예측가능한 형식으로 정하도록 하여 개인의 법적안정성을 보호하고 성문의 형벌법규에 의한 실정법질서를 확립하여 국가형벌권의 자의적 행사로부터 개인의 자유와 권리를 보장하려는 법치국가 형법의 기본원리이다[헌법재판소 1991. 7. 8. 91헌가4 결정]. 즉 '법률 없으면 범죄 없고 형벌도 없다'는 근대형법의 기본원리를 죄형법정주의라고 하며, 어떤 행위가 범죄로 되고 그 범죄에 대하여 어떤 처벌을 과할 것인가는 미리 성문의 법률에 규정되어 있어야 한다는 원칙을 의

미한다. 죄형법정주의에 의하여 국가는 아무리 사회적으로 비난받아야 할 행위라도 법률이 이를 범죄로 규정하지 아니하는 한 벌할 수 없게 된다. 따라서 죄형법정주의는 국가의 형벌권의 남용으로부터 국민의 자유를 보장하는 기능을 수행한다. 이러한 죄형법정주의는 18세기의 근대적 계몽주의 내지 인권사상의 소산으로 법치국가사상 및 개인주의·자유주의사상이 그 배경이다. 1215년 영국의 대헌장(Magna Charta)에 그 기원을 두고 있으며, 1776년 버지니아권리장전(제8조)과 1787년 미합중국헌법(제1조 제9항) 및 1789년 프랑스인권선언(제8조) 등을 통해 발전하였다.

우리 헌법 제12조 제1항은 「법률과 적법한 절차에 의하지 아니하고는 처벌·보안처분 또는 강제노역을 받지 아니한다」라고 하고, 헌법 제13조 제1항은 「모든 국민은 행위시의 법률에 의하여 범죄를 구성하지 아니하는 행위로 소추되지 아니하며」라고 규정하여 죄형법정주의를 명시하고 있다. 형법 제1조(범죄의 성립과 처벌)도 「① 범죄의 성립과 처벌은 행위시의 법률에 따른다. ② 범죄 후 법률이 변경되어 그 행위가 범죄를 구성하지 아니하게 되거나 형이 구법보다 가벼워진 경우에는 신법에 따른다. ③ 재판이 확정된 후 법률이 변경되어 그 행위가 범죄를 구성하지 아니하게 된 경우에는 형의 집행을 면제한다」라고 규정하고 있다.

(2) 죄형법정주의의 파생원칙을 구체적으로 살펴보면 다음과 같다.

(가) 관습형법금지의 원칙: 관습형법금지의 원칙이란 형법의 법원은 성문법에 한정되고 관습법은 형법의 법원이 될 수 없다는 원칙이다. 만약 관습법도 형법의 법원이 된다면 존재가 불분명한 법으로 처벌되거나 법관의 자의·독선을 초래할 우려가 있어 죄형법정주의의 근본취지에 어긋나기 때문이다. 그러나 이 원칙은 형법해석에 있어서도 관습법의 적용을 금지한다는 취지는 아니다. 즉 성문법에 내재하는 목적이나 정신에서 이탈하지 않는 한 관습법은 형법해석에 있어 불가결한 요소로 작용하기 때문이다.

(나) 법규내용명확성의 원칙: 법규내용명확성의 원칙이란 법률에서 범죄와 형벌을 가능한 한 명확하게 규정함으로써 일반국민으로 하여금 어떠한 행위가 형법에서 금지되고 또 그 행위에 대하여 어떠한 형벌이 과해지는가를 예측하게 함은 물론 법관의 자의적인 법적용을 배제하기 위하여 확립된 원칙이다. 다만 처벌법규의 구성요건이 어느 정도 명확해야 하는가는 일률적으로 정할 수 없고, 각 구성요건의 특수성과 그러한 법적 규제의 원인이 된 여건이나 처벌의 정도 등을 고려하여 종합적으로 판단해야 하며, 건전한 상식과 통상적인 법감정을 가진 사람으로 하여금 그 적용대상자가 누구이며 구체적으로 어떠한 행위가 금지되고 있는지 충분히 알 수 있도록 규정되어 있다면 죄형법정주의의 명확성의 원칙에 위배되지 않는다고 본다.

(다) 유추해석금지의 원칙: 유추해석금지의 원칙이란 형법은 문언에 따라 엄격히 해석하여야 하고 유추해석은 허용되지 아니한다는 원칙이다. 만약 형법의 해석에 있어서도 유추해석이 허용된다면 형법에 명시되어 있지 아니한 행위가 범죄로 되어 개인의 자유와 권리를 부당하게 침해할 우려가 있기 때문이다. 이와 같이 형법상 유추해석은 원칙적으로 금지되긴 하지만, '의심스러운 때에는 피고인에게 유리하게' 유추해석이 가능하다. 즉 유추해석을 통하여 피고인에게 유리하게 형의 감경이나 조각을 꾀하는 것은 법관에게 금지되지 않는다. 이는 피고인을 보호하려는 죄형법정주의의 기본정신에 어긋나지 않기 때문이다.

(라) 소급효금지의 원칙: 소급효금지의 원칙이란 형법은 그 실시이후의 행위에만 적용되

고, 실시이전의 행위에 대하여는 소급하여 적용되지 아니한다는 원칙이다. 만일 형법의 소급효를 인정한다면 행위당시에는 범죄가 아니었던 행위가 행위후의 법률에 의하여 범죄로 되어 죄형법정주의의 기초가 전복되기 때문이다. 그러나 사후에 법률의 변경이 있고, 그 신법을 적용하는 것이 행위자에게 유리한 경우에는 소급효를 인정하여도 무방하며, 형법 제1조 제2항·제3항은 이러한 취지를 규정하고 있다.

(마) **절대적 부정기형금지의 원칙**: 절대적 부정기형(不定期刑)금지의 원칙이란 부정기제도 특히 절대적 부정기제도를 채용해서는 아니된다는 원칙이다. 부정기형에는 형기를 전혀 정하지 않는 **절대적 부정기형**(예컨대, "피고를 징역에 처한다.")과 형기를 장기와 단기로 구분하여 정하는 **상대적 부정기형**(예컨대, "피고를 징역 단기 2년, 장기 3년에 처한다.")이 있다. 만약 형법이 부정기형제도 특히 절대적 부정기형제도를 채용한다면, 형벌은 일정해야 한다는 죄형법정주의의 정신에 위배되는 결과가 된다. 그러나 교육형주의·특별예방주의에 의하면 부정기형을 선고하여 범인의 성격이 교화·개선될 때까지 형을 집행하는 것이 요청되기도 한다. 따라서 각국의 형사법은 소년범과 상습범의 경우에 상대적 부정기형을 인정하고 있으며, 우리 **소년법**도 제60조 제1항에서 「소년이 법정형으로 장기 2년 이상의 유기형(有期刑)에 해당하는 죄를 범한 경우에는 그 형의 범위에서 장기와 단기를 정하여 선고한다. 다만, 장기는 10년, 단기는 5년을 초과하지 못한다」라고 규정함으로써 소년범에 대하여 **상대적 부정기형**을 명문으로 인정하고 있다.

(바) **적정성의 원칙**: 적정성의 원칙이란 범죄와 형벌을 규정하는 법률의 내용은 기본적 인권을 실질적으로 보장할 수 있도록 적정하여야 한다는 원칙이다. 즉 죄형법정주의도 실질적 법치국가 원리에 따라 형식적 의미뿐만 아니라 실질적 의미가 강조되어야 하며, 입법자의 자의적인 형벌권 남용을 방지하자는데 그 의의가 있다.

※ **소년법 제60조(부정기형)** ① 소년이 법정형으로 장기 2년 이상의 유기형에 해당하는 죄를 범한 경우에는 그 형의 범위에서 장기와 단기를 정하여 선고한다. 다만, 장기는 10년, 단기는 5년을 초과하지 못한다. ② 소년의 특성에 비추어 상당하다고 인정되는 때에는 그 형을 감경할 수 있다. ③ 형의 집행유예나 선고유예를 선고할 때에는 제1항을 적용하지 아니한다. ④ 소년에 대한 부정기형을 집행하는 기관의 장은 형의 단기가 지난 소년범의 행형 성적이 양호하고 교정의 목적을 달성하였다고 인정되는 경우에는 관할 검찰청 검사의 지휘에 따라 그 형의 집행을 종료시킬 수 있다.

(3) **형법**은 어떠한 행위가 범죄이고 그 범죄에 대한 법률효과로서 어떠한 형벌을 과할 것인가를 규정한 법규범의 총체이다. 형법은 범죄라는 어떤 실체를 규율한다는 점에서 **실체법**의 하나이며 **공법**이다. 따라서 범죄처리절차를 규정하고 있는 **형사소송법**과는 구분되지만, 양자를 합쳐서 일반적으로 **형사법**이라 한다. 우리 형법전의 각칙에 열거된 **범죄**는 크게 개인적 법익·사회적 법익·국가적 법익으로 구분해 볼 수 있다.

(가) **개인적 법익**: ㉠ 생명·신체에 관한 죄(살인죄, 상해죄, 폭행죄, 과실치사상죄, 낙태죄, 유기·학대죄 등) ㉡ 자유에 관한 죄(협박죄, 체포·감금죄, 약취·유인죄, 강요죄, 강간·추행죄 등) ㉢ 명예·신용에 관한 죄(명예훼손죄, 신용훼손죄, 업무방해죄, 경매·입찰방해죄 등) ㉣ 사생활평온에 관한 죄(비밀침해죄, 주거침입죄, 퇴거불응죄 등) ㉤ 재산에 관한 죄(절도죄, 강도죄, 사기죄, 공갈죄, 횡령죄, 배임죄, 장물죄, 손괴죄 등)

38. 죄형법정주의와 형벌의 종류

(나) **사회적 법익**: ㉠ 공공의 안전·평온에 관한 죄(범죄단체조직죄, 공무원사칭죄, 폭발물사용죄, 방화죄, 교통방해죄 등) ㉡ 공공의 신용에 관한 죄(통화·유가증권·문서 등 위조·변조죄) ㉢ 공중의 건강에 관한 죄(음용수사용방해죄, 아편제조·수입·판매·흡식·소지죄 등) ㉣ 사회의 도덕에 관한 죄(간통죄, 음행매개죄, 공연음란죄, 도박죄, 분묘발굴죄 등)

(다) **국가적 법익**: ㉠ 국가의 존립·권위에 관한 죄(내란죄, 외환죄, 간첩죄, 국기모독죄, 중립명령위반죄 등) ㉡ 국가의 기능에 관한 죄(직무유기죄, 직권남용죄, 뇌물죄, 공무집행방해죄, 도주죄, 범인은닉죄, 위증죄, 증거인멸죄, 무고죄 등)

(4) **형벌**은 범죄에 대한 법률상의 효과로서 국가가 범죄자에게 과하는 법익의 박탈을 말한다. **형법 제41조(형의 종류)**는 사형, 징역, 금고, 자격상실, 자격정지, 벌금, 구류, 과료, 몰수의 9종의 형벌을 규정하고 있다.

형법 제50조(형의 경중)에 의하면 「① 형의 경중은 제41조 기재의 순서에 의한다. 단, 무기금고와 유기징역은 금고를 중한 것으로 하고 유기금고의 장기가 유기징역의 장기를 초과하는 때에는 금고를 중한 것으로 한다. ② 동종의 형은 장기의 긴 것과 다액의 많은 것을 중한 것으로 하고 장기 또는 다액이 동일한 때에는 그 단기의 긴 것과 소액의 많은 것을 중한 것으로 한다. ③ 전2항의 규정에 의한 외에는 죄질과 범정(犯情)에 의하여 경중을 정한다」라고 규정하고 있다.

형법 제55조(법률상의 감경)에 의하면 「① 법률상의 감경은 다음과 같다. 1. 사형을 감경할 때에는 무기 또는 20년 이상 50년 이하의 징역 또는 금고로 한다. 2. 무기징역 또는 무기금고를 감경할 때에는 10년 이상 50년 이하의 징역 또는 금고로 한다. 3. 유기징역 또는 유기금고를 감경할 때에는 그 형기의 2분의 1로 한다. 4. 자격상실을 감경할 때에는 7년 이상의 자격정지로 한다. 5. 자격정지를 감경할 때에는 그 형기의 2분의 1로 한다. 6. 벌금을 감경할 때에는 그 다액의 2분의 1로 한다. 7. 구류를 감경할 때에는 그 장기의 2분의 1로 한다. 8. 과료를 감경할 때에는 그 다액의 2분의 1로 한다. ② 법률상 감경할 사유가 수개 있는 때에는 거듭 감경할 수 있다」라고 규정하고 있다.

(5) 9종의 형벌을 박탈되는 법익의 종류에 따라 분류해보면 다음과 같다.

(가) **생명형(사형)**: 이미 설명한 바 있으므로 여기서는 생략한다.

(나) **자유형(징역·금고·구류)**: 자유형으로는 징역·금고·구류가 있는데, 정역에 복무하느냐의 여부에 따라 징역과 금고·구류가 구별되며, 기간의 장단(1월 이상 혹은 1월 미만)에 따라 징역·금고와 구류가 구별된다.

① **징역**은 형무소내에 구치하여 정역에 복무케 하며, 징역 또는 금고는 무기 또는 유기로 하고, 유기는 1개월 이상 30년 이하로 한다. 단 유기징역 또는 유기금고에 대하여 형을 가중하는 때에는 50년까지로 한다.

② **금고**는 정역인 강제노동에 복무케 하지 않고 형무소 내에 구금하여 둘 뿐이라는 점에서 징역과 구별된다. 다만 금고수형자도 신청에 의하여 작업을 과할 수 있다. 그밖에 징역에 관한 내용은 금고에서도 동일하다.

③ **구류**는 1일 이상 30일 미만으로 한다. 구류처분을 받은 자에게는 그의 신청에 의하여 작업을 과할 수 있다. 구류는 아주 예외적으로 적용되며, 주로 경범죄처벌법 기타 단행법규에 규정되어 있다.

(다) 명예형(자격상실·자격정지): 자격상실·자격정지는 수형자의 일정한 자격을 상실 내지 정지시키는 것을 내용으로 하는 형벌로서 범인의 일정한 명예를 박탈한다는 의미에서 명예형이라고 한다.

① **자격상실**은 수형자의 일정한 자격을 영구히 박탈하는 형벌이다. 자격상실은 보통의 형과 같이 선고되는 것이 아니고, 사형·무기징역·무기금고가 선고되면 일정한 자격이 당연히 상실되는 것이다. 사형·무기징역·무기금고의 판결을 받은 자는 공무원이 되는 자격, 공법상의 선거권과 피선거권, 법률로 요건을 정한 공법상의 업무에 관한 자격, 법인의 이사·감사·지배인 기타 법인의 업무에 관한 검사역이나 재산관리인이 되는 자격을 상실한다(형법 제43조 제1항).

② **자격정지**는 수형자의 일정한 자격을 일시 정지시키는 형벌이다. 자격정지는 자격상실과 같이 당연히 정지되는 경우와 선고에 의해 정지되는 경우가 있다. 유기징역 또는 유기금고에 자격정지를 병과한 때에는 징역 또는 금고의 집행을 종료하거나 면제된 날로부터 정지기간을 기산한다. 자격정지는 1년 이상 15년 이하로 한다.

(라) 재산형(벌금·과료·몰수): 벌금·과료·몰수는 모두 범인으로부터 일정한 재산을 박탈하는 것을 내용으로 하는 형벌이므로 재산형이라 한다.

① **벌금**은 5만원 이상으로 하고, 다만 감경하는 경우에는 5만원 미만으로 할 수 있다. 또한 벌금은 판결확정일로부터 30일 이내에 납입하여야 하며, 벌금을 선고할 때에는 동시에 그 금액을 완납할 때까지 노역장에 유치할 것을 명할 수 있다. 벌금을 납입하지 아니한 자는 1일 이상 3년 이하의 기간동안 노역장에 유치하여 작업에 복무케 한다.

② **과료**는 형벌의 일종이지만, 과태료는 행정질서벌이며 형벌이 아니다. 과료는 2천원 이상 5만원 미만으로 하며, 판결확정일로부터 30일 이내에 납입하여야 한다. 과료를 납입하지 아니한 자는 1일 이상 30일 미만의 기간동안 노역장에 유치하여 작업에 복무케 한다.

③ **몰수**는 다른 형벌에 부가하여 과하는 것을 원칙으로 하는 부가형(附加刑)이다. 다만 행위자에게 유죄의 재판을 아니할 때에도 몰수의 요건이 있는 때에는 몰수만을 선고할 수 있으며, 이처럼 몰수만을 과할 때에는 주형(主刑)이 된다. **형법 제48조(몰수의 대상과 추징)**에 의하면 「① 범인 외의 자의 소유에 속하지 아니하거나 범죄 후 범인 외의 자가 사정을 알면서 취득한 다음 각 호의 물건은 전부 또는 일부를 몰수할 수 있다. 1. 범죄행위에 제공하였거나 제공하려고 한 물건 2. 범죄행위로 인하여 생겼거나 취득한 물건 3. 제1호 또는 제2호의 대가로 취득한 물건 ② 제1항 각 호의 물건을 몰수할 수 없을 때에는 그 가액을 추징한다. ③ 문서, 도화, 전자기록 등 특수매체기록 또는 유가증권의 일부가 몰수의 대상이 된 경우에는 그 부분을 폐기한다」라고 규정하고 있다.

[대법원 1985. 9. 10. 84도1572 판결]

육교가 설치되어 있는 차도를 주행하는 자동차운전자의 주의의무 정도: 각종 차량의 내왕이 번잡하고 보행자의 횡단이 금지되어 있는 육교밑 차도를 주행하는 자동차운전자가 전방 보도위에 서있는 피해자를 발견했다 하더라도 육교를 눈앞에 둔 동인이 특히 차도로 뛰어들 거동이나 기색을 보이지 않는 한 일반적으로 동인이 차도로 뛰어들어 오리라고 예견하기 어려운 것이므로 이러한 경우 운전자로서는 일반보행자들이 교통관계법규를 지켜 차도를 횡단하지 아니하고 육교를 이용하여 횡단할 것을 신뢰하여 운행하면 족하다 할 것이고 불의에 뛰어드는 보행자를 예상하여 이를 사전에 방지해야 할 조치를 취할 업무상 주의의무는 없다.

38. 죄형법정주의와 형벌의 종류

[대법원 2000. 9. 5. 2000도2671 판결]

(가) 고속도로를 운행하는 자동차의 운전자로서는 일반적인 경우에 고속도로를 횡단하는 보행자가 있을 것까지 예견하여 보행자와의 충돌사고를 예방하기 위하여 급정차 등의 조치를 취할 수 있도록 대비하면서 운전할 주의의무가 없고, 다만 고속도로를 무단횡단하는 보행자를 충격하여 사고를 발생시킨 경우라도 운전자가 상당한 거리에서 보행자의 무단횡단을 미리 예상할 수 있는 사정이 있었고, 그에 따라 즉시 감속하거나 급제동하는 등의 조치를 취하였다면 보행자와의 충돌을 피할 수 있었다는 등의 특별한 사정이 인정되는 경우에만 자동차 운전자의 과실이 인정될 수 있다.

(나) 야간에 고속도로를 무단횡단하는 보행자를 충격하여 사망에 이르게 한 운전자의 과실과 사고 사이의 상당인과관계를 인정한 원심을 파기한 사례이다.

[대법원 2007. 7. 13. 2007다26240 판결]

(가) 자동차전용도로를 운행하는 자동차 운전자의 주의의무: 도로교통법 제63조는 보행자는 자동차전용도로를 통행하거나 횡단하여서는 아니된다고 규정하고 있으므로, 자동차전용도로를 운행하는 자동차의 운전자로서는 특별한 사정이 없는 한 보행자가 자동차전용도로를 통행하거나 횡단할 것까지 예상하여 급정차를 할 수 있도록 대비하면서 운전할 주의의무는 없다 할 것이고, 따라서 자동차전용도로를 무단횡단하는 피해자를 충격하여 사고를 발생시킨 경우라도 운전자가 상당한 거리에서 그와 같은 무단횡단을 미리 예상할 수 있는 사정이 있었고, 그에 따라 즉시 감속하거나 급제동하는 등의 조치를 취하였다면 피해자와의 충돌을 면할 수 있었다는 등의 특별한 사정이 인정되지 아니하는 한 자동차 운전자에게 과실이 있다고는 볼 수 없다(대법원 1996. 10. 15. 96다22525 판결, 1998. 4. 28. 98다5135 판결 등 참조).

(나) 자동차전용도로에서 앞차에 의해 1차 충격된 무단횡단 보행자를 뒤차가 재차 충격하여 사망에 이르게 한 사안에서, 비록 뒤차의 운전자에게 앞차와의 안전거리를 확보하지 못한 잘못이 있다고 하더라도 그 잘못과 사고 발생 사이에 상당인과관계가 없다고 한 사례: 원심이 적법하게 채택한 증거에 의하면, 이 사건 사고지점인 대구 북구 칠성동1가 소재 신천대로는 제한속도 80㎞/h의 자동차전용도로로서, 피고의 피보험차량인 이 사건 승합차의 진행방향 우측 2차로와 3차로 사이에는 그 위로 지나는 철도교의 교각이 설치되어 있고, 4차로의 오른쪽에는 옹벽이 설치되어 있는데, 이 사건 사고지점 부근에서는 위 옹벽의 높이가 상당히 높고 그 위로 나무도 우거져 있는 사실, 피해자 소외 1은 위 교각의 뒤쪽에서 나와 도로를 무단횡단하다가 1차로와 2차로의 경계 지점에서 이 사건 연쇄충돌사고를 당하게 된 사실이 인정되므로, 자동차전용도로를 운행하던 이 사건 승합차의 운전자인 소외 2로서는 피해자가 2차로와 3차로 사이에 설치되어 있는 교각의 뒤쪽에서 나와 도로를 무단횡단할 것이라고 예상하기는 어려웠을 뿐만 아니라 피해자가 2차로상으로 나오기 전까지는 교각에 가려 피해자를 발견할 수도 없었다고 할 것이고, 비록 소외 2에게 앞차와의 안전거리를 확보하지 않은 채 진행한 잘못이 있다고 하더라도, 이 사건 사고경위에 비추어 볼 때 소외 2의 위와 같은 잘못과 이 사건 사고 발생 사이에 상당인과관계가 있다고 볼 수는 없으므로

(앞차를 뒤따라 진행하다가 앞차에 의해 1차로 충격된 보행자를 피하지 못하고 재차 충격한 뒤차 운전자의 과실이 그러한 사정이 없이 그냥 단순히 진행하다가 보행자를 충격한 운전자의 과실보다 크다고 할 수는 없을 것인데, 피해자가 자동차전용도로를 무단횡단하다가 사고를 당한 이 사건에서 만일 위 피해자가 앞차에 의해 1차로 충격됨이 없이 곧바로 이 사건 승합차에 의해 충격당하였더라면 이 사건 승합차의 운전자가 앞차와의 안전거리를 지키지 않았다는 사유만으로 그에게 이 사건 사고결과에 대한 책임을 묻기는 어려웠을 것이라는 점과 비교하여 보면 자명한 일이다), 결국 이 사건 사고결과에 대하여 소외 2에게 과실책임을 묻기는 어렵다고 할 것이다. 그럼에도 불구하고, 이 사건 사고 당시 소외 2가 앞차와의 안전거리를 확보하지 않은 채 근접 운행한 과실과 이 사건 사고결과와의 사이에 상당인과관계가 있다고 보아 소외 2에게 이 사건 사고결과에 대한 책임을 인정한 원심판결에는 자동차전용도로에서의 자동차 운전자의 주의의무에 관한 법리나 과실과 사고결과 사이의 상당인과관계에 관한 법리를 오해하여 판결에 영향을 미친 위법이 있다. 그러므로 원심판결을 파기하고, 이 사건을 다시 심리·판단하게 하기 위하여 원심법원에 환송하기로 판결한다.

[대법원 2017. 12. 21. 2015도8335 전원합의체 판결] <항공기 탑승구 복귀 사건>

(1) [다수의견] (가) 항공보안법 제42조는 "위계 또는 위력으로써 운항 중인 항공기의 항로를 변경하게 하여 정상 운항을 방해한 사람은 1년 이상 10년 이하의 징역에 처한다."라고 규정하고 있다. 같은 법 제2조 제1호는 '운항 중'을 '승객이 탑승한 후 항공기의 모든 문이 닫힌 때로부터 내리기 위하여 문을 열 때까지'로 정의하였다. 그러나 항공보안법에 '항로'가 무엇인지에 관하여 정의한 규정은 없다.

(나) 죄형법정주의는 국가형벌권의 자의적인 행사로부터 개인의 자유와 권리를 보호하기 위하여 범죄와 형벌을 법률로 정할 것을 요구한다. 그러한 취지에 비추어 보면 형벌법규의 해석은 엄격하여야 하고, 문언의 가능한 의미를 벗어나 피고인에게 불리한 방향으로 해석하는 것은 죄형법정주의의 내용인 확장해석금지에 따라 허용되지 아니한다. 법률을 해석할 때 입법 취지와 목적, 제·개정 연혁, 법질서 전체와의 조화, 다른 법령과의 관계 등을 고려하는 체계적·논리적 해석 방법을 사용할 수 있으나, 문언 자체가 비교적 명확한 개념으로 구성되어 있다면 원칙적으로 이러한 해석 방법은 활용할 필요가 없거나 제한될 수밖에 없다. 죄형법정주의 원칙이 적용되는 형벌법규의 해석에서는 더욱 그러하다.

(다) 법령에서 쓰인 용어에 관해 정의규정이 없는 경우에는 원칙적으로 사전적인 정의 등 일반적으로 받아들여진 의미에 따라야 한다. 국립국어원의 표준국어대사전은 항로를 '항공기가 통행하는 공로'로 정의하고 있다. 국어학적 의미에서 항로는 공중의 개념을 내포하고 있음이 분명하다. 항공기 운항과 관련하여 '항로'가 지상에서의 이동 경로를 가리키는 용어로 쓰인 예를 찾을 수 없다.

(라) 다른 법률에서 항로는 '항공로'의 뜻으로 사용되기도 하였다. 구 항공법(2016. 3. 29. 법률 제14116호로 폐지) 제115조의2 제2항은, 국토교통부장관이 항공운송사업자에게 운항증명을 하는 경우 '운항하려는 항로' 등 운항조건을 정하도록 규정하였다. 이 조문의 내용을 물려받은 항공안전법(2016. 3. 29. 법률 제14116호) 제90조 제2항은 '운항하려는 항로'를 '운항하려는 항공로'로 바꾸었으므로, 여기에서 '항로'는 항공로와 같은 뜻으로 쓰였음이 분명하다. 항공로의 법률적 정의는 '국토교통부장관이 항공기 등의 항행에 적

합하다고 지정한 지구의 표면상에 표시한 공간의 길'로 규정되어 있으므로(항공안전법 제2조 제13호, 구 항공법에서의 정의도 같다), 항공기가 비행하면서 다녀야 항공로가 될 수 있다. 이처럼 항로가 법률용어로서 항공로와 혼용되기도 한 것을 볼 때, 입법자도 항로를 공중의 개념을 내포한 단어로 인식하였다고 볼 수 있다.

(마) 반면에 입법자가 유달리 본죄 처벌규정에서만 '항로'를 통상의 의미와 달리 지상에서의 이동 경로까지 포함하는 뜻으로 사용하였다고 볼 만한 입법자료는 찾을 수 없다. 본죄는 항공보안법의 전신인 구 항공기운항안전법(1974. 12. 26. 법률 제2742호) 제11조에서 처음으로 범죄로 규정되었다. 구 항공기운항안전법의 제정과정에서 법률안 심사를 위해 열린 1974. 11. 26. 국회 법제사법위원회 회의록은, 본죄의 처벌규정에 관하여는 아무런 논의가 없어서 '항로'의 의미를 알 수 있는 직접적인 단서가 되기 어렵다. 다만 제안이유에 관한 설명을 보면, 민간 항공기에 대한 범죄 억제를 위한 국제협약에 우리나라가 가입한 데 따른 협력의무의 이행으로 범죄행위자에 대한 가중처벌규정 등을 마련하기 위해 구 항공기운항안전법이 제정된 것임을 알 수 있다.

(바) 본죄의 객체는 '운항 중'의 항공기이다. 그러나 위계 또는 위력으로 변경할 대상인 '항로'는 별개의 구성요건요소로서 그 자체로 죄형법정주의 원칙에 부합하게 해석해야 할 대상이 된다. 항로가 공중의 개념을 내포한 말이고, 입법자가 그 말뜻을 사전적 정의보다 넓은 의미로 사용하였다고 볼 자료가 없다. 지상의 항공기가 이동할 때 '운항 중'이 된다는 이유만으로 그때 다니는 지상의 길까지 '항로'로 해석하는 것은 문언의 가능한 의미를 벗어난다.

(사) 지상에서 이동하는 항공기의 경로를 함부로 변경하는 것은 다른 항공기나 시설물과 충돌할 수 있어 위험성이 큰 행위임이 분명하다. 그러나 처벌의 필요성만으로 죄형법정주의 원칙을 후퇴시켜서는 안 된다. 그런 행위는 기장에 대한 업무방해죄로 처벌할 수 있을 뿐만 아니라, 많은 경우 폭행·협박 또는 위계를 수반할 것이므로 10년 이하의 징역으로 처벌 가능한 직무집행방해죄(항공보안법 제43조) 등에 해당할 수 있어 처벌의 공백이 생기는 것도 아니다.

[대법관 박보영, 대법관 조희대, 대법관 박상옥의 반대의견] (가) 국립국어원의 표준국어대사전에서는 항로를 '항공기가 통행하는 공로. 항공로로 순화'라고 풀이하고, 또 공로는 '항공로'를 뜻하는 것으로, 항공로는 '일정하게 운항하는 항공기의 지정된 공중 통로'를 뜻하는 것으로 각 풀이하고 있다. 그런데 항공보안법 제42조의 처벌 대상은 운항 중인 항공기가 실제 운행하는 길을 변경하게 하는 것이지, 국토교통부장관이 지정한 공중 통로 자체를 변경하게 하는 것이 아니다.

(나) '항로'라는 표현은 법문의 문맥에 따라 지상에서의 항공기 이동 경로를 포함하는 개념으로도 해석될 수 있고, 실제 '항로'의 개념 속에 지상에서의 항공기 이동 경로가 포함되는지 논란이 되자, 구 항공법의 '항로'가 항공안전법에서 그 문맥에 맞는 표현인 '항공로'로 바뀐 것으로 보인다. 따라서 이 부분 다수의견의 논거는 오히려 항로와 항공로를 구별되는 개념으로 보는 반대의견에 부합하는 논거이다.

(다) 항로는 한자의 뜻에 따라 풀이하면 '배나 비행기(항) 길(로)'을 말한다. 배는 항구에서 항구로 바닷길을 따라 운행하는 반면, 항공기는 공항에서 공항으로 운행하는데, 주로 공중에서 운행하지만 이륙과 착륙을 위하여 공항 내 지상에서의 운행도 필연적으로 있을

수밖에 없다. 항공보안법 제2조 제1호는 '운항 중'이란 승객이 탑승한 후 항공기의 모든 문이 닫힌 때부터 내리기 위하여 문을 열 때까지를 말한다는 규정을 두고 있다. 국립국어원의 표준국어대사전에서도 운항을 '배나 비행기가 정해진 항로나 목적지를 오고 감'이라는 뜻으로 풀이하고 있다. 따라서 항로는 '항공기가 운항하는 길'로 이해하는 것이 무리가 없고 자연스럽다.

(라) 본죄의 항로가 운항과 밀접한 관계 속에서 사용되었음은 법문의 구조에서도 드러난다. 항공보안법의 전신인 구 항공기운항안전법에서부터 항로는 그 법 전체를 통틀어 오로지 본죄의 구성요건에서만 사용되었고, 바로 앞에서 '운항 중인 항공기의'라는 말이 수식하고 있다. 입법자가 항로의 정의규정을 따로 두지 않은 것을 볼 때, 수식어로 사용된 '운항'이 일반인이 인식할 수 있을 정도로 항로의 의미를 분명히 할 수 있는 것으로 여겼음을 알 수 있다. 이러한 연관관계에 비추어 볼 때, 본죄의 '항로'는 따로 떼어 해석할 것이 아니라 '운항 중인 항공기의 항로'라는 어구 속에서 의미를 파악함이 타당하다. 항공보안법에서 '운항 중'은 입법자가 지상의 항공기도 범죄로부터 보호하려는 명확한 의도로 통상의 말뜻보다 의미를 넓힌 용어이다. 그렇다면 그와 어구를 이룬 '항로'도 지상과 공중을 불문하고 '운항 중인 항공기가 다니는 길'을 모두 포함하는 것으로 넓게 새겨도 가능한 의미의 범위를 벗어나지 아니한다.

(마) 지상에서 이동하는 항공기의 경로를 함부로 변경하게 하는 행위는 대형 참사로 이어질 수 있는 위험성이 매우 크므로, 1년 이상 10년 이하의 징역형만을 규정한 본죄로 처벌해야 안전운항을 위협하는 행위에 대한 처벌의 강도를 높이려는 입법자의 의도에 들어맞는다. 항공기는 지상에서도 승객 안전을 위해 기장의 판단과 관제 당국의 통제 아래 최적의 경로를 따라 진행해야 함은 비행할 때와 다를 바 없고, 이를 방해하는 행위를 합당한 처벌로 억제할 필요가 있기 때문이다. 형법상 업무방해죄는 징역형의 상한이 5년에 불과할 뿐만 아니라 벌금형으로 처벌될 수도 있어 항공기 운항과 관련된 중대범죄를 처벌할 죄목에 걸맞지 않다. 항공보안법상 직무집행방해죄(제43조)는 행위 유형에 '위력'이 빠져 있어 이와 같은 행위를 포섭하지 못한다.

(바) 결론적으로, 승객이 탑승한 후 항공기의 모든 문이 닫힌 때부터 내리기 위하여 문을 열 때까지 항공기가 지상에서 이동하는 경로는 항공보안법 제42조의 '항로'에 포함된다고 해석하여야 한다.

(2) 갑 항공사 부사장인 피고인이 외국 공항에서 국내로 출발 예정인 자사 여객기에 탑승하였다가, 담당 승무원이 일등석 승객인 자신에게 견과를 대접하는 방식이 자기가 알고 있는 객실서비스 설명서에 규정된 방법과 다르다는 이유로 화가 나 폭언하면서 승무원을 비행기에서 내리도록 하기 위해, 기장으로 하여금 계류장의 탑승교에서 분리되어 푸시백(Pushback, 계류장의 항공기를 차량으로 밀어 유도로까지 옮기는 것) 중이던 비행기를 다시 탑승구 쪽으로 돌아가게 함으로써 위력으로 운항 중인 항공기의 항로를 변경하게 하였다고 하여 항공보안법 위반으로 기소된 사안에서, 피고인이 푸시백 중이던 비행기를 탑승구로 돌아가게 한 행위가 항공기의 항로를 변경하게 한 것에 해당하지 않는다는 이유로, 같은 취지에서 피고인에게 무죄를 선고한 원심판단이 정당하다고 한 사례이다.

39. 정당방위 / 과잉방위 / 오상방위

[대법원 1989. 8. 8. 89도358 판결]

> 원심판결 이유에 의하면, 원심은 원심공동피고인(원심확정)과 피고인 2는 공모 공동하여 1988.2.26. 01:10경 경북 영양읍 서부동 소재 황금당 앞길에서 피고인 1 겸 피해자(여, 32세, 이하 피고인 1이라 한다)가 황금당 옆 골목길로 들어가는 것을 발견하고 그녀를 추행할 목적으로 뒤쫓아 가서 달려들어 원심공동피고인은 그녀의 오른팔을 잡고 피고인 2는 그녀의 왼팔을 잡아 그 골목길 안으로 약 10m 정도 더 끌고 들어가 그 곳 담벽에 넘어뜨린 후 원심공동피고인은 오른손을 그녀의 고무줄바지(속칭 몸빼)속에 집어넣어 음부를 만지면서 이에 반항하는 그녀의 옆구리를 그의 오른쪽 무릎으로 2회 찬 다음 억지로 그녀의 입에 키스를 하는 등으로 그녀에 대해 추행하고 이로 인해 그녀에게 전치 2주간의 우측흉부좌상 등의 상해를 입힌 사실을 인정하였다.

【요 지】

강제추행범의 혀를 깨문 행위가 정당방위에 해당된다고 본 사례: 갑과 을이 공동으로 인적이 드문 심야에 혼자 귀가중인 병녀에게 뒤에서 느닷없이 달려들어 양팔을 붙잡고 어두운 골목길로 끌고들어가 담벽에 쓰러뜨린 후 갑이 음부를 만지며 반항하는 병녀의 옆구리를 무릎으로 차고 억지로 키스를 함으로 병녀가 정조와 신체를 지키려는 일념에서 엉겁결에 갑의 혀를 깨물어 설절단상을 입혔다면 병녀의 범행은 자기의 신체에 대한 현재의 부당한 침해에서 벗어나려고 한 행위로서 그 행위에 이르게 된 경위와 그 목적 및 수단, 행위자의 의사 등 제반사정에 비추어 위법성이 결여된 행위이다.

【이 유】

원심판결 이유에 의하면, 원심은 원심공동피고인이 피고인 2(원심공동피고인과 피고인 2는 이건 강제추행치상 사건의 피고인들임)와 공동으로 인적이 드문 심야에 혼자 귀가중인 피고인 1이 골목길로 들어가는 것을 보고 뒤에서 느닷없이 달려들어 그녀의 양팔을 붙잡고 어두운 골목길로 약 10m 정도 더 끌고 들어가서 그녀를 담벽에 쓰러뜨린 후 원심공동피고인이 음부를 만지며 반항하는 그녀의 옆구리를 무릎으로 차고 억지로 키스를 함으로 피고인 1이 정조와 신체의 안전을 지키려는 일념에서 엉겁결에 원심공동피고인의 혀를 깨물어 그에게 설절단상을 입히게 된 사실을 인정 한 다음 피고인 1의 위와 같은 행위는 그 자신의 성적 순결 및 신체에 대한 현재의 부당한 침해를 방어하기 위한 행위로서 상당한 이유가 있다고 하여 무죄를 선고하였는바, 원심이 위와 같은 사실을 인정함에 있어 거친 증거의 취사과정을 기록에 비추어 살펴보아도 정당하고 거기에 소론과 같은 채증법칙위배로 인한 사실오인의 위법이 없다. 사실관계가 위와 같다면 피고인 1의 이 사건 범행은 같은 피고인의 신체에 대한 현재의 부당한 침해에서 벗어나려고 한 행위로서 그 행위에 이르게 된 경위와 그 목적 및 수단, 행위자의 의사 등 제반사정에 비추어 위법성이 결여된 행위라고 볼 수 있으므로 이와 같은 취지에서 피고인에게 무죄를 선고한 원심판단은 수긍이 가고 거기에 소론과 같은 정당방위에 관한 법리오해의 위법이 있음을 찾아볼 수 없으므로 논지는 이유없다.

【해 설】

(1) 정당방위(正當防衛)

정당방위란 법익에 대한 현재의 부당한 침해를 방위하기 위하여 침해자에게 반격을 가하는 행위로서 부정(不正) 대 정(正)의 관계를 말한다. **형법 제21조(정당방위)**는 「① 현재의 부당한 침해로부터 자기 또는 타인의 법익을 방위하기 위하여 한 행위는 상당한 이유가 있는 경우에는 벌하지 아니한다. ② 방위행위가 그 정도를 초과한 경우에는 정황에 따라 그 형을 감경하거나 면제할 수 있다. ③ 제2항의 경우에 야간이나 그 밖의 불안한 상태에서 공포를 느끼거나 경악하거나 흥분하거나 당황하였기 때문에 그 행위를 하였을 때에는 벌하지 아니한다」고 하여 정당방위에 관한 규정을 두고 있다. 여기서 '침해'란 법질서에 의하여 보호되는 법익에 대한 사람에 의한 공격 또는 그 위험을 의미하며, '현재의 침해'란 법익의 침해가 급박한 위험상태를 뜻하므로 장래의 침해가 예상되는 경우나 과거의 침해는 현재성을 결하게 된다. 그리고 '부당한 침해'에 있어서 '부당'은 객관적으로 위법한 것을 말하며, '법익'의 내용은 자유·명예·생명·신체·정조·주거안전·재산 등 제한이 없고 개인적·사회적·국가적 법익을 모두 포함한다. '상당한 이유'란 행위 당시의 사정으로 보아서 그 방위행위를 하는 것이 객관적으로 상당한 것이라고 인정되어야 함을 말한다.

[대법원 2000. 8. 18. 2000도2231 판결]]

(가) 살인죄에 있어서 범의의 인정 기준 및 피고인이 살인의 범의를 자백하지 않고 상해 또는 폭행의 범의만이 있었을 뿐이라고 다투는 경우, 살인의 범의에 대한 판단 기준: 살인죄에 있어서의 범의는 반드시 살해의 목적이나 계획적인 살해의 의도가 있어야만 인정되는 것은 아니고 자기의 행위로 인하여 타인의 사망의 결과를 발생시킬 만한 가능 또는 위험이 있음을 인식하거나 예견하면 족한 것이고 그 인식 또는 예견은 확정적인 것은 물론 불확정적인 것이라도 이른바 미필적 고의로도 인정되는 것인데, 피고인이 살인의 범의를 자백하지 아니하고 상해 또는 폭행의 범의만이 있었을 뿐이라고 다투고 있는 경우에 피고인에게 범행 당시 살인의 범의가 있었는지 여부는 피고인이 범행에 이르게 된 경위, 범행의 동기, 준비된 흉기의 유무·종류·용법, 공격의 부위와 반복성, 사망의 결과발생가능성 정도, 범행 후에 있어서의 결과회피행동의 유무 등 범행 전후의 객관적인 사정을 종합하여 판단할 수밖에 없다.

(나) 인체의 급소를 잘 알고 있는 무술교관 출신의 피고인이 무술의 방법으로 피해자의 울대(성대)를 가격하여 사망케 한 행위에 살인의 범의가 있다고 본 사례: 피고인이 무술교관출신으로서 인체의 급소를 잘 알고 있으면서도 무술의 방법으로 피해자의 울대를 가격하여 피해자를 사망케 한 행위에 살인의 범의가 있다고 판단하여 이 사건 살인의 점에 관한

공소사실을 유죄로 인정한 조치는 정당하다. 그리고 피고인이 피해자의 울대를 쳐 피해자를 사망에 이르게 한 행위가 피해자가 먼저 피고인을 할퀴고, 피고인의 고환을 잡고 늘어지는 등 피고인을 폭행한 것이 원인이 되었다고 하더라도, 피고인의 이와 같은 행위가 살인의 범의에 기한 것이라고 인정되는 이상, 피고인의 행위는 정당방위나 과잉방위에 해당하는 행위라고 볼 수 없는 것이다.

[대법원 2001. 5. 15. 2001도1089 판결]

(가) 이혼소송중인 남편이 찾아와 가위로 폭행하고 변태적 성행위를 강요하는 데에 격분하여 처가 칼로 남편의 복부를 찔러 사망에 이르게 한 경우, 그 행위는 방위행위로서의 한도를 넘어선 것으로 사회통념상 용인될 수 없다는 이유로 정당방위나 과잉방위에 해당하지 않는다고 본 사례이다.

(나) 기록에 의하면, 피고인은 피해자(1962년생)와 1987. 11. 21. 혼인하여 딸(1990년생)과 아들(1994년생)을 둔 사실, 피해자는 평소 노동에 종사하여 돈을 잘 벌지 못하면서도 낭비와 도박의 습벽이 있고, 사소한 이유로 평소 피고인에게 자주 폭행·협박을 하였으며, 변태적인 성행위를 강요하는 등의 사유로 결혼생활이 파탄되어 1999년 11월경부터 별거하기에 이르고, 2000. 1. 10.경 피고인이 서울가정법원에 이혼소송을 제기하여 그 소송 계속중이던 같은 해 4월 23일 10:40경 피해자가 피고인의 월세방으로 찾아온 사실, 문밖에 찾아온 사람이 피해자라는 것을 안 피고인은 피해자가 칼로 행패를 부릴 것을 염려하여 부엌에 있던 부엌칼 두 자루를 방의 침대 밑에 숨긴 사실, 피고인이 문을 열어 주어 방에 들어온 피해자는 피고인에게 이혼소송을 취하하고 재결합하자고 요구하였으나 피고인이 이를 거절하면서 밖으로 도망가려 하자, 피해자는 도망가는 피고인을 붙잡아 방안으로 데려온 후 부엌에 있던 가위를 가지고 와 피고인의 오른쪽 무릎 아래 부분을 긋고 피고인의 목에 겨누면서 이혼하면 죽여버리겠다고 협박하고, 계속하여 피고인의 옷을 강제로 벗기고 자신도 옷을 벗은 다음 피고인에게 자신의 성기를 빨게 하는 등의 행위를 하게 한 후, 침대에 누워 피고인에게 성교를 요구하였으나 피고인이 이에 응하지 않자 손바닥으로 뺨을 2-3회 때리고, 재차 피고인에게 침대 위로 올라와 성교할 것을 요구하며 "너 말을 듣지 않으면 죽여버린다."고 소리치면서 침대 위에서 상체를 일으키는 순간, 계속되는 피해자의 요구와 폭력에 격분한 피고인이 그 상황에서 벗어나고 싶은 생각에서 침대 밑에 숨겨두었던 칼(증 제1호, 길이 34㎝, 칼날길이 21㎝) 한 자루를 꺼내 들고 피해자의 복부 명치 부분을 1회 힘껏 찔러 복부자창을 가하고, 이로 인하여 피해자로 하여금 장간막 및 복대동맥 관통에 의한 실혈로 인하여 그 자리에서 사망에 이르게 한 사실을 인정할 수 있다. 피고인이 이와 같이 피해자로부터 먼저 폭행·협박을 당하다가 이를 피하기 위하여 피해자를 칼로 찔렀다고 하더라도, 피해자의 폭행·협박의 정도에 비추어 피고인이 칼로 피해자를 찔러 즉사하게 한 행위는 피해자의 폭력으로부터 자신을 보호하기 위한 방위행위로서의 한도를 넘어선 것이라고 하지 않을 수 없고, 따라서 이러한 방위행위는 사회통념상 용인될 수 없는 것이므로, 자기의 법익에 대한 현재의 부당한 침해를 방어하기 위한 행위로서 상당한 이유가 있는 경우라거나, 방위행위가 그 정도를 초과한 경우에 해당한다고 할 수 없다. 따라서 피고인의 이 사건 범행은 정당방위 또는 과잉방위에 해당하지 아니한다.

[대법원 2021. 5. 7. 2020도15812 판결]

(가) 어떠한 행위가 정당방위로 인정되려면 그 행위가 자기 또는 타인의 법익에 대한 현재의 부당한 침해를 방어하기 위한 것으로서 상당성이 있어야 하므로, 위법하지 않은 정당한 침해에 대한 정당방위는 인정되지 않는다. 이때 방위행위가 사회적으로 상당한 것인지는 침해행위로 침해되는 법익의 종류와 정도, 침해의 방법, 침해행위의 완급, 방위행위로 침해될 법익의 종류와 정도 등 일체의 구체적 사정을 참작하여 판단하여야 한다(대법원 2017. 3. 15. 선고 2013도2168 판결 참조). 가해자의 행위가 피해자의 부당한 공격을 방위하기 위한 것이라기보다는 서로 공격할 의사로 싸우다가 먼저 공격을 받고 이에 대항하여 가해를 한 경우 가해행위는 방어행위인 동시에 공격행위의 성격을 가지므로 정당방위 또는 과잉방위행위라고 볼 수 없다(대법원 2000. 3. 28. 선고 2000도228 판결 등 참조).

(나) 원심은 다음과 같은 사정을 들어, 피고인이 미필적으로나마 상해의 고의를 가지고 피해자를 뿌리쳐 상해를 입혔고, 그러한 행위는 피해자의 부당한 공격을 방위하기 위한 것이라기보다는 싸움 과정에서 일어난 공격행위로서 정당방위나 과잉방위에 해당하지 않는다고 판단하였다.

① 이 사건 상해 행위가 있기 직전 피고인은 피해자의 모자챙을 쳐 모자를 벗기거나 뒷목을 잡아당기거나 멱살을 잡아 벽에 밀치는 등 상당 시간 동안 다툼을 벌이며 피해자를 폭행하였다.

② 위와 같이 다툼이 있은 후 피해자는 자리를 피하려는 피고인 일행을 따라가 '도망가지 말라.'는 말을 하며 계단에서 여러 차례 피고인을 붙잡았고, 실랑이 과정에서 피고인이 피해자를 거세게 뿌리치는 바람에 피해자가 넘어졌다.

③ 피해자가 피고인을 붙잡으면서 밑으로 끌어내리기 위해 무게 중심을 잡고 있었던 것으로 보이는데, 당시 피고인으로서는 자신이 피해자의 손을 힘껏 뿌리칠 경우 피해자가 뒤로 넘어질 수도 있다는 것을 충분히 인식할 수 있었다.

(다) 원심판결 이유를 앞서 본 법리와 적법하게 채택한 증거에 비추어 살펴보면, 원심판결에 상고이유 주장과 같이 논리와 경험의 법칙에 반하여 자유심증주의의 한계를 벗어나거나 상해의 고의, 정당방위, 과잉방위 등에 관한 법리를 오해한 잘못이 없다. 따라서 피고인의 상고는 이유 없으므로 이를 기각하기로 판결한다.

[광주지법 2021. 10. 8. 2021고합247, 322 판결]

(가) 피고인과 갑은 일용근로를 함께하는 관계로서, 피고인이 밤에 인력사무소 숙소에서 잠을 자던 중 갑이 술에 취한 상태로 찾아와 주먹과 발로 피고인을 때리고, 부엌에서 칼을 찾으려고 시도하다가 헤어스프레이 통으로 갑 자신의 머리를 여러 번 내리쳐 자해를 하는 등 위협적인 행동을 하자, 유도의 조르기 기술과 유사한 방법을 사용하여 왼팔로 갑의 목을 감아 바닥에 넘어뜨리고, 계속하여 오른손으로 갑의 목을 감은 왼팔을 잡아 갑의 목을 약 10분 동안 조르듯이 압박하였는데, 갑은 일시적으로 심정지를 일으켰다가 병원 응급실로 후송되어 중환자실에서 연명치료를 받다가 5일 뒤에 뇌간 실조로 사망한 사안이다.

(나) 피고인의 행위는 자기의 생명, 신체에 대한 현재의 부당한 침해를 방위하기 위한 행위 또는 갑의 생명, 신체에 대한 현재의 위난을 피하기 위한 행위라고 볼 여지는 있으나, 제반 사정을 종합하면 사회통념상 허용될 만한 정도의 상당성이 없어 형법 제21조 제1항의 정당방위나 형법 제22조 제1항의 긴급피난에 해당한다고 볼 수 없고, 한편 이런 경우 형법

39. 정당방위 / 과잉방위 / 오상방위

제21조 제2항의 과잉방위 또는 형법 제22조 제3항의 과잉피난에 해당하는지 더 나아가 검토할 필요가 있고, 그렇더라도 가해자의 행위가 방어행위 또는 피난행위인 동시에 공격행위의 성격을 가지는 경우에는 과잉방위행위 또는 과잉피난행위라고 할 수 없는바, 갑의 공격이나 위협, 자해 등에 대하여 피고인이 한 행위는 주먹이나 발로 적극적으로 갑을 공격한 것이 아니라 갑의 목을 조르는 것이었고, 갑을 일단 제압한 뒤 갑이 빠져나가지 못하도록 그 자세를 계속 유지했을 뿐 갑에게 다른 공격을 하지 않은 점 등에 비추어 공격행위의 성격도 함께 갖고 있다고 단정하기 어려우므로, 피고인의 행위는 정황에 따라 그 형을 감경하거나 면제할 수 있는 과잉방위 또는 과잉피난에 해당한다고 한 사례이다.

(2) 과잉방위(過剩防衛)

과잉방위란 방위행위가 그 상당한 정도를 초과한 경우로서 이는 객관적 관찰에 의하여 결정할 것이지 행위자의 주관적 판단에 의하여 결정할 것은 아니다. 과잉방위는 정당방위의 상당성의 요건이 결여되어 있으므로 위법인 행위로서 범죄가 성립한다. 다만 방위행위가 그 정도를 초과한 경우에는 정황에 따라 그 형을 감경하거나 면제할 수 있다. 그러나 과잉방위의 경우에 있어서도 야간이나 그 밖의 불안한 상태에서 공포를 느끼거나 경악하거나 흥분하거나 당황하였기 때문에 그 행위를 하였을 때에는 벌하지 아니한다. 과잉방위자에게 정당방위상황의 인식과 방위의사만 있으면 과잉성에 대한 인식여부는 불문함이 통설이나, 방위행위가 방위의 정도를 초과하고 있음을 행위자가 인식하고 있어야 과잉방위가 성립한다고 보는 입장에서는 이에 대한 인식이 없는 경우를 오상방위의 일종으로 보는 견해도 있다.

[대법원 1986. 11. 11. 86도1862 판결]

(가) 과잉방위가 야간 기타 불안스러운 상태 하에서 공포, 경악, 흥분 또는 당황으로 인한 것이어서 벌할 수 없다고 판단한 예이다.

(나) 원심판결 이유에 의하면, 원심은 그 거시 증거들을 종합하여 피고인의 오빠인 이 사건 피해자(남,33세)는 고향인 부산에서 고등학교를 졸업한 뒤 아무런 직업 없이 지내면서 거의 매일 술에 취하여 집에 들어와서는 어머니인 공소외 1에게 술값을 달라고 요구하며 가재도구를 부수는 등 행패를 계속하므로, 그의 술주정과 그로 인한 생활고 등을 참다못한 공소외 1은 1978.경 그녀의 둘째 아들인 공소외 2와 딸인 피고인을 데리고 피해자 몰래 서울로 이사한 다음, 그녀는 시장에서 노점상 등으로 피고인은 목욕탕 또는 미용실의 종업원으로, 동생 공소외 2는 공원으로 각기 열심히 일하여 근근이 생활을 유지해 왔으나, 피해자가 1982.경 그의 가족들이 사는 집을 수소문하여 찾아와 그때부터 함께 살면서 다시 전과 같이 술주정과 행패를 계속해 오다가 1985.1.13경 교통사고를 당하여 머리에 큰 상해를 입어 같은해 8.7까지 입원치료를 받고 퇴원한 후에는 술에 취하지 않은 상태에서도 정신이상자처럼 욕설을 하거나 흉포한 행동을 할 뿐만 아니라 술에 취하면 행패를 부리는 정도가 더욱 심하여진 사실, 이 사건이 있기 전날인 1985.8.28.21:30경에도 피해자는 술에 몹시 취하여 그의 가족들이 사는 집에서 집안팎을 들락날락하면서 퇴근하여 집에 돌아온 피고인에게 갖은 욕설을 퍼붓고 있다가 같은날 24:00경 시장에서 신발 노점상을 하는 어머니 공소외 1이 장사를 마치고 집에 돌아오자 그녀에게 "씹할년" 등의 심한 욕설을 하면서 술값을 내놓으라고 요구하여 그의 버릇을 잘 아는 공소외 1로부터 "내일 아침에 돈 10,000원을 줄테니 들어가서 자거라"는 대답을 듣고는 일단 수그러진듯 그의 방에 들어갔으나 곧 그의 방에 있는 선

풍기를 들고 다시 나오면서 "10,000원이 뭐냐, 100,000원을 줘야지, 이년들, 저희들은 새 선풍기를 쓰고 내게는 헌 선풍기를 줘"라고 소리치며 위 선풍기를 집어던져 부수는 등 난동을 계속하므로 이에 겁을 먹은 어머니 공소외 1과 피고인 및 공소외 2가 모두 안방으로 피해 들어가 문을 잠그고 피해자가 잠들기를 기다렸으나, 잠들기는커녕 오히려 더욱 거칠게 "문을 열라"고 고함치면서 안방문을 주먹으로 치고 발로 차는가 하면, 문손잡이를 잡아 비틀고 힘을 주어 미는 등의 행패를 5시간 가량 계속함으로써 다음날인 같은달 29.05:00경에는 위 안방문이 거의 부서질 지경에 이르게 된 사실, 이에 견디다 못한 공소외 1이 방문을 열고 마루로 나가자 피해자는 주방에 있는 싱크대에서 식칼을 찾아 꺼내어 왼손잡이인 그의 왼손에 들고 공소외 1을 향해 "이년, 너부터 찔러 죽이고 식구들을 모두 죽여 버리겠다고" 소리치며 달려들어 칼을 그녀의 얼굴 가까이 갖다 들이대어 그녀가 놀라서 기절한 사실, 그 순간 이를 방안에서 보고 있던 동생 공소외 2가 어머니의 생명이 위험하다고 느끼고 마루로 뛰어나감과 동시에 왼손으로는 어머니 공소외 1을 옆으로 밀치면서 오른손으로는 피해자의 왼손목을 잡고 칼을 뺏으려 하였으나 피해자가 오히려 오른손으로 공소외 2의 목을 앞에서 움켜 쥐고 손아귀에 힘을 줌으로써 공소외 2로 하여금 숨쉬기가 곤란할 지경에 이르게 한 사실, 그때까지 겁에 질려 방안에서 이를 보기만 하고 있던 피고인은 그대로 두면 공소외 2의 생명이 위험하다고 순간적으로 생각하고, 그를 구하기 위하여 마루로 뛰어나가 피해자에게 달려들어 두 손으로 그의 목을 앞에서 감아쥐고 힘껏 조르면서 뒤로 밀자, 그가 뒤로 넘어지므로 피고인도 함께 앞으로 쓰러진 다음, 그의 몸위에 타고 앉은 채로 정신없이 두 손으로 계속 그의 목을 누르고 있던 중, 피고인의 도움으로 위기에서 풀려난 공소외 2가 기절하여 쓰러져 있는 공소외 1의 상태를 살피는 등 약간 지체한 후에 피고인이 그때까지도 피해자의 몸 위에서 두 손으로 그의 목을 계속 누르고 있는 것을 비로소 알아차리고 "누나, 왜 이래"하고 소리치자 피고인은 그때서야 정신을 차린 듯 피해자의 목에서 손을 떼면서 일어났으나, 그때 이미 피해자는 피고인의 목졸임으로 말미암아 질식된 채 아무런 움직임이 없었던 사실 등을 인정하고, 위 인정에 어긋나는 증거들을 믿을 수 없다 하여 배척한 다음, 위 인정사실에 의하면, 이 사건 당시 평소 흉포한 성격인데다가 술까지 몹시 취한 피해자가 심하게 행패를 부리던 끝에 피고인들을 모두 죽여버리겠다면서 식칼을 들고 공소외 1에게 달려들어 찌를듯이 면전에 칼을 들이대다가 공소외 2로부터 제지를 받자, 다시 공소외 2의 목을 손으로 졸라 숨쉬기를 어렵게 한 위급한 상황에서 피고인이 순간적으로 공소외 2를 구하기 위하여 피해자에게 달려들어 그의 목을 조르면서 뒤로 넘어뜨린 행위는 공소외 1, 2의 생명, 신체에 대한 현재의 부당한 침해를 방위하기 위한 상당한 행위라 할 것이고, 나아가 위 사건당시 피해자가 피고인의 위와 같은 방위행위로 말미암아 뒤로 넘어져 피고인의 몸아래 깔려 더 이상 침해행위를 계속하는 것이 불가능하거나 또는 적어도 현저히 곤란한 상태에 빠졌음에도 피고인이 피해자의 몸 위에 타고앉아 그의 목을 계속하여 졸라 누름으로써 결국 피해자로 하여금 질식하여 사망에 이르게 한 행위는 정당방위의 요건인 상당성을 결여한 행위라고 보아야 할 것이나, 극히 짧은 시간내에 계속하여 행하여진 피고인의 위와 같은 일련의 행위는 이를 전체로서 하나의 행위로 보아야 할 것이므로, 방위의사에서 비롯된 피고인의 위와 같이 연속된 전후행위는 하나로서 형법 제21조 제2항 소정의 과잉방위에 해당한다 할 것이고, 당시 야간에 흉포한 성격에 술까지 취한 피해자가 식칼을 들고 피고인을 포함한 가족들의 생명, 신체를 위협하는 불의의 행패와 폭행을 하여 온 불안스러운 상태 하에서 공포, 경악, 흥분 또는 당황 등으로 말미암아 저질러진 것이라고 보아

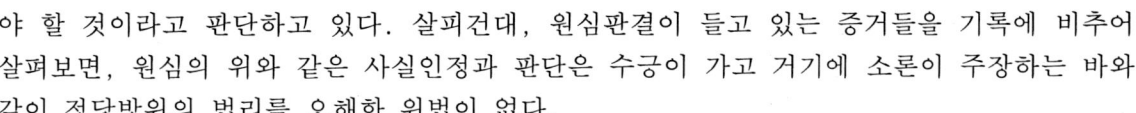

야 할 것이라고 판단하고 있다. 살피건대, 원심판결이 들고 있는 증거들을 기록에 비추어 살펴보면, 원심의 위와 같은 사실인정과 판단은 수긍이 가고 거기에 소론이 주장하는 바와 같이 정당방위의 법리를 오해한 위법이 없다.

[대법원 2000. 3. 28. 2000도228 판결]

(가) 싸움 중에 이루어진 가해행위가 정당방위 또는 과잉방위행위에 해당할 수 있는지 여부(소극): 가해자의 행위가 피해자의 부당한 공격을 방위하기 위한 것이라기보다는 서로 공격할 의사로 싸우다가 먼저 공격을 받고 이에 대항하여 가해하게 된 것이라고 봄이 상당한 경우, 그 가해행위는 방어행위인 동시에 공격행위의 성격을 가지므로 정당방위 또는 과잉방위행위라고 볼 수 없다.

(나) 원심은, 피고인이 1996. 8. 19. 10:00경 서울 강서구 공항동 664의 13 소재 피고인의 처남인 피해자의 집에서 피해자의 왼쪽 허벅지를 길이 21㎝ 가량의 과도로 1회 찔러 피해자에게 약 14일간의 치료를 요하는 좌측대퇴외측부 심부자상 등을 가하였지만, 피해자가 술에 만취하여 누나인 공소외인과 말다툼을 하다가 공소외인의 머리채를 잡고 때렸으며, 당시 공소외인의 남편이었던 피고인이 이를 목격하고 화가 나서 피해자와 싸우게 되었는데, 그 과정에서 몸무게가 85kg 이상이나 되는 피해자가 62kg의 피고인을 침대 위에 넘어뜨리고 피고인의 가슴 위에 올라타 목부분을 누르자 호흡이 곤란하게 된 피고인이 안간힘을 쓰면서 허둥대다가 그 곳 침대 위에 놓여있던 과도로 피해자에게 상해를 가한 사실을 인정한 다음, 위와 같은 이 사건의 발생경위와 그 진행과정을 고려하여 피고인의 행위는 피고인의 신체에 대한 현재의 부당한 침해를 방위하기 위한 행위가 그 정도를 초과한 경우인 과잉방위행위에 해당한다고 판단하였다.

그러나 사실관계가 위와 같다 하더라도, 피고인의 행위는 피해자의 부당한 공격을 방위하기 위한 것이라기보다는 서로 공격할 의사로 싸우다가 먼저 공격을 받고 이에 대항하여 가해하게 된 것이라고 봄이 상당하고, 이와 같은 싸움의 경우 가해행위는 방어행위인 동시에 공격행위의 성격을 가지므로 정당방위 또는 과잉방위행위라고 볼 수 없다(대법원 1971. 4. 30. 선고 71도527 판결, 1993. 8. 24. 선고 92도1329 판결 등 참조).

그런데도 원심이 피고인의 행위가 과잉방위행위에 해당한다고 판단한 것은 과잉방위에 관한 법리를 오해하여 판결에 영향을 미친 위법을 저지른 것이다. 따라서 이를 지적하는 상고이유의 주장은 이유가 있다. 그러므로 원심판결을 파기하고, 사건을 원심법원에 환송하기로 하여 주문("원심판결을 파기하고, 사건을 서울지방법원 본원 합의부에 환송한다.")과 같이 판결한다.

(3) 오상방위(誤想防衛)

오상방위란 객관적으로 정당방위의 요건이 구비되어 있지 아니함에도 불구하고 주관적으로 이를 구비하고 있는 것으로 오신하여 방위행위로 나온 경우를 말한다. 즉 존재하지 아니하는 객관적 정당방위상황을 존재하는 것으로 착오하고 상당성을 넘는 방위행위를 한 경우이다. 가령 야간에 전보배달부를 강도로 오인하고 반격을 가한 경우가 그 예이다. 이러한 오상방위는 정당방위가 아니므로 위법성이 조각되지는 않으나, 위법인 사실을 인식하지 못한 경우로서 사실의 착오이므로 고의는 성립되지 않고 오상한 것에 대한 과실이 있으면 과실범으로 될 뿐이다.

[대법원 1980. 9. 9. 80도762 판결]

(가) 교사가 피해자인 학생이 욕설을 하였는지를 확인도 하지 못할 정도로 침착성과 냉정성을 잃은 상태에서 욕설을 하지도 아니한 학생을 오인하여 구타하였다면 그 교사가 비록 교육상 학생을 훈계하기 위하여 한 것이라고 하더라도 이는 징계권의 범위를 일탈한 위법한 폭력행위이다.

(나) 원심은 피고인이 생활지도 주임교사로 근무하던 고등학교 2학년 학생 피해자가 피고인에게 욕설을 한 것으로 오인하고 격분하여 좌우 주먹으로 위 피해자의 얼굴 양측두부를 각 1회씩 구타하여 동인을 실신시키고 동인에게 전치 10일을 요하는 쇼크 및 양측측두부 타박상의 상해를 입힌 사실을 인정하고 있다. 또한 원심은 위 인정사실을 폭행치상죄로 의율한 후 위 피고인의 행위는 교육적 목적에서 훈계의 뜻으로 한 것이니 형법 20조 소정의 정당행위에 해당한다는 피고인의 논지에 대하여 피고인은 피해자가 욕설을 하였는지 확인도 하지 않을 정도로 침착성과 냉정성을 잃고 있었고 욕설을 하지 아니한 위 피해자는 징계의 대상학생이 아닐 것인데도 위 피해자를 구타하여 상해를 입혔으니 교사로서 교육상 학생을 훈계하기 위하여 한 일이라고 하더라도 이는 징계권의 범위를 일탈한 위법한 폭력행위가 된다고 판단하고 있는 바 이를 검토하여 보아도 원심의 위 판단에 형법 제20조의 법리를 오해한 위법이 있음을 발견할 수 없다.

[대전지법 2006. 10. 18. 2006고합102 판결]

(가) 형법 제21조 제1항에 규정된 정당방위로 인정되려면 무엇보다도 자기 또는 타인의 법익에 대한 '현재의 부당한 침해'가 있어야 하고, 형법 제22조 제1항에 규정된 긴급피난으로 인정되려면 무엇보다도 자기 또는 타인의 법익에 대한 '현재의 위난'이 있어야 하며, 위와 같은 침해나 위난의 현재성 여부는 피침해자의 주관적인 사정에 따라 결정되는 것이 아니라 객관적으로 결정되어야 할 뿐만 아니라, 이러한 정당방위나 긴급피난이 범죄의 구성요건에 해당하는 어떤 행위의 위법성을 예외적으로 소멸시키는 사유라는 점에 비추어 그 요건으로서의 침해나 위난의 현재성은 엄격히 해석·적용되어야 한다.

(나) 평소 남편으로부터 지속적인 폭행이나 학대를 당해오던 피고인이 잠자고 있는 남편을 살해한 사안에서, 사회심리학자의 견해(이른바 '학대나 폭력의 지속적인 재경험')나 오랜 기간 동안 남편으로부터의 폭력이나 학대에 시달려온 피고인의 특별한 심리상태를 수긍하더라도, 그러한 사정만으로는 살해 당시 객관적으로도 피고인 등의 법익에 대한 침해나 위난이 현존하고 있었다고 보기 어렵다는 이유로 정당방위나 긴급피난의 성립을 부정한 사례이다.

(다) 【범죄사실】 피고인은 1976년경부터 남편인 피해자 공소외 1(48세)과 동거하다가 1984년경 결혼하여 슬하에 1남 1녀를 두고 함께 생활하여 왔는데, 상당한 기간 동안 사소한 정도의 부부싸움의 수준을 넘어 피해자로부터 가끔씩 심한 폭행이나 학대를 당해 오던 중, 2006. 4. 6. 00:00경 대전 유성구 (상세 주소 생략)(피고인의 집)에서, 술에 취해 귀가한 피해자가 피고인에게 욕설을 하면서 손바닥으로 피고인의 가슴을 밀치고 안방으로 도망가는

39. 정당방위 / 과잉방위 / 오상방위

피고인을 쫓아가 다시 손바닥으로 피고인의 가슴을 밀어 침대에 넘어지게 하고 그곳에 있던 애완견을 들어 피고인의 얼굴에 집어던지고, 계속하여 피해자의 폭행을 피하기 위하여 애완견을 안고 안방 화장실로 숨어들어가 문을 잠근 피고인에게 피해자가 "문 열어"라고 소리치며 화장실 문을 두드리면서 "너 이년아. 너 거기 숨어있는 거 다 안다. 공소외 2(장인) 그 개자식하고 그 황가년(장모)하고 다리 한 짝 없는 니 오빠, 그 병신새끼하고 내일 꼭 죽이겠다. 씨부랄년, 개같은 년, 젖탱이도 한 짝 없는 년, 지 몫도 못 타오는 년, 거머리처럼 붙어서 내 피나 빨아먹는 년."이라는 등으로 한참 동안 차마 입에 담기조차 힘든 폭언을 거듭하자, 평소 피해자로부터 지속적인 폭행이나 학대를 당해오면서 형성된 만성적인 외상 후 스트레스 장애와 중등도의 우울증 및 충동조절의 장애 등으로 말미암아 사물을 변별할 능력이나 의사를 결정할 능력이 미약한 상태에서, 같은 날 02:00경 피해자가 욕설을 하지 아니하고 집 안이 조용해지자 안방 화장실에서 나와 안방 문 앞에서 거실쪽으로 고개를 내밀어 거실에 있는 소파 위에서 이불을 덮고 누워 잠자고 있는 피해자를 본 순간 피해자를 향한 그간의 분노감이나 적대감이 억누를 수 없을 정도로 폭발한데다가 피해자가 이제는 자신의 친정 식구들마저도 죽일지 모른다는 생각이 들어 더 이상 감정을 억제하지 못한 채 느닷없이 피해자를 살해하기로 마음먹고, 소파 옆 마룻바닥에 놓여있던 철제 아령 1개(증 제1호)를 두 손으로 집어들고 피해자의 머리 쪽으로 다가가 피해자의 왼쪽 머리 부분을 3회 가량 힘껏 내리쳐 피해자를 두개골 함몰 분쇄골절상 등으로 즉시 사망에 이르게 하는 방법으로 살해하였다.

(라)【주문】피고인에 대한 형을 징역 3년으로 정한다. 이 판결 선고 전의 구금일수 195일을 위 형에 산입한다. 다만, 이 판결 확정일로부터 5년간 위 형의 집행을 유예한다. 피고인에게 보호관찰을 받을 것을 명한다. 압수된 아령 1개(증 제1호)를 몰수한다.

(마)【변호인의 주장에 대한 판단】① 변호인의 주장: 변호인은, 피고인이 당시 불안스러운 상태하에서 극도의 공포와 흥분 등으로 이 사건 범행을 저지르게 된 것이므로, 형법 제21조 제3항 등에 의하여 피고인의 이러한 행위를 벌할 수 없다는 취지로 주장한다.

② 판단: 형법 제21조 제1항에 규정된 정당방위로 인정되려면 무엇보다도 자기 또는 타인의 법익에 대한 '현재의 부당한 침해'가 있어야 하고, 형법 제22조 제1항에 규정된 긴급피난으로 인정되려면 무엇보다도 자기 또는 타인의 법익에 대한 '현재의 위난'이 있어야 하며, 위와 같은 침해나 위난의 현재성 여부는 피침해자의 주관적인 사정에 따라 결정되는 것이 아니라 객관적으로 결정되어야 할 뿐만 아니라, 이러한 정당방위나 긴급피난이 범죄의 구성요건에 해당하는 어떤 행위의 위법성을 예외적으로 소멸시키는 사유라는 점에 비추어 그 요건으로서의 침해나 위난의 현재성은 엄격히 해석·적용되어야 한다. 비록 이 사건에서 변호인이 내세우는 바와 같은 사회심리학자의 견해(이른바 '학대나 폭력의 지속적인 재경험')나 오랜 기간 동안 남편으로부터의 폭력이나 학대에 시달려온 피고인의 특별한 심리상태를 수긍하더라도, 그러한 사정만으로는 이 사건 범행 당시 객관적으로도 피고인 등의 법익에 대한 침해나 위난이 현존하고 있었다고 보기는 어렵다. 따라서 이를 전제로 하여 이러한 위법성 소멸사유를 내세우는 듯한 변호인의 주장은 받아들일 수 없다.

위와 같이 정당방위나 긴급피난으로 인정될 만한 최소한의 요건을 갖추지 못한 이상(즉, 객관적으로 볼 때 침해나 위난의 현재성을 인정할 수 없는 이상), 과잉방위(형법 제21조 제2항)나 과잉피난(형법 제22조 제3항, 제21조 제2항)을 인정하기도 어려울 뿐만 아니라, 이 사건에서 피고인이 살해할 의도로 피해자를 때려 즉사하게 한 행위를 과잉방위나 과잉피난으로 보기는 어렵다(대법원 2001. 5. 15. 선고 2001도1089 판결 참조). 따라서 이를 전제로 하여 형법 제21조 제3항, 제22조 제3항 등에 터잡아 책임 소멸사유를 내세우는 듯한 변호인의 주장도 받아들일 수 없다.

한편, 이른바 오상방위나 오상과잉방위에도 형법 제21조 제3항이 적용 또는 유추적용된다고 볼 만한 근거를 찾아 볼 수 없으므로, 오상방위나 오상과잉방위에도 형법 제21조 제3항이 적용됨을 전제로 하는 듯한 변호인의 주장도 그대로 받아들이기 어렵다.

(바) 【양형의 이유】 고귀한 사람의 생명을 침해하는 범죄에 대하여는 원칙적으로 그에 상응하는 정도의 엄벌이 마땅함에도 불구하고, 이 사건에서 매우 이례적으로 피고인에 대한 징역형의 집행을 유예하는 이유는 다음과 같다.

① 피고인은 초범이고, 10여 년 동안 지속적이면서도 일방적으로 피해자로부터 당해 온 가정폭력이나 학대 때문에 형성된 '중등도 우울증 에피소드' 또는 그로 인한 충동조절의 장애 등으로 말미암은 심신미약의 상태에서 이 사건 범행을 저질렀던 것으로 인정된다.

② 피고인의 이러한 정신장애 때문에 피고인에 대한 교정이나 피고인의 원만한 사회복귀를 위하여는 엄정한 형의 부과 못지않게, 피고인에 대하여 꾸준하고도 적절한 정신과 치료가 불가피한 상황이다.

③ 피고인과 피해자 슬하의 두 자녀들은 이렇듯 비극적이고도 엄청난 결과가 초래된 데에는 피해자에게도 적지 않은 책임이나 잘못이 있다는 점을 공감하면서, 자신들에게는 피해자 못지않게 소중한 존재(어머니)인 피고인의 갱생과 조속한 가정 복귀를 소망하고 있는 상황인데, 이렇듯 불행한 결과의 피해자 측이기도 한 자녀들의 입장에서 볼 때에도 피고인에 대한 징역형을 즉시 집행하는 것만이 능사는 아닌 것으로 판단된다(피해자의 누나로서 피고인의 시누이이기도 한 공소외 6은 이 법정에 증인으로 출석하여, 피고인이 조속히 가정으로 복귀하여 불쌍한 자녀들을 위하여 이제부터라도 어머니 노릇을 제대로 해 주기를 바란다는 뜻을 피력한 바 있다.).

④ 이 법원의 심리결과, 가족들이나 주변 사람들의 지속적인 관심·배려, 피고인의 재활의지 등과 더불어 피고인에 대하여 적절한 입원치료 등이 병행된다면 피고인에 의해 혹시 저질러질지도 모를 재범의 위험이나 자살의 위험은 현저히 줄어들 수도 있는 것으로 보인다.

⑤ 따라서 피고인을 지금 당장 가족들로부터 상당한 기간 동안 격리하기보다는, 가정과 사회에서 적절한 치료를 받도록 배려하는 것이 피고인 본인은 물론 그 자녀들에게도 보탬이 될 것으로 판단하였다.

40. 긴급피난과 재물손괴

[대법원 1987. 1. 20. 85도221 판결]

> 원심은 피고인들이 그 판시 피조개양식장에 피해를 주지 아니하도록 할 의도에서 이 사건 금성호의 7샤클(175미터)이던 닻줄을 5샤클(125미터)로 감아 놓았고 그 경우에 피조개양식장까지의 거리는 약 30미터까지 근접한다는 것이므로 닻줄을 50미터 더 늘여서 7샤클로 묘박하였다면 선박이 태풍에 밀려 피조개양식장을 침범하여 물적 피해를 입히리라는 것은 당연히 예상되고, 그럼에도 불구하고 피고인들이 태풍에 대비한 선박의 안전을 위하여 금성호의 닻줄을 7샤클로 늘여 놓은 것은 피조개양식장의 물적 피해를 인용한 것이라는 점에 대하여 피고인들에게 그 미필적 고의를 인정할 수 없다고 판시하였다.

【요 지】

(1) 재물손괴에 관한 미필적 고의를 인정한 사례: 피고인들이 피조개양식장에 피해를 주지 아니하도록 할 의도에서 선박의 닻줄을 7샤클(175미터)에서 5샤클(125미터)로 감아놓았고 그 경우에 피조개양식장까지의 거리는 약 30미터까지 근접한다는 것이므로 닻줄을 50미터 더 늘여서 7샤클로 묘박하였다면 선박이 태풍에 밀려 피조개양식장을 침범하여 물적 손해를 입히리라는 것은 당연히 예상되는 것이고, 그럼에도 불구하고 태풍에 대비한 선박의 안전을 위하여 선박의 닻줄을 7샤클로 늘여 놓았다면 이는 피조개양식장의 물적 피해를 인용한 것이라 할 것이어서 재물손괴의 점에 대한 미필적 고의를 인정할 수 있다.

(2) 긴급피난으로 위법성이 조각된다고 본 사례: 선박의 이동에도 새로운 공유수면점용허가가 있어야 하고 휴지선을 이동하는 데는 예인선이 따로 필요한 관계로 비용이 많이 들어 다른 해상으로 이동을 하지 못하고 있는 사이에 태풍을 만나게 되고 그와 같은 위급한 상황에서 선박과 선원들의 안전을 위하여 사회통념상 가장 적절하고 필요불가결하다고 인정되는 조치를 취하였다면 형법상 긴급피난으로서 위법성이 없어서 범죄가 성립되지 아니한다고 보아야 하고 미리 선박을 이동시켜 놓아야 할 책임을 다하지 아니함으로써 위와 같은 긴급한 위난을 당하였다는 점만으로는 긴급피난을 인정하는데 아무런 방해가 되지 아니한다.

(3) 공유수면관리법 제18조, 제4조 제1항 제9호 소정의 무허가공유수면점용죄의 주체: 관리청의 허가없이 회사소유의 선박을 정박함으로써 공유수면을 점용한 경우에 공유수면관리법 제18조, 제4조 제1항 제9호 위반죄의 주체는 그 선박의 소유자인 회사나 회사의 업무결정권을 가질 기관 또는 선장등과 같이 선박운항의 결정권을 가진 자라야 한다.

【이 유】

(1) 재물손괴에 관한 미필적 고의와 긴급피난에 관한 법리오해의 점에 대하여

원심이 적법히 확정한 바와 같이 피고인들이 그 판시 피조개양식장에 피해를 주지 아니하도록 할 의도에서 이 사건 금성호의 7샤클(175미터)이던 닻줄을 5샤클(125미터)로 감아 놓았고 그 경우에 피조개양식장까지의 거리는 약 30미터까지 근접한다는 것이므로 닻줄을 50미터 더 늘여서 7샤클로 묘박하였다면 선박이 태풍에 밀려 피조개양식장을 침범하여 물적 피해를 입히리라는 것은 당연히 예상되고, 그럼에도 불구하고 피고인들이 태풍에 대비한 선박의 안전을 위하여 금성호의 닻줄을 7샤클로 늘여 놓은 것은 피조개양식장의 물적 피해를 인용한 것이라 할 것이어서 재물손괴의 점에 대한 미필적 고의를 인정할 수 있다고 할 것이다. 원심이 이와 다른 관점에서 피고인들에게 그 미필적 고의를 인정할 수 없다고 판시한 것은 미필적 고의의 법리에 대한 오해에 기인한 것으로서 이점에 관한 소론은 이유있다. 한편 원심이 무죄이유로서 부가하여 설시한 긴급피난의 점에 관하여 보건대, 이 사건 금성호는 공유수면점용허가 없이 정박하고 있었으므로 피고인들이나 대한선박주식회사로서는 같은 해상에 점용허가를 얻어서 피조개양식장을 설치한 피해자 김 대인 측의 요구에 응하여 금성호를 양식장에 피해를 주지 아니하는 곳에 미리 이동시켜서 정박하였어야 할 책임은 있었다고 할 것이다.

그러나 위와 같이 선박이동에도 새로운 공유수면점용허가가 있어야 하고 휴지선을 이동하는 데는 예인선이 따로 필요한 관계로 비용이 많이 들어 다른 해상으로 이동을 하지 못하고 있는 사이에 태풍을 만나게 되었다면 피고인들로서는 그와 같은 위급한 상황에서 선박과 선원들의 안전을 위하여 사회통념상가장 적절하고 필요불가결하다고 인정되는 조치를 취하였다면 형법상 긴급피난으로서 위법성이 없어서 범죄가 성립되지 아니한다고 보아야 하고 미리 선박을 이동시켜 놓아야 할 책임을 다하지 아니함으로써 위와 같은 긴급한 위난을 당하였다는 점만으로는 긴급피난을 인정하는데 아무런 방해가 되지 아니한다.

이 사건에서 원심이 태풍내습시 금성호에는 태풍에 대비하여 7,8명의 선원이 타고 있었고, 피고인들이 태풍으로 인한 선박의 조난이나 전복을 피하기 위하여 선박의 양쪽에 두개의 닻을 내리고, 한쪽의 닻줄의 길이를 175미터(7샤클)로 늘여 놓은 것이 사고지점에서 태풍의 내습에 대비한 가장 적절하고 필요한 조치로 인정된다는 취지에서 피고인들의 소위를 긴급피난행위로 보아 재물손괴의 점에 대하여 무죄를 선고한 원심의 판단은 정당하고, 거기에 긴급피난의 법리를 오해하였거나 심리미진의 위법을 찾아 볼 수 없다. 결국 원심의 미필적 고의에 대한 판단에는 잘못이 있으나 긴급피난을 인정한 점에 잘못이 없으므로 위에서와 같은 잘못은 판결에 영향이 없어 논지는 받아들일 수 없다.

(2) 공유수면관리법에 관한 법리오해의 점에 대하여

이 사건에서와 같이 관리청의 허가 없이 회사소유의 선박을 정박함으로써 공유수면을 점용한 경우에 공유수면관리법 제18조, 제4조 제1항 제9호 위반죄의 주체는 그 선박의 소유자인 회사나 회사의 업무결정권을 가진 기관 또는 선장 등과 같이 선박운항의 결정권을 가진 자라야 한다고 새겨진다. 원심이 같은 취지에서 대한선박주식회사의 해사담당이사의 지시를

받아 현장에서 위 선박의 관리업무에 종사한 피고인들에게는 그에 관한 아무런 업무결정권이 없으므로 같은 법의 위반죄가 성립되지 아니한다고 판단한 조처는 정당하고, 거기에 법리오해나 심리미진 등의 위법을 찾아 볼 수 없다.

【해 설】

(1) 긴급피난(緊急避難)

긴급피난이란 자기 또는 타인의 법익에 대한 현재의 위난을 피하기 위하여 부득이 위난의 원인과는 무관한 제3자의 법익을 침해하는 행위이다. 가령 맹견의 추적을 피하기 위하여 부득이 허가 없이 타인의 주거에 침입하여 물건을 손괴한 경우가 그것이다. 현재성과 관련하여 살펴보면, 정당방위에 있어서 침해의 현재성은 직접 임박한 것, 방금 시작된 것, 아직도 계속 중인 것을 의미하나, 긴급피난에 있어서 위난의 현재성은 이보다 그 성립범위가 더 넓다고 보는 것이 다수설이다. 즉 침해가 발생하기 전이라도 피난을 미룰 경우에 피해가 증대할 우려가 있다면 긴급피난이 가능하며(예방적 긴급피난), 소위 지속적 위난의 경우에도 현재성이 인정된다. 위난의 현재성 여부는 객관적, 개별적으로 판단하여야 한다. 또한 위난이 피난자의 귀책사유로 초래된 경우라도 원칙적으로 긴급피난이 가능하다. 그러나 목적 또는 고의로 자초한 경우에는 긴급피난이 허용되지 않는다[대법원 1995. 1. 12. 94도2781 판결 참조].

형법 제22조 제1항은「자기 또는 타인의 법익에 대한 현재의 위난을 피하기 위한 행위는 상당한 이유가 있는 때에는 벌하지 아니한다」라고 규정하고 있다. 긴급피난도 정당방위와 같이 긴급상태 하에 있어서 개인의 자력구제의 하나이다. 다만 **정당방위**는 법익에 대한 현재의 부당한 침해를 방위하기 위하여 침해자에게 반격을 가하는 것으로서「**부정(不正) 대 정(正)**」의 관계인데 대하여, **긴급피난**은 법익에 대한 현재의 위난을 피하기 위하여 주로 그 위난의 발생과는 관계없는 정당한 제3자의 법익을 침해하는 것으로서 위난의 원인이 정(正)·부정(不正)임을 묻지 않음으로써 「**정(正) 대 정(正)**」의 관계로 기술된다. 이러한 차이는 민사책임과의 관계에서도 고려되어 긴급피난의 경우는 불법행위에 대한 손해배상책임의 범위가 정당방위보다도 넓어지게 된다.

한편 **형법 제22조 제2항**에서는「위난을 피하지 못할 책임이 있는 자에 대하여는 전항의 규정을 적용하지 아니한다」고 명시함으로써 일종의 특칙을 두고 있다. 여기서 '**위난을 피하지 못할 책임이 있는 자**'라 함은 예컨대 선장·군인·경찰관·공무원·소방관·의사 등과 같이 법률상 그 직무에 관하여 위험에 직면할 책임이 있는 자를 말하고, 이러한 책임있는 자에게는 위난을 당연히 감수할 의무가 존재하므로 긴급상태가 발생하였다고 해서 그 부과된 의무에 반하여 긴급피난을 이유로 관계없는 제3자의 이익을 희생시키는 것은 허용되지 아니한다. 가령 경찰관이 범인의 항거에 대하여 긴급피난을 할 수 없고, 또 선장은 선박이 파손된 경우에 승객보다 먼저 선박으로부터 이탈하는 행위는 긴급피난으로서 허용되지 아니한다. 그러나 이와 같이 책임이 있는 자라고 하여 어떠한 경우에도 절대적으로 긴급피난을 허용하지 않는다는 뜻은 아니다. 긴급피난의 경우에도 **과잉피난과 오상피난**의 법리가 적용된다(형법 제22조 제3항).

[대법원 1995. 1. 12. 94도2781 판결]

(가) 강간치사상죄에 있어서 사상의 결과는 강간에 수반하는 행위에서 발생한 경우도 포함하는지 여부: 강간 등에 의한 치사상죄에 있어서 사상의 결과는 간음행위 그 자체로부터 발생한 경우나 강간의 수단으로 사용한 폭행으로부터 발생한 경우는 물론 강간에 수반하는 행위에서 발생한 경우도 포함한다.

(나) 스스로 야기한 강간범행의 와중에서 피해자가 손가락을 깨물며 반항하자 물린 손가락을 비틀며 잡아 뽑다가 피해자에게 치아결손의 상해를 입힌 소위를 긴급피난행위라 할 수 있는지 여부: 피고인이 스스로 야기한 강간범행의 와중에서 피해자가 피고인의 손가락을 깨물며 반항하자 물린 손가락을 비틀며 잡아 뽑다가 피해자에게 치아결손의 상해를 입힌 소위를 가리켜 법에 의하여 용인되는 피난행위라 할 수 없다.

(다) 강간 등에 의한 치사상죄에 있어서 사상의 결과는 간음행위 그 자체로부터 발생한 경우나 강간의 수단으로 사용한 폭행으로부터 발생한 경우는 물론 강간에 수반하는 행위에서 발생한 경우도 포함한다 할 것인바, 원심이 확정한 바와 같이 피고인이 판시 일시경 피해자의 집에 침입하여 잠을 자고 있는 피해자를 강제로 간음할 목적으로 동인을 향해 손을 뻗는 순간 놀라 소리치는 동인의 입을 왼손으로 막고 오른손으로 음부 부위를 더듬던 중 동인이 피고인의 손가락을 깨물며 반항하자 물린 손가락을 비틀며 잡아 뽑아 동인으로 하여금 우측하악측절치치아결손의 상해를 입게 하였다면, 피해자가 입은 위 상해는 결국 피고인이 저지르려던 강간에 수반하여 일어난 행위에서 비롯된 것이라 할 것이고, 기록상 나타난 피해자의 반항을 뿌리친 형태 등에 비추어 보면 그 결과 또한 능히 예견할 수 있었던 것임을 부인할 수는 없다 하겠으니, 위와 같은 소위에 대하여 피고인을 강간치상죄로 처단한 제1심 판결을 유지한 원심의 조처는 옳게 수긍이 되고, 거기에 소론과 같이 강간치상죄의 법리를 오해한 위법이 없다. 또 피고인이 스스로 야기한 범행의 와중에서 피해자에게 위와 같은 상해를 입힌 소위를 가리켜 법에 의하여 용인되는 피난행위라 할 수도 없고, 위와 같이 소리치며 반항하는 피해자의 입을 손으로 막고 음부까지 만진 소위에 대하여 주장과 같이 강간의 수단인 폭행이나 협박이 개시되지 않았다고 할 수도 없다.

[대법원 2004. 11. 12. 2003다52227 판결]

(가) 구 공직선거및선거부정방지법을 위반하여 특정 후보자에 대한 낙선운동을 한 자의 위 후보자에 대한 위자료 지급책임의 유무(적극): 구 공직선거및선거부정방지법(2001. 1. 26. 법률 제6388호로 개정되기 전의 것) 제58조 제2항은 "누구든지 자유롭게 선거운동을 할 수 있다. 그러나 이 법 또는 다른 법률의 규정에 의하여 금지되거나 제한되는 경우에는 그러하지 아니하다."고 규정하여, 원칙적으로 선거운동의 자유를 인정하면서도 한편으로는 선거운동의 주체, 시기, 방법 등을 제한하고 있는바, 공직선거에 출마한 후보자로서는 같은 법에서 정한 방법에 따라 다른 후보자들과의 공정한 경쟁을 통하여 선거권자들에 의하여 평가받게 될 것이라고 기대하는 것이 당연하므로, 시민단체가 같은 법을 위반하여 특정 후보자에 대한 낙선운동을 한 행위는 그 낙선운동으로 인하여 후보자가 낙선하였는지 여부에 관계없이 후보자의 위와 같은 합리적인 기대를 침해한 것이고, 이러한 기대는 인격적 이익으로서 보호할 가치가 있다 할 것이므로, 그로 인하여 후보자가 입은 정신적 고통에 대하여 위자료를 지급할 의무가 있다.

(나) 시민단체의 특정 후보자에 대한 낙선운동이 시민불복종운동으로서 정당행위 또는 긴급피난에 해당한다고 볼 수 없다는 원심을 수긍한 사례이다.

[대법원 2006. 4. 13. 2005도9396 판결]

(가) 형법 제20조에 정하여진 '사회상규에 위배되지 아니하는 행위'의 의미 및 정당행위의 성립 요건: 형법 제20조 소정의 '사회상규에 위배되지 아니하는 행위'라 함은 법질서 전체의 정신이나 그 배후에 놓여 있는 사회윤리 내지 사회통념에 비추어 용인될 수 있는 행위를 말하고, 어떠한 행위가 사회상규에 위배되지 아니하는 정당한 행위로서 위법성이 조각되는 것인지는 구체적인 사정 아래서 합목적적, 합리적으로 고찰하여 개별적으로 판단되어야 하므로, 이와 같은 정당행위를 인정하려면 첫째 그 행위의 동기나 목적의 정당성, 둘째 행위의 수단이나 방법의 상당성, 셋째 보호이익과 침해이익과의 법익균형성, 넷째 긴급성, 다섯째 그 행위 외에 다른 수단이나 방법이 없다는 보충성 등의 요건을 갖추어야 한다(대법원 2005. 9. 30. 2005도4688 판결 등 참조).

(나) 형법 제22조 제1항의 긴급피난에서 '상당한 이유 있는 행위'에 해당하기 위한 요건: 형법 제22조 제1항의 긴급피난이란 자기 또는 타인의 법익에 대한 현재의 위난을 피하기 위한 상당한 이유 있는 행위를 말하고, 여기서 '상당한 이유 있는 행위'에 해당하려면, 첫째 피난행위는 위난에 처한 법익을 보호하기 위한 유일한 수단이어야 하고, 둘째 피해자에게 가장 경미한 손해를 주는 방법을 택하여야 하며, 셋째 피난행위에 의하여 보전되는 이익은 이로 인하여 침해되는 이익보다 우월해야 하고, 넷째 피난행위는 그 자체가 사회윤리나 법질서 전체의 정신에 비추어 적합한 수단일 것을 요하는 등의 요건을 갖추어야 한다.

(다) 아파트 입주자대표회의 회장이 다수 입주민들의 민원에 따라 위성방송 수신을 방해하는 케이블TV방송의 시험방송 송출을 중단시키기 위하여 위 케이블TV방송의 방송안테나를 절단하도록 지시한 행위를 긴급피난 내지는 정당행위에 해당한다고 볼 수 없다고 한 원심의 판단을 수긍한 사례: 원심은, 이 사건 당시 피고인이 경기동부방송의 시험방송 송출로 인하여 위성방송의 수신이 불가능하게 되었다는 민원을 접수한 후 경기동부방송에 시험방송 송출을 중단해달라는 요청도 해보지 아니한 채 시험방송이 송출된 지 약 1시간 30여 분 만에 곧바로 경기동부방송의 방송안테나를 절단하도록 지시한 점, 그 당시 (아파트 이름 생략)아파트 전체 815세대 중 140여 세대는 경기동부방송과 유선방송이용계약을 체결하고 있었던 점 등 그 행위의 내용이나 방법, 법익침해의 정도 등에 비추어 볼 때, 당시 피고인이 다수 입주민들의 민원에 따라 입주자대표회의 회장의 자격으로 위성방송 수신을 방해하는 경기동부방송의 시험방송 송출을 중단시키기 위하여 경기동부방송의 방송안테나를 절단하도록 지시하였다고 할지라도 피고인의 위와 같은 행위를 긴급피난 내지는 정당행위에 해당한다고 볼 수 없다고 판단하였는바, 앞서 본 법리와 기록에 의하여 살펴보면, 원심의 설시에 다소 부족한 점이 있다고 하더라도 그 결론은 옳은 것으로 수긍이 가고, 거기에 정당행위나 긴급피난에 관한 법리오해 등의 위법이 있다고 할 수 없다.

[청주지법 2006. 5. 3. 2005노1200 판결]

(가) 피고인(한의사)과 같은 아파트에서 혼자 거주하던 공소외인(당시 만 68세)이 이 사

건 당일 오전 8시경 피고인에게 심한 두통과 어지러움 증상 등을 호소하였고, 이에 피고인이 급히 공소외인의 아파트로 가서 공소외인의 위와 같은 증상을 뇌압상승으로 인한 중풍의 전조증상이라고 판단하고 손과 발 등에 침을 놓아 사혈을 한 사실, 그로 인해 공소외인의 증상이 다소 완화되자 피고인이 곧바로 공소외인을 부축하여 피고인이 운전하는 차량에 태운 다음 약 1km 정도 떨어진 피고인 운영의 한의원으로 간 사실, 피고인이 무면허운전으로 한의원 앞에서 경찰관에게 단속되게 되자 간호사를 통해 공소외인에게 우선 소합향원 2개를 복용시키고, 뒤이어 약 20여 분이 지난 후에 공소외인에 대해 침술 등의 치료를 한 사실, 피고인이 거주하는 지역의 소방파출소는 피고인 운영의 한의원 부근에 위치해 있고, 택시를 호출할 경우 공소외인이 거주하는 아파트 앞까지 오는 데 소요되는 시간은 약 10분 정도이며, 직접 택시를 타기 위해서는 약 100m 정도 걸어가야 하는 사실, 중풍이 의심될 경우 혈액순환의 차단으로 인한 뇌신경이 손상되기 전에 신속하게 치료가 이루어지는 것이 무엇보다 중요한 사실이 인정된다. 그러나 대체 이동수단이 없었는지에 대하여 보건대, 위 아파트는 인근에 택시 등 대중교통수단은 물론 119나 구급차량을 이용할 수 있는 지역인 점, 앞서 본 택시나 구급차량 등을 호출하는 데 소요되는 시간과 위 아파트에서 도로까지의 거리, 피고인의 응급조치로 증상이 다소 완화된 공소외인이 부축을 받아 거동이 가능하였던 점 등 여러 사정에 비추어 볼 때, 당시 피고인은 택시나 119 구급차량을 호출하거나 아니면 이웃 주민이나 아파트 관리실 등에 협조를 요청하여 공소외인을 후송할 수 있었다고 판단되고 오로지 피고인이 직접 이 사건 차량으로 공소외인을 후송하여야 할 방법 밖에 없었던 상황이라 보기 어려우므로, 결국 긴급피난의 성립요건인 보충성의 원칙을 충족시키지 못하였다 할 것이어서, 피고인의 위와 같은 무면허운전행위를 긴급피난에 해당한다고 보기 어렵다.

(나) 한의사인 피고인이 같은 아파트에 거주하는 응급환자를 자신의 한의원으로 옮기기 위하여 무면허운전을 한 사안에서, 현재의 위난을 피하여야 할 긴급상태에 있었지만 대체 이동수단을 이용할 수 있었기 때문에 긴급피난의 성립요건인 보충성의 원칙을 충족시키지 못하여 긴급피난에 해당하지 않는다고 한 사례이다.

(2) 재물손괴(財物損壞)

재물손괴죄는 타인의 재물, 문서 또는 전자기록 등 특수매체기록을 손괴 또는 은닉 기타 방법으로 그 효용을 해하는 범죄를 말한다. 재물의 효용을 향유하려고 하는 영득죄와 달리 손괴죄는 재물의 효용을 해한다는 점에 그 특징이 있다. **형법 제366조(재물손괴 등)**는 '타인의 재물, 문서 또는 전자기록 등 특수매체기록을 손괴 또는 은닉 기타 방법으로 그 효용을 해한 자는 3년 이하의 징역 또는 700만원 이하의 벌금에 처한다'고 규정하고 있다. 이때 **재물**이란 유체물과 관리할 수 있는 동력을 포함하고 동산·부동산을 불문하지만, 공용물에 대해서는 본죄의 객체가 되지 아니한다. 즉 **형법 제141조(공용서류 등의 무효, 공용물의 파괴)**가 '① 공무소에서 사용하는 서류 기타 물건 또는 전자기록 등 특수매체기록을 손상 또는 은닉하거나 기타 방법으로 그 효용을 해한 자는 7년 이하의 징역 또는 1천만원 이하의 벌금에 처한다. ② 공무소에서 사용하는 건조물, 선박, 기차 또는 항공기를 파괴한 자는 1년 이상 10년 이하의 징역에 처한다'고 규정하고 있기 때문이다. 따라서 여기서 **문서**란 공용서류에 해당하지 아니하는 모든 문서로 공문서·사문서를 불문하며 유가증권도 포함한다. **전자기록 등 특수매체기록**이란 일정한 데이터에 대한 전자기록이나 광학기록을 말한다. 가령 컴퓨터 하드디스크, 플로피디스켓, CD, MP3 디스크 등에 수록된 기록, 영화필름, 녹음테이프, 비디오필름 등에 수록된 기록 등을 예로 들 수 있다. 기록을 담는 매체물은 본죄의 객체가 아니며, 매체물이 담는 기록 자체가 본죄의 객체이다. 마이크로필름기록은 문서의 축소·확대에 의하나 기계적 재생이므로 문서의 일종일 뿐이다. 또한 기록이란 어느 정도의 영속성이 있어야 하므로 전송중인 데이터는 전자기록 등 특수매체기록에 포함되지 않는다. 재물, 문서 또는 특수매체기록은 타인의 소유여야 하며, 자기의 점유이건 타인의 점유이건 누구의 점유에 속하는지는 불문한다. 예컨대 자기가 보관하는 타인의 재물을 손괴한 경우에는 횡령죄가 아니라 본죄가 성립하며, 무주물은 타인의 소유가 아니다. 자기명의라도 타인의 소유인 문서를 손괴하거나 내용을 변경하는 경우에는 본죄가 성립할 수 있다.

손괴(損壞)란 타인의 재물, 문서, 특수매체기록 등에 직접 유형력을 행사하여 그 효용을 해하는 것을 말한다. 영구적으로 효용을 해하는 것뿐만 아니라 일시적으로 효용을 해하더라도 상관없다. 즉 물체 자체가 소멸되거나 재물의 중요부분이 훼손될 것을 요하지 않는다. 예컨대 타이어의 바람을 빼놓는 것, 조립하기 곤란한 상태로 기계를 분해하는 것, 음식물에 오물을 넣는 것, 그림에 낙서를 하는 것 등도 손괴에 속한다. 문서를 손괴하는 방법에는 문서의 전부 또는 일부를 찢거나 소각하거나 문서내용의 전부 또는 일부를 말소하거나 문서나 장부의 일부를 빼거나 첨부된 인지나 증지를 떼어내는 것 등을 들 수 있다. **은닉**(隱匿)이란 재물, 문서 또는 특수매체기록의 소재를 불분명하게 하여 그 발견을 곤란, 불능케 함으로써 그 효용을 해하는 것을 말한다. 재물 등의 상태를 변화케 하지 않는다는 점에서 손괴와 구별된다.

[대법원 1970. 3. 10. 70도82 판결]
타인 소유의 토지에 사용수익의 권한 없이 농작물을 경작한 경우라 하더라도 그 농작물의 소유권은 경작한 사람에게 귀속된다 할 것이므로, 피고인이 매수하여 계속 경작하여 오던 토지라 할지라도 피고인이 뽑아버린 콩은 타인이 경작한 것인 이상 피고인은 재물손괴의 죄책을 면할 수 없다.

[대법원 1993. 12. 7. 93도2701 판결]
(가) 재물손괴죄에 있어서 "효용을 해한다"고 함의 의미: 재물손괴의 범의를 인정함에 있어서는 반드시 계획적인 손괴의 의도가 있거나 물건의 손괴를 적극적으로 희망하여야 하는 것은 아니고, 소유자의 의사에 반하여 재물의 효용을 상실케 하는 데 대한 인식이 있으면 되고, 여기에서 재물의 효용을 해한다고 함은 그 물건의 본래의 사용목적에 공할 수 없게 하는 상태로 만드는 것은 물론 일시 그것을 이용할 수 없는 상태로 만드는 것도 역시 효용을 해하는 것에 해당한다.
(나) 심신장애 상태에 있었는지 여부의 판단방법: 피고인이 범행 당시 심신장애의 상태에 있었는지 여부를 판단함에는 반드시 전문가의 감정을 거쳐야 하는 것이 아니고, 법원이 범행의 경위와 수단, 범행 전후의 피고인의 행동 등 기록에 나타난 제반 자료와 공판정에서의 피고인의 태도 등을 종합하여 피고인이 심신장애의 상태에 있지 아니하였다고 판단하더라도 위법이라고 할 수 없다.

[대법원 2016. 11. 25. 2016도9219 판결]

(가) 재물손괴죄는 타인의 재물, 문서 또는 전자기록 등 특수매체기록을 손괴 또는 은닉 기타 방법으로 그 효용을 해한 경우에 성립한다(형법 제366조). 여기에서 손괴 또는 은닉 기타 방법으로 그 효용을 해하는 경우에는 물질적인 파괴행위로 물건 등을 본래의 목적에 사용할 수 없는 상태로 만드는 경우뿐만 아니라 일시적으로 물건 등의 구체적 역할을 할 수 없는 상태로 만들어 효용을 떨어뜨리는 경우도 포함된다. 따라서 자동문을 자동으로 작동하지 않고 수동으로만 개폐가 가능하게 하여 자동잠금장치로서 역할을 할 수 없도록 한 경우에도 재물손괴죄가 성립한다.

(나) 원심은, 다음과 같은 사정들에 비추어 피고인의 행위로 이 사건 건물의 1층 출입구 자동문(이하 '이 사건 자동문'이라고 한다)이 일시적으로나마 자동으로 작동하지 않고 수동으로만 개폐가 가능하게 하여 잠금장치로서 역할을 할 수 없는 상태가 초래되었으므로, 이는 재물손괴죄를 구성하고 피고인에게 재물손괴의 고의도 있다고 판단하였다.

① 피고인은 2013. 12.경 공소외 1로부터 이 사건 자동문 설치공사를 187만 원에 도급받아 시공하면서 계약금 100만 원을 계약 당일, 잔금 87만 원을 공사 완료 시 지급받기로 약정하였다. 그런데 피고인이 2013. 12. 10. 위 공사를 마쳤는데도 잔금 87만 원을 지급받지 못하였다.

② 피고인은 위 잔금을 지급받지 못한 상태에서 2014. 1. 10.경 추가로 이 사건 자동문의 번호키 설치공사를 도급받아 시공하게 되자, 이 사건 자동문의 자동작동중지 예약기능을 이용하여 2014. 1. 20.부터 이 사건 자동문이 자동으로 여닫히지 않도록 설정하였다.

③ 이에 따라 이 사건 자동문이 2014. 1. 20.부터 자동으로 여닫히지 않고 수동으로만 여닫히게 되었다. 공소외 1 등은 "이 사건 자동문이 자동으로 여닫히지 않고 수동으로만 여닫혀 결국 이 사건 건물에 도둑이 들었다."라고 진술하였다. 이 사건 자동문 제조회사의 관리부장 공소외 2는 이 사건 자동문의 설치자가 아니면 이 사건 자동문의 자동작동중지 예약기능을 해지할 수 없다고 진술하였다.

[대법원 2021. 5. 7. 2019도13764 판결]

피고인이 평소 자신이 굴삭기를 주차하던 장소에 갑의 차량이 주차되어 있는 것을 발견하고 갑의 차량 앞에 철근콘크리트 구조물을, 뒤에 굴삭기 크러셔를 바짝 붙여 놓아 갑이 17~18시간 동안 차량을 운행할 수 없게 된 사안에서, 차량 앞뒤에 쉽게 제거하기 어려운 구조물 등을 붙여 놓은 행위는 차량에 대한 유형력 행사로 보기에 충분하고, 차량 자체에 물리적 훼손이나 기능적 효용의 멸실 내지 감소가 발생하지 않았더라도 갑이 위 구조물로 인해 차량을 운행할 수 없게 됨으로써 일시적으로 본래의 사용목적에 이용할 수 없게 된 이상 차량 본래의 효용을 해한 경우라고 한 사례이다.

41. 강제적 채권추심과 자구행위

[대법원 1984. 12. 26. 84도2582, 84감도397 판결]

> 피고인은 피해자에게 금 16만원 상당의 석고를 납품하였으나, 그 대금의 지급을 지체하여 오다가 판시 화랑을 폐쇄하고 도주한 사실이 엿보이고, 피고인은 야간에 폐쇄된 화랑의 베니아판 문을 미리 준비한 드라이버로 뜯어내고 판시와 같은 물건을 몰래 가지고 나왔다.

【요 지】

형법 제23조 소정의 자구행위의 요건에 해당하지 않는다고 한 강제적 채권추심의 예: 피고인이 피해자에게 석고를 납품한 대금을 받지 못하고 있던 중 피해자가 화랑을 폐쇄하고 도주하자, 피고인이 야간에 폐쇄된 화랑의 베니아판 문을 미리 준비한 드라이버로 뜯어내고 피해자의 물건을 몰래 가지고 나왔다면, 위와 같은 피고인의 강제적 채권추심 내지 이를 목적으로 하는 물품의 취거행위를 형법 제23조 소정의 자구행위라고 볼 수 없다.

【이 유】

(1) 피고인 겸 피감호청구인(이하 피고인이라 한다)의 상고이유를 판단한다. 즉 피고인은 피해자인 허만혁에게 석고상을 납품한 대금을 여러 차례의 지급요청에도 받지 못하고 있었던 중 급기야 피해자는 화방을 폐쇄하고 도주하였으므로 위 청구권의 담보로 보관할 목적으로 이 사건 행위에 이르른 것이므로 피고인의 행위는 자구행위에 해당하거나 그렇지 않다 하더라도 절도의 고의가 없다는 것이다. 형법상 자구행위라 함은 법정절차에 의하여 청구권을 보전하기 불능한 경우에 그 청구권의 실행불능 또는 현저한 실행곤란을 피하기 위한 상당한 행위를 말하는 것인 바, 원심이 인정한 범죄사실과 기록에 의하면, 위와 같은 피고인의 강제적 채권추심 내지 이를 목적으로 하는 물품의 취거행위는 형법 제23조 소정의 자구행위의 요건에 해당하는 경우라고 볼 수 없으며, 피고인의 이 사건 범행의 수단 방법에 미루어보아 절도의 범의를 부정할 수 없다 할 것이므로 절도의 범의가 없다거나 자구행위의 법리를 오해한 위법이 있다는 논지는 이유없다.

(2) 사회보호법은 재범의 위험성이 있고, 특수한 교육개선이 필요하다고 인정되는 범죄자에게 보호처분을 함으로써 사회복귀를 촉진하고 사회를 보호할 목적으로 제정된 것이나, 같은 법 제5조 제1항의 보호감호에 있어서는 재범의 위험성이 있는 것을 요건으로 하고 있지 아니함이 같은 제2항의 경우와 대비하여 볼 때 명확하므로 원심판결에 이 재범의 위험성의 유무에 관하여 달리 판단하지 아니하였다하여 소론과 같은 재범의 위험성에 관한 법리오해

의 위법이 있다고 할 수는 없다.

(3) 보호감호의 기간은 법정되어 있으므로 법원에 그 기간을 신축할 재량은 없으며 양형부당의 사유는 이 사건의 경우에는 적법한 상고이유로 삼을 수 없으므로 논지는 모두 이유없다. 따라서 상고를 기각하고, 미결구금일수의 산입에 관하여 형법 제57조, 소송촉진 등에 관한 특례법 제24조를 적용하기로 하여 관여법관의 일치된 의견으로 주문과 같이 판결한다.

【해 설】

자구행위(自救行爲) 가운데 **광의의 자구행위**란 일정한 권리자가 자력으로 침해된 권리를 구제 또는 보전하는 것이고, 우리가 보통 사용하고 있는 **협의의 자구행위**는 법정절차에 의하여 청구권을 보전하기 불능한 경우에 그 청구권의 실행불능 또는 현저한 실행곤란을 피하기 위한 행위를 말하는 것으로서 상당한 이유가 있는 때에는 벌하지 아니한다. **형법 제23조(자구행위)**는 「① 법률에서 정한 절차에 따라서는 청구권을 보전할 수 없는 경우에 그 청구권의 실행이 불가능해지거나 현저히 곤란해지는 상황을 피하기 위하여 한 행위는 상당한 이유가 있는 때에는 벌하지 아니한다. ② 제1항의 행위가 그 정도를 초과한 경우에는 정황에 따라 그 형을 감경하거나 면제할 수 있다」고 규정하고 있다. 이 때 **청구권**이란 타인에게 일정한 행위를 요구하는 사법상의 권리로서 채권적 청구권·물권적 청구권을 불문하며 일반적으로는 재산상의 청구권을 의미한다. 한번 침해되면 원상회복이 어려운 생명·신체·자유·정조·명예 등의 권리는 여기의 청구권에 포함될 수 없다. 또한 청구권은 자기의 청구권임을 요하기 때문에 타인의 청구권을 위한 구제행위는 허용되지 않는다.

이 경우 청구권에 대한 부당한 침해는 불법한 침해를 의미하므로 자구행위는 정당방위와 같이 「**부정(不正) 대 정(正)**」의 관계라고 할 수 있다. 그러나 정당방위가 현재의 침해를 요건으로 함에 비하여 자구행위는 과거의 침해에 대해서만 가능하다. 따라서 가령 절취현장에서 재물을 탈환하는 행위는 정당방위이지만, 수일이 지난 후에 우연히 절도범인이 가지고 가는 재물을 탈환하는 행위는 자구행위에 해당한다. 자구행위의 경우에도 **과잉자구행위**와 **오상자구행위**의 법리가 적용된다.

[대법원 2006. 3. 24. 2005도8081 판결]

(가) 채권자들이 채무자인 피해자에 대한 채권을 우선적으로 확보할 목적으로 피해자의 물건을 무단으로 취거한 사안에서, 절도죄에서의 불법영득의사를 인정하고, 자구행위의 성립과 추정적 승낙의 존재를 부정한 사례: 원심은 피고인들이 자신들의 피해자에 대한 물품대금 채권을 다른 채권자들보다 우선적으로 확보할 목적으로 피해자가 부도를 낸 다음날 새벽에 피해자의 승낙을 받지 아니한 채 피해자의 가구점의 시정장치를 쇠톱으로 절단하고 그곳에 침입하여 시가 16,000,000원 상당의 피해자의 가구들을 화물차에 싣고 가 다른 장소에 옮겨 놓은 행위에 대하여 피고인들에게는 불법영득의사가 있었다고 볼 수밖에 없어 특수절도죄가 성립한다고 판단하였는바, 원심의 위와 같은 판단은 정당한 것이다.

(나) **형법상 자구행위의 의미**: 형법상 자구행위라 함은 법정절차에 의하여 청구권을 보전

하기 불능한 경우에 그 청구권의 실행불능 또는 현저한 실행곤란을 피하기 위한 상당한 행위를 말하는 것인바(대법원 1984. 12. 26. 84도2582, 84감도397 판결 참조), 이 사건에서 피고인들에 대한 채무자인 피해자가 부도를 낸 후 도피하였고 다른 채권자들이 채권확보를 위하여 피해자의 물건들을 취거해 갈 수도 있다는 사정만으로는 피고인들이 법정절차에 의하여 자신들의 피해자에 대한 청구권을 보전하는 것이 불가능한 경우에 해당한다고 볼 수 없을 뿐만 아니라, 또한 피해자 소유의 가구점에 관리종업원이 있음에도 불구하고 위 가구점의 시정장치를 쇠톱으로 절단하고 들어가 가구들을 무단으로 취거한 행위가 피고인들의 피해자에 대한 청구권의 실행불능이나 현저한 실행곤란을 피하기 위한 상당한 이유가 있는 행위라고도 할 수 없다.

[대법원 2007. 3. 15. 2006도9418 판결]

(가) 형법 제185조의 일반교통방해죄는 일반 공중의 교통의 안전을 그 보호법익으로 하는 범죄로서 육로 등을 손괴 또는 불통케 하거나 기타의 방법으로 교통을 방해하여 통행을 불가능하게 하거나 현저히 곤란하게 하는 일체의 행위를 처벌하는 것을 그 목적으로 하고 있으며, 여기서 '육로'라 함은 사실상 일반 공중의 왕래에 공용되는 육상의 통로를 널리 일컫는 것으로서 그 부지의 소유관계나 통행권리관계 또는 통행인의 많고 적음 등을 가리지 않는다(대법원 2002. 4. 26. 선고 2001도6903 판결, 2006. 3. 9. 선고 2006도298 판결 등 참조). 원심은, 그 채택 증거들에 의하여 인정되는 사정들을 종합하여, 이 사건 도로는 주민들이 농기계 등으로 그 주변의 농경지나 임야에 통행하는 데 이용하여 사실상 일반 공중의 왕래에 공용되는 육상의 통로에 해당하고, 피고인은 육로인 이 사건 도로에 깊이 1m 정도의 구덩이를 파는 등의 방법으로 위 도로의 통행을 방해하였다고 판단하였는바, 앞서 본 법리와 기록에 의하여 살펴보면, 이러한 원심의 사실인정과 판단은 옳고, 거기에 채증법칙 위배로 인한 사실오인이나 일반교통방해죄에 관한 법리오해 등의 위법이 있다고 할 수 없다.

(나) 형법상 자구행위라 함은 법정절차에 의하여 청구권을 보전하기 불능한 경우에 그 청구권의 실행불능 또는 현저한 실행곤란을 피하기 위한 상당한 행위를 말하는 것인바(대법원 1984. 12. 26. 선고 84도2582, 84감도397 판결, 2006. 3. 24. 선고 2005도8081 판결 등 참조), 이 사건 도로는 피고인 소유 토지상에 무단으로 확장 개설되어 그대로 방치할 경우 불특정 다수인이 통행할 우려가 있다는 사정만으로는 피고인이 법정절차에 의하여 자신의 청구권을 보전하는 것이 불가능한 경우에 해당한다고 볼 수 없을 뿐 아니라, 이미 불특정 다수인이 통행하고 있는 육상의 통로에 구덩이를 판 행위가 피고인의 청구권의 실행불능이나 현저한 실행곤란을 피하기 위한 상당한 이유가 있는 행위라고도 할 수 없으므로, 이 점에 관한 상고이유의 주장도 받아들일 수 없다.

(다) 어떠한 행위가 위법성조각사유로서의 정당행위가 되는지의 여부는 구체적인 경우에 따라 합목적적, 합리적으로 가려야 하는바, 정당행위로 인정되려면 첫째 행위의 동기나 목적의 정당성, 둘째 행위의 수단이나 방법의 상당성, 셋째 보호법익과 침해법익의 균형성, 넷째 긴급성, 다섯째 그 행위 이외의 다른 수단이나 방법이 없다는 보충성의 요건을 모두 갖추어야 한다(대법원 2005. 2. 25. 선고 2004도8530 판결, 2001. 9. 28. 선고 2001도3923 판결 등 참조). 원심은, 피고인이 이 사건 도로에 구덩이를 파는 등으로 공중의 통행을 저지한 이상 이 사건 도로가 피고인의 소유라고 하더라도 그러한 피고인의 행위는 정당행위에

해당하지 않는다고 판단하였는바, 위와 같은 법리와 기록에 비추어 살펴보면, 이러한 원심의 판단은 옳은 것으로 수긍이 가고, 거기에 정당행위에 관한 법리오해의 위법이 있다고 할 수 없다.

[대법원 2007. 5. 11. 2006도4328 판결]

토지소유권자가 피해자가 운영하는 회사에 대하여 그 토지의 인도 등을 구할 권리가 있다는 이유만으로 위 회사로 들어가는 진입로를 폐쇄한 것이 정당한 행위 또는 자력구제에 해당하지 않는다고 한 사례이다. 즉 피고인이 이 사건 토지의 소유권자로서 공소외 주식회사에 대하여 사용대차계약을 해지하고 이 사건 토지의 인도 등을 구할 권리가 있다는 이유만으로 공소외 주식회사로 들어가는 진입로를 폐쇄한 것은, 그 권리를 확보하기 위하여 다른 적법한 절차를 취하는 것이 곤란하였던 것으로 보이지 않아 그 동기와 목적이 정당하다거나 수단이나 방법이 상당하다고 할 수 없고, 또한 그에 관한 피고인의 이익과 피해자가 침해받은 이익 사이에 균형이 있는 것으로도 보이지 않으므로 피고인의 자구행위 또는 자력구제라고 할 수 없다.

42. 피해자의 승낙에 의한 행위

[대법원 1993. 7. 27. 92도2345 판결]

원심이 유지한 제1심 판결이 채용한 증거들을 살펴보면 피고인이 조선대학교 의과대학 산부인과 전문의 수련과정 2년차의 의사로서 광주적십자병원에 파견근무중 환자인 피해자(여 38세)의 복부에서 만져지는 혹을 제거하기 위한 개복수술을 하려고 하였으면 진료경험이나 산부인과적 전문지식이 비교적 부족한 상태이므로 산부인과 전문의 지도를 받는다든지 자문을 구하고, 위 환자의 진료에 필요한 모든 검사를 면밀히 실시하여 병명을 확인하고 수술에 착수하여야 하고 개복 후에도 개복 전의 진단병명은 정확하며 혹시 다른 질환은 아닌지를 세밀히 검토하여 필요한 범위 내에서 수술을 시행하여야 할 업무상 주의의무가 있음에도 불구하고 당초 위 환자를 진찰한 결과 복부에 혹이 만져지고 하혈을 하고 있어 자궁외 임신일 가능성도 생각하였으나 피해자가 10년 간 임신경험이 없고 경유병원에서의 진단소견이 자궁근종 또는 자궁체부암으로 되어 있자 자궁외 임신인지를 판별하기 위한 수술전 검사법인 특수호르몬검사, 초음파검사, 복강경검사, 소변임신반응검사 등을 전혀 실시하지 않고 자궁근종을 확인하는 의미에서의 촉진 및 시진을 통하여 자궁외 임신환자인 피해자의 병명을 자궁근종으로 오진하였고 수술단계에서도 냉동절편에 의한 조직검사 등을 거치지 아니한 상태에서 자궁근종으로 속단하고 일반외과 전문의인 공소외 이남재과 함께 병명조차 정확히 확인하지 못한 채 자궁적출술을 시행하여 현대의학상 자궁적출술을 반드시 필요로 하는 환자가 아닌 위 피해자의 자궁을 적출함으로써 동인을 상해에 이르게 한 사실을 인정하기에 넉넉하므로 원심이 피고인을 업무상 과실치상죄를 적용하여 처벌한 제1심 판결을 유지한 조치에 수긍이 가고 거기에 채증법칙위반, 심리미진 또는 법리오해의 위법이 없다.

【요 지】

(1) 수술승낙이 의사의 부정확 또는 불충분한 설명에 의한 것인 경우의 효력: 산부인과 전문의 수련과정 2년차인 의사가 자신의 시진, 촉진결과 등을 과신한 나머지 초음파검사 등 피해자의 병증이 자궁외 임신인지, 자궁근종인지를 판별하기 위한 정밀한 진단방법을 실시하지 아니한 채 피해자의 병명을 자궁근종으로 오진하고 이에 근거하여 의학에 대한 전문지식이 없는 피해자에게 자궁적출술의 불가피성만을 강조하였을 뿐 위와 같은 진단상의 과오가 없었으면 당연히 설명받았을 자궁외 임신에 관한 내용을 설명받지 못한 피해자로부터 수술승낙을 받았다면 위 승낙은 부정확 또는 불충분한 설명을 근거로 이루어진 것으로서 수술의 위법성을 조각할 유효한 승낙이라고 볼 수 없다.

(2) 난소의 제거로 이미 임신불능 상태에 있는 피해자의 자궁을 적출했다 하더라도 그 경우 자궁을 제거한 것이 신체의 완전성을 해한 것이 아니라거나 생활기능에 아무런 장애를 주는 것이 아니라거나 건강상태를 불량하게 변경한 것이 아니라고 할 수 없고 이는 업무상

과실치상죄에 있어서의 상해에 해당한다.

【이 유】

소론은 위 자궁적출술의 시행에 앞서 위 피해자로부터 그에 대한 승낙을 받았으므로 위법성이 조각된다는 취지이나, 기록에 의하면 피고인은 자신의 시진, 촉진결과 등을 과신한 나머지 초음파검사 등 피해자의 병증이 자궁외 임신인지, 자궁근종인지를 판별하기 위한 정밀한 진단방법을 실시하지 아니한 채 위 피해자의 병명을 자궁근종으로 오진하고 이에 근거하여 의학에 대한 전문지식이 없는 위 피해자에게 자궁적출술의 불가피성만을 강조하였을 뿐 위와 같은 진단상의 과오가 없었다면 당연히 설명받았을 자궁외 임신에 관한 내용을 설명받지 못한 피해자로부터 수술승낙을 받은 사실을 인정할 수 있으므로 위 승낙은 피고인의 부정확 또는 불충분한 설명을 근거로 이루어진 것으로서 이 사건 수술의 위법성을 조각할 유효한 승낙이라고 볼 수 없다 할 것이다.

또 소론은 위 피해자가 난소의 제거로 이미 임신불능 상태에 있어 자궁을 적출했다 하더라도 이는 업무상 과실치상죄 소정의 상해에 해당하지 않는다는 것이나, 그와 같은 사유만으로 자궁을 제거한 것이 신체의 완전성을 해한 것이 아니라거나 생활기능에 아무런 장애를 주는 것이 아니라거나 건강상태를 불량하게 변경한 것이 아니라고 할 수 없고 이는 업무상 과실치상죄에 있어서의 상해에 해당한다 할 것이다. 그리고 이와 같은 이 사건 의료사고가 일어난 연유, 경위, 피해의 결과 등을 놓고 볼 때 피고인의 이 사건 범행을 사회상규상 허용되는 정당행위라고 볼 수는 없다. 그러므로 논지는 모두 이유없다.

【해 설】

피해자의 승낙에 의한 행위에 있어서 **피해자의 승낙**이란 법익의 주체가 타인에 대하여 자기의 법익을 침해할 수 있도록 허용한다는 것이다. **형법 제24조**는 「처분할 수 있는 자의 승낙에 의하여 그 법익을 훼손한 행위는 법률에 특별한 규정이 없는 한 벌하지 아니한다」라고 규정하고 있다. 이 때 **처분할 수 있는 자**란 법적으로 보호되어 있는 법익의 소지자를 말하며, **승낙**이란 동의를 뜻하고 본인의 자유의사에 의한 진지한 것임을 요한다. 또한 승낙은 행위전이나 적어도 행위당시에 있을 것을 요한다. 따라서 상당한 시일이 경과한 승낙에 기해 실행하거나 또는 사후승낙은 원칙적으로 승낙이 아니다. 그리고 승낙은 명확한 것임을 요하며, 그것이 명확한 것이면 명시적이건 묵시적이건 불문한다. 추정적 승낙도 경우에 따라서는 위법성을 조각하는데, 가령 화재를 소화하기 위하여 허가없이 타인의 주거에 침입하거나 의사가 부상당한 환자를 응급처치하는 경우 등이다. 또 승낙은 승낙의 의미를 정확하게 이해할 수 있는 의사능력자의 자유로운 의사에 의해 행해져야 한다. 형법은 일정한 경우에 합법하게 승낙할 수 있는 연령을 규정하고 있다. 예컨대 간음에 있어서는 13세(제305조), 아동혹사죄에 있어서는 16세(제274조), 약취유인에 있어서는 미성년(제287조) 등이 그것이다.

한편 여기서 말하는 **법익**이란 당해 법익의 주체가 처분할 수 있는 개인적 법익을 의미하며, 범죄의 침해법익이 공공적(국가적·사회적) 법익인 경우에는 피해자의 승낙이 있어도 위법성이 조각되지 아니한다. 또 가령 자기의 소유에 속하는 물건에 대한 방화죄(제166조 제2항, 제167조 제2항)에 있어서와 같이 공공적 법익인 동시에 개인적 법익을 침해법익으로 하는 범죄의 경우에는 피해자(객체의 소유자)의 승낙이 있더라도 전체로서의 위법성이 조각되지 아니한다. 그리고 피해자의 승낙에 의한 행위가 위법성이 조각되기 위해서는 법률에 특별한 규정이 없을 때에 한한다. 즉 범죄의 피해법익이 개인적 법익인 경우에도 피해자의 승낙이 범죄의 구성요건의 내용으로 되어 있는 경우에는 위법성이 조각되지 않는 것이 당연하다. 예컨대 촉탁·승낙에 의한 살인죄(제252조 제1항), 촉탁·승낙에 의한 낙태죄(제269조 제2항) 등이다. 이러한 범죄는 개인적 법익을 침해법익으로 하지만, 특히 생명과 같이 중대한 법익에 관하여는 법률이 개인의 처분권을 인정하지 않는 것이다.

[대법원 1985. 11. 26. 85도1487 판결]
(가) 피고인이 동거중인 피해자의 지갑에서 현금을 꺼내가는 것을 피해자가 현장에서 목격하고도 만류하지 아니하였다면 피해자가 이를 허용하는 묵시적 의사가 있었다고 봄이 상당하여 이는 절도죄를 구성하지 않는다.
(나) 절도죄는 타인이 점유하는 재물을 절취하는 행위 즉 점유자의 의사에 의하지 아니하고 그 점유를 취득함으로 성립하는 범죄인바, 기록에 의하여 인정되는 피해자는 당시 피고인과 동거 중에 있었고 피고인이 돈 60,000원을 지갑에서 꺼내 가는 것을 피해자가 현장에서 이를 목격하고도 만류하지 아니한 사정 등에 비추어 볼 때 피해자가 이를 허용하는 묵시적 의사가 있었다고 봄이 상당하고 달리 소론이 지적하는 증거들만으로는 피고인이 위 돈 60,000원을 절취하였다고 인정하기에는 부족하다 할 것이다. 원심이 이와 같은 취지에서 절도의 공소사실에 관하여 범죄의 증명이 없다하여 무죄를 선고한 제1심판결을 유지한 조치는 정당하고 거기에 소론과 같은 위법이 있다고는 할 수 없다.

[대법원 2011. 9. 29. 2010도14587 판결]
(가) 사문서변조죄는 권한 없는 자가 이미 진정하게 성립된 타인 명의의 문서내용에 대하여 동일성을 해하지 않을 정도로 변경을 가하여 새로운 증명력을 작출케 함으로써 공공적 신용을 해할 위험성이 있을 때 성립한다. 사문서의 위·변조죄는 작성권한 없는 자가 타인 명의를 모용하여 문서를 작성하는 것을 말하므로 사문서를 작성·수정할 때 명의자의 명시적이거나 묵시적인 승낙이 있었다면 사문서의 위·변조죄에 해당하지 않고, 한편 행위 당시 명의자의 현실적인 승낙은 없었지만 행위 당시의 모든 객관적 사정을 종합하여 명의자가 행위 당시 그 사실을 알았다면 당연히 승낙했을 것이라고 추정되는 경우 역시 사문서의 위·변조죄가 성립하지 않는다고 할 것이나, 명의자의 명시적인 승낙이나 동의가 없다는 것을 알고 있으면서도 명의자가 문서작성 사실을 알았다면 승낙하였을 것이라고 기대하거나 예측한 것만으로는 그 승낙이 추정된다고 단정할 수 없다.
(나) 피고인이 행사할 목적으로 권한 없이 갑 은행 발행의 피고인 명의 예금통장 기장내용 중 특정 일자에 을 주식회사로부터 지급받은 월급여의 입금자 부분을 화이트테이프로 지우고 복사하여 통장 1매를 변조한 후 그 통장사본을 법원에 증거로 제출하여 행사하였다는 내용으로 기소된 사안에서, 관련 민사소송에서 피고인이 언제부터 을 회사에서 급여를 받았는지가 중요한 사항이었는데 2006. 4. 25.자 입금자 명의를 가리고 복사하여 이를 증거로

제출함으로써 2006. 5. 25.부터 을 회사에서 급여를 수령하였다는 새로운 증명력이 작출되었으므로 공공적 신용을 해할 위험성이 있었다고 볼 수 있고, 제반 사정을 종합할 때 통장 명의자인 갑 은행장이 행위 당시 그러한 사실을 알았다면 이를 당연히 승낙했을 것으로 추정된다고 볼 수 없으며, 피고인이 쟁점이 되는 부분을 가리고 복사함으로써 문서내용에 변경을 가하고 증거자료로 제출한 이상 사문서변조 및 동 행사의 고의가 없었다고 할 수 없는데도, 이와 달리 보아 피고인에게 무죄를 인정한 원심판결에 사문서변조 및 동행사죄에 관한 법리오해의 위법이 있다고 한 사례이다.

[대구지법 2020. 8. 12. 2019노4533 판결]
(가) 한의사인 피고인이 어깨, 목 부위 통증으로 내원한 갑의 등 부위에 쑥뜸 시술을 한 후 갑이 화상의 심각성을 호소하였는데도 추가 문진이나 진단을 통한 화상치료를 하지 아니하고 피부과 의사 등에 의한 치료를 안내하는 등 적절한 조치를 취하지 아니하여 갑에게 비대성 흉터를 입게 하였다고 하여 업무상 과실치상으로 기소된 사안에서, 피고인에게 업무상 과실이 인정되고, 갑이 뜸 치료 계획과 동의서에 서명하였더라도 피고인의 행위의 위법성을 조각할 유효한 승낙이라고 볼 수 없다고 한 사례이다.

(나) 대한침구학회가 작성한 자문 요청에 관한 답변서, 한국의료분쟁조정중재원이 작성한 감정서, 을 한방병원에 대한 사실조회 회신 등에 의하면, 뜸 시술 시 환자상태, 병증상태를 종합적으로 고려하여 시술 여부를 결정하여야 하는데, 갑은 켈로이드성 피부를 가진 것으로 보이므로 뜸 치료 여부와 강도 조절 시 환자의 피부 소인에 관한 신중한 고려가 필요하고, 한의사는 우선적으로 시술 전 병력 청취 과정 중에서 켈로이드성 피부가 있는지를 확인하는 것이 필요하며, 쑥뜸 치료과정에서도 화상을 입지 않도록 치료시간이나 방법 등을 조정하여 피부에 화상이 생기지 않도록 주의를 기울여야 하는바, 갑의 흉터는 켈로이드 흉터로 통상적인 범주보다 과다한 경우에 해당하는 점, 피고인은 수사기관에서 갑에 대한 시술 전에 진맥을 보고 문진을 하였는데 피부체질에 관해서는 사전진단을 하지 않았다고 진술한 점, 갑이 한방 치료를 중단하고 화상병원에서 치료를 시작한 것은 피고인이 뜸 시술을 시행한 날부터 최소한 100일이 지난 후로 그때 이미 뜸 자국이 피부가 돌출된 상태로 외관상 아물어 더 이상 진물이 나지 않는 상태였으므로, 갑이 화상병원에서 치료를 시작하여 소염제 등을 사용한 것과 갑의 뜸 자국이 돌출된 것과는 관련이 없는 점 등을 종합하면, 피고인에게 업무상 과실이 인정되고, 나아가 갑이 서명한 뜸 치료 계획과 동의서(이하 '동의서'라 한다)의 기재 내용, 갑의 수사기관에서의 진술 내용 및 을 한방병원의 사실조회 회신 등에 따르면 직접구 방식의 뜸 치료를 시행한 경우에도 무조건 화상이 발생하는 것은 아니고, 화상이 발생하면 뜸 치료와는 별개로 화상에 대한 치료가 필요하며, 화상치료로 이차적으로 발생될 흉터를 줄여야 하는데, 피고인은 직접구 방식의 뜸 치료는 반드시 화상을 동반하고, 갑과 같이 화상을 입은 경우에도 소염제 등의 양방 치료를 하는 것이 한방 치료에 방해가 된다고 주장하므로 설령 갑이 피고인의 주장처럼 피고인으로부터 충분한 설명을 듣고 동의서에 서명하였더라도 이는 피고인의 부정확한 설명을 근거로 한 것인 점, 갑이 서명한 동의서에 흉터가 남는다고 기재되어 있으나 '최소한의 뜸의 흔적'이라고도 기재되어 있어 갑의 몸에 남은 정도의 심한 비대성 흉터를 입는 것까지 동의하였다고 보기 어려운 점 등에 비추어, 갑이 동의서에 서명하였더라도 피고인의 행위의 위법성을 조각할 유효한 승낙이라고 볼 수 없다는 이유로, 피고인에게 유죄를 인정한 사례이다.

43. 뇌물죄와 사교적 의례

[대법원 1996. 12. 6. 96도144 판결]

> 피고인은 1994. 6.경부터 1995. 1. 10.경까지 한국산업은행 지점장으로 근무하면서 위 지점의 여신업무를 총괄하던 자인바, 공소외 주식회사의 대표이사인 제1심 상피고인(이하 '상피고인'이라고 한다)으로부터 위 회사가 1994. 9. 15. 위 은행 지점에 산업시설자금 및 외화자원시설자금 20억 원의 여신승인신청을 하였는데 이를 선처하여 달라는 부탁을 받고, 1) 1994. 10. 1. 14:00경 서울 마포구 서교동 소재 피고인의 집에서 상피고인이 보낸 공소외 1을 통하여 현금 1,000만 원을 수수하고, 2) 같은 해 12. 하순 일자불상 오후 시간불상경 위 피고인의 집에서 위와 같은 방법으로 현금 1,000만 원을 수수하고, 3) 같은 해 9. 중순 일자불상경 서교호텔 근처 일식집과 신촌 소재 상호불상 단란주점에서, 같은 해 10. 초순 일자불상경 스위스그랜드호텔 일식집과 북악파크호텔 나이트클럽 등지에서 상피고인으로부터 술과 음식 등 합계 약 40만 원 상당의 향응을 제공받아 금융기관의 임직원으로서 직무에 관하여 합계액 약 2,040만 원 상당의 금품을 수수한 것이다.

【요 지】

(1) 피고인의 처가 뇌물을 전달받았더라도 전후 사정에 비추어 피고인에게 전달된 것으로 봄이 상당하다는 이유로, 무죄를 선고한 원심판결을 파기한 사례: 피고인과 증뢰자가 수시로 접촉을 계속하여 왔고 사생활에까지 도움을 줄 정도의 관계라면, 증뢰자가 피고인에게 전혀 알리지 않은 채 피고인의 처에게 금품을 보냈다고 보기 어려울 뿐만 아니라 피고인의 처로서도 그가 금품을 보냈다는 사실을 피고인에게 숨기기는 어렵다고 보여지므로, 달리 합리적인 근거가 없는 한 그 금품은 피고인에게 전달되었다고 봄이 상당하다는 이유로, 피고인에게 무죄를 선고한 원심판결을 파기한 사례이다.

(2) 은행 지점장에 대한 금 83,500원 상당의 향응이 전후 사정에 비추어 볼 때 사교적 의례의 범위에 속하지 않는다고 본 사례: 은행 지점장인 피고인이 제공받은 향응이 도합 금 83,500원 상당에 지나지 않는다고 하더라도, 피고인과 증뢰자와의 관계, 피고인이 그로부터 향응을 제공받은 동기 및 경위, 피고인이 향응 이외에도 수차례 금품을 수수하였다는 사정 등에 비추어 보면, 이를 단순한 사교적 의례의 범위에 속하는 것에 불과하다고 단정할 수는 없다는 이유로, 피고인에게 무죄를 선고한 원심판결을 파기한 사례이다.

【이 유】

(1) (가) 원심은 제1심이 채택하고 있는 증거들에 의하여 위 회사가 1994. 9. 15. 피고인

이 지점장으로 근무하고 있는 위 은행 지점에 20억 원 규모의 산업시설자금 등의 대출승인신청을 한 사실을 인정한 다음, 이 사건 공소사실 중 피고인이 현금 2,000만 원을 수수하였다는 부분에 관하여 상피고인 이 공소사실 기재 각 일시 장소에서 위 대출승인신청을 선처하여 달라는 취지로 자신의 동생인 공소외 1 을 보내 피고인의 처인 공소외 2 에게 1,000만 원씩 2회에 걸쳐 합계 2,000만 원을 교부한 사실을 인정하였으나, 피고인이 그의 처가 이와 같이 금품을 수수한 사실을 알고도 위 금품을 수수할 의사하에 이를 용인하였는지에 관하여, 이 점에 부합하는 검사 작성의 공소외 1 에 대한 각 진술조서와 김천일 작성의 진술서의 각 진술기재는 단순한 추측에 불과한 것이고, 제1심 제2회 공판조서 중 공소외 2 에 대한 증인신문조서의 기재와 원심 증인 공소외 3 의 원심 법정에서의 진술 등에 의하면, 피고인의 처인 공소외 2 는 피고인과의 결혼생활이 원만하지 못하여 일시 별거를 한 경험도 있는 터라 장차 또 다시 피고인과 헤어질 경우에 대비하여 이와 같이 2,000만 원을 수령하고서도 이를 피고인에게는 숨기고 친정어머니에게 맡겨 놓았다고 진술하고 있는 사실, 공소외 2 의 오빠인 공소외 3 이 국민은행 서교동지점에 개설한 저축예금통장에는 1995. 4. 25.자로 2,000만 원이 입금되어 있고, 공소외 3 은 공소외 2 가 친정어머니에게 위와 같은 경위로 맡겨 놓은 2,000만 원을 입금한 것이라고 진술하고 있는 사실이 인정된다고 하면서, 이와 같은 사정을 종합하여 보면 공소외 1 과 김천일의 위 각 진술만으로는 피고인이 처인 공소외 2 의 위 각 금원수령 사실을 알고도 이를 용인한 것이라고 단정할 수 없고 달리 검사의 전 거증에 의하더라도 이를 인정할 만한 증거가 없다고 판단하고 있다.

(나) 원심은 피고인이 향응을 제공받았다는 점에 관하여, 원심 증인 신순녀, 상피고인의 원심 법정에서의 각 진술 등을 종합하면, ① 피고인이 상피고인과 함께 1994. 9. 중순 일자불상경 서울 마포구 서교동 소재 서교호텔 근처 일식집에서 70,000원 상당의 식사와 술을 마신 후 다시 신촌 소재 상호불상 단란주점에서 약 25,000원 상당의 술을 마시고, 상피고인이 그 대금을 지급한 사실, ② 피고인이 상피고인과 함께 같은 해 10. 초순 일자불상경 스위스그랜드호텔 일식집과 북악파크호텔 나이트클럽 등지에서 약 72,000원 상당의 식사와 술을 마시고, 역시 상피고인이 그 대금을 지급한 사실 등을 인정하였으나, 피고인이 제공받은 것이 식사, 주류 등이고 그 가액도 도합 83,500원{(95,000원＋72,000원)÷2}에 불과하여 비교적 소액이며 2회밖에 되지 않는 점, 피고인과 상피고인의 사회적 지위 및 경제적 능력 등을 감안하여 보면, 피고인이 제공받은 위 향응은 단순히 사교적 의례의 범위에 속하는 것에 불과하고 달리 이를 피고인의 직무에 관련하여 제공되는 뇌물이라고 단정할 만한 증거가 없다고 판단하고 있다.

(2) (가) 먼저 1994. 10. 1.자 1,000만 원 수수의 점에 관하여 살피기로 한다. 원심이 인정한 사실에 의하더라도, 상피고인이 대표이사로 있는 위 회사가 1994. 9. 15. 피고인이 지점장으로 근무하고 있는 위 은행의 청주지점에 20억 원 규모의 산업시설자금 등의 대출승인신청을 하였고, 그 무렵 피고인은 근무지도 아닌 서울 마포구 서교동에서 상피고인과 함께 식사를 하고 자리를 옮겨 술까지 마셨다는 것이다. 뿐만 아니라 기록에 나타난 증거들에 의하면, 그 무렵 피고인이 상피고인에게 같은 해 10. 1. 고향에 성묘가는데 편의를 보아달라고 부탁을 하여 상피고인이 이를 승낙한 바 있고, 상피고인은 같은 해 10. 1. 위 회사의 기사인 공소외 김천일을 위 회사의 승용차와 함께 피고인에게 보내게 되었으며, 돈은 동생인

43. 뇌물죄와 사교적 의례

공소외 1 을 시켜 전달하도록 하였다는 것인데, 공소외 1 은 현금 1,000만 원이 들어 있는 봉투를 케이크와 함께 쇼핑백에 넣은 후 상피고인이 작성하여 준 약도를 보고 피고인의 집을 찾아 전화로 확인한 후 피고인의 집에 들어갔더니 피고인은 없고 피고인의 처인 공소외 2 가 나오길래 공소외 주식회사에서 왔다면서 위 쇼핑백을 전달하여 주었더니 공소외 2 는 고맙다고 하면서 이를 수령하였다는 것이고, 한편 김천일은 인근 식당에서 대기하다가 공소외 1 이 돌아오자 곧바로 위 회사의 승용차를 피고인의 집까지 가져갔고, 피고인이 귀가하기를 기다려 피고인, 피고인의 처인 공소외 2 등 가족을 위 승용차에 태우고 마산시까지 다녀왔다는 것이다(수사기록 56면, 97면, 100면, 101면, 105면, 137면, 151면, 160면 등 참조). 이와 같이 피고인과 상피고인이 수시로 접촉을 계속하여 왔고, 사생활에까지 도움을 줄 정도의 관계라면, 상피고인이 피고인에게 전혀 알리지 않은 채 피고인의 처에게 금품을 보냈다고 보기 어려울 뿐만 아니라 피고인의 처인 공소외 2 로서도 상피고인이 금품을 보냈다는 사실을 피고인에게 숨기기는 어렵다고 보아야 할 것이므로, 달리 합리적인 근거가 없는 한 이 금품은 피고인에게 전달되었다고 봄이 상당하다고 할 것이다.

(나) 다음 1994. 12. 하순경 금 1,000만 원 수수의 점에 관하여 살피기로 한다. 기록에 나타난 증거들에 의하면, 1994. 12. 하순 일자불상경 오후에 공소외 1 이 상피고인으로부터 현금 1,000만 원이 들어 있는 봉투를 받아 음료수와 함께 쇼핑백에 담아 피고인의 집에 가져갔는데, 역시 피고인의 처인 공소외 2 가 나오길래 공소외 주식회사에서 왔다면서 쇼핑백을 전달하자 고맙다고 하면서 이를 수령하였다는 것이다(수사기록 97면, 101면, 159면 등 참조). 앞서 본 바와 같이 최초에 피고인의 처에게 제공된 금품이 피고인에게 전달되었다고 보는 이상 달리 특별한 사정이 없는 한 같은 방법으로 재차 제공된 위 금품 역시 피고인에게 전달되었다고 봄이 합리적이라고 할 것이다.

(다) 또한 원심은 제1심 증인 공소외 2 와 원심 증인 공소외 3 의 각 증언에 의하여, 공소외 2 가 피고인과 헤어질 경우에 대비하여 이와 같이 2,000만 원을 수령한 사실을 피고인에게 숨기고 그 돈을 친정어머니에게 맡겨 놓았으며, 친정어머니가 이를 보관하다가 1995. 4. 25. 공소외 2 의 오빠인 공소외 3 에게 보관하도록 하여 공소외 3 이 이를 국민은행 서교동지점에 입금하였다는 사실은 인정하고 이를 기초로 공소외 2 가 피고인 몰래 위 2,000만 원을 유용한 것으로 판단하였다. 그러나 공소외 2 는 피고인의 처이고, 공소외 3 은 피고인의 처남으로서 피고인과 가까운 친족관계에 있어 그들의 증언내용을 그대로 믿기 어려울 뿐만 아니라, 공소외 2 는 한 때 피고인과 별거하면서 이혼청구소송을 제기한 적이 있기는 하나, 피고인이 용서를 구하자 1994. 7. 말경 이혼소송을 취하하고 재결합한 이래 별다른 문제없이 살고 있다는 것이므로(공판기록 162면, 163면 참조), 공소외 2 가 이와 같이 금품을 전달받은 사실을 굳이 피고인에게 숨겨야만 할 사정이 있었다고 보기 어렵다고 할 것이다. 더욱이 공소외 2 의 친정어머니인 공소외 4 는 80세가 넘은 노인으로서 심장질환이 있어 거동마저 불편하다는 것인데(공판기록 295면 참조), 그런 사람이 2,000만 원이나 되는 거액의 현금을 4개월 정도 보관하고 있다가 이 사건으로 인하여 피고인이 구속, 기소되자 같은 해 4. 25.에 이르러 새삼스럽게 그의 아들인 공소외 3 에게 위 2,000만 원을 전달하여 은행에 입금하도록 하였다는 것은 도저히 납득할 수 없는 일이라고 할 것이다. 그럼에도 불구하고 그 신빙성이 의심스러운 위 증인들의 증언을 가볍게 믿어 공소외 2 가 위 2,000만 원을 교부받은 후 피고인에게 전달하지 않고 피고인 몰래 친정어머니에게 맡겨두었다고 본 원심의 판단에는 판결에 영향을 미친 채증법칙 위반의 위법이 있다고 하지 않을 수 없다.

(3) (가) 원심이 채용하고 있는 원심 증인 신순녀는 피고인이 1994. 9. 중순경 상피고인과 함께 식사를 한 일식집의 종업원으로서 피고인의 부탁에 의하여 증언을 하게 되었다는 것인바, 피고인이 식사를 한 지 1년 이상이 경과한 시점에서 당시의 주문내용과 그 금액을 정확하게 기억하고 있다는 것은 지극히 이례적인 일로 그 증언내용을 쉽사리 믿기 어렵다고 할 것이고, 또한 원심 증인 상피고인의 원심 법정에서의 증언을 믿고 이를 채용하였으나, 상피고인은 당초 검찰에서는 피고인과 두 차례 만나서 저녁식사비와 술값을 합하여 한번에 40만 원 정도씩 들었다고 진술하였고(수사기록 58면), 제1심 법정에서는 하루분의 값이 30만 원 정도라고 하다가(공판기록 102면) 곧이어 하루분이 20만 원 정도로 2번을 합한 것이 40만 원 정도였다고 정정하여 진술하였으며(공판기록 112면), 원심 법정에서 증언을 하면서 비로소 원심 판시와 같이 자세한 내용을 진술하였는바, 상피고인의 불확실한 기억이 원심 법정에 이르러 분명해진 것이라고 보기도 어려울 뿐 아니라 피고인과 식사를 한 지 1년 이상이 경과한 시점에서 당시의 지출금액을 정확하게 기억하고 있다는 점 역시 매우 이례적이라 할 것이어서, 상피고인의 원심 법정에서의 증언 역시 선뜻 믿기 어렵다고 하겠다. 그런데, 제1심 법정에서의 피고인의 진술에 의하면 음식값은 하루분이 15 내지 16만 원 정도였다는 것이므로(기록 104면, 105면), 여기에 검찰 및 제1심 법정에서의 상피고인의 각 진술을 종합하여 보면 피고인이 상피고인으로부터 2회에 걸쳐 제공받은 향응은 원심이 인정한 액수보다는 많은 액수라고 봄이 합리적이라고 할 것이다.

(나) 그리고 피고인이 상피고인으로부터 제공받은 향응이 원심 판시와 같이 도합 83,500원 상당에 지나지 않는다고 하더라도, 피고인과 상피고인의 관계, 피고인이 상피고인으로부터 향응을 제공받은 동기 및 경위, 피고인이 향응 이외에도 수차례 금품을 수수하였다는 사정 등에 비추어 보면 이를 단순한 사교적 의례의 범위에 속하는 것에 불과하다고 단정할 수도 없다고 할 것이다. 그럼에도 불구하고 피고인이 상피고인으로부터 제공받은 향응은 도합 83,500원 상당에 지나지 않고, 이 정도의 향응은 단순히 사교적 의례에 속하는 것이라고 단정한 원심의 판결에는 판결에 영향을 미친 채증법칙 위반의 위법이 있고, 수재에 관한 법리 오해의 위법이 있다고 하지 않을 수 없다. 그러므로 원심판결을 파기하고, 사건을 다시 심리·판단케 하기 위하여 원심법원에 환송하기로 한다.

【해 설】

뇌물죄(賂物罪)란 공무원 또는 중재인이 그 직무에 관하여 뇌물을 수수, 요구, 약속하거나 뇌물을 조건으로 부정하게 직무를 처리하는 죄와 공무원 또는 중재인에게 뇌물을 공여하는 죄이다. 뇌물죄는 공무원 또는 중재인이 그 직무와 관련하여 부정한 이익을 취득하는 죄로서 직권남용 또는 직무유기와 이익의 취득이 결합되거나 뇌물취득 그 자체가 직권남용 또는 직무유기로서의 성격을 지닌 것이라고 할 수 있다. 이 때 **뇌물**은 직무와 관련된 불법한 보수 또는 부당한 이익이므로 뇌물은 직무와 관련성이 있어야 한다. **직무**란 법령·판례에 의해 공무원 등이 담당하는 일체의 사무를 말한다. 공무원이 전직하여 다른 사무를 맡게 된 경우 과거에 담당하였던 사무가 직무에 속하는가에 대해서는 부정설이 있으나, 긍정설이 통설이다. 과거의 직무행위에 대한 공정과 사회의 신뢰를 보호해야 할 필요가 있고, 공무원의 직무를 반드시 현재의 직무로만 해석할 필요는 없으므로 긍정설이 타당하다고 본다. 그러나 퇴직한 공무원이 과거에 담당하였던 사무는 원칙적으로 직무가 될 수 없다고 해야 한다. 이는 형법이 '공무원, 공무원이 될 자, 공무원이었던 자'를 구분하여 쓰고 있으므로 공무원이었던 자가 주체로 규정되어 있지 않은 경우 과거의 공무원이었던 자는 원칙적으로 뇌물죄의 주체가 될 수 없기 때문이다.

뇌물은 직무와 관련성이 있어야 하고, 직무와 무관한 이익, 예컨대 사적 행위에 대한 대가로 받은 돈, 가족관계나 친분관계 때문에 받은 이익 등은 뇌물이 될 수 없다. 뇌물죄는 직무에 관한 청탁이나 부정한 행위를 필요로 하지 않기 때문에 **직무관련성**을 인정하는 데 특별한 청탁이 있는가를 고려할 필요는 없다. 뇌물이 되기 위해서는 직무행위와 **대가관계**가 있어야 하는가에 대해 다수설은 뇌물과 직무와의 관련성 이외에 대가관계까지 있어야 한다고 한다. 이에 대해 소수설은 대가관계는 필요없다고 한다. 한편 대가관계를 요구하는 견해도 최근에는 대가관계의 개념을 넓게 해석하여 구체적·개별적이 아니라 일반적·포괄적 대가관계이면 족하다고 한다.

사교적 의례에 속하는 물건 내지 이익과 뇌물의 구별기준에 대해서도 학설이 나뉘고 있다. 이에 대하여 ① 사교적 의례에 속하는 것은 뇌물이 아니라는 견해 ② 직무행위와 대가관계가 인정되면 뇌물이라고 할 수 있지만 위법성이 조각될 수 있다고 하는 견해 ③ 사교적 의례에 속하는 것은 뇌물이 될 수 없지만, 직무행위와 대가관계가 인정되는 경우에는 뇌물이 된다는 견해가 있다. 결국 사교적 의례에 속하는지의 여부를 결정하는 가장 중요한 요소는 그 규모 내지 가액이 될 것이다. 어떤 경우에 사교적 의례에 속하는지는 불확정개념으로서 판례에 의해 구체화될 수밖에 없다.

※ 형법

[일부개정 2020. 12. 8. 법률 제17571호, 시행 2021. 12. 9.]

제129조(수뢰, 사전수뢰) ① 공무원 또는 중재인이 그 직무에 관하여 뇌물을 수수, 요구 또는 약속한 때에는 5년 이하의 징역 또는 10년 이하의 자격정지에 처한다. ② 공무원 또는 중재인이 될 자가 그 담당할 직무에 관하여 청탁을 받고 뇌물을 수수, 요구 또는 약속한 후 공무원 또는 중재인이 된 때에는 3년 이하의 징역 또는 7년 이하의 자격정지에 처한다.

[**한정위헌**, 2011헌바117, 2012.12.27. 형법(1953. 9. 18. 법률 제293호로 제정된 것) 제129조 제1항의 '공무원'에 구 '제주특별자치도 설치 및 국제자유도시 조성을 위한 특별법'(2007. 7. 27. 법률 제8566호로 개정되기 전의 것) 제299조 제2항의 제주특별자치도통합영향평가심의위원회 심의위원 중 위촉위원이 포함되는 것으로 해석하는 한 헌법에 위반된다.]

제130조(제삼자뇌물제공) 공무원 또는 중재인이 그 직무에 관하여 부정한 청탁을 받고 제3자에게 뇌물을 공여하게 하거나 공여를 요구 또는 약속한 때에는 5년 이하의 징역 또는 10년 이하의 자격정지에 처한다.

제131조(수뢰후부정처사, 사후수뢰) ① 공무원 또는 중재인이 전2조의 죄를 범하여 부정한 행위를 한 때에는 1년 이상의 유기징역에 처한다. ② 공무원 또는 중재인이 그 직무상 부정한 행위를 한 후 뇌물을 수수, 요구 또는 약속하거나 제삼자에게 이를 공여하게 하거나 공여를 요구 또는 약속한 때에도 전항의 형과 같다. ③ 공무원 또는 중재인이었던 자가 그

재직 중에 청탁을 받고 직무상 부정한 행위를 한 후 뇌물을 수수, 요구 또는 약속한 때에는 5년 이하의 징역 또는 10년 이하의 자격정지에 처한다. ④ 전3항의 경우에는 10년 이하의 자격정지를 병과할 수 있다.

제132조(알선수뢰) 공무원이 그 지위를 이용하여 다른 공무원의 직무에 속한 사항의 알선에 관하여 뇌물을 수수, 요구 또는 약속한 때에는 3년 이하의 징역 또는 7년 이하의 자격정지에 처한다.

제133조(뇌물공여 등) ① 제129조부터 제132조까지에 기재한 뇌물을 약속, 공여 또는 공여의 의사를 표시한 자는 5년 이하의 징역 또는 2천만원 이하의 벌금에 처한다. ② 제1항의 행위에 제공할 목적으로 제3자에게 금품을 교부한 자 또는 그 사정을 알면서 금품을 교부받은 제3자도 제1항의 형에 처한다.

제134조(몰수, 추징) 범인 또는 사정을 아는 제3자가 받은 뇌물 또는 뇌물로 제공하려고 한 금품은 몰수한다. 이를 몰수할 수 없을 경우에는 그 가액을 추징한다.

※ 특정범죄 가중처벌 등에 관한 법률(약칭: 특정범죄가중법)

[일부개정 2020. 2. 4. 법률 제16922호, 시행 2020. 5. 5.]

제1조(목적) 이 법은 「형법」, 「관세법」, 「조세범 처벌법」, 「지방세기본법」, 「산림자원의 조성 및 관리에 관한 법률」 및 「마약류관리에 관한 법률」에 규정된 특정범죄에 대한 가중처벌 등을 규정함으로써 건전한 사회질서의 유지와 국민경제의 발전에 이바지함을 목적으로 한다.

제2조(뇌물죄의 가중처벌) ① 「형법」 제129조·제130조 또는 제132조에 규정된 죄를 범한 사람은 그 수수·요구 또는 약속한 뇌물의 가액(이하 이 조에서 "수뢰액"이라 한다)에 따라 다음 각 호와 같이 가중처벌한다. 1. 수뢰액이 1억원 이상인 경우에는 무기 또는 10년 이상의 징역에 처한다. 2. 수뢰액이 5천만원 이상 1억원 미만인 경우에는 7년 이상의 유기징역에 처한다. 3. 수뢰액이 3천만원 이상 5천만원 미만인 경우에는 5년 이상의 유기징역에 처한다. ② 「형법」 제129조·제130조 또는 제132조에 규정된 죄를 범한 사람은 그 죄에 대하여 정한 형(제1항의 경우를 포함한다)에 수뢰액의 2배 이상 5배 이하의 벌금을 병과한다.

제3조(알선수재) 공무원의 직무에 속한 사항의 알선에 관하여 금품이나 이익을 수수·요구 또는 약속한 사람은 5년 이하의 징역 또는 1천만원 이하의 벌금에 처한다.

제4조(뇌물죄 적용대상의 확대) ① 다음 각 호의 어느 하나에 해당하는 기관 또는 단체로서 대통령령으로 정하는 기관 또는 단체의 간부직원은 「형법」 제129조부터 제132조까지의 규정을 적용할 때에는 공무원으로 본다. 1. 국가 또는 지방자치단체가 직접 또는 간접으로 자본금의 2분의 1 이상을 출자하였거나 출연금·보조금 등 그 재정지원의 규모가 그 기관 또는 단체 기본재산의 2분의 1 이상인 기관 또는 단체 2. 국민경제 및 산업에 중대한 영향을 미치고 있고 업무의 공공성이 현저하여 국가 또는 지방자치단체가 법령에서 정하는 바에 따라 지도·감독하거나 주주권의 행사 등을 통하여 중요 사업의 결정 및 임원의 임면 등 운

영 전반에 관하여 실질적인 지배력을 행사하고 있는 기관 또는 단체 ② 제1항의 간부직원의 범위는 제1항의 기관 또는 단체의 설립목적, 자산, 직원의 규모 및 해당 직원의 구체적인 업무 등을 고려하여 대통령령으로 정한다.

[대법원 1996. 6. 14. 96도865 판결]

(가) 금품을 수수한 장소가 공개된 장소이고, 금품을 수수한 공무원이 이를 부하직원들을 위하여 소비하였을 경우 뇌물성 여부(적극): 뇌물죄에 있어서 금품을 수수한 장소가 공개된 장소이고, 금품을 수수한 공무원이 이를 부하직원들을 위하여 소비하였을 뿐 자신의 사리를 취한 바 없다 하더라도 그 뇌물성이 부인되지 않는다.

(나) 검사 작성의 피의자신문조서의 증거능력: 검사 작성의 피의자신문조서는 그 피고인이 공판정에서의 진술 등에 의하여 성립의 진정함이 인정되면 그 조서에 기재된 피고인의 진술이 임의로 한 것이 아니라고 특히 의심할 만한 사유가 없는 한 증거능력이 있다.

(다) 수뢰죄에 있어 직무라는 것은 공무원의 법령상 관장하는 직무행위뿐만 아니라 그 직무와 관련하여 사실상 처리하고 있는 행위 및 결정권자를 보좌하거나 영향을 줄 수 있는 직무행위도 포함된다.

(라) 공무원의 직무와 관련하여 금원을 수수하였다면 그 수수한 금원은 뇌물이 되는 것이고, 그것이 사교적 의례의 형식을 사용하고 있다 하여도 직무행위의 대가로서의 의미를 가질 때에는 뇌물이 된다.

(마) 기록에 의하면 피고인은 부산시 주차관리공단의 영업1과장으로서 부산시내 중구 등 6개구에 설치된 공영주차장의 관리 및 주차료 징수업무 총괄과 직원 채용에 관한 추천 및 심의업무에 종사할 뿐 아니라 위 공단의 인사위원으로 되어 있어 위 공단 인사에 영향을 미칠 수 있는 직위에 있었고, 공소외 2는 위 공단 관리과의 지도계장으로 위 피고인보다 하위직에 있었으며, 당시 위 피고인과 사이가 좋지 않아 인사상의 불이익을 모면하기 위하여 판시 금원을 위 피고인에게 교부한 점 등을 알 수 있다. 또한 원심은 비록 위 피고인이 교부받은 금원이 금 200,000원으로서 비교적 소액이라 하더라도 그것이 주차관리원의 채용이라는 공무원의 직무와 관련하여 그 알선 명목으로 수수된 것이므로 이를 단순히 사교적인 의례에 속하는 경우라거나 보호하여야 할 미풍양속이라고 할 수 없다는 이유로 위 부분 공소사실을 유죄로 인정한 제1심판결을 그대로 유지하고 있다. 그리고 원심은 공소외 1이 주차관리공단에 납품한 것에 대한 사례와 향후 계속 납품할 수 있게 해달라는 취지로 피고인에게 금원을 교부한 이상, 이를 단순한 사교적 의례에 속하는 경우에 불과하여 불법영득의사가 없는 경우에 속한다고 할 수는 없는 것이며, 직무와 관련하여 받은 뇌물을 개인적인 용도가 아닌 회식비나 직원들의 휴가비로 소비하였다 하여 위법성이 없어지는 것이 아니라는 이유로 이 부분 범죄사실을 유죄로 인정한 제1심판결을 그대로 유지하였는바, 원심의 이러한 인정과 판단은 옳다고 여겨지고, 거기에 상고이유와 같은 뇌물죄에 관한 법리를 오해한 위법이 있다고 할 수 없다.

[대법원 2002. 11. 26. 2002도3539 판결]

(가) 뇌물의 내용인 '이익'의 의미 및 투기적 사업에 참여할 기회를 얻는 것이 '이익'에

해당하는지 여부(적극): 뇌물죄에서 뇌물의 내용인 이익이라 함은 금전, 물품 기타의 재산적 이익뿐만 아니라 사람의 수요 욕망을 충족시키기에 족한 일체의 유형, 무형의 이익을 포함한다고 해석되고, 투기적 사업에 참여할 기회를 얻는 것도 이에 해당한다.

(나) 공무원이 뇌물로 투기적 사업에 참여할 기회를 제공받은 경우, 뇌물수수죄의 기수시기는 투기적 사업에 참여하는 행위가 종료된 때로 보아야 하며, 그 행위가 종료된 후 경제사정의 변동 등으로 인하여 당초의 예상과는 달리 그 사업 참여로 아무런 이득을 얻지 못한 경우라도 뇌물수수죄의 성립에는 영향이 없다.

(다) 재개발주택조합의 조합장이 그 재직 중 고소하거나 고소당한 사건의 수사를 담당한 경찰관에게 액수 미상의 프리미엄이 예상되는 조합아파트 1세대를 분양해 준 경우, 그 아파트가 당첨자의 분양권 포기로 조합에서 임의분양하기로 된 것으로서 예상되는 프리미엄의 금액이 불확실하였다고 하더라도, 조합, 즉 조합장이 선택한 수분양자가 되어 분양계약을 체결한 것 자체가 경제적인 이익이라고 볼 수 있으므로 뇌물공여죄에 해당한다고 한 사례이다.

[대법원 2011. 8. 18. 2010도10290 판결]

(가) 배임수재죄 구성요건 중 '부정한 청탁'의 의미와 판단 기준: 형법 제357조 제1항이 규정하는 배임수재죄는 타인의 사무를 처리하는 자가 임무에 관하여 부정한 청탁을 받고 재물 또는 재산상 이익을 취득하는 경우에 성립하는 범죄로서, 재물 또는 이익을 공여하는 사람과 취득하는 사람 사이에 부정한 청탁이 개재되지 않는 한 성립하지 않는다. 여기서 '부정한 청탁'이란 반드시 업무상 배임의 내용이 되는 정도에 이를 것을 요하지 않으며, 사회상규 또는 신의성실의 원칙에 반하는 것을 내용으로 하면 족하고, 이를 판단할 때에는 청탁의 내용 및 이에 관련한 대가의 액수, 형식, 보호법익인 거래의 청렴성 등을 종합적으로 고찰하여야 한다.

(나) 대학병원 등의 의사인 피고인들이, 의약품인 조영제를 사용해 준 대가 또는 향후 조영제를 지속적으로 납품할 수 있도록 해달라는 청탁의 취지로 제약회사 등이 제공하는 조영제에 관한 '시판 후 조사'(PMS, Post Marketing Surveillance) 연구용역계약을 체결하고 연구비 명목의 돈을 수수하였다고 하여 배임수재의 공소사실로 기소된 사안에서, 연구목적의 적정성 및 필요성, 연구결과 신뢰성을 확보하려는 노력의 유무, 연구 수행과정과 방법의 적정성 및 결과 충실성, 연구대가의 적정성 등 제반 사정에 비추어, 연구용역계약은 의학적 관점에서 필요성에 따라 근거와 이유를 가지고 정당하게 체결되어 수행되었을 뿐, 제약회사 등의 조영제 납품에 관한 부정한 청탁 또는 대가 지급 의도로 체결된 것으로 볼 수 없다고 한 원심판단을 수긍한 사례이다.

(다) 대학병원 의사인 피고인이, 의약품인 조영제나 의료재료를 지속적으로 납품할 수 있도록 해달라는 부정한 청탁 또는 의약품 등을 사용해 준 대가로 제약회사 등으로부터 명절선물이나 골프접대 등 향응을 제공받았다고 하여 배임수재의 공소사실로 기소된 사안에서, 피고인이 실질적으로 조영제 등의 계속사용 여부를 결정할 권한이 있었고, 단순히 1회에 그치지 않고 여러 차례에 걸쳐 선물과 향응을 제공받았으며, 제약회사 등은 피고인과 유대강화를 통해 지속적으로 조영제 등을 납품하기 위하여 이를 제공한 점 등의 사정을 종합할 때, 피고인은 '타인의 사무를 처리하는 자'에 해당하고, 피고인이 받은 선물, 골프접대비, 회

43. 뇌물죄와 사교적 의례

식비 등은 부정한 청탁의 대가로서 단순한 사교적 의례 범위에 해당하지 않는다는 이유로, 피고인에게 유죄를 인정한 원심판단을 수긍한 사례이다.

※ **형법 제357조(배임수증재)** ① 타인의 사무를 처리하는 자가 그 임무에 관하여 부정한 청탁을 받고 재물 또는 재산상의 이익을 취득하거나 제3자로 하여금 이를 취득하게 한 때에는 5년 이하의 징역 또는 1천만원 이하의 벌금에 처한다. ② 제1항의 재물 또는 재산상 이익을 공여한 자는 2년 이하의 징역 또는 500만원 이하의 벌금에 처한다. ③ 범인 또는 그 사정을 아는 제3자가 취득한 제1항의 재물은 몰수한다. 그 재물을 몰수하기 불가능하거나 재산상의 이익을 취득한 때에는 그 가액을 추징한다.[제목개정 2016.5.29.]

[대법원 2014. 1. 29. 2013도13937 판결]

뇌물의 내용인 '이익'의 의미 및 '성적 욕구의 충족'이 뇌물의 내용인 이익에 포함되는지 여부(적극): 뇌물죄에서 뇌물의 내용인 이익이라 함은 금전, 물품 기타의 재산적 이익뿐만 아니라 사람의 수요·욕망을 충족시키기에 족한 일체의 유형·무형의 이익을 포함하며, 제공된 것이 성적 욕구의 충족이라고 하여 달리 볼 것이 아니다. 또한 뇌물죄는 공무원의 직무집행의 공정과 이에 대한 사회의 신뢰 및 직무행위의 불가매수성을 그 보호법익으로 하고 있고, 직무에 관한 청탁이나 부정한 행위를 필요로 하는 것은 아니어서 수수된 금품의 뇌물성을 인정하는 데 특별한 청탁이 있어야만 하는 것은 아니다. 또한 금품이 직무에 관하여 수수된 것으로 족하고 개개의 직무행위와 대가적 관계에 있을 필요는 없고, 공무원이 그 직무의 대상이 되는 사람으로부터 금품 기타 이익을 받은 때에는 사회상규에 비추어 볼 때에 의례상의 대가에 불과한 것이라고 여겨지거나 개인적인 친분관계가 있어서 교분상의 필요에 의한 것이라고 명백하게 인정할 수 있는 경우 등 특별한 사정이 없는 한 직무와의 관련성이 없는 것으로 볼 수 없으며, 공무원이 직무와 관련하여 금품을 수수하였다면 비록 사교적 의례의 형식을 빌어 금품을 주고 받았다 하더라도 그 수수한 금품은 뇌물이 된다. 원심이 이 사건 유사성교행위 및 성교행위가 '뇌물'에 해당한다고 보고 그 직무관련성을 인정하여 이 사건 공소사실 중 뇌물수수의 점을 유죄로 인정한 것은 정당하다.

[대법원 2014. 3. 27. 2013도11357 판결]

임명권자에 의하여 임용되어 공무에 종사하여 온 사람이 나중에 임용결격자이었음이 밝혀져 당초의 임용행위가 무효인 경우 형법 제129조에서 규정한 '공무원'에 해당하는지 여부(적극) 및 그가 직무에 관하여 뇌물을 수수한 경우 수뢰죄로 처벌할 수 있는지 여부(적극): 형법이 뇌물죄에 관하여 규정하고 있는 것은 공무원의 직무집행의 공정과 그에 대한 사회의 신뢰 및 직무행위의 불가매수성을 보호하기 위한 것이다. 법령에 기한 임명권자에 의하여 임용되어 공무에 종사하여 온 사람이 나중에 그가 임용결격자이었음이 밝혀져 당초의 임용행위가 무효라고 하더라도, 그가 임용행위라는 외관을 갖추어 실제로 공무를 수행한 이상 공무 수행의 공정과 그에 대한 사회의 신뢰 및 직무행위의 불가매수성은 여전히 보호되어야 한다. 따라서 이러한 사람은 형법 제129조에서 규정한 공무원으로 봄이 타당하고, 그가 그 직무에 관하여 뇌물을 수수한 때에는 수뢰죄로 처벌할 수 있다.

[대법원 2016. 10. 27. 2016도9954 판결]

도시 및 주거환경정비법(이하 '도시정비법'이라고 한다)에 의한 주택재개발사업이나 주택재건축사업(이하 '재개발사업 등'이라고 한다)을 시행하는 조합(이하 '조합'이라고 한다)의 임원은 수뢰죄 등 형법 제129조를 적용할 때는 공무원으로 의제되므로(도시정비법 제84조), 수뢰액이 일정 금액 이상이면 특정범죄 가중처벌 등에 관한 법률(이하 '특정범죄가중법'이라고 한다) 제2조에 따라 가중 처벌된다. 한편 누구든지 재개발사업 등의 시공자, 설계자 또는 정비사업전문관리업자의 선정과 관련하여 금품을 수수하는 등의 행위를 하면 도시정비법 제84조의2에 의한 처벌대상이 된다. 이 처벌규정은 조합 임원에 대한 공무원 의제 규정인 도시정비법 제84조가 이미 존재하는 상태에서 2012. 2. 1. 법률이 개정되어 신설된 것으로서, 기존 도시정비법 제84조의 입법 취지, 적용대상, 법정형 등과 비교해 보면 시공자의 선정 등과 관련한 부정행위에 대하여 조합 임원이 아닌 사람에 대해서까지 처벌범위를 확장한 것일 뿐 조합 임원을 형법상의 수뢰죄 또는 특정범죄가중법 위반죄로 처벌하는 것이 너무 과중하여 부당하다는 반성적 고려에서 형을 가볍게 한 것이라고는 인정되지 아니한다.

[대법원 2020. 9. 24. 2017도12389 판결]

(가) 뇌물죄는 공여자의 출연에 의한 수뢰자의 영득의사의 실현으로서, 공여자의 특정은 직무행위와 관련이 있는 이익의 부담 주체라는 관점에서 파악하여야 할 것이므로, 금품이나 재산상 이익 등이 반드시 공여자와 수뢰자 사이에 직접 수수될 필요는 없다.

(나) 공무원인 피고인 갑은 피고인 을로부터 "선물을 할 사람이 있으면 새우젓을 보내주겠다."라는 말을 듣고 이를 승낙한 뒤 새우젓을 보내고자 하는 329명의 명단을 피고인 을에게 보내 주고 피고인 을로 하여금 위 사람들에게 피고인 갑의 이름을 적어 마치 피고인 갑이 선물을 하는 것처럼 총 11,186,000원 상당의 새우젓을 택배로 발송하게 하고 그 대금을 지급하지 않는 방법으로 직무에 관하여 뇌물을 교부받고, 피고인 을은 피고인 갑에게 뇌물을 공여하였다는 내용으로 기소된 사안에서, 피고인 을은 도내 어촌계장이고, 피고인 갑은 도청 공무원으로 재직하면서 어민들의 어업지도, 보조금 관련 사업과 어로행위 관련 단속 업무 등을 총괄하고 있던 점, 피고인 을은 이전에도 같은 방식으로 피고인 갑이 재직 중이던 도청 담당과에 새우젓을 보낼 사람들의 명단을 요청하여 직원으로부터 명단을 받아 피고인 갑의 이름으로 새우젓을 발송한 점 등 여러 사정을 종합하면, 피고인 을은 피고인 갑이 지정한 사람들에게 피고인 갑의 이름을 발송인으로 기재하여 배송업체를 통하여 배송업무를 대신하여 주었을 뿐이고, 새우젓을 받은 사람들은 새우젓을 보낸 사람을 피고인 을이 아닌 피고인 갑으로 인식하였으며, 한편 피고인 을과 피고인 갑 사이에 새우젓 제공에 관한 의사의 합치가 존재하고 위와 같은 제공방법에 관하여 피고인 갑이 양해하였다고 보이므로, 피고인 을의 새우젓 출연에 의한 피고인 갑의 영득의사가 실현되어 형법 제129조 제1항의 뇌물공여죄 및 뇌물수수죄가 성립하고, 공여자와 수뢰자 사이에 직접 금품이 수수되지 않았다는 사정만으로 이와 달리 볼 수 없다는 이유로, 그럼에도 사회통념상 위 329명이 새우젓을 받은 것을 피고인 갑이 직접 받은 것과 같이 평가할 수 있는 관계라고 인정하기에 부족하다고 보아 피고인들에게 무죄를 선고한 원심판단에 뇌물죄의 성립에 관한 법리오해 등의 위법이 있다고 한 사례이다.

44. 위증죄 / 증거인멸죄

[전주지법 2013. 4. 12. 2012고합240,2013고합9(병합),2012전고15(병합) 판결]

피고인 겸 피부착명령청구자(이하 '피고인'이라 한다)는 2003. 1. 10. 춘천지방법원에서 성폭력범죄의 처벌 및 피해자보호 등에 관한 법률 위반(강간 등 상해)죄로 징역 3년 6월을 선고받고 안양교도소에서 복역하던 중 2005. 7. 29. 가석방되었으나, 가석방 기간 중 심신미약간음 사건으로 가석방이 취소되어 2006. 5. 29. 충주구치소에서 위 형의 집행을 종료하였다.

【요 지】

피고인은 피해자의 아버지로서 어린 딸을 보호하고 양육하여야 할 책임이 있는데도 오히려 아버지라는 우월적 지위를 이용하여 피해자를 자신의 성욕을 채우기 위한 도구로 삼아 피해자를 수회 강제로 추행하고 강간한 점, 피고인이 처음 피해자를 강간한 때에 피해자는 만 13세가 되기도 전인 어린 나이였던 점, 이 사건 범행으로 피해자는 평생 씻을 수 없는 상처를 입었으며, 조부모와 고모로부터 거짓 진술을 강요받는 등 상상할 수 없는 고통을 겪은 것으로 보이는 점, 그런데도 피고인은 자신의 범행을 완강히 부인하며 전혀 반성하지 않고 오히려 자신의 누나로 하여금 피해자의 허위진술을 받아 증거를 위조하도록 교사한 점 등에 비추어 보면, 피고인의 이 사건 각 범행은 반인륜적 범죄로 그 죄질이 극히 불량하여 피고인에 대한 엄중한 처벌이 요구된다. 그 밖에 피고인의 연령, 전력, 성행, 가족관계, 범행 후의 정황 등을 고려하여 주문("피고인을 징역 10년에 처한다. 피부착명령청구자에 대하여 20년간 위치추적 전자장치의 부착을 명한다.")과 같이 형을 정한다.

【이 유】

(1) 『2012고합240』: 피고인은 피해자 공소외 1(여, 1999. 9. 21.생) 친부이고, 피해자는 친조부모 집에서 살다가 초등학교 6학년 2학기를 다닐 무렵부터 피고인과 함께 살게 되었다. **1.** 피고인은 2012. 7. 14. 15:00~16:00경 익산시 (주소 1 생략)에 있는 피고인의 집 화장실에서, 피해자(당시 12세)를 목욕시켜 준다며 욕실로 들어오게 한 다음 피해자를 그곳 바닥에 눕히고, 피해자의 가슴을 주무르면서 입으로 핥고 성기를 만져 친족관계에 있는 피해자를 강제로 추행하였다. **2.** 피고인은 2012. 7. 30. 23:30경 제1항 기재 피고인의 집 거실에서, 피해자를 자신의 옆에 눕게 한 다음 피해자의 가슴을 만지면서 입으로 빨다가, 울면서 반항하는 피해자의 옷을 벗기고 그 몸 위에 올라타는 방법으로 피해자의 반항을 억압한 후 간음하여 13세 미만의 미성년자인 피해자를 강간하고, 이로 인하여 피해자에게 치료일수 미상의 처녀막 파열상을 가하였다. **3. 가)** 피고인은 2012. 8. 20. 20:30경 제1항 기재

피고인의 집 화장실에서, 피해자에게 옷을 벗고 욕실로 들어오게 한 다음 피해자를 그곳 바닥에 눕히고, 피해자의 몸 위에 올라타는 방법으로 반항을 억압한 후 간음하여 13세 미만의 미성년자인 피해자를 강간하였다. 나) 피고인은 2012. 8. 20. 21:00경 제1항 기재 피고인의 집 거실에서, 피해자를 자신의 옆에 눕게 한 다음 피해자의 옷을 벗기고, 피해자의 몸 위에 올라타는 방법으로 반항을 억압한 후 간음하여 13세 미만의 미성년자인 피해자를 강간하였다. 다) 피고인은 2012. 8. 21. 03:00~04:00경 제1항 기재 피고인의 집 거실에서, 옆에서 자고 있던 피해자의 옷을 벗기고, 피해자의 몸 위에 올라타는 방법으로 반항을 억압한 후 간음하여 13세 미만의 미성년자인 피해자를 강간하였다. 4. 피고인은 2012. 10. 4. 05:00경 제1항 기재 피고인의 집 내에 있는 피해자(당시 13세)의 방에서, 피해자의 하의를 벗기려고 하다가 피해자가 "안한다. 아프다."라고 말하며 반항하자 "소리내지 마라. 다 들린다. 씹할 년."이라고 말하면서 손바닥으로 피해자의 얼굴 부위를 1회 때려 반항하지 못하게 한 후, 피해자의 하의를 벗기고 피해자의 몸 위에 올라타 간음하여 친족관계에 있는 피해자를 강간하였다.

(2) 『2013고합9』: 피고인은 2012. 7. 14.경부터 2012. 10. 4.경까지 사이에 친딸인 공소외 1을 강제추행하거나 강간한 사실로 2012. 10. 17. 전주지방법원 군산지원에 성폭력범죄의 처벌 등에 관한 특례법 위반(친족관계에 의한 강간)죄 등으로 구속기소되어 재판을 받게 되었다. 이에 피고인은 2012. 11. 말경 군산시 옥구읍 옥정리 65에 있는 군산교도소에서 누나인 공소외 2에게 편지로 '공소외 1이 그동안 거짓말을 한 것으로 녹음이 되어서 재판부에 제출되어야 내가 무죄를 받을 수 있으니 녹취를 하여 증거로 제출하여 달라.'는 취지로 부탁하였다. 그러자 공소외 2는 이에 응하여 2012. 12. 13. 15:30경 익산시 (주소 2 생략)에 있는 그녀의 집에서 공소외 1에게 "시키는 대로 녹음을 해주면 너희 아빠가 친권을 포기하게 하고 네가 원하는 대로 해주겠다. 시키는 대로 녹음해주지 않으면 할머니도 앞으로 너를 안보겠다고 한다."고 말하여 공소외 1로 하여금 공소외 2의 딸 공소외 3에게 미리 연습한대로 "아무한테도 말하지마. 아빠가 때려서 그것 때문에 화나서 아빠가 몸에다 손댔다고 거짓말해서 진술 받은 거야."라고 말하는 것을 공소외 2의 휴대폰에 녹음하게 한 후 이를 녹취록으로 작성하고, 피고인의 변호인을 통하여 2012. 12. 14. 전주지방법원 군산지원 형사합의부에 증거로 제출하였다. 이로써 피고인은 공소외 2로 하여금 타인의 형사사건에 관한 증거를 위조하도록 교사하였다.

(3) 피고인 및 변호인의 주장: ① 피고인은 집에 있는 화장실에서 가족들 모두와 함께 2회 정도 목욕을 하였거나 피해자의 방에 창문을 닫아주기 위해 들어간 적이 있을 뿐, 피해자를 추행하거나 강간한 사실이 없다. ② 또한, 공소외 2에게 피고인의 억울함을 풀어달라는 의미로 공소외 1의 진술을 녹음하여 제출해달라는 내용의 편지를 보낸 사실은 있지만, 공소외 1의 진술을 거짓으로 꾸며달라고 하지는 않았다.

(4) 판단: (가) 이 사건 2012고합240호의 공소사실에 부합하는 증거인 피해자의 수사기관 및 이 법정에서의 각 진술은, 다음과 같은 점들을 종합하여 보면 그 신빙성이 인정된다.

1) 피해자는 수사기관 이래 이 법정에 이르기까지 피고인이 피해자를 추행하고 강간하게 된 경위, 이 사건 각 범행의 횟수와 방법, 범행 당시의 전후 상황과 피고인과의 대화 내용, 피해자의 심정 등 범행의 주요 부분에 관하여 판시 범죄사실 기재와 같이 비교적 일관되게 진술하고 있는데, 위와 같은 피해자의 진술내용은 구체적이면서도 자연스러워 경험하지 않은 사람이라면 진술하기 어려운 점들이 많다.

2) 특히, 피해자는 수사기관 및 이 법정에서 ① 2012. 7. 14. 피고인에게 강제추행을 당할 당시에 피해자가 혼자 씻을 수 있다고 말하였는데 피고인이 그냥 벗고 들어오라고 하였고, 피고인이 피해자를 추행하면서 "친구들한테 말하지 마라. 말하면 우리 둘 모두 창피받는다."라고 말했다고 진술하였고(수사기록 제30쪽 및 피해자의 증언), ② 2012. 7. 30. 피고인에게 강간을 당할 당시에는 피고인이 자신에게 피고인의 성기를 피해자의 음부에 잘 집어넣어보라고 말했는데, 피해자가 계속 싫다고 하자 피고인이 직접 손으로 성기를 집어넣은 후 피해자의 배꼽 위에 사정하였고, 피고인이 준 휴지로 정액을 닦았다고 진술하였으며(수사기록 제38~39쪽 및 피해자의 증언), ③ 2012. 8. 20.과 2012. 8. 21. 피고인에게 강간을 당할 당시에는 피고인이 성기를 피해자의 음부에 집어넣었고, 피해자가 아프다고 계속 말하자 성기를 빼고 나서는 피해자에게 피고인의 성기를 만지라고 말하였는데, 피해자가 만지지 않자 피해자의 손을 잡아다가 피고인의 성기에 댔고, 피해자는 그냥 잡고만 있었다고 진술하였고(수사기록 제57쪽 및 피해자의 증언), ④ 2012. 10. 4. 피고인에게 강간을 당할 당시에 관하여는 "피고인이 피해자를 강간할 때 살짝 열려진 방문 사이로 엄마와 피고인의 눈이 마주쳤고, 이에 피고인이 엄마를 발로 밟으며 '의심병 걸렸냐?'라고 욕을 했다. 그날 피해자의 동생인 공소외 4가 엄마에게 '피고인이 피해자의 다리를 벌리고 이상한 짓을 했다.'라고 말하였는데 엄마가 못 들은 척을 했다. 다음날인 2012. 10. 5. 피해자는 피고인이 무서워서 피해자의 방에서 엄마와 함께 자자고 말한 다음 엄마와 동생들과 같이 자고 있었는데, 피고인이 방문을 열고 들어온 다음 엄마를 피해자로 착각하고 엄마에게 '아빠랑 연해하니까 좋지?'라고 말하였고, 이에 엄마가 '무슨 소리냐?'고 말하자 피고인이 '너, 씹할년. 왜 이 방에서 자냐?'라고 욕을 하면서 피해자와 엄마를 거실로 불러낸 다음 피해자와 엄마에게 피고인의 성기를 만져보라고 말하였다."라고 진술하고 있는바(수사기록 제64쪽 이하 및 피해자의 증언), 이 사건 각 범행 당시 만 12~13세의 미성년자에 불과했던 피해자로서는 피고인이 취한 행동을 직접 보았거나 피고인이 했던 말을 직접 듣지 않고서는 이 사건 범행의 전후 상황에 관하여 위와 같이 상세하게 기억하여 진술하기 어려울 것으로 보인다.

(나) 한편, 피고인의 변호인은 이 사건 공판이 진행 중이던 2012. 12. 14. 피해자와 피해자의 사촌언니인 공소외 3과의 대화를 녹음한 '녹취록'을 증거로 제출하였고, '녹취록'에 의하면 피해자는 공소외 3의 "진짜로 피고인과 그런 일이 있었느냐?"는 질문에 "피고인이 재떨이로 갖다가 때려서 화가 나서 피고인이 내 몸에 손을 댔다고 거짓말을 한 것이다."라고 대답하였다. 그러나 이 법원이 적법하게 조사한 증거에 의하여 인정되는 다음과 같은 사정들에 비추어 볼 때, '녹취록'에 기재된 피해자의 진술은 피고인의 부탁을 받은 공소외 2에 의하여 허위로 위조된 것으로 볼 수 있다.

1) 우선, 피해자는 '녹취록'이 이 법정에 증거로 제출된 이후인 2013. 1. 3. 이 법원에 '탄원서'를 제출하였는데, '탄원서'의 주요 내용은 피해자는 공소외 3과 대화를 녹음하

기 전에 피해자의 할머니(피고인의 모)와 고모(공소외 2)가 피해자에게 "피고인을 용서해주자. 녹음하지 않으면 다시는 너를 보지 않겠다. 할머니가 이렇게 죽는 꼴 보고 싶냐? 녹음만 해주면 너 하고 싶은 거 다 해줄게."라고 말하고, 공소외 3은 피해자에게 "교도소는 벌은 안 받고 노는 곳이다."라고 말하면서 피해자로 하여금 녹음을 할 것을 강요하여 거짓으로 녹음을 하게 되었고, 피고인에게 면회를 가서는 할아버지(피고인의 부)가 피고인에게 미안하다고 말을 하라고 시켜서 어쩔 수 없이 피고인에게 미안하다고 말을 하였다는 것이다.

2) 이후 피해자는 이 사건 제4회 공판기일인 2013. 1. 4. 다시 이 법정에 증인으로 나와 '녹취록'은 할머니와 고모(공소외 2)가 시켜서 거짓으로 말한 것을 녹음한 것이고, 피해자가 이전에 제2회 공판기일인 2012. 11. 23.에 증언한 내용이 사실이라고 증언하였다.

(다) 따라서 피고인이 판시 범죄사실 기재와 같이 피해자를 강제로 추행하고 강간한 사실을 충분히 인정할 수 있고, 아울러 피고인이 공소외 2로 하여금 피해자의 진술을 허위로 녹음하여 달라고 요청한 사실 또한 인정되므로, 피고인 및 변호인의 위 주장은 모두 받아들이지 아니한다.

【해 설】

(1) **위증죄**(僞證罪)란 법률에 의하여 선서한 증인 또는 감정인, 통역인, 번역인 등이 허위의 진술, 감정, 통역, 번역 등을 하는 죄이다. 모해위증죄는 모해목적이라는 주관적 행위요소 때문에 불법이 가중되는 구성요건이다(통설). 위증죄의 미수범처벌규정은 없고, 위증죄와 모해위증죄에 대해서는 범인이 그 공술한 사건의 재판 또는 징계처분이 확정되기 전에 자백 또는 자수한 때에 형의 필요적 감면을 규정하고 있다. 위증죄의 보호법익은 국가의 사법기능 그 중에서도 국가의 재판권 및 징계권이다. 이 때 **선서**는 법률에 의한 것이어야 하며, 선서를 하지 않거나 법률에 의하지 않은 선서를 한 증인은 위증죄의 주체가 될 수 없다. 선서는 법률에 정한 자격자가 그 절차와 방식에 따라 행하여야 한다. **증인**이란 재판 또는 심판 등에서 자신이 과거에 경험한 사실을 진술하는 자를 말한다. 증인능력이 없는 사람은 위증죄의 주체가 될 수 없으므로 선서를 하고 증언을 했다 하여도 위증죄가 성립하지 않는다. 위증죄의 실행행위는 **허위의 진술**을 하는 것이다. 허위의 의미에 대해서는 주관설과 객관설이 대립한다. **주관설**은 허위의 진술을 증인의 기억에 반하는 진술이라고 한다. 즉 증인의 기억에 반하는 진술이면 객관적 진실에 부합하여도 허위의 진술이고, 증인의 기억에 부합하는 진술이면 객관적 진실에 반하는 진술이라도 허위의 진술이 아니라는 것이다. 반면에 **객관설**은 허위의 의미를 객관적 진실에 반하는 것이라고 한다. 즉 증인의 기억에 반하는 진술이라고 하더라도 객관적 진실에 부합하는 경우에는 허위의 진술이 되지 않는다. 반대로 증인의 기억에 부합하는 진실이라도 객관적 진실에 반할 경우에는 허위의 진술이 된다. 판례는 주관설에 따른다. **진술**이란 사실에 대한 언급을 말하며, 진술의 방법이나 내용에는 제한이 없다. 판례는 같은 신문기일에 수회 위증을 한 경우 각 진술마다 수개의 위증죄를 구성하지 않고 포괄일죄가 된다고 한다.

(2) **증거인멸죄**(證據湮滅罪)란 타인의 형사사건 또는 징계사건에 관한 증거를 인멸, 은닉, 위조 또는 변조하거나, 위조 또는 변조한 증거를 사용하거나, 증인을 은닉 또는 도피하게 하는 죄이다. 모해목적증거인멸죄 및 증인은닉죄는 모해목적이라는 행위에 의해 불법이 가중되는 구성요건이다(통설). 증거인멸죄의 보호법익은 국가의 사법기능이다. 이 때 타인의 형사사건 또는 징계사건에 관한 증거이기 때문에 자기의 형사사건 또는 징계사건에 관한 증거는 증거인멸죄의 객체가 될 수 없다. 즉 범인 자신의 증거인멸행위는 피고인의 형사소송에 있어서의 방어권을 인정하는 취지에 따라 처벌의 대상이 되지 아니한다. **인멸**이란 증거 자체를 없애는 행위뿐만 아니라 증거의 가치를 멸실, 감소시키는 일체의 행위를 말한다. **은닉**이란 증거의 발견을 불가능하게 하거나 곤란하게 하는 행위를 말한다. **위조**란 새로운 증거를 만들어내는 것을 말한다. **변조**란 이미 존재하는 증거를 변경하여 증거가치나 효력을 감소시키는 것을 말한다. 증거를 위조하고 사용한 경우에 위조죄와 사용죄의 실체적 경합이라고 할 수도 있지만, 위조증거사용죄만이 성립한다고 해야 할 것이다. 친족 또는 동거의 가족이 본인을 위하여 증거인멸죄를 범한 때에는 처벌하지 아니한다.

※ 형법
[일부개정 2020. 12. 8. 법률 제17571호, 시행 2021. 12. 9.]

제152조(위증, 모해위증) ① 법률에 의하여 선서한 증인이 허위의 진술을 한 때에는 5년 이하의 징역 또는 1천만원 이하의 벌금에 처한다. ② 형사사건 또는 징계사건에 관하여 피고인, 피의자 또는 징계혐의자를 모해할 목적으로 전항의 죄를 범한 때에는 10년 이하의 징역에 처한다.

제153조(자백, 자수) 전조의 죄를 범한 자가 그 공술한 사건의 재판 또는 징계처분이 확정되기 전에 자백 또는 자수한 때에는 그 형을 감경 또는 면제한다.

제154조(허위의 감정, 통역, 번역) 법률에 의하여 선서한 감정인, 통역인 또는 번역인이 허위의 감정, 통역 또는 번역을 한 때에는 전2조의 예에 의한다.

제155조(증거인멸 등과 친족간의 특례) ① 타인의 형사사건 또는 징계사건에 관한 증거를 인멸, 은닉, 위조 또는 변조하거나 위조 또는 변조한 증거를 사용한 자는 5년 이하의 징역 또는 700만원 이하의 벌금에 처한다. ② 타인의 형사사건 또는 징계사건에 관한 증인을 은닉 또는 도피하게 한 자도 제1항의 형과 같다. ③ 피고인, 피의자 또는 징계혐의자를 모해할 목적으로 전2항의 죄를 범한 자는 10년 이하의 징역에 처한다. ④ 친족 또는 동거의 가족이 본인을 위하여 본조의 죄를 범한 때에는 처벌하지 아니한다.

[대법원 1989. 1. 17. 88도580 판결]
(가) 위증죄에 있어서의 허위의 공술이란 증인이 자기의 기억에 반하는 사실을 진술하는 것을 말하는 것으로서 그 내용이 객관적 사실과 부합한다고 하여도 위증죄의 성립에 장애가 되지 않는다.

(나) 원심이 유지한 1심판결 채용증거, 특히 피고인이 그 성립의 진정과 내용을 모두 인

정하는 피고인에 대한 사법경찰관사무취급 및 검사 작성의 각 피의자신문조서 기재에 의하면 피고인은 원심판시와 같이 민사법정에서 증언을 함에 있어서 피고인이 이 사건 임야를 관리하기 전에 공소외 박평옥이 위 임야의 소유자로서 이를 관리한 여부는 피고인으로서는 모르는 일이었음에도 불구하고 피고측 변호사의 신문에 대하여 "증인이 관리하기 전에도 소외 박평옥은 위 임야에 대하여 사실상 소유자로서 관리하여 온 것이 틀림없다"는 취지로 자기의 기억에 반하는 답변을 함으로써 허위의 공술을 하였음이 넉넉히 인정되므로, 위 박평옥이 실제로 위 임야를 사실상 소유자로서 관리한 여부와는 관계없이 피고인은 위증죄의 죄책을 면할 수 없다. 같은 취지로 판단한 원심판결은 정당하고 논지가 주장하는 것과 같은 채증법칙위반이나 심리미진의 위법이 없으므로 논지는 이유없다.

[대법원 1998. 4. 14. 97도3340 판결]
하나의 사건에 관하여 한 번 선서한 증인이 같은 기일에 여러 가지 사실에 관하여 기억에 반하는 허위의 진술을 한 경우 이는 하나의 범죄의사에 의하여 계속하여 허위의 진술을 한 것으로서 포괄하여 1개의 위증죄를 구성하는 것이고 각 진술마다 수 개의 위증죄를 구성하는 것이 아니므로, 당해 위증 사건의 허위진술 일자와 같은 날짜에 한 다른 허위진술로 인한 위증 사건에 관한 판결이 확정되었다면, 비록 종전 사건 공소사실에서 허위의 진술이라고 한 부분과 당해 사건 공소사실에서 허위의 진술이라고 한 부분이 다르다 하여도 종전 사건의 확정판결의 기판력은 당해 사건에도 미치게 되어 당해 위증죄 부분은 면소되어야 한다.

[청주지법 2013. 8. 13. 2013고단971 판결]
(가) 범인도피교사: 피고인은 2010.경 등급미분류 게임제공 및 게임결과물 환전을 업으로 한 사실로 2012. 6. 19.경부터 도피 중이었고, 피고인의 사회후배인 공소외 1(대법원판결의 공소외인)도 그 사실을 알고 있었다. 피고인은 2012. 7.경부터 같은 해 12.경까지 청주시 일대에서 공소외 1에게, 위와 같은 죄를 범하고 도피 중인 피고인을 공소외 1이 사용하던 에쿠스 승용차로 원하는 목적지까지 이동시켜 줄 것을 요구하거나, 속칭 '대포폰'을 구하여 줄 것을 요구하고, 공소외 1이 이에 응하여 피고인의 도피를 돕도록 하였다. 이로써 피고인은 공소외 1로 하여금 벌금 이상의 형에 해당하는 죄를 범한 피고인을 도피시키도록 교사하였다.

(나) 위증: 피고인은 2013. 5. 22. 14:00경 청주시 흥덕구 산남동에 있는 청주지방법원 제421호 법정에서 같은 법원 2013고단444호 피고인 공소외 1 등에 대한 범인도피 등 사건의 증인으로 출석하여 선서한 다음, 위 사건을 심리 중인 판사 공소외 24에게 '(공소외 1이 대포폰을 만들어 준 2012. 7.경 내지 같은 해 9.경) 당시에 내가 수사를 받거나 수배 중인 사실을 공소외 1은 전혀 모르고 있었다'라는 취지로 증언하였다. 그러나 사실 공소외 1은 피고인이 운영하였던 불법게임장 운영에 관하여 그 종업원이 수사기관에 어떤 진술을 하였는지를 피고인에게 전하여 줄 정도로 피고인이 수사를 받고 있는 사실 및 수배 중인 사실을 잘 알고 있었고, 피고인 역시 공소외 1이 이러한 사실을 알고 있다는 것을 인식하고 있었다. 이로써 피고인은 법률에 의하여 선서한 증인으로서 자신의 기억에 반하는 허위의 진술

을 하였다.

[대법원 2018. 5. 17. 2017도14749 전원합의체 판결]

(가) 국회에서의 증언·감정 등에 관한 법률 제15조 제1항의 고발이 같은 법 제14조 제1항 본문에서 정한 위증죄의 소추요건인지 여부(적극): [다수의견] 국회에서의 증언·감정 등에 관한 법률(이하 '국회증언감정법'이라 한다)은 제1조에서 국회에서의 안건심의 또는 국정감사나 국정조사와 관련하여 행하는 보고와 서류제출의 요구, 증언·감정 등에 관한 절차를 규정하는 것을 그 목적으로 밝히고 있다. 국회증언감정법 제14조 제1항 본문은 같은 법에 의하여 선서한 증인이 허위의 진술을 한 때에는 1년 이상 10년 이하의 징역에 처한다고 규정하고, 제15조 제1항 본문은 본회의 또는 위원회는 증인이 제14조 제1항 본문의 죄를 범하였다고 인정한 때에는 고발하여야 한다고 규정하며, 제15조 제2항은 제1항의 규정에 불구하고 범죄가 발각되기 전에 자백한 때에는 고발하지 아니할 수 있다고 규정하고 있다. 위와 같은 국회증언감정법의 목적과 위증죄 관련 규정들의 내용에 비추어 보면, 국회증언감정법은 국정감사나 국정조사에 관한 국회 내부의 절차를 규정한 것으로서 국회에서의 위증죄에 관한 고발 여부를 국회의 자율권에 맡기고 있고, 위증을 자백한 경우에는 고발하지 않을 수 있게 하여 자백을 권장하고 있으므로 국회증언감정법 제14조 제1항 본문에서 정한 위증죄는 같은 법 제15조의 고발을 소추요건으로 한다고 봄이 타당하다.

(나) 국회에서의 증언·감정 등에 관한 법률 제15조 제1항 단서의 고발을 특별위원회가 존속하는 동안에 해야 하는지 여부(적극): [다수의견] 국회에서의 증언·감정 등에 관한 법률(이하 '국회증언감정법'이라 한다) 제15조 제1항 본문은 "본회의 또는 위원회는 증인·감정인 등이 제12조·제13조 또는 제14조 제1항 본문의 죄를 범하였다고 인정한 때에는 고발하여야 한다."라고 규정하고 있다. 제15조 제1항 본문에 따른 고발은 증인을 조사한 본회의 또는 위원회의 의장 또는 위원장의 명의로 한다(제15조 제3항). 따라서 그 위원회가 고발에 관한 의결을 하여야 하므로 제15조 제1항 본문의 고발은 위원회가 존속하고 있을 것을 전제로 한다. 한편 국회증언감정법 제15조 제1항 단서는 위와 같은 본문에 이어서 "다만 청문회의 경우에는 재적위원 3분의 1 이상의 연서에 따라 그 위원의 이름으로 고발할 수 있다."라고 규정하고 있다. 아래와 같은 이유로, 국회증언감정법 제15조 제1항 단서에 의한 고발도 위원회가 존속하는 동안에 이루어져야 한다고 해석하는 것이 타당하다.

① 국회증언감정법 제15조 제1항 단서에 규정된 재적위원은 위원회가 존속하고 있는 상태에서의 재적위원을 의미한다고 해석하는 것이 문언의 통상적인 용법에 부합한다. 재적(在籍)의 사전적 의미는 명부에 이름이 올라 있음을 뜻한다. 국회법은 여러 조항에서 재적위원이라는 용어를 사용하고 있다. 국회법이 규정하고 있는 재적위원은 모두 위원회가 존속하고 있는 것을 전제로 하여 현재 위원회에 적을 두고 있는 위원을 의미하고 있고, 위원회가 소멸하여 더 이상 존속하지 않는 경우를 상정하고 있다고 보기는 어렵다. 따라서 국회증언감정법 제15조 제1항 단서에서 특별히 '재적위원이었던 자'를 포함한다고 볼 만한 문언을 사용하지 않고 단순히 '재적위원'이라고만 규정하고 있는 이상 이는 국회법의 여러 규정에서 사용하고 있는 재적위원과 동일한 의미로 해석하는 것이 타당하다.

② 청문회를 개최한 특별위원회가 활동기한의 종료로 존속하지 않게 되었다면 그 후에는 청문회에서 증언한 증인을 위증죄로 고발할 수 없다고 해석하는 것이 특별위원회의 활동기

간을 정한 취지에 부합한다. 국회증언감정법 제15조 제1항 단서의 문언과 입법 취지 및 목적, 특별위원회의 활동기간을 정한 취지 등을 고려하여 볼 때, 특별위원회가 존속하지 않게 되어 더 이상 국회증언감정법 제15조 제1항 본문에 의한 고발을 할 수 없게 되었다면 같은 항 단서에 의한 고발도 할 수 없다고 해석하는 것이 타당하다.

③ 특별위원회가 존속하지 않게 된 이후에도 과거 특별위원회가 존속할 당시 재적위원이었던 사람이 연서로 고발할 수 있다고 해석하는 것은 유추해석금지의 원칙에 위배된다. 국회증언감정법 제15조 제1항 단서의 문언 및 입법 취지, 다른 법률 규정과의 관계 등에 비추어 보면, 국회증언감정법 제15조 제1항 단서의 재적위원은 존속하고 있는 위원회에 적을 두고 있는 위원을 의미하고, 특별위원회가 존속하지 않게 된 경우 그 재적위원이었던 사람을 의미하는 것은 아니라고 해석하는 것이 타당하다. 이와 달리 특별위원회가 소멸하였음에도 과거 특별위원회가 존속할 당시 재적위원이었던 사람이 연서로 고발할 수 있다고 해석하는 것은 소추요건인 고발의 주체와 시기에 관하여 그 범위를 행위자에게 불리하게 확대하는 것이다. 이는 가능한 문언의 의미를 벗어나므로 유추해석금지의 원칙에 반한다.

(다) 피고인이 2016. 12. 14. 국회에서 열린 '박근혜 정부의 갑 등 민간인에 의한 국정농단 의혹사건 진상규명을 위한 국정조사 특별위원회'(이하 '특별위원회'라 한다)에 증인으로 출석하여 국회에서의 증언·감정 등에 관한 법률(이하 '국회증언감정법'이라 한다)에 따라 선서한 후 허위의 진술을 하였다는 공소사실에 관하여, 특별위원회의 존속기간이 종료된 후에 재적위원 3분의 1 이상이 연서하여 피고인을 국회증언감정법 제14조 제1항 본문에서 정한 위증죄로 고발함에 따라 공소가 제기된 사안에서, 특별위원회의 조사기간은 2016. 11. 17.부터 2017. 1. 15.까지이고, 국회 본회의에서 2017. 1. 20. 특별위원회의 국정조사 결과보고서가 채택·의결되었으며, 특별위원회의 위원이던 18명 중 13명이 2017. 2. 28. 연서에 의하여 고발을 한 점 등에 비추어 위 고발은 특별위원회가 존속하지 않게 된 이후에 이루어져 국회증언감정법 제15조 제1항에 따른 적법한 고발이 아니고, 공소가 소추요건인 적법한 고발 없이 제기되어 부적법하다는 이유로, 같은 취지에서 공소를 기각한 원심판결이 정당하다고 한 사례이다.

45. 방화죄 / 실화죄

[대법원 2002. 3. 26. 2001도6641 판결]

> 피고인은 노환을 앓고 있는 노모의 부양문제로 처와 부부싸움을 자주 하는 등 가정불화와 최근 직장 승진대상에서 누락되는 등의 문제로 심한 정신적 갈등을 겪어오던 중, 2000. 9. 20. 23:00경 마산시 두척동 418 소재 피고인의 집에서 위와 같은 사유로 처인 공소외 1과 심한 부부싸움을 하다가 격분하여 "집을 불태워 버리고 같이 죽어 버리겠다."며 그 곳 창고 뒤에 있던 18ℓ들이 플라스틱 휘발유통을 들고 나와 처와 자녀 2명이 있는 피고인의 집 주위에 휘발유를 뿌리고, 1회용 라이터를 켜 불을 놓아 사람이 현존하는 건조물을 소훼하려고 하였으나, 불길이 번지지 않는 바람에 그 뜻을 이루지 못한 채 미수에 그치고, 이로 인하여 피고인을 만류하던 앞집 거주 피해자(남, 51세)로 하여금 약 4주간의 치료를 요하는 경부 및 체부 3도 화상을 입게 하였다.

【요 지】

(1) 매개물을 통한 현존건조물방화죄의 실행의 착수시기 및 그 판단 방법: 매개물을 통한 점화에 의하여 건조물을 소훼함을 내용으로 하는 형태의 방화죄의 경우에, 범인이 그 매개물에 불을 켜서 붙였거나 또는 범인의 행위로 인하여 매개물에 불이 붙게 됨으로써 연소작용이 계속될 수 있는 상태에 이르렀다면, 그것이 곧바로 진화되는 등의 사정으로 인하여 목적물인 건조물 자체에는 불이 옮겨 붙지 못하였다고 하더라도, 방화죄의 실행의 착수가 있었다고 보아야 할 것이고, 구체적인 사건에 있어서 이러한 실행의 착수가 있었는지 여부는 범행 당시 피고인의 의사 내지 인식, 범행의 방법과 태양, 범행 현장 및 주변의 상황, 매개물의 종류와 성질 등의 제반 사정을 종합적으로 고려하여 판단하여야 한다.

(2) 피고인이 방화의 의사로 뿌린 휘발유가 인화성이 강한 상태로 주택주변과 피해자의 몸에 적지 않게 살포되어 있는 사정을 알면서도 라이터를 켜 불꽃을 일으킴으로써 피해자의 몸에 불이 붙은 경우, 비록 외부적 사정에 의하여 불이 방화 목적물인 주택 자체에 옮겨 붙지는 아니하였다 하더라도 현존건조물방화죄의 실행의 착수가 있었다고 봄이 상당하다고 한 사례이다.

【이 유】

(1) 원심은 위 공소사실을 유죄로 인정한 제1심판결을 파기하면서, 그 설시와 같은 여러 사정에 비추어 보면 피고인의 행위를 두고 방화매개물에 불을 붙여 현존건조물에 대한 방화의 실행에 착수한 것이라고 보기 어렵고 달리 이 사건 공소사실을 인정할 증거가 없다고 판

단하여 무죄를 선고하였다.

(2) 그러나 원심의 판단은 수긍하기 어렵다.

(가) 이 사건에 있어서 원심이 인정한 사실에 의하더라도, 이 사건 범행 당시 피고인은 자신의 주택 보일러실 문 앞과 실외 화장실 문 앞 등에 휘발유를 뿌린 다음, 이러한 피고인의 행위를 말리던 이웃 주민인 피해자와 실랑이를 벌이면서 피해자의 몸에까지 휘발유를 쏟았다는 것인바, 이러한 경우 피고인이 휘발유를 뿌린 장소가 비록 밀폐된 실내 공간은 아니라고 하더라도 피고인과 주택의 주변에는 인화성이 매우 강한 상당량의 휘발유가 뿌려져 있었음을 능히 알 수 있다. 나아가 원심이 배척하지 아니한 증거들에 의하면, 이 사건 범행 당시 피고인은 매우 흥분된 상태에서 "집을 불태워 버리고 같이 죽어 버리겠다."고 소리치기까지 하였으며, 피해자와 실랑이를 벌이면서 휘발유통을 높게 쳐들어 피해자의 몸에 휘발유가 쏟아지는 것과 동시에 피고인 자신의 몸에도 휘발유가 쏟아졌는데도, 피해자가 몸에 쏟아진 휘발유를 씻어내고자 수돗가로 가려고 돌아서는 순간, 피고인이 라이터를 꺼내서 무작정 켜는 바람에 피고인과 피해자의 몸에 불이 붙게 되었고(피고인은 담배를 피우려고 라이터를 켰다고 진술하기도 하였으나, 당시의 급박한 상황이나 위 증거들에 비추어 보면 위와 같은 진술은 도저히 믿을 수 없다), 이는 그대로 방치할 경우 주택 주변에 살포된 휘발유에 충분히 연소될 정도였던 사실을 알 수 있는바, 사정이 이러하다면, 그 후 설령 외부적 사정에 의하여 피고인이 라이터로 붙인 불이 원심 판시와 같이 주택 주변에 뿌려진 휘발유를 거쳐 방화 목적물인 주택 자체에 옮겨 붙지는 아니하였다 하더라도, 당시 피고인이 뿌린 휘발유가 인화성이 강한 상태로 주택 주변과 피고인 및 피해자의 몸에 적지 않게 살포되어 있었던 점, 피고인은 그러한 주변 사정을 알면서도 라이터를 켜 불꽃을 일으킨 점, 그로 인하여 매개물인 휘발유에 불이 붙어 연소작용이 계속될 수 있는 상태에 이르고, 실제로 피해자가 발생하기까지 한 점 등의 제반 사정에 비추어 볼 때, 피고인의 위와 같은 행위는 현존건조물방화죄의 실행의 착수에 해당한다고 봄이 상당하다.

(나) 그럼에도 불구하고, 원심이 앞서 본 바와 같은 이유를 내세워 피고인의 행위가 방화의 실행에 착수한 것으로 보기 어렵다고 판단한 것은 방화죄에 있어서 실행의 착수에 관한 법리를 오해하였거나 채증법칙에 위배하여 사실을 오인한 위법을 저질렀다 할 것이고, 이러한 위법은 판결 결과에 영향을 미쳤음이 분명하므로, 원심판결을 파기하고, 사건을 원심법원에 환송하기로 한다.

【해 설】

방화죄(放火罪)와 **실화죄**(失火罪)란 고의 또는 과실로 불을 놓아 현주건조물, 공용건조물, 일반건조물 또는 일반물건 등을 소훼하거나 소훼하여 공공의 위험을 발생시키는 죄를 말한다. 형법 제13장(방화와 실화에 관한 죄)에는 이러한 범죄 이외에 진화방해죄(제169조), 고의·과실에 의한 폭발성물건파열죄(제172조, 제173조의2), 가스·전기등방류죄(제172조의2, 제173조의2), 가스·전기등공급방해죄(제173조, 제173조의2) 등이 규정되어 있다. 이를 **준방화죄**라고도 한다. 통설과 판례에 의하면 방화죄의 주된 보호법익은 공공의 안전과 평온

45. 방화죄 / 실화죄

이지만, 재산도 부차적 보호법익이라고 한다. 즉 방화죄는 공공위험죄인 동시에 재산죄의 이중성격을 지닌 범죄라고 한다.

현주건조물방화죄(제164조)의 객체는 사람이 주거로 사용하거나 사람이 현존하는 건조물, 기차, 전차, 자동차, 선박, 항공기 또는 지하채굴시설이다. 이 경우 **사람**이란 타인을 의미한다. 따라서 자기가 주거로 사용하거나 자신만이 현존하는 건조물에 방화한 때에는 현주건조물방화죄가 성립하지 않고, 일반건조물방화죄가 성립한다. 즉 타인이란 자신 이외의 모든 사람을 의미하므로 자신의 처나 자식이 주거로 사용하거나 현존하는 경우에도 현주건조물방화죄가 성립한다. **사람이 현존**한다는 것은 방화시에 건조물, 기차 등의 내부에 행위자 이외의 사람이 존재하는 것을 말한다. 사람이 현존하는 건조물이면 족하고 주거로 사용하는 건조물이 아니어도 상관없다. 본죄의 **미수범**은 처벌하며, 본죄의 실행착수시기는 불을 놓는 시점이다. 방화목적물에 점화하지 아니한 이상 본죄의 실행착수가 있다고 할 수 없다. 기수시기는 목적물의 일부가 손괴된 시점이다.

실화죄는 과실로 인해 현주건조물, 공용건조물, 타인소유의 일반건조물을 불태우거나, 자기소유의 일반건조물 또는 일반물건을 불태워 공공의 위험을 발생하게 하는 죄이다. 본죄는 과실범이므로 행위자가 주의의무를 위반하여 목적물의 불태움(소훼)의 결과 혹은 공공의 위험발생을 인식하지 못하였거나 인식하였더라도 인용하지 않아야 한다. 주의의무위반과 불태움 및 공공의 위험발생 사이에는 인과관계가 인정되어야 한다.

※ 형법
[일부개정 2020. 12. 8. 법률 제17571호, 시행 2021. 12. 9.]

제164조(현주건조물 등 방화) ① 불을 놓아 사람이 주거로 사용하거나 사람이 현존하는 건조물, 기차, 전차, 자동차, 선박, 항공기 또는 지하채굴시설을 불태운 자는 무기 또는 3년 이상의 징역에 처한다. ② 제1항의 죄를 지어 사람을 상해에 이르게 한 경우에는 무기 또는 5년 이상의 징역에 처한다. 사망에 이르게 한 경우에는 사형, 무기 또는 7년 이상의 징역에 처한다.

제165조(공용건조물 등 방화) 불을 놓아 공용으로 사용하거나 공익을 위해 사용하는 건조물, 기차, 전차, 자동차, 선박, 항공기 또는 지하채굴시설을 불태운 자는 무기 또는 3년 이상의 징역에 처한다.

제166조(일반건조물 등 방화) ① 불을 놓아 제164조와 제165조에 기재한 외의 건조물, 기차, 전차, 자동차, 선박, 항공기 또는 지하채굴시설을 불태운 자는 2년 이상의 유기징역에 처한다. ② 자기 소유인 제1항의 물건을 불태워 공공의 위험을 발생하게 한 자는 7년 이하의 징역 또는 1천만원 이하의 벌금에 처한다.

제167조(일반물건 방화) ① 불을 놓아 제164조부터 제166조까지에 기재한 외의 물건을 불태워 공공의 위험을 발생하게 한 자는 1년 이상 10년 이하의 징역에 처한다. ② 제1항의 물건이 자기 소유인 경우에는 3년 이하의 징역 또는 700만원 이하의 벌금에 처한다.

제168조(연소) ① 제166조 제2항 또는 전조 제2항의 죄를 범하여 제164조, 제165조 또는

제166조 제1항에 기재한 물건에 연소한 때에는 1년 이상 10년 이하의 징역에 처한다. ② 전조 제2항의 죄를 범하여 전조 제1항에 기재한 물건에 연소한 때에는 5년 이하의 징역에 처한다.

제169조(진화방해) 화재에 있어서 진화용의 시설 또는 물건을 은닉 또는 손괴하거나 기타 방법으로 진화를 방해한 자는 10년 이하의 징역에 처한다.

제170조(실화) ① 과실로 제164조 또는 제165조에 기재한 물건 또는 타인 소유인 제166조에 기재한 물건을 불태운 자는 1천500만원 이하의 벌금에 처한다. ② 과실로 자기 소유인 제166조의 물건 또는 제167조에 기재한 물건을 불태워 공공의 위험을 발생하게 한 자도 제1항의 형에 처한다.

제171조(업무상실화, 중실화) 업무상과실 또는 중대한 과실로 인하여 제170조의 죄를 범한 자는 3년 이하의 금고 또는 2천만원 이하의 벌금에 처한다.

제172조(폭발성물건파열) ① 보일러, 고압가스 기타 폭발성있는 물건을 파열시켜 사람의 생명, 신체 또는 재산에 대하여 위험을 발생시킨 자는 1년 이상의 유기징역에 처한다. ② 제1항의 죄를 범하여 사람을 상해에 이르게 한 때에는 무기 또는 3년 이상의 징역에 처한다. 사망에 이르게 한 때에는 무기 또는 5년 이상의 징역에 처한다.

제172조의2(가스·전기등 방류) ① 가스, 전기, 증기 또는 방사선이나 방사성 물질을 방출, 유출 또는 살포시켜 사람의 생명, 신체 또는 재산에 대하여 위험을 발생시킨 자는 1년 이상 10년 이하의 징역에 처한다. ② 제1항의 죄를 범하여 사람을 상해에 이르게 한 때에는 무기 또는 3년 이상의 징역에 처한다. 사망에 이르게 한 때에는 무기 또는 5년 이상의 징역에 처한다.

제173조(가스·전기등 공급방해) ① 가스, 전기 또는 증기의 공작물을 손괴 또는 제거하거나 기타 방법으로 가스, 전기 또는 증기의 공급이나 사용을 방해하여 공공의 위험을 발생하게 한 자는 1년 이상 10년 이하의 징역에 처한다. ② 공공용의 가스, 전기 또는 증기의 공작물을 손괴 또는 제거하거나 기타 방법으로 가스, 전기 또는 증기의 공급이나 사용을 방해한 자도 전항의 형과 같다. ③ 제1항 또는 제2항의 죄를 범하여 사람을 상해에 이르게 한 때에는 2년 이상의 유기징역에 처한다. 사망에 이르게 한 때에는 무기 또는 3년 이상의 징역에 처한다.

제173조의2(과실폭발성물건파열등) ① 과실로 제172조 제1항, 제172조의2 제1항, 제173조 제1항과 제2항의 죄를 범한 자는 5년 이하의 금고 또는 1천500만원 이하의 벌금에 처한다. ② 업무상과실 또는 중대한 과실로 제1항의 죄를 범한 자는 7년 이하의 금고 또는 2천만원 이하의 벌금에 처한다.

제174조(미수범) 제164조 제1항, 제165조, 제166조 제1항, 제172조 제1항, 제172조의2 제1항, 제173조 제1항과 제2항의 미수범은 처벌한다.

제175조(예비, 음모) 제164조 제1항, 제165조, 제166조 제1항, 제172조 제1항, 제172조의2 제1항, 제173조 제1항과 제2항의 죄를 범할 목적으로 예비 또는 음모한 자는 5년 이하의 징역에 처한다. 단 그 목적한 죄의 실행에 이르기 전에 자수한 때에는 형을 감경 또는 면제한다.

제176조(타인의 권리대상이 된 자기의 물건) 자기의 소유에 속하는 물건이라도 압류 기타

45. 방화죄 / 실화죄

강제처분을 받거나 타인의 권리 또는 보험의 목적물이 된 때에는 본장의 규정의 적용에 있어서 타인의 물건으로 간주한다.

[대법원 1994. 8. 26. 94도1291 판결]

함께 술을 마신 후 만취된 피해자를 촛불이 켜져 있는 방안에 혼자 눕혀 놓고 촛불을 끄지 않고 나오는 바람에 화재가 발생하여 피해자가 사망한 경우 과실치사책임을 인정한 사례이다. 즉 피고인들이 자신들과 함께 술을 마시고 만취되어 의식이 없는 피해자를 부축하여 학교선배인 장은석의 자취집에 함께 가서 촛불을 가져오라고 하여 장은석이 가져온 촛불이 켜져 있는 방안에 이불을 덮고 자고 있는 피해자를 혼자 두고 나옴에 있어 그 촛불이 피해자의 발로부터 불과 약 70 내지 80㎝ 밖에 떨어져 있지 않은 곳에 마분지로 된 양초갑 위에 놓여져 있음을 잘 알고 있었던 피고인들로서는 당시 촛불을 켜놓아야 할 별다른 사정이 엿보이지 아니하고 더욱이 피고인들 외에는 달리 피해자를 돌보아 줄 사람도 없었던 터이므로 술에 취한 피해자가 정신없이 몸부림을 치다가 발이나 이불자락으로 촛불을 건드리는 경우 그것이 넘어져 불이 이불이나 비닐장판 또는 벽지 등에 옮겨 붙어 화재가 발생할 가능성이 있고, 또한 화재가 발생하는 경우 화재에 대처할 능력이 없는 피해자가 사망할 가능성이 있음을 예견할 수 있으므로 이러한 경우 피해자를 혼자 방에 두고 나오는 피고인들로서는 촛불을 끄거나 양초가 쉽게 넘어지지 않도록 적절하고 안전한 조치를 취하여야 할 주의 의무가 있다 할 것인바, 비록 피고인들이 직접 촛불을 켜지 않았다 할지라도 위와 같은 주의 의무를 다하지 않은 이상 피고인들로서는 이 사건 화재발생과 그로 인한 피해자의 사망에 대하여 과실책임을 면할 수는 없다 할 것이다.

[대법원 2007. 3. 16. 2006도9164 판결]

(가) 현주건조물방화죄의 기수시기: 현주건조물방화죄는 화력이 매개물을 떠나 목적물인 건조물 스스로 연소할 수 있는 상태에 이름으로써 기수가 된다.

(나) 피해자의 사체 위에 옷가지 등을 올려놓고 불을 붙인 천조각을 던져서 그 불길이 방안을 태우면서 천정에까지 옮겨 붙었다면 도중에 진화되었다고 하더라도 일단 천정에 옮겨 붙은 때에 이미 현주건조물방화죄의 기수에 이른 것이라고 한 사례: 피고인이 판시 제2의 범행에 있어 피해자의 사체 위에 옷가지 등을 올려놓고 불을 붙인 천조각을 던져 그 불길이 방안을 태우면서 천정에까지 옮겨 붙었다면, 설령 그 불이 완전연소에 이르지 못하고 도중에 진화되었다고 하더라도, 일단 천정에 옮겨 붙은 이상 그 때에 이미 현주건조물방화죄는 기수에 이르렀다고 할 것이므로 같은 취지의 원심판결은 옳고, 거기에 상고이유의 주장과 같은 채증법칙 위반으로 인한 사실오인이나 법리오해 등의 위법이 없다.

(다) 원심판결의 채택 증거를 기록에 의하여 살펴보면, 원심이 검사가 작성한 제1회 피의자신문조서에 기재된 피고인의 진술에 신빙성이 있다고 보아 판시 제1의 강간 등 살인에 의한 성폭력범죄의 처벌 및 피해자 보호 등에 관한 법률 위반의 점에 대하여 피고인을 유죄로 인정한 조치는 수긍이 가고, 거기에 상고이유의 주장과 같은 채증법칙 위반으로 인한 사실오인 등의 위법이 없다[성폭력범죄의처벌및피해자보호등에관한법률위반(강간등살인) · 현주건조물방화 · 사체손괴].

[대법원 2009. 10. 15. 2009도7421 판결]

(가) 불을 놓아 '무주물'을 소훼하여 공공의 위험을 발생하게 한 경우, 형법 제167조 제2항을 적용하여 처벌할 수 있는지 여부(적극): 형법 제167조 제2항은 방화의 객체인 물건이 자기의 소유에 속한 때에는 같은 조 제1항보다 감경하여 처벌하는 것으로 규정하고 있는바, 방화죄는 공공의 안전을 제1차적인 보호법익으로 하지만 제2차적으로는 개인의 재산권을 보호하는 것이라고 볼 수 있는 점, 현재 소유자가 없는 물건인 무주물에 방화하는 경우에 타인의 재산권을 침해하지 않는 점은 자기의 소유에 속한 물건을 방화하는 경우와 마찬가지인 점, 무주의 동산을 소유의 의사로 점유하는 경우에 소유권을 취득하는 것에 비추어(민법 제252조) 무주물에 방화하는 행위는 그 무주물을 소유의 의사로 점유하는 것이라고 볼 여지가 있는 점 등을 종합하여 보면, 불을 놓아 무주물을 소훼하여 공공의 위험을 발생하게 한 경우에는 '무주물'을 '자기 소유의 물건'에 준하는 것으로 보아 형법 제167조 제2항을 적용하여 처벌하여야 한다.

(나) 노상에서 전봇대 주변에 놓인 재활용품과 쓰레기 등에 불을 놓아 공공의 위험을 발생하게 한 경우, 일반물건방화죄가 성립한다고 한 사례: 노상에서 전봇대 주변에 놓인 재활용품과 쓰레기 등에 불을 놓아 소훼한 사안에서, 그 재활용품과 쓰레기 등은 '무주물'로서 형법 제167조 제2항에 정한 '자기 소유의 물건'에 준하는 것으로 보아야 하므로, 여기에 불을 붙인 후 불상의 가연물을 집어넣어 그 화염을 키움으로써 전선을 비롯한 주변의 가연물에 손상을 입히거나 바람에 의하여 다른 곳으로 불이 옮아붙을 수 있는 공공의 위험을 발생하게 하였다면, 일반물건방화죄가 성립한다고 한 사례이다.

[대법원 2013. 12. 12. 2013도3950 판결]

방화죄의 객체인 '건조물'의 개념: 형법상 방화죄의 객체인 건조물은 토지에 정착되고 벽 또는 기둥과 지붕 또는 천장으로 구성되어 사람이 내부에 기거하거나 출입할 수 있는 공작물을 말하고, 반드시 사람의 주거용이어야 하는 것은 아니라도 사람이 사실상 기거·취침에 사용할 수 있는 정도는 되어야 한다. 원심은, 이 사건 폐가는 지붕과 문짝, 창문이 없고 담장과 일부 벽체가 붕괴된 철거 대상 건물로서 사실상 기거·취침에 사용할 수 없는 상태의 것이므로 형법 제166조의 건조물이 아닌 형법 제167조의 물건에 해당하고, 피고인이 이 사건 폐가의 내부와 외부에 쓰레기를 모아놓고 태워 그 불길이 이 사건 폐가 주변 수목 4~5그루를 태우고 폐가의 벽을 일부 그을리게 하는 정도만으로는 방화죄의 기수에 이르렀다고 보기 어려우며, 일반물건방화죄에 관하여는 미수범의 처벌 규정이 없다는 이유로 제1심의 유죄판결을 파기하고 피고인에게 무죄를 선고하였다. 원심의 위와 같은 사실인정과 판단은 정당하고, 거기에 방화죄에 있어 건조물에 관한 개념을 오해하거나 논리와 경험의 법칙에 반하여 자유심증주의의 한계를 벗어난 잘못이 없다.

46. 도박죄와 일시오락

[대법원 2004. 4. 9. 2003도6351 판결]

> 기록에 의하면, 피고인은 그가 운영하는 여관 카운터에서 같은 동네에 거주하는 친구들과 함께 저녁을 시켜 먹은 후 그 저녁값을 마련하기 위하여 속칭 '훌라'라는 도박을 하다가 적발되어 도박죄로 기소되었으나, 이 사건 제1심 및 원심에서 그 도박죄는 일시오락의 정도에 불과하여 죄가 되지 않는 경우에 해당한다는 이유로 무죄판결이 선고되어 그대로 확정되었음을 알 수 있다.

【요 지】

(1) 풍속영업자가 풍속영업소에서 일시오락 정도에 불과한 도박을 하게 한 경우, 풍속영업의 규제에 관한 법률 제3조 제3호 위반죄로 처벌할 수 있는지 여부(소극): 풍속영업자가 풍속영업소에서 도박을 하게 한 때에는 그것이 일시오락 정도에 불과하여 형법상 도박죄로 처벌할 수 없는 경우에도 풍속영업자의 준수사항 위반을 처벌하는 풍속영업의 규제에 관한 법률 제10조 제1항, 제3조 제3호의 구성요건 해당성이 있다고 할 것이나, 어떤 행위가 법규정의 문언상 일단 범죄 구성요건에 해당된다고 보이는 경우에도, 그것이 정상적인 생활형태의 하나로서 역사적으로 생성된 사회생활 질서의 범위 안에 있는 것이라고 생각되는 경우에는 사회상규에 위배되지 아니하는 행위로서 그 위법성이 조각되어 처벌할 수 없다. 즉 풍속영업자가 자신이 운영하는 여관에서 친구들과 일시오락 정도에 불과한 도박을 한 경우, 형법상 도박죄는 성립하지 아니하고 풍속영업의 규제에 관한 법률 위반죄의 구성요건에는 해당하나 사회상규에 위배되지 않는 행위로서 위법성이 조각된다고 한 사례이다.

(2) 일시오락 정도에 불과한 도박행위를 처벌하지 아니하는 이유: 일시오락 정도에 불과한 도박행위의 동기나 목적, 그 수단이나 방법, 보호법익과 침해법익과의 권형성 그리고 일시오락 정도에 불과한 도박은 그 재물의 경제적 가치가 근소하여 건전한 근로의식을 침해하지 않을 정도이므로 건전한 풍속을 해할 염려가 없는 정도의 단순한 오락에 그치는 경미한 행위에 불과하고, 일반 서민대중이 여가를 이용하여 평소의 심신의 긴장을 해소하는 오락은 이를 인정함이 국가정책적 입장에서 보더라도 허용된다.

【이 유】

풍속영업의 규제에 관한 법률(이하 '풍속법'이라 한다.)은 풍속영업을 영위하는 장소에서의 선량한 풍속을 해하거나 청소년의 건전한 육성을 저해하는 행위 등을 규제하여 미풍양속의 보존과 청소년의 보호에 이바지함을 목적으로 하고 있고, 이를 위하여 풍속법 제3조 제3

호에서 풍속영업자의 준수사항으로 "풍속영업소에서 도박 기타 사행행위를 하게 하여서는 아니된다."는 사항을 부과하고 있다. 피고인의 행위의 동기나 목적, 그 수단이나 방법, 보호법익과 침해법익과의 권형성 그리고 일시 오락 정도에 불과한 도박은 그 재물의 경제적 가치가 근소하여 건전한 근로의식을 침해하지 않을 정도이므로 건전한 풍속을 해할 염려가 없는 정도의 단순한 오락에 그치는 경미한 행위에 불과하고, 일반 서민대중이 여가를 이용하여 평소의 심신의 긴장을 해소하는 오락은 이를 인정함이 국가정책적 입장에서 보더라도 허용되는 것이라는 점을 아울러 고려하면 피고인의 이 사건 풍속법위반 행위는 사회통념에 비추어 용인될 수 있는 행위로서 사회상규에 위배되지 아니하는 행위에 해당하여 위법성이 조각된다고 봄이 상당하다고 할 것이다. 그럼에도 불구하고, 원심은 풍속법 제3조 제3호에서 풍속영업자가 풍속영업소에서 하게 하여서는 아니되는 도박에는 일시오락 정도에 불과하여 형법상 도박죄로 처벌할 수 없는 도박도 포함된다는 이유만으로 제1심판결을 파기하고 이 사건 공소사실에 대하여 유죄를 선고하였으니, 이는 정당행위 및 위법성조각사유에 관한 법리를 오해함으로써 판결 결과에 영향을 미친 위법을 저지른 것이라 할 것이다. 그러므로 원심판결을 파기하고, 사건을 다시 심리·판단하게 하기 위하여 원심법원으로 환송하기로 한다.

【해 설】

도박죄(賭博罪)란 재물로써 도박하거나 도박장을 개장하는 죄이다. 도박에 관한 죄의 기본적 구성요건은 단순도박죄이다. 상습도박죄는 도박의 습벽이라는 행위자속성으로 인해 책임이 가중되는 구성요건이다. 도박개장죄는 영리의 목적이 있고, 자신이 주재자가 되어 도박장을 개설하며, 타인의 도박을 교사·방조하는 성격을 지닌다는 점에서 독립된 범죄로 규정한 것이다. **단순도박죄**(單純賭博罪)란 재물로써 도박하는 죄로서, 본죄의 보호법익은 건전한 근로의식과 사회의 미풍양속이다. 도박의 승패는 우연하게 이루어져야 한다. 우연이란 당사자들이 승패를 알지 못하거나 승패에 영향을 미칠 수 없는 것을 말한다. 도박죄를 처벌하지 않는 외국 카지노에서의 도박이라고 하여 위법성이 조각되는 것은 아니다. 단순도박이 **일시오락**의 정도인 때에는 벌하지 않는다. 이 경우 재물의 경제적 가치가 근소하여 건전한 근로의식을 침해하지 않을 정도의 경미한 행위에 불과하고, 일반 서민대중이 여가를 이용하여 평소의 심신의 긴장을 해소하는 오락은 허용된다고 보기 때문이다. 일시오락의 정도인지의 여부는 도박의 시간과 장소, 도박자의 사회적 지위 및 재산 정도 그 밖에 도박에 이르게 된 경위 등 모든 사정을 참조하여 구체적으로 판단하여야 한다. 단순도박죄의 실행의 착수시기는 예컨대 도박을 하기 위해 화투나 카드를 잡은 시점이고, 기수시기는 화투나 카드를 분배한 때이다. 승패가 결정되거나 재물을 취득하지 않아도 무방하다. 본죄의 미수는 처벌하지 않으며, 본죄의 기수시기 이후에도 범죄행위가 계속되는 계속범(繼續犯)이므로 도박을 끝냈을 때에 종료한다. 단순도박죄의 죄수는 도박의 횟수가 아니라 도박을 위해 모인 횟수를 기준으로 해야 한다. 예컨대 한 자리에서 화투를 10번 친 경우에도 하나의 단순도박죄만이 성립한다. 며칠 동안 계속 모여 도박을 하였으나, 도박의 상습성은 인정되지 않는 경우 연속범이 되어 포괄일죄가 된다. **상습도박죄**(常習賭博罪)는 상습으로 재물로써 도박하는 죄이다. 행위자의 상습성으로 인해 책임이 가중되는 구성요건이다. 도박의 상습성이란 반복하여 도박행위를 하는 습벽으로서 행위자의 속성을 말한다. 상습성 유무를 판단함에 있어서는 도박의 전과나 도박횟수 등이 중요한 판단자료가 되나, 도박전과가 없다 하더라도 도박의 성질과 방법, 도박금액의 규모, 도박에 가담하게 된 태양 등의 제반사정을 참작하여 상습성을 인정해도 된다. 상습성 있는 자와 없는 자가 도박을 한 경우에 상습성 있는 자는 상습도박죄, 상습성 없는 자는 단순도박죄의 공동정범으로 처벌된다.

도박개장죄(賭博開場罪)란 영리의 목적으로 도박을 개장하는 죄이다. 본죄는 기수 이후에도 범죄행위가 계속되고, 도박장소를 폐쇄할 때 종료되는 계속범이다. 자신이 주재자가 되어 도박장소를 개설하면 되고, 자신이 스스로 도박을 하거나 다른 사람의 도박을 교사·방조할 필요는 없다. 도박장소도 반드시 공간적인 개념일 필요가 없다. 인터넷상에서 도박사이트를 개설하여 전자화폐 혹은 온라인으로 결제하도록 하는 경우에도 본죄가 성립한다. 본죄는 목적범이므로 고의 이외에 영리의 목적이 있어야 한다. 영리의 목적이란 재물 또는 재산상 이익을 얻을 목적을 말한다. 영리의 목적이 있으면 족하고, 현실적으로 재물 또는 재산상의 이익을 취득하였는가는 문제되지 않는다. 본죄는 도박장을 개설한 때에 기수가 된다. 실제로 도박이 행해졌는지는 문제되지 않는다. 본죄의 미수범은 처벌하지 않는다.

※ 형법

[일부개정 2020. 12. 8. 법률 제17571호, 시행 2021. 12. 9.]

제246조(도박, 상습도박) ① 도박을 한 사람은 1천만원 이하의 벌금에 처한다. 다만, 일시오락 정도에 불과한 경우에는 예외로 한다. ② 상습으로 제1항의 죄를 범한 사람은 3년 이하의 징역 또는 2천만원 이하의 벌금에 처한다.

제247조(도박장소 등 개설) 영리의 목적으로 도박을 하는 장소나 공간을 개설한 사람은 5년 이하의 징역 또는 3천만원 이하의 벌금에 처한다.

[대법원 1990. 2. 9. 89도1992 판결]

각자 1,000원 내지 7,000원을 판돈으로 내놓고 한 점에 100원짜리 속칭 "고스톱"을 한 것이 일시오락의 정도에 불과하다고 본 사례: 원심은, 피고인 1은 400만원짜리 한옥 한 채를 소유하고 목공일을 하다가 교통사고를 당하여 일시 쉬고 있었고, 피고인 2는 남양우유춘천대리점의 운전사로서 금 25만원 정도의 월급을 받고 있었으며, 피고인 3은 800만원짜리 아파트를 소유하고 상업에 종사하여 매월 금 30만원의 수입을, 피고인 4는 식육점을 경영하여 매월금 20만원 정도의 수입을 각기 얻고 있었던 사실, 피고인 2는 1988.11.13. 19:45경 근무를 마치고 평소식사를 하러 출입하던 피고인 5 경영의 제일닭갈비집에 저녁을 먹으러 갔다가, 그곳에 자주 출입하던 피고인 3과 그곳에 놀러온 공소외 전종국 등을 만나 이야기를 하던 중, 심심하니 고스톱이나 치자고 의견이 모아져 피고인 5로부터 화투를 빌려, 피고인 2는 가지고 있던 현금 69,000원 중 금 7,000원을, 피고인 3은 가지고 있던 현금 23,000원 중 금 3,000원을, 전종국은 가지고 있던 현금 10,000원 중 금 1,000원을 각기 꺼내어 놓고 한 점에 금 100원짜리 속칭 "고스톱"을 30회가량 하고 있었는데, 같은 동리에 살던 피고인 1과 4가 함께 술을 마시러왔다가 피고인 2 등이 고스톱을 하는 것을 보고 잠시 소주나 마시면서 같이 놀자고 인사를 나눈 다음, 피고인 1은 금 2,000원을, 피고인 4는 금 5,000원을 각기 꺼내어 놓고 고스톱에 참가하여 10회 정도 화투를 치다가, 20:20경 경찰관에게 적발된 사실 등을 인정한 다음, 피고인 1, 2, 3, 4 등의 이와 같은 도박은 앞서 본 피고인들의 직업, 재산관계, 피고인들이 도박장소에 가게 된 경위, 도박을 하게 된 동기, 도박을 한 시간, 그 규모 등에 비추어 일시오락의 정도에 불과한 때에 해당하여 도박죄를 구성하지 않는다고 판단하였는바, 관계증거와 기록에 의하면 원심의 이와 같은 사실인정과 판단은 정당한 것으로 수긍이 되고 원심판결에 도박죄에 관한 법리를 오해한 위법이 있다고 볼 수 없다.

[대법원 2008. 9. 11. 2008도1667 판결]

인터넷 사이트 운영자가 회원들로 하여금 온라인에서 현금화할 수 있는 게임코인을 걸고 속칭 고스톱, 포커 등을 하도록 하고, 수수료 명목으로 일정액을 이익으로 취한 행위는 도박개장죄에 해당한다고 본 사례: 피고인이 이 사건 인터넷 사이트의 회원들에게 그 판시와 같은 방법으로 도박을 하게 하고(이 사건 공소사실의 '속칭 고스톱, 포카 등'에는 '홀라'도 포함된 것으로 보인다), 이에 참여한 회원들로부터 매회 해당 판돈의 5%를 수수료 명목으로, 회원들이 도박을 하여 얻은 게임코인을 인터넷 포인트 환전사이트에서 환전할 때마다 환전금액의 10%를 환전수수료 명목으로, 그리고 회원들간의 게임머니 송금시 송금액의 10%를 송금수수료 명목으로 각 공제하여 합계 354,685,947원 상당의 이익을 취득한 사실(이 사건 공소사실의 이득액 중에는 송금수수료 명목의 공제금도 포함되어 있는 것으로 보인다)을 알 수 있는바, 위 법리에 비추어 보면, 위 이익금은 모두 이 사건 도박개장의 직·간접적인 대가에 해당한다고 할 것이다.

[대법원 2009. 2. 26. 2008도10582 판결]

형법 제247조의 도박개장죄는 영리의 목적으로 스스로 주재자가 되어 그 지배하에 도박장소를 개설함으로써 성립하는 것으로서, 도박죄와는 별개의 독립된 범죄이다. 이때 '도박'이란 참여한 당사자가 재물을 걸고 우연한 승부에 의하여 재물의 득실을 다투는 것을 의미하고, '영리의 목적'이란 도박개장의 대가로 불법한 재산상의 이익을 얻으려는 의사를 의미한다. 유료낚시터를 운영하는 사람이 입장료 명목으로 요금을 받은 후 낚인 물고기에 부착된 시상번호에 따라 경품을 지급한 사안에서, 도박개장죄를 인정한 사례: 피고인은 2007. 2. 16.경부터 같은 달 26.경까지 이 사건 실내낚시터를 운영하면서, 물고기 1,700여 마리를 구입하여 그 중 600마리의 등지느러미에 1번부터 600번까지의 번호표를 달고 나머지는 번호표를 달지 않은 채 대형 수조에 넣고, 손님들로부터 시간당 3만 원 내지 5만 원의 요금을 받고 낚시를 하게 한 후, 손님들이 낚은 물고기에 부착된 번호가 시간별로 우연적으로 변동되는 프로그램상의 시상번호와 일치하는 경우 손님들에게 5천 원 내지 3백만 원 상당의 문화상품권이나 주유상품권을 지급하는 방식으로 영업한 사실을 알 수 있다. 사정이 이와 같다면, 입장료의 액수, 경품의 종류 및 가액, 경품이 제공되는 방법 등의 여러 사정에 비추어 볼 때, 손님들이 내는 입장료는 이 사건 낚시터에 입장하기 위한 대가로서의 성격과 경품을 타기 위해 미리 거는 금품으로서의 성격을 아울러 지니고 있다고 볼 수 있고, 피고인이 손님들에게 경품을 제공하기로 한 것은 '재물을 거는 행위'로 볼 수 있으므로, 피고인은 영리의 목적으로 도박장소인 이 사건 낚시터를 개설하였다고 봄이 상당하다.

47. 상해죄 / 폭행죄

[대법원 2003. 1. 10. 2000도5716 판결]

> 공소사실의 요지는 피고인이, (1) 1996. 4. 일자불상경 피해자의 집으로 전화를 하여 피해자에게 "트롯트 가요앨범진행을 가로챘다, 일본노래를 표절했다, 사회에 매장시키겠다."라고 수회에 걸쳐 폭언을 하고 그 무렵부터 1997. 12.경까지 위와 같은 방법으로 일주일에 4 내지 5일 정도, 하루에 수십 회 반복하여 그 피해자에게 "강도 같은 년, 표절가수다."라는 등의 폭언을 하면서 욕설을 하여 그 피해자를 폭행하고, (2) 1998. 3. 일자불상경 피해자의 바뀐 전화번호를 알아낸 후 그 피해자의 집으로 전화하여 그 피해자에게 "전화번호 다시 바꾸면 가만 두지 않겠다."라는 등으로 폭언을 하여 그 피해자를 폭행하고, (3) 1998. 8. 일자불상경 같은 장소로 전화하여 그 피해자에게 "미친년, 강도 같은 년, 매장될 줄 알아라."라는 등으로 폭언을 하면서 심한 욕설을 하여 그 피해자를 폭행하고, (4) 1999. 9. 1. 00:40경 그 피해자의 집 자동응답전화기에 "제가 가수 피고인이라는 사람인데 공소외1이라는 분이 서울음반에 전화를 해가지고 말도 안되는 소리를 했던 사람인가, 피해자가 살인 청부교사범 맞아, 남의 작품을 빼앗아 간 여자, 피해자 도둑년하고 살면서, 미친년 정신 똑바로 차려."라는 욕설과 폭언을 수회에 걸쳐 녹음하여 그 피해자를 폭행하고, (5) 1999. 9. 2. 일시불상경 전항과 같은 방법으로 "또라이년, 병신 같은 년, 뒷구녁으로 다니면서 거짓말을 퍼뜨리고 있어, 사기꾼 같은 년, 강도년, 피해자 이 또라이년"이라고 녹음하여 그 피해자를 폭행하였다는 것이다.

【요 지】

(1) 폭행죄에 있어서 유형력의 행사에 신체의 청각기관을 자극하는 음향도 포함되는지 여부(한정적극): 형법 제260조에 규정된 폭행죄는 사람의 신체에 대한 유형력의 행사를 가리키며, 그 유형력의 행사는 신체적 고통을 주는 물리력의 작용을 의미하므로 신체의 청각기관을 직접적으로 자극하는 음향도 경우에 따라서는 유형력에 포함될 수 있다.

(2) 거리상 멀리 떨어져 있는 사람에게 전화기를 이용하여 전화하면서 고성을 내거나 그 전화 대화를 녹음 후 듣게 하는 경우, 폭행죄에 있어서의 신체에 대한 유형력의 행사를 한 것으로 볼 수 있는지 여부(한정적극): 피해자의 신체에 공간적으로 근접하여 고성으로 폭언이나 욕설을 하거나 동시에 손발이나 물건을 휘두르거나 던지는 행위는 직접 피해자의 신체에 접촉하지 아니하였다 하더라도 피해자에 대한 불법한 유형력의 행사로서 폭행에 해당될 수 있는 것이지만, 거리상 멀리 떨어져 있는 사람에게 전화기를 이용하여 전화하면서 고성을 내거나 그 전화 대화를 녹음 후 듣게 하는 경우에는 특수한 방법으로 수화자의 청각기관을 자극하여 그 수화자로 하여금 고통스럽게 느끼게 할 정도의 음향을 이용하였다는 등의 특별한 사정이 없는 한 신체에 대한 유형력의 행사를 한 것으로 보기 어렵다.

【이 유】

(1) **각 폭행죄에 관하여**: 이 사건에서 원심은 피고인이 피해자에게 전화를 하여 "강도 같은 년, 표절가수다."라는 등의 폭언을 하면서 욕설을 한 행위 또는 그 전화녹음을 듣게 한 행위에 대하여 폭행죄의 성립을 인정하여 이를 유죄로 인정하였다. 그러나 사실심이 그 전화 대화를 폭행으로 단정하기 위하여는 사람의 청각기관이 통상적으로 고통을 느끼게 되는 정도의 고음이나 성량에 의한 전화 대화였다는 특별한 사정을 밝혀내는 등의 심리가 선행될 필요가 있다 할 것이다. 그럼에도 원심이 이 사건 전화 대화에 의한 음향의 정도나 사람의 청각기관이 고통을 느끼게 되는 음향의 정도에 대한 심리를 거치지 않은 단계에서 전화에 의한 대화 또는 그 대화의 녹음 재생에 의한 청취의 결과가 위에서 본 폭행에 해당한다고 단정한 데에는 필요한 심리를 다하지 아니하였거나 폭행행위에 관한 법리를 오해한 위법이 있다.

(2) **각 협박죄에 관하여**: 협박죄에 있어서 협박이라 함은 일반적으로 보아 사람으로 하여금 공포심을 일으킬 수 있을 정도의 해악을 고지하는 것을 의미하고, 그러한 해악의 고지는 구체적이어서 해악의 발생이 일응 가능한 것으로 생각될 수 있을 정도일 것을 필요로 한다. 원심이 인용한 제1심판결의 채용증거들과 대조하여 본즉, 피고인에 대한 이 사건 각 협박죄의 범죄사실을 유죄로 본 제1심판결을 원심이 유지한 것은 정당하고 거기에 필요한 심리를 다하지 아니하였다거나 증거법칙에 위반하였다는 등으로 사실을 오인한 위법사유 또는 협박죄의 성립에 관한 법리를 오해한 위법사유는 없다.

(3) **각 명예훼손죄에 관하여**: 원심이 인용한 제1심판결의 채용증거들에 의하니, 이 사건 각 허위사실의 적시에 의한 명예훼손죄가 유죄로 증명되었다고 본 원심의 인정은 옳고 거기에 증거법칙에 위반한 잘못은 없다. 그리고 그 각 행위는 모두 명예훼손죄에 있어서의 공연성의 요건을 충족시켰다고 볼 수 있으며, 한편 위와 같이 타인의 곡을 도용하고 표절하였다는 취지의 표현은 피해자에 대한 사회적 평가를 저하시킬 만한 구체적 사실의 적시라고 인정되므로, 그 각 사실에 대하여 공연히 허위의 사실을 적시하여 피해자의 명예를 훼손한 것으로 인정한 제1심판결을 유지한 원심판결은 정당하고, 거기에는 명예훼손죄에 관한 법리를 오해한 위법사유가 없다.

(4) 그러므로 원심판결 중 폭행죄에 관한 부분은 파기되어야 할 것인바, 원심은 그 각 폭행죄와 유죄로 인정한 나머지 각 죄를 형법 제37조 전단의 경합범으로서 하나의 형으로 처단하였으므로 원심판결 전부를 파기하고, 사건을 더욱 심리한 후 판단하게 하기 위하여 원심법원에 환송하기로 한다.

47. 상해죄 / 폭행죄

【해 설】

(1) **상해죄**(傷害罪)에서는 제257조 제1항이 상해죄의 기본적 구성요건이다. 제257조 제2항의 존속상해죄와 제264조의 상습상해죄는 책임이 가중되는 범죄유형이고, 제258조의 중상해죄와 제259조의 상해치사죄는 결과적으로 가중범으로서 불법(위법성)이 가중된 범죄유형이다. **폭행죄**(暴行罪)에서는 제260조 제1항이 폭행죄의 기본적 구성요건이다. 제260조 제2항의 존속폭행죄와 제264조의 상습폭행죄는 책임이 가중되는 범죄유형이고, 제261조의 특수폭행죄, 제262조의 폭행치사상죄는 행위의 수단 혹은 중한 결과로 인해 불법(위법성)이 가중된 형태의 구성요건이다. 언제나 그런 것은 아니지만, 상해는 폭행을 통해 발생하는 경우가 많다. 이로 인해 상해죄와 폭행죄의 보호법익이 무엇인가가 문제될 수 있다. 상해죄와 폭행죄의 보호법익을 구별하여 상해죄의 보호법익은 신체의 건강 또는 생리적 기능이고, 폭행죄의 보호법익은 신체의 건재 혹은 온전성이라고 하는 견해가 있다(**구별설**). 이에 의하면 수염, 눈썹, 모발, 손톱, 발톱 등을 절단하는 경우에는 신체의 건강 또는 생리적 기능을 훼손하는 것이 아니기 때문에 상해가 될 수 없고 폭행이 될 수 있을 뿐이다. 반면에 상해죄와 폭행죄의 보호법익을 모두 신체의 온전성 혹은 불가침성으로 보는 견해도 있다(**불구별설**). 이에 의하면 상해죄와 폭행죄는 보호법익에서 구별되지 않고 보호의 정도에서 차이가 난다고 한다. 신체외모에 중대한 변화를 일으킨 경우 상해죄가 된다는 견해에 의하면 타인의 머리를 삭발하거나 눈썹을 밀어버린 경우 등에는 상해죄가 성립한다.

대부분의 상해는 폭행에 의해 발생하는 경우가 많으므로 폭행을 통해 상해를 입힌 경우 상해죄가 성립하는가 아니면 폭행치상죄가 성립하는가, 단순히 폭행만을 한 경우에도 상해미수죄가 되는가, 아니면 폭행죄가 되는가가 문제될 수 있다. 이는 외적인 폭행행위로 구별될 수 없고, 행위자의 고의에 의해 정해질 수밖에 없다. 예를 들어 단순히 타인의 뺨을 때린 경우에는 폭행죄가 되고, 코피를 흘리게 하거나 멍이 들게 할 고의로 타인의 뺨을 때렸으나 코피가 나지 않고 멍도 들지 않은 경우에는 상해미수죄가 된다. 그러나 상해죄가 언제나 폭행을 수반하는 것은 아니다. 폭행에 의하지 않은 상해도 있을 수 있다. 정신적 고통을 주어 불면증이나 신경성소화불량에 걸리게 하는 행위, 상한 음식을 주어 배탈이 나게 하는 행위, 성병을 감염시키는 행위 등은 폭행을 수반하지 않은 상해행위라고 할 수 있다.

상해란 건강이나 신체의 생리적 기능을 훼손하는 것이다. 상해는 생명에 위험을 초래하는 정도의 중대한 상해에서부터 느낄 수 없을 정도의 경미한 상해에 이르기까지 매우 다양하다. 상해의 정도는 각 구성요건의 목적, 내용, 보호법익, 형벌 등을 종합적으로 고려하여 결정해야 한다. 상해죄는 건강침해 또는 생리적 기능의 훼손이라는 결과를 필요로 하는 결과범이므로 상해행위와 상해결과 사이에 인과관계가 있어야 기수가 된다. 상해의 고의가 있기 위해서는 건강침해 또는 생리적 기능을 훼손한다는 의욕 또는 인용을 요한다. **폭행**이란 통설에 의하면 사람의 신체에 대한 직접·간접의 유형력(有形力)의 행사를 말한다. 유형력의 행사란 물리적 힘의 행사를 말하며, 가령 사람을 구타하거나 침을 뱉는 것, 머리카락을 자르는 것, 억지로 약을 먹이는 것 등이 이에 속한다. 폭행죄가 성립하기 위해서는 사람의 신체에 대한 난폭한 유형력을 행사한다는 의욕 또는 인용이 있어야 한다. 폭행의 고의로 상해의 결과를 발생시킨 경우에는 상해기수죄가 아니라 폭행치상죄가 성립한다.

※ 형법

[일부개정 2020. 12. 8. 법률 제17571호, 시행 2021. 12. 9.]

제257조(상해, 존속상해) ① 사람의 신체를 상해한 자는 7년 이하의 징역, 10년 이하의 자격정지 또는 1천만원 이하의 벌금에 처한다. ② 자기 또는 배우자의 직계존속에 대하여 제1항의 죄를 범한 때에는 10년 이하의 징역 또는 1천500만원 이하의 벌금에 처한다. ③ 전2항의 미수범은 처벌한다.

제258조(중상해, 존속중상해) ① 사람의 신체를 상해하여 생명에 대한 위험을 발생하게 한 자는 1년 이상 10년 이하의 징역에 처한다. ② 신체의 상해로 인하여 불구 또는 불치나 난치의 질병에 이르게 한 자도 전항의 형과 같다. ③ 자기 또는 배우자의 직계존속에 대하여 전2항의 죄를 범한 때에는 2년 이상 15년 이하의 징역에 처한다.

제258조의2(특수상해) ① 단체 또는 다중의 위력을 보이거나 위험한 물건을 휴대하여 제257조 제1항 또는 제2항의 죄를 범한 때에는 1년 이상 10년 이하의 징역에 처한다. ② 단체 또는 다중의 위력을 보이거나 위험한 물건을 휴대하여 제258조의 죄를 범한 때에는 2년 이상 20년 이하의 징역에 처한다. ③ 제1항의 미수범은 처벌한다.

제259조(상해치사) ① 사람의 신체를 상해하여 사망에 이르게 한 자는 3년 이상의 유기징역에 처한다. ② 자기 또는 배우자의 직계존속에 대하여 전항의 죄를 범한 때에는 무기 또는 5년 이상의 징역에 처한다.

제260조(폭행, 존속폭행) ① 사람의 신체에 대하여 폭행을 가한 자는 2년 이하의 징역, 500만원 이하의 벌금, 구류 또는 과료에 처한다. ② 자기 또는 배우자의 직계존속에 대하여 제1항의 죄를 범한 때에는 5년 이하의 징역 또는 700만원 이하의 벌금에 처한다. ③ 제1항 및 제2항의 죄는 피해자의 명시한 의사에 반하여 공소를 제기할 수 없다.

제261조(특수폭행) 단체 또는 다중의 위력을 보이거나 위험한 물건을 휴대하여 제260조 제1항 또는 제2항의 죄를 범한 때에는 5년 이하의 징역 또는 1천만원 이하의 벌금에 처한다.

제262조(폭행치사상) 제260조와 제261조의 죄를 지어 사람을 사망이나 상해에 이르게 한 경우에는 제257조부터 제259조까지의 예에 따른다.

제263조(동시범) 독립행위가 경합하여 상해의 결과를 발생하게 한 경우에 있어서 원인된 행위가 판명되지 아니한 때에는 공동정범의 예에 의한다.

제264조(상습범) 상습으로 제257조, 제258조, 제258조의2, 제260조 또는 제261조의 죄를 범한 때에는 그 죄에 정한 형의 2분의 1까지 가중한다.

제265조(자격정지의 병과) 제257조 제2항, 제258조, 제258조의2, 제260조 제2항, 제261조 또는 전조의 경우에는 10년 이하의 자격정지를 병과할 수 있다.

제266조(과실치상) ① 과실로 인하여 사람의 신체를 상해에 이르게 한 자는 500만원 이하의 벌금, 구류 또는 과료에 처한다. ② 제1항의 죄는 피해자의 명시한 의사에 반하여 공소를 제기할 수 없다.

제267조(과실치사) 과실로 인하여 사람을 사망에 이르게 한 자는 2년 이하의 금고 또는 700만원 이하의 벌금에 처한다.

47. 상해죄 / 폭행죄

제268조(업무상과실·중과실 치사상) 업무상과실 또는 중대한 과실로 사람을 사망이나 상해에 이르게 한 자는 5년 이하의 금고 또는 2천만원 이하의 벌금에 처한다.

[대법원 1997. 4. 22. 97도538 판결]

안수기도 중 피해자가 사망한 사안에서, 중과실치사죄로 처단한 사례: 피고인이 84세 여자 노인과 11세의 여자 아이를 상대로 안수기도를 함에 있어서 그들을 바닥에 반드시 눕혀 놓고 기도를 한 후 "마귀야 물러가라", "왜 안 나가느냐"는 등 큰 소리를 치면서 한 손 또는 두 손으로 그들의 배와 가슴 부분을 세게 때리고 누르는 등의 행위를 여자 노인에게는 약 20분간, 여자아이에게는 약 30분간 반복하여 그들을 사망케 한 사안에서, 고령의 여자 노인이나 나이 어린 연약한 여자아이들은 약간의 물리력을 가하더라도 골절이나 타박상을 당하기 쉽고, 더욱이 배나 가슴 등에 그와 같은 상처가 생기면 치명적 결과가 올 수 있다는 것은 피고인 정도의 연령이나 경험 지식을 가진 사람으로서는 약간의 주의만 하더라도 쉽게 예견할 수 있음에도 그러한 결과에 대하여 주의를 다하지 않아 사람을 죽음으로까지 이르게 한 행위는 중대한 과실이라고 보아, 피고인에 대하여 중과실치사죄로 처단한 원심판결을 수긍한 사례이다.

[대법원 2000. 3. 23. 99도3099 판결]

(가) 강제추행치상죄에 있어서의 상해의 의미: 강제추행치상죄에 있어서의 상해는 피해자의 신체의 건강상태가 불량하게 변경되고 생활기능에 장애가 초래되는 것을 말하는 것으로서, 신체의 외모에 변화가 생겼다고 하더라도 신체의 생리적 기능에 장애를 초래하지 아니하는 이상 상해에 해당한다고 할 수 없다.

(나) 부녀의 음모를 1회용 면도기로 일부 깎은 것이 강제추행치상죄에 있어서의 상해에 해당하는지 여부(소극): 음모는 성적 성숙함을 나타내거나 치부를 가려주는 등의 시각적·감각적인 기능 이외에 특별한 생리적 기능이 없는 것이므로, 피해자의 음모의 모근 부분을 남기고 모간 부분만을 일부 잘라냄으로써 음모의 전체적인 외관에 변형만이 생겼다면, 이로 인하여 피해자에게 수치심을 야기하기는 하겠지만, 병리적으로 보아 피해자의 신체의 건강 상태가 불량하게 변경되거나 생활기능에 장애가 초래되었다고 할 수는 없을 것이므로, 그것이 폭행에 해당할 수 있음은 별론으로 하고 강제추행치상죄의 상해에 해당한다고 할 수는 없다.

(다) 원심은 "피고인이 1998. 12. 19. 16:00경 피고인의 친구 공소외 인의 원룸에서 그곳에 데려온 피해자가 밥을 먹지 않는다는 이유로 피해자를 강제로 눕혀 옷을 벗긴 뒤 1회용 면도기로 피해자의 음모를 반 정도 깎아 강제추행하고 이로 인하여 피해자로 하여금 치료일수 불상의 음모절단상을 입게 하였다."는 강제추행치상의 공소사실에 대하여, 그 판결에서 들고 있는 증거들을 종합하여, 피고인이 피해자를 강제로 눕혀 옷을 벗긴 뒤 1회용 면도기로 피해자의 음모를 위에서 아래로 가로 약 5cm, 세로 약 3cm 정도 깎은 사실은 인정되나, 위와 같은 정도의 음모의 절단은 이로 인하여 신체의 완전성이 손상되고 생활기능에 장애가 왔다거나 건강상태가 불량하게 변경되었다고 보기 어려우므로 이를 강제추행치상죄의 상해에 해당한다고 할 수 없고, 따라서 피고인의 행위는 강제추행죄만이 성립하고 강제추행

치상죄로는 처벌할 수 없다고 한 것은 정당하다고 본 사례이다.

[대법원 2008. 10. 23. 2008도6940 판결]
(가) 과실치상죄에서 골프 등 개인 운동경기 참가자의 주의의무: 골프와 같은 개인 운동경기에 참가하는 자는 자신의 행동으로 인해 다른 사람이 다칠 수도 있으므로, 경기 규칙을 준수하고 주위를 살펴 상해의 결과가 발생하는 것을 미연에 방지해야 할 주의의무가 있다. 이러한 주의의무는 경기보조원에 대하여도 마찬가지로 부담한다.
(나) 운동경기 도중 참가자가 제3자에게 상해의 결과를 발생시킨 경우 위법성이 조각되기 위한 요건 및 골프경기 중 골프공으로 경기보조원을 맞혀 상해를 입힌 행위가 이에 해당하는지 여부: 운동경기에 참가하는 자가 경기규칙을 준수하는 중에 또는 그 경기의 성격상 당연히 예상되는 정도의 경미한 규칙위반 속에 제3자에게 상해의 결과를 발생시킨 것으로서, 사회적 상당성의 범위를 벗어나지 아니하는 행위라면 과실치상죄가 성립하지 않는다. 그러나 골프경기를 하던 중 골프공을 쳐서 아무도 예상하지 못한 자신의 등 뒤편으로 보내어 등 뒤에 있던 경기보조원(캐디)에게 상해를 입힌 경우에는 주의의무를 현저히 위반하여 사회적 상당성의 범위를 벗어난 행위로서 과실치상죄가 성립한다. 즉 피고인이 골프장에서 골프경기를 하던 중 피고인의 등 뒤 8m 정도 떨어져 있던 경기보조원을 골프공으로 맞혀 상해를 입힌 사실을 인정하여 과실치상죄를 인정하고, 피해자가 경기보조원으로서 통상 공이 날아가는 방향이 아닌 피고인 뒤쪽에서 경기를 보조하는 등 경기보조원으로서의 기본적인 주의의무를 마친 상태였고, 자신이 골프경기 도중 상해를 입으리라고 쉽게 예견하였을 것으로 보이지 않으므로, 피해자의 명시적 혹은 묵시적 승낙이 있었다고 보기 어렵다는 이유로 위법성이 조각된다는 피고인의 주장을 배척한 것은 채증법칙 위반, 법리오해 등의 위법이 없다고 본 사례이다.

[대법원 2010. 11. 11. 2010도10256 판결]
(가) 폭력행위 등 처벌에 관한 법률 제3조 제1항에서 정한 '위험한 물건'의 판단 기준: 어떤 물건이 폭력행위 등 처벌에 관한 법률 제3조 제1항에서 정한 '위험한 물건'에 해당하는지 여부는 구체적인 사안에서 사회통념에 비추어 그 물건을 사용하면 상대방이나 제3자가 생명 또는 신체에 위험을 느낄 수 있는지 여부에 따라 판단하여야 한다. 이러한 판단 기준은 자동차를 사용하여 사람의 생명 또는 신체에 위해를 가하거나 다른 사람의 재물을 손괴한 경우에도 마찬가지로 적용된다.
(나) 피고인이 갑과 운전 중 발생한 시비로 한차례 다툼이 벌어진 직후 갑이 계속하여 피고인이 운전하던 자동차를 뒤따라온다고 보고 순간적으로 화가 나 갑에게 겁을 주기 위하여 자동차를 정차한 후 4 내지 5m 후진하여 갑이 승차하고 있던 자동차와 충돌한 사안에서, 본래 자동차 자체는 살상용, 파괴용 물건이 아닌 점 등을 감안하더라도, 위 충돌 당시와 같은 상황 하에서는 갑은 물론 제3자라도 피고인의 자동차와 충돌하면 생명 또는 신체에 살상의 위험을 느꼈을 것이므로, 피고인이 자동차를 이용하여 갑에게 상해를 가하고, 갑의 자동차를 손괴한 행위는 폭력행위 등 처벌에 관한 법률 제3조 제1항이 정한 '위험한 물건'을 휴대하여 이루어진 범죄라고 봄이 상당함에도, 이와 달리 판단한 원심판결에 법리오해의 위법이 있다고 한 사례이다.

48. 명예훼손죄 / 모욕죄

[대법원 2014. 3. 27. 2011도15631 판결]

> 원심은, 국회의원이었던 피고인이 국회의장배 전국 대학생 토론대회에 참여했던 학생들과 저녁 회식을 하는 자리에서, 장래의 희망이 아나운서라고 한 여학생들에게 (아나운서 지위를 유지하거나 승진하기 위하여) "다 줄 생각을 해야 하는데, 그래도 아나운서 할 수 있겠느냐. ○○여대 이상은 자존심 때문에 그렇게 못하더라"라는 등의 말을 함으로써 공연히 8개 공중파 방송 아나운서들로 구성된 △△△△△연합회 회원인 여성 아나운서 154명을 각 모욕하였다는 이 부분 공소사실에 대하여, 피고인이 위와 같은 발언을 한 사실이 있음을 인정한 다음 피고인의 이 사건 발언이 여성 아나운서들이라는 집단으로 표시되었고 △△△△△△연합회에 등록된 여성 아나운서의 수가 295명에 이르지만, 피고인의 지위와 이 사건 발언을 하게 된 경위, 표현 내용, 여성 아나운서 집단과 피해자들의 업무의 특수성, 피해자들에 대한 일반의 관심 그리고 피해자들이 생활하는 범위 내의 사람들이 이 사건 발언의 표현 내용과 피해자들을 연결시킬 가능성 등을 종합하여 볼 때, 피고인의 위 발언은 여성 아나운서들 집단의 개별구성원, 적어도 △△△△△△연합회에 등록되어 있는 회원들인 이 사건 피해자들에 대한 사회적 평가를 저하시킬 위험성이 있는 경멸적 표현에 해당한다는 등 그 판시와 같은 이유로 이 부분 공소사실을 유죄로 인정한 제1심판결을 그대로 유지하였다.

【요 지】

집단표시에 의한 모욕이 집단 구성원 개개인에 대한 모욕죄를 구성하는 경우 및 구체적인 판단 기준: 모욕죄는 특정한 사람 또는 인격을 보유하는 단체에 대하여 사회적 평가를 저하시킬 만한 경멸적 감정을 표현함으로써 성립하므로 그 피해자는 특정되어야 한다. 그리고 이른바 집단표시에 의한 모욕은, 모욕의 내용이 집단에 속한 특정인에 대한 것이라고는 해석되기 힘들고, 집단표시에 의한 비난이 개별구성원에 이르러서는 비난의 정도가 희석되어 구성원 개개인의 사회적 평가에 영향을 미칠 정도에 이르지 아니한 경우에는 구성원 개개인에 대한 모욕이 성립되지 않는다고 봄이 원칙이고, 비난의 정도가 희석되지 않아 구성원 개개인의 사회적 평가를 저하시킬 만한 것으로 평가될 경우에는 예외적으로 구성원 개개인에 대한 모욕이 성립할 수 있다. 한편 구성원 개개인에 대한 것으로 여겨질 정도로 구성원 수가 적거나 당시의 주위 정황 등으로 보아 집단 내 개별구성원을 지칭하는 것으로 여겨질 수 있는 때에는 집단 내 개별구성원이 피해자로서 특정된다고 보아야 할 것인데, 구체적인 기준으로는 집단의 크기, 집단의 성격과 집단 내에서의 피해자의 지위 등을 들 수 있다.

【이 유】

우선 피고인의 이 사건 발언이 여성 아나운서에 대하여 수치심과 분노의 감정을 불러일으키기에 충분한 경멸적인 표현에 해당한다고 본 원심의 판단은 수긍할 수 있다. 그러나 이 부분 공소사실은 여성 아나운서 집단에 속한 개개의 여성 아나운서가 피해자임을 전제로 하고 있으므로 무엇보다도 그 비난의 정도가 여성 아나운서 개개인의 사회적 평가를 저하시킬 정도여야 할 것인데, 기록에 의하여 알 수 있는 다음과 같은 사정 즉, ① 피고인을 수사기관에 고소한 여성 아나운서는 154명이고, △△△△△연합회에 등록된 여성 아나운서의 수는 295명에 이르며, 피고인의 발언 대상인 '여성 아나운서'라는 집단은 직업과 성별로만 분류된 집단의 명칭으로서 그 중에는 이 사건 고소인들이 속한 공중파 방송 아나운서들로 구성된 △△△△△연합회에 등록된 사람뿐만 아니라 유선방송에 소속되어 있거나 그 밖의 다양한 형태로 활동하는 여성 아나운서들이 존재하므로 '여성 아나운서'라는 집단 자체의 경계가 불분명하고 그 조직화 및 결속력의 정도 또한 견고하다고 볼 수 없는 점, ② 피고인의 발언 대상이 그 중 피고인을 고소한 여성 아나운서들이 속한 △△△△△연합회만을 구체적으로 지칭한다고 보기도 어려운 점, ③ 피고인의 이 사건 발언은, 비록 그 발언 내용이 매우 부적절하고 저속하기는 하지만, 앞서 본 여성 아나운서 집단의 규모와 조직 체계, 대외적으로 구성원의 개성이 부각되는 정도에 더하여 그 발언의 경위와 상대방, 발언 당시의 상황, 그 표현의 구체적 방식과 정도 및 맥락 등을 고려해 보면 위 발언으로 인하여 곧바로 피해자들을 비롯한 여성 아나운서들에 대한 기존의 사회적 평가를 근본적으로 변동시킬 것으로 보이지는 아니하는 점, ④ 피해자들을 비롯한 여성 아나운서들은 방송을 통해 대중에게 널리 알려진 사람들이어서 그 생활 범위 내에 있는 사람들이 문제된 발언과 피해자들을 연결시킬 가능성이 있다는 이유만으로 곧바로 그 집단 구성원 개개인에 대한 모욕이 된다고 평가하게 되면 모욕죄의 성립 범위를 지나치게 확대시킬 우려가 있는 점 등을 종합해 보면, 피고인의 이 사건 발언은 여성 아나운서 일반을 대상으로 한 것으로서 그 개별구성원인 피해자들에 이르러서는 비난의 정도가 희석되어 피해자 개개인의 사회적 평가에 영향을 미칠 정도에까지는 이르지 아니하므로 형법상 모욕죄에 해당한다고 보기는 어렵다고 볼 여지가 충분하다. 그럼에도 원심은 이와 달리 그 판시와 같은 이유만으로 피해자 개개인에 대한 모욕의 점에 관한 이 부분 공소사실을 유죄로 인정하였으니, 이러한 원심의 판단에는 집단표시에 의한 모욕죄에 관한 법리를 오해한 위법이 있다.

【해 설】

명예에 관한 죄는 공연히 사실을 적시하여 사람의 명예를 훼손하는 **명예훼손죄**(名譽毀損罪)와 공연히 사람을 모욕하는 **모욕죄**(侮辱罪)를 총칭하는 것이다. 이 때 **명예**는 외적 명예와 내적 명예로 구분된다. 즉 **외적 명예**란 사람에 대한 사회적 평가를 말하므로, 그 사람의 진정한 가치(내적 명예)에 비해 과대평가되거나 과소평가되어 있을 수도 있다. **내적 명예**란 외부의 평가와는 무관한 그 사람의 진정한 가치를 의미하므로, 이러한 가치는 인간이 평가할 수 있는 것이 아니고 외부사람에 의해 침해될 수도 없다. 그리고 **명예감정**이란 자신에 대한 주관적 평가로서 자존심을 말한다. 명예훼손죄의 보호법익이 외적 명예라는 것에 대해서는 견해가 일치한다. 모욕죄의 보호법익은 명예감정이라고 하는 견해가 있었으나, 현재 이를 주장하는 학자는 없고 통설 및 판례는 모욕죄의 보호법익도 외적 명예라고 한다. 명예는 생명, 신체, 재산 등과 달리 사후에도 존재할 수 있는 성격을 지닌다. 따라서 사자의 명예훼손죄의 보호법익도 사자의 외적 명예라고 하는 견해가 타당하다. 통설과 판례는 자연인 이외에 법인도 명예의 주체가 될 수 있다고 한다.

단순명예훼손죄는 진실한 사실을 적시하여 사람의 명예를 훼손하는 범죄이다. 허위사실을 적시한 경우에는 제307조 제2항에 의해 형벌이 가중된다. 이 때 **공연성**(公然性)이란 통설에 의하면 불특정 또는 다수인이 직접 인식할 수 있는 상태를 말한다. 불특정다수인이 아니라 불특정인 또는 다수인에게 사실을 적시하면 공연성이 있다. 따라서 특정소수인에게 사실을 적시하였을 때에는 공연성이 인정되지 않는다. 불특정인이란 행위자와 가족관계, 친구관계, 사교관계 등 긴밀한 관계가 없는 사람을 말한다. 불특정인에 대해 사실을 적시한 경우에는 견문자의 수가 몇 명인가는 상관없다. 가령 직장의 전산망에 설치된 전자게시판에 사실을 적시하면 설사 전자게시판을 본 사람이 없다 하더라도 공연성이 인정된다. **사실의 적시**란 시간과 공간적으로 구체적인 과거 또는 현재의 사실관계에 관한 보고 내지 진술을 의미하는 것이며, 그 표현내용이 증거에 의한 입증이 가능한 것을 말한다. 사실의 적시가 아닌 경멸적 표현을 사용한 경우에는 모욕죄가 성립할 수 있어도, 명예훼손죄는 성립할 수 없다. 판례에 의하면 가령 "애꾸눈, 병신" "아무 것도 아닌 똥꼬다리 같은 놈" "빨갱이 계집년" "첩년"이라고 말하는 것 등은 사실을 적시한 것이 아니라 모멸적인 언사를 사용한 것으로 모욕죄가 될 수 있을 뿐이다. 이 때 **사실**이란 사람의 사회적 평가를 저하시킬 만한 사실이어야 한다. 사회적 평가를 저하시킬 만한 사실이라면 그 종류는 묻지 않는다. 나쁜 행실, 성격, 신체적 조건, 건강, 능력, 가족관계, 친구관계, 전력 등 어느 것이든지 무방하다. 사회적 평가를 저하시킬 만한지의 여부는 객관적 기준에 의해 판단해야 한다. 본죄가 성립하기 위해서는 고의가 있어야 한다. 미필적 고의로도 족하다. 고의가 있기 위해서는 사람의 사회적 평가를 저하시킬 만한 사실이라는 점과 공연히 그 사실을 적시한다는 점에 대한 의욕 또는 인용이 있어야 한다. 명예훼손이나 비방의 목적은 필요로 하지 않는다.

모욕죄는 공연히 사람을 모욕함으로써 성립하는 범죄이다. 모욕죄는 사실의 적시가 없다는 점에서 명예훼손죄와 구별된다. **모욕**이란 사실의 적시 없이 피해자의 도덕성에 관하여 가지고 있는 추상적 판단이나 경멸적인 감정표현을 말한다. 또한 모욕은 사람에 대한 사회적 평가를 저하시킬 수 있는 경멸적 표현이어야 하고, 농담, 무례, 불친절, 건방진 표현은 모욕이라고 할 수 없다. 사실의 적시가 아니면 단순한 경멸적 표현인가 아니면 무례하거나 건방진 표현에 불과한 것인가는 사회통념에 의해 객관적으로 결정해야 한다. 본죄가 성립하기 위해서는 공연히 사람에 대해 모욕한다는 고의가 있어야 하며, 이 때 미필적 고의로도 족하다.

※ 형법

[일부개정 2020. 12. 8. 법률 제17571호, 시행 2021. 12. 9.]

제307조(명예훼손) ① 공연히 사실을 적시하여 사람의 명예를 훼손한 자는 2년 이하의 징역이나 금고 또는 500만원 이하의 벌금에 처한다. ② 공연히 허위의 사실을 적시하여 사람의 명예를 훼손한 자는 5년 이하의 징역, 10년 이하의 자격정지 또는 1천만원 이하의 벌금에 처한다.

제308조(사자의 명예훼손) 공연히 허위의 사실을 적시하여 사자의 명예를 훼손한 자는 2년 이하의 징역이나 금고 또는 500만원 이하의 벌금에 처한다.

제309조(출판물 등에 의한 명예훼손) ① 사람을 비방할 목적으로 신문, 잡지 또는 라디오 기타 출판물에 의하여 제307조 제1항의 죄를 범한 자는 3년 이하의 징역이나 금고 또는 700만원 이하의 벌금에 처한다. ② 제1항의 방법으로 제307조 제2항의 죄를 범한 자는 7년 이하의 징역, 10년 이하의 자격정지 또는 1천500만원 이하의 벌금에 처한다.

제310조(위법성의 조각) 제307조 제1항의 행위가 진실한 사실로서 오로지 공공의 이익에 관한 때에는 처벌하지 아니한다.

제311조(모욕) 공연히 사람을 모욕한 자는 1년 이하의 징역이나 금고 또는 200만원 이하의 벌금에 처한다.

제312조(고소와 피해자의 의사) ① 제308조와 제311조의 죄는 고소가 있어야 공소를 제기할 수 있다. ② 제307조와 제309조의 죄는 피해자의 명시한 의사에 반하여 공소를 제기할 수 없다.

[대법원 2000. 10. 10. 99도5407 판결]
명예훼손죄는 어떤 특정한 사람 또는 인격을 보유하는 단체에 대하여 그 명예를 훼손함으로써 성립하는 것이므로 그 피해자는 특정한 것임을 요하고, 다만 서울시민 또는 경기도민이라 함과 같은 막연한 표시에 의해서는 명예훼손죄를 구성하지 아니한다 할 것이지만, 집합적 명사를 쓴 경우에도 그것에 의하여 그 범위에 속하는 특정인을 가리키는 것이 명백하면, 이를 각자의 명예를 훼손하는 행위라고 볼 수 있다.

[대법원 2003. 6. 27. 2002다72194 판결]
온라인 서비스 제공자인 인터넷상의 홈페이지 운영자가 자신이 관리하는 전자게시판에 타인의 명예를 훼손하는 내용이 게재된 것을 방치하였을 때 명예훼손으로 인한 손해배상책임을 지게하기 위하여는 그 운영자에게 그 게시물을 삭제할 의무가 있음에도 정당한 사유 없이 이를 이행하지 아니한 경우여야 하고, 그의 삭제의무가 있는지는 게시의 목적, 내용, 게시기간과 방법, 그로 인한 피해의 정도, 게시자와 피해자의 관계, 반론 또는 삭제 요구의 유무 등 게시에 관련한 쌍방의 대응태도, 당해 사이트의 성격 및 규모·영리 목적의 유무, 개방정도, 운영자가 게시물의 내용을 알았거나 알 수 있었던 시점, 삭제의 기술적·경제적 난이도 등을 종합하여 판단하여야 할 것으로서, 특별한 사정이 없다면 단지 홈페이지 운영자가 제공하는 게시판에 다른 사람에 의하여 제3자의 명예를 훼손하는 글이 게시되고 그 운영자가 이를 알았거나 알 수 있었다는 사정만으로 항상 운영자가 그 글을 즉시 삭제할 의무를 지게 된다고 할 수는 없다.

[대법원 2005. 12. 9. 2004도2880 판결]
명예훼손죄의 구성요건인 공연성은 불특정 또는 다수인이 인식할 수 있는 상태를 말하는 것으로서, 비록 개별적으로 한 사람에 대하여 사실을 적시하더라도 그로부터 불특정 또는 다수인에게 전파될 가능성이 있다면 공연성의 요건을 충족하는 것이나, 어느 사람에게 귀엣

말 등 그 사람만 들을 수 있는 방법으로 그 사람 본인의 사회적 가치 내지 평가를 떨어뜨릴 만한 사실을 이야기하였다면, 위와 같은 이야기가 불특정 또는 다수인에게 전파될 가능성이 있다고 볼 수 없어 명예훼손의 구성요건인 공연성을 충족하지 못하는 것이며, 그 사람이 들은 말을 스스로 다른 사람들에게 전파하였더라도 위와 같은 결론에는 영향이 없다.

[대법원 2010. 7. 15. 2007다3483 판결] (영화 '실미도' 사건)

(가) 실제 인물이나 사건을 모델로 한 영화의 명예훼손책임 인정 여부에 관한 판단 기준: 실제 인물이나 사건을 모델로 한 영화가 허위의 사실을 적시하여 개인의 명예를 훼손하는 행위를 한 경우에도 그것이 공공의 이해에 관한 사항으로서 그 목적이 공공의 이익을 위한 것일 때에는 행위자가 적시된 사실을 진실이라고 믿었고 또 그렇게 믿을 만한 상당한 이유가 있으면 그 행위자에게 불법행위책임을 물을 수 없다고 할 것인바, 그와 같은 상당한 이유가 있는지 여부를 판단함에 있어서는 적시된 사실의 내용, 진실이라고 믿게 된 근거나 자료의 확실성, 표현 방법, 피해자의 피해 정도 등 여러 사정을 종합하여 판단하여야 하고, 특히 적시된 사실이 역사적 사실인 경우 시간이 경과함에 따라 점차 망인이나 그 유족의 명예보다는 역사적 사실에 대한 탐구 또는 표현의 자유가 보호되어야 하며 또 진실 여부를 확인할 수 있는 객관적 자료의 한계로 인하여 진실 여부를 확인하는 작업이 용이하지 아니한 점 등도 고려되어야 한다. 아울러 영리적 목적 하에 일반 대중을 관람층으로 예정하여 제작되는 상업영화의 경우에는 역사적 사실을 토대로 하더라도 영화제작진이 상업적 흥행이나 관객의 감동 고양을 위하여 역사적 사실을 다소간 각색하는 것은 의도적인 악의의 표출에 이르지 않는 한 상업영화의 본질적 영역으로 용인될 수 있으며, 또한 상업영화를 접하는 일반 관객으로서도 영화의 모든 내용이 실제 사실과 일치하지는 않는다는 전제에서 이러한 역사적 사실과 극적 허구 사이의 긴장관계를 인식·유지하면서 영화를 관람할 것인 점도 그 판단에 참작할 필요가 있다.

(나) 영화의 내용이 특정인의 명예를 훼손하는 내용을 담고 있는지 여부에 관한 판단 기준: 영화의 내용이 특정인의 명예를 훼손하는 내용을 담고 있는지의 여부는 당해 영화의 객관적인 내용과 아울러 일반의 관객이 보통의 주의로 영화를 접하는 방법을 전제로, 영화 내용의 전체적인 흐름, 이야기와 화면의 구성방식, 사용된 대사의 통상적인 의미와 그 연결방법 등을 종합적으로 고려하여 그 영화 내용이 관객에게 주는 전체적인 인상도 그 판단 기준으로 삼아야 하고, 여기에다가 당해 영화가 내포하고 있는 보다 넓은 주제나 배경이 되는 사회적 흐름 등도 함께 고려하여야 한다.

(다) 영화 내용에 관하여 명예훼손이 성립하지 않는 경우에도, 그 광고·홍보 자체만을 들어 별도로 명예훼손책임을 물을 수 있는지 여부(원칙적 소극): 실제 인물이나 역사적 사건을 모델로 한 영화라 하더라도 상업영화의 경우에는 대중적 관심을 이끌어 내고 이를 확산하기 위하여 통상적으로 광고·홍보행위가 수반되는바, 영화가 허위의 사실을 표현하여 개인의 명예를 훼손한 경우에도 행위자가 그것을 진실이라고 믿었고 또 그렇게 믿을 만한 상당한 이유가 있어 그 행위자에게 명예훼손으로 인한 불법행위책임을 물을 수 없다면 그 광고·홍보의 내용이 영화에서 묘사된 허위의 사실을 넘어서는 등의 특별한 사정이 없는 한 그 광고·홍보행위가 별도로 명예훼손의 불법행위를 구성한다고 볼 수 없다. 나아가 이러한 상업영화에 있어서 그 내용의 특정 부분을 적시하지 않은 채 진실이라고 광고·홍보하였다

고 하더라도 특별한 사정이 없는 한 그 영화의 모든 내용이 진실이라는 의미라고 보아서는 아니되고 전체적으로 역사적 사실에 바탕을 두었으며 극적 허구와의 조화 속에서 확인된 사실관계를 최대한 반영하였다는 취지로 이해하여야 할 것이다.

(라) 원심판결 이유에 의하면, 원심은 피고들이 이 사건 망인들을 포함한 훈련병들 전원에 대하여 살인범이나 사형수 또는 사회의 낙오자들로 표현한 것은 이 사건 망인들 또는 원고들의 명예를 훼손한 것으로 볼 여지가 있다고 하면서도, 그 판시와 같은 사정 즉, 이 사건 영화 제작 이전에 존재하던 실미도 사건에 관한 국회회의록, 언론보도, 고위공직자의 진술 등 공적인 자료에는 훈련병들의 신분에 관해 '공군 관리 하에 수용된 특수범 내지 죄수들', '군특수범', '사형수나 무기수로 극형에 처해져 복역하고 있던 죄수들', '사형수 출신의 부대원들', '범법자, 깡패들'이라고 되어 있었고, 이 사건 영화의 원작인 소설 '실미도'에도 '사형수나 무기수뿐만 아니라 뒷골목에서 곧바로 합류한 사람', '모두가 사회의 암이고 쓰레기 인생들'이라고 각 기재되어 있는 점, 피고들이 이 사건 영화를 제작할 당시에는 정부에 의한 공식적인 사실 확인이 이루어지지 않아 훈련병들의 전과관계와 모집경위는 물론이고 그 신원마저 명확하게 알 수 없는 상황이었는데, 이러한 사정에서는 위에서 언급한 자료들 이외에 다른 사실 확인 방법이 없었을 것이라고 보이는 점, 피고들로서는 이 사건 망인들이 구체적으로 누구인지 여부조차 알 수 없었기 때문에 그 유족인 원고들의 진술을 쉽게 청취할 수도 없었고, 원고들로서도 이 사건 영화의 상영 이전에는 이 사건 망인들이 ○○부대 훈련병으로 모집되었다는 사실조차 모르고 있었던 점, 역사적 사실의 각색이 어느 정도 용인될 수밖에 없는 상업영화에 있어서 영화제작자에게 국가기관이나 언론기관이 행하는 것과 같은 정도의 충분한 사실 확인 작업을 요구하는 것은 불합리한 점, 피고들이 이 사건 영화에서 망인들의 실명을 직접적으로 거론하거나 그들과 극중 배역을 연관지을만한 직접적인 묘사를 하지는 않은 점, 이 사건 영화를 전체적으로 볼 때 훈련병들의 모집경위나 출신을 추하게 표현함으로써 그들에 대한 혐오나 멸시 등 비방의 의도를 드러내기보다는 남북 분단이라는 현실에서 권력에 의해 억울하게 희생된 사람들이라는 점을 부각시키기 위한 의도에서 훈련병들에 대해 호의적인 태도를 취하고 있는 점, 실미도 사건이 있은 지 30년 이상이 경과한 후에 제작된 이 사건 영화에 대하여 그 세부적인 내용이 역사적 진실과 일치하지 않는다는 이유로 인격권 침해 내지 명예훼손의 성립을 인정하게 된다면 역사적 사실에 대한 탐구 또는 표현·창작의 자유가 크게 위축되어 부당한 결과가 초래될 수 있는 점 등의 여러 사정을 종합하여, 피고들이 이 사건 영화 내용 중 문제되는 부분이 진실이라고 믿을 상당한 이유가 있었다고 봄이 상당하므로, 피고들에게는 불법행위책임이 인정되지 아니한다고 판단하였다. 위와 같은 법리에 비추어 원심판결 이유를 살펴보면 원심의 위와 같은 판단은 정당하고, 거기에 상고이유에서 주장하는 바와 같은 명예훼손에 관한 법리오해 등의 위법이 없다.

[대법원 2012. 11. 29. 2012도10392 판결]

(가) 소비자가 자신이 겪은 객관적 사실을 바탕으로 인터넷에 사업자에게 불리한 내용의 글을 게시하는 행위에 정보통신망 이용촉진 및 정보보호 등에 관한 법률 제70조 제1항에서 정한 '사람을 비방할 목적'이 있는지 판단하는 방법: 국가는 건전한 소비행위를 계도하고 생산품의 품질향상을 촉구하기 위한 소비자보호운동을 법률이 정하는 바에 따라 보장하여야

하며(헌법 제124조), 소비자는 물품 또는 용역을 선택하는 데 필요한 지식 및 정보를 제공받을 권리와 사업자의 사업활동 등에 대하여 소비자의 의견을 반영시킬 권리가 있고(소비자기본법 제4조), 공급자 중심의 시장 환경이 소비자 중심으로 이전되면서 사업자와 소비자의 정보 격차를 줄이기 위해 인터넷을 통한 물품 또는 용역에 대한 정보 및 의견 제공과 교환의 필요성이 증대되므로, 실제로 물품을 사용하거나 용역을 이용한 소비자가 인터넷에 자신이 겪은 객관적 사실을 바탕으로 사업자에게 불리한 내용의 글을 게시하는 행위에 비방의 목적이 있는지는 해당 적시 사실의 내용과 성질, 해당 사실의 공표가 이루어진 상대방의 범위, 표현의 방법 등 표현 자체에 관한 제반 사정을 두루 심사하여 더욱 신중하게 판단하여야 한다.

(나) 갑 운영의 산후조리원을 이용한 피고인이 인터넷 카페나 자신의 블로그 등에 자신이 직접 겪은 불편사항 등을 후기 형태로 게시하여 갑의 명예를 훼손하였다고 하여 정보통신망 이용촉진 및 정보보호 등에 관한 법률 위반으로 기소된 사안에서, 제반 사정에 비추어 볼 때 피고인에게 갑을 비방할 목적이 있었다고 보기 어려운데도, 이와 달리 보아 유죄를 인정한 원심판결에 '사람을 비방할 목적'에 관한 법리오해의 위법이 있다고 한 사례: 갑 운영의 산후조리원을 이용한 피고인이 9회에 걸쳐 임신, 육아 등과 관련한 유명 인터넷 카페나 자신의 블로그 등에 자신이 직접 겪은 불편사항 등을 후기 형태로 게시하여 갑의 명예를 훼손하였다는 내용으로 정보통신망 이용촉진 및 정보보호 등에 관한 법률 위반으로 기소된 사안에서, 피고인이 인터넷 카페 게시판 등에 올린 글은 자신이 산후조리원을 실제 이용하면서 겪은 일과 이에 대한 주관적 평가를 담은 이용 후기인 점, 위 글에 '갑의 막장 대응' 등과 같이 다소 과장된 표현이 사용되기도 하였으나, 인터넷 게시글에 적시된 주요 내용은 객관적 사실에 부합하는 점, 피고인이 게시한 글의 공표 상대방은 인터넷 카페 회원이나 산후조리원 정보를 검색하는 인터넷 사용자들에 한정되고 그렇지 않은 인터넷 사용자들에게 무분별하게 노출되는 것이라고 보기 어려운 점 등의 제반 사정에 비추어 볼 때, 피고인이 적시한 사실은 산후조리원에 대한 정보를 구하고자 하는 임산부의 의사결정에 도움이 되는 정보 및 의견 제공이라는 공공의 이익에 관한 것이라고 봄이 타당하고, 이처럼 피고인의 주요한 동기나 목적이 공공의 이익을 위한 것이라면 부수적으로 산후조리원 이용대금 환불과 같은 다른 사익적 목적이나 동기가 내포되어 있다는 사정만으로 피고인에게 갑을 비방할 목적이 있었다고 보기 어려운데도, 이와 달리 보아 유죄를 인정한 원심판결에 같은 법 제70조 제1항에서 정한 명예훼손죄 구성요건요소인 '사람을 비방할 목적'에 관한 법리오해의 위법이 있다고 한 사례이다.

(다) ① 피고인은 2011. 12. 12. 둘째 아이를 출산하고, 다른 사람의 이용 후기를 보고 예약해 둔 피해자 운영의 이 사건 산후조리원에서 2011. 12. 14.부터 2011. 12. 27.까지 250만 원을 들여 산후조리를 하였다. ② 피고인은 2011. 12. 26. 16:17경부터 같은 달 30일 01:29경까지 사이에 9회에 걸쳐 임신, 육아 등과 관련한 유명 인터넷 카페나 자신의 블로그 등에 이 사건 산후조리원 이용 후기를 게시하였다. 피고인은 게시한 글에서 이 사건 산후조리원이 친절하고, 좋은 점도 많이 있다는 점도 언급하면서 산후조리원을 이용할 예정인 임산부들의 신중한 산후조리원 선택에 도움을 주고자 글을 작성한다는 점을 밝히기도 했다. ③ 피고인이 게시한 글의 주요 내용은 온수 보일러 고장, 산후조리실 사이의 소음, 음식의 간 등 피고인이 13박 14일간 이 사건 산후조리원에서 지내면서 직접 겪은 불편했던 사실을 알리는 것이거나, 환불을 요구하며 이용 후기에 올리겠다는 피고인의 항의에 피해자 측이

"막장으로 소리 지르고 난리도 아니다." 며 이용 후기로 산후조리원에 피해가 생길 경우 피고인에게 손해배상을 청구하겠다는 취지로 대응했다거나, 피고인의 이용 후기가 거듭 삭제되는 것을 항의하는 것이다. 인터넷 카페에 게시된 피고인의 글에 대하여 카페 회원들이 댓글을 다는 방법으로 피고인에게 공감을 표시하거나, 피고인이 너무 예민하게 반응한 것이라며 피고인과 함께 산후조리원에서 지낸 카페 회원들이, 신생아실에서 언성을 높인 피고인의 태도를 나무라기도 하는 등 활발한 찬반 토론이 이루어지기도 했다.

[대법원 2021. 8. 26. 2021도6416 판결]
(가) 공연히 사실을 적시하여 사람의 명예를 훼손하는 행위가 진실한 사실로서 오로지 공공의 이익에 관한 때에는 형법 제310조에 따라 처벌할 수 없다. 여기서 '오로지 공공의 이익에 관한 때'라 함은 적시된 사실이 객관적으로 볼 때 공공의 이익에 관한 것으로서 행위자도 주관적으로 공공의 이익을 위하여 그 사실을 적시한 것이어야 한다. 여기의 공공의 이익에 관한 것에는 널리 국가·사회 기타 일반 다수인의 이익에 관한 것뿐만 아니라 특정한 사회집단이나 그 구성원 전체의 관심과 이익에 관한 것도 포함한다. 적시된 사실이 공공의 이익에 관한 것인지 여부는 당해 적시 사실의 내용과 성질, 당해 사실의 공표가 이루어진 상대방의 범위, 그 표현의 방법 등 그 표현 자체에 관한 제반 사정을 감안함과 동시에 그 표현에 의하여 훼손되거나 훼손될 수 있는 명예의 침해 정도 등을 비교·고려하여 결정하여야 하며, 행위자의 주요한 동기 내지 목적이 공공의 이익을 위한 것이라면 부수적으로 다른 사익적 목적이나 동기가 내포되어 있더라도 형법 제310조의 적용을 배제할 수 없다.

(나) 회사에서 징계 업무를 담당하는 직원인 피고인이 피해자에 대한 징계절차 회부 사실이 기재된 문서를 근무현장 방재실, 기계실, 관리사무실의 각 게시판에 게시함으로써 공연히 피해자의 명예를 훼손하였다는 내용으로 기소된 사안에서, 징계혐의 사실은 징계절차를 거친 다음 확정되는 것이므로 징계절차에 회부되었을 뿐인 단계에서 그 사실을 공개함으로써 피해자의 명예를 훼손하는 경우, 이를 사회적으로 상당한 행위라고 보기는 어려운 점, 피해자에 대한 징계 의결이 있기 전에 징계절차에 회부되었다는 사실이 공개되는 경우 피해자가 입게 되는 피해의 정도는 가볍지 않은 점 등을 종합하면, 피해자에 대한 징계절차 회부 사실을 공지하는 것이 회사 내부의 원활하고 능률적인 운영의 도모라는 공공의 이익에 관한 것으로 볼 수 없다는 이유로, 이와 달리 본 원심판단에 명예훼손죄에서의 '공공의 이익'에 관한 법리오해의 잘못이 있다고 한 사례이다.

49. 주거침입죄 / 퇴거불응죄

[대법원 2010. 4. 29. 2009도14643 판결]

> 원심판결의 이유 및 기록에 의하면, 이 사건 시설은 과천시 갈현동 마을 입구에서 과천·인덕원 방향으로 난 차량 통행이 빈번한 도로에 바로 접하여서 자리하고 있고, 위 주거건물은 위 도로에 면하여 그로부터 직접 출입할 수 있는 사실, 위 도로에서 이 사건 시설로 들어가는 입구 등에 그 출입을 통제하는 문이나 담 기타 인적·물적 설비가 전혀 없고 시멘트 포장이 된 노폭 5m 정도의 통로를 통하여 누구나 통상의 보행으로 자유롭게 드나들 수 있고, 이는 이 사건 축사 앞 공터에 이르기까지 다를 바 없는 사실, 이 사건 시설은 그 입구를 제외하면 야트막한 언덕의 숲으로 둘러싸인 형상이기는 하나 그 주위로 담이나 철망 등이 설치되어 있지 아니하고 위 도로로부터 그 언덕을 끼고 축사건물 뒤쪽으로 오르는 오솔길이 있고 이를 통하여 축사건물 맞은편의 비닐하우스 앞으로 들어올 수 있는 사실, 피고인들이 차를 타고 들어간 통로 입구 오른쪽의 전주 아래편에 '관계자 외 출입금지'라는 팻말이 있지만, 그 바로 뒤에 '○○ 축산'이라는 커다란 간판이 붙어 있는 비닐하우스가 있어서 이 팻말로써는 위 비닐하우스 외에도 이 사건 시설이나 통로 등 전체에 대하여 외부인의 출입이 제한된다는 점이 일반인의 입장에서 쉽사리 알 수 있다고 보기 어려운 사실을 인정할 수 있다.

【요지】

(1) 주거침입죄에서 침입행위의 객체인 '건조물'에 포함되는 '위요지'의 의미: 주거침입죄에서 침입행위의 객체인 '건조물'은 주거침입죄가 사실상 주거의 평온을 보호법익으로 하는 점에 비추어 엄격한 의미에서의 건조물 그 자체뿐만이 아니라 그에 부속하는 위요지를 포함한다고 할 것이나, 여기서 위요지라고 함은 건조물에 인접한 그 주변의 토지로서 외부와의 경계에 담 등이 설치되어 그 토지가 건조물의 이용에 제공되고 또 외부인이 함부로 출입할 수 없다는 점이 객관적으로 명확하게 드러나야 한다. 따라서 건조물의 이용에 기여하는 인접의 부속 토지라고 하더라도 인적 또는 물적 설비 등에 의한 구획 내지 통제가 없어 통상의 보행으로 그 경계를 쉽사리 넘을 수 있는 정도라고 한다면 일반적으로 외부인의 출입이 제한된다는 사정이 객관적으로 명확하게 드러났다고 보기 어려우므로, 이는 다른 특별한 사정이 없는 한 주거침입죄의 객체에 속하지 아니한다고 봄이 상당하다.

(2) 차량 통행이 빈번한 도로에 바로 접하여 있고, 도로에서 주거용 건물, 축사 4동 및 비닐하우스 2동으로 이루어진 시설로 들어가는 입구 등에 그 출입을 통제하는 문이나 담 기타 인적·물적 설비가 전혀 없고 노폭 5m 정도의 통로를 통하여 누구나 축사 앞 공터에 이르기까지 자유롭게 드나들 수 있는 사실 등을 이유로, 차를 몰고 위 통로로 진입하여 축사 앞 공터까지 들어간 행위가 주거침입에 해당한다고 본 원심판단에 법리오해 등의 위법이 있다고 한 사례이다.

【이 유】

(1) 원심은, ① 피해자 공소외인의 주거용 건물, 축사 4동 및 비닐하우스 2동으로 이루어진 이 사건 시설과 이에 이르는 시멘트 포장의 통로가 그 통로 입구를 제외하면 산에 둘러싸인 형상으로 위 축사건물 뒤쪽의 산으로 통하거나 외부에서 위 축사건물에 이르는 별도의 길이 없는 점, ② 이 사건 통로 오른편 입구에는 '관계자 외 출입금지'라고 쓰인 표지판이 서 있고, 위 주거건물에서 축사에 이르기까지 위 통로 주변에 축사 운영에 필요한 장비나 도구 등이 산재해 있으며, 피해자는 위 통로와 축사 앞 공터를 통해서만 축사에 사료를 공급하고 분뇨를 배출하는 일 등 축사의 운영에 필요한 일을 할 수 있는 점, ③ 피고인들이 이 사건 당시 차를 타고 피해자의 허락을 받지 아니한 채 위 통로에 진입하여 정차한 이 사건 공터는 위 주거건물과 그 다음에 있는 축사 1동을 2~3m 이상 지난 곳일 뿐만 아니라(피고인들의 주장에 의하더라도 위 주거건물을 지나 위 축사 1동 앞에 정차하였다는 것이다), 피고인 2가 차량에서 내려 축사건물들에 대하여 사진을 촬영하는 등의 행위를 하자 피해자는 피고인들이 들어온 것에 대하여 강력하게 항의한 점, ④ 피고인들은 동업자관계에 있는 사람들로서, 이 사건 당시 피고인 1은 피해자와 사이에 피해자가 위 피고인에게 임대한 농지의 사용문제와 관련하여 소송 등의 분쟁이 계속되고 있었고 피고인들은 이전에도 피해자가 이 사건 설비에서 소를 키우고 있음을 알고 있었던 점, ⑤ 이 사건 시설과 같이 업으로 다수의 가축을 기르는 곳에서는 방역이 사업의 성패를 가르는 가장 중요한 문제 중 하나이어서 차량이든 사람이든 함부로 축사 근처에 진입하는 것은 피해자와 같은 축산업자로서는 용납하기 어려운 행위인 점을 종합하여 보면, 이 사건 통로와 축사 앞 공터는 이 사건 주거건물 및 축사에 부수하여 축사 운영에 필요불가결한 장소이고 비록 문과 담 등으로 통로의 입구를 막지는 아니하였지만 이 사건 시설은 주변이 산으로 둘러싸인 곳으로서 입구에 피해자의 주거건물과 통로 건너편의 비닐하우스 등이 위치하여 외부와의 경계가 명확히 드러날 뿐만 아니라 피해자는 외부인의 출입을 금지하는 취지의 표지판을 입구에 설치하였으므로, 위 통로와 축사 앞 공터는 이 사건 주거건물이나 축사 등의 위요지에 해당한다고 보고, 피고인들이 공동으로 이 사건 통로로 진입하여 축사 앞 공터까지 들어간 행위는 피해자가 거주하면서 관리하는 이 사건 건조물에 침입한 행위라고 인정된다고 판단하여, 제1심판결을 파기하고 피고인들에게 각 유죄를 선고하였다.

(2) 그러나 원심의 위와 같은 판단에는 수긍할 수 없다. 앞서 본 법리를 사실들에 비추어 보면, 피고인들이 차를 몰고 진입한 통로나 축사 앞 공터가 주거침입죄의 객체가 되는 위요지에 해당한다는 것에 대하여 합리적 의심이 배제된다고 쉽사리 단정할 수 없고, 원심이 드는 사정들은 대체로 피해자가 이 사건 설비 및 통로 등에 대하여 가지는 주로 경제적인 이해관계 또는 이 사건 진입행위의 경위 등에 관련된 것으로서 객관적으로 위 통로 등에 대한 외부인의 출입이 제한된다는 사정이 명확하게 드러났는지를 판단함에 있어서 무겁게 고려되어야 할 성질의 것이라고 할 수 없다. 그럼에도 원심이 위 통로와 축사 앞 공터는 이 사건 주거건물이나 축사 등의 위요지에 해당한다고 판단하여 피고인들의 행위가 주거침입에 해당한다고 본 것에는 주거침입죄의 객체에 관한 법리를 오해하였거나 자유심증주의에 반하여 사실을 인정함으로써 판결 결과에 영향을 미친 위법이 있다. 그러므로 원심판결을 파기하고

49. 주거침입죄 / 퇴거불응죄

사건을 다시 심리·판단하게 하기 위하여 원심법원에 환송하기로 한다.

【해 설】

우리 **헌법 제16조**는 '모든 국민은 주거의 자유를 침해받지 아니한다'라고 하여 국민의 주거의 자유와 침해의 배제를 규정하고 있다. **형법 제36장**은 주거침입의 죄라는 제목 하에 주거침입죄, 퇴거불응죄, 특수주거침입·퇴거불응죄, 주거·신체수색죄의 규정을 두고 있다. 주거침입죄와 퇴거불응죄는 주거의 평온을 침해하는 성격을 가진 점에서는 공통되지만, 실행행위가 다른 독립적 범죄유형이다. **주거침입죄**(住居侵入罪)의 객체는 사람의 주거·관리하는 건조물·선박·항공기 또는 점유하는 방실이다. **주거**에 대해서는 사람이 기거하고 침식에 사용되는 장소라는 견해와 일상생활을 영위하기 위해 점거하는 장소이면 족하고 침식에 사용되는 것까지는 요구되지 않는다는 견해가 대립한다. 침식에 사용되지 않는 장소는 관리하는 건조물이나 점유하는 방실에 속한다고 할 수 있으므로 주거는 침식에 사용되는 것이라고 하는 다수설이 타당하다. 지속적으로 침식에 사용될 것을 요하지 않고 일시적으로 기거하고 침식에 사용되는 장소라도 무방하므로 천막, 판잣집, 동굴, 한 계절이나 주말에만 사용하는 별장 등도 주거가 될 수 있다. 침입시에 사람이 현존할 것을 요하지 않는다. 부동산에 국한되지 않고, 주거용차량 등과 같은 동산도 포함된다. 타인소유의 주거뿐만 아니라 자기 소유의 주거도 본죄의 객체가 되므로, 예컨대 임대인이 임차인의 의사에 반하여 임차가옥에 침입한 경우에 주거침입죄가 성립한다. 주거는 건물에 국한되지 않고 정원이나 마당, 뒤뜰 등 부속토지도 주거에 속한다. 경계를 인식할 수 있으면 족하고, 담장이나 장애물의 유무를 묻지 않는다. **침입**이 되기 위해서는 행위자의 신체가 들어가야 하고, 돌이나 오물 등을 주거에 던져넣는 것, 긴 막대기를 주거 안에 넣는 것 등은 침입이 될 수 없다. 침입의 방법에는 제한이 없으므로, 예컨대 열린 문으로 들어가는 경우와 같이 비폭력적 방법을 사용하거나 은밀하지 않고 공공연하게 들어가는 것도 침입에 해당한다. 침입은 외부에 있는 사람만이 할 수 있는 것이므로 이미 주거 내부에 있는 사람은 주거침입죄를 범할 수 없고 퇴거불응죄를 범할 수 있을 뿐이다. 침입은 주거자의 의사에 반한 것이어야 한다. 주거자의 의사에 따라 들어간 경우에는 침입이라고 할 수 없다.

퇴거불응죄(退去不應罪)는 적법하게 주거에 들어온 사람이 주거자의 퇴거요구를 받고 이에 응하지 않는 범죄이다. 본죄는 기수가 된 이후에도 퇴거불응이 계속되는 동안에는 범죄가 종료되지 않고, 퇴거한 이후에 범죄가 종료되는 계속범이다. 퇴거요구의 방법에는 제한이 없다. 구두, 서면, 동작 등에 의해서도 가능하다. 반드시 명시적일 필요는 없지만, 상대방이 인식할 수 있는 정도의 의사표시가 있어야 한다. 퇴거요구는 주거자가 해야 하고, 주거자가 아닌 자의 퇴거요구가 있는 경우에는 본죄가 성립할 수 없다. 예컨대 임대차기간이 만료되어 임대인이 임차인에게 퇴거를 요구하였으나, 임차인이 이에 불응한 경우에도 주거자는 임대인이 아니라 임차인이기 때문에 본죄가 성립하지 않는다. 또한 정당한 사유 없이 퇴거요구에 응하지 않아야 하고, 정당한 사유가 있는 경우에는 본죄가 성립하지 않는다.

※ 형법

[일부개정 2020. 12. 8. 법률 제17571호, 시행 2021. 12. 9.]

제319조(주거침입, 퇴거불응) ① 사람의 주거, 관리하는 건조물, 선박이나 항공기 또는 점유하는 방실에 침입한 자는 3년 이하의 징역 또는 500만원 이하의 벌금에 처한다. ② 전항의 장소에서 퇴거요구를 받고 응하지 아니한 자도 전항의 형과 같다.

제320조(특수주거침입) 단체 또는 다중의 위력을 보이거나 위험한 물건을 휴대하여 전조의 죄를 범한 때에는 5년 이하의 징역에 처한다.

제321조(주거·신체 수색) 사람의 신체, 주거, 관리하는 건조물, 자동차, 선박이나 항공기 또는 점유하는 방실을 수색한 자는 3년 이하의 징역에 처한다.

제322조(미수범) 본장의 미수범은 처벌한다.

[대법원 1992. 9. 25. 92도1520 판결]

대학교의 강의실이 일반인에게 개방되어 자유롭게 출입할 수 있는 건조물인지 여부(소극): 일반적으로 대학교의 강의실은 그 대학당국에 의하여 관리되면서 그 관리업무나 강의와 관련되는 사람에 한하여 출입이 허용되는 건조물인 것이지 널리 일반인에게 개방되어 누구나 자유롭게 출입할 수 있는 곳은 아니라고 할 것이다. 피고인들 및 공소외인 34명은 공동하여 진주전문대생들과의 충돌을 예상하여 그 범행의 도구로 쓰일 쇠파이프 42개, 최루탄 4발을 나누어 들고, 그 대학당국의 허락을 받지 않은 채 몇 명씩 분산하여 위 대학 C동 101호 강의실에 침입하였다는 것인바, 이는 폭력행위 등 처벌에 관한 법률 제3조 제1항 소정의 "다중의 위력으로 건조물에 침입한 행위"로서 범죄구성요건에 해당한다고 할 것이므로 거기에 주거침입죄에 관한 법리를 오해한 위법이 있다고 할 수 없다.

[대법원 1995. 9. 15. 94도2561 판결]

(가) 주거침입죄는 사실상의 주거의 평온을 보호법익으로 하는 것이므로, 반드시 행위자의 신체의 전부가 범행의 목적인 타인의 주거 안으로 들어가야만 성립하는 것이 아니라 신체의 일부만 타인의 주거 안으로 들어갔다고 하더라도 거주자가 누리는 사실상의 주거의 평온을 해할 수 있는 정도에 이르렀다면 범죄구성요건을 충족하는 것이라고 보아야 하고, 따라서 주거침입죄의 범의는 반드시 신체의 전부가 타인의 주거 안으로 들어간다는 인식이 있어야만 하는 것이 아니라 신체의 일부라도 타인의 주거 안으로 들어간다는 인식이 있으면 족하다.

(나) '가'항의 범의로써 예컨대 주거로 들어가는 문의 시정장치를 부수거나 문을 여는 등 침입을 위한 구체적 행위를 시작하였다면 주거침입죄의 실행의 착수는 있었다고 보아야 하고, 신체의 극히 일부분이 주거 안으로 들어갔지만 사실상 주거의 평온을 해하는 정도에 이르지 아니하였다면 주거침입죄의 미수에 그친다.

(다) 야간에 타인의 집 창문을 열고 얼굴을 들이미는 등의 행위에 관하여 주거침입죄의 기수를 인정한 사례: 야간에 타인의 집의 창문을 열고 집 안으로 얼굴을 들이미는 등의 행

위를 하였다면 피고인이 자신의 신체의 일부가 집 안으로 들어간다는 인식하에 하였더라도 주거침입죄의 범의는 인정되고, 또한 비록 신체의 일부만이 집 안으로 들어갔다고 하더라도 사실상 주거의 평온을 해하였다면 주거침입죄는 기수에 이르렀다.

[대법원 1997. 3. 28. 95도2674 판결]
(가) 영업주의 명시적 또는 추정적 의사에 반하여 음식점에 들어간 행위의 주거침입죄 성부(적극): 일반인의 출입이 허용된 음식점이라 하더라도, 영업주의 명시적 또는 추정적 의사에 반하여 들어간 것이라면 주거침입죄가 성립되는바, 기관장들의 조찬모임에서의 대화내용을 도청하기 위한 도청장치를 설치할 목적으로 손님을 가장하여 그 조찬모임 장소인 음식점에 들어간 경우에는 영업주가 그 출입을 허용하지 않았을 것으로 보는 것이 경험칙에 부합하므로, 그와 같은 행위는 주거침입죄가 성립한다.
(나) 불법선거운동 적발 목적으로 도청기를 설치하기 위하여 타인의 주거에 침입한 행위의 정당행위 성부(소극): 타인의 주거에 침입한 행위가 비록 불법선거운동을 적발하려는 목적으로 이루어진 것이라고 하더라도, 타인의 주거에 도청장치를 설치하는 행위는 그 수단과 방법의 상당성을 결하는 것으로서 정당행위에 해당하지 않는다.

[대법원 2007. 11. 15. 2007도6990 판결]
퇴거불응죄에서 '퇴거'의 의미: 원심은, 주거침입죄와 퇴거불응죄는 모두 사실상의 주거의 평온을 그 보호법익으로 하고, 주거침입죄에서의 침입이 신체적 침해로서 행위자의 신체가 주거에 들어가야 함을 의미하는 것과 마찬가지로 퇴거불응죄의 퇴거 역시 행위자의 신체가 주거에서 나감을 의미하므로, 피고인이 이 사건 건물에 가재도구 등을 남겨두었다는 사정은 퇴거불응죄의 성부에 영향이 없고, 한편 판시 증거들만으로는 피고인이 피해자 또는 그의 처인 공소외인으로부터 퇴거요구를 받고서도 이 사건 건물에서 퇴거하지 않았다는 이 사건 공소사실을 인정하기에 부족하고 달리 이를 인정할 증거가 없으며, 오히려 판시 증거들에 의하면, 피고인 및 그 가족들이 이 사건 공소사실 기재 일시경 위 공소외인으로부터 퇴거요구를 받고 공소외인에게 이 사건 건물의 열쇠를 반환한 다음 이 사건 건물에서 나감으로써 퇴거하였다고 보인다는 이유로, 이 사건 공소사실을 유죄로 인정한 제1심판결을 파기하고 무죄를 선고하였는바, 관련 법리 및 기록에 의하여 살펴보면, 원심의 위 인정 및 판단은 정당하고, 상고이유의 주장과 같이 채증법칙을 위반하거나 퇴거불응죄에 있어서의 퇴거불응의 의미 내지 기수시기에 관한 법리를 오해한 위법 등이 없다.

[대법원 2009. 8. 20. 2009도3452 판결]
(가) 다가구용 단독주택이나 공동주택 내부에 있는 공용 계단과 복도가 주거침입죄의 객체인 '사람의 주거'에 해당하는지 여부(적극): 주거침입죄에서 주거란 단순히 가옥 자체만을 말하는 것이 아니라 그 정원 등 위요지를 포함한다. 따라서 다가구용 단독주택이나 다세대주택·연립주택·아파트 등 공동주택 안에서 공용으로 사용하는 계단과 복도는, 주거로 사용하는 각 가구 또는 세대의 전용 부분에 필수적으로 부속하는 부분으로서 그 거주자들에 의하여 일상생활에서 감시·관리가 예정되어 있고 사실상의 주거의 평온을 보호할 필요성이 있는 부분이므로, 특별한 사정이 없는 한 주거침입죄의 객체인 '사람의 주거'에 해당한다.

(나) 다가구용 단독주택인 빌라의 잠기지 않은 대문을 열고 들어가 공용 계단으로 빌라 3층까지 올라갔다가 1층으로 내려온 사안에서, 주거인 공용 계단에 들어간 행위가 거주자의 의사에 반한 것이라면 주거에 침입한 것이라고 보아야 한다는 이유로, 주거침입죄를 구성하지 않는다고 본 원심판결을 파기한 사례이다.

[대법원 2021. 8. 12. 2020도17796 판결]

(가) 주거침입강제추행죄 및 주거침입강간죄 등은 사람의 주거 등을 침입한 자가 피해자를 간음, 강제추행 등 성폭력을 행사한 경우에 성립하는 것으로서, 주거침입죄를 범한 후에 사람을 강간하는 등의 행위를 하여야 하는 일종의 신분범이고, 선후가 바뀌어 강간죄 등을 범한 자가 그 피해자의 주거에 침입한 경우에는 이에 해당하지 않고 강간죄 등과 주거침입죄 등의 실체적 경합범이 된다. 그 실행의 착수시기는 주거침입 행위 후 강간죄 등의 실행행위에 나아간 때이다.

(나) 강간죄는 사람을 강간하기 위하여 피해자의 항거를 불능하게 하거나 현저히 곤란하게 할 정도의 폭행 또는 협박을 개시한 때에 그 실행의 착수가 있다고 보아야 할 것이지, 실제 간음행위가 시작되어야만 그 실행의 착수가 있다고 볼 것은 아니다. 유사강간죄의 경우도 이와 같다.

(다) 원심판결 및 적법하게 채택한 증거에 의하면, 피고인은 주점에서 술을 마시던 중 화장실을 간다고 하여 자신을 남자화장실 앞까지 부축해 준 피해자를 그 주점의 여자화장실로 끌고 가 여자화장실의 문을 잠근 후 강제로 입맞춤을 하고, 이에 피해자가 저항하자 피해자를 여자화장실 용변 칸으로 밀어 넣고 유사강간하려고 하였으나 미수에 그친 사실이 인정된다. 이러한 사실을 앞서 본 법리에 비추어 보면, 피고인이 자신을 부축한 피해자를 끌고 여자화장실로 억지로 들어가게 한 뒤 바로 화장실 문을 잠그고 강제로 입맞춤을 하였고 이어서 추행행위와 유사강간까지 시도하였으므로, 피고인은 피해자를 화장실로 끌고 들어갈 때 이미 피해자에게 유사강간 등의 성범죄를 의욕하였다고 보인다. 또한 피고인이 피해자의 반항을 억압한 채 피해자를 억지로 끌고 여자화장실로 들어가게 한 이상, 그와 같은 피고인의 강제적인 물리력의 행사는 유사강간을 위하여 피해자의 항거를 불능하게 하거나 현저히 곤란하게 할 정도의 폭행 또는 협박을 개시한 경우에 해당한다고 봄이 타당하다.

위 법리에서 본 바와 같이, 구「성폭력범죄의 처벌 등에 관한 특례법」위반(주거침입유사강간)죄는 먼저 주거침입죄를 범한 후 유사강간 행위에 나아갈 때 비로소 성립되는데, 피고인은 여자화장실에 들어가기 전에 이미 유사강간죄의 실행행위를 착수하였다. 결국 피고인이 그 실행행위에 착수할 때에는 구「성폭력범죄의 처벌 등에 관한 특례법」위반(주거침입유사강간)죄를 범할 수 있는 지위, 즉 '주거침입죄를 범한 자'에 해당되지 아니한다.

그럼에도 원심은 이와 달리 피고인이 유사강간죄의 실행행위에 나아가기 전에 '주거침입죄를 범한 자'의 신분을 갖추었는지에 대하여는 살피지 아니한 채, 주점 여자화장실의 소유자나 관리자에 대해 주거침입죄가 인정된다는 이유로 이 부분 공소사실을 유죄로 판단하였다. 이러한 원심의 판단에는 구「성폭력범죄의 처벌 등에 관한 특례법」위반(주거침입유사강간)죄의 성립에 관한 법리를 오해한 잘못이 있다.

50. 절도죄 / 강도죄

[대법원 2012. 7. 12. 2012도1132 판결]

> 원심은, 피고인이 피해자 소유의 이 사건 휴대전화를 피해자의 허락 없이 가져가 이를 이용하여 통화를 하고 문자메시지를 주고받았다고 하여도 이로 인하여 이 사건 휴대전화 자체가 가지는 경제적 가치가 상당한 정도로 소모되었다고는 볼 수 없고, 피고인이 이 사건 휴대전화를 가지고 간 후 불과 약 2시간 만에 피해자에게 반환되도록 하였으므로, 이 사건 당시 피고인에게 이 사건 휴대전화를 일시 사용할 의사를 넘어 권리자를 배제하고 타인의 물건을 자기의 소유물과 같이 그 경제적 용법에 따라 이용·처분할 의사, 즉 불법영득의 의사가 있었다고 볼 수 없다고 판단하며 이 사건 공소사실에 대하여 피고인에게 무죄를 선고하였다.

【요 지】

(1) 절도죄에서 '불법영득의사'의 의미 및 일시 사용의 목적으로 타인의 점유를 침탈한 경우에도 불법영득의사가 인정되는 경우: 절도죄의 성립에 필요한 불법영득의 의사란 권리자를 배제하고 타인의 물건을 자기의 소유물과 같이 이용·처분할 의사를 말하고, 영구적으로 물건의 경제적 이익을 보유할 의사임은 요하지 않으며, 일시 사용의 목적으로 타인의 점유를 침탈한 경우에도 사용으로 인하여 물건 자체가 가지는 경제적 가치가 상당한 정도로 소모되거나 또는 상당한 장시간 점유하고 있거나 본래의 장소와 다른 곳에 유기하는 경우에는 이를 일시 사용하는 경우라고는 볼 수 없으므로 영득의 의사가 없다고 할 수 없다.

(2) 피고인이 갑의 영업점 내에 있는 갑 소유의 휴대전화를 허락 없이 가지고 나와 사용한 다음 약 1~2시간 후 위 영업점 정문 옆 화분에 놓아두고 가 절취하였다는 내용으로 기소된 사안에서, 피고인이 갑의 휴대전화를 자신의 소유물과 같이 경제적 용법에 따라 이용하다가 본래의 장소와 다른 곳에 유기하여 불법영득의사가 있었다고 할 것인데도, 이와 달리 보아 무죄를 선고한 원심판결에 법리오해의 위법이 있다고 한 사례이다.

【이 유】

원심판결 이유와 적법하게 채택된 증거들에 의하면, ① 피고인은 피해자의 허락 없이 피해자가 운영하는 '○○스포츠피부' 영업점 내에 있는 이 사건 휴대전화를 가지고 나와 승용차를 운전하고 가다가 신원미상의 여자 2명을 승용차에 태운 후 그들에게 이 사건 휴대전화를 사용하게 한 사실, ② 피고인이 이 사건 휴대전화를 가지고 나온 약 1~2시간 후 피해자에게 아무런 말을 하지 않고 위 영업점 정문 옆에 있는 화분에 이 사건 휴대폰을 놓아두고 간 사실을 알 수 있다. 사실관계가 이와 같다면, 피고인은 이 사건 휴대전화를 자신의 소유물과 같이 그 경제적 용법에 따라 이용하다가 본래의 장소와 다른 곳에 유기한 것에 다름 아니므로 피고인에게 불법영득의 의사가 있었다고 할 것이다. 그럼에도 원심은 이 사건 공소사실에 대하여 피고인에게 무죄를 선고하였는바, 이러한 원심의 판단에는 절도죄의 불법영득의 의사에 관한 법리오해의 잘못이 있다.

【해 설】

(1) **절도죄**(竊盜罪)는 타인이 점유하는 타인의 재물을 권리자의 의사에 반하여 절취하는 범죄이다. 재물만을 객체로 한다는 점에서 순수한 재물죄이다. 권리자의 의사에 반하여 점유를 취득한다는 점에서 절도죄는 강도죄와 같이 탈취죄에 속하지만, 강도죄는 폭행·협박을 수단으로 함에 비해 절도죄는 이를 수단으로 하지 않는다는 점에서 구별된다. **단순절도죄**의 행위의 객체는 타인의 재물이며, 이는 타인소유의 재물을 말한다. **재물**이란 재산상 가치가 있고 물리적으로 관리할 수 있는 유체물 또는 동력을 말한다. 따라서 가령 정보, 서비스 등은 유체물이거나 동력이 아니므로 절도죄의 객체가 될 수 없다. 형법상 점유, 소유, 타인점유, 타인소유 등은 형법의 독자적 관점에서 파악해야 한다. 통설 및 판례에 의하면 **절취**(竊取)란 타인이 점유하고 있는 점유를 점유자의 의사에 반하여 그 점유를 배제하고 재물을 자기 또는 제3자의 점유로 옮기는 것으로서 타인의 점유의 배제와 새로운 점유의 취득을 내용으로 한다고 본다. **점유의 배제**란 기존의 점유자의 재물에 대한 사실상의 지배를 제거하는 것을 말하며, 점유배제의 방법에는 제한이 없다. 절도죄는 **고의범**이므로 객관적 구성요건요소인 타인이 점유하는 타인의 재물, 권리자의 의사에 반한 취거(取去)에 대한 의욕 또는 인용이 있어야 한다. 만일 타인의 재물을 자기의 재물로 오인하고 절취한 경우에는 **과실절도**(過失竊盜)가 되어 처벌되지 않는다. 또한 권리자의 의사에 반한다는 것을 인식하지 못한 경우에도 과실절도가 되어 처벌되지 않는다. 통설 및 판례는 절취를 점유의 배제 및 취득, 즉 취거로 이해하므로 절도의 고의 이외에 불법영득의사가 있어야 한다고 본다. **불법영득의사**란 권리자를 배제하고 타인의 재물을 자기의 소유물처럼 사용·수익·처분한다는 의사를 말한다. 한편 **사용절도**(使用竊盜)란 일시사용을 위해 타인의 재물을 취거하는 것을 말한다. 가령 잠깐 동안 장을 보기 위해 승낙을 받지 않고 타인의 자전거를 타고 갔다 제자리에 놓는 것이나, 승낙을 받지 않고 타인의 신문을 읽어보고 돌려주거나 필기구를 사용하고 돌려주는 경우를 말한다. 다만 자동차, 선박, 항공기, 원동기장치자동차의 일시사용행위는 자동차등불법사용죄(형법 제331조의2)에 해당할 수 있다.

(2) **강도죄**(强盜罪)란 폭행 또는 협박으로 재물 또는 재산상의 이익을 강취하는 범죄이다. 폭행·협박과 재물강취가 수단과 목적의 관계로 결합되어 있는 결합범이고, 재물과 재산상의 이익을 객체로 하므로 재물죄와 이득죄의 성격을 모두 지니고 있다. 강도죄의 보호법익은 재산과 신체의 안전 및 의사결정의 자유라고 할 수 있다. **재산상의 이익**이란 경제적 가치가 있는 이익을 말한다. 따라서 경제적 가치가 없는 이익을 취득하였을 때에는 본죄가 성립할 수 없다. 예컨대 택시기사를 폭행·협박하여 택시를 몰게 하고 요금을 지급하지 않은 경우에는 재산상 이익의 취득이 있어 강도죄가 성립하지만, 자가용운전자를 폭행·협박하여 차를 몰게 한 경우에는 재산상 이익의 취득이 있다고 할 수 없어 강요죄가 성립할 수 있어

도 강도죄는 성립하지 않는다. 재산상의 이익에는 적극적 이익뿐만 아니라 소극적 이익, 즉 필요한 비용을 지불하지 않은 것도 포함한다. 채무면제와 같이 영구적 이익뿐만 아니라 지급기간의 유예와 같이 일시적 이익도 포함된다. 또한 채권자를 폭행·협박하여 노름빚을 면제받은 경우나 불법원인급여로 인해 반환청구권이 없는 재물을 폭행·협박으로 반환받은 경우에도 강도죄가 성립할 수 있다. **폭행**이란 사람에 대한 직접·간접의 유형력의 행사를 말한다. 반드시 사람의 신체에 대한 것일 필요가 없고, 사람에 대한 것이면 족하다. **협박**이란 상대방에게 해악을 고지하여 공포심을 일으키는 것을 말한다. 폭행·협박은 재물의 소지자에게 가해지는 것이 보통이지만, 재물의 소지자가 아닌 제3자에게 가해져도 상관없다. 강도죄에 있어서 폭행·협박은 상대방의 반항을 불가능하게 할 정도여야 한다. 이러한 정도의 폭행·협박에 이르지 않고 재물의 교부를 받거나 재산상의 이익을 취득한 경우에는 공갈죄가 성립한다. 즉 강도죄와 공갈죄의 폭행·협박은 질적 차이가 아니라 양적 차이이다. 항거불가능할 정도의 폭행·협박을 행사하면 족하고 피해자가 현실적으로 반항을 하였는가 혹은 현실적으로 폭행·협박을 인식하였는가의 여부는 문제되지 않는다. 따라서 수면 중의 사람, 술에 취한 사람, 정신병자 등을 묶어놓고 재물을 절취한 경우에도 강도죄가 성립할 수 있다. 상대방의 반항을 불가능하게 할 정도의 폭행·협박인가 여부는 행위자와 피해자, 행위상황 등을 종합적으로 고려하여 사회통념상 객관적으로 결정해야 한다. 가령 성인에게는 항거불가능의 폭행이라고 할 수 없어도, 그것을 초등학생에게 행하였다면 항거불가능한 폭행이라고 할 수 있는 경우도 있다. 재물강취에 있어서 **강취**(强取)란 통설 및 판례에 의하면 폭행 또는 협박에 의해 점유자의 의사에 반하여 재물을 자기 또는 제3자의 점유로 옮기는 것, 즉 강제취거를 말한다. 강도죄에서 폭행·협박과 재물강취 또는 재산상의 이익취득은 수단과 목적의 관계에 있어야 한다. 즉 폭행·협박, 항거불가능상태, 재물강취 또는 재산상 이익취득 사이에는 인과관계가 있어야 한다. 이들 사이에 인과관계가 없을 때에는 강도기수죄가 될 수 없고, 강도미수죄가 될 수 있을 뿐이다.

※ 형법
[일부개정 2020. 12. 8. 법률 제17571호, 시행 2021. 12. 9.]

제329조(절도) 타인의 재물을 절취한 자는 6년 이하의 징역 또는 1천만원 이하의 벌금에 처한다.

제330조(야간주거침입절도) 야간에 사람의 주거, 관리하는 건조물, 선박, 항공기 또는 점유하는 방실에 침입하여 타인의 재물을 절취한 자는 10년 이하의 징역에 처한다.

제331조(특수절도) ① 야간에 문이나 담 그 밖의 건조물의 일부를 손괴하고 제330조의 장소에 침입하여 타인의 재물을 절취한 자는 1년 이상 10년 이하의 징역에 처한다. ② 흉기를 휴대하거나 2명 이상이 합동하여 타인의 재물을 절취한 자도 제1항의 형에 처한다.

제331조의2(자동차등 불법사용) 권리자의 동의없이 타인의 자동차, 선박, 항공기 또는 원동기장치자전차를 일시 사용한 자는 3년 이하의 징역, 500만원 이하의 벌금, 구류 또는 과료에 처한다.

제332조(상습범) 상습으로 제329조 내지 제331조의2의 죄를 범한 자는 그 죄에 정한 형의 2분의 1까지 가중한다.

제333조(강도) 폭행 또는 협박으로 타인의 재물을 강취하거나 기타 재산상의 이익을 취득하거나 제삼자로 하여금 이를 취득하게 한 자는 3년 이상의 유기징역에 처한다.

제334조(특수강도) ① 야간에 사람의 주거, 관리하는 건조물, 선박이나 항공기 또는 점유하는 방실에 침입하여 제333조의 죄를 범한 자는 무기 또는 5년 이상의 징역에 처한다. ② 흉기를 휴대하거나 2인 이상이 합동하여 전조의 죄를 범한 자도 전항의 형과 같다.

제335조(준강도) 절도가 재물의 탈환에 항거하거나 체포를 면탈하거나 범죄의 흔적을 인멸할 목적으로 폭행 또는 협박한 때에는 제333조 및 제334조의 예에 따른다.

제336조(인질강도) 사람을 체포·감금·약취 또는 유인하여 이를 인질로 삼아 재물 또는 재산상의 이익을 취득하거나 제3자로 하여금 이를 취득하게 한 자는 3년 이상의 유기징역에 처한다.

제337조(강도상해, 치상) 강도가 사람을 상해하거나 상해에 이르게 한 때에는 무기 또는 7년 이상의 징역에 처한다.

제338조(강도살인·치사) 강도가 사람을 살해한 때에는 사형 또는 무기징역에 처한다. 사망에 이르게 한 때에는 무기 또는 10년 이상의 징역에 처한다.

제339조(강도강간) 강도가 사람을 강간한 때에는 무기 또는 10년 이상의 징역에 처한다.

제340조(해상강도) ① 다중의 위력으로 해상에서 선박을 강취하거나 선박내에 침입하여 타인의 재물을 강취한 자는 무기 또는 7년 이상의 징역에 처한다. ② 제1항의 죄를 범한 자가 사람을 상해하거나 상해에 이르게 한때에는 무기 또는 10년 이상의 징역에 처한다. ③ 제1항의 죄를 범한 자가 사람을 살해 또는 사망에 이르게 하거나 강간한 때에는 사형 또는 무기징역에 처한다.

제341조(상습범) 상습으로 제333조, 제334조, 제336조 또는 전조 제1항의 죄를 범한 자는 무기 또는 10년 이상의 징역에 처한다.

제342조(미수범) 제329조 내지 제341조의 미수범은 처벌한다.

제343조(예비, 음모) 강도할 목적으로 예비 또는 음모한 자는 7년 이하의 징역에 처한다.

제344조(친족간의 범행) 제328조의 규정은 제329조 내지 제332조의 죄 또는 미수범에 준용한다.

제345조(자격정지의 병과) 본장의 죄를 범하여 유기징역에 처할 경우에는 10년 이하의 자격정지를 병과할 수 있다.

제346조(동력) 본장의 죄에 있어서 관리할 수 있는 동력은 재물로 간주한다.

제328조(친족간의 범행과 고소) ① 직계혈족, 배우자, 동거친족, 동거가족 또는 그 배우자 간의 제323조(권리행사방해)의 죄는 그 형을 면제한다. ② 제1항 이외의 친족간에 제323조의 죄를 범한 때에는 고소가 있어야 공소를 제기할 수 있다. ③ 전2항의 신분관계가 없는 공범에 대하여는 전2항을 적용하지 아니한다.

50. 절도죄 / 강도죄

[대법원 1983. 2. 22. 82도3115 판결]
책을 빌려서 보는 척하다가 가져간 경우 절도죄의 성부(적극): 피해자가 가지고 있는 책을 잠깐 보겠다고 하며 동인이 있는 자리에서 보는 척하다가 가져갔다면 위 책은 아직 피해자의 점유 하에 있었다고 할 것이므로 절도죄가 성립한다.

[대법원 2008. 7. 10. 2008도3252 판결]
(가) 절도죄에서 절취의 의미 및 어떤 물건이 타인의 점유 하에 있는지 여부의 판단 기준: 절취란 타인이 점유하고 있는 재물을 점유자의 의사에 반하여 그 점유를 배제하고 자기 또는 제3자의 점유로 옮기는 것을 말하고, 어떤 물건이 타인의 점유 하에 있는지 여부는, 객관적인 요소로서의 관리범위 내지 사실적 관리가능성 외에 주관적 요소로서의 지배의사를 참작하여 결정하되 궁극적으로는 당해 물건의 형상과 그 밖의 구체적인 사정에 따라 사회통념에 비추어 규범적 관점에서 판단하여야 한다.
(나) 임차인이 임대계약 종료 후 식당건물에서 퇴거하면서 종전부터 사용하던 냉장고의 전원을 켜 둔 채 그대로 두었다가 약 1개월 후 철거해 가는 바람에 그 기간 동안 전기가 소비된 사안에서, 임차인이 퇴거 후에도 냉장고에 관한 점유·관리를 그대로 보유하고 있었다고 보아야 하므로, 냉장고를 통하여 전기를 계속 사용하였다고 하더라도 이는 당초부터 자기의 점유·관리 하에 있던 전기를 사용한 것일 뿐 타인의 점유·관리 하에 있던 전기가 아니어서 절도죄가 성립하지 않는다고 한 사례이다.

[대법원 2009. 9. 24. 2009도5595 판결]
(가) 야간에 손전등과 박스 포장용 노끈을 이용하여 도로에 주차된 차량의 문을 열고 현금 등을 훔치기로 마음먹고, 차량의 문이 잠겨 있는지 확인하기 위해 양손으로 운전석 문의 손잡이를 잡고 열려고 하던 중 경찰관에게 발각된 사안에서, 절도죄의 실행에 착수한 것으로 보아야 한다고 한 사례이다(절도미수).
(나) 원심은, 야간에 노상에 주차된 차량은 통상 잠금장치가 되어 있을 가능성이 농후하므로 그 차량 안에 들어있는 물건 등을 훔치기 위해서는 그 잠금장치 등을 해제하고 들어가야 하는데 이러한 잠금장치를 해제하는 것이 용이하지 않다는 점을 감안하면, 이 사건 공소사실과 같이 야간에 소지하고 있던 손전등과 노상에서 주운 박스 포장용 노끈을 이용하여 노상에 주차된 차량의 문을 열고 그 안에 들어있는 현금 등을 절취할 것을 마음먹고 그 대상을 물색하기 위해 돌아다니다가 공소장 기재 승합차량을 발견하고 먼저 차량의 문이 잠겨 있는지 확인하기 위해 양손으로 운전석 문의 손잡이를 잡고 열려고 하던 중 순찰중인 경찰관에게 발각되어 멈춘 행위만으로는 위 차량 안의 재물에 대한 소유자의 사실상의 지배를 침해하는 데에 밀접한 행위에 해당한다고 보기 어려우므로, 이 사건 공소사실은 죄가 되지 아니하는 경우에 해당한다고 판단하였다. 그러나 피고인이 절도범행의 실행에 착수하지 아니하였다는 원심의 판단은 다음과 같은 이유로 수긍할 수 없다. 이 사건에서 피고인이 야간에 소지하고 있던 손전등과 박스 포장용 노끈을 이용하여 도로에 주차된 차량의 문을 열고 그 안에 들어있는 현금 등을 절취할 것을 마음먹고 이 사건 승합차량의 문이 잠겨 있는지 확인하기 위해 양손으로 운전석 문의 손잡이를 잡고 열려고 하던 중 경찰관에게 발각된 사실이 인정되는데, 이러한 행위는 승합차량 내의 재물을 절취할 목적으로 승합차량 내에 침입하려는 행위에 착수한 것으로 볼 수 있고, 그로써 차량 내에 있는 재물에 대한 피해자의

사실상의 지배를 침해하는 데에 밀접한 행위가 개시된 것으로 보아 절도죄의 실행에 착수한 것으로 봄이 상당하다. 원심판결에는 절도죄의 실행의 착수에 관한 법리를 오해하여 판결에 영향을 미친 위법이 있다 할 것이다.

[헌법재판소 2015. 7. 30. 2014헌마142 등 결정]

(가) 청구인들에 대하여 특수절도죄의 피의사실을 인정한 기소유예처분이 청구인들의 평등권 및 행복추구권을 침해하였다고 본 사례이다(기소유예처분취소). 즉 청구인들에게 특수절도 혐의가 성립되기 위하여는 커피숍에서 우산을 가지고 나올 때 절취행위에 대한 고의 내지는 불법영득의 의사 및 공모의사가 존재하여야 할 것인바, 청구인들의 진술처럼 커피숍에서 나와 20~30분 정도 걸어 온 상황에서 두 개의 우산 중 하나가 타인의 우산임을 알았다고 한다면, 타인의 우산임을 인식하였을 당시 이미 커피숍으로부터 시간적 · 장소적으로 상당히 떨어져 있어 이 경우까지 그 우산에 대한 피해자의 점유가 계속되고 있다고 보기 어려우므로, 피해자의 점유가 계속되고 있음을 전제로 우산에 대한 절취행위 및 절취의 고의 내지는 불법영득의 의사와 공모의사를 막바로 인정하기는 어렵다고 할 것이다. 따라서 피청구인(=대구지방검찰청 김천지청 검사)으로서는 청구인들이 커피숍에 가지고 간 우산과 가지고 나온 우산의 모양 · 색상 · 크기 · 형태, 청구인들이 타인의 우산을 자기 것으로 오인할 가능성, 청구인들이 다른 사람의 우산을 가지고 나온 것을 알게 된 구체적 상황 등에 대하여 좀 더 면밀히 수사하여 보았어야 함에도 불구하고, 이를 충분히 수사하지 아니한 채 바로 이 사건 기소유예처분을 하였는바, 이는 청구인들의 평등권과 행복추구권을 침해하였다.

(나) 청구인들이 커피숍에 들어갈 때 한 개의 우산을 들고 들어갔음에도 두 개의 우산을 들고 나왔으므로 절취의 범의를 인정할 수 있다거나, 가사 두 개의 우산을 들고 들어갔더라도 그 중 하나는 짧은 우산이었음에도 나올 때는 긴 우산을 가지고 나왔으므로 절취의 범의를 인정할 수 있다고 하는 취지의 피청구인의 주장은 선뜻 받아들이기 어렵다. 청구인들은 이 사건 커피숍에 들어갈 때 가지고 간 우산과 동일한 것으로 오인하고 커피숍에서 나오면서 피해자의 우산을 가지고 나왔을 가능성이 있으므로, 피청구인으로서는 ① 청구인들이 이 사건 커피숍에 들어갈 때 가지고 간 우산은 몇 개이고 그 모양 · 색상 · 크기 · 형태는 어떠한지, ② 이 사건 커피숍에서 나올 때 가지고 나온 우산 두 개는 모양 · 색상 · 크기 · 형태가 어떠하고, 청구인들이 커피숍에 들어갈 때 가지고 간 우산과 같은 것으로 오인할 가능성은 없었는지, ③ 청구인들이 커피숍에서 나와 얼마의 시간이 지나고, 어느 정도 떨어진 곳에서 다른 사람의 우산을 가지고 나온 것을 알게 되었는지, ④ 청구인들이 다른 사람의 우산을 가지고 나온 것을 알고 나서도 돌려주지 않은 사정은 어떠한지 등에 대하여 좀 더 면밀히 수사하여 보았어야 한다. 그럼에도 불구하고 피청구인이 경찰에서 송치한 혐의에 대하여 충분히 수사하지 아니한 채 바로 특수절도죄의 성립을 인정하고 이를 전제로 하여 한 이 사건 기소유예처분은, 그 결정에 영향을 미친 중대한 수사미진 또는 법리오해에 따른 자의적인 검찰권의 행사라 아니할 수 없고, 그로 말미암아 청구인들의 평등권과 행복추구권이 침해되었다고 할 것이다. 그러므로 이 사건 기소유예처분을 취소하기로 하여 관여 재판관 전원의 일치된 의견에 따라 주문("피청구인이 2013. 11. 14. 대구지방검찰청 김천지청 2013년 형제19193호 사건에서 청구인들에 대하여 한 기소유예처분은 청구인들의 평등권과 행복추구권을 침해한 것이므로 이를 취소한다.")과 같이 결정한다.

※ 저자 약력

이화여자대학교 법학과 및 동 대학원(법학박사)
이화여대·명지대·국민대·동덕여대·고려대 강사역임
현재 동덕여자대학교 교양대학 교수

※ 주요 저서 및 논문

생활속 판례해설, 시네마법률, 영화와 사례로 보는 법여성학, 민법개론, 생활과 법률, 여성과 법률, 대학가족법특강, 현대법학개론, 여성과 문화, 국제이혼에 관한 연구, 섭외불법행위에 관한 연구, 미국 루이지애나주의 국제사법에 관한 소고, 국제부부재산제와 처의 지위, 섭외혼인의 준거법 결정과 양성평등, 유엔 여성차별철폐협약의 국내적 실시에 관한 연구, 국제친자법에 관한 연구, 친생자관계와 DNA감정, 사실혼 부부의 법적 지위, 국제법상 국가승인과 국제사법상 본국법, 아동권리협약의 국내적 이행, 친양자제도의 도입에 따른 주요문제에 관한 고찰, 국내외법상 외국인의 인권, 국제입양에 관한 비교법적 고찰, 유언에 관한 법적 고찰 및 여대생들의 의식조사, 입양아동의 국제적 보호, 대리모계약에 관한 법적 고찰, 국제제조물책임법에 관한 연구, 헤이그 국제아동탈취협약의 국내적 이행의 가능성에 관한 연구, 무력분쟁시 아동의 국제법적 보호, 국제적 공서문제에 관한 연구, 국제적 상속문제에 관한 저촉법적 고찰, 일본법상의 제조물책임소송, 국제사회에 있어서 NGO의 지위와 역할, WTO협정의 국내적 실시에 있어서 자기집행성의 한계, 낙태에 관한 법적 고찰 및 여대생들의 의식조사, 성년후견제도의 도입에 따른 국제후견법의 재고찰, 법률관계성질결정에 관한 국제사법적 고찰, 가족법분야의 헤이그국제사법회의 협약: 특히 아동보호와 관련하여, 부부재산계약의 이론과 실제, 포괄적 핵실험금지조약의 유효성과 한계, 영국의 아동부양법에 관한 고찰, 국제적 부양의무에 관한 연구, 국제법상 여성의 인권과 문화상대주의의 한계, 일본의 성년후견제도에 관한 고찰, 아동양육 및 기타 가족부양의 국제적 청구에 관한 헤이그협약 연구, 유엔국제조직범죄방지협약의 국내적 이행에 관한 고찰, 전후국가배상책임에 관한 국제사법적 고찰, 국제적 인지에 관한 고찰, 공적 긴급사태시 인권조약상 권리정지의 허용 및 한계에 관한 고찰, 국제적 법인에 관한 국제사법적 고찰, 국제회사법상 반정의 적용문제, 국제인권법상 국적취득권의 보호에 관한 고찰, 이혼제도에 관한 비교법적 연구, 민법상 성년후견제도 도입에 따른 국제사법상 한정치산·금치산선고 및 후견제도에 관한 개정방향, 국제이혼에 관한 국제사법적 고찰, 국제근로계약에 관한 국제사법적 고찰, 국제소비자계약에 관한 국제사법적 고찰, 유책배우자의 이혼청구권에 관한 논의, 헤이그국제부양청구협약에의 가입가능성 모색을 위한 해석론적 접근, 국제대리모계약에 관한 연구, 헤이그국제아동탈취협약의 이행을 위한 한국과 미국의 「HCCH Country Profiles」의 비교분석, 헤이그국제아동탈취협약의 이행에 있어서 친자법적 재고찰, 국제대리모계약을 둘러싼 법적 친자관계 쟁점에 관한 헤이그국제사법회의의 최근 동향 분석 및 시사점, 헤이그국제부양청구협약에 있어서 외국부양결정의 승인 및 집행에 관한 해석론적 고찰, 헤이그협약에 따른 가족합의에 관한 실무지침 연구, 국제관광객을 위한 협력 및 사법적 접근에 관한 헤이그국제사법회의의 동향, 등록파트너십을 포함하는 혼외동거에 관한 헤이그국제사법회의의 비교법적 동향 분석, 외국시민보호명령의 승인 및 집행에 관한 헤이그국제사법회의의 동향 연구 등.